Magdalena Kaltseis
TV-Talkshows als Propagandainstrument Russlands im Ukrainekonflikt (2014)

Sprache im Kontext
Language in Context

―

Herausgegeben von
Monika Dannerer, Jürgen Spitzmüller und Eva Vetter

Wissenschaftlicher Beirat
Marietta Calderón Tichy (Salzburg), Rudolf de Cillia (Wien),
Ursula Doleschal (Klagenfurt), Helmut Gruber (Wien),
Barbara Hinger (Graz), Ulrike Jessner (Innsbruck),
Sabine Lehner (Wien), Benedikt Lutz (Krems), Heike Ortner (Innsbruck),
Hermine Penz (Graz), Marie-Luise Pitzl (Wien), Claudia Posch (Innsbruck),
Martin Stegu (Wien), Ruth Wodak (Lancaster und Wien)

Band 46

Magdalena Kaltseis

TV-Talkshows als Propagandainstrument Russlands im Ukrainekonflikt (2014)

—

DE GRUYTER

Veröffentlicht mit Unterstützung der Fakultät für Kulturwissenschaften sowie des Instituts für Slawistik der Alpen-Adria Universität Klagenfurt.

ISBN 978-3-11-135783-6
e-ISBN (PDF) 978-3-11-077837-3
e-ISBN (EPUB) 978-3-11-077845-8
ISSN 0948-1354

Library of Congress Control Number: 2022930266

Bibliografische Information der Deutschen Nationalbibliothek
Die Deutsche Nationalbibliothek verzeichnet diese Publikation in der Deutschen Nationalbibliografie; detaillierte bibliografische Daten sind im Internet über http://dnb.dnb.de abrufbar.

© 2023 Walter de Gruyter GmbH, Berlin/Boston
Dieser Band ist text- und seitenidentisch mit der 2022 erschienenen gebundenen Ausgabe.
Satz: Integra Software Services Pvt. Ltd.
Druck und Bindung: CPI books GmbH, Leck

www.degruyter.com

Landkarte der Ukraine

Quelle: Landkarte der Ukraine: https://www.gettyimages.de/detail/illustration/map-of-ukraine-vector-lizenfreie-illustration/1067168900?adppopup=true; letzter Zugriff: 11.12.2021.

Vorwort

Als ich im Frühjahr 2017 mit der Recherche für die vorliegende Publikation begann, dauerte der Konflikt in der Ukraine bereits drei Jahre an, und das anfänglich große Interesse der Medien an den dortigen Ereignissen war bis zu diesem Zeitpunkt stark zurückgegangen. Dies änderte jedoch nichts an meiner Entscheidung, eine wissenschaftliche Arbeit über die russische mediale Berichterstattung zum Ausbruch und Höhepunkt des Konflikts im Jahr 2014 zu verfassen, da ich mich einerseits für audiovisuelle Medien und ihre Funktionsweise interessiere und andererseits nur über marginale Kenntnisse über die Ukraine und den Konflikt verfügte und mich deshalb eingehender mit diesem Thema auseinandersetzen wollte. Allerdings war ich mit diesem Anliegen nicht alleine. Der Krieg in der Ukraine hat dazu geführt, dass sich die Forschung vermehrt mit diesem Land beschäftigt, wobei der Konflikt im Osten der Ukraine und insbesondere dessen mediale Darstellung im Zentrum des Forschungsinteresses stehen.

Die bisherigen Forschungsarbeiten zum Konflikt in der Ukraine demonstrieren, dass die Konfliktparteien Russland und die Ukraine, aber auch der Westen einseitig über die dortigen Geschehnisse berichtet haben und sowohl die Ukraine als auch Russland Propaganda zur Diffamierung der gegnerischen Seite betrieben haben bzw. betreiben. In Bezug auf den Umfang und die Reichweite der Propaganda können jedoch „gravierende Unterschiede" (*značitel'nye različija*) (Barabaš et al. 2015: 307–308) zwischen den beiden Ländern konstatiert werden: Erstens konkurriert(e)[1] die ukrainische Propaganda in der ukrainischen Medienwelt mit der russischen Propaganda, während in Russland das staatliche russische Fernsehen das mit Abstand mächtigste Medium mit der größten Reichweite ist. Zweitens verfügt Russland über den internationalen Sender *RT* (ehemals: *Russia Today*), der außerhalb Russlands die offizielle russische Sichtweise auf die Ereignisse in der Ukraine transportiert. Drittens zeigen Untersuchungen, dass sich die staatlich kontrollierten Medien in Russland schnell an eine sich verändernde politische Umgebung anpassen und darauf reagieren können (vgl. z. B. Lankina und Watanabe 2017).

Aus diesen drei Gründen verfügte die russische Seite von Beginn an über weitaus mehr Möglichkeiten und Strukturen, um eine „praktisch pausenlose Einwirkung von Fernsehpropaganda auf die Zuseher*innen" (Barabaš et al. 2015: 308, Übers. d. Verf.) bzw. eine „einheitliche, massive Propagandaattacke"

---

[1] Das Präteritum ist hier in Klammern angeführt, da von 2014 bis 2016 insgesamt 73 russische Fernsehsender in der Ukraine verboten wurden (vgl. Katyšev 2016). In der Ostukraine hingegen ist das russische Fernsehen die wichtigste Informationsquelle.

zu lancieren, die es, wie die russische Journalistin und Philologin Ksenija Turkova in einem Interview erklärt, in dieser Form in der Ukraine nicht gegeben habe (vgl. Atmosfera jazykovoj nenavisti 2015).

Die vorliegende Arbeit widmet sich daher der Untersuchung dieser „massiven Propagandaattacke" im russischen Staatsfernsehen, indem sie sich auf ein besonders populäres TV-Genre, die Talkshow, konzentriert und der Frage nachgeht, wie darin die Ukraine und der Krieg sowohl sprachlich als auch visuell dargestellt und welche Strategien von Propaganda verwendet werden. Diese Publikation leistet somit einen wichtigen Beitrag zur Aufklärung und Bewusstmachung der manipulativen Rolle des staatlich kontrollierten Fernsehens im Allgemeinen und von TV-Talkshows im Besonderen und legt dar, wie Propaganda im 21. Jahrhundert funktioniert.

Terminologische Überlegungen

Die Sprache und insbesondere die zur Bezeichnung der einzelnen Akteur*innen verwendete Lexik spielt eine große Rolle im Konflikt bzw. Krieg in der Ostukraine, da sie nicht nur dazu dient, die jeweils andere Seite zu diffamieren, sondern auch eine bestimmte Sichtweise auf die Ereignisse konstruiert. So wurden beispielsweise die Aufständischen im Donbass im Westen als „Separatisten", in der offiziellen Ukraine als „Terroristen" (ukr. *terorysty*) oder „Banditen" (ukr. *bandyty*) und in Russland als „Rebellen" (rus. *povstancy*), „Freiwilligenkämpfer" (rus. *dobrovol'cy*), „Volksmiliz" bzw. „Heimatverteidiger" (rus. *opolčenie/opolčency*) bezeichnet.

Die vorliegende Arbeit hat den Anspruch, die Berichterstattung über die Ereignisse möglichst objektiv darzustellen, und orientiert sich daher terminologisch an dem 2015 vom IMI (ukr. *Instytut masovoï informaciï*) für Journalist*innen entwickelten „Wörterbuch neutraler Terminologie" (ukr. *slovnyk nejtral'noï terminologiï*/rus. *slovar' nejtral'noj terminologii*) (vgl. IMI 2015; Novosolova und Jacura 2018: 299). Der Grund für die Orientierung an diesem Wörterbuch besteht darin, dass aggressive Bezeichnungen vermieden und die Kämpfer*innen nicht heroisiert werden sollen (vgl. Novosolova und Jacura 2018: 299–300). Aus Gründen der Ökonomie und Praktikabilität habe ich aus dieser Liste einige Bezeichnungen ausgewählt und mit eigenen Vorschlägen ergänzt, sodass sich für die auf Deutsch verfasste Arbeit folgende Termini zur Benennung der Situation in der (Ost-)Ukraine sowie der einzelnen Konfliktparteien ergeben haben: Die Situation im Donbass wird in der vorliegenden Arbeit als „Konflikt" bzw. „Krieg"[2], die Kämpfer in der Ostukraine als „Separatisten", „Aufständische" oder „Opolčency"[3] und die auf Seite von Kiew kämpfenden Soldaten als „ukrainische Seite", „ukrainische Armee" sowie „offizielle Ukraine" bezeichnet. Die „Annexion" der Krim durch Russland wird in der Arbeit ebenso als Terminus verwendet wie die „Wiedervereinigung", „Angliederung" sowie der „Beitritt".

Schon anhand dieser wenigen Termini zeigt sich, wie wichtig und zugleich schwierig eine möglichst neutrale Benennung der Ereignisse und Akteur*innen ist. Durch die Offenlegung dieses Problems bzw. dieser Schwierigkeit wird zum einen versucht, die Objektivität der Arbeit zu erhöhen. Zum anderen sind diese Selbstreflexion, kritische Distanz sowie Transparenz bereits wichtige Kriterien für die in dieser Arbeit unternommene Kritische Diskursanalyse.[4]

Transliteration

Eine ähnliche Schwierigkeit wie die Bezeichnung der Ereignisse sowie der Konfliktparteien stellen die Toponyme und die Personennamen (z. B. von Politiker*innen) aus der Ukraine dar, da es diese jeweils sowohl in einer ukrainischen als auch in einer russischen Variante gibt. In Anlehnung an Kuße (2019) sowie Jobst (2020) wurde für die vorliegende Publikation folgende Schreibweise festgelegt: In Teil I und II der Arbeit werden jeweils die ukrainische und die russische Variante der Toponyme und Personennamen aus der Ukraine angeführt und mit einem Schrägstrich voneinander getrennt (z. B. Slov'jans'k/Slavjansk).[5] Wenn bei den Toponymen jedoch eine gängige deutsche Bezeichnung existiert,

---

2 In russischen Medien wird die Bezeichnung *vojna* (dt. *Krieg*) für die Ereignisse in der Ukraine vermieden (vgl. Belov 2016; Novosolova und Jacura 2018), da es sich dabei um einen „innerukrainischen Konflikt" handle (Galushko 2019: 29). In westlichen Medien wird ab April 2014 aufgrund der Zuspitzung der Ereignisse jedoch von einem Krieg gesprochen (vgl. z. B. Halling 2017).
3 Die Bezeichnung „Opolčency" (dt. *Volksmiliz*, *Heimatverteidiger*) wird vor allem bei der integrativen Inhaltsanalyse sowie bei der Diskursanalyse verwendet, da dies der Begriff ist, der im russischen Ukrainediskurs für die Aufständischen im Donbass hauptsächlich verwendet wird und die vorliegende Arbeit den russischen Diskurs untersucht. Während der Begriff vom renommierten russischen Linguisten Maksim Krongauz als „neutral" eingestuft wird (vgl. Knorre-Dmitrieva 2014), sehen Norman (2015, 2020) und Belov (2016) den Terminus positiv konnotiert.
4 Siehe dazu Kapitel III.9.
5 Das betrifft jedoch nur Fälle, wo sich die ukrainische und russische Transliteration voneinander unterscheiden. Wenn das nicht der Fall ist, wie beispielsweise bei Viktor Juščenko, werden den Vor- und Nachname nur einmal angeführt.

wie beispielsweise *Kiew*, *Moskau*, *Krim*, *Donbass* oder *Odessa*, wird in der gesamten Arbeit diese Schreibweise bevorzugt. Dasselbe gilt für wichtige politische bzw. historische Termini (z. B. Perestroika, Bolschewiki). Als Referenz dafür dient die Online-Version des Duden.

Da sich die vorliegende Arbeit der Analyse der russischen Medien widmet und die analysierte Sprache somit Russisch ist, werden die Toponyme sowie die genannten Personen aus der Ukraine bei den Analysen im Teil III der Arbeit aus dem Russischen (z. B. Sergej Aksënov) bzw. ihre im Russischen geläufige Benennung (z. B. Petro Porošenko) transliteriert. In Bezug auf die ukr. *Verchovna Rada*/rus. *Verchovnaja Rada* gilt dasselbe: Im Teil III der Arbeit wird sie aus dem Russischen transliteriert, in Teil I und II werden sowohl der ukrainische als auch der russische Terminus mit Schrägstrich angeführt.

Danksagung

An dieser Stelle möchte ich allen danken, die mich bei dem Prozess der Entstehung dieser Arbeit unterstützt haben, allen voran meiner Betreuerin Ursula Doleschal sowie meinem Betreuer Thomas Schröder für ihre hilfreichen Tipps und Anregungen in Bezug auf die Fachliteratur und Terminologie. Ein besonderer Dank gilt Eva Binder, die mir, wie schon so oft, auch bei dieser Arbeit mit Rat und Tat zur Seite gestanden hat und mich als ausgewiesene Kennerin der russischen Medien immer wieder konzeptionell unterstützt hat. Impulsgebend für die vorliegende Arbeit (Dissertation) war außerdem der interdisziplinäre FWF-Antrag zur quantitativen und qualitativen Analyse der medialen Propagandakampagne Russlands während des Ukrainekonflikts (2014), in dem ich miteingebunden war und der im Februar 2017 unter der Leitung von Matthias Zeppelzauer, Eva Binder und Adelheid Heftberger eingereicht wurde.[6] Danken möchte ich auch Wolfgang Stadler für die vielen Literaturtipps und den Anstoß, die Arbeit zu Ende zu bringen. Zu weiterem Dank bin ich meinen Kolleginnen und russischen Muttersprachlerinnen verpflichtet, die mir bei der Transkription der Talkshowsendungen und deren Überarbeitung geholfen haben, insbesondere Joulia Köstenbaumer, Marina Regeda und Adel' Huspek. Nicht zuletzt möchte ich mich an dieser Stelle auch bei Theresa Frank bedanken, welche die Arbeit auf ihre sprachliche Korrektheit überprüft hat, sowie bei meinen beiden Gutachtern, Holger Kuße und Edgar Hoffmann.

---

6 Der FWF-Antrag wurde abgelehnt.

Inhaltsverzeichnis

Landkarte der Ukraine —— V

Vorwort —— VII

Danksagung —— XI

Abbildungsverzeichnis —— XVII

Einleitung —— 1

Teil I: Propaganda: Theorie & Forschung

1	**Propaganda: Allgemeine Begriffsdefinition —— 7**	
1.1	Zum Terminus Propaganda —— 7	
1.1.1	Etymologie und historische Begriffsentwicklung —— 7	
1.1.2	Der Begriff *Propaganda* aus wissenschaftlicher Perspektive —— 9	
1.2	Propaganda oder Fake News? —— 14	
1.3	Propaganda in Russland heute: Charakteristika und Unterschied zur sowjetischen Propaganda —— 16	
2	**Forschungsüberblick: Propaganda, Film und Fernsehen im sowjetischen und postsowjetischen Russland —— 22**	
2.1	Ansätze zur Analyse von Propaganda im sowjetischen Film und Fernsehen —— 22	
2.2	Allgemeine Ansätze zur Analyse des russischen Fernsehens —— 24	
2.3	Ansätze zur Analyse russischer TV-(Talk-)Shows —— 27	
2.4	Zusammenfassung —— 28	
3	**Forschungsüberblick: (Russische) Propaganda und der Konflikt in der Ukraine (2014) —— 30**	
3.1	Internet und soziale Netzwerke —— 30	
3.2	Online-Zeitungen und Printmedien —— 33	
3.3	Fernsehen, politische Reden und Parlamentsdebatten —— 35	
3.4	Kombinierte (Medien-)Analysen —— 36	
3.5	Zusammenfassung und Forschungsfragen der Arbeit —— 39

Teil II: Der Ukraine-Konflikt, das russische (Staats-) Fernsehen und die TV-Talkshow

4 Der Ukraine-Konflikt 2014/15: Chronik der Ereignisse —— 45
4.1   Der Euromajdan: Die Ereignisse im Winter 2013/2014 —— 46
4.2   Die Aufnahme der Krim in die Russische Föderation und der Ausbruch des Krieges in der Ostukraine —— 50
4.2.1   Die Ereignisse auf der Krim —— 50
4.2.2   Der Krieg in der Ostukraine —— 53
4.3   Der weitere Kriegsverlauf in der Ostukraine und der Waffenstillstand 2015 —— 58

5 Das russische (Staats-)Fernsehen —— 61
5.1   Das Informations- und Vertrauensmedium in Russland —— 61
5.2   Die wichtigsten (staatlichen) Fernsehkanäle —— 64
5.2.1   *Pervyj kanal*, *Rossija-1* und *NTV* —— 65
5.2.2   *RT* und *Dožd'* —— 69
5.3   Veränderungen und Besonderheiten im Jahr 2014 —— 71

6 Die Talkshow als Forschungsgegenstand —— 76
6.1   Die Entwicklung der Talkshow in Russland: Kurzer Überblick —— 76
6.2   Definition und funktionale Bestandteile von Talkshows —— 78
6.2.1   Der/die Moderator*in —— 81
6.2.2   Die Talkshowgäste —— 83
6.2.3   Das Studiopublikum und die Fernsehzuseher*innen —— 86
6.2.4   Visuelle Formen der Präsentation —— 87
6.3   Typisierung von Talkshows —— 90
6.3.1   Allgemeine Typisierungen —— 90
6.3.2   Versuch einer Typisierung russischer Talkshows 2014 —— 93
6.4   Talkshows und ihre gesellschaftliche Funktion —— 107

7 Zusammenfassung und Forschungsfragen —— 114

Teil III: Quantitative und qualitative Analyse russischer TV-Talkshows des Jahres 2014

8 Integrative Inhaltsanalyse —— 119
8.1 Definition —— 119
8.2 Dokumentation der Inhaltsanalyse —— 121
8.2.1 Planungsphase —— 121
8.2.2 Entwicklungsphase —— 127
8.2.3 Test- und Anwendungsphase —— 128
8.3 Auswertung und Interpretation der Ergebnisse —— 133
8.3.1 Verifizierung der Hypothesen —— 137
8.3.2 Beantwortung der Forschungsfrage (FF 1) —— 150

9 Kritische Diskursanalyse —— 153
9.1 Allgemeiner Überblick —— 153
9.2 Die Kritische Diskursanalyse (KDA) nach Siegfried Jäger —— 156
9.2.1 Diskurs, Macht und Wirkung —— 157
9.2.2 Terminologische Grundlagen der KDA —— 160
9.2.3 Die Methode der KDA und ihre Grenzen —— 163
9.3 Forschungsdesign der qualitativen Analyse —— 164
9.3.1 Strukturanalyse —— 165
9.3.2 Feinanalyse —— 168
9.3.3 Bestimmung und Begründung der Fallbeispiele —— 176
9.3.4 Datenaufbereitung und Transkription —— 179

10 Durchführung und Ergebnisse der Kritischen Diskursanalyse: Zwei Fallbeispiele —— 183
10.1 Fallbeispiel 1: Beitritt der Krim zur Russischen Föderation (März/April 2014) —— 183
10.1.1 Institutioneller Kontext —— 185
10.1.2 Thematische Schwerpunkte —— 198
10.1.3 Allgemeine Darstellung der Ukraine in den Krim-Talkshows —— 201
10.1.4 Die Krim als Teil Russlands —— 209
10.1.5 Zusammenfassung der Analyse —— 266
10.2 Fallbeispiel 2: Krieg in der Ostukraine (September/Oktober 2014) —— 269
10.2.1 Institutioneller Kontext —— 271
10.2.2 Thematische Schwerpunkte —— 283

10.2.3	(Audio-)Visuelle Mittel —— **285**
10.2.4	Darstellung des Konflikts —— **314**
10.2.5	Darstellung der Konfliktparteien —— **317**
10.2.6	Vorwürfe und Anschuldigungen —— **373**
10.2.7	Zusammenfassung der Analyse —— **399**

11 Fazit und Ausblick —— 404

Anhang I —— 411

Anhang II —— 427

Anhang III Kurzporträts der untersuchten Talkshowsendungen —— 437

Bibliographie —— 449

Register —— 475

Abbildungsverzeichnis

Abbildung 1	Quelle: Levada-Umfrage vom 22.–25. Juli 2016, in 48 Regionen der russischen Föderation, an 137 Orten, N = 1600, veröffentlicht am 12.08.2016 unter https://www.levada.ru/2016/08/12/14111/; letzter Zugriff: 05.05.2021 —— 63
Abbildung 2	Vierteilige Typisierung russischer Talkshows des Jahres 2014 auf dem *Pervyj kanal* sowie *Rossija-1* —— 95
Abbildung 3	Kategoriensystem mit Identifikationskennzahlen —— 132
Abbildung 4	Anzahl der Talkshows mit und ohne Ukrainebezug (nach Subgenres) im Jahr 2014 —— 134
Abbildung 5	Monatliche Anzahl der Talkshowsendungen mit Ukrainebezug 2014 —— 135
Abbildung 6	Häufigkeit der Codierungen aller Kategorien (insgesamt) in ukrainebezogenen Talkshows —— 138
Abbildung 7	Monatliche Verteilung der Hauptkategorie „Bewaffneter Konflikt/ Ereignisse i.d. Ostukraine" sowie aller dazugehörigen Subkategorien —— 139
Abbildung 8	Monatliche Verteilung der Hauptkategorie „Nationalistische und faschistische Kräfte in der Ukraine" sowie der dazugehörigen Subkategorien —— 141
Abbildung 9	Verteilung des Subgenres Polit-Talk auf dem *Pervyj kanal* und *Rossija-1* —— 147
Abbildung 10	Liste der Transkriptionssymbole und -konventionen für die Sprechbeiträge aus den Talkshowsendungen —— 180
Abbildung 11	Frequenz von Hate-Speech-Termini in den analysierten Talkshowsendungen (blau – Talkshows auf dem *Pervyj kanal*; rot – Talkshows auf *Rossija-1*) —— 204
Abbildung 12	Wahlplakat vor dem Referendum mit der Aufschrift „Stopp Faschismus! Alle zum Referendum!" (*Special'nyj korrespondent*, 19.03.2014, 00:30:32–00:30:33) —— 213
Abbildung 13	Festveranstaltung zum Beitritt der Krim am Roten Platz in Moskau am 18.03.2014, Aufschrift im Hintergrund; „Die Krim in meinem Herzen" (*Krym v moëm serdce*) (Quelle: ridus.ru/news/156700.html) —— 245
Abbildung 14	Aleksandr Toršin (links) und Sergej Železnjak (rechts) mit Georgsbändchen (*Voskresnyj večer s Vladimirom Solov'ëvym*, 18.03.2014) —— 257
Abbildung 15	Russische Nationalflaggen (links) und jubelnde Menge (rechts) nach dem Krim-Referendum (*Voskresnyj večer s Vladimirom Solov'ëvym*, 17.03.2014) —— 258
Abbildung 16	Maschinengewehr in *Special'nyj korrespondent*. Links ohne Zoom, rechts mit Zoom. (*Special'nyj korrespondent*, 09.09.2014, 00:08:00–00:08:04) —— 287
Abbildung 17	Opolčenec mit Maschinengewehr (*Special'nyj korrespondent*, 09.09.2014, 00:10:34–00:11:41) —— 288

Abbildung 18　Weinende Ikone des Hl. Nikolaj (*Special'nyj korrespondent*, 09.09.2014, 00:15:20) —— 290
Abbildung 19　Medikamente und Spritzen in einer Kirche (*Special'nyj korrespondent*, 09.09.2014, 00:15:28) —— 290
Abbildung 20　Massengrab bei Nižnjaja Krynka (*Vremja pokažet*, 13.10.2014, 00:42:12) —— 291
Abbildung 21　Panzermänner mit gefesselten Füßen (*Politika*, 08.10.2014, 00:00:50) —— 293
Abbildung 22　Nackte Männerleichen (*Politika*, 08.10.2014, 00:19:19) —— 294
Abbildung 23　Ausgebranntes Auto (*Special'nyj korrespondent*, 09.09.2014, 00:14:11) —— 296
Abbildung 24　Ukrainischer „Bulat" mit abgetrenntem Turm (*Special'nyj korrespondent*, 09.09.2014, 00:13:54) —— 298
Abbildung 25　Gordon zeigt Bom den Mittelfinger (*Politika*, 08.10.2014, 00:45:42) —— 298
Abbildung 26　Gordon dringt in Boms Intimzone ein (*Politika*, 08.10.2014, 00:48:11) —— 299
Abbildung 27　Aleksandr Rogatkin mit Helm und kugelsicherer Weste (*Special'nyj korrespondent*, 09.09.2014, 00:06:49) —— 300
Abbildung 28　Kämpfer der Opolčency (*Special'nyj korrespondent*, 09.09.2014, 00:06:43) —— 300
Abbildung 29　Froschperspektive (*Special'nyj korrespondent*, 09.09.2014, 00:07:12) —— 301
Abbildung 30　Detailaufnahme eines Maschinengewehrs (*Special'nyj korrespondent*, 09.09.2014, 00:08:17) —— 301
Abbildung 31　Over-the-shoulder-Aufnahme (*Special'nyj korrespondent*, 09.09.2014, 00:07:18) —— 302
Abbildung 32　Subjektivierung (*Special'nyj korrespondent*, 09.09.2014, 00:07:51) —— 302
Abbildung 33　Reduziertes Licht im Trailer (*Special'nyj korrespondent*, 09.09.2014, 00:00:13) —— 304
Abbildung 34　Reduziertes Licht in der Reportage (*Special'nyj korrespondent*, 09.09.2014, 00:08:28) —— 305
Abbildung 35　Viktorija Golenickaja mit Tränen im Gesicht (*Mužskoe/Ženskoe*, 13.10.2014, 00:07:45) —— 306
Abbildung 36　Anna Golenickaja und die Moderatorin Julija Baranovskaja (*Mužskoe/Ženskoe*, 13.10.2014, 00:11:19) —— 307
Abbildung 37　Viktorija Golenickaja (extreme close-up) (*Mužskoe/Ženskoe*, 13.10.2014, 00:09:37) —— 307
Abbildung 38　Frau im Publikum (*Mužskoe/Ženskoe*, 13.10.2014, 00:26:33) —— 308
Abbildung 39　Raisa Lichičenko, Dorfbewohnerin von Novosvetlovka (*Special'nyj korrespondent*, 09.09.2014, 00:14:37) —— 309
Abbildung 40　Metonymisches Text-Bild-Verfahren (*Special'nyj korrespondent*, 09.09.2014, 00:05:49–00:05:59) —— 310
Abbildung 41　Panzerhaubitze (*Special'nyj korrespondent*, 09.09.2014, 00:09:45) —— 312

Abbildung 42	Blindgänger auf einer Straße (*Special'nyj korrespondent*, 09.09.2014, 00:17:44) —— **313**	
Abbildung 43	Frequenz von Hate-Speech-Termini in den analysierten Talkshowsendungen (blau – Talkshows auf dem *Pervyj kanal*; rot – Talkshows auf *Rossija-1*) —— **318**	
Abbildung 44	Screenshot von Oleg Kirillov (*Vremja pokažet*, 13.10.2014, 00:52:06) —— **345**	

Einleitung

> We have [...] learned that in order not to fear propaganda, we must first understand it.
> (Jowett und O'Donnell 1990: 11)

Propaganda zu verstehen, indem ihre Funktionsweisen aufgedeckt werden, ist gerade in der heutigen Zeit der medialen Informationsflut, im Zeitalter von Fake News, Alternative Facts und der Verfügbarkeit einer Vielzahl unterschiedlicher Informationsressourcen unabdingbar. Vor allem während Konflikten und Kriegen, wie im aktuellen Krieg in der (Ost-)Ukraine, verbreiten Medien Propaganda, um die Meinung eines bestimmten Publikums zu einem bestimmten Zweck zu manipulieren. Informationen werden dadurch zu Waffen und spielen eine zentrale Rolle dabei, die Rezipient*innen von einem spezifischen Standpunkt zu überzeugen. Eine wichtige Position nimmt in diesem Zusammenhang das russische Fernsehen ein, da es staatlich kontrolliert ist und nach wie vor über eine enorme Reichweite verfügt. Das Fernsehen ist überdies das Medium, in dem im Jahr 2014 ein Informationskrieg (*informacionnaja vojna*) ausgerufen wurde.

Zahlreiche Forschungsarbeiten befassen sich daher bereits mit der Untersuchung des russischen Fernsehens und konzentrieren sich dabei vor allem auf Nachrichtensendungen. Neben diesen Informationssendungen spielen jedoch auch TV-Talkshows eine zentrale Rolle bei der Verbreitung und Vermittlung bestimmter Informationen sowie der Manipulation des Publikums. Allerdings haben sich erst wenige Arbeiten mit diesem Genre, das neben politischen auch nichtpolitische Talkshows umfasst, beschäftigt. Diese Lücke möchte die vorliegende Arbeit schließen, indem sie der Frage nachgeht, wie die Ukraine und der Krieg in russischen Talkshows des Jahres 2014 dargestellt und welche Strategien von Propaganda darin verwendet werden.

Die Arbeit, die zur Aufklärung über die im Fernsehen verwendeten Propagandastrategien beitragen möchte, hat folgende Ziele: Zum einen will sie mithilfe einer quantitativen Analyse den Stellenwert von Talkshows auf den zwei wichtigsten staatlichen Sendern, dem *Pervyj kanal* und *Rossija-1*, herausarbeiten und die Reaktion des Fernsehens auf die Ereignisse in der Ukraine nachzeichnen. Diese Analyse ist der Beantwortung der ersten Forschungsfrage (FF 1) gewidmet:

- **FF 1:** Wie viele Talkshowsendungen haben sich im Jahr 2014 auf derm *Pervyj kanal* und *Rossija-1* mit der Ukraine bzw. mit einem ukrainebezogenen Thema beschäftigt und in welche Unterthemen können diese eingeteilt werden?

Zum anderen will die Arbeit mithilfe der Kritischen Diskursanalyse von zwei Fallbeispielen sowohl die visuelle als auch die sprachliche Darstellung der Ukraine wie auch der anderen Parteien in diesem Konflikt untersuchen. Die zwei weiteren Forschungsfragen (FF 2 und FF 3) der vorliegenden Arbeit lauten daher wie folgt:

- **FF 2:** Welche Aussagen wurden in ausgewählten Promi-, Polit-, Trivial- sowie Spezial-Talks[7] über die Ukraine gemacht und sind Unterschiede in Bezug auf diese Aussagen zwischen den einzelnen Subgenres der Talkshows feststellbar?
- **FF 3:** Mithilfe welcher sprachlichen und visuellen Mittel wird in den ausgwählten Talkshows gearbeitet, um die Ukraine bzw. die ukrainische Seite darzustellen, und inwiefern können diese Mittel als Propagandastrategien identifiziert werden?

Für das Forschungsvorhaben der Arbeit sind TV-Talkshows aus drei Gründen besonders geeignet: Erstens bieten Talkshows mit ihrem Mix aus Information und Unterhaltung Platz für die Verbreitung von Lügen, absurden Behauptungen und Widersprüchen. Zweitens eignen sie sich aufgrund ihrer Serialität für die Wiederholung bestimmter Botschaften. Drittens sind Talkshows, wie der deutsche Sprachwissenschaftler Werner Holly festhält, „prototypisch für das Fernsehen insgesamt", da sie „die zentrale Rolle des Fernsehens als Medium des Alltags und der Populärkultur" (Holly 2002: 359) am eindrucksvollsten belegen.

Die vorliegende Publikation umfasst drei Teile und gliedert sich in insgesamt elf Kapitel. Im ersten Teil (I) der Arbeit (Kapitel I.1–I.3) werden der Begriff Propaganda definiert und die spezifischen Propagandastrategien im heutigen Russland herausgearbeitet (Kapitel I.1). Im Anschluss daran wird der Forschungsstand wiedergegeben, wobei zuerst ein breiter Überblick über bisherige Analysen zu Propaganda, Film und Fernsehen im sowjetischen und postsowjetischen Russland erfolgt (Kapitel I.2). Daran anknüpfend wird auf bereits existierende Untersuchungen zu (russischer) Propaganda und dem Konflikt in der Ukraine (2014) eingegangen (Kapitel I.3), um die Forschungslücke aufzuzeigen, die eigene Analyse zu verorten und die bereits in der vorliegenden Einleitung angeführten Forschungsfragen aus dem bisherigen Forschungsstand abzuleiten. Der zweite Teil (II) widmet sich dem Forschungszeitraum sowie dem Forschungsgegenstand der Arbeit. So wird zunächst ein chronologischer Überblick über die Ereignisse des Jahres 2014 in der Ukraine gegeben (Kapitel II.4), um die wichtigsten Geschehnisse des Jahres noch einmal in Erinnerung zu rufen. In weiterer Folge wird das russische Fernsehen allgemein beschrieben, die wichtigsten Fernsehsender charakterisiert und die

---

7 Zur Typisierung von Talkshows im russischen Fernsehen siehe Abschnitt II.6.3.2.

Veränderungen im Fernsehen des Jahres 2014 dokumentiert (Kapitel II.5). Anschließend werden die Spezifika des Genres Talkshow vorgestellt und eine Typisierung der Talkshows des Jahres 2014 vorgenommen (Kapitel II.6), um sie für die nachfolgenden Analysen (Teil III) zu ordnen und zu kategorisieren. Den Abschluss der ersten beiden Teile (I und II) bildet deren Zusammenfassung sowie die Vorstellung der Forschungsfragen (II.7).

Am Beginn des dritten Teils der Arbeit (III) steht die quantitative Analyse russischer TV-Talkshows auf dem *Pervyj kanal* und *Rossija-1*, um darzulegen, wie viele Talkshowsendungen im Jahr 2014 einen Ukrainebezug haben (Kapitel III.8). Im Anschluss daran erfolgt die Präsentation der qualitativen Methode, der Kritischen Diskursanalyse, die Begründung für die Wahl dieser Methode sowie die Bestimmung der Fallbeispiele (Kapitel III.9). Im darauffolgenden Kapitel (Kapitel III.10) werden die Ergebnisse der Kritischen Diskursanalyse anhand von zwei Fallbeispielen präsentiert und detailliert dargelegt, wie die Ukraine sowohl visuell als auch sprachlich in diesen Sendungen dargestellt wird. Dabei widmet sich das erste Fallbeispiel dem Beitritt der Krim zur Russischen Föderation und das zweite Fallbeispiel dem Krieg in der (Ost-)Ukraine. Den Abschluss bildet das Fazit der Arbeit (Kapitel III.11), in dem die Ergebnisse der Analysen zusammengefasst und somit die Forschungsfragen beantwortet, die Grenzen der Arbeit aufgezeigt und ein Ausblick gegeben werden.

Teil I: **Propaganda: Theorie & Forschung**

1 Propaganda: Allgemeine Begriffsdefinition

Im vorliegenden Kapitel wird *Propaganda* definiert, indem zunächst ihre historische Begriffsentwicklung nachgezeichnet und anschließend auf ihre wissenschaftliche Betrachtung eingegangen wird. Nach der begrifflichen Abgrenzung zu *Fake News* werden sodann die Charakteristika von Propaganda im heutigen Russland aufgezeigt.

1.1 Zum Terminus Propaganda

1.1.1 Etymologie und historische Begriffsentwicklung

> The truth, nothing but the truth and, as near as possible, the whole truth.
> Sir John Reith (Britisches Informationsministerium, 1940)

Der Terminus *Propaganda* stammt vom lateinischen Verb *propagare*, das im Deutschen mit *verbreiten, (weiter) ausbreiten* oder *fortpflanzen* wiedergegeben werden kann, und bedeutet allgemein die Verbreitung bestimmter Ideen und Ansichten mit dem Ziel der Beeinflussung eines Publikums. Zur Bezeichnung der Münzpropaganda von Julius Cäsar sowie anderer römischer Kaiser war der Begriff bereits in der Antike geläufig (vgl. Jowett und O'Donnell 1990: 40).[8] Die Herkunft und tatsächliche Verwendung des Begriffs kann allerdings nur bis in die Zeit der Reformation zurückverfolgt werden, wo *Propaganda* in Zusammenhang mit der Verbreitung und Sicherung des katholischen Glaubens aufscheint (vgl. Arnold 2003; Bussemer 2008; Fellows 1959).

Während *Propaganda* zur Zeit der Aufklärung eine polemische Bedeutung erhielt, war sie im deutschen Vormärz und der anschließenden Märzrevolution 1848/49 positiv konnotiert und erfuhr eine Begriffserweiterung als „ideologische Werbung verschiedener politischer Gruppen" (vgl. Arnold 2003: 65). Die zunehmende Verschmelzung zwischen *Propaganda* und *Werbung* hielt bis in die 1930er Jahre an, wo die beiden Termini wieder strikter voneinander getrennt wurden (vgl. Arnold 2003: 65; Bussemer 2008: 29).

In Verbindung mit der technischen Weiterentwicklung von Kommunikationsmitteln erfuhr *Propaganda* zu Beginn des 20. Jahrhunderts einen Bedeutungswan-

---

[8] Welch (2013) als auch Tal und Gordon (2016) gehen teilweise sogar noch weiter zurück, indem sie den Ursprung der Propaganda bei den ägyptischen Pyramiden ansetzen, welche die Allmächtigkeit der Herrscher ‚propagierten' (vgl. Tal und Gordon 2016: 182; Welch 2013: 5).

https://doi.org/10.1515/9783110778373-002

del (vgl. Brown 1963: 11). Vor allem der Erste Weltkrieg veränderte das Verständnis von Propaganda maßgeblich, da sie militarisiert und als Waffe eingesetzt wurde, um die eigenen Truppen zu unterstützen und die Moral der gegnerischen Soldaten zu schwächen und diese zu diffamieren (vgl. Welch 2013: 15).

Nach dem Ersten Weltkrieg und in Zusammenhang mit der „Vorstellung einer Massengesellschaft" bildete sich allmählich eine „kritisch-reflektierende Sichtweise von im großen Rahmen bewusst und geplant eingesetzter persuasiver Kommunikation" (Arnold 2003: 65), die das Individuum beeinflusst, heraus. Mit dem wachsenden Einfluss der Massenmedien erkannten auch die Regierungen den Nutzen von Propaganda für politische Zwecke, allen voran die nach dem Ersten Weltkrieg neu entstandenen autoritären Regime wie die Sowjetunion, das Faschistische Italien oder Nazi-Deutschland (vgl. Bussemer 2008: 26; Welch 2013: 16). Insbesondere das Radio wurde in den 1920er Jahren[9] aufgrund seiner Reichweite zum idealen Propagandainstrument (vgl. Welch 2013: 16) und fortan immer weiter ausgebaut. Für die Verbreitung der internationalen Propaganda galt hingegen der Film, der vor allem bei den Bolschewiken sehr beliebt war, als das bedeutendste Medium (vgl. Abschnitt I.2.1).

In den 1930er Jahren wurde *Propaganda* in den USA zunehmend negativ begriffen und als „Gefahr für die Demokratie" (Arnold 2003: 65) angesehen. Für die Aufklärung der einzelnen Bürger*innen wurde daher ein Institut für die Analyse von Propaganda gegründet. Diese kritische und negative Einstellung gegenüber Propaganda änderte sich jedoch mit dem Ausbruch des Zweiten Weltkriegs, wo alle Beteiligten, darunter auch demokratische Gesellschaften, bestimmte Informationen und Meinungen zur Beeinflussung der Rezipient*innen verbreiteten (vgl. Welch 2013: 20; Arnold 2003: 66).

Nach dem Zweiten Weltkrieg fand die Propaganda während des Kalten Krieges ihre Fortsetzung. In der Bundesrepublik Deutschland erhielt der Begriff wieder eine zunehmend negative Konnotation, und auch in den USA wurde er als „kritische Bezeichnung für persuasive Kommunikation" (Arnold 2003: 66) verwendet oder durch andere Begriffe, wie zum Beispiel *Werbung*, *public diplomacy* oder *Public Relations* (*PR*), ersetzt.[10] Beispiele von Konflikten und Kriegen am Ende des 20. und zu Beginn des 21. Jahrhunderts zeigen, dass bei der Verbreitung

---

9 Das Radio wurde zwar bereits während des Ersten Weltkriegs als Propagandamittel genutzt, hatte jedoch aufgrund der Übertragung mithilfe von Morsezeichen nur begrenzten Einfluss (vgl. Welch 2013: 16).
10 Während Arnold (2003) die Propaganda von der Werbung und den PR klar abgrenzt, setzen beispielsweise Bussemer (2008) oder Chomsky (2003) diese Begriffe auf eine Ebene.

von Propaganda heute in erster Linie elektronische Medien, allen voran das Fernsehen und das Internet, eine zentrale Rolle spielen.[11]

Diese kurze Nachzeichnung der Entwicklung des Terminus *Propaganda* demonstriert, wie wechselhaft seine Verwendung sowie seine Konnotationen im Laufe der Jahrhunderte waren. Im Sprachgebrauch des 21. Jahrhunderts existiert eine parallele Verwendung eines engeren sowie eines weiteren Verständnisses von Propaganda. Das enger gefasste Verständnis von Propaganda verbindet sie mit totalitärer Informationskontrolle sowie der Unterdrückung der freien Meinung und räumt ihr eine große Wirkungsmacht ein (vgl. Bussemer 2008: 32). Weniger wirksam, dafür omnipräsent ist dagegen Propaganda in einem breiteren Verständnis, nämlich als fester Bestandteil demokratischer Gesellschaften (vgl. Chomsky 2003) in Form einer „professionell geplanten Meinungswerbung" (Bussemer 2008: 27). Einige Forscher*innen gehen daher davon aus, dass Propaganda nicht *a priori* negativ ist, sondern sie auch für „produktive Zwecke" eingesetzt werden und „Ordnung ins Chaos" bringen kann[12] (Bernays 1928: 159, Übers. d. Verf.). Sie sollte deshalb immer in ihrem Kontext, nach den Mitwirkenden und ihrem Zweck beurteilt werden: „Propaganda is not an evil thing. It can only be evaluated within its own context according to the players, the played upon, and its purpose" (Jowett und O'Donnell 1990: 217).

Eine derart breite Auffassung von *Propaganda* ist für die vorliegende Arbeit jedoch nicht sinnvoll, da diese sich aufgrund der Fokussierung auf das russische staatliche Fernsehen und die Berichterstattung über den Konflikt in der Ukraine mit einem enger gefassten Propagandaverständnis als Informationskontrolle und Beeinflussung zu Kriegszeiten beschäftigt.

1.1.2 Der Begriff *Propaganda* aus wissenschaftlicher Perspektive

Bereits seit Ende der 1920er Jahre findet eine wissenschaftliche Auseinandersetzung mit dem Begriff *Propaganda* statt. Diese hat ihren Ursprung bei Forschern aus dem US-amerikanischen Bereich, allen voran bei Harold D. Lasswell, einem der Pioniere der Propagandaforschung (vgl. Bussemer 2008: 30). Lasswell beschäf-

---

[11] Welch (2013: 24) nennt hier beispielsweise den Ersten Golfkrieg 1991, in dem der Begriff des „media war" populär wurde, den Kosovo-Krieg 1999, bei dem erstmals auch das Internet systematisch für die Verbreitung von Propaganda genutzt wurde, und den auf die Terrorattacke 9/11 folgenden „Globalen Krieg gegen den Terror".
[12] Entscheidend ist auch die Pluralität der Stimmen (*multiplicity of voices*), die einer konstruktiven Form der Propaganda eigen ist, nicht jedoch einer destruktiven Form, bei der nur eine Stimme bzw. ein Monopol auf Propaganda existiert (vgl. Welch 2013: 200).

tigte sich in seiner 1927 erschienenen Monographie *Propaganda Technique in the World War* intensiv mit der Kriegspropaganda im Ersten Weltkrieg und weist darin auf zwei zentrale und miteinander verknüpfte Charakteristika von Propaganda hin: die Steuerung (*management*) von Meinungen und Haltungen durch die direkte Manipulation (*direct manipulation*) gesellschaftlicher Ideen. Lasswell (1938: 9) hält zudem fest, dass Propaganda unter anderem mithilfe von Symbolen, Geschichten, Gerüchten, Bildern und anderen Formen sozialer Kommunikation ausgeübt wird, und somit erkannte er bereits zu Beginn des 20. Jahrhunderts die Relevanz semiotischer Elemente, darunter insbesondere von Sprache (*stories, rumours, reports*), die zu Propagandazwecken eingesetzt wird.

Die zentrale Rolle von Sprache bei Propaganda unterstrich auch James Brown in den 1960er Jahren, da Gedanken vorrangig durch gesprochene oder geschriebene Sprache geschaffen und verändert werden (vgl. Brown 1963: 9). Brown beschrieb zudem die emotionale Komponente, nämlich die Hervorrufung positiver oder negativer Emotionen, als „wesentlich" (*fundamental*) für Propaganda (vgl. Brown 1963: 12).

Auch Jacques Ellul beschäftige sich in den 1960er Jahren intensiv mit *Propaganda*. Tal und Gordon (2016) zufolge unterschied Ellul acht verschiedene Kategorien von Propaganda, darunter politische, soziologische oder emotionale Propaganda. In ihrem Artikel eruieren Tal und Gordon (2016) die heutige Bedeutung der früheren Studien von Jacques Ellul und zählen zunächst verschiedene Definitionen von *Propaganda* bekannter Propagandaforscher auf, darunter auch Edward Bernays und Harold Lasswell. Dabei kommen die Autor*innen zu dem Schluss, dass allen Definitionen folgendes Verständnis von *Propaganda* gemein ist: „[P]ropaganda is an organized attempt to influence a group of people, small or big" (Tal und Gordon 2016: 183). Trotz ihrer Einfachheit enthält diese sehr kurze Definition ein zentrales Wort für die Absicht von Propaganda: beeinflussen (*influence*), und zwar in Form des Versuchs der organisierten Beeinflussung (*organized attempt to influence*) von Menschen.

Arnold (2003) führt ebenfalls unterschiedliche Definitionen von *Propaganda* verschiedener Forscher*innen an und fasst *Propaganda* als „eine Form persuasiver Kommunikation, die [...] darauf gerichtet ist, Wahrnehmungen, Meinungen, Einstellungen, Verhalten etc. zu ändern" (Arnold 2003: 68) zusammen. Diese Definition von *Propaganda* erweitert jene von Tal und Gordon (2016), die auf den Versuch der Beeinflussung fokussiert, um die beabsichtigte (Ver)änderung von Gedanken. Außerdem wird hier *Propaganda* als „Kommunikation" definiert, ergo als Informations- bzw. Wissensaustausch. Dieser ist allerdings „persuasiv", das heißt, er will den/die Kommunikationspartner*in beeinflussen und eine Änderung seiner/ihrer Meinung, Einstellung etc. provozieren. Diese beabsichtigte Meinungsänderung ist jedoch nicht immer zwingend, sondern Propaganda kann auch bereits bestehende Meinungen bestätigen, verstärken und verschärfen, wie Fraser (1957: 196) treffend konstatiert: „[P]ropaganda can [...] activate emotions that are already in existence, if dormant, and bring them into full play and vigour." Somit erzielt Propaganda ihre größte Wirkung, indem sie bereits vorhandene Meinungen und Inhalte mit ihren eigenen Botschaften ‚überschreibt' (vgl. Brown 1963: 23; Jowett und O'Donnell 1990: 116; Bussemer 2008: 34).

Wie Arnold unterstreicht auch Welch (2013: 2) das persuasive Ziel von Propaganda. Gleichzeitig baut Welch (2013) Arnolds Definition aus, da er explizit die Schlüsselfigur für die Verbreitung von Propaganda, den/die Propagandist*in[13], in seine Definition miteinbezieht und erklärt, dass Propaganda bewusst ausgedacht wird, um direkt oder indirekt dem Eigeninteresse des/der Propagandist*in zu dienen. Welch (2013: 2) grenzt *Propaganda* außerdem deutlich von Information und Bildung ab, da Propaganda keine Wissenserweiterung oder Aufgeschlossenheit anstrebe, sondern auf Engstirnigkeit und Perspektivenlosigkeit abziele. Ein weiteres von ihm erwähntes Charakteristikum von Propaganda ist, dass sie den Menschen die Meinung vorgebe und somit normalerweise keine Pluralität von Meinungen zulasse (vgl. Welch 2013: 2).

Während Welch (2013) und Arnold (2003) *Propaganda* eher allgemeiner als eine Form persuasiver Kommunikation bzw. als mit bestimmter Absicht verbreitete Ideen definieren, konzentrieren sich Chomsky (2003) und Bussemer (2008) in ihrer Definition und Beschreibung von *Propaganda* stärker auf deren Vermittlungsinstanz: die Medien. So geht zum Beispiel Chomsky (2003: 33) in seinem Propaganda-Modell davon aus, dass die Medien im Interesse einer Elite, sogenannter „Spezialisten", arbeiten und in ihrem Sinne die öffentliche Meinung beeinflussen und gesellschaftlichen Konsens herstellen. Somit sind diejenigen, die Welch (2013) als „Propagandisten" bezeichnet bei Chomsky (2003) „Spezialisten" – eine kleine Gruppe von Mächtigen, die sich um die große restliche Gruppe von Menschen, die „Herde", kümmert, indem sie diese ablenkt und ihre Meinung beeinflusst.

An dieser Stelle sei auch auf den Zusammenhang zwischen Propaganda und Macht(missbrauch) hingewiesen, da Propaganda einerseits ein Instrument ist, das die Mächtigen zur Machtsicherung und zum Machterhalt einsetzen, um die anderen von der Macht fernzuhalten (vgl. Chomsky 2003: 35), und andererseits auch dazu dienen kann, sich gegen diejenigen, die an der Macht sind, zu wenden und diese sogar zum Sturz zu bringen (vgl. Bussemer 2008: 34; Welch 2014: 5).

---

[13] In dieser Definition von Welch wird der/die Propagandist*in im Singular genannt. Es ist allerdings davon auszugehen, dass für die Erstellung und Verbreitung von Propaganda mehrere Propagandist*innen aktiv sind.

Eine genauere Bestimmung findet *Propaganda* zum einen teilweise durch den Begriff der *Manipulation*, die Lasswell und Arnold allerdings mehr als eine Technik denn als Ziel verstehen (vgl. Arnold 2003: 69; Lasswell 1938: 9). Zum anderen wird *Propaganda* durch *Ideologie* näher bestimmt. In diesem Zusammenhang spricht Bussemer (2008: 34) von einem „bestimmte[n] ideologische[n] Programm", das propagiert wird. Arnold (2003) dagegen verortet die Verbindung zwischen *Ideologie* und *Propaganda* in ihrem ausschließlichen, absoluten Wahrheitsanspruch, da sich sowohl die Ideologie als „einzig mögliche Wahrheit" (Arnold 2003: 74) als auch die Propaganda als „ausschließliches und Wahrheit beanspruchendes Weltbild in der Öffentlichkeit" (Arnold 2003: 76) konstruieren. Propaganda operiert dabei mit unterschiedlichen Abstufungen der Wahrheit – von der direkten Lüge und Halbwahrheiten bis zur aus dem Zusammenhang gerissenen Wahrheit –, die sie der jeweiligen Effizienz unterordnet (vgl. Bussemer 2008: 33; Welch 2013: 29). Diese Konstruktion von (ideologischen) Wirklichkeiten oder Wahrheiten hat das Ziel, ein „entsprechendes Verhalten" zu evozieren (Arnold 2003: 74). Ebenso erklärt Welch (2013: 2), dass Propaganda Fakten so ‚verpackt', dass diese eine bestimmte Reaktion hervorrufen, die mithilfe bestimmter Techniken und Mittel, wie beispielsweise ständige Wiederholungen, Phraseologien, semiotische Kopplungen, die Verfälschung, Unterschlagung oder Manipulation von Informationen sowie starke Selektion, erreicht wird (vgl. Arnold 2003: 71; Bussemer 2008: 34). Außerdem zeichnet sich Propaganda dadurch aus, dass sie dazu neigt, ihr Selbstbild zu überhöhen und gleichzeitig das Fremd- bzw. Feindbild zu denunzieren (vgl. Bussemer 2008: 34). Auf diesem Weg erzeugt Propaganda ein Wir-Gefühl im Zielpublikum sowie ein stark ideologisiertes Weltbild (vgl. Arnold 2003: 79; Bussemer 2008: 34).

Zur besseren Übersicht werden an dieser Stelle die Techniken und Mittel, mit denen Propaganda arbeitet, anhand der bisher angeführten Literatur zusammengefasst und mit Informationen aus anderen Publikationen ergänzt (vgl. z. B. Cole 1998; Morelli 2004; Tilley 2005; Barabaš et al. 2015; Veebel 2016). Diese nachfolgenden *Techniken bzw. Strategien von Propaganda*, die darauf abzielen, das Publikum zu beeinflussen, sind vor allem für den empirischen Teil III der Arbeit von Bedeutung:

- **Dämonisierung des Gegners:** Wie bereits Bussemer (2008) und Arnold (2003) festhalten, ist die Denunzierung des Gegners und in Verbindung damit die Erstellung eines polarisierenden, ideologisierten Weltbildes eine der zentralen Strategien von Propaganda. Dem Feind werden dämonische Züge zugeschrieben und er wird als hochnäsig, niederträchtig, grausam, gewalttätig und gleichzeitig feige präsentiert (vgl. Morelli 2004: 35; Barabaš et al. 2015: 218). Oftmals wird die gegnerische Seite mithilfe stark pejorativer Termini abgewertet (*name calling*) (vgl. Cole 1998: 5; Tilley 2005: 72). In der

Kriegspropaganda wird dem Feind zudem die alleinige Schuld am Krieg gegeben, und ihm werden gezielte Grausamkeiten sowie die Verwendung illegaler Waffen unterstellt (vgl. Morelli 2004).
- **Demoralisierung des Gegners**: Neben der Darstellung des Gegners als das Böse *per se* wird dieser demoralisiert, indem beispielsweise auf dessen enorme Verluste, auf die katastrophalen Zustände im Land oder auf die allgemeine Schwäche des Gegners hingewiesen wird (vgl. Morelli 2004; Veebel 2016).
- **Heroisierung & Mobilisierung der eigenen Seite**: Die eigene Seite wird als direktes positives Gegenstück zum grausamen, niederträchtigen und feigen Feind präsentiert. Die eigene Seite kämpfe für positive Werte wie Freiheit, Ehre oder Unabhängigkeit (*glittering generality*) sowie für die gute Sache, die alle bzw. jeder unterstütze (*bandwagon technique*) (vgl. Cole 1998: 5; Tilley 2005: 72). Das eigene Vorgehen wird als „Verteidigung der Moral und der Zivilisation" dargestellt (Morelli 2004: 111) und legitimiert, denn eines der wichtigsten Ziele von Propaganda besteht in der Mobilisierung der Unterstützung durch die eigene Gruppe. Wer jedoch das eigene Vorgehen in Zweifel zieht oder Kritik daran übt, ist ein Verräter. Barabaš et al. (2015: 29) erklären daher, dass bereits die Beschuldigung des Gegners, einen Informationskrieg[14] zu führen, Teil des eigenen Informationskriegs sei.
- **Verwirrung, Widerspruch und Lügen**: Propaganda zielt nicht darauf ab, Klarheit zu schaffen oder die Wahrheit abzubilden, sondern sie präsentiert möglichst viele verschiedene Versionen eines Ereignisses (*card stacking*) bis hin zu direkten Lügen, um Verwirrung zu stiften und die Behauptung zu stärken, dass es keine Wahrheit gäbe (vgl. Brown 1963: 27; Cole 1998: 5; Barabaš et al. 2015: 314–315). Außerdem arbeitet sie häufig mit widersprüchlichen Aussagen, was von den Rezipient*innen jedoch kaum wahrgenommen wird (vgl. Barabaš et al. 2015: 314–315).
- **Emotionalität**: Ebenso wie Brown (1963: 12) konstatiert beispielsweise Morelli (2004: 97), dass „Propaganda und Gefühle [...] seit jeher untrennbar zusammen[gehören]". Tatsächlich ist das Erregen von Emotionen sowie von Interesse und Aufmerksamkeit eine wichtige Strategie von Propaganda (vgl. Barabaš

---

[14] Der Terminus *Informationskrieg* wurde in den 1970er Jahren in den USA geprägt und diente zur Benennung von Militärstrategien, die auf Informationstechnologien basieren. Barabaš et al. (2015: 10) definieren den Informationskrieg unter anderem als „hochkonzentrierte Propagandakampagnen", um die eigene Bevölkerung von der Rechtmäßigkeit und Notwendigkeit des Vorgehens der Regierung zu überzeugen. An dieser Definition von Informationskrieg als Propagandakampagnen zur Beeinflussung und Überzeugung der eigenen Bevölkerung orientiert sich auch die vorliegende Arbeit, da sie die Informationen, welche die russischen staatlichen Medien ihren eigenen Bürger*innen vermitteln, untersucht.

et al. 2015: 220), für deren Umsetzung meistens Spezialist*innen (Künstler*innen, Werbefachleute, Intellektuelle etc.) engagiert werden. Eine wesentliche Rolle bei der Erzeugung von Emotionen und somit der ideologischen Bearbeitung des Publikums spielen vor allem die gezeigten Bilder (siehe Abschnitt I.2.1).
- **Stereotype:** Menschen verarbeiten Informationen, die ihren eigenen Vorstellungen oder vorhandenen Meinungen entsprechen, besser als andere Informationen, und daher schafft Propaganda Stereotype, zu denen sie die nötigen Informationen liefert bzw. mit eigenen Informationen überschreibt (vgl. Fraser 1957: 196; Brown 1963: 26; Jowett und O'Donnell 1990: 116; Bussemer 2008: 34; Barabaš et al. 2015: 217).
- **Wiederholung:** Eine weitere zentrale Strategie von Propaganda ist die Wiederholung. Wenn eine Aussage häufig wiederholt wird, bleibt sie besser im Gedächtnis des Publikums haften und wird schließlich von ihm akzeptiert (vgl. Brown 1963: 27–28; Arnold 2003: 71; Bussemer 2008: 34).

Zusammenfassend lässt sich festhalten, dass es zwar keine einheitliche Definition von *Propaganda* gibt, aber vielen Definitionen gemein ist, dass sie *Propaganda* als medienvermittelte, organisierte, dem Interesse bestimmter Gruppen dienende Beeinflussung und Meinungssteuerung eines bestimmten Publikums mithilfe spezieller Techniken der Manipulation beschreiben. An dieser Definition von *Propaganda* orientiert sich die vorliegende Arbeit, da sie von der Hypothese ausgeht, dass im russischen Staatsfernsehen während des Konflikts in der Ukraine 2014 nicht nur in den Nachrichten, sondern auch in Unterhaltungssendungen wie Talkshows versucht wurde, die Meinung des Publikums mithilfe spezifischer Techniken und Strategien dahingehend zu beeinflussen, das eigene (politische) Vorgehen und Handeln zu legitimieren sowie die Mitglieder der eigenen Gruppe zu heroisieren und die der feindlichen Gruppe, der Ukraine, zu diffamieren. Mithilfe welcher audiovisueller sowie sprachlicher Mittel diese Beeinflussung und Meinungsmanipulation im Detail lanciert wurde, ist Gegenstand der vorliegenden Arbeit.

1.2 Propaganda oder Fake News?

Bei einer intensiven Beschäftigung mit *Propaganda* ist eine Auseinandersetzung mit dem Begriff der *Fake News* unausweichlich. In den Medien oder in der Forschungsliteratur werden *Fake News* bisweilen sogar als Synonym für *Propaganda* verwendet, obwohl sich Fake News *per definitionem* von Propaganda unterscheiden. In diesem Abschnitt wird daher geklärt, welcher Unterschied zwischen diesen beiden Termini besteht.

Die Wortverbindung *Fake News*, die in Deutschland zum Anglizismus des Jahres 2016 gekürt wurde, ist seit dem US-amerikanischen Präsidentschaftswahlkampf zwischen Hillary Clinton und Donald Trump auch im deutschen Sprachgebrauch omnipräsent. Der Terminus lässt sich bis ins 19. Jahrhundert zurückverfolgen und bezeichnet im heutigen Englischen eine „von Manipulationsabsichten und Wunschvorstellungen getriebene Propaganda", die hauptsächlich über die sozialen Netzwerke verbreitet wird (Stefanowitsch 2017). Die Eingliederung der *Fake News* in die deutsche Sprache füllt eine Lücke, da das bereits länger existierende Wort ‚Hoax' eine breitere Verwendung findet und auch die eingedeutschte Version der ‚Falschmeldungen' die feine Nuancierung des Neologismus nicht wiedergeben kann. *Fake News* fügen sich somit in die Begriffslücke zwischen *Falschmeldung* und *Propaganda* ein: „Anders als die Falschmeldung, die ja sowohl absichtlich als auch unabsichtlich falsch sein kann, sind die *Fake News* immer absichtlich falsch. Und anders als die Propaganda, die das Ziel hat, das öffentliche Bewusstsein systematisch und tiefgreifend zu beeinflussen, sind die *Fake-News* [sic!] eher auf die Bestätigung bestehender Vorurteile bei bestimmten Zielgruppen ausgerichtet" (Stefanowitsch 2017).

Das englische Adjektiv *fake* weist zudem im Gegensatz zu seinen deutschen Äquivalenten *falsch* bzw. *gefälscht* auf die „bewusste Fälschung und Täuschungsabsicht" von Nachrichten hin (Stefanowitsch 2017). Ihr Ziel ist nicht, dass ihnen vollständiger Glaube geschenkt wird, sondern, dass sie für möglich gehalten werden. Damit bilden sie einen Gegenpol zu den wirklichen Nachrichten.

Aus der vorliegenden Definition des deutschen Sprachwissenschaftlers Anatol Stefanowitsch geht hervor, dass der Unterschied zwischen *Fake News* und *Propaganda* in der beabsichtigten Beeinflussung liegt, die ein Charakteristikum der Propaganda, nicht jedoch der Fake News ist. Obwohl letztere zweifelsohne auch Einfluss auf das Publikum ausüben, ist dies wahrscheinlich eher ein wünschenswerter Nebeneffekt als ein designiertes Ziel. Der Unterschied zwischen den beiden Begriffen ist somit eher gering – nicht zuletzt deshalb, da Propaganda ebenfalls bestehende Vorurteile und Meinungen bestätigen und verstärken kann (vgl. Abschnitt I.1.1).

In den russischen Nachrichten lässt sich in den letzten Jahren und insbesondere seit dem Konflikt in der Ukraine 2014 eine Akkumulierung von Fake News beobachten. Eines der bekanntesten Beispiele für Fake News in den letzten Jahren, die auch im deutschen Sprachraum verbreitet wurden, ist der sogenannte „Fall Lisa" – die Geschichte über die angebliche Vergewaltigung eines russlanddeutschen Mädchens durch Migranten oder Flüchtlinge in Berlin.[15] Dieses Beispiel wurde auf einem der wichtigsten und einflussreichsten russischen staatlichen Fernsehsender, dem *Pervyj kanal*, ausgestrahlt und greift das Narrativ des antiwestlichen Diskurses auf, dass Europa von Flüchtlingen überschwemmt werde und am Rande des Abgrunds stehe.[16]

In Hinblick auf Fake News gibt es jedoch auch Bestrebungen, diese aufzudecken und zu berichten. So werden beispielsweise auf Informationsportalen wie *stopfake.org* (vgl. Fedčenko et al. 2016) oder *russialies.com* von russischen Medien verbreitete Fake News identifiziert. Auch der Nachrichtensender *Ukraine Today* versucht, der Dominanz der russischen Sichtweise in westlichen Medien mithilfe einer ukrainischen Perspektive auf die Ereignisse in englischer Sprache entgegenzuwirken (vgl. Bolin et al. 2016).

Wie dieser Abschnitt zeigt, gehören Fake News zu einer der zahlreichen Strategien im Informationskrieg bzw. der Propagandakampagne Russlands gegen die Ukraine, die USA, die Türkei oder das Europa in der Flüchtlingskrise (vgl. Binder 2017). Welche weiteren Praktiken zur heutigen russischen Propaganda gezählt werden und wodurch sich diese von der sowjetischen unterscheidet, wird im nachfolgenden Abschnitt geklärt.

1.3 Propaganda in Russland heute: Charakteristika und Unterschied zur sowjetischen Propaganda

In diesem Abschnitt werden zunächst die Grundzüge der sowjetischen Propaganda umrissen, ohne jedoch auf einzelne Spezifika, wie zum Beispiel auf den in Anlehnung an George Orwell bezeichneten „Newspeak" (*novojaz*),[17] einzugehen, um zu zeigen, inwiefern sich die sowjetische und die heutige russische Propaganda voneinander unterscheiden. Im Anschluss daran werden die Spezifika der gegenwärtigen Propaganda in Russland, die in der Forschungsliteratur beschrieben werden, dargelegt.

Die russische Propaganda während des Konflikts in der Ukraine 2014 lässt sich der sogenannten Kriegspropaganda zuordnen (vgl. Bussemer 2008: 37). Die sowjetische Propaganda kann dagegen unter die sogenannte „soziologische Propaganda" eingeordnet werden, die „alle Versuche von Regierungen [beschreibt],

---

15 Zum „Fall Lisa" und anderen Fake News im russischen Fernsehen siehe Binder (2017).
16 Zum antiwestlichen Diskurs im russischen staatlichen Fernsehen siehe Kaltseis (2016).
17 Zu den Besonderheiten der sowjetischen Propagandasprache bzw. *langue de bois* siehe Weiss (2000, 2005, 2006) und zu deren Entwicklung nach 1991 siehe Wodak und Kirsch (1995) sowie Stadler (1997).

durch Propaganda die Internalisierung bestimmter Normen zu erreichen" (Bussemer 2008: 37). Dabei wurde zwischen Propaganda, die dazu diente, die kommunistische Ideologie zu verbreiten, und Agitation, welche die Massen mithilfe von Ideen und Slogans beeinflussen sollte, unterschieden (vgl. Welch 2014: 8). Aus diesen beiden Termini entstand das Kompositum „Agitprop" zur Bezeichnung von politischer kommunistischer Werbung, die häufig mithilfe von Plakaten verbreitet wurde.

Propaganda war ein wichtiger Bestandteil zur Selbstdefinition des Sowjetsystems und mit einem bestimmten Diskursstil verknüpft:

> Propaganda was an essential component of the Soviet system, not so much because it convinced people to do what they did not want to do but because it helped to define what the Soviet political system was. Propaganda was inseparable from a style of discourse; it taught people how to express themselves; it helped to define subjects that were fit for discussion in the public sphere. (Kenez 1992: 249)

Bereits die Bolschewiken erkannten den Nutzen von Propaganda für ihre Zwecke. Die Massenmedien, allen voran die Printmedien und das Radio, aber auch das Kino wurden schon in den Anfängen der Sowjetunion von der Partei als ideologische Waffen und Mittel zur Distribution von Information und Propaganda genutzt (vgl. Čogandarjan 2013: 182). Sie waren wichtige Vehikel im „Kampf um die Gedanken der Menschen" (Holland 2006: 21; Pomerantsev und Weiss 2014: 6), bei dem vor allem die sogenannten „aktiven Maßnahmen" (*aktivnye meroprijatija*) zum Einsatz kamen. Laut Holland (2006: 2–3) zählten dazu eine große Anzahl offener und verdeckter psychologischer Handlungen, die alle möglichen Informationsaktivitäten wie beispielsweise heimliche Radiosendungen oder die Manipulation scheinbar unabhängiger Medien umfassten. Ziel dieser aktiven Maßnahmen, für deren Ausführung hauptsächlich der Geheimdienst KGB die Verantwortung trug, waren die Schwächung des Westens und die Stärkung der Sowjetunion (vgl. Holland 2006: 3).

Zu den aktiven Maßnahmen zählte auch die Desinformation (*dezinformacija*), die in ihrer klassischen Form auf das „Einschleusen" vorteilhafter Geschichten in unverdächtige Medien abzielte: „[C]lassic *dezinformatsiya* in the public realm sought to plant stories advantageous to Soviet interests in unsuspecting or unsuspected media – the more conservative the better" (Holland 2006: 3). Ihr Ziel war es nicht, den/die Gegner*in zu diffamieren oder zu verwirren, sondern diese/n zu Entscheidungen zu bringen, die für die Sowjetunion von Nutzen waren. Die Desinformation musste daher plausibel sein, und nur ein Teil der Information war deshalb ausgedacht oder erfunden (vgl. Holland 2006: 4).

Auch im heutigen Russland wird mit Desinformation als Verbreitung manipulierter oder erfundener Informationen und Fake News gearbeitet (vgl. Darczewska

2014: 15). So wurden im Rahmen der Berichterstattung über den Konflikt in der Ukraine Schauspieler*innen engagiert und bezahlt, damit sie als Augenzeug*innen in verschiedenen Rollen und mit unterschiedlichen Namen im russischen Fernsehen auftreten (vgl. Voswinkel 2014: 176; Pollack 2014: 175; Makukhin et al. 2018: 27).[18] Hierin besteht laut Gleb Pavlovskij, einem ehemaligen Berater Vladimir Putins, der Hauptunterschied zwischen der sowjetischen Propaganda und jener des heutigen Russlands, da zu Sowjetzeiten zumindest der Anschein von Wahrheit und Glaubwürdigkeit wichtig war, während das heute nicht mehr der Fall sei: „Even if they [the Soviet propagandists] were lying they took care to prove what they were doing was 'the truth.' Now no one even tries proving the 'truth.' You can just say anything. Create realities" (Pomerantsev und Weiss 2014: 9).

Laut Pomerantsev und Weiss (2014: 10) sind sich viele Russ*innen heute bewusst, dass die Informationen, die sie beispielsweise über das Fernsehen erhalten, häufig nicht wahr sind, sondern es sich dabei um Fake News handelt (vgl. Pomerantsev und Weiss 2014: 10). Allerdings würden Schlögel (2017: 74) zufolge die russischen Medien nicht das Ziel verfolgen, die Bevölkerung davon zu überzeugen, dass sie die Wahrheit sagen. Ihnen gehe es stattdessen viel mehr darum zu zeigen, dass eine Unterscheidung zwischen Fakten und Fiktion kaum möglich sei.

Einen weiteren Unterschied zwischen der sowjetischen und russischen Propaganda identifiziert Archangel'skij (2016, 2019) in seinen zwei Artikeln über die russische Propaganda in der Weltanschauung: Während die sowjetische Propaganda auf der marxistisch-leninistischen Philosophie basiert habe und daher in sich kohärent gewesen sei, vermische die heutige russische Propaganda linke und rechte Ideen, Mythen sowie Verschwörungstheorien. In der heutigen Propaganda werde Russlands Größe direkt mit dem Scheitern des Westens und der Demokratie in Verbindung gebracht, und daher müssten die Schwächen des Westens immer wieder demonstriert und thematisiert werden. Dafür werde sowohl auf synchrone Ereignisse, wie Terrorattacken oder die Flüchtlingskrise, als auch auf weiter zurückliegende Ereignisse aus der Vergangenheit, die den alten Gegensatz zwischen Russland und dem Westen heraufbeschwören sollen, zurückgegriffen (vgl. Archangel'skij 2016, 2019).

Mithilfe dieser beiden Taktiken – die Verwirrung bzw. Verunsicherung einerseits und die Verbreitung von Verschwörungstheorien und Mythen andererseits

---

[18] Laut dem Bericht eines ehemaligen Mitarbeiters eines russischen staatlichen Fernsehsenders hätten die Fernsehkanäle auch Informationen, darunter Bildmaterial, Sprecher*innen und Kontakte, untereinander ausgetauscht, um die Einheitlichkeit der Berichterstattung zu garantieren (vgl. Sidorow 2015a, 2015b).

– werden laut Pomerantsev und Weiss (2014: 11) die Zuseher*innen in einem Zustand der Passivität und Paranoia gehalten: „The aim of this new propaganda is not to convince or persuade, but to keep the viewer hooked and distracted, passive and paranoid, rather than agitated to action" (Pomerantsev und Weiss 2014: 11). Wie Lev Gudkov, der Leiter des (unabhängigen) Meinungsforschungsinstituts *Levada-Centr* (dt. *Levada-Zentrum*) in Moskau, in einem Interview feststellt, entstehe dadurch die „Wahrnehmung, dass alle lügen" (Gudkow 2016: 11), sodass letztendlich allgemein das Vertrauen in die Medien sinke.

Eine zentrale Rolle bei Propaganda nimmt die Sprache ein (vgl. Abschnitt I.1.1.2). Wie Archangel'skij (2016, 2019) erklärt, würden die Propagandist*innen auf bestimmte Wörter und Emotionen statt auf Inhalte setzen und die inhaltliche und ideologische Leere mit aggressiver Sprache (*hate speech*) füllen. In diesem Punkt unterscheide sich die neuere Propaganda von der sowjetischen, da die heutige Propaganda in erster Linie ein linguistisches Phänomen sei:

> Отсутствие продуманной картины мира заставляет делать упор на слова, эмоции, а не на смысл. Поэтому сегодняшняя пропаганда, в отличие от советской, прежде всего – лингвистический феномен. [...] Hate speech служит единственным средством заполнения идейных пустот.
> (Archangel'skij 2016)

> Das Fehlen eines durchdachten Weltbildes zwingt dazu, das Augenmerk auf Worte und Emotionen anstatt auf den Sinngehalt zu legen. Daher ist die heutige Propaganda im Gegensatz zur sowjetischen Propaganda in erster Linie ein sprachliches Phänomen. [...] Aggressive Sprache (*hate speech*) ist das einzige Mittel, um ideologische Lücken zu füllen.

Besonders deutlich wird das bei Betrachtung der von den russischen Medien verwendeten Lexik. So werden beispielsweise diejenigen, die sich kritisch gegenüber der russischen Regierung und deren Politik aussprechen, wie beispielsweise die Anführer*innen der Protestbewegung in Russland 2012/13, als „Nationalverräter" (*nacional-predateli*), „Fünfte Kolonne" (*pjataja kolonna*)[19] oder als „ausländische Agenten" (*inostrannye agenty*) diskreditiert (vgl. Oreschkin 2012; Ganijewa 2014; Scharlaj 2018). Während diese Termini zur Bezeichnung von Feinden bereits in der Sowjetunion verbreitet waren, besteht das

---

[19] Die beiden Begriffe *nacional-predateli* und *pjataja kolonna* bezeichnen einen inneren Feind, das heißt jemanden, der mit dem Feind sympathisiert und die Nation von innen heraus unterminiert (vgl. Steuter und Wills 2009: 9). Die beiden Termini waren im Jahr 2014 in den russischen Medien sehr gebräuchlich, und auch Vladimir Putin benutzte sie in seiner Rede am 18. März 2014 (vgl. Radetzkaja und Weichsel 2014: 97).

Novum der Feindbilder im heutigen Russland[20] laut Scharlaj (2018: 274) darin, dass sich diese überlappen und es keine strikte Trennung mehr zwischen inneren und äußeren Feinden gibt.

Während des Konflikts in der Ukraine wurden in den russischen Medien zur Benennung der ukrainischen Seite ebenfalls stark pejorative Termini verwendet, welche Parallelen zwischen den Ereignissen in der Ukraine und dem Kampf der Roten Armee gegen Hitler suggerieren: So wurde beispielsweise von „Demfaschisten" (*demfašisty*) – ein Kompositum aus den zwei negativ konnotierten Termini „Demokrat" (*dem-*) und „Faschist" (*fašist*) – oder von „Bandera-Juden" (*židobanderovcy*) – ein Kompositum aus der abwertenden Bezeichnung für „Jude" (*žid*) und „Bandera-Anhänger" (*banderovcy*) – gesprochen (vgl. Ganijewa 2014: 141–142). Vor allem der im Zuge des Konflikts in der Ukraine wieder aktiv in den Sprachgebrauch aufgenommene pejorative Terminus *banderovcy* zur Bezeichnung der Ukrainer*innen macht aufgrund der Referenz auf den ukrainischen Nationalisten, Ideologen und Nazi-Kollaborateur Stepan Bandera das Stereotyp des „seit dem Zweiten Weltkrieg bestehenden latenten Kollaborationsverdacht[s] gegenüber Ukrainern erneut explizit" (Kuße 2019: 140). Semantisch verbunden ist der Begriff *banderovcy* mit ideologisch gefärbten Termini wie „Faschisten" (*fašisty*) sowie „Nationalisten" (*nacionalisty*), wodurch ebenso eine Kontinuitätslinie zwischen den Nationalsozialisten und der heutigen ukrainischen Seite gezogen wird (vgl. Belov 2016: 399).

Wie ein ehemaliger Mitarbeiter der VGTRK[21] (*Vserossijskaja gosudarstvennaja televizionnaja i radioveščatel'naja kompanija*) erklärt, sei es Vorschrift gewesen, derartige Pejorativa im Fernsehen zu benutzen (vgl. Sidorow 2015a, 2015b). In diesem Zusammenhang kritisiert beispielsweise Voswinkel (2014: 187), dass im russischen Fernsehen häufig „junge Provinzjournalisten, die kaum internationale Standards kennen" und daher keinen Widerstand leisten, engagiert würden. Eine wichtige Rolle spielt zudem die Selbstzensur[22] russischer Journalist*innen, welche sie zu Zwecken des Selbstschutzes anwenden (vgl. Oates 2008: 59; Burrett 2011: 76; Oates 2013: 14; Hutchings und Tolz 2015: 15).

---

20 Zu Feindbildkonzepten und ihrer Entwicklung im russischen Sprachraum siehe Želtuchina und Omel'čenko (2018).

21 Die VGTRK ist „eine der größten staatlichen Medienholdings Russlands und befindet sich zu hundert Prozent in staatlichem Besitz" (Medvedev 2015: 3). Dazu gehören mehrere Sender wie der *Pervyj Kanal*, der *Vtoroj kanal*, *Rossija -1*, *Rossija 24*, Sport- und Unterhaltungssender sowie mehrere Tochtersender. Die Berichterstattung „unterstützt traditionell die Politik des Präsidenten" (Medvedev 2015: 3).

22 Laut Vartanova (2015: 127) ist diese Selbstzensur eine Folge der „lebenslangen Zensurpraktiken", die in Russland seit 1804 existieren und mit kurzen Unterbrechungen 1905 sowie 1917 in der Sowjetunion fortgeführt wurden.

Obwohl die heutige russische Propaganda häufig mit der sowjetischen verglichen wird und sich diese in Bezug auf die vereinfachende dichotome Welteinteilung (*svoj – čužoj*) sowie die Dämonisierung der Gegner*innen ähnlich sind, zeigt die Zusammenfassung in diesem Abschnitt, dass es Unterschiede gibt. So basiert die heutige russische Propaganda auf keiner explizit genannten Ideologie, sondern auf einer Vermischung verschiedener Ideen, Mythen und Verschwörungstheorien. Außerdem zielt sie auf die Verwirrung und Verunsicherung des Publikums ab. Eine zentrale Rolle in der heutigen Propaganda nimmt zudem die Sprache ein, und diese ist besonders aggressiv und emotional. Aus diesem Grund steht im empirischen Teil der vorliegenden Arbeit die Sprache im Fokus der Analyse, ohne jedoch die Besonderheiten des Mediums Fernsehen außer Acht zu lassen.

Propaganda wird mithilfe der Medien verbreitet, und es existieren bereits einige Forschungsarbeiten, die sich mit der sowjetischen und russischen Propaganda in Film und Fernsehen beschäftigen und im nachfolgenden Kapitel präsentiert werden.

2 Forschungsüberblick: Propaganda, Film und Fernsehen im sowjetischen und postsowjetischen Russland

2.1 Ansätze zur Analyse von Propaganda im sowjetischen Film und Fernsehen

Bei einer Beschäftigung und Untersuchung von Propaganda sind bis heute jene Forschungsarbeiten von Interesse, die sich mit der sowjetischen Ideologie und der Massenkommunikation, allen voran mit der Propaganda im sowjetischen Kino beschäftigen, da sie Ansätze für die Analyse audiovisueller Texte und des Einsatzes von Propaganda liefern. Besonders erwähnenswert ist Richard Taylor (1979), der anhand ausgewählter Filme die sowjetische Propaganda mit der Nazipropaganda verglichen hat. In seinem Buch *Film Propaganda* verweist Taylor (1979: 28) vor allem auf die Bedeutung der visuellen Sprache bzw. den visuellen Reiz, der den Zuseher*innen am häufigsten in Erinnerung bleibe und sie auf einer emotionalen sowie primitiveren, unbewussteren Ebene anspreche (vgl. Taylor 1979: 30).

In Bezug auf die Propaganda in Filmen zitiert Taylor (1979: 230) eine Aussage des deutschen Propagandaministers Joseph Goebbels, dass Propaganda ihre Wirkung verliere, sobald wir uns ihrer bewusst würden. Joseph Goebbels oder auch Vladimir Lenin seien sich der begrenzten Wirkung von „direkter" Propaganda bewusst gewesen und hätten daher auf die Unterhaltung gesetzt, um die öffentliche Meinung zu beeinflussen: „An audience that knows that it is being bombarded with propaganda will be on its guard, but an audience that imagines it is being entertained will more easily be lulled into submission" (Taylor 1979: 230). Dieses ‚Einlullen' des Publikums in Form von Unterhaltung mit der Absicht es zu unterwerfen und dessen Meinung zu politischen Zwecken zu manipulieren bezeichnet Taylor (1979: 231) als „Filmpropaganda".

Neben Richard Taylor hat sich unter anderen auch Peter Kenez (1992) mit der *Propaganda in Filmen* beschäftigt. In seiner Monographie *Cinema and Soviet Society* geht er der Frage nach, wie die Revolutionäre der 1920er-Jahre das Kino genutzt haben, um dem sowjetischen Volk ihre Botschaft zu vermitteln. Wie Kenez (1992: 253) darlegt, wurde das Kino von den Bolschwiken als Mittel zur politischen Erziehung der Massen genutzt und hat als Teil des Systems bei der Errichtung der Diktatur des Stalinismus mitgeholfen. Die Macht des Kinos verortet Kenez (1992: 248) bei der Fähigkeit der Kamera, etwas real erscheinen zu lassen, und sieht darin einen der ausschlaggebenden Faktoren für den Erfolg von Propaganda, da die Zuseher*innen den Wahrheitsgehalt einer Botschaft nicht überprüfen könnten (vgl. Kenez 1992: 248). Dadurch werde auch der Effekt der Verwirrung des Publikums erzielt.

In Bezug auf den *Einfluss des Kinos auf die Zuseher*innen* sind die theoretischen und experimentellen Arbeiten der Regisseure der sowjetischen Film-Avantgarde der 1920er Jahre, insbesondere von Sergej Ejzenštejn, Lev Kulešov und Dziga Vertov, aufschlussreich. Eine der wichtigsten Techniken bei allen drei Regisseuren ist die Montage, mit deren Hilfe den Bildern eine bestimmte Bedeutung zugeschrieben werden kann (Kulešov-Effekt). Zugleich ermöglicht die Montage, ganz im Sinne der Sowjetideologie, die Erschaffung eines „neuen und vollkommenen Menschen" (Vertov 1966: 55, Übers. d. Verf.).

Grundlegend für ein besseres Verständnis von *Propagandaeffekten*, die auf eine emotionale Reaktion des Publikums abzielen, gilt bis heute Ejzenštejns Konzept der „Montage der Attraktionen" (*Montaž attrakcionov*), welches er zunächst für das Theater[23] und anschließend für den Film beschrieben hat. In seinem 1924 erschienen Artikel *Montage der Filmattraktionen* bezeichnet Ejzenštejn die Montage als „wichtigste Methode im Film", mithilfe derer die „notwendigen Assoziationen in der Psyche des Zuschauers" durch die Kopplung von Assoziationsketten hervorgerufen werden können (Eisenstein 2006: 17). Als Beispiel führt Ejzenštejn seinen Film *Streik* (*Stačka*, 1925) an, in dem gegen Filmende eine Massenerschießung gezeigt wird: In dieser Abschlussszene werden Nahaufnahmen aus verendenden, zitternden und blutenden Rindern auf einem Schlachthof mit einer von einem Abhang herabstürzenden Menschenmenge, die in der Totalen bzw. Halbtotalen gezeigt wird, montiert. Mithilfe dieser abwechselnden Montage von Schlachthofszenen, einer fliehenden Menschenmasse und bewaffneten Soldaten erfolgt eine emotionale Steigerung der Szene, sodass der/die Zuseher*in die Erschießung dieser Menschen mit einem Gemetzel, das dem Abschlachten von Tieren in einer Schlächterei gleicht, assoziiert (vgl. Eisenstein 2003: 293).

---

23 Anhand der Inszenierung von Aleksandr Ostrovskijs Theaterstück „Eine Dummheit macht auch der Gescheiteste" (*Na vsjakogo mudreca dovol'no prostoty*) expliziert Ejzenštejn 1923, dass es die Aufgabe des Theaters sei, den/die Zuschauer*in „in einer gewünschten Richtung" zu formen (Eisenstein 2003: 59), und dass diese Formung bzw. Bearbeitung des/der Zuseher*in mit „alle[n] Bestandteile[n] des Theaterapparats", die einen sogenannten „Attraktionscharakter" haben, möglich sein sollte (Eisenstein 2003: 59–60). Als Attraktion im Theater definierte er *„jedes aggressive Moment [...] das den Zuschauer einer Einwirkung auf die Sinne oder Psyche aussetzt"*, da der/die Zuseher*in „bestimmte emotionelle Erschütterungen" brauche, um die ideologische Botschaft des Gezeigten aufnehmen zu können (Eisenstein 2003: 60, H. i. O.). Das bedeutet, dass Attraktionen bestimmte Emotionen bzw. Reaktionen bei den Zuseher*innen auslösen sollen.

Die *Wirkung der Montage* in sowjetischen Filmen wird auch von Jowett und O'Donnell (1990) beschrieben. Obwohl die Autor*innen nur überblicksartig auf die Propaganda im sowjetischen Kino eingehen, betonen sie wie Ejzenštejn die Fähigkeit von Filmen, eine emotionale Reaktion beim Publikum auszulösen: „[T]hey [the motion pictures] have the ability to evoke an immediate emotional response seldom found in the other mass media" (Jowett und O'Donnell 1990: 72). Allerdings weisen die beiden Wissenschaftler*innen auf die begrenzte Wirkung des Films hin und heben stattdessen die Bedeutung des Fernsehens als Propagandainstrument hervor. Insbesondere die Propaganda, die im Fernsehen unter dem Deckmantel der Unterhaltung vermittelt werde und von den Autor*innen daher als „indirekte Propaganda" bezeichnet wird, sei, wie schon Taylor (1979: 230) bemerkt hat, besonders gefährlich: „Of far greater current danger is the immense amount of indirect propaganda presented under the guise of entertainment that forms the basis of the worldwide trade in television programming" (Jowett und O'Donnell 1990: 92).

2.2 Allgemeine Ansätze zur Analyse des russischen Fernsehens

Mit dem Zusammenbruch der Sowjetunion und der alten sowjetischen Propagandastrukturen veränderte sich auch die Medienlandschaft in Russland. Neugründungen und Privatisierungen von Fernsehsendern schafften in den 1990er Jahren eine relative Pluralität der Medien. Dieses Bild hat sich seit Vladimir Putins Amtsantritt im Jahr 2000 jedoch rapide geändert, da ab diesem Zeitpunkt die russischen Medien, allen voran das Fernsehen, (re)verstaatlicht wurden.

Der Übergang der sowjetischen in die russischen Medien, ihre Entwicklung in den ersten beiden Regierungsperioden sowie das Ausmaß der *Kontrolle des Staates über das Fernsehen* nach Putins Amtsübernahme stehen in der ersten Dekade des 21. Jahrhunderts im Zentrum des Forschungsinteresses (vgl. z. B. Amelina 2006; Koltsova 2006; Oates 2006, 2008; Beumers et al. 2009; Hutchings und Rulyova 2009; Burrett 2011). So zeigt beispielsweise Oates (2006), dass das Fernsehen in Russland als Instrument für die politische Manipulation der Massen genutzt wird und das russische Publikum aufgrund seiner Abhängigkeit von diesem staatlich kontrollierten Medium sehr beeinflussbar ist. Neben der Funktion des Fernsehens als Erinnerungs- und Unterhaltungsinstrument sowie der Rolle der Sprache der Medien (vgl. Maslennikova 2009; Ryazanova-Clarke 2009) wird auch im interdisziplinären Sammelband von Beumers et al. (2009) die zunehmende staatliche Kontrolle über die Medien thematisiert.

2.2 Allgemeine Ansätze zur Analyse des russischen Fernsehens —— 25

Das Ausmaß der staatlichen Kontrolle über das Fernsehen steht auch im Fokus der Studie von Hutchings und Rulyova (2009), die dieses Medium aufgrund seiner einfachen Zugänglichkeit zum Publikum als ideales Propagandamittel identifizieren: „[Television] requires little obvious intellectual effort and governments therefore have the power to insinuate themselves into the intimacy of every living room" (Hutchings und Rulyova 2009: 3). Ein weiterer Vorteil des Fernsehens gegenüber anderen Medien sei zudem die vermeintliche Authentizität und Glaubwürdigkeit von Bildern, da die Echtheit von Fotos leichter zu bestätigen sei als von einem Text (vgl. Hutchings und Rulyova 2009: 4). Aufgrund dieser Besonderheiten wurde das Fernsehen in Russland immer mehr unter die Kontrolle des Kremls gestellt und hat dessen Macht gestärkt (vgl. Hutchings und Rulyova 2009; Burett 2011).

Das Fernsehen spielt jedoch nicht nur eine wichtige Rolle bei der Stärkung der politischen Macht, sondern auch bei der *Förderung des nationalen Zusammenhalts*. So gehen Hutchings und Tolz (2015) in ihrer Untersuchung den Fragen nach, wie das russische Staatsfernsehen den nationalen Diskurs formt und welchen Platz darin die ethno-kulturelle Vielfalt einnimmt. Die Autor*innen zeigen, dass sich die russischen Nachrichten von einem „diversity management tool" im Jahr 2010 zu einem „drumbeat of xenophobic alarm" im Jahr 2013 entwickelt haben (Hutchings und Tolz 2015: 115), wobei lediglich Drama- und Realityserien sowie Lokalnachrichten hier eine Ausnahme bilden. In Bezug auf die vorliegende Arbeit ist insbesondere der Hinweis auf das Zusammenspiel bzw. die „Symbiose" zwischen Nachrichten und Nicht-Nachrichtensendungen, wie Talkshows, sehr wertvoll: Während in den Nicht-Nachrichtensendungen aktuelle Ereignisse therapeutisch verarbeitet werden, übernehmen Nachrichtensendungen von letzteren wiederum Präsentationsweisen, um ihre Berichte lebendig zu gestalten:

> In fact, news and non-news broadcasting have always existed in a symbiotic relationship. *Current events*, first reported in new bulletins whose language and discourse place them close to the centre of the official sphere, *are therapeutically 'worked through', or re-worked, in non-news genres* at the margins of that sphere. Meanwhile, *news bulletins* themselves *import* from the margins *those styles, editorial practices, narrative structures and myths which will enliven their reports* (the term 'news *story*' is revealing).
> (Hutchings und Tolz 2015: 121, Hervorhebung M. K.)

Tolz und Teper (2018) sprechen dagegen nicht mehr von einer Symbiose von Nachrichtensendungen und Nicht-Nachrichtensendungen, sondern von einer gänzlich neuen Medienstrategie, die sie als „agitainment" bezeichnen. Unter diesem Begriff verstehen sie eine drastische Zunahme ideologischer und politischer Botschaften in den russischen Medien seit Putins dritter Amtszeit und halten fest, dass vor allem die Anzahl politischer Talkshows stark angestiegen ist, was zu einer Boulevardisierung von politischen Inhalten geführt habe. Dieser Hinweis zeigt, dass Talkshows einen zentralen Platz im russischen Fernsehen einnehmen und aus diesem Grund eine Beschäftigung mit und Analyse von Talkshows besonders wichtig für ein besseres Verständnis des russischen Fernsehens ist.

Neben diesen Publikationen zur Entwicklungsgeschichte des russischen Fernsehens und der Untersuchung des Zusammenhangs zwischen Fernsehen, Politik und Macht wird in einigen Forschungsarbeiten das *Fernsehen als kulturelles Objekt* ins Zentrum gerückt (vgl. z. B. MacFadyen 2008; Borenstein 2008; Zvereva 2012). Besonders erwähnenswert ist Zverevas Monographie (2012) über die gegenwärtige Medienkultur in Russland, in der sie sich aus kulturwissenschaftlicher Perspektive dem Problem der Konstruktion von Realität im russischen Fernsehen widmet. Im Mittelpunkt ihrer Untersuchung liegen die Rezeption der Programme durch die Zuseher*innen sowie der sogenannte „normalisierende Effekt" (*normalizujuščij éffekt*) des Fernsehens, unter dem sie dessen Eigenheit, bestimmte Meinungen oder Ansichten als natürlich und tatsächlich existent erscheinen zu lassen, versteht (vgl. Zvereva 2012: 9).

Wie Oates (2006) und Hutchings und Rulyova (2009) betont auch Zvereva (2012: 10), dass das Fernsehen in Russland eine Ressource für die politische Beeinflussung darstellt. Eine direktere Formulierung trifft Dolgova (2017b: 47), Expertin für Radio und Fernsehen an der Staatlichen Universität in Moskau (MGU), indem sie Manipulation und Propaganda als die im Fernsehen verbreitetsten Techniken identifiziert. Die Besonderheiten der Wirkung des Fernsehens verortet Dolgova (2017b) in der Intimität der traditionell häuslichen Umgebung sowie in der Personalisierung der Fernsehmitteilungen, die den Anschein eines zwischenmenschlichen Kontakts erzeugen. Dieser würde vom Fernsehen in Form eines „emotionalen Richtungsweisers" (Dolgova 2017b: 43) ausgenutzt. Zudem begünstige das private Umfeld der Fernsehrezeption die Emotionalität, Leichtigkeit und Passivität der Rezeption von Propaganda (vgl. Dolgova 2017b: 43). Insbesondere die Passivität des/der Zuseher*in werde durch die Bildhaftigkeit (*obraznost'*) des Fernsehens gefördert, da der Fernsehbildschirm dem/der Zuseher*in die Bilder zur Verfügung stelle, ohne dass dabei sein/ihr Vorstellungsvermögen gefordert würde.[24] Neben weiteren von Dolgova (2017b) genannten Besonderheiten des Fernsehens, wie beispielsweise die Illusion der Teilnahme an einem Ereignis (*éffekt prisutstvija*), sind vor allem die Möglichkeit der Montage der Bilder sowie seine schnelle Reaktionszeit (*operativnost'*) für die vorliegende Arbeit interessant.

---

24 Im Fallbeispiel 2 der vorliegenden Arbeit wird jedoch gezeigt, dass die Miteinbeziehung und die Aktivierung des Vorstellungsvermögens der Zuseher*innen in den russischen Talkshowsendungen bewusst eingesetzt werden.

Insbesondere letztere werden zu propagandistischen Zwecken missbraucht, da bei Informationen immer der sogenannte „Primäreffekt" (*éffekt pervičnosti*) gelte (vgl. Dolgova 2017b: 45). Dieser Primäreffekt besteht darin, dass die zuerst gelieferte Nachricht stärker wirkt als alle nachfolgenden Informationen, auch wenn diese nachträglich „korrigiert oder relativiert" wird (Müller und Geise 2015: 233). Dieser Effekt gilt für akustische und visuelle Informationen gleichermaßen, wie Graber (1996: 89) expliziert: „Once stored in memory, visual images tend to be believed even when they are later proven inaccurate."

Nachdem in diesem Abschnitt allgemein die Wichtigkeit des Mediums Fernsehen und dessen Wirkung auf die russische Gesellschaft, und insbesondere die zentrale Rolle von Talkshows, verdeutlicht wurde, präsentiert der nächste Abschnitt jene Forschungsarbeiten, welche sich gezielt der Analyse von TV-(Talk-)Shows im russischen Fernsehen widmen.[25]

2.3 Ansätze zur Analyse russischer TV-(Talk-)Shows

Es gibt bereits einige Untersuchungen zu russischen TV-Talkshows (z. B. Čerepova 2015; Knobel 2020), die jedoch vordergründig Inhaltsanalysen darstellen, und nur sehr wenige Arbeiten beschäftigen sich mit der in den Talkshows verwendeten Sprache oder audiovisuellen Mitteln.

In Bezug auf die Analyse der Sprache in russischen Talkshows sind vor allem die Untersuchungen aus der Genderlinguistik erwähnenswert, die sich u. a. mit der geschlechterspezifischen Sprachverwendung in TV-Koch-Shows (Graf 2015), in russischen TV-Talkshows (Baur 2005) sowie mit der darin geführten Diskussion über Homosexualität (Scheller-Boltz und Althaler 2015) befassen. Auch in einigen russischen Forschungsarbeiten steht die Sprache in den Talkshows im Zentrum der Untersuchung, nämlich die von den Gästen verwendeten rhetorischen und sprachlichen Mittel. So werden zum Beispiel das Phänomen der „kommunikativen Sabotage" (*kommunikativnyj sabotaž*) (Jarenčuk 2012), der strategische Einsatz von Ironie (Mažara 2012) sowie Invektive (Karasik 2020) in russischen TV-Talkshows analysiert. In Bezug auf die politischen Talkshows Russlands konstatiert Karasik (2020) einen aggressiven Stil, Vulgarität sowie eine Voraussagbarkeit der Themen in diesen Sendungen, die aus diesem Grund negative Reaktionen in den sozialen Netzwerken hervorrufen würden.

---

25 Ausgenommen davon sind jene Forschungsarbeiten, die sich mit dem Konflikt in der Ukraine befassen, da diese im Detail im gesamten nächsten Kapitel (siehe Kapitel I.3) vorgestellt werden.

Erwähnenswert sind zudem die diskursanalytischen Untersuchungen zu ukrainischen (Orlova 2013) und russischen Talkshows (Ulanova 2020). Allerdings gehen diese nur sehr oberflächlich auf die Charakteristika von Talkshows im Allgemeinen ein, (audio)visuelle Elemente, wie zum Beispiel Einspieler oder Bilder, finden in diesen Untersuchungen keine Berücksichtigung.

2.4 Zusammenfassung

Zusammenfassend kann für den Forschungsüberblick zu Propaganda, Film und Fernsehen im sowjetischen und postsowjetischen Kino festgehalten werden, dass der Film und insbesondere das Fernsehen eine wichtige Rolle bei der politischen Manipulation und Beeinflussung einer großen Masse an Menschen spielen. Zentral ist vor allem die visuelle Komponente dieser beiden Medien, da Bilder die Emotionen des Publikums beeinflussen, die Verständlichkeit erhöhen und Dinge real erscheinen lassen können (Abschnitt I.2.1). Speziell hervorzuheben ist in diesem Zusammenhang die Technik der Montage, da mit ihrer Hilfe Assoziationen in der Psyche der Zuseher*innen geschaffen und emotionale Reaktionen erzeugt werden. In Bezug auf Propaganda ist bemerkenswert, dass diese besonders Erfolg versprechend ist, wenn sie unter dem Deckmantel der Unterhaltung geschieht, da sie somit unbewusst vom Publikum konsumiert wird und dieses dadurch leichter manipulierbar ist. Eine Analyse von Propagandastrategien in TV-Talkshows, wie sie die vorliegende Arbeit leistet, ist daher insofern aufschlussreich, als diese Shows in erster Linie auf die Unterhaltung des Publikums abzielen und daher sehr effektiv für die Vermittlung von Propaganda sind.

Die Rolle des Fernsehens als Propagandamittel und Ressource für die politische Beeinflussung wird vor allem in den Untersuchungen nach dem Amtsantritt von Vladimir Putin immer wieder konstatiert. Das Fernsehen eignet sich aufgrund seiner Charakteristika als Wohn- bzw. Schlafzimmermedium, seiner hohen Emotionalität, Leichtigkeit und Passivität bei der Rezeption speziell für Manipulation und Propaganda. Außerdem wird das Fernsehen aufgrund der vermittelten Bilder als authentisches und glaubwürdiges Medium wahrgenommen. Nicht zuletzt wird in den Arbeiten die große Abhängigkeit der Menschen vom Fernsehen unterstrichen, da es leicht zugänglich ist und alternative Informationsquellen fehlen.

In Bezug auf bisherige Untersuchungen zu russischen TV-(Talk-)Shows zeigt der Überblick, dass sich generell erst wenige Arbeiten mit diesem Genre[26]

---

[26] In Anlehnung an die Definition von Hickethier (2010: 153) wird die Talkshow in der vorliegenden Arbeit als Genre verstanden, da die einzelnen Sendungstypen ein gleichbleibendes

beschäftigen und insbesondere Sprache und audiovisuelle Elemente in den Talkshows kaum Berücksichtigung finden, obwohl gerade das Visuelle eine wesentliche Funktion in Hinblick auf die emotionale Beteiligung und Beeinflussung des Publikums besitzt (Abschnitte I.2.1 und I.2.2). Diese Lücke versucht die vorliegende Arbeit zu schließen, indem sie sich im Detail mit russischen TV-Talkshows des Jahres 2014 auseinandersetzt, ihre Charakteristika beschreibt, sie in Hinblick auf ihre sprachlichen sowie audiovisuellen Besonderheiten untersucht und die darin eingesetzten Propagandastrategien aufzeigt. Dabei konzentriert sie sich auf diejenigen Talkshows, die sich mit der Ukraine und den dortigen Ereignissen im Jahr 2014 beschäftigen. Im nachfolgenden Abschnitt wird daher im Detail ausgeführt, welche Forschungsarbeiten sich bereits mit dem Konflikt in der Ukraine und dessen Berichterstattung in den (russischen) Medien befassen.

Grundmuster haben, das jedoch variiert wird. Die komplexe Vermischung zwischen Format und Genre reflektiert auch Zvereva (2012: 86), die treffend von der Talkshow als „formelhaftes Genre" (*formul'nyj žanr*) spricht.

3 Forschungsüberblick: (Russische) Propaganda und der Konflikt in der Ukraine (2014)

Wie im vorherigen Kapitel gezeigt wurde, gibt es bereits eine lange Tradition der Untersuchung von sowjetischer und russischer Propaganda in Film und Fernsehen. Das vorliegende Kapitel widmet sich jenen Forschungsarbeiten, die sich mit dem Konflikt bzw. Krieg in der Ukraine beschäftigen und neben der russischen auch die ukrainische und westliche Berichterstattung über die Ereignisse untersuchen.

Die bereits existierenden Analysen über den Konflikt in der Ukraine können in Bezug auf deren Fokus folgendermaßen aufgeteilt werden: (1) Internet und soziale Netzwerke, (2) Online-Zeitungen und Printmedien, (3) Fernsehen, politische Reden und Parlamentsdebatten sowie (4) Kombinierte (Medien-)Analysen. Nachfolgend werden die Forschungsarbeiten zu diesen vier Bereichen vorgestellt.

3.1 Internet und soziale Netzwerke

Das Internet und die sozialen Netzwerke stehen in den letzten Jahren häufig im Zentrum des Forschungsinteresses, um beispielsweise den Zusammenhang zwischen der Mediennutzung und den Massenprotesten in Russland aufzuzeigen (vgl. z. B. Smyth und Oates 2015) oder um allgemein die Rolle des Internets (v. a. Blogs und soziale Netzwerke) in der russischen Gesellschaft zu erforschen (vgl. z. B. Kelly et al. 2012; Etling et al. 2014)[27]. Wie diese Untersuchungen zeigen, bietet das Internet – neben dem Online-Fernsehsender *Dožd'*, der Zeitung *Novaja Gazeta* und dem Radiosender *Ėcho Moskvy* – eine alternative Informations- und Diskussionsplattform zu den staatlich gelenkten Medien in Russland (siehe dazu auch Thielemann 2020).

Wie jedoch Oates (2013: 109) in ihrer Untersuchung der Beeinflussung des Internets durch den russischen Staat festhält, werden die Internetplattformen ebenso wie die traditionellen Medien von repressiven Normen erfasst. Als Beispiele nennt sie die Erlassung von restriktiven Gesetzen sowie die Ausübung von Druck auf Blogger*innen: Je mehr das Internet von den Menschen genutzt werde, so Oates'

---

[27] Es gibt auch ein zweijähriges Projekt mit dem Titel „Impact of the Internet on Russian Politics, Media, and Society". Die Projekt-Homepage wurde zuletzt am 02. Juli 2018 aktualisiert (Stand: 22.09.2021; https://cyber.harvard.edu/research/russia#).

Prognose (2013: 188), desto stärker werde auch die russische Regierung versuchen, ihre Botschaften im Internet zu lancieren.

Die Herausforderung, die das Internet für die traditionellen Medien und das offizielle Staatsnarrativ darstellt, demonstriert Oates (2014) anhand ihrer Fallstudie zum Abschuss des Passagierflugzeugs MH17 im Juli 2014. Im Gegensatz zur Kontrolle der Massenmedien in der Sowjetperiode fordere der globale Informationsfluss im Zeitalter des Internets das Staatsnarrativ kontinuierlich heraus und zwinge den russischen Staat zu reagieren, sein Narrativ anzupassen und somit seine Propaganda neu zu vernetzen. Oates (2014) spricht daher von einer „rewired propaganda", wobei sie dieses Konzept nicht klar beschreibt und stattdessen allgemeine Propagandastrategien aufzählt, wie zum Beispiel die Emotionalisierung sowie die Konstruktion von alternativen Theorien bzw. Gegenbehauptungen.

Neben den Herausforderungen, die das Internet für die traditionellen Medien darstellt, bietet dieses auch neue Möglichkeiten für die Verbreitung von Fake News (Pomerantsev und Weiss 2014: 17). Die beiden Journalisten Pomerantsev und Weiss (2014) prägen in ihrem Bericht *The Menace of Unreality* den Begriff der „weaponization of information, culture and money": Information, Kultur und Geld, so ihre These, seien Waffen im „hybriden Krieg"[28] Russlands. Als Beispiele für die Umwandlung von Informationen zu Waffen nennen Pomerantsev und Weiss (2014: 14–17) zum einen den russischen TV-Sender *Russia Today* (heute: *RT*), der Verschwörungstheorien verbreite und den Westen diffamiere, und zum anderen das Internet, insbesondere die Nachrichtenagentur des Kremls, die unter dem Namen *Ruptly* bekannt ist.[29]

Dass Informationen als Waffe genutzt werden, belegen auch einige Studien: So sind beispielsweise Blogger*innen und anonyme Nutzer*innen als sogenannte „Kremleboty", „Kremlbots" oder „Internet-Trolls" für die Verbreitung von Propaganda, Verschwörungstheorien und Falschinformationen zuständig (vgl. Medvedev 2015; Tanchak 2016).[30] In diesem Zusammenhang ist laut Šatilov (2015) ein

---

28 Als „hybride Kriegsführung" wird eine „Mischung von militärischen und nichtmilitärischen, konventionellen und irregulären Methoden, die auch Cyberangriffe und Propaganda einschließt" bezeichnet (Reisinger und Gol'c 2014: 121).
29 Kultur werde zu einer Waffe mithilfe von Ideen und Konzepten (*Russkij mir* oder *Rossotrudničestvo*) sowie der Selbstcharakterisierung Russlands als Kämpfer gegen den moralischen Verfall des Westens (Pomerantsev und Weiss 2014: 18–19). Geld hingegen verwandle sich zu einer Waffe durch Korruption und die „asymmetrische gegenseitige Abhängigkeit" (Pomerantsev und Weiss 2014: 22). Letzteres bedeutet, dass Russland seine Interessen vorantreibe, indem es andere Staaten von seinem Geld, seinen Märkten und seinem Handel abhängig mache (vgl. Pomerantsev und Weiss 2014: 22).
30 Siehe dazu auch Gorham (2017).

weiteres Phänomen im Internet entstanden: die sogenannten „Sofa-Truppen" (*divannye vojska*). Diese unterscheidet Šatilov (2015: 57, Übers. d. Verf.) von den bezahlten Trollen und definiert sie als „aktiven Teil der Nutzer*innen sozialer Netzwerke, der regelmäßig informell am virtuellen Informationskrieg teilnimmt", um neutrale Nutzer*innen von der ‚richtigen' Position zu überzeugen. Auch in der Einleitung des Sammelbandes *Media and the Ukraine Crisis* erwähnt Pantti (2016: xvii) diese „neuen Akteure" und beschreibt sie als gewöhnliche Leute, die aktiv an der Konstruktion von Kriegsnarrativen partizipieren und eine zentrale Neuerung in der modernen Kriegsführung darstellen.

Das Internet wird jedoch nicht nur von russischer Seite, sondern auch von ukrainischer Seite benutzt, um bestimmte Informationen zu verbreiten und die gegnerische Seite zu diffamieren. Einen guten Einblick bietet hier Fedorenko (2019), der die Öffentlichkeitsarbeit der Bataillone beider Konfliktparteien – der ukrainischen sowie der separatistischen – im Donbass eruiert hat.

Besonders erwähnenswert sind außerdem die Analysen zur Nutzung und Rolle von sozialen Netzwerken während des Konflikts bzw. Kriegs in der Ukraine (z. B. Makhortykh und Lyebyedyev 2015; Suslov 2016; Makhortykh und Sydorova 2017). Sie demonstrieren, dass die sozialen Netzwerke als „Onlineschlachtfeld" (*online battleground*) fungiert haben und sowohl von der ukrainischen als auch der russischen Seite benutzt wurden, um eine bestimmte Meinung zu propagieren und den Konflikt sowie die Konfliktparteien unterschiedlich darzustellen.

Mit russischen und ukrainischen sozialen Netzwerken beschäftigt sich ebenso Knoblock (2016). In ihrer Untersuchung der Verwendung von Ironie und Sarkasmus hebt sie die Rolle des „echoing" als Wiederholung dessen, was die gegnerische Seite gesagt hat oder in Bezug auf bestimmte Ereignisse sagen würde, hervor. Mithilfe dieser Technik erzeugt der/die Verfasser*in/Sprecher*in Distanz zur Äußerung, wodurch diese eine ironische bzw. sarkastische Bedeutung bekommt (vgl. Knoblock 2016: 28).

In Bezug auf die Untersuchung von Ironie und Sarkasmus in den sozialen Netzwerken sind auch die Analysen von Internet-Memes[31] erwähnenswert. Sie zeigen, dass Internet-Memes einerseits als Mittel zur Kritik an der Politik genutzt werden (vgl. z. B. Wiggins 2016) und andererseits, dass sie feindliche Einstellungen verstärken und Spannungen verursachen können (vgl. z. B. Baysha 2020). Feindliche bzw. abwertende Einstellungen sowie Emotionen werden im Internet auch mithilfe der verwendeten Lexik ausgedrückt, zum Beispiel in

---

[31] Wiggins (2016: 453) definiert Internet-Meme folgendermaßen: „[T]he Internet meme, is [...] a remixed, iterated message that is rapidly diffused by members of participatory digital culture for the purpose of satire, parody, critique, or other discursive activity."

Form von Blends der Nachnamen ukrainischer und russischer Politiker*innen (vgl. Beliaeva und Knoblock 2020).

Suslov (2017) analysiert in seiner Studie die Verwendung des geopolitischen Konzepts „Novorossija" (dt. *Neurussland*) in Online-Diskussionen in mehreren sozialen Netzwerken. Wie Suslov (2017) festhält, ist das Konzept „Novorossija"[32] als geopolitische Marke für die Bezeichnung des Gebiets rund um Donec'k/Doneck und Luhans'k/Lugansk gescheitert. Stattdessen habe sich der Terminus „Donbass" aufgrund der eindeutigeren territorialen Bestimmbarkeit sowie der historisch und geografisch stabilen Grenzen durchgesetzt.

Die sozialen Netzwerke spielen jedoch nicht nur bei der Berichterstattung in Russland und der Ukraine eine wichtige Rolle, sondern auch die ausländische Berichterstattung über den Konflikt in der Ukraine geschieht über diese Netzwerke (z. B. Ojala et al. 2018). Interessant ist außerdem, dass sich die Medien gegenseitig beeinflussen. So befassen sich zwei Studien mit dem Einfluss der russischen Fernsehnachrichten auf die Nutzer*innen sozialer Netzwerke (vgl. Cottiero et al. 2015; Khaldarova und Pantti 2016). In Bezug auf Propaganda halten Khaldarova und Pantti (2016) fest, dass deren Wirksamkeit nicht in ihrer Glaubwürdigkeit liege, sondern darin, dass sie Emotionen anspreche und die Grenzen zwischen echten Ereignissen und Fake News verwische (vgl. dazu auch Abschnitt I.1.3).

3.2 Online-Zeitungen und Printmedien

Neben den sozialen Netzwerken hat insbesondere die Berichterstattung über den Konflikt in der Ukraine in Online-Zeitungen und Printmedien große Aufmerksamkeit in der Forschungsliteratur erhalten. Mit Ausnahme einer Untersuchung zur Verwendung von Metaphern (vgl. Segal 2017) steht bei diesen Medien klar die darin verwendete Lexik im Forschungsmittelpunkt (vgl. z. B. Vepreva und Kupina 2014; Norman 2015, 2020; Belov 2016; Reuther 2016; Gluško 2020; Taranenko 2020). Das lässt auf die enorme Bedeutung der Benennungen des Konflikts sowie der Konfliktparteien schließen, auf die im Vorwort verwiesen wurde.

Wie diese Untersuchungen zeigen, wurden zur Bezeichnung der gegnerischen Seite einerseits neue Termini entwickelt und andererseits auf bereits existierende Lexik zurückgegriffen und mithilfe positiver bzw. negativer Konnotationen aktua-

---

[32] Der ideologisch aufgeladene Terminus *Novorossija*, den auch Vladimir Putin am 17. April 2014 im Rahmen des jährlichen TV-Talks *Prjamaja linija* benutzte, wurde vor allem 2014 nach den Ereignissen des Euromajdan und der Krim-Annexion zur Bezeichnung des Gebiets in der Südostukraine verwendet.

lisiert. In diesem Zusammenhang wurde auch ein Wörterbuch, das *Slovar' peremen' 2014* (Višneveckaja 2015) erstellt, in welchem der Chronologie der Ereignisse in der Ukraine folgend neu entstandene sowie aktualisierte Wörter dokumentiert und im Kontext des Ukraine-Konflikts erklärt werden.

Aufgrund der verwendeten Lexik zur Diffamierung der gegnerischen Seite wird häufig auch von „Hate Speech" (*jazyk nenavisti/jazyk vraždy*) gesprochen, die vor allem über die Medien transportiert und von ihnen instrumentalisiert werde (vgl. z. B. Knorre-Dmitrieva 2014; Skorkin 2014; Atmosfera jazykovoj nenavisti 2015).[33] Aus diesem Grund nennt beispielsweise Norman (2015) – wie auch Pomerantsev und Weiss (2014) – den Konflikt in der Ukraine einen „hybriden Krieg", um zu signalisieren, dass neben militärischen und traditionellen auch nicht-militärische Mittel wie stark wertende Lexik eingesetzt werden. Auf diese Problematik weisen auch Novosolova und Jacura (2018) hin, indem sie deutlich machen, dass sowohl die russische, als auch die ukrainische Seite mithilfe der verwendeten Termini die Aufmerksamkeit des Publikums lenken. Sie führen daher eine terminologische Empfehlung für Journalist*innen von Expert*innen des IMI (*Institut masovoï informaciï*) an, um aufzuzeigen, wie wichtig die Terminologie bei der Berichterstattung über den Konflikt ist.

Die Schwierigkeit, die korrekte Terminologie zu verwenden bzw. zu finden, wird auch in der Untersuchung von Romanjuk und Novikova (2015) ersichtlich. In ihrer Analyse ukrainischer, polnischer und deutscher Online-Zeitungen kritisieren sie, dass die Medien vor allem für deutsche und polnische Leser*innen Benennungen neuer Ereignisse und Phänomene zum besseren Verständnis vereinfachen und neue Konzepte meist unvollständig in die jeweiligen Zielsprachen übertragen.

In Bezug auf die Berichterstattung über die Ereignisse in der Ukraine sei an dieser Stelle festgehalten, dass in zahlreichen Forschungsarbeiten Kritik am Westen geübt wird (vgl. z. B. Ojala und Kaasik-Krogerus 2016; Szostok et al. 2016; Lichtenstein und Esau 2016; Ojala et al. 2017; Samoilenko et al. 2017). So wird beispielsweise Darstellung der Ereignisse aus einer Außenperspektive (vgl. Lichtenstein und Esau 2016) und die Einseitigkeit der Berichterstattung (vgl. Samoilenko et al. 2017) kritisiert. Pomerantsev und Weiss (2014), Pollack (2014), Snyder (2014) sowie Dyczok (2016) werfen den westlichen Medien eine unreflektierte Übernahme russischer Berichte bzw. eine Beeinflussung durch den russischen Standpunkt vor. Dyczok (2016: 188–189) spricht in diesem Zusammenhang sogar von einer Präferenz für eine vereinfachende und dramatische Darstellung in den westlichen Medien. Pörzgen (2014) und Schlögel (2017)

---

33 Zur Definition von Hate-Speech siehe Abschnitt III.9.3.2.

erklären hingegen, dass die Ereignisse in der Ukraine den Westen überrascht hätten und dieser nicht auf eine Berichterstattung über die Ukraine vorbereitet gewesen sei.

3.3 Fernsehen, politische Reden und Parlamentsdebatten

In Bezug auf die Untersuchungen des Fernsehens und dessen Berichterstattung über den Konflikt in der Ukraine liegt der Fokus der Forschung klar auf den Nachrichtensendunge der zwei wichtigsten staatlichen Fernsehsender Russlands, dem *Pervyj kanal* und *Rossija-1* (vgl. z. B. Hansen 2015; Khaldarova 2016; Pasitselska 2017). Besonders erwähnenswert ist die Untersuchung von Pasitselska (2017), welche neben der stark ideologischen Ausrichtung der russischen Nachrichten einen Unterschied zwischen dem *Pervyj kanal* und *Rossija-1* konstatiert: Während auf *Rossija-1* dem Protest auf dem Euromajdan von Beginn an eine nationalistische Ausrichtung gegeben wurde, berichtete der *Pervyj kanal* zunächst allgemeiner von einem Aufstand von „Radikalen" sowie „Extremisten" und verwendete erst später immer häufiger die Bezeichnungen „Faschisten" und „Nationalisten" (vgl. Pasitselska 2017: 597). Auch Khaldarova (2016) vergleicht in ihrem Artikel zwei russische Fernsehsender, den *Pervyj kanal* und *RT* (ehemals: *Russia Today*). Neben dem gesprochenen und geschriebenen Text konzentriert sich Khaldarova (2016) auf die visuelle Gestaltung der Nachrichtenbeiträge und stellt hier wesentliche Unterschiede zwischen den beiden Sendern fest: Während der *Pervyj kanal* seine Beiträge vorwiegend mit emotionalen Videos und Bildern gewöhnlicher Leute untermale, vermeide *RT* die Visualisierung der Ereignisse und benutze stattdessen Fotos offizieller oder politischer Akteure, was laut Khaldarova (2016: 135) mit der Ausstrahlung des Senders im Internet zusammenhängen könnte. Bemerkenswert ist die von der Forscherin festgestellte Divergenz zwischen dem Text- bzw. Audiomaterial und den präsentierten Bildern: „[V]isuals did not necessarily correspond to the textual and audio descriptions–this was most obvious regarding Maidan, where many news stories had titles and textual and/or spoken descriptions with a narrative about a fascist threat and disorder caused by protestors, although the images were of peaceful protestors and smiling people" (Khaldarova 2016: 135). Dieses Ergebnis ist vor allem für den empirischen Teil der vorliegenden Arbeit von Bedeutung, da auch dort das Zusammenspiel zwischen Bild und Text betrachtet wird.[34]

---

[34] Siehe dazu insbesondere Abschnitt III.10.2.3.

In einigen Forschungsarbeiten steht jedoch nicht die Berichterstattung über die Ukraine, sondern über den Westen im Vordergrund (vgl. z. B. Nelson et al. 2016; Hutchings und Szostek 2016; Widholm 2016). Ein Grund dafür ist, dass der Konflikt in der Ukraine mit einem Anstieg „antiwestlicher Propaganda", die bereits seit den Massenprotesten in Russland in den Jahren 2011/12 kontinuierlich zugenommen hat, verbunden ist (vgl. Menon und Rumer 2015: 88; Gudkow 2016: 8). Auch politische Reden und Diskussionsformate – Parlamentsdebatten[35] und Talkshows – sind Forschungsgegenstand mehrerer Untersuchungen (z. B. Radünzel 2017; Arcimavičienė 2020; Kuße 2020; Karpenko-Seccombe 2020).

Einige Wissenschaftler*innen erforschen zudem die Diskussionen über den Konflikt in der Ukraine in russischen TV-Talkshows. Diese Untersuchungen konzentrieren sich jedoch vorwiegend auf politische Talkshows und ignorieren audiovisuelle Besonderheiten des Genres (vgl. z. B. Dobrynina 2016; Lichtenstein et al. 2018). Lichtenstein et al. (2018: 73) zeigen in ihrer Untersuchung anhand einer Graphik die starke Zunahme von politischen Talkshows[36] mit Ukrainebezug im russischen Fernsehen zwischen November 2013 bis Dezember 2015, wobei nicht nachvollziehbar ist, anhand welcher Kriterien und welcher Talkshowformate diese Graphik erstellt wurde. Dennoch bestätigt diese Graphik die Untersuchungen von Dolgova (2015, 2017a, 2017b), in denen sie einen starken Anstieg von Talkshowsendungen im russischen Fernsehen seit 2013 und somit erhebliche Veränderungen im Fernsehprogramm konstatiert. Allerdings berücksichtigen weder Dolgova (2015, 2017a, 2017b) noch Lichtenstein et al. (2018) nichtpolitische Talkshows und daher werden im empirischen Teil der vorliegenden Arbeit die bisherigen Analysen erweitert und komplettiert, indem anhand der Sendungsbeschreibungen untersucht wird, ob sich auch nichtpolitische Talkshows[37] mit dem Konflikt in der Ukraine beschäftigt haben.

3.4 Kombinierte (Medien-)Analysen

In diesem Abschnitt werden jene Forschungsarbeiten bzw. -projekte vorgestellt, die in ihren Untersuchungen mehrere verschiedene Medien bzw. Diskurstypen berücksichtigen. Besonders erwähnenswert ist an dieser Stelle das komparativ-linguistische Forschungsprojekt von Weiss (2017, 2018, 2019, 2020a, 2020b) mit dem

---

35 Zur Untersuchung von Parlamentsdebatten siehe auch Abschnitt I.3.4.
36 Bemerkenswert ist, dass die Autor*innen angeben, dass sie die Talkshowformate von *zwei* russischen Sendern (*Rossija-1* und *NTV*) analysieren, obwohl sich darunter auch eine Talkshow des *Pervyj kanal* (POLITIKA) befindet (siehe Lichtenstein et al. 2018: 71).
37 Zur Typisierung von Talkshows im russischen Fernsehen siehe Abschnitt II.6.3.2.

Titel *The Ukraine Conflict as a Battlefield of Competing Legitimization Discourses*. Neben Parlamentsdebatten, Interviews und Regierungsaussagen wurden auch politische TV-Talkshows in das Forschungsprojekt miteinbezogen und mithilfe einer pragmatischen sowie kognitiv-linguistischen und kritisch-diskursanalytischen Ausrichtung erforscht.

Aus dieser sehr umfangreichen Untersuchung, die im Zeitraum von November 2013 bis Anfang 2015 Daten aus Russland, der Ukraine, Polen und Tschechien untersuchte,[38] sind vor allem folgende Ergebnisse für die vorliegende Arbeit von Bedeutung: Die quantitative Analyse mithilfe von *keywords* zeigt, dass die Ukraine aus russischer Sicht eine passive Rolle einnimmt, die durch metaphorische Konzeptualisierungen wie zum Beispiel „Marionette" oder „Kanonenfutter" ausgedrückt wird (Weiss 2017, 2018). Außerdem illustriert die Auswertung die unterschiedliche Wahrnehmung der Bedrohung durch den militärischen Konflikt von ukrainischer und russischer Seite. Neben der quantitativen Analyse der Daten, von der die TV-Talkshows jedoch ausgenommen waren, legt Weiss (2017, 2018, 2019, 2020a, 2020b) in der qualitativen Untersuchung den Schwerpunkt auf Metaphern sowie Vergleiche und betont die sprachliche Kreativität und Spontanität des Fernsehens, vor allem in Hinblick auf die Verwendung kreativer und innovativer Metaphern. Diesbezüglich ist auch die im Rahmen des Forschungsprojekts entstandene Masterarbeit von Brunner (2016) erwähnenswert, da sie darin die Blut-, Tier-, Körper-, Krankheits- und Verwandtschaftsmetaphern in russischen Fernseh-Debatten zur Ukraine-Krise analysiert und damit einen guten Anhaltspunkt für die linguistische Analyse im empirischen Teil der vorliegenden Arbeit bietet.

An dieser Stelle muss jedoch festgehalten werden, dass Weiss' Untersuchung zwar umfangreich ist, aber der Diskurs in russischen TV-Talkshows nur sehr fragmentarisch betrachtet wird sowie in keiner Weise auf die audiovisuellen Besonderheiten des Genres, die Talkshowgäste oder Moderator*innen eingegangen wird. Zudem beschränkt sich das Forschungsprojekt lediglich auf Polit-Talks sowie auf die Darstellung der Ukraine und Russlands. Somit fehlt in diesem Forschungsprojekt nicht nur die Betrachtung nichtpolitischer TV-Talks sowie audiovisueller Charakteristika des Genres, sondern auch die sprachliche (und visuelle) Repräsentation der in der Ostukraine kämpfenden und von Russland unterstützten Separatisten (*opolčency*), die jedoch in der vorliegenden Arbeit Berücksichtigung finden.

---

[38] Von November 2013 bis Februar 2014, der sogenannten „Majdan-Periode", wurden zudem die „prorussisch orientierte Bevölkerungsgruppe in der Ukraine" als „fünfte Stimme" und mit Fortschreiten des Projekts auch „regierungsseitige US-amerikanische Stimmen zum Ukraine-Konflikt" in die Analyse miteinbezogen (Weiss 2020b: 21).

Auch Kuße (2018a, 2018b, 2019) hat im Rahmen eines Projekts mit dem Titel *Aggression und Argumentation: Konfliktdiskurse und ihre sprachliche Verhandlung* den Ukraine-Konflikt untersucht. Am Beispiel verschiedener Diskurstypen wie ausgewählte Reden Vladimir Putins, Karikaturen, Gedichte sowie inoffizielle Landkarten zeigt Kuße (2018a, 2018b, 2019) die Funktionsweise aggressiver Argumentation im „russisch-ukrainischen Konflikt" auf, die u. a. zur Rechtfertigung des Vorgehens Russlands dient. Daher bieten diese Arbeiten gute Orientierungspunkte für die vorliegende Untersuchung. Besonders hervorzuheben ist, dass Kuße (2018b, 2019) das Zusammenwirken von Text und Bild am Beispiel von inoffiziellen Landkarten im „russisch-ukrainischen Konflikt" untersucht und eine in Studien zum Ukraine-Konflikt erst selten durchgeführte multimodale Analyse unternommen hat.[39]

Eine weitere umfassende Studie zum Konflikt in der Ukraine stammt von Makukhin et al. (2018), die mithilfe einer quantitativen Inhaltsanalyse von Juli 2014 bis Dezember 2017 die „Bedrohungsnarrative" (*threat narratives*) über den Westen und die Ukraine in russischen TV-Nachrichten, ausgewählten politischen Talkshows sowie Onlinenachrichtenartikeln herausgearbeitet haben. Obwohl es sich hierbei um keine linguistische Analyse handelt, liefern die Autor*innen wichtige Hinweise in Bezug auf die Rolle des Fernsehens und insbesondere von Talkshows bei der Verbreitung der Narrative: „For [the] Kremlin, TV is the main medium that helps to shape and disseminate narratives. [The] Kremlin has two main instruments: news programs and talk-shows, both controlled from one center. Television talk-shows became a real godsend for the Russian disinformation machine" (Makukhin et al. 2018: 31).

Talkshows hätten in Russland die Funktion, die angebliche Meinungsfreiheit der Medien zu beweisen, da sie die Illusion der freien Diskussion schaffen und „vielfältige Meinungen" zu Wort kommen lassen würden, die jedoch alle vorteilhaft für die russische Regierung seien. Darüber hinaus böten Talkshows Platz für radikale Stimmen, die für das Gesagte keine Verantwortung übernehmen müssten. Makukhin et al. (2018) heben außerdem die Wiederholung als zentrales Element von Propaganda sowie die Rolle des Internets hervor, um Wiedersprüche zu generieren und zu transportieren.

---

[39] Eine Ausnahme davon bietet die in Abschnitt I.3.3 erwähnte Publikation von Khaldarova (2016).

3.5 Zusammenfassung und Forschungsfragen der Arbeit

In Bezug auf den Forschungsstand zur (russischen) Propaganda und dem Konflikt in der Ukraine kann abschließend festgehalten werden, dass es bereits zahlreiche Forschungsarbeiten gibt, die sich mit der Darstellung dieses Themas in den Medien beschäftigen. Wie gezeigt wurde, dienen das Internet und insbesondere die sozialen Netzwerke einerseits als alternative Informations- und Diskussionsplattform, andererseits kann jedoch auch hier eine Einflussnahme durch den russischen Staat konstatiert werden. Einige Forschungsarbeiten weisen darauf hin, dass Information und Sprache als Waffen in dem bisweilen als „hybriden Krieg" bezeichneten Konflikt in der Ukraine eingesetzt werden. Dabei wurde deutlich, dass beide Seiten die sozialen Netzwerke nutzen, um die gegnerische Seite zu diffamieren oder bestimmte Informationen sowie Meinungen zu propagieren. Das Internet ist außerdem ein Ort für Ironie und Sarkasmus, wobei auch diese rhetorischen Mittel häufig dazu dienen, den/die Gegner*in zu diskreditieren.

In den Untersuchungen zu Online-Zeitungen und Printmedien steht klar die darin verwendete Lexik im Zentrum des Forschungsinteresses, und das zeigt die große Bedeutung von Sprache im Konflikt in der Ukraine. Zur Benennung der jeweiligen Seite wurden sowohl neue Wörter geschaffen als auch auf bereits existierende Termini zurückgegriffen, die mithilfe positiver oder negativer Konnotationen aktualisiert wurden.

Viele Forschungsarbeiten beschäftigen sich außerdem mit der westlichen Berichterstattung über die Ukraine, wobei hier deutlich die Kritik an deren Einseitigkeit und Orientierung an russischen staatlichen Quellen zum Ausdruck kommt. Die Berichterstattung über die Ukraine steht zudem in Verbindung mit der antiwestlichen Propaganda in Russland, die seit den Protesten im Jahr 2011/12 in Russland und dem nachfolgenden Konflikt in der Ukraine zugenommen hat und von russischer Seite zur Legitimierung der eigenen Aktionen gebraucht wird.

Die bisherigen Publikationen, die sich mit der Darstellung des Konflikts im Fernsehen beschäftigen, stellen Unterschiede zwischen den einzelnen Fernsehsendern fest und demonstrieren, dass das Text- bzw. Audiomaterial nicht mit den gezeigten Bildern übereinstimmt. Neben politischen Reden sowie Parlamentsdebatten widmen sich bereits einige wenige linguistische Untersuchungen den TV-Talkshows, wobei sich diese ausschließlich auf politische Talkshows konzentrieren.

In Bezug auf TV-Talkshows und deren Untersuchung zeigt der vorliegende Forschungsstand eindeutig, warum sich gerade dieses Genre für eine wissenschaftliche Auseinandersetzung mit dem Ukraine-Konflikt besonders eignet:

Erstens kann seit dem Konflikt in der Ukraine eine enorme Zunahme[40] von Talkshowsendungen im russischen Fernsehen konstatiert werden. Zweitens sind TV-Talkshows in Bezug auf ihre Kreativität und Spontaneität besonders interessant für eine detaillierte linguistische Analyse. Drittens sind Talkshows neben den Nachrichtensendungen *das* zentrale Instrument der Desinformation im russischen Fernsehen und bieten sich daher für eine Analyse von Propagandastrategien an.

Der Forschungsstand zeigt, dass als Propagandastrategien u. a. die Wiederholung, die Verwischung der Grenzen zwischen Fakten und Fiktion sowie die Emotionalisierung genannt werden. Vor allem letztere ist in nichtpolitischen Talkshows zu erwarten, da – wie einige der in Kapitel I.2 zitierten Forscher*innen deutlich gemacht haben – diejenige Propaganda am effektivsten ist, die unauffällig unter dem Deckmantel der Unterhaltung agiert und an die Gefühle der Zuseher*innen appelliert. Daher ist der Miteinbezug dieser Sendungen für eine umfassende Analyse von Propaganda in russischen TV-Talkshows unbedingt notwendig.

Die vorliegende Arbeit schließt jedoch nicht nur durch das Miteinbeziehen nichtpolitischer Talkshows eine Lücke, sondern auch dadurch, dass sie die audiovisuellen Besonderheiten und Charakteristika des Genres Talkshow berücksichtigt, die in bisherigen Arbeiten vernachlässigt wurden. Außerdem unternimmt sie eine nachvollziehbare quantitative Analyse von Talkshows auf den zwei wichtigsten staatlichen Fernsehsendern Russlands, um nachzuzeichnen, wie das russische Fernsehen auf die Ereignisse in der Ukraine reagiert hat. Bisherige Untersuchungen haben sich vor allem auf die im Konflikt verwendete Lexik konzentriert, wobei jedoch die in Talkshows verwendete Lexik noch nicht dokumentiert ist. Zudem wurde eine umfassende Kritische Diskursanalyse von TV-Talkshows noch in keiner der in diesem Kapitel erwähnten Arbeiten geleistet, obwohl sich gerade die Diskursanalyse dazu eignet, Zusammenhänge und sprachliche Phänomene in ihrem Kontext zu betrachten.

Diese Lücken will die vorliegende Arbeit schließen, indem sie sich auf folgende drei Forschungsfragen konzentriert:
- **FF 1:** Wie viele Talkshowsendungen haben sich im Jahr 2014 auf dem *Pervyj kanal* und *Rossija-1* mit der Ukraine bzw. mit einem ukrainebezogenen Thema beschäftigt und in welche Unterthemen können diese eingeteilt werden?
- **FF 2:** Welche Aussagen wurden in ausgewählten Promi-, Polit-, Trivial- sowie Spezial-Talks[41] über die Ukraine gemacht und sind Unterschiede in

---
40 Weiss (2020b: 24) spricht sogar von einem „astronomisch[en]" Anwuchs von Talkshows.
41 Zur Typisierung von Talkshows im russischen Fernsehen siehe Abschnitt II.6.3.2.

Bezug auf diese Aussagen zwischen den einzelnen Subgenres der Talkshows feststellbar?
- **FF 3:** Mithilfe welcher sprachlichen und visuellen Mittel wird in den ausgewählten Talkshows gearbeitet, um die Ukraine bzw. die ukrainische Seite darzustellen, und inwiefern können diese Mittel als Propagandastrategien identifiziert werden?

Das Ziel der vorliegenden Arbeit ist es, mithilfe einer Kombination aus einer quantitativen und qualitativen Analyse einen weiteren wichtigen Beitrag zum Verständnis von Propagandastrategien im Fernsehen rund um den Konflikt in der Ukraine im Jahr 2014 zu leisten, indem sie ein bisher erst wenig beachtetes Genre – die TV-Talkshow – und dessen Spezifika in das Zentrum der Untersuchung rückt.

Teil II: **Der Ukraine-Konflikt, das russische (Staats-)Fernsehen und die TV-Talkshow**

4 Der Ukraine-Konflikt 2014/15: Chronik der Ereignisse

Wie der Historiker Andreas Kappeler in seinem Buch *Ungleiche Brüder. Russen und Ukrainer* (2017) erläutert, ist das Verhältnis zwischen Russland und der Ukraine seit Jahrhunderten von Asymmetrien und dem Wunsch der Ukraine nach Unabhängigkeit vom sogenannten „großen Bruder" geprägt. Die Unabhängigkeitserklärung der Ukraine von der UdSSR nach dem Augustputsch 1991 löste in Russland Überraschung, Konsternation und emotionale Reaktionen aus, da klar war, dass die Union ohne die Ukraine, welche gemeinsam mit Russland die „Achse" des multinationalen Staates bildete, nicht weiterbestehen könne (vgl. Kappeler 2017: 198). Seit ihrer Unabhängigkeit bemühte sich die Ukraine um die Gleichberechtigung mit Russland und um eine Annäherung an die Europäische Union (EU), wobei jedoch die Ost- und Südukraine eher eine Orientierung an Russland und der Gemeinschaft Unabhängiger Staaten (GUS) präferierten.

Die Frage nach der Orientierung der Ukraine am Westen oder an Russland spiegelt sich auch in den Präsidentschaftskandidaten wider und gipfelte 2004 in der Orangen Revolution, die zur Folge hatte, dass nach der Wahlmanipulation des von Russland unterstützten Kandidaten Viktor Janukovyč/Janukovič[42] der an einer Annäherung an die EU und die USA interessierte Kandidat Viktor Juščenko in der Wahlwiederholung als Sieger hervorgegangen ist (vgl. Kappeler 2014: 282–285). Nach internen Machtkämpfen und Krisen während seiner Amtszeit verlor Juščenko allerdings 2010 die Wahl gegen seinen Kontrahenten Janukovyč/Janukovič, der fortan eine autoritäre Linie verfolgte. Die Einschränkung der Presse- und Medienfreiheit, die Verhaftung vieler seiner Gegner*innen sowie allgemeine Unzufriedenheit provozierten bereits im Mai 2013 erste Proteste. Als Janukovyč/Janukovič jedoch das geplante Assoziierungsabkommen mit der Europäischen Union im November 2013 nicht unterzeichnete, führte dies in der Ukraine und insbesondere in der Hauptstadt Kiew zu Demonstrationen auf dem Unabhängigkeitsplatz *Majdan Nezaležnosti*, der gleichzeitig namensgebend für diese als „Euromajdan" in die Geschichte eingegangenen Ereignisse ist. Die Revolution des Euromajdan sowie die nachfolgenden Ereignisse, die zu einer „stabilen Labilität" (*labil'naja stabil'nost'*) (Weiss 2018: 323) der Situation bzw. zum Status quo eines

---

[42] In westlichen Medien wird meist die vereinfachende dichotome Darstellung prorussisch vs. prowestlich verwendet. In Bezug auf Janukovyč/Janukovič argumentiert Sakwa (2015: 210, Übers. d. Verf.) jedoch, dass dieser weder prorussisch noch prowestlich war, sondern „ein eher heruntergekommener Vertreter der bürokratisch-oligarchischen Ordnung, der sich im Wesentlichen um seinen persönlichen Aufstieg kümmerte".

"gefrorenen Konfliktes" (Menon und Rumer 2015: 86; Kappeler 2017: 10) geführt haben, in dem die Ukraine auf unbestimmte Zeit die Kontrolle über einen Teil ihres Territoriums verloren hat, werden im vorliegenden Kapitel beschrieben.

Der folgende chronologische Überblick teilt die Ereignisse in der Ukraine in drei Perioden: Die erste Periode umfasst den Beginn des Ukrainekonflikts mit den Ereignissen des Euromajdans von November 2013 bis Februar 2014. Die zweite Periode reicht von den Ereignissen im März 2014 bis zum ersten Beschluss einer Waffenruhe (Minsk I) am 5. September 2014. Diese ersten beiden Perioden können aufgrund des Sich-Überschlagens und der Akkumulierung der Ereignisse als heiße Phase bzw. Höhepunkt des Konflikts bezeichnet werden. Die dritte Periode dokumentiert den trotz der vereinbarten Waffenruhe weiterschwelenden Konflikt und die andauernden starken Kämpfe und reicht bis zum Minsker Abkommen (Minsk II) am 12. Februar 2015, das jedoch ebenso immer wieder gebrochen wurde und wird.[43] Diese Dreiteilung der Geschehnisse rahmt gleichzeitig den Analysezeitraum der vorliegenden Arbeit, der sich auf die Ereignisse im Jahr 2014 konzentriert. Zudem können die Proteste auf dem Majdan als Beginn bzw. Auslöser des medialen Interesses und der russischen Propagandakampagne gesehen werden, die ihren Höhepunkt in der zweiten bzw. zu Beginn der dritten Phase gefunden haben und bis Februar 2015 langsam abgeklungen sind.[44]

4.1 Der Euromajdan: Die Ereignisse im Winter 2013/2014

Während die Ukraine unter der Präsidentschaft von Viktor Juščenko vonseiten Russlands mit dem Vorwurf einer „russophobe[n] Politik" (Kappeler 2014: 310) konfrontiert war, verbesserte sich das Verhältnis zwischen Russland und der Ukraine mit dem Wahlsieg von Viktor Janukovyč/Janukovič im Jahr 2010 schlagartig. Neben der Fortsetzung der Annäherung der Ukraine an die EU mit dem Ziel eines Assoziierungsabkommens, einer Freihandelszone sowie der Aufhebung der Visumspflicht, führte Janukovyč/Janukovič gleichzeitig Verhandlungen über einen Beitritt der Ukraine zur Zollunion, die Russland seit 2010 mit Kasachstan und Weißrussland ausgehandelt hatte. Ziel dieser Zollunion war die Errichtung einer „eurasischen Wirtschaftsunion unter russischer Hegemonie" (Kappeler 2014: 313). Für diesen Beitritt zur Zollunion Russlands, Kasachstans und Weißrusslands gab

---

43 Der Konflikt in der Ukraine schwelte auch in den darauffolgenden Jahren weiter. Zur Zeit der Fertigstellung der vorliegenden Publikation, am 24. Februar 2022, sind russische Truppen in die Ukraine einmarschiert, was zum Ausbruch des Krieges zwischen Russland und der Ukraine geführt hat.
44 Siehe dazu auch die Graphik von Lichtenstein et al. (2018: 73) sowie Abschnitt III.8.3.

es jedoch im Gegensatz zum Assoziierungsabkommen mit der EU nie eine schriftliche Vereinbarung, und sowohl die EU als auch Russland machten deutlich, dass die Ukraine nur jeweils einer Union beitrete könne. Aus diesem Grund stellte die für den 28./29. November 2013 anberaumte Unterzeichnung des Assoziierungsabkommens mit der EU eine zentrale Entscheidung für die zukünftige ökonomische und geopolitische Orientierung der Ukraine dar (vgl. Kappeler 2014: 313). Russland war sich der Bedeutung dieser Entscheidung bewusst und versuchte 2013 kontinuierlich den Druck auf die Ukraine zu erhöhen, indem es die „engen religiösen, kulturellen und historischen Bande zwischen Russland und der Ukraine" beschwor (Kappeler 2014: 334). Zusätzlich zur Frage nach der Eurasien-Integration spielte vor allem auch die NATO-Osterweiterung und insbesondere eine Mitgliedschaft der Ukraine bei der NATO eine große Rolle, da diese von Russland als Bedrohung für die eigene Sicherheit wahrgenommen wurde (vgl. Menon und Rumer 2015: 71–73; Katchanovski 2016: 80). Die ukrainische Regierung reagierte schließlich auf den Druck Russlands und der ukrainische Ministerpräsident Mykola/Nikolaj Azarov erklärte am 21. November 2013 die Vorbereitungen für die Unterzeichnung des Assoziierungsabkommens mit der EU als ausgesetzt (vgl. Kurkow 2014: 7).

Als unmittelbare Reaktion darauf folgten am selben Tag spontane Demonstrationen auf dem Unabhängigkeitsplatz (*Majdan Nezaležnosti*) in Kiew, die ihren ersten Höhepunkt am 24. November erreichten, an dem zehntausende Demonstrierende auf die Straße gingen. Als die Demonstrant*innen am 28./29. November die Nachricht aus Vilnius erhielten, dass Janukovyč/Janukovič tatsächlich das Assoziierungsabkommen mit der EU nicht unterschrieben hatte, versammelten sie sich auf dem Unabhängigkeitsplatz in Kiew. Obwohl bereits in der Nacht Mitglieder der Spezialeinheit Berkut den Platz mit Gewalt räumten, gingen am 30. November trotz des veranschlagten Versammlungsverbots bis zu 700 000 Menschen auf den Majdan. Zunächst war dieser Massenprotest, der vorwiegend über die sozialen Netzwerke und kleine Fernsehstationen koordiniert wurde, friedlich. Allerdings radikalisierte sich diese „zivilgesellschaftliche Massenbewegung" (Kappeler 2014: 339), unter anderem wegen des brutalen Vorgehens der Polizei und der Spezialeinheit Berkut und bekam zunehmend den Charakter einer Revolution: Neben der Unterzeichnung des Assoziierungsabkommens forderten die Demonstrant*innen schließlich auch den Sturz der Regierung sowie des amtierenden Präsidenten (vgl. Kappeler 2014: 339).

Am 8. Dezember strömten mindestens eine halbe Million Menschen auf den Majdan und auch in anderen ukrainischen Städten kam es zu Demonstrationen, aber ebenso zu Gegenkundgebungen, insbesondere im Osten der Ukraine. Unter den Demonstrierenden auf dem Majdan befanden sich zahlreiche Vertreter*innen der Opposition sowie der Milliardär Petro/Pëtr Porošenko, der die Demonstrationen unterstützte und mit seinem Fernsehsender *5 kanal* „eine objektive Berichterstattung über den Euro-Majdan" ermöglichte (Kappeler 2014: 340). Trotz einiger Gewaltattacken gegen einzelne Vertreter*innen des Euromajdan harrten viele in der Kälte auf dem Unabhängigkeitsplatz aus, und die Bevölkerung solidarisierte sich mit den Protestierenden, indem sie diese mit Medikamenten, Lebensmitteln und Brennmaterial versorgte.

Im Jänner 2014 eskalierte die Situation jedoch, da neue Gesetze das Demonstrationsrecht massiv einschränkten und erstmals auch die Demonstrant*innen Gewalt anwendeten. Mitverantwortlich für diese Eskalation der Gewalt waren unter anderen die Mitglieder des Rechten Sektors (*Pravyj sektor*), die laut Kappeler (2014: 348) jedoch „nur eine von mehreren Selbstverteidigungsgruppen [waren], die der Regierung gewaltsamen Widerstand leisteten."

Am 24. Jänner kam es nach neuerlichen Zusammenstößen zu den ersten Todesopfern. Laut Kappeler (2014: 341) traten „[n]eben der Berkut [...] von der Regierung bezahlte maskierte Schlägertrupps in Erscheinung, die sogenannten Titušky, die Majdan-Aktivisten überfielen und verprügelten." Dabei wurden einzelne Aktivist*innen entführt, gefoltert und ermordet. Die Eskalation der Ereignisse führte dazu, dass die Regierung und der Ministerpräsident Azarov am 28. Jänner 2014 ihren Rücktritt bekannt gaben. Trotzdem blieben die Demonstrant*innen auf dem Majdan, da ihre Forderung der Revision der von Janukovyč/Janukovič aufgehobenen Verfassung, die dem Parlament (*Verchovna Rada/Verchovnaja Rada*) mehr Macht einräumt als dem Präsidenten, noch nicht erfüllt war. Am 18. Februar blockierten die Demonstrierenden daher das Parlamentsgebäude und am 19. und 20. Februar kam es zu einer neuerlichen Eskalation der Gewalt, bei der Polizisten auf Aktivist*innen, aber auch Scharfschützen auf Polizisten schossen, wobei über 100 Menschen ums Leben kamen (vgl. Simon 2014a: 13).[45] Die Opfer dieser Todesschüsse wurden im Anschluss als „Himmlische Hundertschaft" (*nebesna sotnja/ nebesnaja sotnja*) bezeichnet, wobei der Name „Hundertschaft" als Selbstbezeichnung von Verteidigungsgruppen, die sich den Schutz der Demonstrant*innen auf dem Majdan vor der Gewalt der Polizei zur Aufgabe gemacht hatten, verwendet wurde (vgl. Heinemann-Grüder 2019: 53).

Durch dieses gewaltsame Vorgehen gegen die eigenen Bürger*innen verlor Janukovyč/Janukovič seine Legitimation sowie die Unterstützung mächtiger Oligarchen. Der ukrainische Präsident floh am 21. Februar nach seiner Amtsenthebung zunächst in die Ostukraine und kurze Zeit später nach Russland. In der Zwischenzeit führte die *Verchovna Rada/Verchovnaja Rada* die Verfassung von

---

45 Wer genau die Täter*innen waren, ist ungeklärt. Für die meisten Todesopfer werden jedoch Berkut-Polizisten sowie Einheiten des Innenministeriums verantwortlich gemacht (vgl. Heinemann-Grüder 2019: 54–55).

2004 wieder ein, ernannte Oleksandr Turčynov/Aleksandr Turčinov zum kommissarischen Präsidenten und beraumte Neuwahlen für den 25. Mai an. Unterdessen wurde auch die unter Janukovyč/Janukovič inhaftierte ehemalige Ministerpräsidentin und Präsidentschaftskandidatin Julija Tymošenko/Timošenko aus dem Gefängnis entlassen und begab sich auf den Majdan, um mit ihren Anhänger*innen zu sprechen. Außerdem sollte am 23. Februar die Aufhebung des Sprachengesetzes, das dem Russischen mehr Rechte gewährte, erfolgen.[46] Der Übergangspräsident Oleksandr Turčynov/Aleksandr Turčinov legte allerdings ein Veto gegen dessen Aufhebung ein, und damit blieb das Gesetz in Kraft. Am 27. Februar wurde schließlich Arsenij Jacenjuk zum neuen Ministerpräsidenten gewählt, und fast einen Monat später, am 21. März 2014, erfolgte die Unterzeichnung des Assoziierungsabkommen mit der EU – eines der wichtigsten Ziele des Euromajdan.

Den Majdan-Gegner*innen diente die beabsichtigte Aufhebung des Sprachengesetzes am 23. Februar als Argument für die „angeblich gewaltsame Ukrainisierung der Ost- und Südukraine" (Kappeler 2017: 219). Gegner*innen einer Annäherung der Ukraine an die EU warnten auf Plakaten und Werbetafeln davor, dass Europa als Prämisse für das Assoziierungsabkommen eine homosexuelle Orientierung von den Ukrainer*innen verlange (vgl. Kurkow 2014: 23). Zusätzlich wurde die Beteiligung von militanten Nationalisten bzw. Selbstverteidigungsgruppen verschiedenster Art, darunter auch von rechtsextremen Gruppen, auf dem Majdan sowie die Aufnahme von vier Mitgliedern der ultranationalistischen Partei *Svoboda* in die ukrainische Regierung von Russland als Indiz dafür gesehen, dass die gesamte neue politische Führung der Ukraine aus Faschisten bestehe und der Machtwechsel in Kiew ein „gegen Russland gerichtetes Komplott des Westens" sei (vgl. Kappeler 2017: 219–220). Mithilfe des russischen Fernsehens wurde vor allem im Süden und Osten der Ukraine ein negatives Bild des Euromajdans verbreitet. Das förderte die Spaltung der Ukraine in die den Majdan mehrheitlich unterstützende und organisierende Nord- und Westukraine sowie in die die Protestbewegung eher ablehnende Süd- und Ostukraine (vgl. Kappeler 2014: 349).

---

46 Dieses Sprachengesetz war 2012 während der Regierungszeit von Janukovyč/Janukovič beschlossen worden und stärkte die Stellung der Minderheitensprachen in der Ukraine, darunter auch das Russische im Osten und Süden der Ukraine (vgl. Kappeler 2014: 326–327). Trotz der Dominanz des Russischen in diesen Regionen blieb entgegen der Wahlversprechen jedoch das Ukrainische die alleinige Staatssprache der Ukraine.

4.2 Die Aufnahme der Krim in die Russische Föderation und der Ausbruch des Krieges in der Ostukraine

4.2.1 Die Ereignisse auf der Krim

Neben der Frage nach der Aufteilung der sowjetischen Atomwaffen, dem Status der russischen Sprache und der ethnischen Russ*innen in der Ukraine oder der Orthodoxie[47], trug vor allem die Frage nach der staatlichen Zugehörigkeit der Krim nach dem Zusammenbruch der Sowjetunion zu der schwierigen Beziehung zwischen Russland und der Ukraine bei (vgl. Kappeler 2017: 202–203). Nachdem die Krim 1991 Teil der unabhängigen Ukraine geworden war, erklärte das Parlament der Krim bereits ein Jahr später ihre Unabhängigkeit. Seit Beginn der staatlichen Unabhängigkeit der Ukraine existierten daher auf der Krim separatistische Bestrebungen, die den Beitritt zu Russland forderten (vgl. Sakwa 2015: 166). Die ukrainische Regierung löste dieses Problem damit, dass sie der Halbinsel den „Status einer Autonomen Republik" gewährte (Kappeler 2017: 203).

Der Erfolg des Euromajdan, der die Angst schürte, dass sich diese zivilgesellschaftliche Massenbewegung auch in Russland entwickeln könnte, führte zu einem erneuten Aufflammen der separatistischen Bewegung: Bereits am 23. Februar kam es in Sewastopol zu Demonstrationen gegen den Machtwechsel in Kiew, und es folgte der Aufruf, bewaffnete Selbstverteidigungseinheiten (*sily samooborony*) zum Schutz der Krim zu bilden. Zwei Tage später forderten pro-russische Demonstranten in Simferopol die Aufnahme der Krim in die Russische Föderation (vgl. Kappeler 2014: 353).

Am 27. und 28. Februar besetzten „vermummte bewaffnete Soldaten ohne Hoheits- und Rangabzeichen" (Kappeler 2014: 353),[48] die wegen ihrer Uniform auch als „grüne Männchen" bezeichnet wurden (vgl. Halling und Klein 2019), das Parlament, Einrichtungen der Armee, den Flughafen sowie das Regierungsgebäude in Simferopol. Zudem wurde die Regierung gestürzt und Sergij Aks'onov/Sergej Aksënov[49] als

---

47 Während Russ*innen und Ukrainer*innen lange Zeit ihren orthodoxen Glauben im sogenannten Moskauer Patriarchat vereint fanden, wurde 1992 in der Ukraine eine von Moskau unabhängige Ukrainische Orthodoxe Kirche gegründet, das sogenannte Kiewer Patriarchat. Während das Kiewer Patriarchat „für die national bewusste Bevölkerung der Zentralukraine" stand, war das Moskauer Patriarchat „mit einer stärkeren Orientierung auf Russland verbunden" (Kappeler 2014: 327).
48 Laut dem Militärbeobachter der *Novaja Gazeta*, Pavel Felgengauėr, handelte es sich dabei um „Infanterietruppen der Schwarzmeer-Flotte sowie [...] heimlich aus Russland auf die Halbinsel verbrachte Sondereinsatztruppen" (Felgengauėr 2014: 3).
49 Nikolay Mitrokhin (2014: 4) identifiziert Aks'onov/Aksënov als „gewöhnliche[n] kriminelle[n] Pate[n]", der in delinquenten Kreisen unter dem Rufnamen „Goblin" bekannt ist.

neuer Ministerpräsident bestimmt. Dieser forderte ein Referendum über die Unabhängigkeit der Krim von Kiew, welches für den 25. Mai 2014 angesetzt wurde.

Obwohl die russische Regierung zunächst leugnete, dass es sich bei den sogenannten „grünen Männchen" um russische Soldaten gehandelt habe, bestand diese Gruppe aus russischen Soldaten aus Sewastopol und Spezialtruppen aus Russland, insgesamt circa 20 000 Mann (vgl. Kappeler 2014: 353). Das gab auch der russische Präsident, Vladimir Putin, am 17. April 2014 während seiner jährlichen Pressekonferenz *Prjamaja linija* (dt. *Direkter Draht*) zu. Demnach hätten sich hinter diesen Selbstverteidigungskräften der Krim russische Soldaten befunden, ohne deren Hilfe die Abhaltung eines „offenen und ehrlichen Referendums" nicht möglich gewesen wäre (*Prjamaja linija s Vladimirom Putinym*, 17.04.2014, 00:35:02–00:35:25).

Am 1. März bat Aks'onov/Aksënov Russland offiziell um Hilfe zum Schutz der russischsprachigen Bevölkerung der Krim. Das ursprünglich für den 25. Mai festgesetzte Referendum wurde zunächst auf den 30. März und schließlich auf den 16. März vorverlegt. Bei diesem Referendum standen lediglich zwei Möglichkeiten zur Wahl: Die „Wiedervereinigung der Krim mit Russland" (*vossoedinenie Kryma s Rossiej*) oder die „Wiederherstellung der Verfassung von 1992" (*postanovlenie dejstvija Konstitucii Respubliki Kryma 1992 goda*) – die Option eines Verbleibs der Krim in der Ukraine fehlte jedoch auf dem Stimmzettel.

Am 16. März sprachen sich bei einer offiziellen Wahlbeteiligung von knapp über 80 Prozent fast 97 Prozent für die erste Option, den Beitritt der Krim zu Russland, aus.[50]

Zwei Tage nach dem Referendum erklärte das Parlament die Krim zu einem unabhängigen Staat und anlässlich dieses Ereignisses hielt Vladimir Putin am 18. März 2014 eine Rede vor dem Föderationsrat sowie vor Duma-Abgeordneten, in der er die Gründe für die Wiedereingliederung der Krim in Russland angeführt sowie die Bedeutung der Krim für Russland und vice versa dargelegt hat (vgl. Radetzkaja und Weichsel 2014).[51] Im Anschluss an diese Rede wurde der

---

50 Die Anzahl der Wähler*innen sowie das Wahlergebnis sind nicht überprüfbar, da es keine unabhängigen Beobachter*innen gegeben hat. Die Wahlbeteiligung wurde nachträglich vom Menschenrechtsrat beim Präsidenten der Russischen Föderation auf lediglich 30 bis 50 Prozent korrigiert (vgl. Halling und Klein 2019). Dennoch befürwortete wahrscheinlich die Mehrheit der Bevölkerung der Krim den Beitritt zur Russischen Föderation (vgl. Kappeler 2014: 354; Simon 2014a: 32).
51 In dieser Rede verwendete der russische Präsident stark negative Bezeichnungen für die ukrainische Seite, die später auch von den russischen Medien immer wieder aufgegriffen wurden (siehe Teil III der Arbeit).

Vertrag über die Angliederung der Krim an die Russische Föderation unterzeichnet (vgl. Halling und Klein 2019).

Am 21. März erfolgte schließlich die Zustimmung des Föderationsrats zum Gesetz über die Aufnahme der Krim in die Russische Föderation sowie die Unterzeichnung des Gesetzes der Krimregierung und des russischen Präsidenten. Nach dieser Vertragsunterzeichnung wurde auf der Krim der Rubel[52] eingeführt, die Zeit umgestellt, ukrainische Fernsehsender durch russische ersetzt und die Karte der Krim in die russischen Wettervorhersagen aufgenommen. Gleichzeitig wurden proukrainische Krimbewohner*innen Repressalien ausgesetzt und viele von ihnen, darunter insbesondere die Krimtatar*innen, flüchteten, wurden entführt oder ermordet (vgl. Dollbaum 2014b: 36).

Die Wiedervereinigung bzw. die Annexion der Krim durch Russland[53] stellt aus westlicher Sicht einen Bruch des Völkerrechts und mehrerer Abkommen dar. Wie Menon und Rumer (2015: 157), Kappeler (2017: 9) und Schlögel (2018: 70) festhalten, war dies das erste Mal seit dem Zweiten Weltkrieg, dass in Europa ein Land einen Teil seines Nachbarstaates annektiert hatte. Schlögel (2017: 74) spricht in diesem Zusammenhang sogar überspitzt von einem „professionell geführten Blitzkrieg". Als Konsequenz der Annexion folgten erste Sanktionen von den USA und der EU gegen Russland und mit dem Fortschreiten des Konflikts in der Ukraine und insbesondere nach dem Abschuss des Malaysischen Flugzeugs MH17 im Juli wurden weitere Sanktionen und Gegensanktionen verhängt (vgl. Sakwa 2015: 187–201).

Wie Kappeler (2014: 355) resümiert, ist die Rechtfertigung eines Eingriffs von Russland auf der Krim zum Schutz der russischsprachigen Bevölkerung nicht haltbar, da aufgrund der Bevölkerungsmehrheit der ethnischen Russ*innen die russische Sprache auf der Krim schon immer dominiert habe. Allerdings hätte sich die Halbinsel als „Achillesferse der Ukraine" (Kappeler 2014: 352) für eine militärische Intervention angeboten, da sie für Russland seit jeher einen hohen Symbolwert und mit der Stationierung der russischen Schwarzmeerflotte in Sewastopol[54] auch eine wichtige militärische Bedeutung hatte. In Russland selbst

---

[52] Seit Ende 2017 gibt es in ganz Russland zudem neue Rubelscheine, auf denen Motive der Krim abgebildet sind.

[53] Während im Westen vor allem der Terminus „Annexion" gebräuchlich ist, um die Illegitimität der Eingliederung der Krim in die Russische Föderation hervorzuheben, werden in Russland offiziell u. a. die Termini *prisoedinenie* (dt. *Angliederung/Beitritt*), *vossoedinenie* (dt. *Wiedervereinigung*) oder *vchoždenie* (dt. *Eintritt*) verwendet (siehe dazu Abschnitt III.10.1).

[54] Der Vertrag über die Stationierung der Russischen Schwarzmeerflotte in Sewastopol wäre 2017 ausgelaufen. Rjabuškin (2009: 23) schreibt daher bereits im Jahr 2009, dass 2017 „ein Jahr der politischen Verschärfung" werden würde, es sei denn Russland und die Ukraine fänden „einen anderen Ausweg aus dieser nicht einfachen Situation."

löste der Beitritt der Krim bei einem Großteil der Bevölkerung große Euphorie aus,[55] und der russische Präsident Vladimir Putin erhielt mit 89 Prozent die höchste Zustimmungsrate seiner Amtszeit (vgl. Halling und Klein 2019).

4.2.2 Der Krieg in der Ostukraine

Nach der Annexion der Krim durch Russland bzw. deren Beitritt zu Russland rückte im April 2014 das Donezbecken (*Donec'kyj basejn/Doneckij bassejn*) bzw. der Donbass in den Mittelpunkt der Ereignisse, die zur Destabilisierung der Ukraine beitrugen.

In der Sowjetunion galt der Donbass als wichtigstes Zentrum der Schwerindustrie und zählte auch nach ihrem Ende zu den wirtschaftlich stärksten Regionen der Ukraine (vgl. Kappeler 2014: 357; Sakwa 2015: 149). Zudem war der Donbass nach der Krim die „am stärksten russisch geprägte Region der Ukraine", und von dort stammten viele Oligarchen und Politiker, wie beispielsweise die Ex-Präsidenten Leonid Kučma und Viktor Janukovyč/Janukovič (vgl. Kappeler 2014: 357).

Als Auslöser für den Krieg[56] in der Ostukraine gilt die Machtergreifung prorussischer Separatisten[57] im Osten der Ukraine, insbesondere in den Gebieten Donec'k/Doneck und Luhans'k/Lugansk im Donezbecken. Mitrokhin (2014) unterteilt die gewaltsame Machtergreifung der Separatisten in drei Phasen: Die erste Phase datiert Mitrokhin (2014: 5) auf Anfang April bis Mai 2014 und beschreibt sie als die Formierung und Schaffung eines „bewaffneten ‚Volksaufstand[es]'" vonseiten der Separatisten. Als zweite Phase charakterisiert

---

[55] Die Anzahl der Russ*innen, die einen Beitritt der Krim zu Russland abgelehnt haben, belief sich im gesamten Jahr 2014 auf stabile rund vier Prozent (vgl. Suslov 2014: 590).
[56] Wie im Vorwort bereits erläutert, wird in russischen Medien der Terminus „Krieg" (*vojna*) eher vermieden, um zu unterstreichen, dass es sich dabei um einen Konflikt innerhalb der Ukraine handle. Im Westen wird aufgrund der sich zuspitzenden Ereignisse dagegen häufig von einem „Krieg" gesprochen. Sakwa (2015: 148) betitelt die Ereignisse dagegen als „Novorossiya Rebellion", womit er einerseits die von den Aufständischen im Jahr 2014 noch häufig verwendete Bezeichnung des Gebiets in der Südostukraine als „Novorossija" (dt. *Neurussland*) aufgreift (vgl. Suslov 2017) und andererseits den Konflikt bzw. Krieg als „Aufstand" (*rebellion*) verharmlost.
[57] Mitrokhin (2014, 2017) und Kappeler (2014) verwenden vorwiegend den Terminus „Separatisten" während Sakwa (2015) beispielsweise von „Aufständischen" (eng. *insurgents*) oder „Rebellen" (eng. *rebels*) spricht. Auf ukrainischer Seite werden diese jedoch als „Terroristen" (ukr. *teroristy*) oder „Banditen" (ukr. *bandyty*) und auf russischer Seite als „Volksmilizen/Heimatverteidiger" (rus. *opolčency*) oder „Aufständische" (rus. *povstancy*) bezeichnet. Wie bereits im Vorwort erwähnt, werden in dieser Arbeit die Termini „Separatisten", „Aufständische" sowie „Opolčency" verwendet.

Mitrokhin (2014) das Vorgehen der ukrainischen Armee gegen die Separatisten von Mitte Mai bis Anfang August 2014. Die dritte Phase definiert er als den Wendepunkt des Kriegsgeschehens durch den Einmarsch „russländischer Truppen" von Anfang August bis Anfang September 2014. In dieser Phase sei die ukrainische Armee innerhalb einer Woche zurückgeschlagen und die Nachschubwege nach Donec'k/Doneck wieder freigegeben worden (vgl. Mitrokhin 2014: 14).

Zu den wichtigsten Ereignissen der ersten Phase zählen unter anderen die Ausrufung der souveränen Volksrepubliken Donec'k/Doneck (7. April) sowie Luhans'k/Lugansk (27. April), im Zuge derer die bisherigen Behörden als abgesetzt erklärt wurden (vgl. Kappeler 2014: 360). Am 12. April wurden in Slov'jans'k/Slavjansk Verwaltungs- und Polizeigebäude sowie andere Gebäude von „trainierten professionellen bewaffneten Kräften ohne Abzeichen" besetzt (Sakwa 2015: 150, Übers. d. Verf.). Laut Simon (2014a: 37) handelte es sich dabei um eine „verdeckte Intervention russischer Spezialkräfte". Eine ihrer ersten Aktionen war die Einnahme der regionalen Fernsehstationen, um die davor ausgesetzte Übertragung des russischen Fernsehens wiederherzustellen (vgl. Sakwa 2015: 150).

Im April verkündete die ukrainische Übergangsregierung zudem die Schaffung einer Anti-Terror-Operation[58] (ATO), um gegen die Separatisten bzw. Aufständischen im Donbass vorzugehen. Reisinger und Gol'c (2014: 129–130) betrachten die ATO als eine der „größte[n] militärische[n] und politische[n] Fehler" Kiews, da die ukrainische Armee für eine derartige Operation zu schwach gewesen sei und nicht über die nötige Ausbildung verfügt habe. Heinemann-Grüder (2019: 79) ergänzt in diesem Zusammenhang, dass die ukrainische Armee aufgrund ihrer schlechten Reputation erhebliche Probleme bei der Rekrutierung von Streitkräften gehabt hätte und sich aus diesem Grund viele Kampfwillige „irreguläre[n] Freiwilligenbataillone[n]" angeschlossen hätten, von denen einige selbst „politische Ambitionen jenseits des Kampfes gegen die Separatisten" gehabt hätten.

Mit dem Beginn der ATO kam es zu einer Intensivierung der Gewalt, insbesondere nach den völkerrechtlich illegalen Referenden in der Ostukraine am 11. Mai, bei dem sich 89 bzw. 96 Prozent für die Selbstständigkeit der Volksre-

---

[58] Die euphemisierende Bezeichnung des Vorgehens gegen die Separatisten bzw. Aufständischen und somit des Kriegs in der Ostukraine als „Anti-Terror-Operation" erklärt sich einerseits damit, dass die Separatisten von ukrainischer Seite offiziell als „Terroristen" bezeichnet wurden und dadurch der eigenen Bevölkerung vermittelt wurde, dass die Regierung gegen den Terror und nicht gegen die eigene Bevölkerung militärisch vorgehe. Andererseits wurde die Bezeichnung „Anti-Terror-Operation" gebraucht, um Russland keinen Vorwand für einen offenen Einmarsch zu liefern (vgl. Zajaczkowski 2019: 82). Seit Ende April 2018 wird hingegen nicht mehr von der ATO, sondern von der OOS (rus. *Operacija ob"edinënnych sil* / dt. *Operation der vereinigten Kräfte*) gesprochen (vgl. Kuße 2019: 115).

publiken Donec'k/Doneck (DNR) sowie Luhans'k/Lugansk (LNR) ausgesprochen haben[59] (vgl. Menon und Rumer 2015: xi; Kappeler 2014: 361).

Neben den Referenden ist der sogenannte Gewerkschaftsbrand in Odessa am 2. Mai ein zentrales Ereignis dieser ersten Phase der Machtübernahme der Aufständischen im Donbass. Nach Zusammenstößen zwischen prorussischen und proukrainischen Demonstrant*innen kam es in Odessa zu einer Straßenschlacht, die im Brand des Gewerkschaftshauses kulminierte. Laut einem offiziellen Bericht kamen bei den gewaltsamen Zusammenstößen zunächst sechs Personen und beim anschließenden Brand des Gewerkschaftshauses 42 Menschen ums Leben (vgl. Report of the International Advisory Panel 2015: 15).[60]

Am 9. Mai gewann die ukrainische Armee mithilfe von Panzern und schwerem Geschütz das von den Separatisten besetzte Gebäude des Innenministeriums in Mariupol' zurück, wobei mindestens sieben Aufständische getötet und 40 verwundet wurden (vgl. Sakwa 2015: 157–158).

In der zweiten von Mitrokhin (2014) beschriebenen Phase, die von Mitte Mai bis Anfang August 2014 dauerte, begann die ukrainische Armee unter Beteiligung von bewaffneten Freiwilligenbataillonen gegen die Separatisten vorzugehen. Dabei wurde deutlich, dass der Einfluss der Separatisten nicht so groß war wie angenommen, da sich lediglich die Gebiete rund um Luhans'k/Lugansk und Donec'k/Doneck sowie die Städte Mariupol', Slov'jans'k/Slavjansk und Kramators'k/Kramatorsk unter ihrer Kontrolle befanden. Bemerkenswert ist, dass sowohl auf der Seite der Aufständischen als auch auf offizieller ukrainischer Seite die Streitkräfte aus Soldaten, Freiwilligen und „bunt zusammengewürfelte[n] Milizen" bestanden (Kappeler 2014: 373). Die Gründung der meisten dieser Bataillone wurde von der ukrainischen Übergangsregierung unterstützt. Allerdings befanden sich unter ihnen auch Gruppen mit rechtsextremer Einstellung, von denen sich einige schon vor dem Euromajdan gebildet hatten (vgl. Heinemann-Grüder 2019: 79). Auf ukrainischer Seite trugen diese Freiwilligenverbände bzw. „irregulären Bataille" jedoch maßgeblich zur Zurückdrängung der Separatisten und der militärischen Intervention Russlands in der Ostukraine bei (Heinemann-Grüder 2019: 79).

Am 24. Mai gründeten die DNR und LNR den *de jure* Verband der „Republik Neurussland"[61], worin beispielsweise Sakwa (2015: 154, Übers. d. Verf.) einen „Propagandaschachzug" sieht, um für die Unterstützung innerhalb der Ukraine und durch Freiwillige aus Russland zu werben.

---

59 Diese Ergebnisse sind laut Kappeler (2014: 361) zweifelhaft.
60 Zum Gewerkschaftsbrand in Odessa und der medialen Berichterstattung siehe Binder und Kaltseis (2020).
61 Zur Begriffserklärung und -entwicklung siehe Abschnitt I.3.1 sowie Suslov (2017).

In diese zweite Phase fällt außerdem die Präsidentenwahl vom 25. Mai in der Ukraine, in der Petro/Pëtr Porošenko als Sieger hervorging und zwei Wochen später in sein Amt eingeführt wurde.

Eine Woche nach der Amtseinführung des neuen ukrainischen Präsidenten Porošenko starben am 14. Juni 49 Menschen beim Abschuss eines ukrainischen Transportflugzeugs.[62] Zu dieser Tat bekannten sich prorussische Separatisten, die damit an das Ultimatum des Abzugs ukrainischer Truppen vom Flughafen in Luhans'k/Lugansk erinnern wollten. Obwohl Präsident Porošenko am 20. Juni einen Friedensplan präsentierte und eine gegenseitige einwöchige Feuerpause verkündete, scheiterten die Friedenspläne unter anderem aufgrund eines Helikopterabschusses am 24. Juni durch die Separatisten (vgl. Sakwa 2015: 162), woraufhin sich Porošenko Anfang Juli zu einer Verstärkung des militärischen Einsatzes im Donbass entschied (vgl. Kappeler 2014: 371; Sakwa 2015: 163).

Am 5. Juli erfolgte die Rückeroberung von Slov'jans'k/Slavjansk durch die ukrainische Armee, nachdem der Separatistenkämpfer Igor' Girkin alias „Strel'kov" (dt. *Schütze*)[63] mit seiner Gruppe Slov'jans'k/Slavjansk und Kramators'k/Kramatorsk kampflos verlassen und „fast die Hälfte des Territoriums innerhalb des Gebiets Donec'k" aufgegeben hatte (Mitrokhin 2014: 11). Trotz dieses Teilerfolgs gelang es der ukrainischen Armee nicht, den Widerstand der prorussischen Separatisten niederzuschlagen und die beiden Städte Donec'k/Doneck und Luhans'k/Lugansk zurückzuerobern (vgl. Kappeler 2014: 372).

Ein Höhepunkt des Konflikts in der Ostukraine stellt der Abschuss des Malaysischen Passagierflugzeugs MH17 am 17. Juli 2014 dar, bei dem alle 298 Insassen ums Leben kamen.[64]

Im Juli kam es außerdem zu Spannungen in der ukrainischen Übergangsregierung, worauf die Parteien *UDAR* und *Svoboda* aus der Regierungskoalition ausschieden. In der Folge reichte die Übergangsregierung unter Ministerpräsident Arsenij Jacenjuk ein Rücktrittsansuchen ein, das jedoch am 31. Juli vom Parlament

---

62 In Kappelers Zeittafel am Ende seiner *Kleinen Geschichte der Ukraine* ist von 59 Toten die Rede (siehe Kappeler 2014: 394). Eine mögliche Erklärung für diese Divergenz ist, dass Kappeler neben den 49 Toten des Flugzeugabschusses auch die Toten anderer Regionen der Ukraine desselben Tages miteingerechnet hat.

63 Wie Norman (2020: 112) feststellt, haben die Aufständischen bzw. Opolčency häufig keinen Vor- und Nachnamen, sondern sie treten in den russischen Medien nur unter ihren Pseudonymen auf.

64 Wie das eingerichtete *Joint Investigation Team* (JIT) in seiner abschließenden Pressekonferenz am 19. Juli 2019 bekanntgab, wurde das Flugzeug „von einem mobilen Raketensystem vom Typ *Buk TELAR*" getroffen. Der Start der Rakete erfolgte auf dem von prorussischen Einheiten kontrollierten Gebiet und nach Abschluss der Ermittlungen wurde Anklage gegen vier Verdächtige, darunter gegen Igor' Girkin, erhoben (vgl. Koval 2020).

abgelehnt wurde. Der ukrainische Ministerpräsident Jacenjuk blieb daher im Amt. Präsident Porošenko ordnete jedoch für den 26. Oktober vorgezogene Parlamentswahlen an, welche die Regierung in Kiew legitimieren sollten, da deren Rechtmäßigkeit von russischer Seite angezweifelt wurde (vgl. Kappeler 2014: 373).

Die zweite Phase der von Mitrokhin (2014) beschriebenen Machtübernahme der Separatisten endete Anfang August 2014 mit einem strategischen Sieg der ukrainischen Armee, bei dem es ihr gelang, die wichtigsten Transportrouten für Waffen und Munition im Donbass unter ihre Kontrolle zu bringen und die großen Verbindungsrouten der Aufständischen abzuschneiden. Dieser vorläufige strategische Erfolg der ukrainischen Armee leitete die dritte Phase ein, die Mitrokhin (2014) von Anfang August bis Anfang September 2014 datiert. In dieser Periode wendete sich das Kriegsgeschehen, da „russländische Truppen" einmarschierten, die ukrainische Armee innerhalb einer Woche vom 7. bis 14. August zurückschlugen und die Nachschubwege nach Donec'k/Doneck wieder freigaben (Mitrokhin 2014: 14). Erst durch diesen „nicht mehr zu verhüllenden Einmarsch von Soldaten der regulären Armee" ist es Russland gelungen, eine Niederlage der Separatisten im Donbass zu vereiteln (Mitrokhin 2014: 15). Ebenso hält Kappeler (2014: 374) fest, dass Russland nach dem Erfolg der ukrainischen Armee „seine Unterstützung der Rebellen mit Truppen und Kriegsmaterial [...] massiv verstärkte". Sakwa (2015: 180–181) besteht im Gegensatz dazu auf dem starken autonomen Charakter der „Donbass-Rebellion". Diese sei zwar von Russland unterstützt worden, allerdings sei das Ausmaß der direkten militärischen Unterstützung Russlands umstritten. Neuere Publikationen vertreten die Auffassung, dass Russland direkt in die Ereignisse in der Ostukraine verwickelt gewesen sei und dort interveniert habe, da ohne russische Unterstützung in Form von Waffen, Munition, Geld sowie Beratertätigkeiten der Aufstand der Separatisten wahrscheinlich in kürzester Zeit gescheitert wäre (vgl. Heinemann-Grüder et al. 2019: 50).

In Bezug auf die Aufständischen ist bemerkenswert, dass laut Mitrokhin (2017: 42) bereits während dieser Kämpfe die „erste Generation von Separatisten verdrängt" und durch neue Anführer – Oleksandr/Aleksandr Zacharčenko in der Volksrepublik Donec'k/Doneck (DNR) und Igor Plotnyc'kyj/Igor' Plotnickij in der Volksrepublik Luhans'k/Lugansk (LNR) – ersetzt wurde.

Den plötzlichen Erfolg der Separatisten Anfang August erklärte das neue Oberhaupt der Volksrepublik Donec'k/Doneck, Oleksandr/Aleksandr Zacharčenko, am 16. August 2014 offen damit, dass „seine Leute aus Russland Hilfe in Form von 150 Panzerfahrzeugen erhalten [...] und 1200 Mann im Verlaufe [sic!] von vier Monaten in Russland eine militärische Ausbildung erhalten" hätten (Mitrokhin 2014: 15). Gleichzeitig bestritt Zacharčenko, dass „Russland reguläre Angehörige der Streitkräfte über die Grenze schicke", ergänzte jedoch, dass einige

Tausend russische Soldaten freiwillig bei den Separatisten kämpfen würden (Kappeler 2014: 375).

Mitte August schickte Russland zudem einen Hilfskonvoi von 280 Lastwagen an die ukrainische Grenze. Offiziell wurde dieser Hilfskonvoi in den Donbass mit der Begründung entsendet, die dortige Bevölkerung unter anderem mit Nahrung, Medikamenten und Stromgeneratoren zu versorgen. Bemerkenswert ist die zeitliche Konvergenz des russischen Hilfskonvois und des militärischen Erfolgs der Separatisten: Der Konvoi erreichte am 22. August die von den Aufständischen kontrollierten Gebiete und am 25. August eröffneten „russische Einheiten ohne Hoheitszeichen und andere Identifikationsmerkmale eine zweite Front im Süden", wobei die Kleinstadt Novoazovs'k/Novoazovsk sowie die Vorstädte von Mariupol', welche die ukrainische Armee im Juni zurückerobert hatte, eingenommen wurden (Kappeler 2014: 374). Aus diesem Grund spricht laut Mitrokhin (2014: 15) einiges dafür, dass die humanitären Hilfskonvois aus Russland gezielt der Unterstützung des Angriffs dienten, indem sie den Separatisten u. a. Benzin und Lebensmittel lieferten.[65]

Anfang September kam es zu ersten Treffen zwischen Vertretern der Separatisten sowie der ukrainischen Übergangsregierung, um über eine Waffenruhe zu verhandeln. Am 5. September wurde schließlich in Minsk ein Friedensvertrag, das sogenannte „Protokoll von Minsk" (Minsk I) unterschrieben, das einen sofortigen Waffenstillstand verlangte (vgl. Sakwa 2015: 177). Allerdings erwies sich der Waffenstillstand als äußerst instabil und wurde in der Folge immer wieder gebrochen, da in den Vereinbarungen beispielsweise die separatistischen Gebiete nicht anerkannt wurden (vgl. Mitrokhin 2014: 16).

4.3 Der weitere Kriegsverlauf in der Ostukraine und der Waffenstillstand 2015

Viele Publikationen, die 2014 bzw. 2015 erschienen sind (vgl. z. B. Simon 2014a; Kurkow 2014; Kappeler 2014; Mitrokhin 2014; Reisinger und Gol'c 2014; Menon und Rumer 2015; Sakwa 2015), beenden ihre Ausführungen über den Ukraine-Konflikt vor bzw. mit dem Waffenstillstand im September 2014 und dokumentieren die Ereignisse danach nicht mehr. Der Krieg in der Ostukraine ging allerdings auch nach der vereinbarten Waffenruhe Minsk I intensiv weiter, bereits am 6. September

---

[65] In Bezug auf diese Hilfskonvois kursierten auch viele Spekulationen, wie beispielsweise, dass diese zum Abtransport der Produktionsausrüstung von Rüstungsbetrieben im Donbas/Donbass gedient haben sollen (Edinyj informacionnyj portal 2014).

wurde in Mariupol' wieder geschossen, und es kam in der Folge zu zahlreichen weiteren Opfern. Trotzdem sieht beispielsweise Sakwa (2015: 178) Minsk I als Fortschritt, da zumindest der politische Wille für den Frieden gegeben war.

Am 13. September 2014 schickte Russland einen zweiten Hilfskonvoi mit 220 Lastwagen und fast eine Woche später einen dritten in den Donbass. Bis Dezember sollen es insgesamt acht Hilfskonvois gewesen sein, die Russland in die Ukraine geschickt hat, um, wie angenommen wird, Waffen an die Separatisten im Donbass zu liefern (vgl. Dollbaum 2014e: 15, 2014f: 28).

Nach dem Memorandum am 20. September in Minsk, welches die sofortige Einhaltung der Waffenruhe und eine Überwachung durch die OSZE vorsah, einigten sich die Ukraine, Russland und die OSZE auf die Einrichtung einer Pufferzone im Gebiet um Donec'k/Doneck und Luhans'k/Lugansk (vgl. Dollbaum 2014a: 37). Allerdings verzögerte sich die Erstellung dieser Pufferzone aufgrund der anhaltenden Gefechte – insbesondere rund um den Flughafen von Donec'k/Doneck (vgl. Sakwa 2015: 179).

Am 26. Oktober 2014 wurden in der Ukraine die Parlamentswahlen abgehalten, in denen die Partei *Narodnyj front* (dt. *Volksfront*) des Ministerpräsidenten Arsenij Jacenjuk mit 23 Prozent vor der Partei *Blok Petra Porošenka* (dt. *Block Petro Porošenko*), die rund 22 Prozent der Stimmen erhielt, gewann. Die Wahlbeteiligung lag insgesamt bei knapp über 50 Prozent; in den Gebieten im Donbass dagegen bei lediglich 30 Prozent (vgl. Simon 2014b: 6).

Am 2. November wurden ebenso Wahlen in der DNR und LNR abgehalten, bei denen Oleksandr/Aleksandr Zacharčenko mit 81 Prozent als Sieger hervorging (vgl. Dollbaum 2014c: 19).[66]

Trotz eines Gefangenenaustauschs zwischen der ukrainischen Armee und den Separatisten Ende Dezember intensivierten sich die Kämpfe im Jänner und Februar 2015 wieder (vgl. Dollbaum 2015a: 25), sodass das ukrainische Parlament am 5. Februar ein Gesetz verabschiedete, welches „die Vorführung und Verbreitung von Filmen, die in Russland und von russischen Staatsbürgern nach dem 01. Januar 2014 produziert wurden", untersagt (Dollbaum 2015b: 26). Unter dieses Verbot fallen auch Filme und Serien nach 1991, in welchen die russische Armee oder Sicherheitsbehörden positiv dargestellt werden (vgl. Dollbaum 2015b: 26, siehe auch Dubasevych und Schwartz 2020: 26–30). Dieses Gesetz unterstreicht

---

[66] Aufgrund von Berichten der Wahlmanipulation und Einschüchterung der Wähler*innen wurden die Wahlen international nicht anerkannt und auch der russische Präsident Vladimir Putin erklärte, dass er diese Wahlen nicht anerkenne, sie aber respektiere (vgl. Dollbaum 2014d: 37).

noch einmal die im Forschungsstand der vorliegenden Arbeit konstatierte zentrale Rolle der Medien in diesem Konflikt (siehe Kapitel I.2 und I.3).

Am 12. Februar 2015 wurde von den Vertretern der Volksrepubliken DNR und LNR sowie der Ukraine ein Dokument (Minsk II) zur Umsetzung des Minsker Abkommens vom September 2014 unterzeichnet. Dieses beinhaltete unter anderem einen umfassenden Waffenstillstand ab 15. Februar 2015, den Abzug schwerer Waffen, eine Amnestie für die Aufständischen sowie den Abzug aller bewaffneten ausländischen/fremden Truppen (vgl. Dollbaum 2015c: 34).[67] Unterdessen ging der Kampf in Debal'ceve/Debal'cevo weiter und erst am 3. März 2015 erklärte die OSZE-Beobachtermission die weitgehende Einhaltung der Waffenruhe, die in der Folge allerdings wieder gebrochen wurde und wird, da bis heute der Krieg in der Ukraine weiter andauert und mit dem Einmarsch russischer Truppen in die Ukraine Ende Februar 2022 eine neue Dimension angenommen hat.

Die Chronik der vorliegenden Arbeit endet an dieser Stelle, da sich der Analysezeitraum der empirischen Untersuchung auf das Jahr 2014 konzentriert. Das nächste Kapitel widmet sich einem zentralen Medium im Ukrainekonflikt und gleichzeitig Untersuchungsgegenstand der vorliegenden Arbeit – dem russischen staatlichen Fernsehen.

---

[67] Ein Punkt von Minsk II war der Abzug ausländischer/fremder Truppen bzw. Söldner – eine Anspielung auf dort stationierte russische Streitkräfte. Während Russland bestritt, Soldaten in die Ostukraine geschickt zu haben, behauptete die Regierung in Kiew das Gegenteil (FAZ 2015).

5 Das russische (Staats-)Fernsehen

Obwohl in den letzten Jahren das Internet in Russland enorm an Bedeutung gewonnen hat (vgl. Oates 2013: 6), ist das Fernsehen nach wie vor *das* zentrale Medium in Russland. So ist es nicht nur als Unterhaltungsmittel besonders beliebt (vgl. Levada 2018), sondern ist gleichzeitig auch das wichtigste Informationsmedium in Russland. Laut einer Meinungsumfrage des Levada-Zentrums aus dem Jahr 2017 beziehen mehr als 85 Prozent aller Russ*innen Informationen über aktuelle Ereignisse im In- und Ausland über das Fernsehen (vgl. Volkov und Gončarov 2017).[68] In den nachfolgenden Abschnitten wird dieses Medium genauer vorgestellt.

5.1 Das Informations- und Vertrauensmedium in Russland

Das Fernsehen ist ungefähr seit der Mitte der 1990er Jahre das dominierende Medium in Russland und ist in seiner heutigen Form aus dem von Zensur und politischer Kontrolle geprägten sowjetischen Mediensystem hervorgegangen (vgl. Vartanova 2012: 125). Obwohl sich nach 1989 in Russland eine relative Medienvielfalt und -freiheit entwickeln konnte, endete die beginnende Autonomie der Medien unter der Präsidentschaft von Vladimir Putin: Während seiner ersten Amtsperiode wurde umgehend mit der „Säuberung der Medienlandschaft" (Dubin 2014: 6) begonnen und private Medieneigentümer, wie die beiden Oligarchen Boris Berezovskij und Vladimir Gusinskij, mussten das Land verlassen.

Während Becker (2004) das russische Mediensystem als „neo-autoritär" bezeichnet, weil neben dem staatlich kontrollierten Fernsehen unabhängige Zeitungen existieren, geht Oates (2008: 41; 2013: 13) einen Schritt weiter, indem sie die russischen Massenmedien als „neo-sowjetisch" bzw. als „Echo des sowjetischen Medienmodells" charakterisiert. Sie kritisiert, dass diese ihrer Aufgabe als vierte Macht bzw. als „Wachhund" (*watchdog*) zur Kontrolle der Politik und als Vertretung bürgerlicher Meinungen und Interessen nicht gerecht werden (vgl. Oates 2008: 41).

Allerdings unterscheidet sich das heutige russische Fernsehen von seinem sowjetischen Vorgänger. Diesen Unterschied erklären Hutchings und Tolz (2015) mit

---

[68] Im Jahr 2019 wurde diese Umfrage wiederholt und auch bei dieser Studie lag das Fernsehen klar vor allen anderen Medien in Russland. Allerdings kann in den letzten 10 Jahren laut Volkov und Gončarov (2019) ein kontinuierlicher Rückgang bei den Fernsehnutzer*innen konstatiert werden, vor allem bei Personen unter 25 Jahren.

der Veränderung des diskursiven Umfelds. So müssten die heutigen russischen Medien auf Stimmen außerhalb des zugelassenen Diskurses, sogenannte „grassroot voices", reagieren sowie Debatten im Internet und in alternativen Medien berücksichtigen (Hutchings und Tolz 2015: 35).[69] Zudem seien sich die Medien bewusst, dass sie zuerst das Vertrauen der Zuseher*innen gewinnen müssten, um im Anschluss die Legitimität der Regierung stärken zu können (vgl. Hutchings und Tolz 2015: 222).

An die sowjetischen Medien erinnere laut dem Leiter des Levada-Zentrums, Lev Gudkov, heute jedoch wieder die Zensur, die zwar im Unterschied zur UdSSR nicht so „total" sei (Gudkow 2016: 10), aber von circa der Hälfte der russischen Bevölkerung befürwortet bzw. als notwendig erachtet werde (vgl. Volkov und Gončarov 2017).

Ungeachtet des Wissens um die Zensur des Mediums, genießt das russische Staatsfernsehen gegenüber anderen Informationsquellen das meiste Vertrauen der Bevölkerung (vgl. Levada 2016). Trotzdem hatte das russische Fernsehen in den letzten Jahren einen beträchtlichen Vertrauensverlust zu verzeichnen (vgl. Levada 2016): Während 2009 noch fast 80 Prozent diesem Medium Vertrauen schenkten, sind es sechs Jahre später lediglich noch 41 Prozent. Ein Grund dafür könnte die konzentrierte Berichterstattung über den Konflikt in der Ukraine und die damit einhergehende Propagandakampagne im Jahr 2014 sein, die auch in Russland immer wieder thematisiert wurde (vgl. z. B. Nemcova 2015; Archangel'skij 2016, 2019).

In Bezug auf den Vertrauensverlust in das Fernsehen sowie auch in andere traditionelle Medien[70] ist die Betrachtung der Umfrageergebnisse für die Nutzungsgewohnheiten dieser Medien interessant (Abbildung 1).

Wie die Ergebnisse der Umfrage (Abbildung 1) illustrieren, konnte das Fernsehen in den letzten Jahren seine Zuseher*innenzahlen relativ konstant halten. Trotz des wachsenden Einflusses des Internets sind die Russ*innen sehr stark vom Fernsehen als Informationsquelle abhängig (vgl. Volkov und Gončarov 2017). Bemerkenswert ist, dass den Ergebnissen der Umfrage von Volkov und Gončarov (2017) zufolge ein Zusammenhang zwischen dem Fernsehen und der politischen Meinung besteht: Nicht die Wahl des Fernsehsenders bestimme die politische Präferenz, sondern die bloße Tatsache des Konsums bzw. Nicht-Konsums staatlicher Fernsehsender.

---

[69] Siehe dazu auch Oates' (2014) Begriff der „rewired propaganda" in Abschnitt I.3.1.
[70] So hat z. B. das Vertrauen in Online-Ausgaben von Zeitungen, Informationsportale im Internet und soziale Netzwerke in der Umfrageperiode stetig zugenommen. Alle anderen traditionellen (staatlichen) Medien, wie beispielsweise die Printmedien oder der Hörfunk, haben dagegen an Vertrauen verloren.

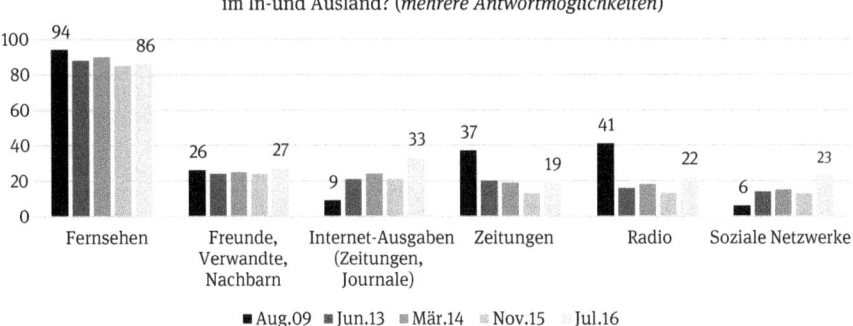

Abbildung 1: Quelle: Levada-Umfrage vom 22.–25. Juli 2016, in 48 Regionen der russischen Föderation, an 137 Orten, N = 1600, veröffentlicht am 12.08.2016 unter https://www.levada.ru/2016/08/12/14111/; letzter Zugriff: 05.05.2021.

Die Graphik (Abbildung 1) spiegelt zudem einen Trend wieder, der ebenso in Deutschland und Österreich zu beobachten ist: die Zunahme der Nutzung des Internets als Informationsquelle und der gleichzeitige Rückgang der Abonennt*innen bzw. Hörer*innen von Printmedien und Hörfunk. Außerdem geht in Russland wie auch in Deutschland und Österreich die Fernsehnutzung bei der jüngeren Bevölkerung[71] zurück, während in dieser Bevölkerungsgruppe die Internetnutzung, insbesondere auch als Informationsplattform, kontinuierlich anwächst (vgl. Volkov und Gončarov 2017). Ein interessantes Phänomen ist zudem, dass in Russland als Informationsquelle nach wie vor persönliche soziale Kontakte – Smyth und Oates (2015: 292–293) sprechen in diesem Zusammenhang vom sogenannten „kitchen talk" – wichtig sind und der Rückgriff auf diese Informationsressource im Umfragezeitraum sehr konstant bleibt.

Zusammenfassend kann festgehalten werden, dass das staatliche Fernsehen nicht nur die wichtigste Informationsquelle in Russland ist, sondern gleichzeitig auch das Medium, dem die Menschen am meisten vertrauen (vgl. Oates 2006, 2013). Allerdings weisen die hier zitierten Levada-Umfragen auch auf ein Paradoxon hin, nämlich dass die Nutzungszahlen des Fernsehens trotz nachweislich sinkendem Vertrauen konstant bleiben. Erklärungen dafür könnten die Gewohnheit der Russ*innen sein, viel Zeit vor dem Fernsehgerät zu verbringen, oder der Mangel an alternativen Informationsquellen (vgl. Medvedev 2015: 2).

---

71 In der Studie von Volkov und Gončarov (2017) sind die Teilnehmer*innen 18 Jahre und älter.

Die starke Nutzung des Fernsehens als Informationsquelle sowie das Vertrauen der Bevölkerung in dieses Medium sind sicherlich auch ein Grund dafür, dass in der Fachliteratur immer wieder darauf verwiesen wird, dass das Fernsehen den nationalen Zusammenhalt fördert (vgl. Hutchings und Tolz 2015: 5; Vartanova 2015: 130) und als vereinendes Medium (*unifying medium*) fungiert, insbesondere bei der Mobilisierung der Russ*innen anlässlich von Wahlen (vgl. Vartanova 2015: 136).

Nach diesem allgemeinen Überblick über das Fernsehen in Russland widmet sich der nachfolgende Abschnitt den wichtigsten (staatlichen) Fernsehkanälen und ihren Eigentümern.

5.2 Die wichtigsten (staatlichen) Fernsehkanäle

Obwohl es in Russland sehr viele verschiedene Fernsehsender gibt und sich diese hauptsächlich durch Werbung und Spenden finanzieren, befinden sich die meisten von ihnen in staatlicher Hand oder gehören kremlnahen Konzernen bzw. Oligarchen (vgl. Vartanova 2015: 139). Diese Monopolisierung des Fernsehens ist auch ein Grund dafür, dass Russland beim Pressefreiheitsindex der RSF (*Reporters sans frontières*) in den letzten Jahren konstant auf dem 148 bzw. 149 Platz von 180 rangierte (vgl. RSF 2020).[72] Als Begründung für diese Platzierung heißt es in dem Bericht der RSF (2020), dass russische Fernsehsender ihre Zuseher*innen mit Propaganda „überschwemmen" und den Druck auf die letzten unabhängigen Medien kontinuierlich verschärfen würden. Insbesondere seit dem Konflikt in der Ukraine und der Annexion der Krim zeigen Studien, dass die Manipulation und Kontrolle über die russischen Massenmedien zugenommen hat (vgl. z. B. Smyth und Oates 2015).[73]

In Russland ist der Sendeplatz der jeweiligen Fernsehkanäle seit einem Erlass des Präsidenten vom Juni 2009 gesetzlich festgelegt.[74] Zu den ersten zehn gesetzlich bestimmten Fernsehkanälen zählen die Sender des sogenannten ersten digitalen TV-Multiplex, die frei und überall in Russland empfangen werden können. Dazu gehören der staatlich-private Sender *Pervyj kanal*, die staatlichen Sender des

---

[72] Im Jahr 2015 lag Russland sogar auf Platz 152.
[73] Das Fernsehen wird aufgrund seines großen Einflusses von der Bevölkerung auch als „Zombie-Kasten" (*zombojaščik*) bezeichnet, da es der Regierung „nicht nur als Sprachrohr, sondern auch als universelles Manipulationsmittel" dient (Medvedev 2015: 2).
[74] So lautet die gesetzlich vorgeschriebene Reihenfolge der ersten fünf Sender folgendermaßen: (1) *Pervyj kanal*, (2) *Rossija-1*, (3) *Matč! TV*, (4) *NTV*, (5) *Pjatyj kanal*.

VGTRK (*Rossija-1, Rossija-K, Rossija24*), der Kinderkanal *Karusel'*, der kommerzielle *Gazprom*-Media-Sender *NTV*, der Sender der Moskauer Stadtregierung *TV-Centr* sowie der St. Petersburger *Pjatyj kanal*, welcher der einzige regionale Sender mit nationaler Reichweite ist (vgl. Vartanova 2015: 131). Eine zweite Sendergruppe ist die des sogenannten zweiten digitalen Multiplex, welche das sehr stark im regionalen Markt vertretene Unterhaltungsnetzwerk umfasst (*REN-TV, STS, TNT*). Die dritte Gruppe besteht aus mehreren kleineren Sendern, deren Fokus auf Unterhaltung oder Nischenthemen liegt (*2x2, TV-3, Perec, Ju, MTV, Disney*) (vgl. Vartanova 2015: 131).

Die wichtigsten und mit Abstand einflussreichsten Fernsehsender sind die nationalen staatlichen Kanäle der ersten Gruppe, die von Moskau aus übertragen werden. Die regionalen TV-Sender dagegen sind relativ unbedeutend und in vielen Fällen handelt es sich dabei um regionale Zweigfirmen des Moskauer Unterhaltungsnetzwerks (vgl. Vartanova 2015: 132). Auch in der Themenaufteilung unterscheiden sich nicht nur die nationalen und regionalen Fernsehsender, sondern auch die Printmedien voneinander: Während die von Moskau aus gesteuerten Medien die nationale Politik sowie die Massenunterhaltung abdecken, legen regionale Medien ihren Schwerpunkt auf das lokale Publikum und Werbeanbieter (vgl. Vartanova 2015: 136).

5.2.1 *Pervyj kanal*, *Rossija-1* und *NTV*

Seit Jahren dominieren drei Sender der ersten Gruppe – der *Pervyj kanal, Rossija-1* sowie *NTV* – die russische Fernsehlandschaft. Über ein aus der Sowjetzeit stammendes Übertragungssystem können sie in ganz Russland kostenlos empfangen werden (vgl. Reporter ohne Grenzen 2013: 6). Mithilfe dieses Systems erreichen der *Pervyj kanal* sowie *Rossija-1* über 95 Prozent und *NTV* circa 75 Prozent der russischen Bevölkerung (vgl. Reporter ohne Grenzen 2013: 10). Diese drei Fernsehsender liegen jedoch nicht nur in Bezug auf ihre Reichweite weit vor allen anderen Sendern, sondern laut einer Umfrage der „Stiftung Öffentliche Meinung" (*Fond „Obščestvennoe mnenie"* = FOM) zählen diese auch zu den beliebtesten Fernsehkanälen Russlands (vgl. FOM 2014a). Laut Erhebungen des Markt- und Medienforschungsinstituts *TNS Russia*, das 2016 in *Mediascope* umbenannt wurde, erzielen diese Sender zudem den höchsten Marktanteil. So wechseln sich in den letzten Jahren diese drei Sender mit zwischen 12 Prozent und 14 Prozent des Marktanteils auf den ersten drei Plätzen ab, wobei meist der *Pervyj kanal* knapp vor *Rossija-1* liegt und *NTV* in der Regel den dritten Platz belegt (vgl. Vartanova und Kolomiec

2017: 32–34).[75] Allerdings zeigt der Fachbericht über das russische Fernsehen im Jahr 2016 von Vartanova und Kolomiec (2017) auch, dass die großen Fernsehsender in den letzten Jahren einen Publikumsrückgang zu verzeichnen haben und ihre Zuseher*innen an Nischenkanäle, wie beispielsweise an *Spas, Mir* oder *Muz-TV*, verlieren (vgl. Vartanova und Kolomiec 2017: 33). In Bezug auf den Marktanteil folgen auf die drei dominierenden Sender die Fernsehkanäle *TNT, Pjatyj kanal, REN TV* sowie *STS* mit jeweils zwischen rund 5 Prozent bis 6 Prozent. Alle weiteren Sender, wie beispielsweise *TV Centr, Domašnij, Rossija-24* oder der Sportsender *Matč! TV*[76] verfügen jeweils nur über zwei bis drei Prozent des Marktanteils (vgl. Vartanova und Kolomiec 2017: 32).

Die Reichweite sowie die Präferenz der Bevölkerung der drei dominanten Sender ist historisch bedingt, da zu Sowjetzeiten lediglich vier (bzw. fünf[77]) Sender existierten und die Bevölkerung in den ländlichen Gebieten hauptsächlich Zugang zum Ersten und Zweiten Kanal hatte (vgl. Arutunyan 2009: 18).[78] Daher spiegeln diese drei Sender – der *Pervyj kanal, Rossija-1* sowie *NTV* – aufgrund ihrer Sendeplätze[79] und teilweise auch namentlich das alte sowjetische Modell wider (vgl. Arutunyan 2009: 18). Im Folgenden werden diese drei Fernsehsender einzeln kurz näher charakterisiert.

– **Pervyj kanal**
Oates (2008: 219) beschreibt den *Pervyj kanal* als einflussreichstes Medienunternehmen Russlands und tatsächlich zeigen Umfragen, dass dies der beliebteste Fernsehsender der Russ*innen ist (vgl. FOM 2016). Der *Pervyj kanal* ist der Nachfolgesender des ehemaligen Ersten Programms des sowjetischen Fernsehens und nach seiner Teilprivatisierung 1995 wurde er unter dem Namen *ORT* (*Obščestvennoe Rossijskoe Televidenie*) neu gegründet. Seit 2002 heißt der Sender in Anlehnung an seine frühere sowjetische Bezeichnung *Pervyj kanal*.

Seit Sowjetzeiten ist dieser Fernsehkanal „für einen Großteil der russischen Bevölkerung die erste und nicht selten einzige Informationsquelle und somit

---

75 Im Jahr 2018 belegte jedoch *Rossija-1* den ersten und der *Pervyj kanal* den zweiten Platz (vgl. Dolgova und Fedorova 2019: 64).
76 *Matč! TV* hat 2015 den ehemaligen Kanal *Rossija-2* und *NTV +* ersetzt.
77 In St. Petersburg war zusätzlich der *Pjatyj kanal* (dt. *Fünfte Kanal*) verfügbar (vgl. Arutunyan 2009: 18).
78 Im Jahr 2000 verfügten erst 60 Prozent der Haushalte über mindestens ein Fernsehgerät (vgl. Arutunyan 2009: 18).
79 Der *Pervyj kanal* befindet sich auf dem Platz des sowjetischen Ersten Programms, *Rossija-1* auf dem Platz des ehemaligen Zweiten Programms und *NTV* ist auf dem Vierten Programm. Auf dem dritten und fünften Sendeplatz befinden sich ebenfalls zwei staatliche Fernsehkanäle: *Matč! TV* und der *Pjatyj kanal*.

für den Kreml von strategischer Bedeutung" (Medvedev 2015: 3). Mit 51 Prozent gehört der *Pervyj kanal* mehrheitlich dem Staat, die restlichen 49 Prozent des Senders befinden sich in der Hand nichtstaatlicher Aktionäre.

Obwohl der *Pervyj kanal* nur teilweise dem Staat gehört, folgt er laut Hutchings und Tolz (2015: 178) der Linie des Kremls besonders streng. Eine wichtige Rolle bei der Stützung der Regierungslinie und der Verbreitung bestimmter Positionen spielen Talkshows wie POLITIKA oder VREMJA POKAŽET, die beide der „explizit regierungstreue Journalist" Pëtr Tolstoj moderiert (Dollbaum 2019). Im Nachtprogramm des Senders finden sich allerdings auch regierungskritische Stimmen, wie beispielsweise in der Late-Night-(Talk-)Show VEČERNIJ URGANT oder in der Interview-Talkshow POZNER, die nach ihrem Moderator Vladimir Pozner benannt ist.[80]

Der *Pervyj kanal* wird in vier zeitversetzten Fassungen ausgestrahlt und hat zudem eine Reichweite über die russischen Staatsgrenzen hinaus, sodass er die sogenannten *sootečestvenniki* (dt. *Mitbürger, Landsleute*) erreicht (vgl. Hutchings und Tolz 2015: 32). Einerseits finanziert sich der Sender über Werbeeinnahmen, was ihm qualitativ hochwertige Produktionen ermöglicht. Andererseits muss er hohe Einschaltquoten erzielen, um das Werbeeinkommen aufrechtzuerhalten. Daher befindet sich der *Pervyj kanal* in einem Spannungsfeld zwischen seiner Funktion als Propagandasender zur Verbreitung bestimmter Positionen und der Berücksichtigung allgemeiner Publikumsvorlieben (vgl. Hutchings und Tolz 2015: 32). Insbesondere die Berücksichtigung der Vorlieben des Zielpublikums sind wichtig, da sich der *Pervyj kanal* in einem ständigen Konkurrenzkampf mit *Rossija-1* befindet. Beide Sender haben ein ähnliches Zielpublikum – der *Pervyj kanal* setzt auf Zuseher*innen zwischen 14 und 59 Jahren; *Rossija-1* wendet sich an alle, die älter als 18 Jahre sind (vgl. Dolgova und Fedorova 2019: 65). Erschwerend kommt hinzu, dass seit der Umstellung auf digitales Fernsehen im Jahr 2019 die Anzahl der verfügbaren unentgeltlichen Sender in Russland auf 21 Kanäle gestiegen ist und der Konsum von Videos im Internet immer beliebter wird (vgl. Dolgova und Fedorova 2019: 65).

– *Rossija-1*

Der aus dem zweiten sowjetischen Fernsehkanal hervorgegangene Sender *Rossija-1* gehört seit 1991 zur 1990 gegründeten staatlichen Medienholding *VGTRK* und befindet sich somit vollkommen in staatlicher Hand. Während *Rossija-1* in den 1990er Jahren unter dem Namen *RTV (Rossijskoe Televidenie)* und später *RTR (Rossijskoe Televidenie i Radio)* bzw. *RTR-1* bekannt war, erhielt der Fernseh-

---

[80] Zu Vladimir Pozner als kritischer Stimme im russischen Fernsehen siehe III.10.1.

kanal im September 2002 seinen heutigen Namen *Rossija*. Im Jahr 2010 wurde der Name des Senders schließlich auf seine aktuelle Bezeichnung *Rossija-1* erweitert.

Typisch für diesen Fernsehsender ist die hohe Anzahl an Nachrichten (VESTI), die das Programm dominieren und deren Anzahl von 1991 an ständig erhöht wurde, sodass im Jahr 2000 schließlich neun Mal täglich eine Nachrichtensendung ausgestrahlt wurde (vgl. Wikipedia 2021a). *Rossija-1* sendet seine Hauptabendnachrichten (VESTI) täglich um 20:00 Uhr und somit bereits eine Stunde vor der Hauptnachrichtensendung VREMJA des Konkurrenten *Pervyj kanal*. Sowohl die Nachrichtensendung VESTI als auch die sonntägliche zweistündige Wochennachrichtensendung VESTI NEDELI erzielen stets hohe Einschaltquoten (vgl. Medvedev 2015: 3). Seit 2012 werden diese Wochennachrichten von Dmitrij Kiselëv moderiert, der für seine antiwestlichen und ukrainophoben Einstellungen bekannt ist und laut Sukhankin und Hurska (2015: 48) eine neue Form von Propaganda verbreite, die ethnischen Hass und Angst schüre.

Neben dem Fokus auf der Informationsvermittlung befinden sich auch viele selbst produzierte russische Serien und Spielfilme im Programm dieses Senders, die *Rossija-1* von dem *Pervyj kanal* unterscheiden (vgl. Dolgova und Fedorova 2019: 73). *Rossija-1* nimmt zudem eine wichtige Funktion bei der Verbreitung des nationalen Zusammenhalts ein (vgl. Hutchings und Tolz 2015: 32).

– *NTV*

NTV ist heute der drittgrößte Fernsehsender Russlands und befindet sich seit 2001 in Besitz der *Gazprom*-Mediaholding, einer Schwesterngesellschaft des staatlichen *Gazprom*-Unternehmens. Der Sender wurde 1993 von Igor' Malašenko, Evgenij Kiselëv und Oleg Dobrodeev gegründet und gehörte bis 1997 zuerst der *Gruppa-Most* und danach der *Media-Most*-Gruppe des Oligarchen Vladimir Gusinskij, der starken Einfluss auf die Journalist*innen und somit auf die Berichterstattung von *NTV* ausübte (vgl. Burrett 2011: 78).

Die ersten *NTV*-Sendungen ITOGI (dt. *Rückblick*) und SEGODNJA (dt. *Heute*) wurden zunächst im Abendprogramm des Fünften Kanal ausgestrahlt. Nach einem Erlass des damaligen Präsidenten Boris El'cin im Dezember 1993 erhielt *NTV* jedoch die Sendezeit des Vierten Kanals, und drei Jahre später wurde ihm die gesamte Sendezeit auf diesem Kanal zugesprochen. Somit bekam der erste staatlich-unabhängige Fernsehsender seinen eigenen Sendeplatz (vgl. Gorbačëv 2011: 87).

Die Reputation des Senders basiert auf seiner kritischen Berichterstattung über den Ersten Tschetschenienkrieg, im Zuge derer er „regelmäßig über gravierende Menschenrechts-verletzungen durch rußländische Truppen in Tschetschenien" (Oertel 2003: 27) berichtete. Bekanntheit erlangte *NTV* unter anderem auch durch seine humoristische Puppensatire KUKLY (dt. *Puppen*), die jedoch bereits 2002 eingestellt wurde. Bis Anfang der 2000er Jahre galt *NTV* „als meinungsbildend in Politik und Gesellschaft" (Medvedev 2015: 3) sowie als Vorzeigemodell für unabhängiges Fernsehen (vgl. Arutunyan 2009: 39) und zeichnete sich durch hohe professionelle Standards, Live-Übertragungen und kritische Analysen aus.

Die politische Ausrichtung des Senders änderte sich allerdings im Jahr 2001, als *NTV* mit der Übernahme durch *Gazprom* eine regierungskonforme Linie einschlug. So wurde zum Beispiel 2004 nach Kritik an der Regierung die Produktion der Kulturnachrichtensendung NAMEDNI gestoppt und deren Moderator, Leonid Parfenov, gekündigt. Kritische oder ironische Bemerkungen über die Regierung wurden ab diesem Jahr nicht mehr toleriert (vgl. Gorbačëv 2011: 265).

Neben den drei großen staatlichen Fernsehsendern werden im nachfolgenden Kapitel zwei weitere wichtige russische Fernsehkanäle präsentiert, die beide über das Internet ausgestrahlt werden.

5.2.2 *RT* und *Dožd'*

Bei *RT* und *Dožd'* handelt es sich um zwei sehr konträre russische Onlinefernsehsender: Während *RT* ein international erfolgreicher und vom Kreml finanzierter Kanal ist, kämpft der letzte unabhängige Sender Russlands *Dožd'* als kostenpflichtiger Internetkanal um sein Fortbestehen.

- ***RT (ehemals: Russia Today)***
Der heute als *RT* bekannte Fernsehsender wurde 2005 unter dem Namen *Russia Today* gegründet und verfolgte das Ziel, die russische Sichtweise auf die Welt zu vermitteln. *Russia Today* positionierte sich in einer Linie mit *BBC*, *CNN* oder *Euronews* und hatte zunächst Probleme, eine große Zuseher*innenzahl zu erreichen. Erst mit seiner dezidert russischen Sichtweise auf den Georgienkrieg gelang dem Sender der Durchbruch (vgl. Richter 2017: 8) und er schaffte es, sich als Medium zu etablieren, das eine „alternative Sichtweise" bietet und sich gegen die „antirussische Tendenz westlicher Medien" stellt (vgl. Richter 2017: 8). Im Jahr 2009 wurde *Russia Today* schließlich in das neutraler klingende *RT* umbenannt und verlegte seinen Schwerpunkt von der russlandzentrierten auf die internationale Berichterstattung, um ein breiteres Publikum anzusprechen. Heute berichtet *RT* nur noch selten über Russland und unter dem Schlagwort „Question more" kann *RT*s Berichterstattung laut Richter (2017: 9) zwei Hauptthemen zugeordnet werden: antiwestliche Themen (vor allem Antiamerikanismus) und Verschwö-

rungstheorien.[81] *RT* berichtet jedoch auch über Themen, die von anderen Medien kaum aufgegriffen werden und 2012 wurde der Sender für seine Amerika-Berichterstattung über *Occupy Wall Street* sogar für einen Emmy nominiert (vgl. Nelson et al. 2016: 10).

Mit über zehn Milliarden Aufrufen auf YouTube (Stand: September 2021) gibt *RT* an, das meistgesehene Nachrichten-Netzwerk auf diesem Kanal zu sein. Tatsächlich verfügt der Sender über ein Jahresbudget in dreistelliger Millionenhöhe[82] (US-Dollar), hat über 21 Büros in 16 Ländern und wird in sechs Sprachen übertragen (vgl. Richter 2017: 7). Außerdem ist *RT* als TV-Format in mehr als 100 Ländern verfügbar (vgl. Nelson et al. 2016: 6).

– *Dožd'*

Ein weiterer nennenswerter Fernsehsender ist *Dožd'*, der zu den letzten verbliebenen unabhängigen und kritischen Sendern Russlands gehört und offen die Opposition in Russland unterstützt (vgl. Medvedev 2015: 3).[83]

Der noch relativ junge Sender *Dožd'* wurde 2010 von Natal'ja Sindeeva, der Gründerin des Radiosenders *Serebrjannyj Dožd'*, als Internet-Fernsehsender ins Leben gerufen und setzte sich zum Ziel diejenigen anzusprechen, die vom bisherigen „alten" Fernsehen enttäuscht waren (vgl. Gorbačëv 2011: 293). Eine Besonderheit dieses Senders sind seine Live-Sendungen, die zu Beginn nicht nur dem radiotechnischen Hintergrund der Gründerin geschuldet waren, sondern auch dem Umstand, dass vor der Diskussion über mögliche Inhalte von Sendungen bereits die technischen Voraussetzungen für den Start des Senders gegeben waren (vgl. Gorbačëv 2011: 293–294).

In Zusammenhang mit dem Konflikt in der Ukraine erfüllte *Dožd'* eine wichtige Funktion als Gegenstimme zum offiziellen Diskurs der staatlich kontrollierten Medien Russlands (vgl. Barabaš et al. 2015: 294). Seine kritische Berichterstattung ist jedoch ein Grund dafür, warum häufig Schikanen ausgesetzt ist. So wurde der

---

81 Das bestätigen auch die im Forschungsstand der Arbeit genannten Studien zu *RT* (Abschnitt I.3.3).

82 Die genauen Zahlen variieren jährlich, werden ständig revidiert und nicht alle Mittel werden offengelegt (vgl. Nelson et al. 2016: 5).

83 Während Medvedev (2015: 3) in den *Russland-Analysen* im Jahr 2015 noch einen weiteren Sender, *RBK-TV*, als unabhängig einstuft und aufgrund seiner „professionelle[n] Analysen zur Innen- und Außenpolitik Russlands" hervorhebt, musste der ehemalige Haupteigentümer Michail Prochorov seine Anteile 2017 laut einem Artikel der russischen *BBC* auf politischen Druck hin an den Unternehmer Grigorij Berëzkin, dem Eigentümer der Zeitung *Komsomol's-kaja Pravda*, verkaufen (vgl. Kozlov et al. 2017). Somit befindet nun auch *RBK-TV* in den Händen eines kremlnahen Aktionärs.

Sender 2014 aus der Übertragungsliste der wichtigsten Kabelanbieter gestrichen und existiert seitdem nur noch als kostenpflichtiger Sender im Internet.[84]

Einen weiteren Rückschlag erlitt *Dožd'* im Jahr 2017, als der Sender ebenfalls von der Übertragungsliste der Kabelanbieter in der Ukraine genommen wurde (vgl. Riabchuk 2017). Allerdings ist der Sender bis heute in der Ukraine weiterhin problemlos im Internet verfügbar.

Nach diesem generellen Überblick über das Fernsehen in Russland, seine Funktion sowie die wichtigsten Fernsehsender konzentriert sich der nachfolgende Abschnitt auf die Besonderheiten und Veränderungen des russischen Fernsehens im Analysezeitraum 2014, um zu zeigen, wie das Fernsehen auf die Ereignisse in der Ukraine reagiert hat und welchen Stellenwert dabei der Forschungsgegenstand der Arbeit – die TV-Talkshow – einnimmt.

5.3 Veränderungen und Besonderheiten im Jahr 2014

Die in Zusammenhang mit dem Konflikt in der Ukraine 2014 durchgeführten soziologischen Umfragen der „Stiftung Öffentliche Meinung" (FOM) sowie des Levada-Zentrums demonstrieren die Zentralität des Fernsehens als Informationsquelle über die Ereignisse in der Ukraine (vgl. Levada 2015a). So erhielten circa zwischen 80 und 90 Prozent der Befragten Russ*innen ihre Informationen über den Ukraine-Konflikt über das Fernsehen (vgl. Levada 2014; FOM 2014b). In beiden Umfragen gaben zudem circa 70 Prozent der Teilnehmer*innen an, dass ihrer Meinung nach die russischen Medien „objektiv" bzw. „größtenteils objektiv" über die Ereignisse in der Ukraine berichten würden.

Im Jahr 2014 befanden sich die drei wichtigsten Fernsehsender, der *Pervyj kanal*, *Rossija-1* sowie *NTV*, an erster Stelle der beliebtesten und am häufigsten genutzten Kanäle. An erster Stelle der populärsten Fernsehprogramme lagen in diesem Jahr mit über 70 Prozent die Nachrichten, gefolgt von Spielfilmen (53 %), Unterhaltungssendungen (30 %), Fernsehserien (25 %), Dokumentarfilmen (21 %), Sportsendungen (20 %), gesellschaftspolitischen Sendungen (19 %) sowie Talkshows (17 %) (vgl. FOM 2014a).[85]

---

84 Diese ‚Verbannung' des Senders ins Internet hat jedoch auch positive Auswirkungen, da der Sender somit vor allem ein junges, liberales Publikum anzieht. So konnte *Dožd'* in Zusammenhang mit den Protesten gegen die Inhaftierung des russischen Oppositionspolitikers Aleksej Naval'nyj im Februar 2021 die Zahl seiner Abonnenten auf YouTube um mehr als 20% erhöhen (Žitkova und Osipov 2021).

85 Bei dieser Umfrage konnten mehrere Antwortmöglichkeiten gewählt werden.

In Bezug auf die *Nachrichtensendungen* ist vor allem die Untersuchung von Borodina (2015) interessant, in der sie anhand von TNS-Daten[86] die Rekordeinschaltquoten der Nachrichtensendung VREMJA (dt. *Zeit*) eruiert hat. So hatte diese Sendung beispielsweise von Juni bis September 2014 einen Zuseher*innenanteil[87] von bis zu 25 Prozent, was bedeutet, dass über ein Viertel der gleichzeitig fernsehenden Personen abends um 21:00 Uhr die Hauptnachrichten des *Pervyj kanal* angesehen haben.

Borodina (2015) weist zudem auf ein markantes Merkmal der Nachrichten des Jahres 2014 hin: Während beispielsweise eine Nachrichtensendung im Jahr 2004 noch circa 30 Minuten dauerte und dieser Zeitrahmen auch bei tragischen Ereignissen wie der Geiselnahme in Beslan nicht überschritten wurde, lief eine Nachrichtensendung 2014 im Schnitt über eineinhalb Stunden (Borodina 2015). Aufgrund dieser zeitlichen Ausdehnung der Nachrichten wurden andere Sendungen aus dem Programm verdrängt oder später ausgestrahlt als ursprünglich im Programm vorgesehen.[88] Sonntags dauerten die Nachrichten hingegen noch länger als unter der Woche – die Nachrichtensendungen VESTI NEDELI (dt. *Wochennachrichten*) sowie VOSKRESNOE VREMJA (dt. *Zeit am Sonntag*) liefen beispielsweise über zwei Stunden. Der Großteil der Nachrichten bestand aus Berichten über die Ereignisse in der Ukraine und innerrussische Themen verschwanden praktisch von den Bildschirmen (vgl. Borodina 2015).

Bei der Betrachtung des russischen Fernsehprogramms des Jahres 2014 auf den drei wichtigsten Sendern[89] fallen außerdem weitere Besonderheiten auf: So gab es zahlreiche *Dokumentarfilme*, die sich mit der Ukraine beschäftigten, wie

---

86 *TNS Russia* ist ein russisches Markt- und Medienforschungsunternehmen, das 2016 in *Mediascope* umbenannt wurde. Die TNS-Daten wurden Borodina (2015) für ihren Artikel von TNS zur Verfügung gestellt.

87 Die Messmethoden sind in den Ländern unterschiedlich. In Russland wird allgemein zwischen dem Anteil gemessen an der Gesamtbevölkerung (Einschaltquoten/*rejting*) und dem Anteil gemessen an den TV-Zuseher*innen (Zuseher*innenanteil/*dolja auditorii*) unterschieden. Die Einschaltquote gibt den Anteil der Personen bzw. Haushalte an, der – gemessen an der Gesamtbevölkerung – eine Sendung angesehen hat. Der Zuseher*innenanteil dagegen zeigt an, wie viele Personen bzw. Haushalte, die gerade fernsehen, eine bestimmte Sendung geschaut haben (vgl. Borodina 2015). Somit gibt der Zuseher*innenanteil Auskunft darüber, wie attraktiv eine Sendung verglichen mit anderen zeitgleich laufenden Sendungen war. Im deutschsprachigen Raum wird in diesem Fall vom Marktanteil gesprochen.

88 Auch in der Rubrik *Vzgljad snizu* (dt. *Blick von unten*) der Talkshow VERČERNIJ URGANT wird auf die Programmveränderungen Bezug genommen, und der Moderator übt indirekt Kritik, indem er die Kinder fragt, welche Sendungen sie aus dem Programm werfen und welche sie behalten würden (vgl. *Vzgljad snizu*, 05.09.2014, 00:00:00–00:04:50).

89 Das Fernsehprogramm ist online auf den jeweiligen Internetseiten der Sender abrufbar.

beispielsweise die Reihe OSTROV KRYM⁹⁰ (dt. *Insel Krim*) auf dem *Pervyj kanal*, bestehend aus 22 Dokumentarfilmen, die von Montag bis Freitag im April und Mai 2014 im Nachmittagsprogramm ausgestrahlt wurden und sich der Geschichte, Natur oder den Sehenswürdigkeiten der Krim widmeten und somit eine direkte Reaktion des Fernsehens auf den Beitritt der Krim zu Russland darstellen.

Auf *Rossija-1* wurden ebenso im April und Mai 2014 Dokumentarfilme über die Ukraine gezeigt wie zum Beispiel Sendungen mit eindeutig diffamierenden Titeln wie BANDEROVCY. PALAČI NE BYVAJUT GEROJAMI (21.05) (dt. *Bandera-Anhänger. Folterknechte sind keine Helden*). In manchen Sendungstiteln wird außerdem auf den Beitritt der Krim zu Russland angespielt (KRYM. PRIJATNOE SVIDANIE, 26.10 / dt. *Krim. Erfreuliches Wiedersehen*) oder eine Parallele der Ereignisse in der Ukraine zum Zweiten Weltkrieg impliziert (V OKTJABRE 44-GO. OSVOBOŽDENIE UKRAINY, 27.10 / dt. *Oktober 1944. Befreiung der Ukraine*).

Darüber hinaus wurden im August auf *NTV* Dokumentarfilme über russische „Verräter" gezeigt, in denen Personen des öffentlichen Lebens, die sich negativ über die Aktionen Russlands in der Ukraine geäußert hatten, diffamiert wurden: Der Dokumentarfilm 13 DRUZEJ CHUNTY (24.08) (dt. *13 Freunde der Junta*) sowie dessen Fortsetzung (EŠČĖ 17 DRUZEJ CHUNTY, 31.08 / dt. *Weitere 17 Freunde der Junta*) wurden an zwei Sonntagen im August auf *NTV* zur Hauptsendezeit ausgestrahlt. Auf den Dokumentarfilm EŠČĖ 17 DRUZEJ CHUNTY folgte am selben Tag zudem der Dokumentarfilm POLICAJ (31.08), der von ukrainischen Unterstützern des Faschismus im Zweiten Weltkrieg handelte.

Anfang September begann auf *NTV* außerdem die Ausstrahlung der *Informationsshow* ANATOMIJA DNJA (dt. *Anatomie des Tages*), in der sechs Moderator*innen über Nachrichten aus der ganzen Welt, vor allem aber aus der Ukraine, diskutierten. Der *Pervyj kanal* startete sonntagabends zudem die Ausstrahlung journalistischer Fernsehreportagen mit dem Titel SVOIMI GLAZAMI (dt. *Mit eigenen Augen*), welche sich hauptsächlich den Ereignissen in der Ukraine widmeten. Auch auf *REN-TV* wurde ab September 2014 eine neue analytische Informationssendung ausgestrahlt: DOBROV V ĖFIRE (dt. *Dobrov auf Sendung*).⁹¹

Die hier angeführten Beispiele demonstrieren die von Barabaš et al. (2015: 308) beschriebene und im Vorwort dieser Arbeit thematisierte Omnipräsenz des Ukraine-Themas in allen Fernsehprogrammen und auf allen Kanälen und somit

---

90 Bei dem Titel des Dokumentarfilms könnte es sich um eine Anspielung auf den gleichnamigen Roman von Vasilij Aksënov aus dem Jahr 1979 handeln, da die Krim eigentlich keine Insel (*ostrov*), sondern eine Halbinsel (*poluostrov*) ist.
91 Der Titel der Sendung ist im Russischen ein Wortspiel mit dem Namen des Moderators Andrej Dobrov, das durch die Konsonantenwiederholung (*v*) das Substantiv *dobro* (dt. *das Gute*) mitklingen lässt.

die pausenlose Einwirkung der Propaganda auf die Zuseher*innen. Dass es sich dabei um Propaganda handelt, wird in der Dämonisierung und Stereotypisierung der gegnerischen Seite in den Sendungstiteln mithilfe stark negativ konnotierter Begriffe wie „Junta" (*chunta*), „Schlächter/Folterknechte" (*palači*) oder „Bandera-Anhänger" (*banderovcy*), im Ziehen von Parallelen zum Zweiten Weltkrieg oder in der Verherrlichung des Krim-Beitritts deutlich.

In Bezug auf die *Talkshowsendungen* aus dem Jahr 2014 zeigt Borodina (2015), dass diese zu den populärsten Fernsehprogrammen zählen. Bestätigt wird das auch von der jährlichen Umfrage des Levada-Zentrums, in der Zuseher*innen die ihrer Meinung nach beste Fernsehsendung des jeweiligen Jahres küren können. Die Ergebnisse für das Jahr 2014 geben ein eindeutiges Bild über die Popularität von Talkshows ab: So rangiert Pust' govorjat (dt. *Lass sie reden*) an erster Stelle, und Večernij Urgant (dt. *Urgant am Abend*), Voskresnyj večer s Vladimirom Solov'ëvym (dt. *Sonntagabend mit Vladimir Solov'ëv*) sowie Prjamoj ėfir (dt. *Live-Sendung*) befinden sich unter den zehn besten Programmen des Jahres (vgl. Levada 2015b).[92]

Auch die hohen Einschaltquoten und Zuseher*innenanteile dieser Sendungen, welche ich mithilfe einer Anfrage bei *Mediascope* im März 2020 ermittelt habe, unterstreichen die Beliebtheit dieses Genres: Im gesamten Jahr 2014 lagen die Einschaltquoten von Talkshows auf dem *Pervyj kanal* und *Rossija-1* durchschnittlich bei zwei bis vier Prozent, der Zuseher*innenanteil[93] reichte dagegen von 11 bis 15 Prozent.[94]

Die Beliebtheit und der hohe Zuseher*innenanteil von Talkshows könnte jedoch auch dem Umstand geschuldet sein, dass im russischen Fernsehen fast ununterbrochen ‚getalkt' wurde bzw. wird und den Zuseher*innen keine anderen Optionen geboten werden. So liefen beispielsweise am 26. Mai 2014 auf dem *Pervyj kanal* elf verschiedene Talkshowsendungen, die insgesamt fast elf Stunden der gesamten Sendezeit einnahmen[95].

---

[92] Ausgenommen von diesen Ergebnissen waren Fernsehserien, welche separat ausgewertet wurden.
[93] Zum Unterschied zwischen Zuseher*innenanteil und Einschaltquoten siehe Fußnote 87.
[94] Zwei Talkshows, Voskresnyj večer s Vladimirom Solov'ëvym und Pust' govorjat, unterscheiden sich von den übrigen Talkshows aufgrund ihrer höheren durchschnittlichen Einschaltquoten und Zuseher*innenanteile. So hatte Voskresnyj večer s Vladimirom Solov'ëvym im Durchschnitt Einschaltquoten von 3,7 Prozent und einen Zuseher*innenanteil von rund 17 Prozent. Pust' govorjat lag mit Einschaltquoten von durchschnittlich 6,4 Prozent und einem Zuseher*innenanteil von über 19 Prozent im Jahr 2014 klar an der Spitze der Talkshows der zwei wichtigsten staatlichen Fernsehsender Russlands.
[95] An der Anzahl der Talkshows und ihrer Sendezeit hat sich auch in den nachfolgenden Jahren nicht viel geändert.

Wie bereits im Forschungsstand (siehe Abschnitt I.3.3) erwähnt, hat sich im Jahr 2014 die Anzahl (politischer) Talkshows massiv erhöht, wobei sich die meisten Sendungen mit den Ereignissen in der Ukraine beschäftigt haben (vgl. Dolgova 2015: 163).[96] In ihrer Untersuchung der Popularität von Talkshows mit gesellschaftspolitischer Thematik begründet Dolgova (2015: 174) die hohen Einschaltquoten sowie den hohen Zuseher*innenanteil neben äußeren Faktoren (Wetter, Feiertage) damit, dass viele Talkshows am Abend zur Hauptsendezeit ausgestrahlt wurden, um mehr Zuseher*innen zu erreichen (vgl. Dolgova 2015: 174).

Zusammenfassend können folgende Veränderungen im russischen Fernsehen 2014 als markant festgehalten werden: eine längere Dauer der Nachrichtensendungen, die Verdrängung vorwiegend unterhaltender sowie kreativer Programme aus den Hauptsendezeiten, die Produktion neuer Dokumentarfilme und Fernsehreportagen mit einseitig-polarisierender Darstellung der Ukraine sowie die Erhöhung der Anzahl politischer Talkshowsendungen.

Wie dieser Abschnitt zeigt, ist die Talkshow eines der wichtigsten, beliebtesten und meistproduzierten Genres im russischen Fernsehen. Aufgrund ihrer Kombination von Information und Unterhaltung spricht sie ein breites Publikum an und wird deshalb auch für die Verbreitung bestimmter Ideen, Meinungen und Einstellungen genutzt. In diesem Zusammenhang spricht Dolgova (2015) von einer „propagandistischen Funktion" bzw. einer „propagandistischen Ausrichtung" politischer Talkshows. Das nachfolgende Kapitel beschäftigt sich daher eingehender mit den Besonderheiten des Genres Talkshow als Forschungsgegenstand der vorliegenden Arbeit.

---

96 In diesem Zusammenhang sei auch auf die in einer FOM-Umfrage konstatierte Sättigung des Publikums verwiesen, die aufgrund der starken Präsenz von Talkshows im russischen Fernsehen eingetreten sei (vgl. FOM 2015).

6 Die Talkshow als Forschungsgegenstand

Im vorliegenden Kapitel wird zunächst die Entwicklung der Talkshow in Russland kurz nachgezeichnet, um zu eruieren, wie dieses Genre in das russische Fernsehen gekommen ist. Anschließend werden verschiedene Definitionen von Talkshows angeführt sowie ihre wichtigsten funktionalen Bestandteile aufgezählt und expliziert. Außerdem wird versucht, die unterschiedlichen Subtypen von Talkshows, die in der Forschungsliteratur existieren, zu ordnen, um im Anschluss eine Typisierung russischer Talkshows des Jahres 2014 vorzunehmen und somit eine Orientierung für den empirischen Teil der Arbeit zu schaffen. Am Ende dieses Abschnitts werden schließlich die gesellschaftlichen Funktionen des Genres Talkshow genauer betrachtet, um zu zeigen, welche Bedeutung ihr für die Gesellschaft aus wissenschaftlicher Perspektive zugeschrieben wird.

6.1 Die Entwicklung der Talkshow in Russland: Kurzer Überblick

Talkshows haben sich im Westen bereits in den 1950ern entwickelt und waren somit quasi von Beginn an im Medium Fernsehen präsent. Sie sind sehr populär, was anhand von Beispielen aus dem US-amerikanischen Fernsehen demonstriert werden kann. So erreichten beispielsweise Talkshows Mitte der 1980er bzw. Anfang der 1990er Jahre wie THE OPRAH WINFREY SHOW, DONAHUE oder LARRY KING LIVE weltweit Bekanntheit. Auch im deutschen Fernsehen erfreute sich die Talkshow vor allem in den 1990er Jahren großer Beliebtheit (vgl. Jennissen 2005).

In Russland hat sich die Talkshow erst in den Jahren nach dem Zusammenbruch der Sowjetunion entwickelt[97] und steht in engem Zusammenhang mit den gesellschaftlichen Umbrüchen und Veränderungen dieser Zeit (vgl. Kozlova und Bondarev 2011: 119–120).

Der vermehrte Bedarf an Diskussions- und Gesprächssendungen während und insbesondere nach der Perestroika stellte das damalige Fernsehen vor große Herausforderungen und führte dazu, dass Talkshowformate aus dem westlichen,

---

[97] Ein ‚Prototyp' der Talkshow findet sich jedoch bereits in den 1970ern im sowjetischen Fernsehen: OT VSEJ DUŠI. Diese Show musste sich jedoch an ein strikt festgelegtes Szenario halten, wodurch der Effekt der lebendigen Kommunikation verloren ging (vgl. Dolgova 2017a: 17).

vor allem aus dem US-amerikanischen Fernsehen übernommen wurden.[98] Diese Formate eigneten sich aufgrund ihres hohen Massenanreizes und der relativ niedrigen Produktionskosten besonders für die Integration in das postsowjetische Fernsehen (vgl. Hutchings und Rulyova 2009: 90).[99]

Anfang der 1990er Jahre entstand somit eine Vielzahl an Talkshows, die im Laufe der Zeit immer besser an das russische Publikum angepasst wurden, sodass sich bis zu Beginn der Jahrtausendwende eine eigenständige Form der russischen Polit-Talkshow entwickelt hatte, die sich von ihrem US-amerikanischen Vorbild unterschied (vgl. Dolgova 2017a: 17). Diesen Unterschied sehen Kozlova und Bondarev (2011: 120) in der „nationalen Spezifik", welche die beiden Autor*innen vor allem beim/bei der Moderator*in der politischen Talkshow festmachen, der/die u. a. aufgrund seiner/ihrer journalistischen Berufserfahrung Autorität beim Publikum genießen und ihre eigene Meinung äußern würden (vgl. Kozlova und Bondarev 2011: 121).

Eine führende Rolle bei der Produktion von politischen Talkshows nahm zu Beginn des neuen Jahrhunderts der Sender *NTV* ein (vgl. Novikova 2008: 195). So wurden dort beispielsweise die beiden Talkshows GLAS NARODA (dt. *Stimme des Volkes*) oder SVOBODA SLOVA (dt. *Meinungsfreiheit*) ausgestrahlt, deren Sendungstitel auf die sich damals entwickelnde freie Meinungsäußerung hinweisen.

Im Laufe der Zeit kamen auf allen Sendern immer mehr Talkshows, vor allem mit politischer Thematik, ins Programm. Trotzdem wird in der Literatur in den letzten Jahren auf die zunehmende Entpolitisierung des Fernsehens hingewiesen (vgl. Dolgova 2017a: 17), da die Anzahl kritischer politischer Talkshows seit der Amtszeit von Vladimir Putin kontinuierlich abgenommen habe (vgl. Hutchings und Rulyova 2009: 94; Zvereva 2012: 85). In diesem Zusammenhang kann die bis heute sehr populäre und seit 2001 auf dem *Pervyj kanal* ausgestrahlte Talkshow PUST' GOVORJAT (dt. *Lass sie reden*) genannt werden, die Hutchings und Rulyova (2009: 104) als „archetypal Putin-era *tok-shou*" bezeichnen. In den Ausgaben dieser Show geht es häufig um Familienprobleme, Intimitäten oder Einzelheiten aus dem Privatleben berühmter Personen und angesichts dieser Themen

---

[98] Auch der heute im Russischen gebräuchliche und unflektierbare Terminus *tok-šou*, der eine direkte lexikalische Entlehnung des US-amerikanischen Begriffs *talk show* darstellt, entstand in dieser Zeit und spiegelt die Verbindung zu seinem westlichen Vorbild wider.
[99] Ein Beispiel dafür und gleichzeitig Symbol der Perestroika ist die 1987 entstandene Sendung VZGLJAD (dt. *Blick*), in der neben der Diskussion über die Wochennachrichten erstmals auch zeitgenössische Popmusik aus dem Ausland sowie Musikclips westlicher Popstars zu hören und zu sehen waren (vgl. Povoraznjuk 2015). Moderiert wurde die Sendung unter anderem von Vladislav List'ev, der neben Vladimir Pozner zu den Begründern der Talkshow in Russland zählt (vgl. Novikova 2008: 195; Kozlova und Bondarev 2011: 120).

sprechen Hutchings und Rulyova (2009: 104) von einer „harmlosen Leere" der Sendung, welche sie als Ausdruck des staatlichen Drucks auf die Meinungsfreiheit sehen. Dieser Auffassung widerspricht jedoch Borodina in einem Interview, indem sie die hohe Beliebtheit dieser Show damit erklärt, dass sie als einzige das „wirkliche" Leben zeige, während in allen anderen Programmen innerrussische Probleme ausgeblendet würden (vgl. Zadorožnyj 2017).

6.2 Definition und funktionale Bestandteile von Talkshows

Eine intensive wissenschaftliche Beschäftigung mit dem Genre Talkshow fand bereits gegen Ende der 1990er Jahre bzw. zu Beginn der 2000er Jahre statt, vor allem im deutsch- und englischsprachigen Raum (vgl. z. B. Mikos 1994; Semeria 1999; Plake 1999; Tolson 2001; Timberg et al. 2002). Eine gute allgemeine Definition von Talkshows liefern Timberg et al. (2002: 5–6), weil die Autoren die wesentlichen Prinzipien dieses Genres aufzeigen:

> Although hosts and shows change over time, the core principles remain the same. For fifty years, the television talk show has been host-centered and defined, forged in the present tense, spontaneous but highly structured, churned out within the strict formulas and measured segments of costly network time, and designed to air topics appealing to the widest possible audience. Whoever the host and whatever the format, these are the defining characteristics of the TV talk show.

An erster Stelle der Grundprinzipien nennen Timberg et al. (2002) den/die Moderator*in (*host*), da diese/r, wie in Abschnitt II.6.2.1 noch genauer erläutert wird, eine Schlüsselrolle in Talkshows einnimmt und zu ihrer Personifizierung beiträgt.

Ein zweites Prinzip dieses Genres ist seine Verankerung in der Gegenwart (*forged in the present tense*), womit der Echtzeit-Charakter von Talkshows unterstrichen wird, da diese den Anschein vermitteln, dass das, was in der Show passiert und gesagt wird, im Hier und Jetzt geschieht. Timberg et al. (2002: 4) bezeichnen dieses Phänomen auch als „present-tense immediacy", da Talkshows, unabhängig davon, ob sie live gesendet werden, Aufnahmen oder sogar Wiederholungen sind, die Fähigkeit besitzen, die Illusion der Gegenwart aufrechtzuerhalten. In Verbindung damit verweisen die Autoren auf ein drittes Prinzip von Talkshows: die „present-tense intimacy". Das bedeutet, dass der/die Moderator*in und die Zuseher*innen die Intimität des Augenblicks, die durch die emotionsgeladene Sprache des Hosts unterstützt wird, miteinander teilen. Demnach sind Talkshows imstande, ein vertrautes Verhältnis, eine intime Atmosphäre mit dem/der Zuseher*in zu erzeugen, sodass diese/r das Gefühl hat, der/die einzige Gesprächspartner*in des Hosts zu sein: „The host speaks to millions as if to each alone" (Timberg et al. 2002: 4).

Ein weiteres zentrales Prinzip von Talkshows ist, dass diese den Anschein von Spontaneität erzeugen, obwohl ihr Ablauf streng getaktet und vorgegeben ist. Laut Timberg et al. (2002: 5-6) werden Talkshows „am laufenden Band" produziert, halten sich strikt an vorgegebene Rahmenstrukturen und belegen die ihnen zugewiesenen Zeitschienen des Fernsehprogramms. Ein Blick auf das russische Fernsehprogramm genügt, um dieses Prinzip auch für russische Talkshows zu bestätigen, da diese entweder täglich oder zumindest einmal pro Woche zu einer bestimmten Uhrzeit ausgestrahlt werden und normalerweise immer denselben Ablauf haben.

Mit der Position einer Talkshow im Fernsehprogramm wird gleichzeitig auch das Zielpublikum[100] einer Sendung festgelegt: Talkshows, die nachmittags gesendet werden, sollen beispielsweise nicht berufstätige Bevölkerungsgruppen wie etwa Pensionist*innen, Arbeitslose oder Hausfrauen ansprechen. Vorabendtalkshows, Abendtalkshows oder teilweise auch Late-Night-(Talk-)Shows erreichen dagegen ein größeres und diverseres Publikum als Morgen- oder Nachmittagssendungen, da abends mehr Menschen Zeit zum Fernsehen haben als tagsüber.

So wie andere Sendeformate werden Talkshows auch von kommerziellen Interessen beeinflusst, und daher liegt es im Interesse der Produzent*innen, die Zuschauer*innenzahlen durch Themen, die ein möglichst breites Publikum ansprechen, konstant zu halten (vgl. Timberg et al. 2002: 5-6). Laut Krüger (1998: 608) werden jedoch nicht nur die Themen auf das entsprechende Zielpublikum zugeschnitten, sondern aufgrund des großen Konkurrenzdrucks der Masse an Talkshows werden auch die „Aufmerksamkeit erregenden Stimuli" verschärft.

Wie im deutsch- und englischsprachigen Raum begann auch in Russland die wissenschaftliche Beschäftigung mit der *tok-šou* zu Beginn der Jahrtausendwende und hat vor allem in den letzten Jahren vermehrte Aufmerksamkeit bekommen (vgl. z. B. Novikova 2008; Kozlova und Bondarev 2011; Ševčenko 2014; Dolgova 2015, 2017a, 2017b). Einer der Ersten, der sich wissenschaftlich mit der Talkshow in Russland beschäftigt hat, ist der Journalist und Fernsehmoderator Georgij Kuznecov. In seinem Lehrwerk *Tak rabotajut žurnalisty TV* (dt. *So arbeiten Fernsehjournalisten*) erklärt Kuznecov (2004: 29), dass der aus dem Westen stam-

---

100 Laut Holly (2002: 356) wird die anvisierte Zielgruppe einer Talkshow außerdem anhand der Einrichtung des Studios, dem Thema der Sendung sowie des Sprachstils der Gäste erkennbar.

mende Begriff *tok-šou* als „Sprechauftritt" (*razgovornoe predstavlenie*) seinen Ursprung im Varieté hat, wo ein Ansager mit Gesprächen das Publikum unterhalten und dieses manchmal in die Unterhaltung miteinbezogen hat. Als erste *Kennzeichen der Talkshow* im Fernsehen identifiziert Kuznecov (2004: 29, Übers. d. Verf.) die „Leichtigkeit des Gesprächs, die Gewandtheit des Moderators sowie die unbedingte Anwesenheit eines Publikums" und ergänzt ferner die Präsenz von Gästen, Expert*innen sowie das „eiserne Skript" (*železnyj scenarij*) (Kuznecov 2004: 31). Mit Letzterem impliziert Kuznecov (2004) wie bereits Timberg et al. (2002) die Inszenierung von Talkshows, die trotz der angeblich spontanen Live-Gespräche einem strikten, vorgefertigten Plan folgen.

Während der/die Moderator*in, die geladenen Gäste sowie das Studiopublikum bereits bei DONAHUE, dem ‚Prototyp' der Talkshow, vorkommen und häufig als Basis jeder Talkshow angesehen werden, sind diese drei Komponenten als Abgrenzungskriterien der Talkshow von anderen verwandten Genres nicht ausreichend. Daher orientiert sich die vorliegende Arbeit an den fünf Kriterien nach Fley (1997), die „konstitutiv für die Sendeform Talkshow" (Fley 1997: 19) sind und dabei helfen, letztere von anderen Fernsehgenres abzugrenzen.

Als erste Bedingung der Talkshow nennt Fley (1997: 20) die „Gesprächskonzeption". Das bedeutet, dass das Gespräch zwischen mindestens zwei auf dem Bildschirm sichtbaren Personen den überwiegenden Anteil (mind. 60 %) der Sendung ausmachen muss. Mithilfe dieses Kriteriums werden Sendungen, in denen das Gespräch lediglich der Auflockerung dient wie beispielsweise in Musiksendungen oder Spieleshows, ausgeschlossen. Ein weiteres Ausschlusskriterium sind zudem Sendungen, in denen sich die Gesprächspartner*innen während des Gesprächs mit anderen Dingen (z. B. Kochen) beschäftigen und sich scheinbar ‚nebenbei' unterhalten (vgl. Fley 1997: 37).

Als zweites Merkmal von Talkshows führt Fley (1997: 20) deren „primäre Zweckfreiheit" an: „Die Gespräche und Aussageinhalte dienen nicht dem Zweck, nach einer festgelegten Spielregel eine Rangfolge der Teilnehmer zu erstellen oder eine Gratifikation der Teilnehmer vorzunehmen." Dadurch werden Quizshows, Gameshows oder ähnliche Spieleshows ausgeschlossen. Außerdem sollen die Sendungen keine „Zielsetzungen haben, die über das Gespräch selbst hinausgehen" (Fley 1997: 37), wie dies bei sogenannten Ratgebermagazinen der Fall ist, bei denen die Beratung den Gesprächsmittelpunkt bildet (vgl. Fley 1997: 40).

Als drittes Kriterium führt Fley (1997: 20) die „einseitige Gesprächsfreiheit" an, womit er impliziert, dass zumindest eine der Gesprächsseiten nicht im Vorhinein in ihren Aussagen festgelegt und der gesprochene Text nicht vor der Sendung in einem Skript fixiert wurde wie bei Comedy- oder Kabarettsendungen. Mit der Bezeichnung der Gesprächsfreiheit als „einseitig" schließt Fley damit einerseits im Sinne von Timberg et al. (2002) sowie Kuznecov (2004) nicht aus, dass sich zumindest eine der Gesprächsseiten (der/die Moderator*in) an ein Skript hält. Andererseits bleibt in diesem Kriterium das Charakteristikum der Talkshow – die relativ freie Gesprächsgestaltung und Meinungsäußerung – erhalten.

Das vierte Kennzeichen von Talkshows ist ihre „lokale Einheitlichkeit" (Fley 1997: 20), da die Gespräche immer zu einer bestimmten Zeit an einem bestimmten Ort – sei es in einem Studio oder an einer anderen gleichbleibenden Lokalität – stattfinden.

Die fünfte und letzte Bedingung, um von Talkshows sprechen zu können, ist ihr „Seriencharakter" (Fley 1997: 20). Eine Talkshowsendung ist keine einmalig ausgestrahlte Show, sondern sie fügt sich in eine gesamte Sendereihe ein, die „in gleicher Konzeption mit gleichmäßiger Häufigkeit [...] an einem festen Sendeplatz" ausgestrahlt wird (Fley 1997: 20). Für russische Talkshows wird als gleichmäßige Häufigkeit die Ausstrahlung einer Sendereihe von mindestens einmal pro Monat festgelegt. Davon ausgenommen sind die Sommermonate Juli und August, in denen die meisten Sendereihen eine Sommerpause machen.

Diese hier aufgelisteten fünf Kriterien (die Gesprächskonzeption, die primäre Zweckfreiheit, die einseitige Gesprächsfreiheit, die lokale Einheitlichkeit sowie der Seriencharakter) müssen erfüllt werden, um eine Sendereihe als Talkshow klassifizieren zu können. Keine Definitions- oder Abgrenzungskriterien von Talkshows sind nach Fley (1997) das Gesprächsthema sowie die Anwesenheit eines Studiopublikums, das beispielsweise Kuznecov (2004) als zwingend erachtet hatte. Auch die vorliegende Arbeit orientiert sich hier an Fley (1997), da es den fünf Definitionskriterien folgend in Russland einige Talkshows gibt, in denen kein Studiopublikum präsent ist.

Bevor nun im übernächsten Abschnitt diejenigen Sendereihen des *Pervyj kanal* sowie *Rossija-1* aufgelistet und typisiert werden, die nach den hier erläuterten fünf Kriterien als Talkshow bezeichnet werden können, werden im Folgenden die einzelnen Bestandteile von Talkshows sowie deren Funktion erläutert.

6.2.1 Der/die Moderator*in

Eines der wichtigsten Bestandteile und das Aushängeschild für die jeweilige Talkshow ist deren Moderator*in, Gastgeber*in bzw. Host. Dieser/diese kann allein (Einzelmoderation) oder im Team (Multimoderation) auftreten, gibt den Ton sowie die Richtung des Gesprächs vor und führt durch die Show. Laut Timberg et al. (2002: 3) ist der/die Moderator*in häufig gleichzeitig der/die Chefredakteur*in, Unternehmer*in und verkörpert die Marke der Show. Zudem ist er/sie ist die „Identifikationsfigur" und ein wichtiger „Faktor zur Zuschauerbindung" (Fley 1997: 145). Häufig ist der/die Moderator*in der eigentliche Mittelpunkt einer Sendung, in welcher er/sie oftmals verschiedene Funktionen gleichzeitig erfüllen muss, zum Beispiel als „Organisator, Präsentator, Provokateur und Unterhalter" (Klemm 2015: 100). Außerdem liefert der/die Moderator*in dem Publikum emotionale Hinweise, so zum Beispiel in russischen Talkshows in Form von Interjektionen (rus. *Košmar!/Kakoj užas!/Ėto užasno!* // dt. *Ein Alptraum!/Wie entsetzlich!/Das ist schrecklich!*).

Die Zentralität der/des Moderator*in als Markenzeichen bzw. Aushängeschild des Produkts Talkshow manifestiert sich auch in der Personifizierung der Talkshownamen. Bekannte Beispiele aus dem US-amerikanischen Raum sind THE JERRY SPRINGER SHOW oder THE OPRAH WINFREY SHOW. Diese Strategie der Benennung nach dem/der Moderator*in hilft den Zuseher*innen dabei, einzelne, täglich gesendete Talkshows aus der Masse zu differenzieren (vgl. Fley 1997: 74). In Russland hat sich laut Gulenko und Dolgova (2016: 106) diese Praxis der vollkommenen Benennung der Show nach dem Namen des/der Moderator*in nicht gänzlich durchgesetzt. Stattdessen werden andere Wege genutzt, um auf den/die Moderator*in aufmerksam zu machen: Eine häufig genutzte Möglichkeit ist, dass der/die Moderator*in bzw. dessen/deren Nachname Teil des Shownamens wird wie bei VEČERNIJ URGANT (dt. *Urgant am Abend*), SPISOK NORKINA (dt. *Norkins Liste*) oder TOLSTOJ. VOSKRESEN'E (dt. *Tolstoj. Sonntag*) (vgl. Gulenko und Dolgova 2016: 106). Eine andere Variante besteht darin, den Namen des/der Moderator*in an den Namen der Talkshow mithilfe des Instrumentals anzuhängen wie bei JA SAMA S JULIEJ MEN'ŠOVOJ (dt. *Ich selbst mit Julija Men'šova*) oder (VOSKRESNYJ) VEČER S VLADIMIROM SOLOV'ĖVYM (dt. *(Sonntag-)Abend mit Vladimir Solov'ëv*) (vgl. Gulenko und Dolgova 2016: 106).

Wie bereits erwähnt, betonen Timberg et al. (2002: 4) den kommerziellen Charakter von Talkshows, die mit anderen Sendungen als Waren bzw. Produkte in Konkurrenz stehen. Deshalb bezeichnen Timberg et al. (2002: 4–5) auch die Talkshowmoderator*innen als „Ware", da sich ihr Wert für den Fernsehkanal und die Werbeträger in ihrem Einkommen widerspiegelt und die Hosts selbst, wie beispielsweise Oprah Winfrey, über eigene Produktionsfirmen verfügen.

Die Gastgeber*innen laden in ihre Talkshows nicht nur berühmte Personen ein, sondern sie haben gewissermaßen auch selbst Starcharakter. Timberg et al. (2002: 191) gehen sogar noch einen Schritt weiter und erklären, dass einige Talkshowmoderator*innen als Vertreter*innen ihres Publikums mit gewählten Politiker*innen verglichen werden können. Dieser Vergleich von Talkshowmoderator*innen und Politiker*innen wurde in Russland sogar Realität: Ein bekanntes Beispiel dafür ist der Talkshowmoderator Pëtr Tolstoj, der 2016 Duma-Abgeordneter wurde und seitdem sowohl als Gastgeber als auch als Politiker in den Talkshows auftritt.

In russischen Artikeln wird zudem immer wieder auf die Wichtigkeit des Charismas der/des Moderator*in hingewiesen (vgl. Kozlova und Bondarev 2011: 120; Gulenko und Dolgova 2016: 108). So sehen beispielsweise Kozlova und Bondarev (2011: 121) die „nationale Spezifik" gesellschaftspolitischer Talkshows in Russland vor allem in der Person des/der Talkshowmoderator*in. Im Gegensatz zu US-amerikanischen Talkshows, bei denen es sich um Gruppengespräche handle, würden russische Talkshows eher längeren Einzelinterviews mit mehreren Personen ähneln, wobei das alles organisierende Glied der Host sei, der die Antworten der Gäste mithilfe seiner eigenen Kommentare zu einem Ganzen zusammenfüge (vgl. Kozlova und Bondarev 2011: 123).

Freie oder spontane Äußerungen sind laut den Autor*innen in diesen politischen Talkshows daher nicht vorhanden, da der/die Moderator*in das Gespräch lenkt, die Gäste unterbricht und ihnen das Wort erteilt, sodass er/sie die Diskussionen in ein „dynamisches Spektakel" verwandelt (Kuznecov 2004: 35, Übers. d. Verf.). Die Gäste ergreifen kaum von selbst das Wort und sprechen sich in der Regel gegenseitig nicht an. Diese Art der Gesprächskonzeption in Talkshows, bei der der Host das Rederecht verteilt, wird deshalb auch als „moderationszentriert" (im Unterschied zu „gästezentriert") bezeichnet (vgl. Fley 1997: 67).[101]

6.2.2 Die Talkshowgäste

Zu den Talkshowgästen zählt Fley (1997: 57) „alle Personen [...], die sich am Talkshowgespräch beteiligen und vom Moderator namentlich vorgestellt werden." Während diese Definition auf die meisten unpolitischen Talkshows in Russland sicherlich zutrifft, entfällt die namentliche Vorstellung der Talkshowgäste häufig in russischen Polit-Talkshows. Da die Gäste von Show zu Show ‚wandern', sind sie den Zuseher*innen bereits bekannt und werden wohl deshalb nicht mehr explizit vorgestellt.[102]

---

[101] Gute Beispiele dafür bieten die Talkshows von Vladimir Solov'ëv, Večer s Vladimirom Solov'ëvym (dt. *Abend mit Vladimir Solov'ëv*) und Poedinok (dt. *Duell*), in denen der Moderator der eigentliche Mittelpunkt ist, die Diskussion leitet und unterbricht, wenn sie „vom Thema abzuweichen droht oder regierungskritisch wird" (Kaltseis 2016: 54). Vladimir Solov'ëv beherrscht sein Metier gekonnt, ist sehr eloquent und baut geschickt Wortspiele und Metaphern zur Provokation und Diffamierung liberal gesinnter Talkshowgäste ein (siehe auch Čerepova 2015: 56).
[102] Diese Monotonie, dass in Polit-Talks immer „die gleichen Gäste zu Wort kommen, es kaum Variation bei der Themenwahl gibt [und] zu viele Gäste eingeladen werden", existiert auch im deutschsprachigen Fernsehen und wird beispielsweise von Girnth und Michel (2015: 1) kritisiert.

Je nach Talkshowtyp sind entweder ein Gast oder mehrere Gäste gleichzeitig in einer Show präsent. Diese können nach Fley (1997: 57) in drei unterschiedliche Kategorien eingeteilt werden: die *Hauptgäste*, die *Nebengäste* sowie die *Aktionsgäste*.

Die *Aktionsgäste* sind „jene Gesprächspartner [...], die vorwiegend musikalisch, kabarettistisch oder mit anderen Darbietungen die Sendung auflockern" (Fley 1997: 58). Sie kommen lediglich kurz bzw. überhaupt nicht zu Wort und sind nicht in die ‚Runde' der Talkgäste integriert (vgl. Fley 1997: 58).

Die *Nebengäste* sitzen dagegen „in den vorderen Reihen des Publikums und sind dem Moderator mit Namen und Funktionen oder Eigenschaften bekannt." (Fley 1997: 57). Sie dienen meist dazu, neue Aspekte in das Gespräch einzubringen und sind entweder Bekannte bzw. Verwandte der Hauptgäste oder Expert*innen zum diskutierten Thema (vgl. Fley 1997: 57).

Die *Hauptgäste* sind die zentralen Gesprächspartner*innen des/der Moderator*in und befinden sich im Zentrum der Show. Eine wesentliche Rolle spielt dabei die Auswahl der Gäste, die als Teil der redaktionellen Planung „entsprechend eines vorgeblich ausgewogenen Meinungsspektrums" selektiert werden (vgl. Goebel 2017: 86). Im russischen Fernsehen wird dieses ‚Meinungsspektrum' von einem elitären Personenkreis repräsentiert, dessen Mitglieder regelmäßig in unterschiedlichen Talkshows auftreten und deren Aussagen daher gewissermaßen prognostizierbar seien, wie eine ehemalige Mitarbeiterin des russischen Fernsehens auf dem Nachrichtenportal *The Insider* berichtet (vgl. Adamova 2017).

Allgemein können sich Talkshowgäste jedoch aus unterschiedlichen Gründen für einen Auftritt qualifizieren. Insbesondere für unbekannte Personen, sogenannte *Durchschnittsbürger*innen*, die sich durch ein besonderes Hobby oder Aussehen von anderen Menschen abheben, bietet die Talkshow eine Plattform der Selbstinszenierung sowie die Möglichkeit, sich und ihre Meinung einer Öffentlichkeit zu präsentieren, von der sie bisher weitgehend ausgeschlossen waren (vgl. Mikos 1999: 12). Diese ‚exzentrischen' Gäste liefern auch den Anlass des für Talkshows üblichen „therapeutische[n] Diskurs[es]", da ihr von gesellschaftlichen Normen abweichendes Verhalten oder Aussehen in der Talkshow relativiert und in der „Gemeinschaft der täglichen Talkshow" zur Diskussion gestellt werden kann (Mikos 1999: 12–16). Diese Gemeinschaft – Haarman (2001: 35, Übers. d. Verf.) bezeichnet sie treffend als „sozialen Mikrokosmos" – besteht neben den ‚exzentrischen' Gästen auch aus den anderen Talkshowgästen, dem Studiopublikum, den Fernsehzuseher*innen sowie dem/der Moderator*in. Vor allem die Repräsentation ‚normaler', ‚gewöhnlicher' Menschen ist in Talkshows wichtig, worauf ebenso Marshall McLuhan in den 1960er Jahren hingewiesen hat: „Jeder, der so aussieht, als wäre er ein Lehrer, Arzt, Kaufmann oder Angehöriger von ein

Dutzend anderen Ständen zugleich, ist der richtige Mann fürs Fernsehen" (McLuhan 1995: 498–499).

In Anlehnung an Fley (1997: 61) können neben den sogenannten Durchschnittsbürger*innen noch drei weitere Typen von Hauptgästen unterschieden werden: TV-Prominente, Expert*innen bzw. Vertreter*innen aus Wirtschaft und Politik sowie Expert*innen bzw. Vertreter*innen auf wissenschaftlicher oder beruflicher Ebene.

Zu den *TV-Prominenten* zählen Schauspieler*innen, Musiker*innen oder Sportler*innen, sofern diese aus dem Fernsehen bekannt sind. In Russland treten diese bisweilen nicht nur in sogenannten Promi-Talkshows, sondern auch in Polit- sowie Trivial-Talkshows auf.[103] Wie Goebel (2017: 87) erläutert, könnte ein Grund dafür das Vertrauen des Publikums in die Meinung berühmter Personen sein, obwohl die Prominenten nicht immer über die notwendige Sachkompetenz verfügen. Für Dörner und Vogt (2004: 47) ist die Präsenz von Prominenten oder Personen aus dem Showbusiness, insbesondere in Polit-Talkshows, ein Indikator für die zunehmende „Verflechtung von Politik und Unterhaltung."

Zu den *Expert*innen bzw. Vertreter*innen aus Wirtschaft und Politik* zählen Spitzenpolitiker*innen, bestimmte Interessensvertreter*innen oder Funktionsträger*innen aus diesem Bereich. In russischen Talkshows sind das häufig Mitglieder der Regierungspartei *Edinaja Rossija*, Duma-Abgeordnete oder Mitglieder der Gesellschaftskammer der Russischen Föderation (RF).

Die letzte Kategorie bilden die *Expert*innen bzw. Vertreter*innen auf wissenschaftlicher oder beruflicher Ebene*, zu denen Fley (1997: 62) all diejenigen Personen zählt, „die in ihrer Funktion als Experten für ein bestimmtes Thema in eine Sendung eingeladen worden sind" und nicht in die Kategorien der TV-Prominenz oder Expert*innen bzw. Vertreter*innen aus Wirtschaft und Politik passen. Dazu zählen zum Beispiel Wissenschaftler*innen, Ärzt*innen, Jurist*innen, Handwerker*innen, Psycholog*innen sowie Journalist*innen. In russischen Talkshows zählen dazu auch Vertreter*innen aus dem religiösem oder militärischen Bereich, wie Wehrexpert*innen oder Leutnants, die im Jahr 2014 vermehrt in den Sendungen auftreten. Diese Expert*innen bzw. Vertreter*innen auf wissenschaftlicher oder beruflicher Ebene repräsentieren den öffentlich-institutionellen Bereich und sollen die diskutierten Fragen oder Probleme mithilfe ihres Fachwissens einordnen und dem Publikum verständlich machen (vgl. Haarman 2001: 34).

---

[103] Zur genauen Einteilung der Subtypen von Talkshows siehe Abschnitt II.6.3.

6.2.3 Das Studiopublikum und die Fernsehzuseher*innen

Die Anwesenheit eines Publikums nimmt – auch wenn diese kein zwingendes Kriterium für die Definition von Talkshows darstellt (vgl. Abschnitt II.6.2) – eine wichtige Funktion ein, da es, wie beispielsweise in der THE OPRAH WINFREY SHOW, die Atmosphäre herstellt oder, wie in DONAHUE, aktiv an der Diskussion eines Themas partizipiert (vgl. Kuznecov 2004: 30). Die Präsenz eines Studiopublikums macht die Talkshow zu einem „sehenswerten Ereignis" (Fley 1997: 81) und erzeugt den Eindruck, dass die Talkshow live gesendet wird.

In den meisten Talkshows auf den ersten beiden russischen Fernsehsendern ist ein Saalpublikum präsent. Während dieses in den Polit-Talks meist in der Dunkelheit des Studios verborgen bleibt, spielt es vor allem in den Trivial- und Promi-Talks eine wichtige Rolle, um die emotionalen Reaktionen einzelner Personen aus dem Publikum zu zeigen.[104]

Bereits durch seine bloße Anwesenheit beteiligt sich das Studiopublikum am Talkshowgeschehen, indem es seine Meinung in Form von Applaus, Geräuschen des Missfallens, Gemurmel oder Gelächter zum Ausdruck bringt (vgl. Fley 1997: 83). Dadurch erzeugt es eine „elektrisierte Stimmung" bzw. eine „Atmosphäre der Öffentlichkeit" (Kuznecov 2004: 34, Übers. d. Verf.), die über den Fernseher den Zuseher*innen zuhause übermittelt wird, und zugleich gibt es diesen mithilfe seiner nonverbalen Kommunikation (Applaus, Gemurmel, Gelächter, Raunen) emotionale Hinweise (vgl. Ševčenko 2014: 122).

In manchen Talkshows wird das Studiopublikum auch verbal in die Sendung eingebunden. Dabei werden zwei Arten der Beteiligung unterschieden: einerseits die Beteiligung aufgrund der Aufforderung des Hosts (nominierter Adressat) und andererseits die aktive, selbstständige und spontane Einbringung (aktiver Mitspieler) der Talkshowgäste (vgl. Haarman 2001: 34). Auch Fley (1997: 84) spricht von zwei Formen der verbalen Publikumsbeteiligung: der „nachgefragte[n]" Partizipation, bei der sich das Publikum auf Nachfrage des/der Moderator*in äußert, sowie der „initiative[n]" Beteiligung, bei der das Studiopublikum selbst entscheidet, ob es sich in das Gespräch einbringen will.

Es gibt jedoch auch Talkshows, in denen kein Publikum anwesend ist. Russische Beispiele dafür aus dem Jahr 2014 sind die Prominententalkshows POKA VSE DOMA (dt. *Während alle zuhause sind*) und SUBBOTNIK sowie die politische Talkshow STRUKTURA MOMENTA (dt. *Struktur des Augenblicks*). Diesen Talkshows fehlt die Live-Atmosphäre, die „present-tense immediacy", da die Illusion der Gegenwart auch durch die sofortige emotional-akustische Reaktion des Studio-

---

[104] Siehe dazu insbesondere III.10.2.

publikums auf bestimmte Äußerungen der Gäste erzeugt wird. Diese Talkshows verlieren dadurch ihre Verankerung in der Jetztzeit und machen so ihre Inszeniertheit bewusster wahrnehmbar.

Neben der Präsenz des Studiopublikums nennen Tenscher und Schicha (2002: 11) auch „das prinzipielle Vorhandensein eines sich parasozial am Gespräch beteiligenden Fernsehpublikums" als konstitutives Merkmal von Talkshows. In Russland haben Talkshows in den letzten Jahren versucht, dem Fernsehdispositiv gerecht zu werden und das Moment der aktiven Teilnahme der Zuseher*innen und ihr Mitbestimmen am Geschehen zu fördern. So wird das Fernsehpublikum heute vermehrt mithilfe des Internets und sozialer Netzwerke in die Shows miteinbezogen. Ein gutes Beispiel dafür bietet die Talkshow VREMJA POKAŽET (dt. *Die Zeit wird es zeigen*), die 2017 begonnen hat, Twitter-Kommentare der Fernsehzuseher*innen anzuzeigen,[105] und zudem die Möglichkeit von Live-Studioanrufen (*Call-In*) der Zuseher*innen geschaffen hat. Allerdings ist fraglich, ob es sich dabei um echte Studioanrufe handelt, da in Russland seit Beginn der 2000er die Möglichkeit der Liveanrufe (*live phone-in*) in Talkshows getilgt wurde (vgl. Hutchings und Rulyova 2009: 98).

6.2.4 Visuelle Formen der Präsentation

Die meisten Talkshows sind Aufzeichnungen, obwohl sie den Anschein vermitteln, dass es sich dabei um Live-Sendungen handelt. Dieser Live-Effekt wird mithilfe des Studiopublikums und der Gäste erzeugt, aber auch die Kamera spielt dabei eine wichtige Rolle.

Bei der Aufzeichnung einer Talkshow sind normalerweise mehrere Kameras im Einsatz. Eine Kamera befindet sich meist in der letzten Reihe über dem Studiopublikum, sodass sie den Fernsehzuseher*innen die Möglichkeit bietet, das Geschehen von oben zu überblicken und den Effekt eines/r allwissenden Betrachter*in erzeugt. Gleichzeitig vermittelt dieser Blickwinkel dem/der Fernsehzuseher*in das Gefühl der Entfernung und wird daher häufig zu Beginn der Talkshow oder zwischen den Werbepausen eingesetzt, um den/die Zuseher*in langsam ins Studio und damit ins Geschehen der Talkshow zu holen bzw. aus dem Studio zu entlassen. Auch die Halbtotale wird in Talkshows eingesetzt, um

---

[105] Bei diesen Twitter-Nachrichten handelte es sich Recherchen der *Vedomosti* zufolge jedoch um automatisch generierte Tweets, sogenannte *Social Bots*, um für die Talkshow zu werben und sie attraktiver zu machen (vgl. Boleckaja 2017).

beispielsweise den/die Moderator*in zu zeigen oder um alle Diskutant*innen ins Bild zu bekommen.

Die während einer Show am häufigsten eingesetzten Kameraeinstellungen sind jedoch diejenigen, die das Geschehen in der Halbnah-, Nah-, Groß- oder sogar in der Detailaufnahme zeigen. Diese auch als „talking heads" bezeichneten Großaufnahmen werden in Fernsehproduktionen häufiger verwendet als in Spielfilmen und führen bei dem/der Zuseher*in zu einem Gefühl der „Gleichheit" und „Intimität", da die Großaufnahme einer Person auf dem Bildschirm quasi der tatsächlichen Größe einer Person entspricht (Ellis 2002: 62).[106] Die Kamera fängt auf diese Weise Mimik und Gestik der anwesenden Gäste ein. Diese Bilder der Gäste wechseln sich, wie bereits erwähnt, häufig mit Aufnahmen des Publikums ab, sodass die Zuseher*innen vor den Fernsehbildschirmen Zeug*innen emotionaler Reaktionen im Studio, wie zum Beispiel Wut, Trauer, Freude oder Nervosität, werden (vgl. Novikova 2008: 189–190).

Mithilfe der Kameraeinstellungen werden jedoch nicht nur Emotionen kommuniziert, sondern sie bringen auch Dynamik und Abwechslung in die eigentlich statische Talkshow, in der mit Ausnahme des/der Moderator*in alle Anwesenden meistens sitzen oder vor Rednerpulten stehen. Dieser Aufnahmestil, der sich durch den Gebrauch mehrerer Kameras und dem ständigen Wechsel zwischen ebendiesen auszeichnet, ist spezifisch für das Fernsehen und unterscheidet sich vom Film, in dem die Ereignisse verdichtet werden und vielschichtiger sind (vgl. Ellis 2002: 62). Bei Live-Fernsehsendungen werden die Kamerabilder laut Goebel (2017: 90) von der Regie in Echtzeit orchestriert. Dabei unterscheidet er drei „bedeutungsproduzierende Funktionen" der Kamera: Erstens visualisiert sie mithilfe von Nah- oder Großaufnahmen die *affektiven Reaktionen* der Anwesenden. Zweitens macht sie die *Interaktion* zwischen den einzelnen Personen sichtbar, indem beispielsweise die Reaktion einer Person gefilmt wird, die von einer anderen Person angesprochen wird. Drittens hat die Kamera eine *Kommentarfunktion*, wobei „eine andere Person als die Sprechende [gezeigt wird], die aber demselben Meinungsspektrum zuzurechnen ist, und von der somit bestätigende (nonverbale) Reaktionen zu erwarten sind" (Goebel 2017: 89). Daher kann hier in Anlehnung an Goebels Unterscheidung (2017) resümiert werden, dass die Kamera, sobald sie nicht mehr ‚nur' die sprechenden Personen zeigt, Bedeutung produziert, die von dem/der Fernsehzuseher*in wahrgenommen wird.[107]

Neben dem Fernsehbild ist auch der *Ton* eine zentrale Komponente von Talkshows, mithilfe dessen, wie beispielsweise durch die direkte Adressierung

---

106 Siehe dazu auch Kaltseis (2019b).
107 Siehe dazu auch Scheufele et al. (2007) sowie Holly (2010).

der Zuseher*innen, die „Kontinuität der Aufmerksamkeit" gewährleistet wird (Ellis 2002: 66). Auch die Hinterlegung mancher Videoszenen mit dramatischer *Musik* wirkt auf die Emotionen der Zuschauer*innen.

In Talkshows kommen zudem sogenannte „additive Elemente" (Fley 1997: 101) zum Einsatz. Dazu zählt zum Beispiel der sogenannte *Einspieler*, der „mehrmals pro Sendung neue Aspekte ein[bringen] oder [...] bereits Diskutiertes mit Fakten unterstützen oder widerlegen [soll]" (Goebel 2017: 90). Auch in russischen Talkshows sind Einspieler in Form von Videos, Filmausschnitten oder Fotos ein wichtiges und oft verwendetes Gestaltungsmittel. Diese visuellen Mittel dienen der „plastischen Veranschaulichung" (Spetsmann-Kunkel 2004: 30), zugleich untermauern und bestätigen sie das in der Talkshow Gesagte, können diskussionsfördernd sein und bei der/dem Zusehenden emotionale Reaktionen auslösen. Ein weiteres additives Element sind *Showeinlagen* wie Auftritte von Musikgruppen oder Spiele mit Gästen. Manche Talkshows integrieren diese Showelemente, um das Gespräch aufzulockern und den Zuseher*innen Zeit zu geben, den Talk zu verarbeiten (vgl. Fley 1997: 102).

Zentral für die visuelle Präsentation einer Talkshow ist außerdem die Anordnung der Akteure. Fley (1997: 90–96) unterscheidet vier Grundtypen von Gästeanordnungen, die sich auch in russischen Talkshows auf dem *Pervyj kanal* und *Rossija-1* wiederfinden: So kommt die sichelförmige Anordnung, bei der die Gäste auf einer Linie oder einem angedeuteten Halbkreis sitzen oder stehen, in Trivial-Talkshows wie PUST' GOVORJAT oder MUŽSKOE/ŽENSKOE (dt. *Männliches/Weibliches*) vor. Kreisförmige (VEČER S VLADIMIROM SOLOVĚVYM) oder konfrontative (POLITIKA, POEDINOK) Anordnungen dagegen finden sich vorwiegend in Polit-Talkshows. Die vierte Art der Anordnung, in der sich der/die Moderator*in und der/die Gesprächspartner*in gegenübersitzen und die deshalb auch „Vis-à-vis-Anordnung" genannt wird (Fley 1997: 96), ist vorwiegend in Promi-Talkshows wie POZNER vorhanden.

Ein weiteres verwendetes visuelles Stilmittel ist die *Maskierung* der Gäste, die unerkannt bleiben möchten. Solche Gäste tragen zum Beispiel Sonnenbrillen, Perücken, Hüte oder Sturmmasken, um so anonym von ihren Erlebnissen erzählen zu können.[108] Ferner werden die jeweilige Funktion, der Beruf, der Name sowie eventuell auch einzelne Statements der Partizipierenden in gekürzter Fassung für die Fernsehzuseher*innen mithilfe von *Bauchbinden* oder *Inserts* eingeblendet (vgl. Spetsmann-Kunkel 2004: 31).

In Talkshows kommt außerdem häufig der sogenannte *Splitscreen* zum Einsatz, mit dessen Hilfe zum Beispiel auf der einen Hälfte des Bildschirms ein

---

[108] Für Beispiele in russischen Talkshows siehe Binder und Kaltseis (2020: 201).

Talkshowgast im Studio gezeigt wird und auf der anderen Hälfte der Einspieler, den das Studiopublikum auf einer großen Leinwand sieht, oder ein anderer Gast, der sich jedoch noch im Backstage-Bereich oder außerhalb des Studios befindet.

6.3 Typisierung von Talkshows

Mit Ausnahme des vorliegenden Kapitels II.6 wurde im bisherigen Verlauf der Arbeit überwiegend lediglich zwischen politischen und unpolitischen Talkshows unterschieden. Diese Unterscheidung wurde aus Gründen der Einfachheit bisher nicht näher ausgeführt, sondern anhand der Thematik sowie der anwesenden Talkshowgäste getroffen. Im Folgenden wird nun die politische Talkshow in Russland als eine von vier Unterkategorien definiert.[109]

Die bisherige Zweiteilung der Talkshows in dieser Arbeit ist zudem dem Umstand geschuldet, dass sich das Talkshow-Genre, wie Keller (2009: 13–14) treffend erklärt, „durch eine schwer zu fassende Vielfalt" auszeichnet und es aufgrund der Fülle an Gestaltungsmöglichkeiten „unmöglich" sei, auf lange Sicht eine „verbindliche Typologie" von Talkshows zu erstellen. Darüber hinaus sind die einzelnen Subgenres nicht einfach zu definieren und voneinander abzugrenzen, da es viele Mischformen gibt (vgl. Keller 2009: 20). Dennoch existieren Versuche, Talkshows zu kategorisieren und in Subgenres zu unterteilen. Einige dieser Vorschläge werden im Folgenden präsentiert.

6.3.1 Allgemeine Typisierungen

An dieser Stelle werden bereits existierende Vorschläge präsentiert, wie Talkshows allgemein kategorisiert bzw. in Subgenres eingeteilt werden können (vgl. z. B. Fley 1997: 51):
- nach der Sendezeit
- nach den Gesprächsthemen (monothematisch, polythematisch oder athematisch)
- nach den Gesprächsformen (Interview, Gesprächsrunde etc.)
- nach der Anzahl und Art der Hauptgäste

---

[109] Damit soll nicht ausgeschlossen werden, dass auch populärkulturelle Produkte letzten Endes politisch sind. Die politische Talkshow wird jedoch als eigenes Subgenre angeführt, da in ihr vorrangig Politiker*innen oder politisch engagierte Personen auftreten und sie sich dadurch von anderen (unpolitischen) Subgenres unterscheidet.

Eine häufig genutzte Möglichkeit, Talkshows in verschiedene Kategorien zu unterteilen, ist ihre *Sendezeit* (vgl. Timberg et al. 2002; Semeria 1999; Spetsmann-Kunkel 2004; Jennissen 2005; Keller 2009). Diese Art der Einteilung von Talkshows ist jedoch insofern wenig zufriedenstellend, als es in der wissenschaftlichen Literatur kein einheitliches Begriffsverständnis der sogenannten Daytime Talkshow gibt[110] und eine allgemein gültige Bezeichnung für Talkshows, die zur Abendprimetime gesendet werden, wie es in Russland teilweise der Fall ist, fehlt.[111]

Eine weitere Möglichkeit, Talkshows zu kategorisieren, besteht in den darin aufgegriffenen *Themen*, den *Gesprächsformen* sowie den *Talkshowgästen*. Im deutschsprachigen Raum werden diese jedoch häufig nicht als eigenständige Kategorisierungsmöglichkeiten angesehen, sondern vermischt (siehe z. B. Keller 2009: 20–21; Faulstich 2008: 48). Während Keller (2009) 14 Unterkategorien von Talkshows unterscheidet, wie zum Beispiel die Sport-Talkshow, Jugend-Talkshow und Erotik-Talkshow, teilt Faulstich (2008: 48) die Talkshow in neun Subkategorien, darunter die Juxshows, Versöhnungsshows und Polit-Talkshows, ein. Plake (2002) sowie Spetsmann-Kunkel (2004) benennen jeweils drei gleiche Subgenres von Talkshows: das „Forum" (Plake 2002: 76) bzw. die „Debattenshow" (Spetsmann-Kunkel 2004: 23), die „Personality-Show" und die „Bekenntnisshow".

Einen interessanten Vorschlag dafür, wie Talkshows einheitlich typisiert werden können, liefert Fley (1997). Für das deutsche Fernsehen unterscheidet er insgesamt acht verschiedene Subtypen von Talkshows und liefert dafür sowohl detaillierte Beschreibungen sowie prägnante Beispiele der jeweiligen Untergruppen (vgl. Fley 1997: 109–118): Interview-Talk, Single-Portrait-Talk, Poly-Portrait-Talk, Trivial-Talk, Trivial-Streit-Talk, Magazin-Talk, Experten-Talk sowie Special-Interest-Talk. Für die Zuordnung zu einem dieser Subgenres verwendet er drei Kriterien: die Anzahl und Art der Hauptgäste sowie die Themenkonzeption in den Talkshows – wobei die ersten beiden Kriterien eine stärkere Rolle spielen als das letztere.

---

110 Die Daytime Talkshow wird von Timberg et al. (2002) und Semeria (1999) als Talkshow, die im Tagesprogramm (im Unterschied zum Abend- oder Nachtprogramm) ausgestrahlt wird, definiert. Während Keller (2009: 21) die Daytime Talkshow nicht als eigenes Subgenre ansieht, versteht Spetsmann-Kunkel (2004: 22) darunter eine „tägliche Talkshow", die jeden Tag von Montag bis Freitag gesendet wird. Diese Auffassung wird wiederum von Semeria (1999: 25) kritisiert, der in diesem Fall von der „Daily Talkshow" – einer unabhängig von der Tageszeit täglich gesendeten Talkshow – spricht.

111 In Russland wird wochentags die Zeit zwischen 19:00 und 23:00 Uhr als Primetime (*prajmtajm*) bezeichnet und die Zeit davor (16:00–19:00 Uhr) als Vor-Primetime (*predprajm*). An Wochenenden reicht die Primetime dagegen von 19:00 bis 01:00 Uhr nachts (vgl. Dolgova und Fedorova 2019: 66–67).

Auch im anglo-amerikanischen Raum werden verschiedene Subtypen von Talkshows unterschieden (Haarman 2001; Shattuc 2015a, 2015b). Allerdings werden hier die Kriterien für die Einteilung in bestimmte Talkshowtypen uneinheitlich verwendet, da die Zuordnung entweder anhand der Talkshowgäste, der Sendezeit und/oder der Themen getroffen wird.

In Russland existieren ebenso verschiedene Versuche, Talkshows in Subgenres einzuteilen (z. B. Novikova 2008: 196; Zvereva 2012: 85). Zvereva (2012: 86) teilt die Talkshows grob nach dem Zielpublikum („das Volk", Teenager, ältere Zuseher*innen, Frauen) sowie nach deren Absicht („Ansehen oder Ungeheuerlichkeiten verbreiten") ein. Bezeichnungen für die jeweiligen Subgenres führt sie jedoch nicht an.

Eine etwas umfassendere Aufzählung der verschiedenen Subtypen von russischen Talkshows findet sich bei Novikova (2008: 196). Allerdings ist auch Novikovas (2008) Typisierungsversuch wenig zufriedenstellend, da eine ihrer Unterkategorien beispielsweise die „aktuelle" (*sovremennoe*) Talkshow ist. Aktualität ist jedoch ein Kriterium vieler Talkshows und somit nicht differenzierend.

Auf der russischen Wikipedia (2021b) werden ebenfalls fünf Subgenres aufgezählt, die sich von den bei Novikova (2008) genannten Unterkategorien unterscheiden. So werden auf Wikipedia zum Beispiel gesellschaftlich-bedeutende (*obščestvenno-značimye*) Talkshows, auf Ereignissen basierende Talkshows (*smešannye, sobytijnye*) sowie Skandaltalkshows (*skandal'nye*) aufgelistet. Auch diese Unterteilung ist ungenügend, da die Kriterien zur Abgrenzung der einzelnen Subgenres nicht klar hervorgehen. So könnte sich eine auf Ereignissen basierende Talkshow auch um ein skandalöses Ereignis drehen oder als gesellschaftlich-bedeutende Talkshow eingeordnet werden.

Dieses Kapitel über die bereits existierenden Vorschläge für die Typisierung von Talkshows illustriert, wie sehr sich diese voneinander unterscheiden und auch in sich nicht immer stimmig sind. Manche der Subkategorien sind äußerst detailliert und lassen sich lediglich auf einzelne Talkshows anwenden, andere bleiben oftmals eher vage und allgemein, sodass eine Abgrenzung der einzelnen Subgenres voneinander schwierig ist.

Eine Ausnahme bildet der Vorschlag von Fley (1997), der durch seine Konzentration auf einzelne Kriterien – die Anzahl und Art der Talkshowgäste sowie teilweise die Themen – eine Möglichkeit geschaffen hat, mehrere Talkshows desselben Typs in eine Untergruppe zusammenzufassen. Daher orientiert sich die vorliegende Arbeit zunächst an Fleys (1997) Vorschlag, um diesen dann auf russische Talkshows des Jahres 2014 anzuwenden und gegebenenfalls anzupassen, um den spezifischen Varianten von Talkshows im russischen Fernsehen gerecht zu werden.

6.3.2 Versuch einer Typisierung russischer Talkshows 2014

Dieses Kapitel stellt den Versuch dar, russische Talkshows des Jahres 2014 in Untergruppen zusammenzufassen. Einerseits ist diese Vorarbeit wichtig für die nachfolgende quantitative und qualitative Analyse, um genaue Aussagen über die jeweiligen Subgenres treffen zu können. Andererseits gibt das vorliegende Kapitel eine Antwort auf die Frage, welche Talkshows im Jahr 2014 in Russland existiert haben und dient als Modell dafür, russische Talkshows, die nach 2014 entstanden sind, einzuordnen und aufgrund bestimmter Kriterien zu beschreiben.

Für die Typisierung wurde zunächst das gesamte Fernsehprogramm online auf dem *Pervyj kanal*[112] sowie *Rossija-1*[113] des Jahres 2014 gesichtet und stichprobenartig mit dem Fernsehprogramm der Zeitung *Argumenty i fakty* verglichen, um die Gesamtzahl der Talkshows dieser Sender sowie ihre jeweilige Sendezeit und -dauer zu eruieren. Dabei wurden ausschließlich jene Sendereihen als Talkshows klassifiziert, welche den fünf Kriterien nach Fley (1997) entsprachen.

Im Anschluss an diese erste Klassifizierungsarbeit (Talkshow/keine Talkshow) wurden in Anlehnung an die Typisierung von Fley (1997) und dessen Orientierung an der Anzahl und Art der Talkshowgäste sowie an den diskutierten Themen vier Oberkategorien bestimmt, denen alle Talkshows des *Pervyj kanal* sowie *Rossija-1* eindeutig zugeordnet werden konnten: der Promi-Talk, der Polit-Talk, der Trivial-Talk sowie der Spezial-Talk. Nach dieser ersten groben Einteilung in vier Oberkategorien wurden im Sinne von Fley (1997: 159) „Kurzmonographien"[114] für jede einzelne Talkshow verfasst, die sich an folgendem Raster (Tabelle 1) orientieren.

Tabelle 1: Einteilungsraster Kurzmonographien für Talkshows.

Titel der Talkshow	Sender
– **Sendeplatz:**	Sendetag, Sendezeit, Sendedauer, Senderhythmus
– **Moderation:**	Name der Moderator*innen

---

112 Das Online-Fernsehprogramm des *Pervyj kanal* ist auf folgender Seite verfügbar: https://www.1tv.ru/schedule/ (letzter Zugriff: 13.10.2021).

113 Das Online-Fernsehprogramm von *Rossija-1* ist auf folgender Seite abrufbar: https://russia.tv/tvp/index/date/ (letzter Zugriff: 13.10.2021).

114 Fley (1997) entwirft in seiner Arbeit ein „Talkshow-Lexikon", in dem er alle Sendereihen, die er als Talkshows klassifiziert, in Form von kurzen, stichwortartigen Beschreibungen, die er „Kurzmonographien" nennt, anführt. Die Kurzmonographien der Talkshows der vorliegenden Arbeit befinden sich im Anhang I.

Tabelle 1 (fortgesetzt)

Titel der Talkshow	Sender
– Typ:	detaillierte Typisierung
– Gästekonzeption:	Anzahl der Hauptgäste, Nebengäste, Gasttypen
– Gesprächskonzeption:	Einzel- und/oder Gruppengespräche, Beteiligungsmöglichkeiten des Publikums
– Produktion:	Produktionsort, Präsentpublikum, additive Elemente
– Erstsendung:	Datum der Erstsendung (evtl. auch letzte Sendung)

Für die Zuordnung einer Talkshowreihe zur Kategorie „Typ" wurde zunächst eine der vier Oberkategorien (Promi-Talk, Polit-Talk, Trivial-Talk oder Spezial-Talk) anhand eindeutig beobachtbarer Merkmale wie die Art der Gäste oder die thematische Konzeption der Show bestimmt und im Anschluss daran mit der elfteiligen Typisierung Fleys (1997: 108–119) verglichen. Nach der Zuordnung einer Talkshowreihe zur jeweiligen Oberkategorie wurde die Reihe beim Promi- und Polit-Talk wie bei Fley (1997) zusätzlich einer von drei Unterkategorien (1a bis 1c beim Promi-Talk und 2a bis 2c beim Polit-Talk) zugeordnet. Beim Trivial- und Spezial-Talk hingegen wurden keine weiteren Unterkategorien definiert. Somit ergab sich für die russischen Talkshows des Jahres 2014 auf dem *Pervyj kanal* sowie *Rossija-1* eine vierteilige Typisierung (Abbildung 2).

(1) Promi-Talk: In diesen Talkshows treten hauptsächlich TV-Prominente wie zum Beispiel Schauspieler*innen, Musiker*innen oder Moderator*innen auf, die dem Publikum aus dem Fernsehen bekannt sind. Diese Talkshows sind athematisch, denn das Hauptthema ist die prominente Person, die sich in diesen Shows selbst präsentiert. Die Promi-Talkshows können in Anlehnung an Fley (1997) in drei verschiedene Subtypen eingeteilt werden: den Single-Portrait-Talk, den Poly-Portrait-Talk sowie den Interview-Talk.

(1a) Single-Portrait-Talk: Bei dieser Untergruppe der Promi-Talkshows sind mindestens ein Gast, maximal jedoch drei Hauptgäste anwesend, die meist nacheinander auftreten und normalerweise nicht miteinander ins Gespräch kommen. Die Produktion erfolgt in einem Studio mit Publikum, und häufig kommen Showelemente wie Musikauftritte oder Spiele mit den Gästen sowie Einspielfilme, in denen Bekannte oder Verwandte der Prominenten etwas über sie erzählen, zum Einsatz. Weitere additive Elemente, die in einigen dieser Shows vorkommen, sind die auffällige Hintergrundmusik sowie der Anschein von Privatheit, worauf zum Beispiel das Oxymoron im Titel der Talkshow NA-

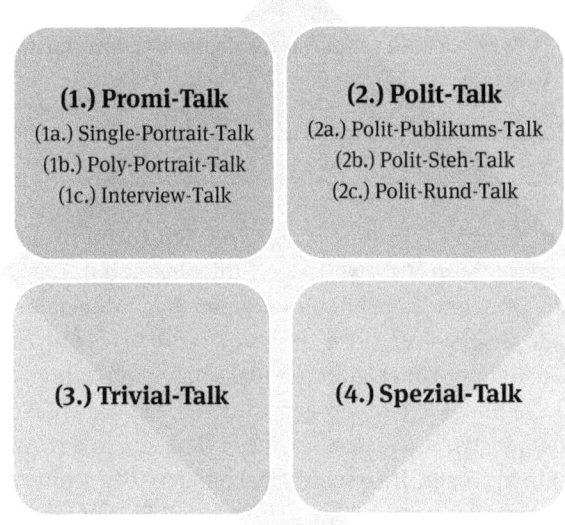

Abbildung 2: Vierteilige Typisierung russischer Talkshows des Jahres 2014 auf dem *Pervyj kanal* sowie *Rossija-1*.

EDINE SO VSEMI (dt. *Mit allen unter vier Augen*) hinweist. Das Studiopublikum bleibt in der Regel passiv und beteiligt sich nicht am Gespräch. Typische Beispiele aus dem Jahr 2014 für diese Talkshows sind:[115]

– NAEDINE SO VSEMI (*Pervyj kanal*)	MO–DO	17:00 Uhr, 45 min
– V NAŠE VREMJA (*Pervyj kanal*)	MO–FR	16:10 Uhr, 50 min

Während in NAEDINE SO VSEMI die Moderatorin mit einem Gast quasi „unter vier Augen" spricht, erzeugt V NAŠE VREMJA (dt. *Zu unserer Zeit*) den Anschein einer gemütlichen Kaffeerunde, in der mehrere Gäste präsent sind, aber nur eine Person im Mittelpunkt steht und das Thema der Diskussion darstellt. Eine Besonderheit

---

[115] Die Sendezeit der Talkshows wurde dem Online-Fernsehprogramm *Teleprogramma* (http://www.qstv.ru/) sowie der offiziellen Seite des Fernsehsenders *Rossija-1* (https://russia.tv/tvp/index/date/) entnommen und bezieht sich auf die Uhrzeit in Moskau. Die tatsächliche Ausstrahlungszeit einer Sendung an einem bestimmten Tag kann jedoch aufgrund von Programmänderungen oder Sondersendungen (*Special'nyj vypusk*) abweichen.

von V NAŠE VREMJA ist, dass dort zwei Generationen und dadurch zwei Sichtweisen aufeinandertreffen: die sowjetische und die heutige.

Zu dem Single-Portrait-Talk zählt außerdem die russische Version der US-amerikanischen Late-Night-Talkshow:

- VEČERNIJ URGANT (Pervyj kanal)	MO-FR	23:30 Uhr, 30-45 min

Obwohl auch in dieser Single-Portrait-Talkshow der Gast den thematischen Schwerpunkt der Show bildet, steht in VEČERNIJ URGANT (dt. *Urgant am Abend*) eindeutig der Moderator im Zentrum der Show, die immer nach demselben Muster (Urgants Monolog, ein Gespräch mit den Gästen, Kurzfilme, Spiele mit den Gästen etc.) abläuft. Ein weiterer Unterschied ist, dass das Publikum gelegentlich bei den Spielen in die Show miteinbezogen wird wie zum Beispiel in der Rubrik *Strižëm na Pervom* (dt. *Wir schneiden am Ersten [Kanal]*), in der Personen aus dem Publikum einen neuen Haarschnitt bekommen. Ein weiteres Charakteristikum dieser Show ist die Vermischung von Talk und Elementen der Stand-up-Comedy.

Zum Single-Portrait-Talk kann außerdem die Talkshow DEVČATA (dt. *Mädels*) gezählt werden:

- DEVČATA (Rossija-1)	MO	15:00 Uhr, 30-45 min

Diese Show wird hier gesondert angeführt, da sie kein typischer Single-Portrait-Talk ist, sondern eigentlich eine Mischung zwischen Promi- und Trivial-Talk. Zum einen gibt es vier Moderatorinnen, die von Show zu Show wechseln, und deren Talk untereinander den Mittelpunkt der Show bildet. Sie sprechen in einem einer Wohnung ähnelnden Studio meist über Männer, Sex oder Schönheitsideale und zu ihnen gesellen sich im Laufe der Show prominente Gäste, die wie bei einer echten Wohnung an der Türe klingeln und sich dann an der Diskussion beteiligen. Die Gäste kommen meist nicht miteinander in Kontakt, da sie aufgrund der unterschiedlichen Zimmer der Wohnung räumlich voneinander getrennt sind: So bleibt ein Gast in einem Zimmer, während in einem anderen der Talk mit einem weiteren Gast erfolgt.

(1b) Poly-Portrait-Talk: Ebenso wie der Single-Portrait-Talk ist laut Fleys (1997: 111) Definition der Poly-Portrait-Talk athematisch. Ein wichtiger Unterschied zwischen den beiden ist jedoch, dass beim Poly-Portrait-Talk die Gäste miteinander ins Gespräch kommen können und sich meist schon auf der Bühne befinden oder dort bleiben, wenn sie einzeln aufgerufen werden. Außerdem ist die Anzahl der Gäste mit mehr als drei Gästen höher als beim Single-Portrait-Talk.

Das Gespräch findet in einem Studio mit Publikum statt, welches sich jedoch nicht am Gespräch beteiligt. Auch Showelemente wie Musikauftritte oder Einspielfilme sind in diesen Shows nichts Ungewöhnliches.

Im Jahr 2014 gibt es für diese Art von Talkshow lediglich ein Beispiel:

– SEGODNJA VEČEROM (*Pervyj kanal*)	SA	21:20 Uhr, 90 min

In SEGODNJA VEČEROM (dt. *Heute Abend*) entweder die Prominenten selbst oder ihre Arbeit das Thema der Show. Es sind vor allem Schauspieler*innen und Regisseur*innen, die rund um einen Tisch mit circa zehn Personen sitzen und über kurze Filmausschnitte, ihre Erinnerungen, Erfahrungen und unbekannte Details rund um die Dreharbeiten und Kolleg*innen diskutieren. Auch die erste Reihe des Publikums, in der ebenso TV-Prominente sitzen, wird vom Moderator in die Diskussion miteinbezogen. Die Talkshow unterscheidet sich insofern von dem bei Fley (1997) beschriebenen Poly-Portrait-Talk als sie nicht immer athematisch ist, sondern bisweilen vorgegebene Themen hat wie „Geheimnisse der Stars des sowjetischen Kinos" (*Tajny zvëzd sovetskogo kino*) oder „Schauspieler und ihre Stimmen" (*Aktëry i ich golosa*).

(1c) Interview-Talk: Diese Art von Talkshow hebt sich deutlich von den beiden zuvor genannten Promi-Talks ab, da kein Studiopublikum anwesend ist. Die Konzentration wird somit noch mehr auf das Gespräch gelenkt. Zusätzliche Showelemente kommen in Interview-Talks nicht vor, und auch die Studiodekoration ist dezent, die Kameraführung ist ruhig und die Personen werden vor allem in der Nah- und Großaufnahme gezeigt. Normalerweise sind bei diesen Talkshows nur zwei Personen anwesend: der/die Moderator*in sowie der Gast. Ein Beispiel für diese Art von Talkshow ist POZNER:

– POZNER (*Pervyj kanal*)	MO	23:20 Uhr, 50 min

Der Moderator Vladimir Pozner hat jedoch nicht nur TV-Prominente, sondern auch Expert*innen bzw. Vertreter*innen aus Politik und Wirtschaft als Gäste. Daher ist diese Talkshow an der Grenze zwischen Promi- und Polit-Talk anzusiedeln.

Eine ähnliche Talkshow wie POZNER wird ebenso nachts ausgestrahlt:

– NA NOČ' GLADJA (*Pervyj kanal*)	DO/FR	00:10 Uhr, 45 min

Im Unterschied zu POZNER gibt es in NA NOČ' GLADJA (dt. *Spätabends*) zwei Moderatoren. Außerdem werden zur Einleitung und Aufrechterhaltung der Diskussion kurze Videos der Gäste, die häufig aus dem Bereich Film und Fernsehen kommen, gezeigt.

Mit Einspielfilmen arbeiten ebenso zwei weitere Interview-Talks, die sich beide sehr ähnlich sind:

– POKA VSE DOMA (*Pervyj kanal*)	SO	10:35 Uhr, 30 min
– SUBBOTNIK (*Rossija-1*)	SA	09:25 Uhr, 30 min

In diesen beiden Talkshows werden TV-Prominente in einem privaten Ambiente interviewt. In POKA VSE DOMA (dt. *Während alle zuhause sind*) geschieht das bei den Prominenten zuhause, im Kreise ihrer Familie. In SUBBOTNIK findet das Gespräch zwischen der Moderatorin und der berühmten Person sowie manchmal auch mit deren/dessen Ehepartner*in in einer Küche statt, die für jede neue Ausgabe der Show umgestaltet wird. Eine Besonderheit beider Shows ist neben ihren Einspielfilmen, in denen Filmausschnitte, Konzertmitschnitte oder auch Privatvideos der Prominenten gezeigt werden, die Werbung für ein traditionelles Familienleben und in Verbindung damit ihre karitative Ausrichtung mit dezidiertem Fokus auf Familie und Kinder.[116]

(2) Polit-Talk: Neben dem Promi-Talk, in dem die Gäste vorwiegend TV-Prominente sind, bildet der Polit-Talk[117] die zweite Unterkategorie von Talkshows. Dazu zählen jene Shows, in denen die Gäste größtenteils Expert*innen bzw. Vertreter*innen aus Wirtschaft und Politik sind. Aufgrund dieser Gästeauswahl werden in diesen Talkshows hauptsächlich politische oder ökonomische Fra-

---

116 In POKA VSE DOMA gibt es am Ende jeder Sendung die Rubrik *U vas budet rebënok* (dt. *Ihr bekommt ein Kind*), in welcher Kinder aus russischen Waisenhäusern sowie deren Pflegeeltern gezeigt werden, um die Zuseher*innen zu animieren, eine neue Familie zu gründen und Kinder aus Waisenhäusern zu adoptieren. In SUBBOTNIK wird gegen Ende jeder Sendung ein kurzes Video gezeigt, das den Titel *Mnogodetnaja sem'ja* (dt. *Kinderreiche Familie*) trägt. In diesem Video wird eine Familie mit vielen Kindern vorgestellt, die von der Show Geschenke bekommen hat und sich nun dafür bedankt. Dieses Engagement des Programms für kinderreiche Familien assoziiert den mit dem Titel der Show gleichnamigen Terminus *subbotnik*, welcher in der Sowjetunion für einen freiwilligen, unbezahlten Arbeitseinsatz zum Wohle der Gesellschaft stand.
117 Neben „Polit-Talkshow" (Faulstich 2008: 48) existieren in der deutschsprachigen Literatur auch die Begriffe „Experten-Talk" (Fley 1997: 115), „Forum" (Plake 2002: 76) oder „Debattenshow" (Spetsmann-Kunkel 2004: 23).

gen thematisiert. Auf diesen Zusammenhang zwischen Gästen und Themen weist auch Roth (2016: 23) hin: „Politische Talkshows werden erst durch ihre Gäste und Themen politisch."

Fley (1997: 115) nennt diese Art von Talkshows „Experten-Talk", da „als Hauptgäste überwiegend Experten und Politiker, Wirtschafts- und Gewerkschaftsvertreter als Gesprächspartner" eingeladen sind. Für russische Talkshows dieser Kategorie ist jedoch der Begriff „Polit-Talk" besser geeignet, da in diesen Shows Abgeordnete aus dem russischen oder ukrainischen Parlament, Politolog*innen sowie politisch aktive Personen zahlreich vertreten sind. Besonders auffällig ist, dass immer wieder dieselben Gäste in den Talkshows auftreten wie beispielsweise der rechtsextreme Politiker und Parteivorsitzende der Liberal-Demokratischen Partei Russlands (*LDPR*), Vladimir Žirinovskij[118].

Bei den Polit-Talkshows handelt es sich jedoch nicht um „unterhaltende Politik", wie bei politischer Werbung oder Wahlkampagnen, sondern vielmehr zählen sie zur „politischen Unterhaltung", da die Unterhaltungsindustrie „auf politische Figuren, Themen und Geschehnisse zurück[greift]", um die Attraktivität ihrer Produkte zu steigern (Dörner und Vogt 2004: 40–41). Diese sogenannte „Politik im Unterhaltungsformat" wird jedoch von Dörner und Vogt (2004: 41) kritisiert, weil darin die Realität reduziert und die Komplexität der Politik zugunsten von Primitivität und Überspitzungen verzerrt und verkürzt werde.

Die Verbindung zwischen Politik und Unterhaltung hält auch der russische Philosoph Oleg Aronson (2017: 440) fest: Einerseits dringe die Politik immer mehr in die Unterhaltungsindustrie ein und andererseits nehme die Information unterhaltende, leicht konsumierbare Formen an. In beiden Fällen komme die manipulative Seite von Klischeebildern zum Einsatz (vgl. Aronson 2017: 440–441).

In den meisten Fällen findet der Polit-Talk in der Gruppe statt. Aufgrund des relativ simplen und kargen Settings dieser Shows entsteht die Dynamik der Sendungen hauptsächlich mithilfe verschiedener Kameraeinstellungen, Einspielfilmen in Form von kurzen Videos, Graphiken und Fotos sowie der Konfrontation unterschiedlicher Meinungen (vgl. Schultz 2006: 91; Roth 2016: 22). Dynamik und Zuschauer*inneninteresse wird jedoch auch dadurch erzeugt, dass der/die Moderator*in Konflikte zwischen den Akteur*innen provoziert und verschärft anstatt einen Konsens zu erstellen (vgl. Schultz 2006: 102). Wie in Abschnitt II.6.2.1 ausgeführt, wirkt der meist männliche Moderator „identitätsstiftend" für diese Polit-Talks, die häufig nach ihm benannt sind. Laut Roth (2016: 22) stellt der Moderator zudem ein „wesentliches Entscheidungskriterium" für die Rezipient*innen dar, sich eine Sendung anzusehen.

---

118 Zur rechtspopulistischen Spache von Vladimir Žirinovskij siehe Stadler (1997).

Aufgrund ihrer relativen Heterogenität können Polit-Talkshows anhand der Art und Weise ihrer Gästeanordnung sowie des Einbezugs des Publikums weiter ausdifferenziert und in drei Untergruppen geteilt werden: der Polit-Publikums-Talk, der Polit-Steh-Talk sowie der Polit-Rund-Talk.

(2a) Polit-Publikums-Talk: Das Besondere an dieser Art von Talkshow ist, dass das gesamte Präsenzpublikum, ergo der gesamte Talkshowsaal, an der Diskussion teilnimmt. Auch räumlich wird das gut sichtbar, da sich mit Ausnahme der Moderator*innen keine Personen auf der Bühne befinden, sondern alle Anwesenden im Publikum sitzen. Das Studio gleicht dabei einer Arena, deren Zuschauertribüne nach hinten hin ansteigt. Die Anordnung der Gäste ist kreisförmig, wobei die wichtigen Gäste wie die Expert*innen bzw. Vertreter*innen aus Wirtschaft und Politik oder wissenschaftliche sowie berufliche Expert*innen bzw. Vertreter*innen in den vordersten Reihen sitzen. Um das Publikum zu Wort kommen zu lassen, laufen im Studio Helfer*innen herum, die den Anwesenden ein Mikrofon reichen. Das verleiht diesen Talkshows eine zusätzliche Dynamik und den Anschein, dass sie live und nicht nach einem vorgefertigten Skriptum ablaufen. Im Jahr 2014 finden sich zwei Beispiele[119] für diese Art von Talkshow:

– Vremja pokažet (*Pervyj kanal*)	MO–FR	14:25/15:15 Uhr, 30 min
– Tolstoj. Voskresen'e (*Pervyj kanal*)	SO	22:30 Uhr, 60 min

Die beiden Talkshows weisen große Ähnlichkeiten auf: Sie werden in demselben Studio aufgenommen, und auch der männliche Moderator der Show ist beide Male der Journalist und seit 2016 Duma-Abgeordnete Pëtr Tolstoj. Während Tolstoj. Voskresen'e (dt. *Tolstoj. Sonntag*) allein von diesem moderiert wird, unterstützt ihn in Vremja pokažet (dt. *Die Zeit wird es zeigen*) die Journalistin Ekaterina Striženova. Tolstoj. Voskresen'e wird einmal pro Woche nach den sonntäglichen Hauptabendnachrichten ausgestrahlt. Vremja pokažet wird hingegen zweimal täglich, vor und nach den Nachrichten um 15:00 Uhr, gesendet. Damit stellt diese Talkshow eine Besonderheit im russischen Fernsehen dar, denn um diese Tageszeit unter der Woche laufen normalerweise Trivial-Talkshows, kulinarische Programme oder Serien. Auf dieses Kuriosum weist auch die berühmte Fernsehkritikerin Irina Petrovskaja in der Radiosendung *Čelovek iz televizora* (dt. *Mensch aus dem Fernseher*) hin.

---

119 Ähnliche Talkshows finden sich auch auf anderen Sendern wie beispielsweise auf *NTV*, der im September 2014 Spisok Norkina neu ins Programm aufgenommen hat.

Petrovskaja nennt VREMJA POKAŽET ein „verblüffendes" (*udivitel'nyj*) Format, welches das „absolute Know-how" des *Pervyj kanal* demonstriere, weil in dieser Talkshow Politik für Hausfrauen gemacht werde (vgl. *Čelovek iz televizora*, 20.09.2014, 00:13:01–00:13:09). Die Sendezeit und damit das Zielpublikum würden diese Talkshow von den abendlichen Polit-Talks unterscheiden, welche gebildetere Zuseher*innen ansprechen. VREMJA POKAŽET dagegen zeichnet sich laut Petrovskaja durch die „absichtliche Primitivität" (*umyšlennaja primitivnost'*) der darin vorgebrachten Erklärungen und Deutungen eines behandelten Themas aus (*Čelovek iz televizora*, 20.09.2014, 00:13:42–00:13:58).

(2b) Polit-Steh-Talk: In diesen Polit-Talks stehen die Expert*innen bzw. Vertreter*innen aus Wirtschaft und Politik oder wissenschaftliche sowie berufliche Expert*innen bzw. Vertreter*innen meist vor einem Pult. Es gibt mehrere Gäste, die konträre Standpunkte vertreten, und daher ist auch ihre Anordnung im Studio entweder konfrontativ oder kreisförmig. Die gegensätzlichen Einstellungen der Gäste bleiben in diesen Shows bestehen und ein Konsens wird meist nicht erzielt. Jeder Gast steht im wahrsten Sinne des Wortes zu seiner/ihrer Meinung und weicht von dieser normalerweise nicht ab. Die Erzeugung einer emotionalen Atmosphäre ist erwünscht und daher ist das gegenseitige laute Anschreien keine Seltenheit in diesen Shows, die eher an monologische Plädoyers als an eine Diskussion erinnern. Ein Studiopublikum ist in all diesen Shows präsent, jedoch nimmt es nicht an der Konversation teil. Es gibt allerdings Ausnahmen, zum Beispiel, wenn der/die Moderator*in einzelne Gäste aus dem Studiopublikum direkt anspricht und ihnen eine Frage stellt wie beispielsweise in SPECIAL'NYJ KORRESPONDENT (dt. *Spezialkorrespondent*).

Der/die Moderator*innen dieser Shows haben eine lenkende sowie leitende Funktion, indem sie die Gäste unterbrechen und ihnen das Wort erteilen. Sie nehmen aber auch selbst an der Diskussion teil und geben ihre Meinung preis. Beispiele für diese Art von Talkshows sind folgende:

– POLITIKA (*Pervyj kanal*)	SO MI	22:00/22:30 Uhr, 00:35 Uhr, 50–120 min
– (VOSKRESNYJ) VEČER S VLADIMIROM SOLOV'ĖVYM (*Rossija-1*)	SO (MO–FR)	21:00/22:00 Uhr, 90–120 min

Während in POLITIKA zwei Moderatoren, Pëtr Tolstoj und Aleksandr Gordon, die Show moderieren, leitet (VOSKRESNYJ) VEČER S VLADIMIROM SOLOV'ĖVYM (dt. *(Sonntag-)Abend mit Vladimir Solov'ëv*) nur ein Host, Vladimir Solov'ëv. In POLITIKA stehen sich die Gäste an zwei langen Pulten konfrontativ gegenüber; in (VOSKRESNYJ)

Večer s Vladimirom Solov'ëvym stehen die Gäste dagegen vor mehreren kleinen Pulten, die kreisförmig angeordnet sind. (Voskresnyj) Večer wurde ursprünglich nur sonntags ausgestrahlt, doch in Zusammenhang mit der Verschärfung der Ereignisse in der Ukraine ab März 2014 wurde der „Sonntagabend mit Vladimir Solov'ëv" auch an anderen Tagen unter der Woche gesendet. Darüber hinaus wurde die Dauer der Sendungen erhöht, sodass diese sich bis weit nach Mitternacht zogen, wie der Fernsehkritiker Jurij Bogomolov in einem Interview erklärt (vgl. *Čelovek iz televizora*, 27.09.2014, 00:20:10–00:20:24).

Der Name der Show wurde daher im September 2014 schließlich auf „Abend mit Vladimir Solov'ëv" geändert, wobei der ursprüngliche Name für die Sonntagssendung erhalten geblieben ist.

Eine weitere Talkshow dieser Art, die ebenfalls von Vladimir Solov'ëv moderiert wird, ist Poedinok (dt. *Duell*):

- Poedinok (*Rossija-1*)	DO/FR	21:00 Uhr, 90 min

Obwohl im gesamten Jahr 2014 lediglich vier Sendungen produziert wurden, war Poedinok zur Primetime am Freitagabend, der wichtigsten Sendezeit der Woche (vgl. Dolgova und Fedorova 2019: 67), häufig im russischen Fernsehprogramm angeführt. Allerdings handelte es sich dabei um einen Platzhalter, da normalerweise nicht Poedinok, sondern eine Spezialausgabe von (Voskresnyj) Večer s Vladimirom Solov'ëvym ausgestrahlt wurde (vgl. Jakovenko 2014).

In der konfrontativ ausgerichteten Talkshow Poedinok gibt es nur zwei Gäste, die zwei konträre Standpunkte vertreten und sich in drei Runden ein verbales Duell liefern, das hinter den Kulissen von einem Schiedsrichter (*tretejskij sud*) bewertet wird.

Eine weitere Talkshow, die ebenso zum Polit-Steh-Talk gezählt werden kann ist Special'nyj korrespondent (dt. *Spezialkorrespondent*):

- Special'nyj korrespondent (*Rossija-1*)	DI	23:45 Uhr, 50–120 min

Eine Besonderheit dieser Talkshow ist, dass zu Beginn jeder Sendung mindestens eine von *Rossija-1* Korrespondent*innen gedrehte Reportage gezeigt wird, über welche die Gäste im Anschluss im Studio diskutieren.

(2c) Polit-(Rund)-Talk: Eine dritte Untergruppe der Polit-Talks bildet eine Sendereihe, die sich von den anderen Subgruppen dadurch unterscheidet, dass kein Studiopublikum anwesend ist und die Gäste mit dem Moderator in einem Kreis sitzen. Dadurch sind diese Talkshows ruhiger als ihre konfrontativ angelegten Pendants mit Studiopublikum und vermitteln eine entspannte Atmosphäre. Für diese Art von Talkshow gibt es im Jahr 2014 ein Beispiel:

– STRUKTURA MOMENTA (*Pervyj kanal*)	DI	00:35 Uhr, 50 min

(3) Trivial-Talk: Die dritte Unterkategorie von Talkshows auf den beiden wichtigsten russischen Fernsehsendern bildet der Trivial-Talk. In der Literatur werden diese Shows auch als „Bekenntnis-", „confessional" oder „Daytime" Talkshows bezeichnet (vgl. Abschnitt II.6.3.1). In der vorliegenden Arbeit wird jedoch der etwas breitere Oberbegriff „Trivial-Talk" verwendet. Shows dieser Subkategorie zeichnen sich dadurch aus, dass sie wochentags täglich im Nachmittags- oder Vorabendprogramm ausgestrahlt werden. Ihre thematische Palette reicht von banalen, alltäglichen Themen bis hin zu Beziehungsthemen, Prostitution oder Gewaltverbrechen. Häufig haben die Sendungen ein Motto, zu dem unbekannte Durchschnittsbürger*innen ihre persönlichen Erfahrungen, Erlebnisse und Meinungen kommunizieren. Auch wissenschaftliche oder berufliche Expert*innen bzw. Vertreter*innen sowie TV-Prominente nehmen teil. Diese sind entweder gleichberechtigt in das Gespräch miteinbezogen, agieren als beratende Nebengäste, beispielsweise um den Talk mit ihrer Expert*innenmeinung zu kommentieren, oder sind selbst die Hauptgäste und erzählen intime oder sehr persönliche Geschichten. Ziel dieser Shows ist häufig die „mediale Veröffentlichung des Privaten" und sie weisen Parallelen zum Melodrama auf, weshalb „Personalisierung", „Emotionalisierung" sowie „Intimisierung" charakteristisch für sie sind (Spetsmann-Kunkel 2004: 25).

In allen diesen Shows ist ein Studiopublikum anwesend; allerdings beteiligt es sich nicht an den Gesprächen. Showelemente und Einspielfilme sind möglich, kommen aber nicht in allen Shows vor.

Typische Beispiele für den Trivial-Talk sind folgende zwei Shows:

– PUST' GOVORJAT (*Pervyj kanal*)	MO–DO	19:50 Uhr, 50 min
– PRJAMOJ ÈFIR (*Rossija-1*)	MO–FR	18:30 Uhr, 50 min

Beide Talkshows, PUST' GOVORJAT (dt. *Lass sie reden*) und PRJAMOJ ÈFIR (dt. *Live-Sendung*), werden abends vor den Hauptnachrichten auf dem jeweiligen Sender ausgestrahlt und erfreuen sich großer Beliebtheit. Die Anordnung der Gäste ist sichelförmig, da sie in der Mitte der Bühne auf einem Sofa sitzen und somit kaum miteinander ins Gespräch kommen. Des Weiteren sind wissenschaftliche oder berufliche Expert*innen bzw. Vertreter*innen sowie TV-Prominente in den

Studios präsent. Sie sitzen in der ersten Reihe des Publikums und sind daher räumlich von den Hauptgästen getrennt. In beiden Shows ist der Moderator ein Mann,[120] der sich frei im Studio bewegt. Ziel dieser Shows ist es, Schock, Betroffenheit oder Mitleid beim Publikum zu erzeugen und eine Person vorzuführen, indem ihre Andersartigkeit zur Schau gestellt wird.

Obwohl Plake (2002: 77) vorwiegend über deutsche Talkshows schreibt, verbalisiert er das breite Spektrum und die Vielfalt der Teilnehmer*innen dieser Art von Talkshows sehr treffend, sodass es auch für die russischen Talkshows Gültigkeit hat:

> In der klinischen Variante sind es die Kranken, nicht zuletzt die psychisch Kranken, die ihre Leidensgeschichte vortragen und von ihren Symptomen erzählen, die Magersüchtigen, die Alkoholiker, die Querulanten und Neurotiker, die Leichtsinnigen, die mit ihrem Geld nicht umgehen können, und die Ordnungsfanatiker, die ihren Mitmenschen das Leben zur Hölle machen. Hinzu kommen die Monster und Freaks, die Dicken, die nicht abnehmen wollen oder können, sowie andere, die ihre früheren, inzwischen chirurgisch korrigierten Deformationen vorführen, sowie überhaupt jeder, der bereit ist, sich zu seiner Missgestaltung zu bekennen und gute Ratschläge anzunehmen. (Plake 2002: 77)

Auch folgende Talkshows aus dem Jahr 2014 zählen zur Kategorie des Trivial-Talks:

– Delo vaše (*Pervyj kanal*)	MO–FR	12:55 Uhr, 30 min
– Dobrogo zdorov'ica (*Pervyj kanal*)	MO–FR	13:00 Uhr, 30 min
– Mužskoe/Ženskoe (*Pervyj kanal*)	MO–FR	16:10 Uhr, 50 min
– Oni i my (*Pervyj kanal*)	MO–FR	15:15 Uhr, 45 min

Jede einzelne dieser Talkshows hat ihre eigenen Charakteristika, die in den Kurzmonographien im Anhang[121] dieser Arbeit genauer ausgeführt sind. Besonders hervorgehoben seien an dieser Stelle die beiden Talkshows Mužskoe/Ženskoe (dt. *Männliches/Weibliches*) sowie Oni i my (dt. *Sie und wir*), in denen die Heteronormativität des russischen Fernsehens deutlich wird, da in diesen Shows die Differenzen zwischen und Eigenheiten von Männern und Frauen im Mittelpunkt stehen. Mužskoe/Ženskoe wird seit Ende September 2014 ausgestrahlt und kann als neue Version von Oni i my, dessen letzte Sendung im Juli produziert wurde, gesehen werden. Während sich diese beiden Talkshows aufgrund des

---

[120] Im Sommer 2017 hat der langjährige Moderator von Pust' govorjat, Andrej Malachov, zu Prjamoj éfir gewechselt.
[121] Siehe dazu die Kurzmonographien der Talkshows (Anhang I).

Alters der Moderator*innen wahrscheinlich eher an ein jüngeres Publikum wenden, adressieren DOBROGO ZDOROV'ICA (dt. *G'sundheit!*) sowie DELO VAŠE (dt. *Ihre Sache*) ein älteres Publikum. Auffallend ist, dass alle vier Shows dieser Art eine männlich-weibliche Doppelmoderation haben.

(4) Spezial-Talk: Die vierte und letzte Unterkategorie von Talkshows bilden die sogenannten Spezial-Talkshows. Aufgrund der darin angesprochenen Themen könnten sie auch zum Trivial-Talk gezählt werden, da es, sehr allgemein formuliert, in den Spezial-Talkshows ebenso um unbekannte Durchschnittsbürger*innen und ihre Probleme geht. Allerdings gibt es eklatante Unterschiede zu den Trivial-Talks, weshalb der Spezial-Talk in der vorliegenden Arbeit eine eigene Kategorie bildet: Spezial-Talkshows verfolgen ein bestimmtes Ziel, das am Ende der jeweiligen Sendung immer erreicht wird, wie beispielsweise die physische Veränderung der Gäste oder deren Verkupplung. Außerdem kommen in diesen Talkshows immer Showelemente vor, während sie bei Trivial-Talkshows die Ausnahme sind. Ein weiterer Unterschied der Spezial-Talkshows zu den Trivial-Talks ist die „funktionale Multimoderation" (Fley 1997: 78). Das bedeutet, dass mehrere Moderator*innen gleichzeitig in der Show präsent sind, die unterschiedliche Aufgaben haben.

Wie beim Trivial-Talk haben die Spezial-Talkshows häufig ein Motto. Ein Studiopublikum ist normalerweise anwesend, aber es bringt sich nicht in die Gespräche ein. Neben den Hauptgästen treten in den Shows deren Verwandte, Freunde oder Bekannte als Nebengäste auf. Ein wichtiger Teil der Spezial-Talkshows sind Einspielfilme, in denen die Hauptgäste genauer vorgestellt bzw. charakterisiert werden.

Im Jahr 2014 gibt es folgende Beispiele für diese Art von Talkshow:

–	MODNYJ PRIGOVOR (*Pervyj kanal*)	MO–FR	10:55 Uhr, 50 min
–	ŽENSKOE SČAST'E (*Rossija-1*)	MO–DO	15:00 Uhr, 45 min

Beide Talkshows erinnern an eine TV-Inszenierung des Aschenputtel-Märchens, da in ihnen eine physische Verwandlung der meist weiblichen Hauptgäste vollzogen wird. In ŽENSKOE SČAST'E (dt. *Frauenglück*) stehen einer Familienmutter Expert*innen mit Rat und Tat zur Seite, erfüllen ihre Wünsche und machen sie und somit die gesamte Familie glücklich. Auch in MODNYJ PRIGOVOR (dt. *Modisches Urteil*) findet eine physische Veränderung in Form eines Umstylings des Talkshowgastes statt.¹²²

Zu den Spezial-Talks zählt ebenso eine Verkupplungsshow, die bereits im Titel die Aufforderung zur Heirat enthält: DAVAJ POŽENIMSJA! (dt. *Lass uns heiraten!*) In dieser Show werden dem Hauptgast drei verschiedene Bewerber*innen präsentiert, von denen er/sie am Ende der Show eine/n Kandidat*in auswählen darf:

– DAVAJ POŽENIMSJA! (*Pervyj kanal*)	MO–DO	18:45 Uhr, 50 min

Anhand der vorliegenden Typisierung konnten insgesamt 25 Talkshowreihen im gesamten Jahr 2014 auf dem *Pervyj kanal* und *Rossija-1* identifiziert und vier verschiedenen Subtypen zugeordnet werden: dem Promi-Talk (9), dem Polit-Talk (7), dem Trivial-Talk (6) sowie dem Spezial-Talk (3). Auffällig ist die unterschiedliche Verteilung der Subtypen von Talkshows auf die beiden Sender: Der *Pervyj kanal* produziert mit insgesamt 18 Talkshowreihen weitaus mehr Talkshows als *Rossija-1*, der nur sieben Reihen dieses Genres im Jahr 2014 im Programm hatte. Der Fokus des *Pervyj kanal* liegt klar auf dem Promi-Talk (7) sowie dem Trivial-Talk (5). Erst in Zusammenhang mit den Ereignissen in der Ukraine sind im Jahr 2014 gleich drei neue Polit-Talks ins Programm des Senders hinzugekommen (VREMJA POKAŽET, STRUKTURA MOMENTA, TOLSTOJ. VOSKRESEN'E)¹²³. Die Polit-Talks (3) auf *Rossija-1* sind hingegen schon jahrelang im Programm des Senders und erst seit 2011 begann *Rossija-1* mit der Ausstrahlung eines direkten Pendants zum sehr erfolgreichen Trivial-Talk des *Pervyj kanal* (PUST' GOVORJAT), nämlich PRJAMOJ ÊFIR.

Mithilfe der Orientierung an der Prämisse, dass eine Show als Talkshow gilt, sobald der überwiegende Teil der Sendung aus Gesprächen besteht (vgl. Fley 1997: 20), konnten zudem Zweifelsfälle auf den beiden Sendern eliminiert werden. So wurde zum Beispiel die Show SAM SEBE REŽISSËR (*SSR*) (dt. *Eigenregie*) nicht als Talkshow gewertet, da nur circa 15 Prozent ihrer Sendezeit aus Gesprächen

---

122 Der Name der Show ist Programm: Das Studio hat den Aufbau eines Gerichtssaals, die Mottos der einzelnen Sendungen werden als „Fall" (*delo*) und die Talkshowgäste als „Kläger" (*istec*), „Angeklagter" (*obvinjaemyj*), „Vertreter der Anklage" (*obvinitel'*), „Verteidiger" (*zaščitnik*) sowie „Leiter der Verhandlung des Modegerichts" (*veduščij zasedanija modnogo suda*) bezeichnet. In jeder Sendung tritt eine Person auf, die mit dem Aussehen oder Auftreten des Hauptgasts unzufrieden ist und die Moderator*innen der Talkshow helfen in der Sendung dabei, sowohl den/die „Ankläger*in" (Bekannte oder Verwandte des Hauptgasts) sowie den/die „Angeklagte*n" (Hauptgast) mithilfe eines Umstylings zufrieden zu stellen.
123 Siehe dazu die Kurzmonographien der Talkshows im Anhang I.

besteht und die restliche Zeit selbstgedrehte lustige Kurzvideos gezeigt werden. Außerdem konnte die Sendereihe DEŽURNYJ PO STRANE (dt. *Landaufseher*) von den Talkshows ausgeschlossen werden, da in diesen Sendungen immer derselbe Gast anwesend ist und nie neue Gäste hinzukommen. Es handelt sich bei dieser Reihe somit eher um eine ‚One-Man-Show' als um eine Talkshow. Letztere ‚lebt' jedoch gerade davon, dass immer wieder neue Gäste auftreten, die neue Themen und Ansichtsweisen in eine Sendung mitbringen. Aus diesem Grund können die in Abschnitt II.6.2 aufgezählten Kriterien von Talkshows nach Fley (1997) um ein weiteres Kriterium ergänzt werden: *wechselnde Hauptgäste*.

6.4 Talkshows und ihre gesellschaftliche Funktion

Einer FOM-Umfrage (2014a) zufolge sehen die Russ*innen fern, um sich über die neuesten Ereignisse im Land zu informieren, zu entspannen, eine angenehme Zeit zu verbringen, den Alltag und die Probleme zu vergessen, das Wissen zu erweitern oder um das Leben in anderen Regionen oder Ländern besser zu verstehen. Talkshows befriedigen aufgrund ihrer Kombination von Information und Unterhaltung gleich mehrere dieser Fernsehmotivationen des Publikums. Sie sind dem sogenannten Infotainment zuzuordnen und praktisch jedes Thema kann in Talkshows diskutiert und als Unterhaltung präsentiert werden. Unterhaltung und Information sind jedoch nur zwei der gesellschaftlichen Funktionen von Talkshows. Diese haben weiters eine didaktische, meinungsbildende sowie eine therapeutische Funktion und sind wichtig für die Etablierung eines Gemeinschaftsgefühls. Im Folgenden werden diese gesellschaftlichen Funktionen von Talkshows aufgelistet und näher erläutert.

- **Unterhaltung & Information**

Wie andere Formate oder Genres im Fernsehen soll die Talkshow das Publikum unterhalten, informieren und es vor den Bildschirmen halten (vgl. Zvereva 2012: 85). In Talkshows wird die Unterhaltung vorrangig mithilfe des Talks, das heißt mithilfe von Sprache, garantiert. Allerdings unterhalten Talkshows nicht nur während der Dauer einer Sendung, sondern, wie Faulstich (2008: 47) erklärt, können sie auf einer Metaebene auch zur Kommunikation und Unterhaltung außerhalb des Fernsehens anregen: „Die Talkshow als Gesprächssendung ist gesellige Kommunikation mit der Suggestion des ‚Offenherzigen', ‚Ehrlichen'. Wenn sie gelingt, stiftet sie die Zuschauer vor dem Bildschirm als nachträgliche Verarbeitung der Sendung zu eigenen Gesprächen untereinander an."

Eine besondere Rolle nehmen dabei der/die Moderator*in sowie die Gäste der Talkshow ein, denn die Zuseher*innen „reden über das Fernsehen, indem sie über

Personen im Fernsehen reden." (Fley 1997: 145). Laut Holly (2002) sind Talkshows geradezu prädestiniert dafür, dass sie bei den Zuseher*innen zuhause weitere Gespräche über das Gesehene und Gehörte erwirken. Holly (2002) bezeichnet dieses Phänomen als „Anschlusskommunikation", welche die Talkshows aufgrund ihrer Spezifika ermöglichen: Erstens sind Talkshows vor allem sprachbasiert, und damit kann das, was in ihnen besprochen wurde, von den Zuseher*innen „unmittelbar aufgenommen und fortgesetzt werden" (Holly 2002: 355). Zweitens ist die Talkshow eine der wenigen Gattungen, in der die spontane, das heißt nicht geplante Rede möglich ist. Dieses spontane Sprechen kann im Anschluss an eine Sendung zuhause weitergeführt werden. Drittens sind Talkshows dialogisch oder polylogisch angelegt und spiegeln somit die natürliche Gesprächssituation zuhause. Diese wird auch mithilfe des Settings in Talkshows, das oftmals einem Wohnzimmer oder einem Café gleicht,[124] simuliert (vgl. Holly 2002: 356).

Unterhaltend sind Talkshows, insbesondere die Trivial-Talkshows, auch deshalb, weil sie in sich Elemente der Trivialliteratur, des Melodramatischen und der Groteske vereinigen und somit eine breite Masse adressieren (vgl. Haarmann 2001: 63; Spetsmann-Kunkel 2004: 25; Zvereva 2012: 91). In ihnen wird die Aufmerksamkeit meist auf zwischenmenschliche Beziehungen gerichtet, weil die Gäste von ihren schwierigen und oftmals extremen Lebenssituationen und Lebensumständen berichten, die jede(n) betreffen könnten, und in der Show nach einer Lösung für ihre Probleme suchen (vgl. Zvereva 2012: 93).

Der Unterhaltungswert von Talkshows hängt jedoch nicht ausschließlich mit den darin präsentierten Themen, Gästen sowie dem/der Moderator*in zusammen, der/die die Fernsehzuseher*innen direkt anspricht. Unterhaltend sind auch die zusätzlichen Showeinlagen sowie die Einspieler und sonstige additive Elemente. In diesem Zusammenhang spricht Novikova (2008) auch von „Attraktionen", die, wie bereits Sergej Ejzenštejn bemerkt hat (siehe Abschnitt I.2.1), Emotionen bei den Zuseher*innen auslösen sollen.

Neben der Unterhaltung wird in Talkshows Information vermittelt, indem aktuelle oder gesellschaftlich relevante Ereignisse aufgegriffen und zur Diskussion gestellt werden. Besonders deutlich kommt der informative Charakter während der Ereignisse in der Ukraine im Jahr 2014 zum Ausdruck, da insbesondere in Polit-Talkshows aktuelle Geschehnisse aus der Ukraine gezeigt und diskutiert werden. Allerdings sind Unterhaltung und Information als Ziel von Talkshows nicht als gleichwertig zu betrachten. So weist beispielsweise Mikos (1994: 158),

---

[124] Vgl. dazu Abschnitt II.6.3.2 sowie die Kurzmonographien der Talkshows im Anhang I der vorliegenden Arbeit.

indem er die Talkshow als „Subgenre der Gattung Show" bezeichnet, der Unterhaltung mehr Bedeutung zu als der Information.

- **Didaktische und meinungsbildende Funktion**

Neben der Unterhaltung, der Information und dem Hervorrufen emotionaler Reaktionen haben Talkshows eine didaktische Funktion (Zvereva 2005). Talkshows zeigen den Menschen vor, wie sie sich verhalten müssen, um in der Gesellschaft akzeptiert zu werden und glücklich zu sein, und sie geben ihnen duale moralische Orientierungspunkte (gut/böse) vor (vgl. Zvereva 2012: 95). Die Talkshow fungiert somit als modernes Mittel zur Erziehung und Bildung des Volkes, als „pädagogisches Vermittlungsinstrument" (Mikos 1999: 15), da in ihnen „moralische Normen und Werte" der Gesellschaft verhandelt werden. Ein von der Norm abweichendes Verhalten mancher Talkshowgäste wird relativiert, indem diese „viktimiziert [sic!]" werden und in der Show der Konsens erzeugt wird, dass ihnen aus unterschiedlichen Gründen „der Weg in die Normalität" verwehrt sei (Mikos 1999: 16). Der/die Moderator*in fungiert dabei als zentrale Instanz, indem er/sie die „Störungen des ‚normalen Alltags'", wie beispielsweise Familientragödien, Schicksalsschläge und marginalisierte Personengruppen, auf die mithilfe von Talkshows aufmerksam gemacht und denen eine Stimme gegeben wird, in den Mittelpunkt" rückt (Mikos 1999: 16). Somit können Talkshows zu mehr Toleranz und Vielfalt in der Bevölkerung beitragen (vgl. Plake 1999: 77–84). Allerdings sollte der aufklärerische Charakter von Talkshows nicht überschätzt werden, da sie letztendlich kommerzielle Produktionen sind und auf das Spektakel sowie die Sensation abzielen, um Zuseher*innen zu akquirieren (vgl. Plake 1999: 84).

In Zusammenhang mit der didaktischen Funktion von Talkshows steht ihre meinungsbildende Wirkung. Mittels der Diskussion über ein bestimmtes Thema und der dazu vorgebrachten Standpunkte, kann sich der/die Zuseher*in seine/ihre eigene Meinung bilden. Während die Unterstützung zur eigenen Meinungsbildung mithilfe der Präsentation möglichst unterschiedlicher Positionen durchaus positiv zu bewerten ist, gibt es auch negative Aspekte: So könnte beispielsweise das in den Talkshows präsentierte Meinungsspektrum nicht der Realität entsprechen, wenn die auftretenden Personen nach bestimmten Interessen und Vorgaben selektiert wurden oder mit ihrem Auftritt polarisieren wollen und eigene Ziele verfolgen. Goebel (2017: 98) fasst die manipulative Seite von Talkshows am Beispiel des Polit-Talks folgendermaßen zusammen: „In Polittalks werden demnach Interessen vertreten, die vordergründig möglicherweise gar nicht in Erscheinung treten, doch durch Gäste und Redaktion/Moderation implizit und subtil transportiert werden können. Die Zuschauenden sollen bestimmte Inhalte affirmieren. Wenn zusätzlich Bedeutungen repräsentiert werden, die nur scheinbar widersprüchlich sind, fehlen widerständige und kritische Artikulationen und die Wahrscheinlichkeit der Affirmation durch das Publikum steigt."

Die Grenze zwischen der Meinungsbildung und der Beeinflussung bzw. beabsichtigten Veränderung von Meinungen, was letztendlich als Meinungsmanipulation und Propaganda bezeichnet werden kann (vgl. Abschnitt I.1.1.2), ist daher eher schmal. In Bezug auf russische Talkshows argumentieren Makukhin et al. (2018: 32), dass in diesen zwar die Illusion eines Meinungspluralismus geschaffen wird, indem sie eine angebliche Vielfalt an Standpunkten präsentieren, diese allerdings alle auf eine bestimmte Weise konform mit der offiziellen Position der Regierung seien, weshalb die Autor*innen Talkshows als zentrales Mittel der Desinformation und Propaganda betrachten.[125]

– **Therapeutische Funktion**

In Talkshows werden das persönliche, intime Leben und die innere Welt der Teilnehmer*innen entblößt und dem öffentlichen Raum präsentiert. Aufgrund des Verbalisierens und der Diskussion von Problemen werden sie daher auch als therapeutisches Instrument angesehen (vgl. Lerner und Zbenovič 2017: 296). Lerner und Zbenovič (2017: 296–297) sprechen in diesem Zusammenhang von einer therapeutischen Sprache, die im russischen Fernsehen in den 2000er Jahren in einigen Fernsehshows entstanden ist, da in ihnen die Selbstveränderung durch das Aus- bzw. Ansprechen (*progovarivanie*) von Problemen aktiv gefördert wurde. Jennissen (2005: 361) konstatiert, dass der therapeutische Diskurs entlang der Frage nach den Gründen für von der Norm abweichendes oder problematisches Verhalten geführt und inszeniert wird. Allerdings werden in Talkshows in erster Linie nicht die Gäste therapiert, sondern die Öffentlichkeit (vgl. Plake 1999: 79). Daher steht die therapeutische Funktion von Talkshows in Zusammenhang mit der didaktischen Funktion, da Publikum und Fernsehzuseher*innen nicht nur über gesellschaftliche Normen und Werte sowie deren „Abweichungen" aufgeklärt werden, sondern sich gleichzeitig auch mit den Gästen identifizieren, ihre eigenen Probleme erkennen und eine Lösung dafür anstreben können (vgl. Livingstone und Lunt 1994: 67). Auch für Zvereva (2012: 85) ist das Finden einer Lösung und die Möglichkeit der Zuseher*innen, für ein Ergebnis abzustimmen, eine Art Therapie. Novikova (2008: 196) verortet den „psychotherapeutischen Effekt" von Talkshows zudem in der Möglichkeit, dass die Worte der Gäste, ihre Bekenntnisse, das Aussprechen von Problemen sowie das Aufzeigen eines Auswegs aus der Krise bei den Zuseher*innen eine Katharsis auslösen könne, die sie wie bei einem Melodrama davon überzeuge, dass früher oder später die Gerechtigkeit siegen werde. Wie Plake (1999: 73) nüch-

---

125 Vgl. dazu auch den Forschungsstand der vorliegenden Arbeit (Abschnitt I.3.4).

tern resümiert, ist diese Art der Therapie jedoch letztendlich ebenso eine Form der Unterhaltung: „In der Talkshow wird weder Gruppen- noch Einzeltherapie betrieben. Vielmehr soll das TV Publikum unterhalten werden, was bei diesem Genre [der Trivial-Talkshow] bedeutet, daß möglichst viele intime Details ans Tageslicht kommen."

– **Etablierung eines Gemeinschaftsgefühls**
Wie bereits erwähnt, dienen Talkshows als Mittel der Vergewisserung der Gesellschaft ihres moralischen Konsenses und damit auch der „symbolischen Verständigung der Gesellschaft über sich selbst" (Mikos 1999: 15–19). Dadurch erzeugen Talkshows, wie die Medien generell, ein Gefühl der Gemeinschaft und der Zusammengehörigkeit (vgl. Anderson 2005: 32).

Das Fernsehen hat zudem noch eine weitere Funktion: Es vermittelt das Gefühl der Geselligkeit und bietet Trost und Unterhaltung für alleinstehende Personen. Cavell (2002: 145) begründet dieses Phänomen mit der „Simultaneität des Mediums". Wie bereits in Abschnitt II.6.2 erläutert, vermitteln nicht nur Talkshows, sondern das Fernsehen allgemein den Anschein, dass es „zu jeder Zeit live sein könnte" und „kein sinnlicher Unterschied zwischen live, Wiederholung und Wiedergabe" existiere: „Die anderen sind *da*, wenn auch nicht zusammen mit uns in diesen Raum eingeschlossen, so doch in dieser Zeit gefangen" (Cavell 2002: 145). Insbesondere in Talkshows wird mithilfe des Gesprächs den Zusehenden die Illusion der Gemeinschaft und der Geselligkeit vermittelt, also, dass sie nicht alleine seien. Das geschieht anhand „vertraute[r] Wiederholungen", die das Ereignislose und Banale verkörpern (Cavell 2002: 150). Die Wiederholung ist ebenso ein zentrales Element von Propaganda – Cavell (2002) impliziert hier jedoch die Wiederholung in Form des Serienharakters von Gesprächssendungen.

Die Eigenschaft von Talkshows ein Gemeinschaftsgefühl zu erzeugen, wird ebenfalls bei Hutchings und Rulyova (2009) bestätigt, da sie die Talkshow als „Mittler" (*mediator*) bezeichnen. Einerseits fungiere die Talkshow als „cultural mediator" zwischen der sowjetischen Vergangenheit und der westlich dominierten Gegenwart. Andererseits sei sie ein „public/private mediator", weil sie offizielle Rhetorik und Umgangssprache sowie ein Studiopublikum und eine private Zuseher*innenschaft zusammenbringe (Hutchings und Rulyova 2009: 90).

Ferner wird das Gefühl der Gemeinschaft, inklusive einer Masse an Zuseher*innen, zunehmend visuell erzeugt, zum Beispiel mithilfe von Einblendungen der Bewertungen der jeweiligen Teilnehmer*innen oder Twitter-Postings. Auch die Geräusche des Studiopublikums sowie die direkte und doppelte Adressierung des Publikums durch den Host spielen bei der Schaffung des Gemeinschaftsgefühls eine wichtige Rolle.

– Vom Objekt zum Subjekt

Dieser Unterpunkt ist weniger für die Gesellschaft als für das Individuum von Bedeutung. Durch die Förderung der aktiven Teilnahme in Form von Anruf- sowie SMS-Möglichkeiten oder Twitter-Nachrichten werden die Zuseher*innen vermehrt in das Talkshowgeschehen involviert (vgl. Zvereva 2012: 85). Diese Einladung zum Mitmachen, der „miteinbeziehende Charakter", den McLuhan (1995: 466–472) allgemein in Bezug auf das Fernsehen konstatiert hat, ist in Talkshows deutlich erkennbar: Die Zuseher*innen werden beim Dispositiv[126] Fernsehen vom Objekt, das sie im Kino-Dispositiv sind, zum Subjekt (vgl. Hickethier 1995: 80–81). Diese Subjektwerdung der Zuseher*innen betrifft jedoch nicht ausschließlich Talkshows, sondern das Fernsehen insgesamt, da die Zuseher*innen unter anderem beweglicher sind und selbst über das Programm sowie das Ein- und Ausschalten des Fernsehgeräts bestimmen können. Das „Moment der Teilhabe", das „sich Anschließen an und Einschalten in permanent laufende Erzählströme, Diskurse und parallele Welten" (Hickethier 1995: 81) ist eine Eigenschaft des Fernseh-Dispositivs, das insbesondere bei den auf das Gespräch fokussierten Talkshows dadurch gewährleistet wird, dass vor sowie nach den Werbepausen eine Kurzzusammenfassung der Ereignisse gegeben oder das Geschehene von dem/der Moderator*in wiederholt, schriftlich eingeblendet oder mithilfe von kurzen Rückblenden in Erinnerung gerufen wird.

Die vorliegende Auflistung erhebt keinen Anspruch auf Vollständigkeit. Dennoch illustriert sie, welche Funktionen dem Genre Talkshow für die Gesellschaft zugeschrieben werden. Allerdings sollte nicht außer Acht gelassen werden, dass Talkshows letztendlich immer Inszenierungen sind, in welchen die gesamte Gemeinschaft der Talkshow sowie der sogenannte „Diskurs der Betroffenheit" in Szene gesetzt werden (Mikos 1999: 16). Talkshows bilden somit nicht die Realität oder das echte Leben ab, was jedoch streng gesehen auf jede mediale Aufbereitung zutrifft, wie Mikos (1994: 129) resümiert:

> Im Fernsehen wird auch in den sogenannten nicht-fiktionalen Programmformen keine Realität abgebildet, sondern lediglich eine mögliche Realität erzählend inszeniert oder konstruiert, die erst durch die kognitiven und emotionalen Aktivitäten der Zuschauer in der Rezeption und in der Aneignung im Rahmen der Lebenswelt und der sozialen Praxis Sinn macht. Das gilt auch für Nachrichtensendungen oder politische Magazine. Denn alle

---

[126] Dispositive legen die Art und Weise fest, wie die Welt wahrgenommen wird. Es handelt sich dabei um die Spezifika der Wahrnehmung und der Effekte eines bestimmten Mediums. Hickethier (2010: 187) definiert Dispositive als „Anordnungen unterschiedlicher Art, die regeln, wie die Menschen innerhalb einer Kultur etwas wahrnehmen [und] die Sichtbarkeit erzeugen ohne selbst sichtbar zu sein".

> Fernsehprogramme sind prinzipiell Inszenierungen des Mediums, die nicht Selbstzweck, sondern auf Zuschauer hin organisiert sind.

Wie aus diesem Zitat hervorgeht, orientieren sich Fernsehtexte am Wissen der Zuseher*innen sowie an ihren „kognitiven und emotionalen Aktivitäten". Das Fernsehprogramm wird auf die jeweiligen Zielgruppen abgestimmt und die Sendungen entsprechend positioniert, da letztendlich die Platzierung einer Sendung im Fernsehprogramm ausschlaggebend dafür ist, welche Zuseher*innen erreicht werden (vgl. Hickethier 1995: 77–78). Vor allem für ein Genre wie die Talkshow bedeutet das, dass sich die jeweiligen Sendungstypen voneinander unterscheiden müssen, um verschiedene Zielgruppen zu erreichen.

Auch wenn es sich bei Talkshows um Inszenierungen handelt, muss an dieser Stelle festgehalten werden, dass sie der Gesellschaft letzten Endes ähnlich einem Spiegel ein Bild von sich selbst vorhalten. Dabei handelt es sich jedoch nicht zwingend um das echte Spiegelbild, sondern um ein zugunsten bestimmter Interessen verfremdetes, verzerrtes und manipuliertes Bild. Im empirischen Teil der Arbeit (Teil III) wird dieses Bild, das der russischen Gesellschaft in Talkshows in Bezug auf den Konflikt in der Ukraine im Jahr 2014 sowohl visuell als auch sprachlich präsentiert wird, untersucht.

7 Zusammenfassung und Forschungsfragen

Abschließend kann für das gesamte vorhergehende Kapitel II.6, das den Forschungsgegenstand der vorliegenden Arbeit – die TV-Talkshow – aus medienwissenschaftlicher Perspektive in den Blick nimmt, Folgendes konstatiert werden: Obwohl sich die Talkshow erst nach der Perestroika in Russland etablieren konnte, ist dieses Genre unter anderen aus Gründen der schnellen und günstigen Produktion sowie der relativ freien Diskussion rasch zu einem beliebten Genre avanciert. Einige Talkshowreihen, die bereits Anfang der 2000er Jahre entstanden sind, existieren bis heute im russischen Fernsehprogramm.

In der Forschungsliteratur wird die Talkshow nicht einheitlich typisiert, und es wurde gezeigt, dass einige häufige Bezeichnungen, wie zum Beispiel diejenige der Daytime Talkshow, für unterschiedliche Spezifika verwendet werden. Aus diesem Grund wurde in diesem Kapitel der Versuch unternommen, eine eigene Typisierung russischer Talkshows des Jahres 2014 anhand der Kriterien nach Fley (1997) vorzunehmen, um diese für den empirischen Teil der Arbeit zu kategorisieren und zu beschreiben. Dabei wurde deutlich, dass die fünf Kriterien von Fley (1997) – die Gesprächskonzeption, die primäre Zweckfreiheit, die einseitige Gesprächsfreiheit, die lokale Einheitlichkeit sowie der Seriencharakter – um ein weiteres Kriterium erweitert werden können: die wechselnden Hauptgäste.

Die auf diese Weise erarbeitete Typisierung russischer Talkshows des Jahres 2014 veranschaulicht, dass auf den zwei wichtigsten Sendern Russlands, dem *Pervyj kanal* und *Rossija-1*, ein Großteil der Sendezeit aus Talkshows besteht. Auf beiden Sendern existierten 2014 insgesamt 25 Talkshowreihen, die auf das gesamte Jahr verteilt jeweils an unterschiedlichen Wochentagen und zu verschiedenen Tageszeiten ausgestrahlt wurden. Diese Talkshowreihen konnten vier verschiedenen Subtypen zugeordnet werden: dem Promi-Talk (9), dem Polit-Talk (7), dem Trivial-Talk (6) sowie dem Spezial-Talk (3).

Auffällig ist die unterschiedliche Verteilung der Subtypen von Talkshows auf die beiden Sender: Der *Pervyj kanal*, der insgesamt weit mehr Talkshowreihen in seinem Programm hat als *Rossija-1*, legt seinen Schwerpunkt eindeutig auf Promi- und Trivial-Talks, wobei im Jahr 2014 mit der Ausstrahlung von drei neuen Polit-Talks begonnen wurde. *Rossija-1* produziert dagegen weniger Talkshows als sein Konkurrent; gleichzeitig erfreuen sich seine drei Polit-Talks, allen voran diejenigen des Moderators Vladimir Solov'ëv, großer Beliebtheit und Bekanntheit (vgl. Abschnitt II.5.3). Wichtig ist es jedoch an dieser Stelle zu bemerken, dass die Anzahl der Talkshowreihen nichts über die Anzahl der ausgestrahlten Talkshow*sendungen* aussagt und dieses Phänomen im Rahmen der quantitativen Analyse im Detail untersucht und dargelegt wird (siehe Kapitel III.8).

Das vorliegende Kapitel und somit die zwei theoretisch orientierten Teile (I und II) enden mit der Nennung der gesellschaftlichen Funktionen von Talkshows, welche neben der Informationsvermittlung und Unterhaltung eine therapeutische, didaktische und meinungsbildende Funktion haben. Aus diesem Grund erweist sich eine Analyse von Talkshows als aufschlussreich, da die Grenze zwischen Meinungsbildung und Propaganda als absichtlicher Beeinflussung und Veränderung von Meinungen sehr schmal ist. Augrund der regelmäßigen Ausstrahlung von Talkshows kann angenommen werden, dass sie für die Verbreitung von sich wiederholenden Aussagen als Strategie von Propaganda besonders geeignet sind.

Die vorliegende Arbeit geht der Frage nach, welche Aussagen über die Ukraine in ausgewählten Talkshows aus dem Jahr 2014 verbreitet wurden und mit welchen sprachlichen und visuellen Mitteln dabei gearbeitet wurde. Prämisse für diese Untersuchung ist folgender Aspekt: Während von Nachrichtensendungen im Allgemeinen erwartet wird, dass sie sich auf Fakten konzentrieren und die wichtigsten Informationen in möglichst objektiver und unpersönlicher Weise präsentieren, können in Talkshows jederzeit unterschiedliche Behauptungen aufgestellt und verschiedenste Informationen verbreitet werden. Diese Eigenschaft von Talkshows, auf die bereits im Forschungsstand in Kapitel I.3 hingewiesen wurde, fassen Makukhin et al. (2018: 31) pointiert zusammen: „The political talk show format allows [the] Kremlin to launch necessary messages in the informational field and avoid accusations of misinformation and propaganda. Continually repeated, these messages become part of public discourse. The talk-show format also allows to give voice to the most radical messages without taking responsibility."

Schließlich zeigt der gesamte theoretische Teil dieser Arbeit, dass eine detaillierte visuelle und sprachliche Analyse von *allen* Talkshowtypen des Jahres 2014 auf dem *Pervyj kanal* sowie *Rossija-1* für ein besseres Verständnis des russischen Fernsehens als wichtigstes Informations- und Massenmedium in Russland und der dort benutzten Propagandastrategien unbedingt notwendig ist. Diese bisher noch ausständige Darstellung leistet die vorliegende Arbeit und reiht sich damit in die Reihe der Studien ein, die sich in unterschiedlicher Weise mit der Analyse des russischen Fernsehens und des Konflikts bzw. Krieges in der Ukraine im Jahr 2014 beschäftigen. An dieser Stelle werden deshalb noch einmal die Forschungsfragen angeführt, die mithilfe der quantitativen und qualitativen Analysen im nachfolgenden empirischen Teil III beantwortet werden:
- **FF 1:** Wie viele Talkshowsendungen haben sich im Jahr 2014 auf dem *Pervyj kanal* und *Rossija-1* mit der Ukraine bzw. mit einem ukrainebezogenen Thema beschäftigt und in welche Unterthemen können diese eingeteilt werden?

- **FF 2:** Welche Aussagen wurden in ausgewählten Promi-, Polit-, Trivial- sowie Spezial-Talks über die Ukraine gemacht und sind Unterschiede in Bezug auf diese Aussagen zwischen den einzelnen Subgenres der Talkshows feststellbar?
- **FF 3:** Mithilfe welcher sprachlichen und visuellen Mittel wird in den ausgewählten Talkshows gearbeitet, um die Ukraine bzw. die ukrainische Seite darzustellen, und inwiefern können diese Mittel als Propagandastrategien identifiziert werden?

Teil III: **Quantitative und qualitative Analyse russischer TV-Talkshows des Jahres 2014**

8 Integrative Inhaltsanalyse

In der vorliegenden Arbeit kommen sowohl quantitative als auch qualitative Methoden zum Einsatz, um einerseits die Präsenz ukrainebezogener Themen in russischen Talkshows im Jahr 2014 zu erfassen und andererseits die Talkshows und deren Inhalte genauer zu untersuchen. Als quantitative Methode wurde die Inhaltsanalyse ausgewählt, mithilfe derer die erste Forschungsfrage dieser Arbeit beantwortet werden soll:
- FF 1: Wie viele Talkshowsendungen haben sich im Jahr 2014 auf dem *Pervyj kanal* und *Rossija-1* mit der Ukraine bzw. mit einem ukrainebezogenen Thema beschäftigt und in welche Unterthemen können diese eingeteilt werden?

Zur Beantwortung dieser Frage eignet sich die Inhaltsanalyse aus drei Gründen besonders gut: Erstens dient die Inhaltsanalyse allgemein dazu, die Häufigkeit bzw. die Frequenz eines bestimmten Inhalts in Texten zu erfassen. Zweitens hat sie ein Selektions- sowie Klassifikationsinteresse und das bedeutet, dass nur relevante Inhalte analysiert und klassifiziert werden. Drittens ist die Inhaltsanalyse als eine aus den Kommunikations- und Medienwissenschaften stammende Methode vielseitig anwendbar und für eine Arbeit, die sich mit der Analyse von Medien beschäftigt, geradezu prädestiniert. Die vorliegende Arbeit orientiert sich vor allem an der Inhaltsanalyse nach Früh (2017), da er mit seinem Werk *Inhaltsanalyse. Theorie und Praxis* ein systematisches und praktisch anwendbares Modell geschaffen hat und dieses Modell – wie im nachfolgenden Kapitel ausgeführt wird – dem Forschungsdesiderat dieser Arbeit am besten entspricht.

8.1 Definition

Die auch heute noch viel zitierte klassische Definition der Inhaltsanalyse von Berelson (1971: 18, H. i. O.) lautet wie folgt: „*Content analysis is a research technique for the objective, systematic, and quantitative description of the manifest content of communication.*" Obwohl inzwischen viele weitere Definitionen der Inhaltsanalyse existieren, die teilweise eher allgemein (vgl. z. B. Benoit 2011: 268) oder sehr ausführlich (vgl. z. B. Neuendorf 2017: 17) gehalten sind, hat Berelsons Definition, die erstmals bereits 1952 erschienen ist, bis heute Gültigkeit. Als überholt kann lediglich seine Beschränkung der Analyse auf den ‚manifesten', also auf den sichtbaren und expliziten Inhalt, gesehen werden, da nach Früh (2017: 117) auch der sogenannte „latente Inhalt" sichtbar und damit codierbar gemacht werden kann; so erfasst die Inhaltsanalyse auch Bedeutungen, die nicht ‚wirklich' dastehen, sondern erst von dem/der Codierer*in bzw. dem/der Rezipient*in „interpretiert bzw. encodiert" werden müssen. Daher ist es notwendig, präzise Codierregeln sowie Kategorienbeschreibungen zu erstellen und diese offenzulegen, damit „möglichst viele Interpreten dieselben Textmerkmale mit denselben Bedeutungen verknüpfen und sie dann denselben Kategorien zuordnen" können (Früh 2017: 117).

Die Offenlegung bzw. Transparenz der Analyse im Sinne einer intersubjektiven Nachvollziehbarkeit hält Früh (2017: 29, H. i. O.) in seiner Definition der Inhaltsanalyse fest:

> *Die Inhaltsanalyse ist eine empirische Methode zur systematischen, intersubjektiv nachvollziehbaren Beschreibung inhaltlicher und formaler Merkmale von Mitteilungen, meist mit dem Ziel einer darauf gestützten interpretativen Inferenz auf mitteilungsexterne Sachverhalte.*

An dieser Stelle können nun folgende definitorische Merkmale der Inhaltsanalyse in Anlehnung an Berelson (1971) und Früh (2017) zusammengefasst werden: die Offenlegung bzw. Transparenz, die Intersubjektivität, die ebenso bei Neuendorf (2017), Burzan (2005) und Benoit (2011) angeführt wird, die Empirie sowie die Systematik der Analyse. Den Begriff der Objektivität inkludiert Früh (2017) nicht explizit in seiner Definition, jedoch beinhaltet die ‚intersubjektive Nachvollziehbarkeit' bereits die Objektivität, wie Früh (2017: 22) erläutert: „»Objektiv« wird der wissenschaftliche Forschungsprozess […] durch strikte Offenlegung […] der Datengewinnung und -verarbeitung und die Unabhängigkeit der Methode von ihren Anwendern. (Intersubjektivität)." Bezüglich der Beschreibung der Inhaltsanalyse als ‚quantitativ', wie Berelson sie vornimmt, findet sich bei Früh (2017) ein wesentlich erweiterter Zugang. Seine Ablehnung des rein quantitativen Ansatzes begründet Früh (2017) damit, dass sich die quantitative und qualitative Analyse gegenseitig bedingen und in einer „dialektische[n] Wechselbeziehung" stehen (Früh 2017: 134). Daher spricht Früh (2017: 40) nicht von einer ‚quantitativen Inhaltsanalyse', sondern schlägt als Alternativbezeichnung „integrative Inhaltsanalyse" vor. Im Unterschied zur klassischen qualitativen Inhaltsanalyse, in welcher der gesamte Textinhalt analysiert wird, widmet sich die integrative Inhaltsanalyse dem Umfang und der Verteilung bestimmter Merkmale in bestimmten Texten (vgl. Früh 2017: 67). Diese Vorgehensweise entspricht dem Forschungsdesiderat der vorliegenden Arbeit, da ermittelt werden soll, wie viele und welche (*Umfang und Verteilung*) Talkshows (*bestimmte Texte*) einen Ukrainebezug (*Merkmal*) aufweisen. Daher wird in dieser Arbeit auch der Begriff der ‚integrativen Inhaltsanalyse' nach Früh (2017) verwendet.

Abschließend sind noch zwei weitere Kriterien zu nennen, die neben der Intersubjektivität für die Inhaltsanalyse relevant sind: die Reliabilität und die Validität (vgl. Burzan 2005; Benoit 2011; Neuendorf 2017). Die Reliabilität bezeichnet die Stabilität der Untersuchungsergebnisse, die unabhängig davon, wann, wo und mit welchem Instrument sie gemessen wurden, immer dieselben sein sollten. Unter Validität wird die Gültigkeit der Analyse verstanden, die dann gegeben ist, wenn der/die Forschende das misst, was er/sie zu messen vorgibt.

Zusammenfassend sei hier nun festgehalten, dass in der vorliegenden Arbeit die Inhaltsanalyse als intersubjektiv nachvollziehbare, empirische und offengelegte Suchstrategie verstanden wird, die systematisch auf das Untersuchungsmaterial angewendet wird und das Ziel hat, qualitativ erfasste Daten mithilfe eines Kategoriensystems quantifizierbar zu machen.

Den bisher dargelegten Gütekriterien der Inhaltsanalyse wird in der vorliegenden Arbeit versucht zu entsprechen, indem die jeweiligen Analyseschritte sorgfältig dokumentiert und das Analyseinstrumentarium klar beschrieben werden (vgl. Neuendorf 2017: 18). Der standardisierte Untersuchungsablauf der Inhaltsanalyse setzt sich aus fünf Schritten zusammen (vgl. Früh 2017: 96): der Planungsphase, der Entwicklungsphase, der Testphase, der Anwendungsphase sowie der Auswertungsphase. Diese Schritte werden in den folgenden Abschnitten auf russische Talkshows des Jahres 2014 angewendet.

8.2 Dokumentation der Inhaltsanalyse

Dieser Arbeitsschritt dient dazu, die Intersubjektivität und damit auch die Objektivität der vorliegenden Analyse von russischen Talkshows des Jahres 2014 zu gewährleisten, indem die einzelnen Analyseschritte dokumentiert und nachvollziehbar gemacht werden.

8.2.1 Planungsphase

In dieser Phase wird das Untersuchungsmaterial festgelegt. Das Grundkorpus bildeten zunächst alle auf den Internetseiten der beiden Fernsehsender *Pervyj kanal* sowie *Rossija-1* verfügbaren Talkshowsendungen des gesamten Jahres 2014. Wie in Abschnitt II.6.3.2 erläutert, konnten insgesamt 25 Sendereihen auf den beiden Sendern als Talkshows identifiziert, in vier Untergruppen eingeteilt und ihre Charakteristika beschrieben werden. An dieser Stelle sei noch einmal in Erinnerung gerufen, dass die Gruppe mit den meisten Talkshowreihen der Promi-Talk (9) stellt, gefolgt vom Polit-Talk (7) und dem Trivial-Talk (6). Am wenigsten Talkshows befinden sich in der Gruppe des Spezial-Talks (3). Diese insgesamt 25 Talkshowreihen haben im gesamten Jahr 2014 1849 Sendungen[127] produziert; diese Sendungen bilden das Grundkorpus der vorliegenden Arbeit.

Vorauswahl und Eingrenzung des Untersuchungsmaterials
Wie Früh (2017: 139) erklärt, ist die Inhaltsanalyse „eine offengelegte, systematische Suchstrategie, die invariant auf das ganze Untersuchungsmaterial angewandt werden muss." Für die vorliegende Arbeit bedeutet das, dass von den 1849 Sendungen zunächst diejenigen gesucht werden müssen, die einen Ukrainebezug haben, um diese dann den Kategorien zuordnen und feststellen zu können, welche Themen darin angesprochen wurden. Aus diesem Grund teilt sich die vorliegende Analyse in zwei Teile: Zunächst werden alle 1849 Sendungen allgemein daraufhin überprüft, ob sie einen Ukrainebezug aufweisen oder nicht. Für diese Untersuchung wurden die jeweiligen Sendungsbeschreibungen[128] der Talkshows herangezogen, da in ihnen die wichtigsten Informationen über die Themen der jeweiligen Sendungen enthalten sind und auf diese Weise festgestellt werden kann, ob ein Ukrainebezug besteht oder nicht. Für diese Vorauswahl wurde eine Liste mit Stichwörtern (Tabelle 2), die in einer Sendungsbeschreibung vorkommen müssen, um einer Sendung das Prädikat ‚mit Ukrainebezug' zuweisen zu können, erstellt. Diese Liste wurde zunächst deduktiv erarbeitet[129] und dann induktiv im Laufe der Analyse der Sendungsbeschreibungen ergänzt. Es wurde darauf geachtet, den Ukrainebezug so weit wie möglich zu fassen, um keine Sendung, die eventuell für die nachfolgende Eruierung der Themen wichtig sein könnte, auszu-

---

127 Diese Zahl ergab sich durch Addition der auf der Internetseite des *Pervyj kanal* sowie *Rossija-1* für das Jahr 2014 verfügbaren Sendungen. Für die Ermittlung der Gesamtzahl der Ausgaben von PUST' GOVORJAT wurde aufgrund der Unübersichtlichkeit der Seite des *Pervyj kanal* zusätzlich noch eine weitere Internetseite konsultiert (https://pust-govoriyat.ru/pust-govoryat-2014-god/; letzter Zugriff: 07.05.2021). Dabei zeigte sich, dass im Juli und August 2014 vorwiegend Wiederholungen früherer Talkshowausgaben von PUST' GOVORJAT gesendet wurden. Letztere, insgesamt 29 Sendungen aus den Jahren 2012 und 2013, werden in der quantitativen Auswertung nicht berücksichtigt.
128 Als Sendungsbeschreibung wird der kurze Informationstext verstanden, der sich auf der Internetseite der jeweiligen Talkshowsendung befindet und inhaltliche Angaben zur Sendung macht. In den Fällen, wo kein Informationstext vorhanden war, wurden die ersten zwei Minuten der jeweiligen Sendung angesehen und transkribiert, falls in diesen ersten zwei Minuten die nötigen Stichwörter für das Prädikat ‚mit Ukrainebezug' (siehe Tabelle 2) vorgekommen sind. Auch dieser von mir als Autorin erstellte Text wird in der vorliegenden Arbeit als ‚Sendungsbeschreibung' bezeichnet (siehe dazu Abschnitt „Die Textsorte Sendungsbeschreibung als Untersuchungsmaterial").
129 Die Liste ist das Ergebnis der langen Beschäftigung mit der Thematik und der Lektüre von Texten, die im Forschungsstand der Arbeit (Kapitel I.3) genannt wurden.

lassen. Die Stichwörter sind zur besseren Übersicht im Nominativ angegeben; allerdings ist ein Stichwort als Lexem mit seinem gesamten Paradigma zu verstehen. Die Stichworte wurden für die nachfolgende Stichwortliste (Tabelle 2) außerdem aus dem Russischen transliteriert, da alle Sendungsbeschreibungen auf Russisch sind.

Tabelle 2: Stichwortliste zur Vorauswahl der Talkshowsendungen mit Ukrainebezug.

STICHWORTLISTE FÜR TALKSHOWS MIT UKRAINEBEZUG	
KORPUS: Alle Talkshows auf dem *Pervyj kanal* und *Rossija-1* des Jahres 2014 = insgesamt 1849 Sendungen aus 25 Talkshowreihen	
VORGEHENSWEISE: Zuerst wird der Beschreibungstext der Sendung gelesen und überprüft, ob darin eines der untenstehenden Stichwörter (A. bis H.) vorkommt.	
(1) Kommen **eines oder mehrere Stichwörter** im Text vor, wird die Sendung (Titel, Beschreibung, Datum) als Talkshow mit Ukrainebezug klassifiziert.	
(2) Bei **Zweifelsfällen** (*slavjanskij, vojna* etc.) muss zusätzlich der gesamte Kontext überprüft werden. Falls aus dem Kontext kein klarer Ukrainebezug ersichtlich ist, wird die Sendung aussortiert.	
(3) Falls sich das Thema der Talkshow mithilfe der Sendungsbeschreibung nicht eruieren lässt oder eine **Sendungsbeschreibung fehlt**, wird im Titel nach Stichwörtern gesucht und zusätzlich werden die ersten zwei Minuten der Sendung angesehen, um herauszufinden, ob ein Ukrainebezug gegeben ist. Dann treten wieder Punkt (1) und (2) in Kraft.	
A. Ukraine, Ukrainer oder ukrainisch:	*Ukraina, ukrainec, ukrainskij*
B. Ukrainische Toponyme, ihre entsprechenden Demonyme sowie die davon abzuleitenden Adjektive:	*Char'kov, Donbass, Doneck, Kiev, Krym, Lugansk, Majdan, Mariupol', Odessa, Pervomajsk, Sevastopol', Slavjansk* Ausnahme: *slavjanskij*: Kontext beachten: Großschreibung – Bezug zur Stadt *Slavjansk*; Kleinschreibung hat Bedeutung ‚slawisch' wie in folgendem Beispiel und dann besteht kein Ukrainebezug: – Сегодня в России отмечают День **славянской** письменности и культуры.
C. Bezeichnungen, die vor allem in den russischen Medien für Beteiligte an dem Konflikt in der Ukraine verwendet werden:	*antiterrorističeskaja operacija, banderovcy, Kievskaja chunta, nacizm, neonacizm, nacionalisty, opolčency/opolčenie, Pravyj sektor*
D. Westliche Sanktionen, die in Zusammenhang mit dem Konflikt in der Ukraine stehen:	*sankcii, sankcionnaja vojna*

Tabelle 2 (fortgesetzt)

STICHWORTLISTE FÜR TALKSHOWS MIT UKRAINEBEZUG	
E. Reaktion Russlands auf die westlichen Sanktionen sowie Folgen der Sanktionen für Russland:	*antisankcii, ėmbargo, padenie kursa rublja, rost cen na benzin, rost cen na produkty/na potrebitel'skie tovary,*
F. Ukrainische Ausdrücke:	*nezaležnost', Verchovna(ja) Rada*
G. Ereignisse, die in Zusammenhang mit dem Konflikt in der Ukraine stehen:	(*krušenie*) *malajzijskogo Boinga* (Kontext & Datum beachten: Das Verschwinden des Flugzeuges der Malaysischen Airline im April 2014 hat keinen Ukrainebezug), *krizis (na Ukraine), konflikt (na Ukraine), prisoedinenie Kryma.* Ebenso: *samye glavnye sobytija goda*, da in Sendungen am Jahresende wahrscheinlich auch die Ereignisse in der Ukraine angesprochen werden, auch wenn in der Sendungsbeschreibung kein ukrainebezogenes Stichwort fällt.
H. Bezeichnungen für ‚Krieg' und ‚Kriegsopfer':	*vojna* (Kontext beachten: *Vojna* alleine ist **nicht** ausreichend für Ukrainebezug, es muss entweder der Zusatz *vojna na Ukraine/vojna na Donbasse* gegeben sein oder aus dem Gesamtkontext muss ersichtlich werden, dass *vojna* den Krieg in der Ukraine bezeichnet). *bežency; žertvy*: Kontext beachten: Handelt es sich um Flüchtlinge/Opfer aus/in der Ukraine?

Mithilfe dieser Stichwortliste konnten insgesamt 283 von 1849 Sendungen, ergo 15,3 Prozent, als ‚Talkshows mit Ukrainebezug' identifiziert werden. Dass diese 283 Sendungen auf 19 der insgesamt 25 Talkshowreihen verteilt sind, bedeutet, dass lediglich sechs Talkshowreihen, darunter die Promi-Talks NA NOČ' GLADJA und POKA VSE DOMA, die Trivial-Talks DELO VAŠE, DOBROGO ZDOROV'ICA und ONI I MY sowie der Spezial-Talk ŽENSKOE SČAST'E, im Jahr 2014 in keiner einzigen Sendungsbeschreibung ein ukrainebezogenes Thema angesprochen haben.

Bei dieser ersten Voruntersuchung hat sich außerdem herausgestellt, dass das Untersuchungsmaterial ‚Sendungsbeschreibung' sehr inhomogen ist, worauf im folgenden Abschnitt genauer eingegangen werden soll.

Die Textsorte ‚Sendungsbeschreibung' als Untersuchungsmaterial
Bei den derzeit auf den Homepages des *Pervyj kanal* und *Rossija-1* verfügbaren Sendungen[130] handelt es sich um Aufzeichnungen. Es wird davon ausgegangen, dass die Sendungsbeschreibungen – sofern vorhanden – nach der Sendung von der Redaktion, die mit dem Ablauf der jeweiligen Talkshowreihe vertraut ist, erstellt wurden. Diese kurzen Texte haben einerseits den Zweck, die Zuseher*innen darüber zu informieren, worum es in der jeweiligen Sendung geht. Andererseits kann angenommen werden, dass diese Texte das Ziel verfolgen, das Interesse der potenziellen Zuschauer*innen zu wecken. Nach Untersuchung der 1849 Sendungsbeschreibungen[131] der 25 Talkshowreihen zeichnete sich zudem ab, dass die Sendungsbeschreibungen von den 19 Talkshowreihen mit Ukrainebezug in drei Gruppen eingeteilt werden können:

1. **Einstiegsmoderation:** Die Sendungsbeschreibung verwendet gänzlich oder zumindest größtenteils dieselben Wörter und Sätze, die der Moderator[132] bzw. eine Stimme aus dem Off zu Beginn der Sendung sagt. Es handelt sich hier meist um längere Texte von über 80 Wörtern. Von dieser Art der Sendungsbeschreibung gibt es wiederum zwei Untergruppen: Erstens von der Redaktion verfasste und auf der Homepage des Senders vorhandene Kurztexte (1a), und zweitens von mir als Autorin erstellte Texte (1b), weil auf der Homepage entsprechende Kurzbeschreibungen fehlten. Dabei handelt es sich – analog zu (1a) – um eine Transkription der vom Moderator der Sendung oder aus dem Off gesprochenen einleitenden Worte der ersten zwei Sendeminuten.

1a. Von der Redaktion erstellt:
- Vom Moderator gesprochen: Segodnja večerom, (Voskresnyj) Večer s Vladimirom Solov'ëvym, Poedinok, Pust' govorjat sowie Prjamoj ėfir.
- Aus dem Off gesprochen: Subbotnik, Mužskoe/Ženskoe und Davaj poženimsja!.

1b. Von der Autorin erstellt:
- Vom Moderator gesprochen: Politika und Special'nyj korrespondent.
- Aus dem Off gesprochen: V naše vremja.

---

130 Letztes Abrufdatum: Oktober 2021.
131 Wie bereits erwähnt, handelt es sich dabei um kurze Informationstexte, die auf der Internetseite der jeweiligen Talkshowsendungen zur Verfügung stehen. Bei Fehlen dieser Texte wurden für die erste Vorsortierung (Ukrainebezug/kein Ukrainebezug) die ersten zwei Minuten einer Sendung angesehen und nur dann transkribiert, wenn Stichwörter aus Tabelle 2 vorgekommen sind.
132 In den Sendungen, von denen der Text der Anmoderation transkribiert ist, gibt es nur männliche Moderatoren.

2. **Hauptthemen:** In diesen Sendungsbeschreibungen, die sich auf der Internetseite der Talkshowsendungen befinden, werden die wichtigsten Themen der Sendung angeführt. Auch hier lassen sich zwei Untergruppen unterscheiden:

    2a. Kurz und floskelhaft: Nach Floskeln wie *„glavnye/osnovnye temy"* (dt. *die wichtigsten/(Haupt-)Themen)* oder *„v studii programmy obsuždajut"* (dt. *im Sendungsstudio geht es um)* werden die Themen der Sendung schlagwortartig kurz angeführt. Diese Art der Sendungsbeschreibung, die zwischen 20 und 30 Wörter lang ist, verwenden folgende Talkshows: Vremja pokažet, Struktura momenta und Tolstoj. Voskresen'e.

    2b. Längerer Fließtext: In einigen Sendungen werden die Hauptthemen als zusammenfassende Handlungsbeschreibung in einen längeren Fließtext von über 50 Wörtern eingebunden. Das betrifft die Talkshows Večernyj Urgant, Naedine so vsemi, Pozner und Modnyj prigovor.

3. **Ohne Themenankündigung:** Hier handelt es sich um einen direkten Einstieg in die Sendung ohne einleitende oder zum Thema hinführende Worte, d. h. ohne Einstiegsmoderation. Dies betrifft 2014 jedoch lediglich eine Talkshowreihe mit Ukrainebezug: Devčata.

Zusammenfassend lässt sich festhalten, dass die Sendungsbeschreibungen nicht homogen sind und sich diese Textsorte mit Ausnahme von Devčata im Jahr 2014 grob in zwei Varianten einteilen lässt: in die Sendungsbeschreibung als Text der Anmoderation sowie als kürzere oder längere Zusammenfassung der Hauptthemen. Des Weiteren muss an dieser Stelle angemerkt werden, dass die Anmoderation, wie im Fall von Vladimir Solov'ëv, wahrscheinlich die Meinung der Moderator*innen widerspiegelt und im Fall der Zusammenfassung der Hauptthemen vermutlich die Redaktion darüber entscheidet, welche Themen in den Talkshows ‚wichtig' waren und daher in die Beschreibung aufgenommen werden. Eine weitere Rolle spielen hier auch das Interesse des Publikums, auf das die Beschreibungen abzielen, sowie die Politik des jeweiligen Senders. Daher können theoretisch bestimmte Schwerpunkte in den Beschreibungen gesetzt werden, die nicht die tatsächlichen Schwerpunkte in den Sendungen widerspiegeln. Summa summarum bin ich mir bewusst, dass die Sendungsbeschreibungen durchaus kritisch betrachtet werden müssen und sie nichts über die Feinheiten oder Akzente in den einzelnen Sendungen aussagen. Trotzdem liefern sie wichtige Hinweise über die Themen, die in Bezug auf die Ukraine angesprochen wurden, und können sicherlich als Indikator dafür gelten, welcher Fokus in den Talkshows mit Ukrainebezog 2014 gesetzt wurde. Aus diesem Grund wurden die Sendungsbeschreibungen als Untersuchungsmaterial für die vorliegende integrative Inhaltsanalyse ausgewählt.

8.2.2 Entwicklungsphase

Theorie- und empiriegeleitete Kategorienbildung
Aus der Forschungsfrage, wie viele Talkshowsendungen sich im Jahr 2014 mit der Ukraine bzw. einem ukrainebezogenen Thema beschäftigen und welchen konkreten Aspekten sich diese dabei widmen, wurden deduktiv zuerst Hypothesen gebildet.[133] Anschließend wurden aus diesen deduktiv gewonnenen Hypothesen die darin enthaltenen theoretischen Konstrukte, welche den Kern der Hauptkategorien der Inhaltsanalyse bilden, abgeleitet und definiert (vgl. Früh 2017: 146). Im Anschluss daran wurden die Hauptkategorien durch Konfrontation mit einer Stichprobe aus dem Untersuchungsmaterial differenziert, präzisiert und ergänzt (vgl. Früh 2017: 148). Dieser bei Früh (2017) als empiriegeleitete bzw. induktive Kategorienbildung bezeichnete Schritt dient vor allem „der operationalen Definition der Kategorien" (Früh 2017: 148). Das bedeutet, dass der „bisher nur theoretisch umschriebene Bedeutungsgehalt jeder Kategorie" mithilfe von „Indikatoren und Messvorschriften" so zu komplettieren und zu differenzieren ist, dass schließlich deutlich wird, „welche Merkmale und Einheiten des Textmaterials" codiert werden müssen (Früh 2017: 148). Um zu gewährleisten, dass „alle für das Forschungsziel relevanten Aspekte und Bedeutungen erkannt und einbezogen werden", wurde eine „repräsentative Textstichprobe aus dem Untersuchungsmaterial" gezogen und anschließend „einer systematischen qualitativen Bearbeitung unterzogen" (Früh 2017: 148). Früh (2017: 149) zieht in seiner Untersuchung eine Stichprobe von 10 Prozent und hält fest, dass die Stichprobe auch nach ihrer Teilung in eine erste und zweite Teilstichprobe „das Untersuchungsmaterial hinlänglich repräsentieren" muss. Da in der vorliegenden Arbeit möglichst alle ukrainebezogenen Themen, die in den 283 Talkshowsendungen angesprochen werden, erfasst werden sollen, wurde für die empirische Kategorienbildung zunächst eine Zufallsstichprobe mit willkürlicher Auswahl von 10 Prozent und damit von rund 60 Talkshowsendungen gezogen. Diese Stichprobe wurde in zwei Teilstichproben à 30 Sendungen geteilt: Die erste Stichprobe diente zur Weiterentwicklung des Kategoriensystems, welches wiederum anhand der zweiten Stichprobe getestet und im Anschluss noch einmal ausdifferenziert wurde. Außerdem wurden mithilfe der zweiten Stichprobencodierung, welche auch als Testphase bezeichnet wird, ein vollständiger Hypothesenkatalog sowie ein Codebuch – eine Art Gebrauchsanweisung für den/die Codierer*in – erstellt.

---

[133] Die Ableitung der Hypothesen orientierte sich einerseits am historischen Kontext des Konflikts in der Ukraine (vgl. Kapitel II.4) und basierte andererseits auf eigenen Beobachtungen und Annahmen, die sich aus dem bisher gesammelten Wissen und der Lektüre über das Thema ergeben haben.

Die qualitative Bearbeitung der ersten Stichprobe erfolgte in dieser Arbeit mithilfe des Datenanalyseprogramms MAXQDA[134] und teilte sich in folgende Schritte (vgl. Früh 2017: 149): Nach der *Selektion/Reduktion*, bei der aus der ersten Stichprobe die Textpassagen mit Bezug zum Thema ‚Ukraine' entnommen wurden und eine Stichwortliste angelegt wurde, erfolgte die *Gruppierung (Bündelung)* dieser Stichwortliste anhand inhaltlicher Gemeinsamkeiten sowie die Bildung von Untergruppen. Anschließend wurde diesen Gruppen in der Phase der *Generalisierung/Abstraktion/Bezeichnung* ein Oberbegriff bzw. ein Kategorienname zugewiesen. Diese Kategorien sind in der vorliegenden Arbeit als übergreifende Themen gefasst, da herausgefunden werden soll, welche Themen in den ukrainebezogenen Talkshows angesprochen werden. Abschließend folgte der *Rückbezug auf die Theorie*. Das heißt, dass überprüft wurde, ob die Kategorien den in der theoriegeleiteten Kategorienbildung erstellten Hypothesen entsprechen bzw. mit ihnen verknüpft werden können.[135]

8.2.3 Test- und Anwendungsphase

In dieser Phase wurde mithilfe der zweiten Stichprobe das Kategoriensystem fixiert und ein vollständiger Hypothesenkatalog sowie ein Codebuch, bestehend aus formalen Identifikationskennzahlen für die Analyseeinheiten, Codierhinweisen, einem Kategoriensystem sowie Kategoriendefinitionen erstellt. Da in dieser Arbeit die Forscherin gleichzeitig Codiererin ist, was den Vorteil der Konstanz und Einheitlichkeit der Codierung hat, fällt eine ausführliche Ausformulierung der Codierhinweise weg. Im Sinne einer möglichst hohen Transparenz des Vorgehens werden jedoch wichtige Entscheidungen vor der Codierung hier festgehalten: Es wird davon ausgegangen, dass in einer Talkshowsendung meist nicht nur ein einziges Thema, sondern mehrere Themen behandelt und diese auch in der Sendungsbeschreibung angesprochen werden. Diese Themen treten jedoch nicht zwingend als „Sätze oder Texte" auf, aber sie werden „in ihnen ‚transportiert'" (Jäger 2015: 24). Daher wird als kleinste Codiereinheit die Aussage gewählt, um möglichst alle in den Sendungsbeschreibungen erwähnten

---

[134] MAXQDA ist eine Software, welche die qualitative inhaltliche Analyse von unterschiedlichen Texten und Medien unterstützt.
[135] Wenn ja, dann können sie als Unterkategorien übernommen werden bzw. können sie auch eine Hypothese generieren, die jedoch wieder denselben Prozess der Überführung in die Hauptkategorien durchmachen muss.

Themen zu erfassen.[136] Hier wird für die integrative Inhaltsanalyse eine Definition der Kritischen Diskursanalyse hinzugezogen, welche die ‚Aussage' nicht als ‚Sätze' versteht, sondern als „de[n] inhaltlich gemeinsame[n] Nenner, der aus Sätzen und Texten gezogen werden kann' – selbstverständlich unter Beachtung der jeweiligen Kontexte" (Jäger und Jäger 2007: 26).[137] Dabei kann ein Satz entweder identisch mit einer Aussage sein, oder ein Satz kann mehrere Aussagen enthalten, zum Beispiel, wenn es mehrere Hauptsätze oder Nebensätze gibt und in diesen ein anderes Thema angesprochen wird. Aus diesem Grund stimmt auch die Verteilung der Kategorien nicht mit der tatsächlichen Anzahl der Talkshowsendungen überein, da in einer Sendung mehrere ukrainebezogene Themen angesprochen werden können (vgl. Jäger 2015: 24). An dieser Stelle muss auch darauf hingewiesen werden, dass irrelevante Aussagen, die nicht mit der Ukraine in Beziehung stehen, bei der Codierung nicht berücksichtigt und übergangen werden (vgl. Früh 2017: 157).

Um den Begriff *Aussage* für die Analyse nachvollziehbarer und greifbarer zu machen, gehe ich von der Prämisse aus, dass für eine Aussage zumindest ein Subjekt sowie ein Prädikat vorhanden sein müssen.[138] Das bedeutet auch, dass pro Satz mehrere Kategorien vergeben werden können, wenn die Aussagen unterschiedlichen Kategorien zugeordnet werden können.

Bei Früh (2017: 157) kann zudem eine einzige Kategorie „pro Satz mehrfach vergeben werden", wenn die Aussagen, die einen eigenständigen Bedeutungsgehalt haben, in dieselbe Kategorie fallen. Für die vorliegende Arbeit ist diese Codierregel jedoch nicht sinnvoll, da dies die Häufigkeit der Themen der Talkshows verfälschen würde, weil es unerheblich ist, wie oft ein Thema in einer einzigen Sendungsbeschreibung vorkommt – entscheidend ist lediglich, ob es vorkommt oder nicht. Daher wird für die vorliegende Arbeit festgelegt, dass, so-

---

136 Früh (2017: 157) wählt als kleinste Codiereinheit Basisaussagen bzw. Äußerungen und versteht unter dem Begriff ‚Äußerung' eine „[...] grammatisch vollständige Aussage, die einen eigenständigen Bedeutungsgehalt repräsentiert". Um diese nicht ganz eindeutige Abgrenzung von Früh (2017) zwischen Äußerung und Aussage zu vermeiden, verwende ich den Begriff ‚Aussage', wie er auch in der Kritischen Diskursanalyse definiert wird.
137 Die einzelnen Themen können in der KDA auch als Diskursstränge bezeichnet werden und hier findet sich ein Verknüpfungspunkt zwischen der integrativen Inhaltsanalyse und der KDA. Auf diese Überschneidung und das wechselseitige Profitieren von der jeweils anderen Methode wird nach Abschluss der integrativen Inhaltsanalyse in der Kritischen Diskursanalyse noch genauer eingegangen (siehe Abschnitte III.9.2.2 und III.9.2.3).
138 Im Russischen gilt aufgrund des Fehlens der Form ‚sein' (*byt'*) im Präsens als Prädikat auch der Gedankenstrich (–), der in den Sendungsbeschreibungen die floskelhaften Phrasen mit den Themen verbindet.

bald ein Thema in einer Sendungsbeschreibung angesprochen wurde, es lediglich einmal gezählt bzw. codiert wird.

Des Weiteren sei hier festgehalten, dass jeweils die „rekonstruierte Bedeutung" und „nicht die formale Zeichengestalt" codiert wird (Früh 2017: 131). So wird zum Beispiel der Begriff ‚Krieg' (*vojna*) nur erfasst, wenn aus dem Kontext erschlossen werden kann, dass damit eindeutig der Krieg in der Ukraine bezeichnet wird. Als Kontext werden aufgrund des Rezeptionsprozesses zunächst alle bereits gelesenen Informationen verstanden. Dies ist insbesondere wichtig für die Subkategorien Waffenruhe/Friedensverhandlungen und Kampfhandlungen/ Bruch der Waffenruhe, da in den Sendungsbeschreibungen zuerst meist darauf verwiesen wird, dass in der Ukraine eine Waffenruhe herrscht; später wird jedoch vom Bruch dieser Waffenruhe berichtet. In diesen Fällen wird jede Subkategorie jeweils einmal codiert. Auch in Bezug auf die Hauptkategorien (vgl. Abbildung 3: fett markiert und Identifikationszahlen 10 bis 90 sowie 00) muss der Kontext nach einer Aussage betrachtet werden, um Doppelcodierungen, ergo die Vergabe sowohl einer Haupt- als auch einer Unterkategorie in derselben Sendungsbeschreibung, zu vermeiden. Somit wird in einer Sendungsbeschreibung entweder einmal die Hauptkategorie vergeben, wenn die Aussagen sehr allgemein sind, oder eine bzw. mehrere Unterkategorien, wenn die Aussagen spezifische Ereignisse ansprechen.

Nach der erfolgreich abgeschlossenen Testphase, im Rahmen derer eine zweite Stichprobe untersucht wurde, konnte eine weitere Hypothese formuliert werden (H7), sodass sich nun abschließend folgender *Hypothesenkatalog* ergibt:

H1: Immer, wenn das Thema „Ukraine" behandelt wird, wird auf die dort stattfindenden Ereignisse bzw. die politische Krise (z. B. den Euromajdan, das Referendum auf der Krim und die Annexion/Wiedervereinigung der Krim durch/mit Russland etc.) oder den Krieg in der Ostukraine Bezug genommen.

H2: In den Talkshows auf *Rossija-1* sowie auf dem *Pervyj kanal* ist von einer Machtübernahme ukrainischer Faschisten bzw. Nationalisten sowie der Verfolgung russischsprachiger Bürger*innen die Rede.

H3: Die Rolle und Position Russlands sowie seine Unterstützung für die Ostukraine steht in den Talkshows auf *Rossija-1* mehr im Vordergrund als auf dem *Pervyj kanal*.

H4: In Talkshows auf *Rossija-1* sind die Reaktionen und Maßnahmen des Westens in Bezug auf Russland und/oder die Ukraine häufiger Thema als auf dem *Pervyj kanal*.

H5: Innenpolitische Angelegenheiten der Ukraine werden in Talkshows auf *Rossija-1* häufiger thematisiert als auf dem *Pervyj kanal*.

H6: Talkshows auf dem *Pervyj kanal* widmen ihre Sendungen häufiger einzelnen Personen in oder aus der Ukraine als auf *Rossija-1*.

H7: Sowohl in den Talkshows auf *Rossija-1* als auch auf dem *Pervyj kanal* wird davon gesprochen, dass der Westen und/oder die Ukraine einen Informationskrieg gegen Russland führen.

Mithilfe der zweiten Stichprobe[139] wurde außerdem ein *Kategoriensystem mit Identifikationskennzahlen* (siehe Abbildung 3) sowie Kategorienbeschreibungen (siehe Anhang II) erstellt, die anschließend auf das Gesamtkorpus angewendet wurden.

Die einzelnen Kategorien wurden genau definiert (siehe Anhang II), um einerseits die Codierweise und die Vergabe der Kategorien intersubjektiv nachvollziehbar zu machen und andererseits, um der Codiererin eine Hilfestellung und Anhaltspunkte zu gewähren.

Nach Ergänzung des Hypothesenkatalogs sowie der Erstellung eines Kategoriensystems und von Kategorienbeschreibungen endete die Testphase. Anschließend begann die Anwendungsphase, in welcher das gesamte Untersuchungsmaterial analysiert und codiert wurde. Die Auswertung und Interpretation der Ergebnisse erfolgte im Anschluss daran und wird nachfolgend präsentiert.

---

[139] An dieser Stelle muss jedoch festgehalten werden, dass das Kategoriensystem sowie die Kategorienbeschreibungen, die nach den beiden Stichproben von rund 60 Sendungen entstanden sind, nicht ausreichend waren, um das gesamte Korpus umfassend codieren zu können. Aus diesem Grund wurden nach der zweiten Stichprobe so lange weitere zufällig ausgewählte Sendungsbeschreibungen mit Ukrainebezug analysiert, fehlende Unterkategorien ergänzt und die Kategoriendefinitionen verfeinert und komplettiert, bis sich die Themen und Stichworte zu wiederholen begannen und somit davon ausgegangen werden konnte, dass das Kategoriensystem samt Definitionen umfassend und detailliert genug für eine Analyse des Gesamtkorpus war.

> **10_Situation/„Diskursive Ereignisse"[139] in der Ukraine (allgemein)** (H1)
> 11_Euromajdan
> 12_Ereignisse auf der Krim (rund um Referendum & Annexion/Wiedervereinigung mit Russland)
> 13_Ereignisse in Odessa/Mariupol im Mai 2014
> 14_Jahrestag des Euromajdan
> 15_Referenden (Mai)/Wahlen (Nov) DNR /LNR
> 16_MH17-Abschuss
>
> **20_Bewaffneter Konflikt/Ereignisse in der Ostukraine (allgemein)** (H1)
> 21_Kampf-/Kriegsvorbereitungen (Beschreibung von Zusammenkommen von Truppen, Kriegsmaterial etc.)
> 22_Kampfhandlungen/Bruch vereinbarter Waffenruhe (außer: Euromajdan, Krim etc.)
> 23_Krieg/Bürgerkrieg
> 24_Humanitäre Katastrophe
> 25_Kriegsverbrechen (z.B. Säuberungen, Gräueltaten, Verwendung verbotener Waffen)
> 26_Waffenruhe/Friedensverhandlungen/Friedensmärsche
> 27_Opolčency[140] und ihre Handlungen
> 28_Protestaktionen in der Ostukraine
>
> **30_Opfer der Ereignisse/des Krieges (allgemein)** (H1)
> 31_Tote/verletzte Erwachsene (außer: russische Journalisten)
> 32_Tote/verletzte Kinder/Jugendliche
> 33_Flüchtlinge
> 34_(Russische) Journalisten
>
> **40_Nationalistische und faschistische Kräfte in der Ukraine (allgemein)** (H2)
> 41_Pravyj sektor[141]
> 42_Wiedergeburt des Faschismus/Neonazismus
> 43_Ausschreitungen/Faschistische Gräueltaten (außer: Pravyj sektor)
> 44_Russophobie/Antisowjetismus
>
> **50_Russisch-ukrainische Beziehungen (allgemein)** (H3)
> 51_Russische Außenpolitik in Bezug auf/Verbindung mit Ukraine
> 52_Position/Hilfe Russlands zur Lösung des Konflikts
> 53_Gaslieferungen
> 54_Krim als Teil Russlands (als Teil der Sowjetunion + nach Referendum & Wiedervereinigung)
> 55_Auswirkungen der Ukrainekrise[142] auf Russland (z.B. Proteste in R, Angst vor Euromajdan in R etc.)

Abbildung 3: Kategoriensystem mit Identifikationskennzahlen.

---

140 In Anlehnung an Jäger (2015: 82) sind diskursive Ereignisse im Unterschied zu Diskursmomenten „medial groß herausgestellt" und beeinflussen „die Richtung und die Qualität des Diskursstrangs." Auf die hier angeführten Ereignisse 11–16 trifft das sicherlich zu, wobei der ‚Jahrestag des Euromajdan' dem diskursiven Ereignis ‚Euromajdan' zugeordnet werden könnte und hier lediglich zur besseren Unterscheidung als eigene Kategorie angeführt wird.

141 Für die Kategorienbezeichnung sowie im weiteren Verlauf der quantitativen und qualitativen Analyse wird der in den russischen Talkshows häufig verwendete Begriff „Opolčency" (dt. *Volksmilizen, Heimatverteidiger*) zur Bezeichnung der Aufständischen in der Ostukraine verwendet.

142 Die rechtsradikale Partei *Pravyj sektor* (dt. *Rechter Sektor*) bildet hier eine eigene Unterkategorie, da sie sehr häufig als eigenständiges Subjekt in den Sendungsbeschreibungen vorkommt. Die Partei ist Ende 2013 „aus einer losen Verbindung unterschiedlicher nationalistischer Kleingruppen" entstanden (Umland 2019: 3).

143 In den Talkshowbeschreibungen wird der Konflikt in der Ukraine häufig als „Ukrainekrise" (*ukrainskij krizis/krizis na Ukraine*) bezeichnet, wodurch die Lokalität und Isoliertheit des

60_Maßnahmen/Reaktionen des Westens (allgemein) (H4)
61_Westliche Einmischung/Unterstützung der Ukraine
62_Sanktionen gegen Russland/russische Bürger*innen
63_Beziehung zw. Russland und dem Westen in Bezug auf Ukraine (außer: Informationskrieg/Propaganda)
64_Apathie & Wegsehen des Westens
65_(Wirtschaftl.) Auswirkungen d. Sanktionen auf Russland

70_Ukrainische Innenpolitik (allgemein) (H5)
71_Wahlen (außer: Wahlen in DNR/LNR)
72_Wirtschaft (dazu zählt auch Wirtschaftsblockade von DNR/LNR)
73_Teilung/Föderalisierung der Ukraine
74_Weiterentwicklung d. Situation in/Zukunft d.Ukraine
75_Abschaffung des blockfreien Status der Ukraine
76_Status von DNR und LNR
77_Korruption/Lustrationsgesetz
78_Neue Regierung und/oder ihre Maßnahmen (außer: Porošenko)
79_Porošenko und seine Maßnahmen, Reaktionen etc.

80_Talkshowgäste aus/in der Ukraine (außer: Polit-Talk) (H6)
81_Prominente aus/in der Ukraine (außer: Krim)
82_Gewöhnliche Menschen aus/in der Ukraine (außer: Krim)
83_Gewöhnliche Menschen von/auf der Krim
84_Prominente von/auf der Krim

90_Informationskrieg/Propaganda gegen Russland (allgemein) (H7)
91_Westlicher Informationskrieg/Propaganda gegen Russland
92_Ukrainischer Informationskrieg/Propaganda gegen Russland

00_Sonstige Themen zur Ukraine (die von keiner Hauptkategorie repräsentiert werden)

Abbildung 3 (fortgesetzt)

8.3 Auswertung und Interpretation der Ergebnisse

Wie mithilfe einer ersten Vorauswahl und Eingrenzung des Untersuchungsmaterials (Abschnitt III.8.2.) gezeigt werden konnte, weisen von 1849 Talkshowsendungen auf dem *Pervyj kanal* und *Rossija-1* insgesamt 283 Sendungen und damit rund 15 Prozent einen Ukrainebezug auf.[144] Was auf den ersten Blick

---

Konflikts hervorgehoben und externe Faktoren kaschiert werden (vgl. Bertelsen 2016: 27). Aufgrund der Analyse der russischen Sendungsbeschreibungen wird an dieser Stelle dieser Terminus übernommen.

144 Nach Früh (2017: 134) liegt die Interpretation der Ergebnisse bereits außerhalb der Inhaltsanalyse und daher trennt er die statistische Auswertung von der Interpretation ab. In der vorliegenden Arbeit habe ich mich aus Gründen der besseren Nachvollziehbarkeit jedoch dazu entschieden, die Auswertung sowie die Interpretation der Ergebnisse gemeinsam zu präsentieren. Die Trennung der Interpretation erfolgt durch die sprachliche Markierung, z. B. durch die Verwendung des Konjunktivs oder von Modaladverbien.

etwas wenig erscheint, wird bei genauerer Betrachtung der einzelnen Subgenres relativiert (vgl. Abbildung 4).

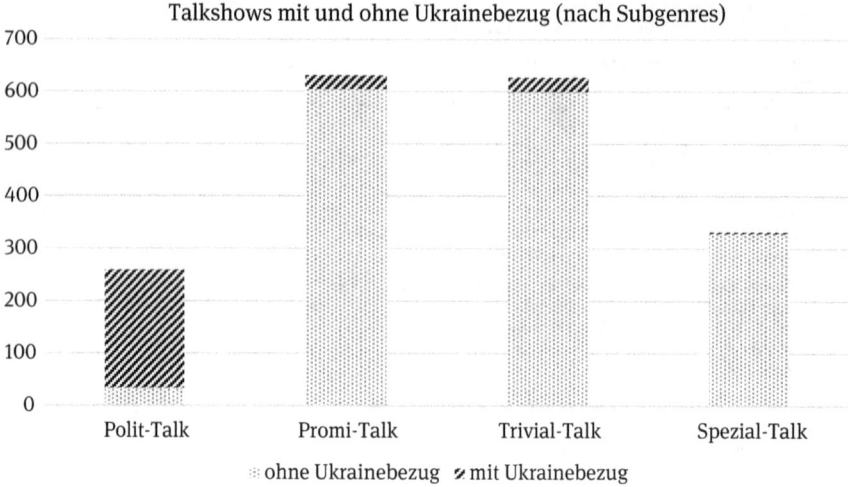

Abbildung 4: Anzahl der Talkshows mit und ohne Ukrainebezug (nach Subgenres) im Jahr 2014.

Aus Abbildung 4 geht deutlich hervor, dass das Subgenre Polit-Talk von allen vier Genres mit Abstand am meisten Sendungen mit Ukrainebezug aufweist. Insgesamt über 220 Sendungen, also circa 87 Prozent aller Sendungen von Polit-Talks auf dem *Pervyj kanal* und *Rossija-1* im Jahr 2014, waren einem ukrainebezogenen Thema gewidmet. Außerdem zeigt die Graphik, dass in jedem Subgenre ukrainebezogene Talkshowsendungen vorhanden sind, auch wenn diese bei den Promi- sowie Trivial-Talks lediglich rund vier Prozent und beim Spezial-Talk nur knapp ein Prozent aller Sendungen ausmachen. Die Darstellung (Abbildung 4) illustriert außerdem, dass der Polit-Talk im Vergleich zu den anderen Subgenres quantitativ am wenigsten Sendungen ausgestrahlt hat. Bemerkenswert ist zudem, dass der Promi- sowie der Trivial-Talk in Bezug auf die Sendungen mit Ukrainebezug sowie auf die Sendungen insgesamt fast dieselbe Anzahl aufweisen. Diese ähnlich hohe Anzahl von Sendungen beim Promi- und Trivial-Talk ist wahrscheinlich dem Umstand geschuldet, dass viele Talkshowreihen jener Subgenres fast täglich ausgestrahlt werden, während zum Beispiel die Ausgaben der Polit-Talks lediglich einmal pro Woche erscheinen. Eine Ausnahme bilden jedoch die neue und ab September täglich gesendete Show VREMJA POKAŽET sowie (VOSKRESNYJ) VEČER S VLADIMIROM SOLOV'ËVYM, dessen Spezialausgaben 2014 ebenso fast täglich im Fernsehprogramm laufen.

Interessant ist nun, wie sich die Anzahl der Sendungen mit Ukrainebezug über das gesamte Jahr 2014 verteilt. Dazu wurde eine weitere Graphik (Abbildung 5) erstellt, auf welcher die Reaktion des Fernsehens auf die Ereignisse in der Ukraine abgelesen werden kann:

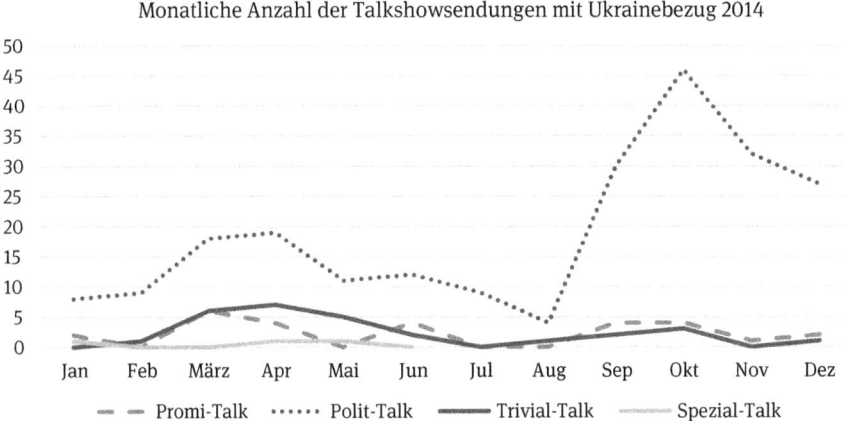

Abbildung 5: Monatliche Anzahl der Talkshowsendungen mit Ukrainebezug 2014.

Abbildung 5 demonstriert, dass das russische Fernsehen in den Talkshows auf die Ereignisse in der Ukraine reagiert hat. Deutlich beweist dies der quantitative Anstieg von Talkshows mit Ukrainebezug von Februar bis April 2014 beim Trivial-Talk sowie beim Polit-Talk. Bemerkenswert ist auch die steigende Zahl der Promi-Talks von Februar bis März. Sowohl letzterer als auch der Trivial-Talk weisen im März bzw. April ihre Spitzenwerte auf. Diese quantitative Steigerung ukrainebezogener Talkshows im ersten Viertel des Jahres steht zweifelsohne in Zusammenhang mit den Ereignissen auf der Krim (Referendum und Annexion/Wiedervereinigung mit Russland) sowie dem Ausbruch des Kriegs in der Ostukraine. Auffällig ist außerdem die leichte Zunahme von Sendungen mit Ukrainebezug bei den Spezial-Talks im April und Mai des Jahres. Bei genauerer Betrachtung des Inhalts der Sendungsbeschreibungen der Spezial-Talks fällt auf, dass darin gewöhnliche Menschen von bzw. auf der Krim im Mittelpunkt stehen. Daher ist eine mögliche Erklärung für diese leichte Steigerung, dass das Zeigen einfacher Bewohner*innen von bzw. auf der Krim zur Akzeptanz und Legitimierung der Annexion/Wiedervereinigung der Krim mit Russland auch innerhalb des Zielpublikums von Spezial-Talks (nicht berufstätige Bevölkerungsgruppen wie Pensionist*innen, Arbeitslose und Hausfrauen) beitragen soll.

Auffallend ist zudem der leichte quantitative Anstieg von Polit-Talks und Promi-Talks von Mai bis Juni 2014, der mit den Präsidentschaftswahlen in der Ukraine erklärt werden kann. Im Anschluss daran sinkt bis einschließlich August die Anzahl ukrainebezogener Talkshows in fast allen Subgenres wieder ab. Ein Grund dafür ist unter anderem, dass im Juli und August bei den meisten Talkshows eine Sendepause herrscht und daher wenig neue Sendungen produziert werden.

Im Herbst 2014 steigt die Zahl der Talkshows mit Ukrainebezug rasant an, und das Diagramm weist im letzten Drittel des Jahres seine Maximalwerte auf. Das trifft insbesondere auf die Polit-Talks zu, deren Anzahl im September und Oktober stark anwächst. Dies ist einerseits auf die politischen Entwicklungen in der Ukraine zurückzuführen: Anfang September wurde das Minsker Abkommen unterzeichnet, das jedoch in den darauffolgenden Monaten nicht eingehalten wurde und daher weiterhin Kampfhandlungen im Donbass stattgefunden haben, über die auch in den Talkshows diskutiert wurde. Andererseits ist die Zahl der Sendungen mit Ukrainebezug im Herbst 2014 auch deshalb stark angestiegen, weil der *Pervyj kanal* mit Tolstoj. Voskresen'e, Struktura momenta sowie Vremja pokažet drei neue Polit-Talkreihen in sein Programm aufgenommen hat. Vremja pokažet wurde seitdem beispielsweise wochentags täglich im Nachmittagsprogramm ausgestrahlt und widmete die meisten Sendungen der Ukraine. Auch auf *Rossija-1* wurde ab September der Polit-Talk Večer s Vladimirom Solov'ëvym regulär ins wochentägliche Programm integriert.

Das hier dargestellte Diagramm bestätigt zudem die im Forschungsüberblick der vorliegenden Arbeit angeführten Untersuchungen von Dolgova (2015, 2017a, 2017b), die bereits seit 2013 einen Anstieg von Talkshowsendungen mit politischer Thematik und damit erhebliche Veränderungen im russischen Fernsehprogramm konstatiert hat. Die quantitative Analyse der vorliegenden Publikation erweitert diese Untersuchungen von Dolgova (2015, 2017a, 2017b) sowie von Lichtenstein et al. (2018), indem sie auch nichtpolitische Talkshows in die quantitative Analyse miteinbezieht und zeigt, dass auch scheinbar ‚unpolitische' Talkshows ukrainebezogene Themen senden und auf politische Ereignisse reagieren. Darüber hinaus ist die Analyse im Gegensatz zur quantitativen Analysen von Lichtenstein et al. (2018) nachvollziehbar, da die einzelnen Talkshowsendungen genau beschrieben und eindeutig zuordenbar sind.

Nach diesem allgemeinen quantitativen Überblick werden im Folgenden die Hypothesen der integrativen Inhaltsanalyse überprüft sowie im Anschluss daran die Forschungsfrage (FF 1) beantwortet.

8.3.1 Verifizierung der Hypothesen

Die erste Hypothese (H1) der integrativen Inhaltsanalyse lautet wie folgt:

H1: Immer, wenn das Thema „Ukraine" behandelt wird, wird auf die dort stattfindenden Ereignisse bzw. die politische Krise (z. B. den Euromajdan, das Referendum auf der Krim und die Annexion/Wiedervereinigung der Krim durch/mit Russland etc.) oder den Krieg in der Ostukraine Bezug genommen.

Zur Überprüfung dieser Hypothese muss zunächst ermittelt werden, wie oft die Kategorien **10–16** (**Situation/Diskursive Ereignisse in der Ukraine**), **20–28** (**Bewaffneter Konflikt/Ereignisse in der Ostukraine**) sowie **30–34** (**Opfer der Ereignisse/des Krieges**), die im Kategoriensystem der Hypothese (H1) zugeordnet wurden, im Vergleich zu allen übrigen Kategorien[145] vorkommen. Dafür wurde Abbildung 6 erstellt, welche illustriert, wie häufig eine Kategorie (inklusive aller Unterkategorien) im gesamten Korpus codiert wurde.

Wie Abbildung 6 verdeutlicht, ist mit 168 Codierungen[146] die am häufigsten erfasste Kategorie und damit das meistangesprochene Thema in den Sendungsbeschreibungen der **Bewaffnete Konflikt in der Ostukraine (20–28)**. Auch die Kategorie **Situation/Diskursive Ereignisse in der Ukraine (10–16)** wurde mit insgesamt 68 Mal relativ oft codiert, dasselbe gilt für die **Opfer der Ereignisse/des Krieges (30–34)** mit 73 Codierungen. Damit ergeben diese drei Kategorien (inklusive ihrer Subkategorien) zusammen 309 Codierungen. Somit sind die Ukrainekrise, der Krieg sowie die Kriegsopfer zusammengenommen die mit Abstand am häufigsten aufgegriffenen Themen in den Sendungsbeschreibungen. Abbildung 6 dokumentiert jedoch auch, dass die Hypothese (H1) nicht bejaht werden kann, da neben den diskursiven Ereignissen und dem Krieg in der Ukraine auch andere Themen angesprochen werden wie beispielsweise **Russisch-ukrainische Beziehungen (50–55)**, die **Ukrainische Innenpolitik (70–79)** oder die **Maßnahmen/Reaktionen des Westens (60–65)**. Es wäre daher falsch zu behaupten, dass ukrainebezogene Talkshows ‚immer' oder ‚nur' die diskursiven Ereignisse oder den Krieg in der Ostukraine thematisiert hätten. Letztere stellen sicherlich die wichtigsten Themen dar; allerdings gibt es Sendungen, die sich gänzlich anderen ukrainebezogenen Themen widmen und den Krieg und die damit verbun-

---

[145] An dieser Stelle sei noch einmal festgehalten, dass die Zahl der Codierungen nicht der Gesamtzahl der ukrainebezogenen Talkshows, insgesamt 283 Sendungen, entspricht, da in einer Sendungsbeschreibung mehrere Kategorien, ergo Themen, vorkommen und codiert werden konnten.

[146] Die Anzahl der Gesamtcodierungen ergibt sich aus der Addition der Hauptkategorie mit den einzelnen Subkategorien.

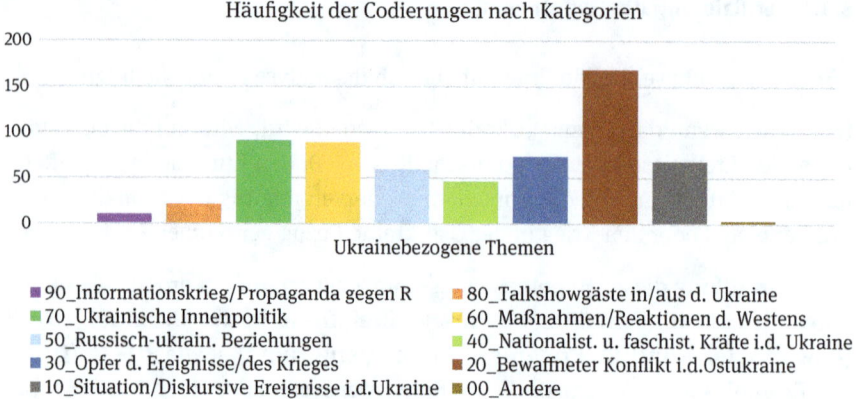

Abbildung 6: Häufigkeit der Codierungen aller Kategorien (insgesamt) in ukrainebezogenen Talkshows.

denen Ereignisse, zumindest in den Sendungsbeschreibungen, überhaupt nicht erwähnen.

Bei genauerer Untersuchung der Subkategorien (**21–28**) der Hauptkategorie **20_Bewaffneter Konflikt/Ereignisse** in der Ostukraine fällt auf, dass die Themen **22_Kampfhandlungen/Bruch** vereinbarter Waffenruhe, gefolgt von **25_Kriegsverbrechen, 26_Waffenruhe/Friedensverhandlungen/Friedensmärsche, 23_Krieg/Bürgerkrieg** sowie **27_Opolčency und ihre Handlungen** am öftesten codiert wurden. Daraus folgt, dass das Kampfgeschehen, der Krieg in der Ostukraine, die Handlungen der Separatisten bzw. Opolčency sowie auch die Bestrebungen zur Beruhigung bzw. Lösung des Konflikts im Fokus der Talkshows, in denen die Hauptkategorie **20_Bewaffneter Konflikt/Ereignisse in der Ostukraine** oder eine ihrer Unterkategorien (**21–28**) codiert wurden, standen. Interessant ist auch die monatliche Verteilung der einzelnen Unterkategorien. Diese wird in einem Diagramm (Abbildung 7) graphisch dargestellt.

Besonders erwähnenswert sind die Spitzenwerte der jeweiligen Unterkategorien, welche mit der Entwicklung der Ereignisse in der Ukraine übereinstimmen. Gut ersichtlich wird dies anhand des Verlaufs des Graphen der beiden Unterkategorien **22_Kampfhandlungen/Bruch vereinbarter Waffenruhe** sowie **25_Kriegsverbrechen**, da diese Kategorien im April, Mai und Juni eine Steigerung aufweisen und im September und Oktober ihre maximalen Werte erreichen. Der Verlauf der Graphen dieser beiden Unterkategorien deutet darauf hin, dass die Kampfhandlungen und die Kriegsverbrechen zusammenhängen, da in den Talkshowbeschreibungen mit Beginn der Kampfhandlungen in der Ostukraine auch von Verbrechen, Gräueltaten, dem Einsatz verbotener Waffen

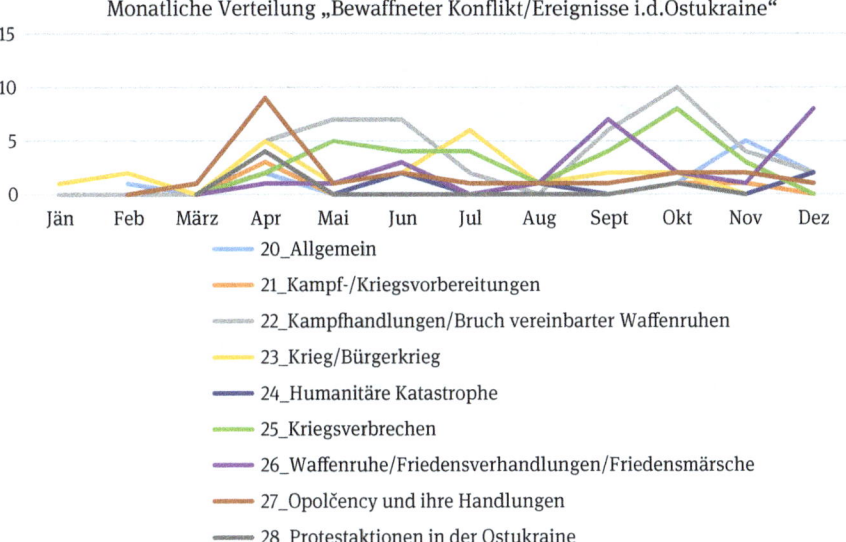

Abbildung 7: Monatliche Verteilung der Hauptkategorie „Bewaffneter Konflikt/Ereignisse i.d. Ostukraine" sowie aller dazugehörigen Subkategorien.

oder dem gezielten Angriff auf die Zivilbevölkerung vonseiten proukrainischer Kämpfer die Rede ist. Ein Grund für die vermehrte Diskussion von Kriegsverbrechen und/oder von Gewalt der ukrainischen Seite gegen die Separatisten und/oder ‚friedliche Einwohner*innen' könnte sein, dass dadurch innerhalb der eigenen Bevölkerung Unterstützung für die Separatisten sowie das Handeln Russlands hervorgerufen werden soll. Zudem spiegeln die beiden Graphen deutlich die Akkumulierung der Ereignisse in der Ukraine: der ‚bewaffnete Volksaufstand' der Separatisten und die Referenden in der Ostukraine im April, das Vorgehen der ukrainischen Übergangsregierung gegen die Separatisten und die damit verbundenen Gefechte und Kampfhandlungen im Mai, Juni sowie Juli etc.[147]

Aus dem Diagramm geht zudem hervor, dass das Thema **27_Opolčency und ihre Handlungen** im April besonders häufig im Korpus entdeckt werden konnte, was sicherlich damit zusammenhängt, dass in diesem Monat die Volksrepubliken DNR und LNR ausgerufen wurden und die Separatisten im Donbass

---

[147] Die Ereignisse sind im Detail in den Abschnitten II.4.2.2 sowie II.4.3 beschrieben und dokumentiert.

die Macht übernahmen.[148] Damit einher geht auch der Höchstwert der Kategorie **28_Protestaktionen in der Ostukraine**, welche den Referenden im Donbass vorausgegangen sind. Des Weiteren zeigen die Spitzenwerte der Kategorie **26_Waffenruhe/Friedensverhandlungen/Friedensmärsche** eindeutig, dass diese mit den tatsächlichen Beschlüssen und Friedensverhandlungen (die Präsentation eines Friedensplans im Juni, Minsk I im September sowie die kurzweilige Beruhigung der Lage im Dezember) übereinstimmen. Erwähnenswert ist an dieser Stelle außerdem der Höchstwert der Kategorie **23_Krieg/Bürgerkrieg** im Juli 2014 mit sechs Codierungen. Obwohl beispielsweise Belov (2016: 385–388) festhält, dass in den russischen Medien – insbesondere in Internetzeitungen – die Bezeichnung *vojna* (dt. *Krieg*) bis circa Mai 2015 eher vermieden und durch euphemistische Beschreibungen wie *operacija* (dt. *Operation*) oder *boevye dejstvija* (dt. *Kampfhandlungen*) umschrieben wurde, um die Wahrnehmung des Konflikts zu beeinflussen, wird in den Talkshowbeschreibungen durchaus das Lexem ‚Krieg' gebraucht. So kommen in den Sendungsbeschreibungen beispielsweise die Bezeichnungen *graždanskaja vojna* (dt. *Bürgerkrieg*), *vojna na Donbasse* (dt. *Krieg im Donbass*) oder *voennaja operacija* (dt. *Kriegsoperation*) vor.

Wie das Balkendiagramm (Abbildung 6) belegt, hat das Thema **40_Nationalistische und faschistische Kräfte in der Ukraine** eine nicht unerhebliche Rolle in Talkshows gespielt. Die zweite Hypothese (H2) beschäftigt sich mit diesem Thema:

H2: In den Talkshows auf *Rossija-1* sowie auf dem *Pervyj kanal* ist von einer Machtübernahme ukrainischer Faschisten bzw. Nationalisten sowie der Verfolgung russischsprachiger Bürger*innen die Rede.

Der erste Teil dieser Hypothese kann somit positiv beantwortet werden. Bei einer genaueren Analyse fällt jedoch auf, dass es einen deutlichen Unterschied zwischen den Talkshows auf dem *Pervyj kanal* und *Rossija-1* gibt. So wurde das Thema[149] lediglich 11 Mal[150] in Talkshows auf dem *Pervyj kanal* codiert, nämlich in POLITIKA sowie VREMJA POKAŽET, während es auf *Rossija-1* insgesamt

---

[148] Wie beispielsweise Baunov (2016: 22–24) erläutert, berichteten die russischen Medien zunächst ab Frühjahr/Sommer 2014 intensiv über die Separatisten und Freiwilligenbataillone. Allerdings ging ab Sommer 2015 die Berichterstattung über diese, inklusive der Verwendung des Begriffs „Novorossija", stark zurück. Baunov (2016) erklärt dies damit, dass die Popularität der Aufständischen innerhalb der Bevölkerung zu einem Problem für die russische Politik hätte werden können.

[149] Die Kategorien wurden in der vorliegenden Inhaltsanalyse als Themen erfasst (vgl. dazu Abschnitt III.8.2.2).

[150] Die Zahl ergibt sich durch Addition der Anzahl der Codierungen der Hauptkategorie sowie der Subkategorien.

35 Mal erwähnt wurde, davon 14 Mal in SPECIAL'NYJ KORRESPONDENT, 10 Mal in VEČER S VLADIMIROM SOLOV'ËVYM sowie einmal in POEDINOK. 10 Mal wurde dieses Thema zudem in der Trivial-Talkshow PRJAMOJ ÈFIR aufgegriffen. Dieses Ergebnis indiziert, dass *Rossija-1* einen anderen Fokus in der Berichterstattung und Diskussion über die Ukraine hat als der *Pervyj kanal*. Die deutlich häufigere Thematisierung eines ukrainischen Nationalismus oder Faschismus auf *Rossija-1* deutet darauf hin, dass in den Talkshows auf *Rossija-1* eventuell häufiger Vergleiche der Ukraine, ihrer Politiker*innen etc. mit dem Zweiten Weltkrieg und dem Nationalsozialismus gezogen werden und auch sprachlich radikaler und aggressiver über die Ukraine berichtet wird als auf dem *Pervyj kanal*. Diese Hypothese ist jedoch mithilfe der Kritischen Diskursanalyse (KDA) und der Untersuchung der sprachlichen Besonderheiten in der vorliegenden Arbeit noch zu prüfen.[151]

Eine genauere Betrachtung der Kategorie **40_Nationalistische und faschistische Kräfte in der Ukraine** mitsamt ihrer Unterkategorien (41–44) zeigt außerdem, dass dieses Thema nicht kontinuierlich in den Talkshows präsent war, sondern dass bestimmte Häufungen festgestellt werden können (Abbildung 8).

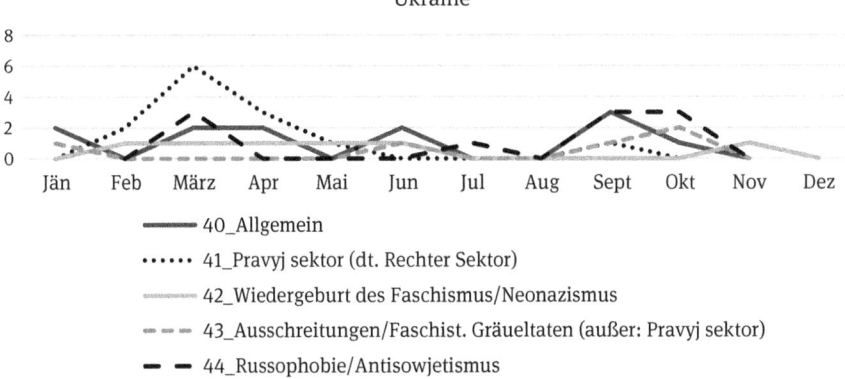

Abbildung 8: Monatliche Verteilung der Hauptkategorie „Nationalistische und faschistische Kräfte in der Ukraine" sowie der dazugehörigen Subkategorien.

---

[151] Eine Bestätigung für diese Hypothese findet sich bei der Untersuchung von Pasitselska (2017: 597), die mithilfe einer Diskursanalyse der Sonntagsnachrichten auf dem *Pervyj kanal* und *Rossija-1* festgestellt hat, dass *Rossija-1* eine „nationalistisch gefärbte Richtung" bei der Berichterstattung über die Teilnehmer*innen am Euromajdan eingeschlagen hat (siehe Abschnitt I.3.3).

Wie Abbildung 8 verdeutlicht, war das Thema **Nationalistische und faschistische Kräfte in der Ukraine** beispielsweise von Jänner bis Juli 2014 durchgehend in den Talkshows gegenwärtig, wobei es im März 2014 mit 12 Treffern am öftesten in die Sendungsbeschreibungen Eingang fand. Mit Ausnahme des Monats August kommt dieses Thema im September und Oktober wieder häufiger vor als in den Vormonaten, und seine Erwähnung sinkt bis November deutlich ab. Im Dezember wurden weder Haupt- noch Unterkategorien des Themas **Nationalistische und faschistische Kräfte in der Ukraine** in einer Sendungsbeschreibung gefunden. Eine mögliche Erklärung für diesen Verlauf könnte sein, dass zu Beginn des Jahres 2014 in Zusammenhang mit den Ereignissen auf dem Majdan Berichte über einen ukrainischen Nationalismus bzw. Faschismus als Legitimierung für Russlands Aktionen und zugleich zur Diskreditierung der politischen Umbrüche und Akteur*innen in der Ukraine gedient haben. Wie in Abschnitt II.4.1 dieser Arbeit bereits erwähnt wurde, beteiligten sich auch militante Nationalisten aus dem rechtsextremen Milieu an den Ereignissen auf dem Majdan. Russische Medien konzentrierten sich in ihrer Berichterstattung häufig auf deren Aktionen und Taten und verbreiteten dadurch das die Realität verzerrende Bild, dass Faschisten und Neonazis die Macht in der Ukraine übernommen hätten.

In den Talkshows weisen die Spitzenwerte der Subkategorie **41_Pravyj sektor** mit sechs Codierungen im März und drei Codierungen im April darauf hin, dass versucht wurde, eine Parallele zwischen dem *Pravyj sektor* und der ukrainischen Übergangsregierung zu ziehen. Folgender Textauszug aus der Einstiegsmoderation von Vladimir Solov'ëv verdeutlicht dies:

> Несмотря на введенные в Донбасс армейские подразделения, самопровозглашенные власти пока не решаются на карательные действия. Грязную работу за них готов выполнить «Правый сектор» (организация запрещена в РФ).
>
> (*Večer s Vladimirom Solov'ëvym*, 16.04.2014)

> Trotz der Stationierung von Armeeeinheiten im Donbass hat sich die selbsternannte Regierung bisher noch nicht zu Strafhandlungen entschieden. Der „Rechte Sektor" (verbotene Organisation in der RF) ist bereit, die dreckige Arbeit für sie auszuführen.

Wie aus diesem kurzen Ausschnitt hervorgeht, wird hier eine Verbindung zwischen der ukrainischen Übergangsregierung, die als „selbsternannte Regierung" (*samoprovozglašënnye vlasti*) bezeichnet wird, und dem *Pravyj sektor*, der bereit ist, die „dreckige Arbeit [für diese Regierung] auszuführen" (*grjaznuju rabotu za nich gotov vypolnit' Pravyj sektor*), hergestellt.

Das Thema **Nationalistische und faschistische Kräfte in der Ukraine** wurde auch für die Annexion/Wiedervereinigung der Krim mit Russland aufgegriffen, um das Vorgehen Russlands unter dem Vorwand des Schutzes russischsprachiger

Bürger*innen zu rechtfertigen. Mit dieser Erklärung lässt sich der Maximalwert im März 2014, dem Monat der Annexion/Wiedervereinigung, interpretieren. Im September und Oktober kam das Thema **Nationalistische und faschistische Kräfte in der Ukraine** in Talkshows wieder auf, um die Übergangsregierung in Kiew als „faschistische bzw. nazistische Junta" (*fašistskaja/nacistskaja chunta*) zu bezeichnen oder um die angeblichen Gräueltaten der ukrainischen Armee zu dokumentieren (*opolčency našli očerednoe svidetel'stvo zverstv fašistov*). Im November und Dezember 2014 wird das Thema sehr selten bzw. überhaupt nicht mehr erwähnt, was damit zusammenhängen könnte, dass sich die Talkshows auf andere Themen wie die anhaltenden Kampfhandlungen, die Parlamentswahlen in der Ukraine oder die Maßnahmen des Westens, vor allem die Sanktionen, konzentriert haben.

Auch der zweite Teil der Hypothese, die Thematisierung der Verfolgung russischsprachiger Bürger*innen, kann bestätigt werden, da die Unterkategorie **44_Russophobie/Antisowjetismus** in den Talkshows insgesamt 10 Mal vorkommt. Sie ist jedoch nicht sehr häufig vertreten, weshalb hier ebenso eine detaillierte Analyse lohnenswert ist. Das Thema **44_Russophobie/Antisowjetismus** ist mit jeweils fünf Codierungen auf dem *Pervyj kanal* und *Rossija-1* ausgeglichen verteilt. Auffallend ist, dass in dieser Kategorie größtenteils Äußerungen über Angriffe auf die russische bzw. sowjetische Kultur zu finden sind wie beispielsweise der Sturz der Leninstatue in Charkow, der als „schrecklicher Vandalismus" wahrgenommen wurde (*rassmotrim kartu užasnogo vandalizma Lenina-pada na Ukraine*). Des Weiteren zählen in diese Kategorie Sendungsbeschreibungen, in denen von einer „Jagd" (*gonenie*) auf Russischsprechende oder sogar von einer „Vernichtung" (*uničtoženie*) von Menschen, die sich Kiew widersetzen und Russisch sprechen wollen, die Rede ist. Auch die Behauptung, dass es Aufrufe zu „Strafaktionen gegen Orthodoxe" in der Ukraine gäbe (*prizyvy k karatel'nym akcijam protiv pravoslavnych na Ukraine*), fällt in die Kategorie **44_Russophobie/Antisowjetismus**.[152]

Die nächste Hypothese (H3) widmet sich dem Handeln Russlands in Hinblick auf die Ukraine sowie der Beziehung zwischen den beiden Ländern:

H3: Die Rolle und Position Russlands sowie seine Unterstützung für die Ostukraine steht in den Talkshows auf *Rossija-1* mehr im Vordergrund als auf dem *Pervyj kanal*.

Zur Überprüfung der Hypothese werden die Kategorien **Russisch-ukrainische Beziehungen (50–55)** untersucht. Die Hypothese, dass in Bezug auf die Bezie-

---

[152] Siehe dazu auch Fallbeispiel 1 der Kritischen Diskursanalyse, insbesondere Abschnitt III.10.1.4.2.

hungen zwischen den beiden Ländern die zwei Sender divergieren, basiert auf der Annahme, dass auf *Rossija-1* die Erzeugung des Gefühls eines nationalen Zusammenhalts eine größere Rolle spielt als auf dem *Pervyj kanal* (vgl. Abschnitt II.5.2.1). Daher ist eine Vermutung, dass auf *Rossija-1* eher versucht wird, das Handeln Russlands in der Ukraine und seine Beziehungen zu dem Land darzustellen, um Zustimmung in der eigenen Bevölkerung zu erhalten und einen Konsens herzustellen. Bereits die Betrachtung der Verteilung der Hauptkategorie auf den beiden Sendern widerlegt jedoch die Hypothese, da das Thema **50_Russisch-ukrainische Beziehungen (allgemein)** auf *Rossija-1* lediglich einmal, auf dem *Pervyj kanal* dagegen fünf Mal angesprochen wird. Bei der Untersuchung aller Kategorien (**50–55**) wird ebenso deutlich, dass diese Hypothese nicht bestätigt werden kann, da das Thema auf beiden Sendern quantitativ gleich verteilt ist. Erwähnenswert sind an dieser Stelle zwei Unterkategorien, bei denen es merkliche Unterschiede zwischen den Kanälen gibt: Während die **52_Position/Hilfe Russlands** zur Lösung des Konflikts fast immer auf *Rossija-1* thematisiert wird, werden die **53_Gaslieferungen** ausschließlich auf dem *Pervyj kanal* behandelt. Die **52_Position/Hilfe Russlands** kommt in den Sendungsbeschreibungen meist in der Person des russischen Präsidenten Vladimir Putin zum Ausdruck, der sich mit Politiker*innen anderer Länder bespricht und Dialoge oder Friedensverhandlungen führt – immer zugunsten einer Lösung des Konflikts in der Ukraine. In Bezug auf die Gaslieferungen, die insgesamt lediglich vier Mal codiert wurden, ist bemerkenswert, dass dieses Thema nur in den zwei neuen Talkshows, Vremja pokažet sowie Tolstoj. Voskresen'e, vorkommt. Dass gerade diese beiden Shows dieses Thema aufgreifen, könnte damit zusammenhängen, dass beide Shows nach den Nachrichten ausgestrahlt werden, und die Thematisierung der Gaslieferungen eine Reaktion der Talkshows auf den Nachrichteninhalt darstellt.

Bemerkenswert ist außerdem, dass die Unterkategorie **54_Krim als Teil Russlands** in sieben Talkshowreihen behandelt wird und vier dieser Reihen zum Subgenre Promi-Talk gehören (Pozner, Segodnja večerom, Večernyj Urgant sowie Devčata). Auch die Kategorie **51_Russische Außenpolitik in Bezug auf die Ukraine** wurde in der Promi-Talkshow Pozner mehrmals codiert. Das Vorkommen dieser beiden Kategorien in Promi-Talkshows weist darauf hin, dass auch in ‚unpolitischen' Talkshows Politik gemacht wird und scheinbar zufällig politische Themen eingestreut werden. Deutlich wird dies anhand eines Auszugs aus der Anfangssequenz der Talkshow Devčata, in der eine der Moderatorinnen erklärt, dass sie anstatt ins Solarium zu gehen, in den Maiferien auf die Krim fahre, da diese jetzt zu Russland (*Krym teper' naš*) gehöre:

> Я тоже хотела пойти в этот солярий, но потом я думаю: Нет, я в этот солярий теперь не пойду. Теперь я на майские праздники поеду в Крым. Крым теперь наш. (нрзб.) Молодцы. Поздравляем. Я предлагаю на майскую демонстрацию всем дружно приехать в Крым. Там так хорошо, погода великолепная, там такой климат чудесный. [...] Крым люблю – моя мечта. (*Devčata*, 17.03.2014)

> Ich wollte auch in dieses Solarium gehen, aber dann denke ich: Nein, in dieses Solarium werde ich jetzt nicht gehen. Ab sofort werde ich zu den Maifeierlichkeiten auf die Krim fahren. Die Krim gehört nun uns. (unv.) Gut gemacht. Gratulation. Ich schlage vor, dass alle einträchtig zur Maidemonstration auf die Krim fahren. Dort ist es so schön, das Wetter ist wunderbar, das Klima dort ist herrlich. [...] Ich liebe die Krim – mein Traum.

Mit dieser Aussage bringt die Moderatorin die allgemeine Stimmung im März 2014 in Russland zum Ausdruck, da ein Großteil der russischen Bevölkerung die Annexion/Wiedervereinigung der Krim von/mit Russland befürwortete (vgl. Russland-Analysen 2019: 15).

Die nächste Hypothese (H4) lautet wie folgt:

H4: In Talkshows auf *Rossija-1* sind die Reaktionen und Maßnahmen des Westens in Bezug auf Russland und/oder die Ukraine häufiger Thema als auf dem *Pervyj kanal*.

Auf *Rossija-1* wird in den Talkshows des Moderators Vladimir Solov'ëv häufig die Beziehung zwischen Russland und dem Westen behandelt (vgl. Kaltseis 2016). Daher geht die vorliegende Hypothese (H4) davon aus, dass auch die Reaktionen und Maßnahmen des Westens in Bezug auf Russland und die Ukraine in diesen Sendungen eine nicht unerhebliche Rolle spielen. Zur Überprüfung dieser Annahme wurde eruiert, wie häufig die Kategorien (**60–65**) insgesamt in den Talkshowbeschreibungen der beiden Sender vorkommen.

Die **60_Maßnahmen/Reaktionen des Westens** samt Unterkategorien ist diejenige Kategorie, die am dritthäufigsten im Korpus codiert wurde (vgl. Abbildung 6). Russland bezeichnete die Ukraine häufig auch metaphorisch als „Marionette" des Westens (Weiss 2017: 481) und aus russischer Sicht spielte der Westen einerseits in Form von Einflussnahme und Unterstützung eine wichtige Rolle bei den politischen Vorgängen in der Ukraine und andererseits ‚bestrafte' der Westen Russland für dessen Handlungen und Aktionen, zum Beispiel in Form von Sanktionen. Daher waren die **Maßnahmen/Reaktionen des Westens** in Bezug auf die Ukraine und Russland im russischen Fernsehen ein häufig aufgegriffenes Thema.

Das Ergebnis der quantitativen Auswertung bestätigt die Hypothese (H4), da auf *Rossija-1* die **Maßnahmen/Reaktionen des Westens (60–65)** häufiger thematisiert werden als auf dem *Pervyj kanal*. Insgesamt verteilt sich dieses Thema prozentuell mit fast 56 Prozent auf *Rossija-1* und mit rund 44 Prozent auf den *Pervyj kanal*. Interessant sind wiederum die Unterschiede bei den Unterkategorien: Während die Talkshows beider Sender die **62_Sanktionen** gleich oft ansprechen, werden die **65_Auswirkungen dieser Sanktionen auf Russland** ausschließlich in den Shows des *Pervyj kanal* zur Sprache gebracht, beispielsweise in Form der Preissteigerung auf Lebensmittel oder des Falls des Rubelkurses im Herbst 2014. Dieses ökonomische Thema kommt vor allem in den neuen Talkshows wie STRUKTURA MOMENTA, TOLSTOJ. VOSKRESEN'E und VREMJA POKAŽET vor, aber auch in POLITIKA und der Promi-Talkshow POZNER wird es behandelt.

Das Thema **64_Apathie/Wegsehen des Westens** dagegen wird lediglich in der Talkshow (VOSKRESNYJ) VEČER S VLADIMIROM SOLOV'ËVYM aufgegriffen. In deren Sendungen wird Europa beispielsweise vorgeworfen, die „Augen vor der Wiedergeburt des Neonazismus in der Ukraine zu verschließen" (*Evropa zakryvaet glaza na vozroždenie neonacizma*), die „Morde der Ukrainer zu tolerieren" (*na glazach meždunarodnych nabljudatelej ukrainskie snarjady prodolžajut ubivat' mirnych žitelej*) oder „wegzusehen und zu schweigen" (*Zapad predpočël ne zamečat' i promolčal*).[153] Auch die **61_Westl. Einmischung/Unterstützung** der Ukraine bzw. der ukrainischen Politik vonseiten des Westens wird meist nur in den Sendungen auf *Rossija-1* behandelt.

Im Anschluss an die Hypothese 4 (H4) geht die fünfte Hypothese (H5) davon aus, dass die Polit-Talks auf *Rossija-1* häufiger auf innenpolitische Ereignisse in der Ukraine Bezug nehmen als jene des *Pervyj kanal*:

H5: Innenpolitische Angelegenheiten der Ukraine werden in Talkshows auf *Rossija-1* häufiger thematisiert als auf dem *Pervyj kanal*.

Wie bei der Beantwortung der vorigen Hypothese (H4) wird zunächst ermittelt, wie die Kategorien, in diesem Fall **70–79**, auf die beiden Sender verteilt sind. Insgesamt ist die **70_Ukrainische Innenpolitik** inklusive Unterkategorien diejenige Kategorie, die am zweithäufigsten im Korpus vorkommt (vgl. Abbildung 6). Sie hat außerdem die größte Anzahl an Unterkategorien.

Die **70_Ukrainische Innenpolitik** mitsamt ihren Subthemen (**71–79**) ist auf beiden Sendern unterschiedlich oft vertreten: Rund 60 Prozent der inneren politischen Angelegenheiten der Ukraine werden in Sendungen auf *Rossija-1* behandelt und circa 40 Prozent dieses Themas werden von Talkshows auf dem *Pervyj kanal* abgedeckt. Somit kann auch die Hypothese (H5) bestätigt werden. Auffallend ist bei den Unterkategorien, dass die **78_Neue Regierung und ihre Maßnahmen** sowie **79_ Maßnahmen, Beschlüsse, Reaktionen etc. Porošenkos** wesentlich häufiger codiert wurden als die übrigen Subkategorien. Ein Grund dafür könnte sein, dass die anderen Unterkategorien, wie zum Beispiel

---

[153] Siehe dazu auch Abschnitte III.10.1.4, III.10.2.5 und III.10.2.6.

die **71_Wahlen in der Ukraine**, die **75_Abschaffung des blockfreien Status** oder **77_Korruption/Lustrationsgesetz**, als Diskursmomente bzw. als spezifische politische Ereignisse und Entscheidungen lediglich zu einem bestimmten Zeitpunkt thematisiert werden.

Allgemein deuten die bisherigen Ergebnisse, insbesondere die Hypothese 2 sowie die Bestätigung der Hypothesen 4 und 5, darauf hin, dass *Rossija-1*, zumindest in den Talkshows im Jahr 2014, andere thematische Schwerpunkte gesetzt hat als der *Pervyj kanal*. So wurde in den Sendungen auf *Rossija-1* häufiger die internationale Politik (**60_Maßnahmen/Reaktionen des Westens**) sowie die nationale Politik eines anderen Landes (**70_Ukrainische Innenpolitik**) behandelt und häufiger Parallelen zwischen der ukrainischen Übergangsregierung und den faschistischen bzw. nationalistischen Gruppierungen gezogen.

Um allgemein den Unterschied zwischen den beiden Sendern beim Polit-Talk, dem Subgenre mit dem größten Anteil an ukrainebezogenen Sendungen, zu verdeutlichen, wird die quantitative Verteilung der Sendungen mit und ohne Ukrainezug auch mithilfe eines Tortendiagramms (Abbildung 9) dargestellt.

Polit-Talkshows 2014 mit und ohne Ukrainebezug

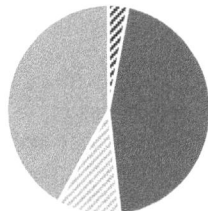

⸕ Rossija-1 (ohne Ukrainebezug) ■ Rossija-1 (mit Ukrainebezug)
⸕ Pervyj kanal (ohne Ukrainebezug) ▪ Pervyj kanal (mit Ukrainebezug)

Abbildung 9: Verteilung des Subgenres Polit-Talk auf dem *Pervyj kanal* und *Rossija-1*.

Dieses Diagramm (Abbildung 9) illustriert, dass auf dem *Pervyj kanal* mit 108 sowie auf *Rossija-1* mit 117 Sendungen im Jahr 2014 die Polit-Talks fast gleich viele Shows mit Ukrainebezug ausgestrahlt haben. Während auf *Rossija-1* rund 94 Prozent aller Polit-Talks einen Ukrainebezug hatten, waren es auf dem *Pervyj kanal* lediglich circa 81 Prozent. Vor allem im November und Dezember ist auf diesem Sender eine Hinwendung zu anderen Themen wie zur russischen Innenpolitik oder zu sozialen Fragen und Problemen, zum Beispiel dem Anstieg von Gewalt in Russland oder die Fahrlässigkeit von Ärzten, zu verzeichnen.

Obwohl der *Pervyj kanal*, wie bereits in Abschnitt II.6.3.2 dargelegt, in Bezug auf die Anzahl von Polit-Talksendungen im Vergleich zu *Rossija-1* im Herbst 2014 stark aufgeholt hat, zeigt sich eine Präferenz dieses Senders für Promi-, Trivial- sowie Spezial-Talks. So befinden sich sieben der insgesamt neun Promi-Talkreihen auf dem *Pervyj kanal*. Zudem werden mit Ausnahme von PRJAMOJ ÉFIR alle Trivial-Talks auf dem *Pervyj kanal* ausgestrahlt und auch von den Spezial-Talks erscheinen zwei Drittel auf diesem Sender. Davon leitet sich auch die nachfolgende Hypothese (H6) ab:

H6: Talkshows auf dem *Pervyj kanal* widmen ihre Sendungen häufiger einzelnen Personen in oder aus der Ukraine als auf *Rossija-1*.

Zur Verifizierung dieser Hypothese wird die Häufigkeit der Codierung der Kategorien **80–84 Talkshowgäste aus/in der Ukraine**[154] ausgewertet. Wie die Auszählung zeigt, widmen sich dreimal so viele Talkshowsendungen auf dem *Pervyj kanal* diesem Thema als auf *Rossija-1* und die Hypothese kann daher positiv beantwortet werden. Viele dieser Sendungen wurden als ukrainebezogen codiert, da sich in den Sendungsbeschreibungen aufgrund der Herkunft der Prominenten häufig ukrainische Toponyme befinden. Es gibt jedoch auch eindeutig politisch motivierte Sendungen, wie folgendes Beispiel der Beschreibung des Sendungsinhalts der Show NAEDINE SO VSEMI illustriert:

> Москвичка Алина Соловьева в одночасье стала известна всей стране. Необычный плакат «Хочу замуж за севастопольца!», который она держала на митинге в поддержку присоединения Крыма к России, сделал Алину невестой года. Объявление вызвало ажиотаж в интернете. В ответ из Севастополя прилетело согласие. На призыв откликнулся военнослужащий Денис Птичка. Ирония судьбы в том, что и Денис, и Алина родом из Севастополя. (*Naedine so vsemi*, 02.04.2014)

> Die Moskauerin Alina Solov'ëva wurde auf einen Schlag dem ganzen Land bekannt. Ein ungewöhnliches Plakat mit der Aufschrift „Ich will einen Sewastopoler heiraten!", das sie auf der Kundgebung zur Unterstützung der Angliederung der Krim an Russland hielt, machte Alina zur Braut des Jahres. Diese Ankündigung hat im Internet für großes Aufsehen gesorgt. Als Antwort kam eine Zusage aus Sewastopol. Auf den Aufruf reagierte der Militärangehörige Denis Ptička. Die Ironie des Schicksals liegt darin, dass sowohl Denis als auch Alina ursprünglich aus Sewastopol stammen.

Bereits aus dieser Sendungsbeschreibung geht hervor, dass am Beispiel einer Liebesgeschichte ein politisches Thema, die „Angliederung der Krim an Russ-

---

154 Ausgenommen davon waren Polit-Talks, da im Gegensatz zu Promi-, Spezial- oder Trivial-Talks die Politiker*innen meistens nicht das Thema einer Sendung sind, sondern als Gäste/Expert*innen über das jeweilige Thema der Show diskutieren.

land" (*prisoedinenie Kryma k Rossii*), emotionalisiert und personalisiert wird. Die Protagonistin Alina ist wie Denis in Sewastopol geboren. Während Alina jetzt in Moskau lebt, hat Denis seinen Lebensmittelpunkt immer noch in Sewastopol. Alina und Denis könnten allegorisch für Russland und die Krim – die Nennung der beiden Hauptstädte Moskau und Sewastopol sind jeweils als *pars pro toto* zu verstehen – und deren Verhältnis zueinander stehen, da impliziert wird, dass die beiden als Paar genauso zusammengehören wie Russland und die Krim. Auf den politischen Hintergrund dieser Geschichte weisen unter anderem auch die Erwähnung der Versammlung für die Unterstützung der „Angliederung der Krim an Russland" hin, die als Ausgangspunkt für die Romanze dient, sowie der Beruf von Denis, der ein Angehöriger des Militärs ist (*voennoslužaščij*). Außerdem wird im Beschreibungstext die Unvermitteltheit (*v odnočas'e*), Ungewöhnlichkeit (*neobyčnyj*) sowie die Schicksalhaftigkeit (*ironija sud'by*) dieses Ereignisses lexikalisch betont, was sowohl für das frische Liebespaar als auch für die „Angliederung der Krim an Russland" gilt. Interessant sind auch die beiden sprechenden Nachnamen der Protagonisten: Alinas Nachname „Solov'ëva" leitet sich von der Nachtigall (*solovej*) ab und Denis' Name „Ptička" bedeutet auf Deutsch ‚Vögelchen'. Somit haben die beiden nicht nur eine gemeinsame Herkunft, sondern auch namentlich passen die beiden gut zusammen. Das könnte eventuell wieder als Anspielung auf die Zusammengehörigkeit von Russland und der Krim interpretiert werden.[155]

Die letzte Hypothese (H7) der integrativen Inhaltsanalyse wurde nach der ersten Stichprobe hinzugefügt und lautet wie folgt:

H7: Sowohl in den Talkshows auf *Rossija-1* als auch auf dem *Pervyj kanal* wird davon gesprochen, dass der Westen und/oder die Ukraine einen Informationskrieg gegen Russland führen.

Die Kategorie **90_Informationskrieg/Propaganda gegen Russland** hat die geringste Anzahl an Subkategorien des gesamten Kategoriensystems. Obwohl diese Kategorie mitsamt Unterkategorien auch am wenigsten Codierungen erzielt hat, wurde sie als eigene Kategorie aufgenommen, um zu zeigen, dass die dezidierte Thematisierung eines Informationskrieges bzw. von Propaganda in den Talkshows eine eher geringe Rolle gespielt hat und stattdessen, wie bereits gezeigt wurde, die Konzentration auf den **Maßnahmen/Reaktionen des Westens** (60–65) lag. Auffallend ist, dass in Bezug auf den Westen der Begriff ‚Propaganda' eigentlich nicht vorkommt, sondern lediglich von einem „Informationskrieg" (*informacionnaja vojna*) oder einer „Informationsattacke" (*informacionnaja ataka*)

---

[155] Die Talkshowsendung wird auch im Fallbeispiel 1 (Abschnitt III.10.1) analysiert.

gesprochen wird. Für die ukrainische Berichterstattung werden dagegen neben dem Begriff „Informationskrieg" (*informacionnaja vojna po-ukrainski*) auch die Termini „Propaganda" (*ukrainskaja propaganda*) sowie „politische PR-Aktion" (*političeskij Piar*) in den Sendungsbeschreibungen verwendet. Auf beiden Fernsehkanälen wird das Thema (**90–92**) aufgegriffen, wobei es jedoch deutlich öfter auf *Rossija-1* zu finden ist als auf dem *Pervyj kanal*. Zusammen mit dem Thema **Nationalistische und faschistische Kräfte (40–44)**, das ebenso häufiger auf *Rossija-1* codiert wurde, deutet dieses Ergebnis wiederum darauf hin, dass auf *Rossija-1* im Jahr 2014 eine polarisierend-radikalerer Darstellung der Ereignisse in der Ukraine gewählt wurde als auf dem *Pervyj kanal*. Um diese Hypothese zu überprüfen, wird nach der anschließenden Beantwortung der Forschungsfragen die Kritische Diskursanalyse ausgewählter Talkshowsendungen durchgeführt, um sowohl sprachliche als auch visuelle Besonderheiten ausgewählter Sendungen im Detail zu untersuchen.

Im Anschluss an die Hypothesen werden im folgenden Abschnitt die Forschungsfragen der integrativen Inhaltsanalyse beantwortet.

8.3.2 Beantwortung der Forschungsfrage (FF 1)

Diese Forschungsfrage 1 (FF 1), wie viele Talkshowsendungen sich im Jahr 2014 auf dem *Pervyj kanal* und *Rossija-1* mit der Ukraine bzw. mit einem ukrainebezogenen Thema beschäftigt haben und in welche Unterthemen sie eingeteilt werden können, wurde mithilfe der ausführlichen Darstellung der integrativen Inhaltsanalyse sowie der Verifizierung der Hypothesen im Detail beantwortet und wird an dieser Stelle nun noch einmal zusammengefasst: Insgesamt rund 15 Prozent aller Talkshows auf dem *Pervyj kanal* und *Rossija-1* haben sich im Jahr 2014 mit einem ukrainebezogenen Thema beschäftigt. Bemerkenswert ist, dass die Anzahl ukrainebezogener Talkshows insgesamt auf den beiden Sendern zahlenmäßig gleich verteilt ist: Auf dem *Pervyj kanal* weisen 141 Sendungen einen Ukrainebezug auf und auf *Rossija-1* 142 Sendungen. Dieses Ergebnis ist zweifelsohne der Art und Weise der Codierung geschuldet, die jedoch mithilfe einer genauen Dokumentation und Vorgehensweise der Inhaltsanalyse nachvollziehbar gemacht wurde. Zudem zeigt die Graphik der monatlichen Anzahl der Talkshowsendungen mit Ukrainebezug (Abbildung 5), dass das russische Fernsehen in Talkshows auf die Ereignisse in der Ukraine reagiert hat. Diese eindeutig feststellbaren Häufungen von ukrainebezogenen Talkshows zum Beispiel rund um historische Ereignisse wie die Annexion/Wiedervereinigung mit der Krim sowie schließlich die enorme quantitative Zunahme ab September 2014 deuten darauf hin, dass in den Talkshows auf beiden Fernsehkanälen eine gezielte Meinungsbeeinflussung der Zuseher*innen betrieben wurde. Wie in diesem Zusammenhang van Dijk (2003) festhält, stellen bereits die Themenauswahl und das verfügbare Themenangebot eine Art der Kontrolle und Machtausübung der staatlichen Fernsehkanäle dar.

Die quantitative Analyse dieser Arbeit demonstriert darüber hinaus nicht nur, dass vermeintlich unpolitische Talkshows wie der Promi-, der Trivial- oder der Spezial-Talk einen Ukrainebezug aufweisen, sondern sie lässt auch erkennen, dass es deutliche Unterschiede zwischen dem *Pervyj kanal* und *Rossija-1* gibt. So finden sich bei der Ermittlung der prozentuellen und anteilsmäßigen Verteilung der ukrainebezogenen Sendungen folgende Unterschiede zwischen den beiden Sendern: Während auf *Rossija-1* 33 Prozent, also circa ein Drittel, aller Talkshowsendungen einen Ukrainebezug hatten, waren es auf dem *Pervyj kanal* lediglich rund 10 Prozent. Diese relativ niedrige Prozentzahl wird bei einer detaillierten Untersuchung der einzelnen Subgenres relativiert: So wurde bereits am Anfang der Beantwortung der Hypothesen graphisch dargestellt, dass sich in den Polit-Talks fast 90 Prozent der Sendungen mit der Ukraine beschäftigt haben, bei den Promi- sowie Trivial-Talks lediglich vier Prozent und beim Spezial-Talk rund ein Prozent. Wie bereits erwähnt, sendet der *Pervyj kanal* die größte Anzahl an Promi- und Trivial-Talkreihen und da in diesen eher selten ein ukrainebezogenes Thema angesprochen wurde, ist es nicht verwunderlich, dass sich insgesamt nur circa 10 Prozent aller Sendungen des *Pervyj kanal* mit diesem Thema beschäftigt haben. Bei genauerer Betrachtung der einzelnen Sendereihen zeigen sich ebenso Unterschiede: So hatten auf dem *Pervyj kanal* beim Promi-Talk 14 Sendungen bei POZNER einen Ukrainebezug und fünf Sendungen bei NAEDINE SO VSEMI. Erwähnenswert sind ebenso der Trivial-Talk PUST' GOVORJAT mit zwei Sendungen sowie die im Herbst neu ins Programm integrierte Show MUŽSKOE/ŽENSKOE mit drei ukrainebezogenen Sendungen. Auch die Spezial-Talks MODNYJ PRIGOVOR sowie DAVAJ POŽENIMSJA! widmeten eine bzw. zwei Sendungen einem ukrainebezogenen Thema. Aufschlussreich ist zudem, dass es bis Herbst 2014 lediglich eine einzige Polit-Talkshow auf dem *Pervyj kanal*, nämlich POLITIKA, gab, die sich in insgesamt 95 Prozent ihrer Sendungen mit den Ereignissen in der Ukraine beschäftigt hat. Im September bzw. Oktober 2014 sind drei neue Polit-Talkreihen hinzugekommen, und bei der Analyse der Anzahl der Sendungen dieser Reihen, die sich mit der Ukraine beschäftigen, zeigt sich ein eindeutiges Ergebnis: So haben bei TOLSTOJ.VOSKRESEN'E 100 Prozent, bei VREMJA POKAŽET rund 76 Prozent und bei STRUKTURA MOMENTA 45 Prozent der Sendungen einen Ukrainebezug. Das ist ein Indiz dafür, dass diese Talkshowreihen aus einem bestimmten Zweck ins Programm aufgenommen wurden: die Ukraine noch intensiver in die Wahrnehmung der Zuseher*innen zu rücken und mithilfe der neuen Show VREMJA POKAŽET auch nachmittags die Politik und Position Russlands zu vermitteln. Diese ‚Flut' an ukrainebezogenen Sendungen im Nachmittags- und Abendprogramm des *Pervyj kanal* sowie mit der ab Herbst täglich ausgestrahlten Show Večer s Vladimirom Solov'ëvym, von der 92 Prozent aller Sendungen 2014 einen Ukrainebezug hatten, deutet darauf hin, dass es sich hier um eine geplante über die Medien vermittelte persuasive Kommunikation handelte und in diesem Zusammenhang von Propaganda gesprochen werden kann (vgl. Kapitel I.1). Welche Strategien sowohl sprachlich als auch visuell in diesem Diskurssystem auf den beiden Sendern verwendet wurden, um die Ereignisse und die Akteure in der Ukraine darzustellen, wird mithilfe der Kritischen Diskursanalyse im nächsten Kapitel untersucht.

Auf *Rossija-1* weist die Trivial-Talkshow Prjamoj ėfir mit Abstand die meisten Sendungen mit Ukrainebezug auf und ist daher als Beispiel für die Behandlung und Diskussion ukrainebezogener Themen in Trivial-Talks für die nachfolgende qualitative Untersuchung besonders analysierenswert.

Der zweite Teil der ersten Forschungsfrage (FF 1), welche Unterthemen die ukrainebezogenen Talkshowsendungen aufgreifen, wurde mithilfe des Kategoriensystems und der Überprüfung der Hypothesen ebenso ausführlich beantwortet. Erwähnt seien an dieser Stelle noch einmal die Kategorien, die am häufigsten vorkommen: Neben den Ereignissen in der Ukraine im Allgemeinen und dem bewaffneten Konflikt in der Ostukraine im Besonderen sowie den Opfern dieser Ereignisse bzw. dieses Konflikts sind es vor allem die Maßnahmen und Reaktionen des Westens sowie die ukrainische Innenpolitik, denen sich die Talkshowsendungen widmen. Auch die Beziehungen zwischen Russland und seinem Nachbarland sowie der Nationalismus bzw. Faschismus in der Ukraine wurden oft codiert. In Bezug auf die einzelnen Themen wird die Kritische Diskursanalyse zeigen, auf welche Art und Weise diese Kategorien sprachlich und visuell dargestellt wurden.

Die im Zuge der Auswertung der Hypothesen entstandene Annahme, dass es deutliche Unterschiede zwischen den beiden Sendern in Hinblick auf die Diskussion und Darstellung der Ereignisse in der Ukraine gibt, wird im folgenden Kapitel mithilfe der Kritischen Diskursanalyse überprüft. Aus diesem Grund ist an dieser Stelle die quantitative Analyse der vorliegenden Arbeit beendet, und der nächste Schritt, die qualitative Untersuchung ausgewählter ukrainebezogener Talkshowsendungen, kann beginnen, um die weiteren Forschungsfragen (FF 2 und FF 3) zu beantworten und konkrete Aussagen über den Ukrainediskurs in russischen TV-Talkshows treffen zu können.

9 Kritische Diskursanalyse

> Through speech comes the power to manipulate or persuade people without necessarily resorting to physical force, and before men could speak it is unlikely that they had any opinions to change.
> (Brown 1963: 9)

Die Wahl der Kritischen Diskursanalyse[156] als Untersuchungsinstrument folgt aus dem Desiderat der vorliegenden Arbeit, die Art und Weise, wie sprachlich und visuell in russischen Talkshows im Jahr 2014 über die Ukraine berichtet bzw. diskutiert wurde, zu interpretieren, zu evaluieren, zu kritisieren und zu erklären (vgl. Fairclough 2015: 9). Der Fokus der vorliegenden Arbeit liegt dabei auf der Untersuchung der tatsächlichen Sprachverwendung und dafür ist der Terminus *Diskurs* besonders geeignet, wie Chafe (1992: 358) festhält: „Discourse provides a focus and meeting ground for all investigations of language as it really is."

Ziel ist einerseits die Erfassung der inhaltlichen Strukturen des Diskurses über die Ukraine und andererseits die Aufdeckung seiner ‚tieferen' Struktur, indem die im Diskurs vorkommenden sprachlichen und audiovisuellen Mittel einer detaillierten Analyse unterzogen werden.

In den nachfolgenden Abschnitten wird zunächst auf die Kritische Diskursanalyse im Allgemeinen (III.9.1) und anschließend auf den Ansatz von Siegfried Jäger im Speziellen (III.9.2) eingegangen. Im Anschluss daran wird das Forschungsdesign der qualitativen Untersuchung begründet und fixiert (III.9.3).

9.1 Allgemeiner Überblick

Die Diskursforschung, die seit den 1970er Jahren entwickelt wurde, umfasst verschiedene Disziplinen, zu denen neben der Sprachwissenschaft unter anderen auch die Soziologie, die Politikwissenschaft und die Geschichtswissenschaft gehören. In der sprachwissenschaftlichen Diskursforschung werden grob drei Ansätze unterschieden: der formal-linguistische Ansatz (Diskurs als Text), der empirisch-soziologische Ansatz (Diskurs als Konversation) sowie der kritische Ansatz (Diskurs als Macht/Wissen) (vgl. McHoul 1994: 941). Der vorliegende Abschnitt konzentriert sich auf die Beschreibung des kritischen Ansatzes, weil die Kritische Diskursanalyse das Forschungsinstrument der vorliegenden Arbeit darstellt.

---

[156] Die Kritische Diskursanalyse stellt an sich noch keine eigene Methode dar, da präzisiert werden muss, an welchem spezifischen Ansatz der Diskurstheorie und -analyse sich die Untersuchung orientiert (vgl. Wodak und Meyer 2016: 3). Dies geschieht im Laufe des vorliegenden Kapitels.

Innerhalb der Diskursforschung erweist sich die Kritische Diskursforschung (KDF) bzw. die Kritische Diskursanalyse (KDA)[157] als praktikables Forschungsprogramm, weil sie laut Wodak (2019: 2) die „Kluft" zwischen einem theoretischen Fokus einerseits und einem methodologisch-empirischen Interesse andererseits am ehesten überwindet, indem sie „sowohl Theorie wie Empirie in der problemorientierten Untersuchung komplexer sozialer Phänomene vereint."

Allgemein versteht die KDF *Diskurs* als „Produkt sozialer Praktiken", wobei damit einerseits Sprachhandeln (Text im Kontext) und andererseits „ein Ensemble von verbalen und non-verbalen Praktiken" in einer Gemeinschaft, Gruppe oder Gesellschaft gemeint ist (Wodak 2019: 5). Die Sprache ist somit zentraler Bestandteil der KDF; allerdings muss diese immer im Zusammenhang mit anderen bedeutungsgenerierenden Zeichen (z. B. visuelle Mittel, Musik etc.) gesehen werden (vgl. Wodak 2019: 5).

Trotz einer Vielzahl an Ansätzen und ihrer unterschiedlichen theoretischen Ausrichtungen[158] verfolgen laut Wodak (2013: xxv) alle kritisch diskursanalytischen Ansätze das Ziel, Kritik an hegemonialen Diskursen, welche Ungleichheiten, Ungerechtigkeiten sowie Unterdrückung in heutigen Gesellschaften (re)produzieren, zu üben: „What thus unites CDA and analysts is [...] rather salient common goals, that is, the critique and challenge of hegemonic discourses, texts and genres that re/produce inequalities, injustices, mystification and oppression in contemporary societies."

Außerdem gibt es einige Prinzipien, die allen Kritischen Diskursanalysen gemeinsam sind[159] und die an dieser Stelle näher erläutert werden:

---

[157] Die „Kritische Diskursforschung (KDF)" wird von Wodak (2013, 2019) und van Dijk (2003) der „Kritischen Diskursanalyse (KDA)" als Bezeichnung vorgezogen, da ihr keine spezifische Theorie oder Methode zugrunde liegt, wie dies das Kompositum aus ‚Diskurs' und ‚Analyse' implizieren würde, sondern sich die KDF aus einem Pool an Theorien bedient, aus dem sich verschiedene Forschungsrichtungen und methodische Umsetzungen entwickelt haben.

[158] Reisigl (2014b: 93–94) und Wodak (2019: 8) zählen jeweils sechs unterschiedliche Hauptvarianten der Kritischen Diskursanalyse bzw. KDF auf, die jedoch leicht voneinander abweichen. Während Wodak (2019: 8) die sogenannte „Oldenburger Diskursanalyse" nicht erwähnt, zählt Reisigl (2014b: 93–94) den „Korpus-linguistischen Ansatz" nicht in seiner Liste auf.

[159] Auch russische Forscher*innen betreiben (Kritische) Diskursanalyse (siehe z. B. Černjavskaja 2006, 2017; Issers und Ganeeva 2013), wobei in Russland jedoch häufig der Oberbegriff „Politische Linguistik" (*Političeskaja lingvistika*) verwendet wird (siehe Čudinov 2006). Methodisch und theoretisch stützen sich die russischen Publikationen auf die Pioniere der Diskursanalyse im deutschen und anglophonen Sprachraum, wie beispielsweise Wodak, van Dijk oder Fairclough, die alle ins Russische übersetzt wurden. Auch allgemeine Einführungen in die Diskursanalyse wurden ins Russische übersetzt (siehe z. B. Jorgensen und Fillips 2008).

- **Diskurs ist mehr als Sprache:** Obwohl Sprache einen zentralen Stellenwert einnimmt, umfasst Diskurs nicht nur gesprochene oder geschriebene Sprache, sondern auch andere Zeichensysteme, wie beispielsweise audiovisuelle Mittel, die bei einer Diskursanalyse unbedingt zu berücksichtigen sind (vgl. Jorgensen und Fillips 2008: 110; Wodak 2013: xxiii). Auch Wodak (2019: 8) spricht davon, dass „alle bedeutungstragenden Praxen" in die Analyse zu integrieren sind, und Jäger (2015: 95) hält ebenso fest, dass bei der Diskursanalyse neben der Sprache auch „nicht-sprachlich[e] Performanzen" sowie „Gegenständlichkeiten und Bildlichkeiten" Berücksichtigung finden sollen.
- **Diskurs ist eine Form der sozialen Praxis:** Die Kritische Diskursforschung versteht *Diskurs* als Form sozialer Praxis (vgl. Reisigl 2014: 93) bzw. als Abfolge „soziale[r] Wissensvorrät[e]" (Jäger 2015: 78). Im Diskurs manifestieren sich einerseits soziale Prozesse, andererseits bildet Diskurs selbst soziale Prozesse bzw. die soziale Welt ab (vgl. Jorgensen und Fillips 2008: 110; Wodak 2019: 8–9). Er hat daher einen „sozial konstituierten und sozial konstitutiven Charakter" (Reisigl 2014: 94).
- **Diskurs ist kontextabhängig:** Die Betrachtung des Kontextes spielt bei der Kritischen Diskursanalyse eine wichtige Rolle, da Diskurse intertextuell bzw. interdiskursiv sind (vgl. Jäger 2015: 137; Wodak 2019: 9). Die Kritische Diskursanalyse ist daher „multidisziplinär" (van Dijk 2003: 353) und versucht, verschiedene Methoden miteinander zu kombinieren (vgl. Reisigl 2014: 94).
- **KDF ist kritisch und selbstreflexiv:** Das Attribut *kritisch* bei der Kritischen Diskursforschung wird häufig damit assoziiert, dass sie Machtungleichheiten oder Missstände aufdecken und die Forschungsergebnisse einen Beitrag zur Verbesserung dieser Ungleichheiten leisten sollen. KDF ist somit nicht politisch neutral, sondern politisch beteiligt an sozialen Veränderungen (vgl. Jorgensen und Fillips 2008: 114). Allerdings ist eine „[e]xplizite Gesellschaftskritik" aus linguistischer Perspektive laut Warnke und Spitzmüller (2008: 22) „nicht die alleinige Aufgabe der Diskurslinguistik" und nicht immer angebracht. Sie verorten den kritischen Aspekt der Diskursanalyse daher bei der kontinuierlichen Selbstreflexion und „kritischen Distanz" der/des Forschenden, der/die die eigene Position, die Forschungsinteressen sowie die Kriterien der Analyse transparent machen muss (vgl. Warnke und Spitzmüller 2008: 20–22). Auch Jäger (2015: 11) hebt in seinen Ausführungen die Selbstreflexivität des/der Forschenden hervor.

Wodak (2019: 9) fasst die Bedeutung der Kritik im Rahmen der KDF folgendermaßen zusammen: KDF bedeutet keine Kritik im negativen Sinne, sondern es geht in erster Linie um ein „kontinuierliche[s] In-Frage-Stellen von selbstverständlich Angenommene[m], um regelmäßiges Hinterfragen von bis-

lang Unhinterfragte[m]." An diesem Verständnis von Kritik sowie dem selbstreflexiven Anspruch der KDF orientiert sich auch die vorliegende Arbeit.
- **KDF dekonstruiert Macht und Ideologien:** Die KDF beschäftigt sich mit sozialen und/oder politischen Themen (vgl. van Dijk 2003: 353; Reisigl 2014: 94), mit „komplexe[n] gesellschaftliche[n] Phänomene[n]" (Wodak 2019: 9) bzw. mit „brisante[n] Themen" (Jäger 2015: 92). Mithilfe der Analyse gesellschaftlicher Phänomene dekonstruiert die KDF Macht und Ideologien und ist sich bewusst, dass jede soziale Interaktion bestimmten Machtbeziehungen bzw. Werten und Normen unterworfen ist (vgl. Wodak und Meyer 2016: 4; Wodak 2019: 9). Insofern eignet sich insbesondere die Kritische Diskursanalyse für die vorliegende Arbeit, da sie davon ausgeht, dass eine Machtungleichheit[160] vorherrscht, wenn der öffentliche Diskurs von einer mächtigeren Gruppe – wie beispielsweise vom russischen staatlichen Fernsehen – kontrolliert wird und damit eine weniger mächtige Gruppe – all jene, denen das staatliche Fernsehen als Hauptinformationsquelle dient – beeinflusst wird: „[T]hose groups who control most influential discourse also have more chances to control the minds and actions of others" (van Dijk 2003: 355). Jäger (2015: 40) spricht in diesem Zusammenhang von Wissenskontrolle als Machtausübung im Diskurs.

An den hier aufgezählten Prinzipien der KDF orientiert sich auch die vorliegende Arbeit. Sie finden sich ebenso in der Forschungsmethode der Kritischen Diskursanalyse nach Jäger (2015). Letztere stellt eine Form der methodischen Umsetzung der Kritischen Diskursforschung dar und stützt sich auf die theoretischen Ausführungen von Foucault. Diese Methode wird im nachfolgenden Abschnitt vorgestellt, und es wird erläutert, warum sie sich für die empirische Analyse von russischen TV-Talkshows besonders eignet.

9.2 Die Kritische Diskursanalyse (KDA) nach Siegfried Jäger

Die Kritische Diskursanalyse (KDA) nach Jäger, welche im Laufe empirischer Projekte am Duisburger Institut für Sprach- und Sozialforschung seit Anfang der 1990er Jahre entwickelt wurde, hat als theoretische Grundlage die Schriften von Michel Foucault sowie Jürgen Link. Sie bezeichnet sich selbst als „angewandte

---

160 Das bedeutet jedoch nicht, dass die Arbeit *a priori* davon ausgeht, dass „spezifische Machtverhältnisse *in* den Texten" (Warnke und Spitzmüller 2008: 21) präsent sind, sondern dass diese, falls vorhanden, unter Bezugnahme des Kontextes mithilfe der KDA ermittelt werden können.

Diskurstheorie" (Jäger und Jäger 2007: 32; Jäger 2015: 8), da sie die theoretischen Ausführungen von Foucault, der selbst keine Methode entwickelt hat, praktisch anwendet. Dabei versteht sich die KDA nicht als strikte Anleitung zur Analyse von Diskursen, sondern als „offenes Konzept" (Jäger 2015: 8), als eine Art Werkzeugkasten für den/die Forscher*in. Damit wird die KDA dem Grundgedanken von Foucault gerecht, den er 1978 im *Gespräch mit Ducio Trombadori* (1996) geäußert hat: „Was ich geschrieben habe, sind keine Rezepte, weder für mich noch für sonst jemand. Es sind bestenfalls Werkzeuge – und Träume" (Foucault und Trombadori 1996: 25).

Die hohe *Praktikabilität* der KDA nach Jäger, welche dem/der Forscher*in als „Werkzeugkiste" dient, die Aufforderung an den/die Forscher*in „*kreativ und eigenständig*" (Jäger 2015: 19, Hervorhebung M. K.) mit ihr umzugehen sowie ihre *Offenheit* gegenüber Adaptierungen und „neue[n] Instrumente[n]" (Jäger 2015: 163) sind die Hauptgründe für die Anwendung dieser Methode in der vorliegenden Arbeit. Von anderen Varianten der Kritischen Diskursanalyse (vgl. z. B. Fairclough 2013; Wodak 2013, 2019; Wodak und Reisigl 2016; Rheindorf 2018) unterscheidet sich die KDA nach Jäger vor allem aufgrund des gut und ausführlich ausgearbeiteten methodischen Instrumentariums, welches die Anwendung der KDA erheblich erleichtert.

Außerdem eignet sich die KDA nach Jäger für die vorliegende Arbeit, da es ihr Ziel ist, einen Diskurs zu hinterfragen und *Kritik* an angeblich objektiven und ewig gültigen Wahrheiten zu üben, indem sie herausarbeitet, „was in unseren Gesellschaften als Wahrheit durchgesetzt wird und mit welchen Mitteln dies geschieht" (Jäger 2015: 151). Ein „kritisches Moment" betrifft auch die Themenwahl der KDA, da sie sich mit „gesellschaftlich brisanten Themen" auseinandersetzt und die Absicht hat, „menschliche Verhältnisse zu verbessern" (Jäger 2015: 151–152). Somit decken sich die Ziele der KDA mit denen der vorliegenden Arbeit: Letztere will herausfinden, welche ‚Wahrheiten' über die Ukraine in russischen TV-Talkshows im Jahr 2014 durchgesetzt wurden und mithilfe welcher sprachlicher und audiovisueller Mittel versucht wurde, auf die Zuseher*innen einzuwirken. Auch die Verbesserungsabsicht findet sich in der Arbeit: Mithilfe des Aufzeigens von einseitiger Berichterstattung und Propaganda im russischen Fernsehen wird dafür plädiert, aufmerksamer gegenüber einer möglichen Beeinflussung durch die Medien zu sein. Zudem behandelt die Arbeit mit dem Konflikt in der Ukraine ein gesellschaftlich und politisch brisantes Thema.

9.2.1 Diskurs, Macht und Wirkung

Unter dem Ausdruck *Diskurs* versteht die KDA einen „rhyzomartig verzweigte[n] mäandernde[n] ‚Fluss von >Wissen< bzw. sozialen Wissensvorräten durch die

Zeit', der durchaus auch einmal rückwärts fließen, Seen hinterlassen oder durchqueren kann, zeitweilig oder auch restlos versiegen kann, und er schafft die Vorgaben für die Subjektbildung und die Strukturierung und Gestaltung von Gesellschaften, die sich entsprechend als außerordentlich vielgestaltig erweisen" (Jäger und Jäger 2007: 23).

Mit dieser metaphorischen Umschreibung von Diskurs als in sich verflochtener und verschlungener Wissens*fluss* durch Zeit (und Raum)[161] inkludieren Jäger und Jäger (2007) bereits semantisch wichtige Elemente: die Möglichkeit von Diskursen rückwärts zu fließen, zu versiegen oder Spuren zu hinterlassen. Damit wird in dieser Definition impliziert, dass Diskurse aufeinander einwirken können („Seen hinterlassen oder durchqueren") und nicht immer gleich präsent sind und sogar verstummen können. Das Attribut *mäandernd* sowie die Flussmetapher[162] verweisen zudem darauf, dass *Diskurs* schwer abgrenzbar ist[163].

Als Wissensfluss durch die Zeit trägt bzw. transportiert Diskurs Wissen (vgl. Jäger und Jäger 2007: 18) und daher ist es das Ziel der Diskursanalyse, dieses Wissen zu ermitteln und zugleich sichtbar zu machen, mit welchen Mitteln der Diskurs auf Subjekte (ein)wirkt (vgl. Jäger und Jäger 2007: 18–19; Jäger 2015: 51). Indem Diskurs Wissen transportiert, ist er unweigerlich mit Macht verknüpft, da Wissen und Macht immer miteinander in Verbindung bzw. in Korrelation stehen (vgl. Jäger 2015: 38). Jäger und Maier (2013: 168–169) unterscheiden zwei Arten der Verschränkung zwischen Macht und Diskurs: die Macht des Diskurses (*power of discourse*) und die Macht über den Diskurs (*power over discourse*).

Die Macht des Diskurses (*power of discourse*) liegt darin, dass er skizziert, was in einer Gesellschaft zu einem bestimmten Zeitpunkt sagbar ist, ergo welches ‚Wissen' überwiegt, bzw. was nicht sagbar ist und damit nur am Rande erwähnt oder ganz ausgeklammert wird (vgl. Jäger 2015: 40).[164] Das dominante ‚Wissen' verfestigt sich mit der Zeit, weil „der Diskurs mit seiner fortdauernden

---

[161] Laut Jäger (2015: 28) werden Zeit und Raum diskursiv erstellt. Wenn das Konzept des Raumes im Diskursbegriff miteingeführt wird, bedeutet das, dass auch die internationalen Überlappungen des Diskurses miterfasst werden können (z. B. bei einem Medienvergleich zwischen Russland und Österreich).

[162] Neben der Flussmetapher findet sich bei Jäger (2015: 81) auch die Darstellung von Diskurs als Wurzelgeflecht. Zu diesem Bild passen auch die für die Beschreibung des Diskurses verwendeten Verben (*wuchern, verschränken*).

[163] Flüsse sind dann schwer abgrenzbar, wenn sie sich aus verschiedenen Quellgerinnen, deren Anzahl nicht klar bestimmbar ist, speisen. Es ist anzunehmen, dass Jäger (2015) bei seiner Charakterisierung von *Diskurs* mithilfe der Flussmetapher einen Fluss mit vielen Nebenflüssen und Quellgerinnen imaginiert hat.

[164] Černjavskaja (2006: 80) verortet die Macht des Diskurses in der „Möglichkeit einer umfangreichen sozialen Manipulation" (*vozmožnost' širokogo social'nogo manipulirovanija*).

Rekurrenz von Inhalten, Symbolen und Strategien nachhaltige Wirkung [erzielt]" (Jäger 2015: 52). Es ist somit nicht der einzelne Text, der wirkt, sondern eine Masse diskursiver Erzeugnisse (z. B. Texte, Filme, Fotos etc.).[165]

Wie Klemperer in seinem erstmals 1947 erschienenen Werk *LTI: Notizbuch eines Philologen* (2009) am Beispiel der Sprache der Nationalsozialisten erläutert hat, zählt die Wiederholung von einzelnen Wörtern, Sätzen, Redewendungen etc. zu den zentralen Elementen von Propaganda: „Worte können sein wie winzige Arsendosen: sie werden unbemerkt verschluckt, sie scheinen keine Wirkung zu tun, und nach einiger Zeit ist die Giftwirkung doch da. Wenn einer lange genug für heldisch und tugendhaft: fanatisch sagt, glaubt er schließlich wirklich, ein Fanatiker sei ein tugendhafter Held, und ohne Fanatismus könne man kein Held sein" (Klemperer 2009: 26–27).

Die Macht über den Diskurs (*power over discourse*) verweist darauf, dass gewisse Individuen oder Gruppen mehr Macht über und Einfluss auf den Diskurs haben können als andere, zum Beispiel, weil sie Zugang zu bestimmten Medien haben oder über größere finanzielle Mittel verfügen (vgl. Jäger und Maier 2013: 169–170; siehe auch van Dijk 2003: 355). Allgemein gilt jedoch, dass der Diskurs „überindividuell" ist und alle Subjekte an einem Diskurs mitwirken (Černjavskaja 2006: 79; Jäger und Jäger 2007: 24).

Das Ziel der Kritischen Diskursanalyse ist es, die Macht und die Verteilung der Macht über den Diskurs zu kritisieren (vgl. Jäger und Jäger 2007: 20). Sie erfasst „alle Aussagen, die in einer bestimmten Gesellschaft zu einer bestimmten Zeit geäußert werden (können), aber auch die Strategien, mit denen das Feld des Sagbaren ausgeweitet oder auch eingeengt wird" (Jäger und Jäger 2007: 34–35). Die Aussagen[166], die mithilfe der Diskursanalyse ermittelt werden, bezeichnet Jäger (2015: 8) als „Atome" des Diskurses und unterstreicht, dass sich die Diskursanalyse nicht ausschließlich auf die Sprache konzentriert, sondern, dass sich Diskurs als Wissensfluss durch die Zeit neben Sätzen, Wörtern oder Texten auch in anderen Bereichen manifestiert. Als Beispiel hierfür und als wichtige diskurstragende Kategorie führt Jäger die sogenannten „Kollektivsymbole" an, welche er als „Repertoire aus Bildern, mit dem wir uns ein Gesamtbild von der gesellschaftlichen Wirklichkeit bzw. der politischen Landschaft der Gesellschaft machen" (Jäger und Jäger 2007: 36) definiert. Damit findet die Betrachtung von Bildern als Kollektivsymbole

---

165 In diesem Zusammenhang unterscheiden Jäger und Zimmermann (2010: 130) auch zwischen „Textwirkung" als Wirkung eines einzelnen Textes und „diskursiver Wirkung", welche über den Einzeltext hinausgeht und die „nachhaltige Wirkung" einer großen Menge z. B. von Texten, Filmen, Bildern etc. umfasst.
166 Aussagen sind keine Sätze, sondern sie sind „der inhaltlich gemeinsame Nenner, der aus Sätzen und Texten [unter Beachtung der Kontexte] gezogen werden kann" (Jäger und Jäger 2007: 26).

bei der KDA nach Jäger Berücksichtigung, wobei damit jedoch vor allem sprachliche Bilder gemeint sind (vgl. z. B. Jäger und Maier 2013: 179).[167]

In den letzten Jahren wurde von Jäger (2015: 112–119) außerdem der Versuch unternommen, die Diskursanalyse zur sogenannten Dispositivanalyse auszuweiten, welche neben der Untersuchung diskursiver auch die nicht-diskursiven Praxen und „Gegenständlichkeiten" (Jäger 2015: 73) inkludiert. Dadurch soll nicht nur gesagtes oder geschriebenes Wissen, sondern der gesamte „Wissens-Apparat" (Jäger 2015: 73) analysiert werden, indem beispielsweise neben den sprachlichen Handlungen auch Handlungen beobachtet und Handelnde befragt werden (z. B. in Form von ethnographischen Interviews). Allerdings hat Jäger (2015) dieses komplexe und durchaus ambitionierte Unterfangen bisher nur skizziert. Auch die vorliegende Arbeit führt keine Dispositivanalyse durch, sondern konzentriert sich auf die Diskursanalyse, welche Jäger (2015: 114) als „Herzstück" und Schwerpunkt der Dispositivanalyse charakterisiert.[168] Indem die vorliegende Arbeit audiovisuelle Elemente in Talkshows in Form von Dokumentation und Beschreibung ihrer Funktion in die Analyse miteinbezieht, geht sie jedoch bereits über die Analyse rein „sprachlich performierte[r] Diskurse" (Jäger 2015: 142) hinaus.

Zum besseren Verständnis der Kritischen Diskursanalyse nach Jäger werden im nächsten Abschnitt einige terminologische Grundlagen im Detail expliziert, welche dabei helfen, einen Diskurs bzw. Diskurse zu beschreiben und für eine systematische Analyse aufzubereiten.

9.2.2 Terminologische Grundlagen der KDA

Ungeachtet der häufigen Betonung von Jäger (2015), dass die KDA keine *linguistische* Methode sei, konzentriert er sich hauptsächlich auf die Analyse sprachlich

---

[167] Obwohl beispielsweise Jäger und Jäger (2007) Cover von Zeitschriften in die KDA miteinbezogen haben, zeigt sich Jäger generell skeptisch gegenüber der Analyse des Visuellen. Die systematische Einbeziehung von Bildlichkeiten in die KDA sei zwar „durchaus zu bedenken" (Jäger 2015: 63), allerdings müssen Bilder, Fotos oder Karikaturen „nicht in jedem Fall als Elemente eines Dispositivs fungieren [...], sondern [können] oft auch eher rein ornamentale Funktion haben" (Jäger 2015: 68).

[168] Die Verbindung zwischen der Diskurs- und der Dispositivanalyse expliziert Jäger (2015: 142) abschließend noch einmal, indem er erklärt, dass die Diskursanalyse genüge, um Rückschlüsse auf das Dispositiv ziehen zu können: „Da die sprachlich performierte Diskursanalyse [...] das Wissen elizitiert, das auch die Dispositive als Ganze bestimmen dürfte, empfiehlt es sich, den Schwerpunkt der Arbeit auf sprachlich performierte Diskurse zu legen und sich mit dem exemplarischen Nachweis der Determiniertheit der Dispositive durch die Diskurse zu begnügen."

performierter Diskurse. Um letztere einer systematischen Analyse unterziehen zu können, schlägt Jäger (2015: 80–89) einige Termini vor, mithilfe derer die Struktur eines Diskurses transparenter und dieser damit analysierbar gemacht werden kann.[169]

- **Diskursstränge:** Der Diskurs besteht aus verschiedenen Diskurssträngen, welche als „thematisch einheitliche Diskursverläufe" definiert werden (Jäger und Jäger 2007: 25). Bei der Analyse von Diskurssträngen werden „*Aussagen* und deren Häufungen" aufgedeckt (Jäger und Jäger 2007: 25). Diese Aussagen sind sowohl synchron als auch diachron erfassbar. In ihrer synchronen Dimension beinhalten sie, was zu einem bestimmten gegenwärtigen oder vergangenen Zeitpunkt sagbar ist bzw. war. Mithilfe der diachronen Dimension werden dagegen „[t]hematisch einheitliche Wissensflüsse durch Zeit und Raum" erkennbar (Jäger 2015: 81). Ziel der Diskursanalyse ist es, die einzelnen Diskursstränge zu „entwirren" (Jäger und Jäger 2007: 25), um die Struktur des Diskurses erkennbar zu machen.
- **Diskurs(strang)verschränkungen:** Neben der ‚Entwirrung' und der nachfolgenden Analyse der einzelnen Diskursstränge sollte darauf geachtet werden, ob „ein Text verschiedene *Themen* anspricht" oder ob neben dem Hauptthema Bezüge zu anderen Themen hergestellt werden (Jäger 2015: 87). Diese sogenannten Diskurs(strang)verschränkungen können gelegentlich zur Entstehung von „*diskursive[n] Effekten*" führen, zum Beispiel, wenn „[e]ine rassistisch gefärbte Argumentation [...] der Stützung eines nationalistischen Argumentationszusammenhangs" dient (Jäger 2015: 81).
- **Diskursfragmente:** Ein Diskursfragment ist der „sprachlich manifest[e] Bestandteil eines Textes bzw. Fragmentes eines Diskursstrangs" (Jäger 2015: 82, Fußnote 155) zu einem bestimmten Thema. Diskursfragmente sind Performanzen oder Äußerungen[170] an der Textoberfläche, und gemeinsam verbinden sie sich zu thematisch einheitlichen Diskursverläufen (Diskurssträngen). Die Erfassung von Äußerungen und ihre Ableitung durch Verallgemeinerung (vgl. Jäger und Zimmermann 2010: 39) bildet die Grundlage für die „Bestimmung von Aussagen" (Jäger und Jäger 2007: 27).

Die Erfassung von Aussagen war bereits Teil der integrativen Inhaltsanalyse, in der sich die vorliegende Arbeit an der Definition von Aussagen, wie sie bei der

---

[169] In der vorliegenden Arbeit werden nur jene Termini aufgelistet, die für das Verständnis der nachfolgenden Diskursanalyse unbedingt notwendig sind.
[170] In der Linguistik werden für Äußerung auch die Termini *utterances* oder *énonciations* verwendet.

KDA nach Jäger (2015: 95) festgelegt ist, orientiert hat.[171] Unter Äußerungen wird das, was geredet wird und an der Oberfläche des Textes liegt, verstanden (vgl. Jäger 2015: 95). Gebündelt, zusammengefasst und inhaltlich auf einen Nenner gebracht bilden diese Äußerungen Aussagen[172]. Der Diskurs selbst befindet sich auf dem Niveau der Aussagen und nicht auf der Ebene einzelner Äußerungen (vgl. Jäger und Maier 2013: 178).

- **Diskursive Ereignisse und diskursiver Kontext:** Als diskursive Ereignisse gelten lediglich diejenigen „im Diskurs angesprochene[n] Ereignisse [...], die medial groß herausgestellt werden und als solche [...] die Richtung und die Qualität des Diskursstrangs, zu dem sie gehören, beeinflussen oder wesentlich bestimmen" (Jäger 2015: 82). Die Identifizierung und Nachzeichnung diskursiver Ereignisse ist daher wichtig, weil durch sie der diskursive Kontext, auf den ein Diskursstrang Bezug nimmt, skizziert werden kann (vgl. Jäger und Jäger 2007: 27; Jäger 2015: 83).
- **Diskursebenen:** Das sind „sozial[e] Orte [...], von denen aus jeweils gesprochen oder geschrieben wird" (Jäger und Jäger 2007: 28) wie beispielsweise die Ebene der Politik, der Wissenschaft, der Medien etc. Diese Diskursebenen beeinflussen sich gegenseitig, beziehen sich aufeinander und sind „in sich stark verflochten" bzw. intermedial voneinander abhängig (Jäger 2015: 84). So können beispielsweise Printmedien Informationen aus anderen Medien übernehmen oder vice versa. Der Mediendiskurs ist gleichzeitig stark interdiskursiv, da die Medien einerseits in Wechselwirkung zueinander stehen und andererseits andere Diskursebenen (z. B. Politik) beeinflussen und von ihnen beeinflusst werden (vgl. Jäger 2015: 137).
- **Diskurspositionen:** Die Diskursposition bezeichnet einen „spezifische[n] politisch-ideologische[n] Standort einer Person, einer Gruppe oder eines Mediums" (Jäger 2015: 85). Die Ermittlung von Diskurspositionen ist wichtig, um „die Vielstimmigkeit der untersuchten Diskurse" zu bestimmen (Jäger und Jäger 2007: 28). Diskurspositionen sind mithilfe der Diskursanalyse zu identifizieren, wobei jedoch bereits vor der Analyse die jeweiligen Positionen grob umrissen werden können (vgl. Jäger und Maier 2013: 181). Wichtig ist außerdem, dass „Diskurspositionen innerhalb eines herrschenden bzw. hegemonialen Diskurses relativ homogen [sind], was bereits als Wirkung des jeweils hegemonialen Diskurses verstanden werden kann" (Jäger und Jäger 2007: 29).

---

171 Siehe Abschnitt III.8.2.3.
172 Für die Definition von Aussagen siehe auch Abschnitt III.8.2.3. Ein konkretes Beispiel für die Verdichtung von Äußerungen zu Aussagen wird im Abschnitt III.9.3.1 gegeben.

Wenn Diskurspositionen deutlich von dem hegemonialen Diskurs abweichen, spricht man von einem Gegendiskurs.

Dies sind die wichtigsten Termini der KDA, mit denen auch die vorliegende Publikation arbeitet. Letztere untersucht als *Diskursstrang* den Ukrainediskurs auf der *medialen Diskursebene*. Die untersuchten *Diskursfragmente* sind ausgewählte russische Talkshowsendungen, die in ihren Sendungsbeschreibungen einen Ukrainebezug aufweisen und mithilfe der integrativen Inhaltsanalyse bestimmt wurden. Zudem wurden mithilfe der quantitativen Analyse die wichtigsten Haupt- und Unterthemen dieser Talkshowsendungen herausgearbeitet.[173] Dieses Desiderat, welches ebenso für die KDA gilt (vgl. Jäger 2015: 8) und hier bereits erfüllt wurde, bildet damit einen Anknüpfungspunkt zwischen der quantitativen und der qualitativen Analyse dieser Arbeit.

Im nächsten Abschnitt wird die methodische Vorgehensweise der KDA nach Jäger skizziert und werden ihre Grenzen aufgezeigt, um daran anschließend das Forschungsdesign der Arbeit vorzustellen.

9.2.3 Die Methode der KDA und ihre Grenzen

Wie bereits erwähnt, ist die KDA nach Jäger eine praktikable Methode, weil für sie eine umfassende Anleitung für die einzelnen Analyseschritte entwickelt wurde. Allgemein setzt sich diese Art der KDA aus drei Teilen bzw. Analyseschritten zusammen: der Strukturanalyse, der Feinanalyse sowie der sogenannten synoptischen Analyse.[174]

Obwohl diese einzelnen Analyseschritte genau beschrieben werden, muss jeder/jede Forscher*in seine/ihre eigene Strategie für den Umgang mit dieser „Werkzeugkiste" finden und selbst entscheiden, welche Aspekte für das jeweilige Forschungsprojekt wichtig sind. In diesem Zusammenhang sei noch einmal darauf hingewiesen, dass die KDA nach Jäger den Schwerpunkt auf die linguistische Analyse setzt und nicht näher darauf eingeht, wie andere semiotische Elemente, zum Beispiel Bilder, Fotos etc., analysiert werden können. Allerdings halten Spitzmüller und Warnke (2008: 12) sowie Maasen et al. (2006: 9) fest, dass die Betrachtung des Bildlichen bzw. Visuellen bei einer Diskursanalyse, die sich an Foucault orientiert, unumgänglich ist, da sich „sprachliche und visuelle Bilder [...] gemeinsam an der Konstruktion und Wahrnehmung von Subjekten und

---

[173] Siehe Integrative Inhaltsanalyse, Kapitel III.8.
[174] Zur Beschreibung der einzelnen Analyseschritte siehe Abschnitt III.9.3.

Gesellschaft [beteiligen]" (Maasen et al. 2006: 9). Die Nichtberücksichtigung von Bildern, Fotos, Videos etc. stellt somit die Grenze der KDA nach Jäger dar, welche die vorliegende Arbeit versucht zu überwinden. Insbesondere bei einer Analyse des Mediums Fernsehen ist der Miteinbezug mehrerer semiotischer Elemente auch deshalb erforderlich, da das Fernsehen ein multimodales Medium ist und mit mehreren Kommunikationsmitteln gleichzeitig arbeitet: mit statischen und bewegten Bilder, gesprochener Sprache, geschriebenen Texten, Musik, Ton etc. Vor allem der Forschungsgegenstand Talkshow ist der Definition von Girnth und Michel (2015: 3) zufolge ein „vielschichtiges multimodales Kommunikat", für das nicht nur Sprache, sondern auch „Bilder, Töne oder weitere semiotische Ressourcen wie Farben sowie Studioarrangements" charakteristisch seien.

Unter der Annahme, dass Kommunikation generell multimodal ist (vgl. van Leeuwen 2011: 549), haben sich in den letzten Jahren die „Multimodale Diskursanalyse" (vgl. z. B. Meier 2011) sowie die „Multimodal Critical Discourse Analysis" (vgl. z. B. Machin und Mayr 2012, 2013; Mayr 2016) entwickelt und konzentrieren sich bei der Analyse auf die Darstellung der sozialen Akteure, Bildelemente, Kameraperspektiven etc. Allerdings wird auch hier betont, dass die sprachliche Analyse nach wie vor an oberster Stelle steht: „[L]anguage analysis is key in multimodal analysis, but language as it is embedded within a frame of other semiotic resources" (Mayr 2016: 263). Diese multimodalen Analyseansätze liefern gute Anhaltspunkte für die vorliegende Arbeit, jedoch eignen sie sich aufgrund ihrer Fokussierung auf Printmedien (vgl. z. B. Meier 2011) sowie auf Fernsehserien (vgl. z. B. Machin und Mayr 2013) nur bedingt für die Analyse von TV-Talkshows. Daher wird im nächsten Abschnitt das Forschungsdesign der Arbeit vorgestellt, welches sich an der KDA nach Jäger orientiert und es um einige Aspekte, die für die Analyse des multimodalen Genres TV-Talkshow beachtenswert erscheinen, ergänzt. Das entspricht auch dem von Jäger (2015: 163) abschließend formulierten Gedanken, dass die Werkzeugkiste der KDA „offen" ist und es an der Kreativität und Eigenständigkeit des/der Forscher*in liegt, dieser Kiste neue Werkzeuge sowie Modifikationen hinzuzufügen.

9.3 Forschungsdesign der qualitativen Analyse

Bei der qualitativen Analyse der vorliegenden Arbeit handelt es sich um eine linguistisch orientierte Kritische Diskursanalyse, die dem multimodalen Charakter des Mediums Fernsehen gerecht werden möchte und daher (audio)visuelle Elemente in die Analyse miteinbezieht.

Wie bereits im vorigen Abschnitt erwähnt, setzt sich die KDA nach Jäger aus drei Teilen zusammen (Struktur-, Feinanalyse sowie synoptische Analyse), wobei sich die synoptische Analyse als Zusammenfassung und Synopsis der Ergebnisse der Struktur- und Feinanalyse versteht. Um die Lesbarkeit der Arbeit zu erhöhen und den Umfang der Analyse auf das Wesentliche zu reduzieren, habe ich beschlossen, die Ergebnisse der Struktur- und Feinanalyse der einzelnen Fallbeispiele als synoptische Analyse im Sinne von Jäger und Maier (2013) zu präsentieren.

Der Grund für diese Wahl der Darstellung der KDA liegt darin, dass eine getrennte Darstellung der Struktur- und der Feinanalyse die Gefahr der Redundanz beinhaltet und weder sinnvoll noch leserfreundlich ist, da die Präsentation der einzelnen Teilanalysen (Struktur-, Feinanalyse sowie synoptische Analyse) den quantitativen Umfang der Publikation verdreifachen würde.

Die Synopsis der Analyse bietet sich für die vorliegende Arbeit auch insofern an, als für die Feinanalyse nicht eine einzelne Sendung bestimmt wurde, sondern alle für die Strukturanalyse ausgewählten Talkshowsendungen auch der Feinanalyse unterzogen werden, um die rhetorischen und (audio)visuellen Besonderheiten der Sendungen möglichst umfassend zu ermitteln und zu untersuchen. Somit kann der Diskursstrang in seiner Gesamtheit ausführlich präsentiert werden.

Um die Reliabilität und Nachvollziehbarkeit der Analyse zu erhöhen, werden die einzelnen Schritte der Struktur- und Feinanalyse in den folgenden Abschnitten im Detail beschrieben. In Kapitel III.10 werden schließlich die Ergebnisse der Struktur- und Feinanalysen des jeweiligen Fallbeispiels in Bezug zueinander gesetzt und als synoptische Analyse präsentiert.

9.3.1 Strukturanalyse

Das Ziel der Strukturanalyse ist es, von mehreren ausgewählten Talkshowsendungen,[175] welche sich mit demselben Thema beschäftigen, „die wesentlichen Inhalte [zu] erfass[en] und nach Aussagen [zu] gruppier[en]" sowie die „auffälligsten Oberflächenmerkmale" festzuhalten (Jäger und Jäger 2007: 34). In Anlehnung an Jäger (2015: 95) werden Aussagen als der „inhaltlich gemeinsame Nenner, der unter Berücksichtigung der jeweiligen Kontexte aus Sätzen und Texten gezogen werden kann", definiert.

Die Strukturanalyse kann in drei Schritte unterteilt werden: In einem ersten Schritt erfolgt die Materialaufbereitung, die dazu dient, einen Überblick über

---

175 Zur Auswahl der Talkshowsendungen für die zwei Fallbeispiele siehe Abschnitt III.9.3.3.

die zu analysierenden Talkshowsendungen zu geben (Titel, Dauer, Sendezeit, Gäste, Themen etc.) (vgl. Jäger 2015: 96).[176]

In einem zweiten Schritt erfolgt die analytische Sortierung des Materials: Dafür werden zunächst die Äußerungen der Gäste der einzelnen Sendungen zu Aussagen verdichtet[177] und anschließend sortiert und gebündelt. Hierfür wird ein ähnliches Verfahren wie bei der integrativen Inhaltsanalyse angewendet,[178] wobei bei der Strukturanalyse weder Kategorien noch Themen im Vorhinein bestimmt oder zugeordnet werden müssen, da es bei der Strukturanalyse darum geht, Aussagen und nicht einzelne Themen[179] herauszufiltern. Daher wird bei der Bündelung von Äußerungen zu Aussagen eine induktive Vorgehensweise gewählt, indem zunächst die einzelnen Aussagen in den Talkshows erfasst, zusammengefasst und in einem nächsten Schritt strukturiert und geordnet werden.

Das folgende Beispiel einer Sendung aus Fallbeispiel 2 macht diesen Modus Procedendi nachvollziehbar und illustriert gleichzeitig, wie dicht die übermittelten Informationen in Talkshows sind, da beispielsweise aus den Äußerungen einer einzigen Person mehrere Aussagen gezogen werden können:

> **Александр Хинштейн:** [Те] мирные процессы, которые сегодня начали слава Богу происходит, именно – следствие реализации плана Путина ((аплодисменты)). Но мы в то же время для себя понимаем, что Украина и украинские руководители далеко не во всем свободны в своих действиях. Поэтому их дальнейшие шаги, а, следовательно, и исполнение плана перемирия будет зависеть от позиции Запада и, в первую очередь, США. (*Politika*, 07.09.2014, 00:01:40–00:02:04)

> **Aleksandr Chinštejn:** [Die] Friedensprozesse, die heute Gott sei Dank begonnen haben, sind eine Folge der Realisierung von Putins Plan ((Applaus)). Aber gleichzeitig verstehen wir für uns auch, dass die Ukraine und die ukrainische Führung bei weitem nicht frei in ihren Handlungen sind. Daher werden ihre nächsten Schritte, und dementsprechend auch die Einhaltung des Waffenstillstandsplans, von der Position des Westens, in erster Linie von den USA, abhängen.

---

176 Die Gästekonstellation sowie die in den Talkshows angesprochenen Themen werden in den beiden Fallbeispielen jeweils in den Abschnitten „Institutioneller Kontext" sowie „Thematische Schwerpunkte" im Detail ausgeführt. Zur Erhöhung der Reliabilität der Analyse befinden sich im Anhang III der vorliegenden Publikation zudem Kurzporträts der Talkshowsendungen.
177 Zur Transkription der Sendungen siehe Abschnitt III.9.3.4.
178 Siehe Abschnitt III.8.2.3.
179 Im Rahmen der integrativen Inhaltsanalyse werden die Aussagen allgemeineren Themen (Kategorien), die anhand der Hypothesen abgeleitet und definiert werden, zugeordnet. Die ebenso inhaltsanalytische Strukturanalyse der KDA bleibt jedoch auf der Ebene der Aussagen und skizziert nur grob sogenannte „Thematische Schwerpunkte" (siehe dazu Abschnitte III.10.1.2 und III.10.2.2).

Aus diesen Äußerungen des Duma-Mitglieds Aleksandr Chinštejn können folgende drei Aussagen gezogen werden: (1) Russland bzw. Putin haben den Friedensprozess in der Ukraine initiiert (Putins Plan als Friedensplan); (2) Die Ukraine ist kein freies Land, sondern abhängig vom Westen und (3) Die Erfüllung des Friedensplans hängt vom Westen (vor allem von den USA) ab.

Die einzelnen auf diese Weise eruierten Aussagen werden zunächst gesammelt und anhand von weiteren Äußerungen, die in der jeweiligen Sendung vorkommen, gestützt, ergänzt und erweitert. Am Ende der Sortierung des Materials aus der jeweiligen Talkshowsendung entsteht somit eine Sammlung der darin vorkommenden Aussagen, die von einzelnen Äußerungen der Gäste untermauert werden. Dieses Procedere wird pro Talkshowsendung wiederholt. Das Ergebnis dieses Analyseschritts ist eine umfassende, strukturierte und inhaltlich geordnete Sammlung der Aussagen, die in den für das jeweilige Fallbeispiel ausgewählten Talkshowsendungen vorkommen.

In einem dritten Schritt folgt schließlich die eigentliche Analyse und strukturierte Zusammenfassung des dadurch erhaltenen Materials, ergo der Aussagen, die von den gebündelten Äußerungen der Talkshowgäste untermauert, expliziert und kontextualisiert werden. Ziel dieser abschließenden Analyse ist es zu eruieren, welche Aussagen in den Talkshowsendungen über die Ukraine gemacht werden, um somit die zweite Forschungsfrage (FF 2) beantworten zu können:
– **FF 2:** Welche Aussagen wurden in ausgewählten Promi-, Polit-, Trivial- sowie Spezial-Talks über die Ukraine gemacht und sind Unterschiede in Bezug auf diese Aussagen zwischen den einzelnen Subgenres der Talkshows feststellbar?

In der KDA nach Jäger wird normalerweise am Ende der Strukturanalyse ein Diskursfragment ausgewählt, welches ‚typisch' für den gewählten Diskursstrang ist.[180] Da die Ermittlung *eines* ‚typischen' Beispiels bei der Betrachtung mehrerer verschiedener Talkshowtypen (Promi-Talk, Polit-Talk, Trivial-Talk und Spezial-

---

180 Als „typisch" gilt ein Diskursfragment dann, wenn es den untersuchten Diskursstrang „möglichst genau" repräsentiert (Jäger und Zimmermann 2010: 119). Das betrifft insbesondere die enthaltenen Aussagen, die visuelle Gestaltung und den Umfang. In Bezug auf die Auswahl des ‚typischen' Diskursfragments ist die KDA nach Jäger (2015) eine hermeneutische Methode, da erst auf Basis der Strukturanalyse entschieden wird, welches Diskursfragment sich für die Feinanalyse eignet. Die Repräsentativität einzelner Diskursfragmente ist oftmals nur annähernd gegeben, und daher können auch mehrere Diskursfragmente für die Feinanalyse in Frage kommen. Insgesamt wird dieser subjektive Aspekt, der bei der Auswahl einzelner Diskursfragmente für die Feinanalyse besteht, dadurch ausgeglichen, dass sich die abschließende Interpretation des Diskurses sowohl auf die Struktur- als auch auf die Feinanalyse stützt, sodass die Gefahr, wichtige Elemente des Diskurses zu vernachlässigen, „als gering einzuschätzen" ist (Jäger und Zimmermann 2010: 120).

Talk) nicht möglich ist und zudem eine umfassende und detaillierte Analyse der Darstellung der Ukraine in dieser Arbeit geleistet werden soll, werden in den jeweiligen Feinanalysen alle ausgewählten Talkshowsendungen in der Untersuchung berücksichtigt.

9.3.2 Feinanalyse

Nach Abschluss der Strukturanalyse erfolgt die Feinanalyse der ausgewählten Diskursfragmente. Mithilfe der Feinanalyse wird eruiert, „mit welchen filigranen Wirkungsmitteln und -strategien die Aussagen an der sprachlichen Oberfläche erscheinen" (Jäger und Jäger 2007: 34). Es geht daher vor allem um die detaillierte Betrachtung sprachlich-rhetorischer sowie inhaltlich-ideologischer Aussagen. Zusätzlich werden den audiovisuellen Elementen, insbesondere Einspielern, Fotos sowie Ton bzw. Musik besondere Aufmerksamkeit geschenkt, um herauszufinden, mit welchen spezifischen Darstellungsmitteln in den ausgewählten Talkshowsendungen gearbeitet wird und welche Funktion bzw. Auffälligkeiten diese haben.

Die Feinanalyse stellt eine Mikro-Analyse der Besonderheiten des Diskursfragments dar und setzt sich aus folgenden Schritten[181] (A–E) zusammen:

A. **Institutioneller Kontext:** Hier werden die Auswahl der jeweiligen Sendung begründet, die einzelnen Teilnehmer*innen der Talkshowsendung, d. h. die Moderator*innen und Gäste charakterisiert und ihre Diskurspositionen – sofern möglich – eruiert.
B. **Thematische Schwerpunkte:** Bei diesem Schritt geht es darum, die inhaltlichen Schwerpunkte und Themen einer Sendung herauszufiltern, zusammenzufassen und zu gliedern.[182]
C. **(Audio)visuelle Mittel:** Mithilfe dieses Analyseschritts werden die in einer Sendung verwendeten (audio)visuellen Mittel eruiert und basierend auf Zettl (2013, 2015) sowie Burger und Luginbühl (2014) wird analysiert, welche Bilder, Einspieler etc. gezeigt werden und welche Funktionen sie erfüllen.
D. **Sprachlich-rhetorische Mittel:** Hier handelt es sich um eine Mikro-Analyse sprachlicher Elemente. In Bezug auf die Forschungsfrage FF 3, inwieweit die sprachlichen Mittel in den Talkshows als Propagandastrategien identifiziert werden können, gibt es einige sprachliche Phänomene, denen im Rahmen

---
[181] Diese Schritte sind eine für diese Arbeit adaptierte Form des Vorschlags von Jäger (2015: 98).
[182] Während für die integrative Inhaltsanalyse lediglich die Sendungsbeschreibungen analysiert wurden, um die Themen zu bestimmen, wird im Rahmen der Feinanalyse die gesamte Sendung angesehen und untersucht.

einer linguistischen Diskursanalyse besondere Aufmerksamkeit geschenkt wird. Es handelt sich hierbei um sogenannte „diskursive Strategien" (*discursive strategies*), die zur Persuasion des Publikums genutzt werden. Diese Strategien, zu denen beispielsweise Vagheit, Polarisierung, Mystifizierung oder Allgemeingültigkeiten zählen (vgl. z. B. Danler 2005; van Dijk 2005; Tilley 2005), werden mithilfe verschiedenster sprachlicher Elemente realisiert, wie beispielsweise anhand von Metaphern, Metonymien, Hyperbeln, unpersönlichen Konstruktionen, Kollektiva, deiktischen und/oder phorischen Ausdrücken oder Vergleichen (vgl. Matouschek und Wodak 1995: 56; Danler 2005: 46). Für die linguistische Analyse bei der Kritischen Diskursanalyse ist insbesondere die Herausarbeitung und Analyse der sprachlichen Mittel, die zur positiven Selbst- und negativen Fremddarstellung dienen, zentral, da diese Strategie der Polarisierung zur Argumentation und Legitimierung des eigenen Handelns und zur (aggressiven) Aus- bzw. Abgrenzung genutzt wird (vgl. z. B. Matouschek und Wodak 1995; Wodak und Reisigl 2000, 2016; van Dijk 2005, 2006, 2007; Reisigl 2008; Cap 2013; Kuße 2019). Wie die renommierten russischen Linguisten Elena Šmelëva und Maksim Krongauz sowie die Journalistin und Philologin Ksenija Turkova in Interviews und Vorträgen verdeutlichen, ist in diesem Zusammenhang vor allem auf Pejorativa und Hate-Speech (*jazyk nenavisti*) zu achten, da sie eine wichtige Rolle bei der negativen Fremddarstellung spielen (vgl. Knorre-Dmitrieva 2014; Atmosfera jazykovoj nenavisti 2015; Šmelëva 2015).

Mithilfe der hier genannten Beispiele und der in Kapitel I.3 angeführten Forschungsliteratur wurden schließlich sowohl deduktiv als auch induktiv anhand von Beispielen aus den untersuchten Talkshowsendungen sprachlich-rhetorische Mittel bestimmt, die im Rahmen der Feinanalyse untersucht und an dieser Stelle näher erklärt werden:[183]
- **Hate-Speech & Pejorativa:** Hate-Speech wird allgemein als öffentliche Kommunikation „bewusster und/oder intentionaler Äußerungen oder Botschaften mit diskriminierenden Inhalten" definiert, mithilfe derer kommunikativ menschliche Minderwertigkeit durch Kategorisierung hergestellt wird (Sponholz 2018: 21–22). Sowohl Hate-Speech als auch Pejorativa umfassen alle *Bezeichnungen*, welche in den untersuchten Talkshowsendungen dazu benutzt werden, die gegnerische Seite, die Sie-Gruppe (*outgroup*), zu diffamieren und die eigene Seite, die Wir-Gruppe (*ingroup*), positiv darzustellen.

---

[183] Die sprachlich-rhetorischen Mittel werden an dieser Stelle erläutert und bei der anschließenden Präsentation der beiden Fallbeispiele bei dem/der Leser*in als bekannt vorausgesetzt.

Die Ingroup umfasst den/die Sprechende und sein/ihr Publikum; im Ukrainediskurs sind das all jene, die die Handlungen der Separatisten/Opolčency sowie Russlands unterstützen. Zur Outgroup gehören dagegen diejenigen, die der Ingroup gegenüber Skepsis und Ablehnung zeigen, wie der Westen (Amerika, Europa, NATO etc.) sowie die (offizielle) Ukraine. Auf lexikalischer Ebene wird diese Sie-Gruppe mit negativ konnotierten sowie emotional aufgeladenen Termini bezeichnet, wie zum Beispiel „Faschisten" (fašisty). Die Wir-Gruppe wird dagegen mit positiv konnotierten Termini benannt, wie zum Beispiel „Freiwillige" (dobrovol'cy). Diese positive Selbst- und negative Fremddarstellung ist eine Strategie der Polarisierung und dient zugleich der Legitimierung und Argumentation, da dadurch der Kampf gegen die negativ charakterisierte Sie-Gruppe gerechtfertigt wird (vgl. van Dijk 2005: 75).

Die polarisierende Abgrenzung der Wir-Gruppe von der Sie-Gruppe verläuft ebenso auf grammatikalischer Ebene, wie beispielsweise mithilfe einschließender (my) sowie ausgrenzender (oni) *Personalpronomina* oder von *Allquantoren* ($\forall x$ = Für alle x gilt ...). Laut Kuße (2019: 66) bilden „diese Quantifikatoren [in Behauptungen] inhärente Argumente für die Wahrheit oder die Richtigkeit einer Bewertung". Zu ihnen zählen neben Pronomina (*vse, každyj, vsjakij*) und ihren Ableitungen auch Adjektive (*polnyj, celyj* etc.), inklusive ihrer Ableitungen und Negationen (*nikto, ni odin*), sowie Temporaladverbien (*vsegda, večno, nikogda*) (vgl. Weiss 2000: 238; Kuße 2019: 66). Während die Allquantoren zur Schaffung von Konsens innerhalb der eigenen Gruppe, der Wir-Gruppe, verwendet werden, dienen die sogenannten *Existenzquantoren* ($\exists x$ = Es existiert mindestens ein x, für das gilt ...) zur Charakterisierung der Isolierung und Vereinzelung, das heißt der Sie-Gruppe (vgl. Weiss 2000: 237–238).

Auch *Passiv-Konstruktionen* sind in diesem Zusammenhang interessant, da sie zur positiven Selbstrepräsentation beitragen, indem sie die Handlungsausführenden ‚verschleiern' bzw. unkenntlich machen (vgl. Kazemian und Hashemi 2014: 1185). Dadurch rückt die Handlung in den Vordergrund und die Akteure gelangen in den Hintergrund, was insbesondere bei Kampfhandlungen den Vorteil hat, die eigene Mitwirkung zu kaschieren.

- **Häufung:** In den untersuchten Talkshowsendungen kommen zwei Arten der Häufung vor: die „Accumulatio" sowie die „Commoratio". Bei der „Accumulatio" bzw. Akkumulation handelt es sich um eine „Häufung phonetisch differenzierter, jedoch semantisch gleichwertiger Ausdrücke (= Synonyme)" (Plett 1983: 49). Das bedeutet, dass ein Thema oder ein Wort so oft erwähnt und behandelt wird, dass „seine Durchführung gleichsam ‚auf der Stelle tritt'" (Plett 1983: 49). Die sogenannte „Commoratio" wird dagegen als „Beharren auf ein und demselben Thema zum Zweck der Verdeutlichung/Ver-

dunkelung oder Einschärfung/Einschläferung" (Plett 1983: 50) definiert. In den Talkshows kommt die Commoratio häufig in Form von Suggestivfragen vor, die vom Moderator gestellt werden.
- **Hyperbel:** Eine Hyperbel entsteht entweder durch die Vergrößerung oder durch die Verkleinerung von einer Tatsache, einem Gegenstand etc., wie beispielsweise mithilfe von Superlativen, wodurch eine „Über- oder Unterbewertung der Wirklichkeit" erreicht wird (Plett 1983: 76). Hyperbeln haben eine große Wirkkraft, da sie aufgrund ihrer Energie eine emotionale Beteiligung des/der Rezipient*in schaffen (vgl. Plett 1983: 76). Außerdem können Hyperbeln eine witzige oder komische Wirkung erzielen sowie die Anschaulichkeit und Verständlichkeit des Gesagten erhöhen (vgl. Hermann-Ruess 2014: 193).
- **Ironie:** Unter Ironie wird allgemein das Gegenteil des eigentlich Gemeinten bzw. Gesagten verstanden. Sie dient zur Persuasion, aber auch zur Kritik oder Komik – ausschlaggebend dafür ist der Kontext (vgl. Schwarz-Friesel et al. 2012: 236). Ebenso kann der/die Sprechende mithilfe von Ironie sein/ihr Selbstbild aufwerten und sich als witzig und klug darstellen. Wie beispielsweise Knoblock (2016: 29) festhält, dienen sowohl Ironie als auch Sarkasmus dazu, soziale Verbindungen zu stärken und Personen, welche die Meinung des/der Sprechenden teilen, miteinander zu vereinen.

    Plett (1983: 95–96) unterscheidet verschiedene Arten von Ironie und schreibt ihr folgende Wirkungen zu: Unterhaltung, Kritik „unter dem Deckmantel geheuchelten Wohlwollens", Diffamierung des Gegners, Verachtung, Aggression sowie „beißende Schärfe". Letztere Form der Ironie bezeichnet Plett (1983: 96) als Sarkasmus. In russischen Polit-Talks ist insbesondere die Form der aggressiven Ironie häufig anzutreffen (vgl. Mažara 2012).
- **Metaphern:** Metaphern sind ein „Phänomen des bildhaften Sprechens", bei dem „[d]er eigentliche Ausdruck [...] durch einen uneigentlichen Ausdruck [...] ersetzt" wird (Hülsse 2003: 217–218). Durch diese Substitution kommt es zu einer Bedeutungsverschiebung von der ursprünglichen Bedeutung in einen neuen Bereich (vgl. Burger 2015: 81).

    Metaphern sind typisch für die Alltagssprache; allgemein werden drei Arten unterschieden: kreative, konventionalisierte und lexikalisierte Metaphern (vgl. Kurz 2009: 18). Während kreative Metaphern neu, lebendig und überraschend wirken, indem sie vom dominanten Gebrauch eines Wortes oder einer Bedeutung abweichen (vgl. Kurz 2009: 18), werden lexikalisierte Metaphern meist nicht mehr als solche wahrgenommen, da sie sehr gebräuchlich sind (z. B. Wolkenkratzer, Motorhaube etc.). Aus diesem Grund werden sie auch ‚tote' oder ‚verblasste' Metaphern genannt (vgl. z. B. Plett 1983: 88). Konventionalisierte Metaphern sind dagegen weder neu noch lexikalisiert, sondern wirken manchmal klischee- oder formelhaft (z. B. die Sonne lacht).

Die Wirkung und das Verständnis einer Metapher hängen vom Kontext sowie vom Weltwissen der Rezipient*innen ab (vgl. Kurz 2009: 14), wobei die Interpretation herausfordernd ist, da die Metapher „einen nicht ganz festgelegten Spielraum an Bedeutungen" freisetzt (Kurz 2009: 22). Generell lässt sich jedoch konstatieren, dass Metaphern viele verschiedene Funktionen erfüllen, von denen drei für die vorliegende Arbeit besonders nennenswert sind: Erstens dienen Metaphern der Veranschaulichung, dem besseren Verständnis und der Reduktion von Komplexität, da sie „etwas Abstraktes, Unbekanntes bzw. ‚Un-Fassbares', nicht ‚Be-Greifbares' [...] in konkrete, bekannte Zusammenhänge" übersetzen (Kruse et al. 2011: 65). So erleichtern Metaphern die Aneignung neuen Wissens (vgl. Baranov 2014: 32), indem sie komplexe politische Sachverhalte vereinfachen.

Zweitens sind Metaphern ein wichtiges Instrument politischer Persuasion (vgl. Paris 2002: 428) und fungieren als Argumentationsstrategien (vgl. Kirchhoff 2011: 971). Sie sind persuasiv und gleichzeitig suggestiv, weil sie Wirklichkeiten konstituieren, indem sie Selbstverständlichkeiten schaffen (vgl. Hülsse 2003: 240; Kurz 2009: 23; Kirchhoff 2011: 971). Aus diesem Grund sind sie „zentrale Mechanismen zur Konzipierung von Politik" (Schäffner 2002: 180), und ihre Analyse liefert einen wichtigen Beitrag zum Verständnis der Propagierung politischer Sachverhalte.

Drittens haben Metaphern eine emotionalisierende und expressive Funktion (vgl. Kurz 2009: 26). Sie können bewusste oder unbewusste Reaktionen bei den Rezipient*innen hervorrufen und Einfluss auf ihr Denken nehmen (vgl. Paris 2002: 428; Lakoff und Wehling 2008: 31).

– **Metonymie:** Unter dem Begriff der Metonymie wird allgemein eine „Bedeutungsverschiebung eines Wortes oder einer Wortgruppe von der ‚eigentlichen' Bedeutung zu einem Aspekt, der in realer Beziehung zum Ausgangspunkt steht", verstanden (Burger 2015: 81). Ein Beispiel für eine Metonymie ist, wenn ein Ort genannt wird, während eigentlich die Bewohner*innen des Ortes gemeint sind (Raum – Inhalt).

– **Oxymoron:** Ein Oxymoron bezeichnet zwei sich einander ausschließende Begriffe, die syntaktisch kombiniert werden (vgl. Plett 1983: 43). Ein wichtiger Effekt des Oxymorons ist das Unerwartete und der dadurch ausgelöste Reizimplus, der für eine „verstärkte intellektuelle Aktivität" sorgt (Plett 1983: 49). Besonders geeignet sind Oxymorone, um etwas zu euphemisieren oder um die gegnerische Position abzuwerten (vgl. Hermann-Ruess 2014: 199).

– **Paralipse:** Die Paralipse gehört zu den Figuren der rhetorischen Kürzung und bezeichnet das „bekundete ‚Übergehen' eines oder mehrerer Redegegenstände" (Plett 1983: 59). Die Paralipse wird mithilfe von Floskeln wie zum Beispiel *Ich will ja nicht sagen, dass ...* (*Ja ne choču skazat', čto ...*) ausgedrückt.

Es handelt sich dabei um eine Sonderform der Ironie, bei der die Aufmerksamkeit dezidiert von einem Thema abgelenkt wird, um somit dessen Bedeutung umso mehr zu verstärken (vgl. Plett 1983: 59).
- **Personifikation:** Als Personifikation wird ein rhetorisches Stilmittel bezeichnet, bei dem abstrakten Dingen, Objekten, Tieren etc. menschliche Eigenschaften oder Verhaltensweisen zugeschrieben werden.
- **Phraseologismen & Sprichwörter:** Phraseologismen bzw. Phraseme[184] definiert Burger (2015: 14–15) als vorgefertigte Wortkombinationen, welche aus mehr als einem Wort bestehen (Polylexikalität) und in genau dieser oder ähnlicher Kombination von Wörtern gebräuchlich sind (Festigkeit). Im engeren Sinne haben Phraseologismen zusätzlich die Eigenschaft der Idiomatizität, das heißt, dass „die Komponenten eine durch die syntaktischen und semantischen Regularitäten der Verknüpfung nicht voll erklärbare Einheit bilden" (Burger 2015: 15).

  Einen wichtigen Teil der Phraseologie bilden Sprichwörter bzw. Idiome. Burger (2015: 107) definiert sie als „in sich geschlossene Sätze, die durch kein lexikalisches Element an den Kontext angeschlossen werden müssen". Das heißt, dass Sprichwörter als Einheit abgerufen werden, normalerweise keine Anpassung an den Kontext brauchen und auch allgemein ohne Kontext verständlich sind (vgl. Burger 2015: 107).

  Sprichwörter haben abhängig vom Kontext viele verschiedene Funktionen wie die Stützung einer Argumentation, die Rechtfertigung, Erklärung oder Begründung von Handlungen, eine warnende oder mahnende Funktion etc. Als sprachliches Stilmittel erzielen Sprichwörter auch einen humoristischen Effekt (vgl. Burger 2015: 129).
- **Sub- und Nonstandard-Varietäten:** Hierzu zählt die Verwendung von Umgangssprache und des Substandards (*prostorečie*)[185], aber auch Vulgarismen sowie grammatische und lexikalische Fehler. In den Talkshowsendungen schafft die Verwendung von stilistisch markierten Sub- oder Nonstandard-Wörtern Nähe zum Publikum, unterstreicht die Authentizität der Äußerungen und dient manchen Sprecher*innen als Unterscheidungsmerkmal von anderen Gästen.

---

184 Die beiden Termini ‚Phraseologismus' und ‚Phrasem' sind laut Burger (2015: 11, Fußnote 1) synonym und unterscheiden sich lediglich dadurch, dass ‚Phrasem' international gebräuchlicher ist.
185 Stadler (1997: 27, Fußnote 38) definiert *prostorečie* als „*derbe' Umgangssprache*" weniger gebildeter Stadtbewohner*innen, die sich „durch besondere phonetische, lexikalische und grammatikalische Eigenheiten" auszeichnet.

- **Tautologie:** Von einer Tautologie wird in der Rhetorik gesprochen, wenn eine Intensivierung durch exzessive inhaltliche Wiederholung, wie beispielsweise in Form von Synonymen (z. B. *voll und ganz/celikom i pol'nostju*), stattfindet (vgl. Plett 1983: 36).
- **Vergleiche & Parallelen:** Vergleiche bzw. Parallelen wie beispielsweise zwischen früheren historischen oder kulturellen Ereignissen und einer gegenwärtigen Situation dienen im politischen Diskurs zu argumentativen und/oder polemischen Zwecken (vgl. Weiss 2018: 333). Aufgrund ihrer persuasiven Kraft werden Vergleiche gerne in Argumentationen verwendet (vgl. Johnstone 2008: 248; Weiss 2018: 333) und fungieren dadurch als Strategie der Legitimierung gegenwärtiger politischer Aktionen oder Handlungen (vgl. van Dijk 2006: 370). Besonders frequent sind in den untersuchten Talkshowsendungen historische Vergleiche. Diese spielen eine zentrale Rolle im politischen Diskurs. Wie beispielsweise Gajos (2017: 61) festhält, nutzt der Kreml historische Ereignisse zur Instrumentalisierung, um die eigenen Handlungen zu rechtfertigen (vgl. Gajos 2017: 66). Insbesondere seit dem Konflikt in der Ukraine 2014 habe die russische Regierung von Geschichte als Propagandamittel intensiv Gebrauch gemacht: „Kremlin has intensified its use of history as a form of propaganda since the beginning of the Ukrainian Revolution of 2013–2014" (Gajos 2017: 61).

    Ein im russischen Ukrainediskurs häufig anzutreffendes Beispiel ist der historische Vergleich mit dem Zweiten Weltkrieg,[186] der zu einem Topos geworden ist und in jedem Argument verwendet werden kann. Allerdings hat nicht nur die russische, sondern auch die ukrainische Seite von dem Vergleich mit dem Zweiten Weltkrieg zur Unterstützung der Argumentation und Diskreditierung der gegnerischen Seite Gebrauch gemacht (vgl. Weiss 2017: 479). Neben derartigen historischen Vergleichen werden in den analysierten Sendungen auch nicht-historische Vergleiche angestellt, die in der nachfolgenden Analyse ebenso Berücksichtigung finden.
- **Zahlenspiele:** van Dijk (2005: 87) ordnet dieses von ihm als „the number game" bezeichnete Mittel der sogenannten „Faktizität" (*facticity*) zu, die als diskursive Strategie eine wichtige Rolle bei der Argumentation spielt, da sie Objektivität und Genauigkeit vermittelt. Indem der/die Sprecher*in genaue Zahlen nennt, wird seine/ihre Glaubwürdigkeit erhöht und das Gesagte hervorgehoben.

---

[186] Auf politischer Ebene ist der Vergleich von gegenwärtigen Ereignissen und dem Zweiten Weltkrieg nichts Neues. So diente diese „historische Metapher" beispielsweise bereits amerikanischen Politiker*innen als Argument für die von den USA geführte militärische Intervention der NATO im Kosovo 1999 (vgl. Paris 2002).

– **Zitate:** Zitate sind wörtlich übernommene Sätze, Abschnitte aus literarischen Werken oder mündliche Äußerungen von (berühmten oder bekannten) Personen. Zitate sind eine Form der intertextuellen Referenz und spielen auf das gemeinsame Wissen der Rezipient*innen und des/der Sprechenden an (vgl. Hoffmann 2010: 33). Sie können die Einprägsamkeit des Gesagten fördern, Überraschung bei den Rezipient*innen hervorrufen sowie deren Aufmerksamkeit erhöhen (vgl. Hoffmann 2010: 127). Ebenso wie Sprichwörter und Phraseologismen können Zitate die Argumentation des/der Sprecher*in stützen (vgl. Weiss 2017: 473).

In den untersuchten Talkshowsendungen sind Zitate häufig metasprachlich markiert (z. B. *kak govorjat/X govoril, čto*) oder können aufgrund der Nennung einer Quelle als intertextuelle Verweise identifiziert werden. Eine Ausnahme bilden Zitate, die so bekannt sind, dass eine Nennung der Quelle nicht nötig ist, da sie im kulturellen Gedächtnis der Zuseher*innen verankert sind und daher auch als Idiome bezeichnet werden können. Eine Unterscheidung zwischen Sprichwort und Zitat ist daher nicht immer eindeutig festzumachen (vgl. Burger 2015: 126); aus diesem Grund liegt die Einordnung einer Äußerung als Sprichwort bzw. Phraseologismus oder Zitat im Ermessen der/des Forschenden.[187]

E. **Inhaltlich-ideologische Aussagen:** In diesem Schritt wird anhand von Äußerungen der in den Talkshowsendungen auftretenden Personen eruiert, welches Menschenbild und Gesellschaftsverständnis in dem jeweiligen Diskursfragment transportiert wird. Die inhaltlich-ideologischen Aussagen sind wie auch die Analyse der sprachlich-rhetorischen Mittel und die Strukturanalyse Teil der synoptischen Darstellung der Untersuchungsergebnisse des jeweiligen Fallbeispiels und werden daher nicht als eigener Punkt angeführt.

Mithilfe der einzelnen Analyseschritte der Feinanalyse wird die dritte Forschungsfrage (FF 3) der vorliegenden Arbeit beantwortet:
– **FF 3:** Mithilfe welcher sprachlichen und visuellen Mittel wird in den ausgewählten Talkshows gearbeitet, um die Ukraine bzw. die ukrainische Seite darzustellen, und inwiefern können diese Mittel als Propagandastrategien identifiziert werden?

Nachdem nun der Ablauf der Analyse im Detail dargestellt wurde, werden im nächsten Abschnitt die Fallbeispiele bestimmt und erläutert, auf welche Weise und aus welchem Grund sie ausgewählt wurden.

---

[187] Durch die Offenlegung dieses Problems wird jedoch die Transparenz der Analyse erhöht.

9.3.3 Bestimmung und Begründung der Fallbeispiele

Jäger (2015) weist immer wieder darauf hin, dass das Untersuchungsmaterial eingegrenzt werden muss, da es der KDA darum geht, brisante Themen oder Gegenstände „in bestimmten Zeiten und Räumen" zu analysieren und zu kritisieren (Jäger 2015: 92–93). Während der Zeitraum (das Jahr 2014) sowie der Gegenstand der Analyse (Talkshows im russischen Staatsfernsehen) im Laufe dieser Arbeit bereits mehrfach begründet wurden,[188] muss an dieser Stelle eine Reduktion der Materialmenge erfolgen, da die Analyse von 283 Talkshowsendungen mit einer Dauer von jeweils mindestens 45 Minuten für eine Person alleine eine kaum zu bewältigende Aufgabe darstellt. Eine Analyse *aller* Sendungen ist jedoch gar nicht notwendig, weil der Diskurs einerseits von der konstanten Wiederholung von Aussagen, Symbolen und Strategien lebt und erst dadurch Wirkung erzielt (vgl. Jäger und Maier 2013: 169; Jäger 2015: 52). Andererseits sind hegemonial dominierte Diskurse zu einer bestimmten Zeit und in einem bestimmten Raum meist relativ homogen, sodass „die diskursive Ansprache an eine Bevölkerung [...] in gewissen Grenzen [...] sehr gleichförmig" ist (Jäger 2015: 141). In Bezug auf die staatlichen Medien in Russland kann davon ausgegangen werden, dass diese innerhalb einer bestimmten politischen Bandbreite operieren und aufgrund der Kontrolle durch den Kreml relativ homogen im Jahr 2014 über die Ukraine berichtet haben.[189] Das bedeutet, „dass zur Erfassung [dieses] [...] hegemonialen Diskurses auch nur die Erfassung einer relativ geringen Anzahl von Diskursfragmenten [...] erforderlich ist" (Jäger 2015: 141). Deshalb wird das Untersuchungsmaterial der vorliegenden Arbeit reduziert, indem der Fokus auf die Analyse diskursiver Ereignisse gelegt wird.

Für die vorliegende Arbeit wurden mithilfe der integrativen Inhaltsanalyse zwei Fallbeispiele bestimmt, welche als *diskursive Ereignisse* bezeichnet werden können, da sie den weiteren Diskursverlauf medial sowie politisch dominiert haben: der Beitritt der Krim zu Russland anlässlich des Krimreferendums am 16. März 2014 sowie die Intensivierung der Kampfhandlungen trotz der Unterzeichnung des Waffenstillstandsabkommens Minsk I am 5. September 2014. In Zusammenhang mit diesen zwei Ereignissen wurden – wie die integrative Inhaltsanalyse gezeigt hat – die meisten Talkshowsendungen mit Ukrainebezug 2014 ausgestrahlt.[190] Die beiden Zeiträume (März/April und September/Oktober) stellen

---

188 Siehe Kapitel I.3, Kapitel II.5 sowie Kapitel II.6.
189 Vergleiche dazu Kapitel I.2 und I.3 sowie insbesondere Kapitel II.5, in dem explizit wird, welche Bedeutung und Reichweite die beiden dominanten Fernsehkanäle *Pervyj kanal* und *Rossija-1* haben.
190 Vgl. Abbildung 5, Abschnitt III.8.3.

somit quantitativ gesehen die Höhepunkte der Ukraineberichterstattung in den Talkshows im Jahr 2014 dar und bieten sich als herausragende Themen aus diesem Grund besonders für eine detaillierte Analyse an.

Während das Krim-Referendum sowie der Beitritt der Halbinsel zu Russland in der integrativen Inhaltsanalyse in der Kategorie **12_Ereignisse auf der Krim** erfasst sind, wurden der **Bewaffnete Konflikt bzw. die Ereignisse in der Ostukraine** in einer Haupt- sowie mehreren Unterkategorien (**20–28**) codiert. Da diese Kategorien sehr häufig codiert wurden, ist neben der Beschränkung auf die Monate September/Oktober eine weitere Eingrenzung sinnvoll: Trotz des Waffenstillstandsabkommens sind die Gefechte in der Ostukraine intensiv weitergegangen, und daher ist es besonders aufschlussreich herauszufinden, wie der bewaffnete Konflikt sowie die Konfliktparteien in diesen Monaten dargestellt wurden. Aus diesem Grund wurde die allgemeinere Unterkategorie **23_Krieg/Bürgerkrieg** für die Analyse bestimmt.

Die zwei Fallbeispiele bzw. herausragenden Themen unterscheiden sich somit vor allem in drei Punkten: im Zeitraum der Untersuchung (März/April und September/Oktober), den Orten der Ereignisse (Krim und Lugansk/Doneck) sowie den Ereignissen (Beitritt zu Russland und Kriegshandlungen trotz Waffenruhe).

Abschließend kann festgehalten werden, dass die Bestimmung der Fallbeispiele bzw. herausragenden Themen für die KDA anhand der Ergebnisse der integrativen Inhaltsanalyse zeigt, dass diese beiden empirischen Methoden kombiniert werden können und sich die quantitative Analyse als Methode für die Bestimmung, Reduktion und Eingrenzung des Untersuchungsmaterials für die Kritische Diskursanalyse sehr gut eignet.

An dieser Stelle werden nun diejenigen Talkshowreihen und -sendungen aufgelistet, die mithilfe der integrativen Analyse für die KDA bestimmt wurden und im weiteren Verlauf untersucht werden:

Fallbeispiel 1: Beitritt der Krim zu Russland (März/April 2014)
In der Kategorie **12_Ereignisse auf der Krim** wurden in der integrativen Inhaltsanalyse 16 Sendungen aus sieben Talkreihen codiert, welche im Februar, März und April 2014 gesendet wurden. Da die meisten Sendungen im März ausgestrahlt wurden und das Referendum in diesem Monat stattfand, ist eine Eingrenzung auf März/Anfang April sinnvoll und somit konnte die Zahl der Sendungen auf 13 Ausgaben in insgesamt sechs Talkshowreihen (drei Polit-Talks, ein Trivial-Talk und zwei Promi-Talks) reduziert werden. Aufgrund dieser immer noch sehr hohen Anzahl an Sendungen erfolgte eine weitere Reduktion, indem von den Polit-Talks[191] lediglich so

---

[191] Während bei den Trivial- und Promi-Talks pro Talkshowreihe jeweils nur eine Sendung in der Kategorie 12_Ereignisse auf der Krim codiert wurde, waren es bei den Polit-Talks mehrere pro Talkshowreihe: Voskresnyj Večer s Vladimirom Solov'ëvym (4), Politika (4) und Special'nyj Korrespondent (2).

viele Sendungen angesehen wurden, bis sich die Aussagen zu wiederholen begannen und nichts Neues mehr hinzukam. Das entspricht auch der Vorgehensweise der KDA nach Jäger, da laut ihm von einer fortdauernden Rekurrenz und Gleichförmigkeit der Inhalte des Diskurses ausgegangen werden kann (vgl. Jäger 2015: 141).

Dadurch ergaben sich folgende Sendungen (siehe unten) für die Analyse, wobei die von mir in ihrer Gesamtheit angesehenen und transkribierten Sendungen grau hinterlegt sind. Die schwarz gedruckten Sendungen wurden lediglich kursorisch gesichtet, das heißt, dass die Sendungen nur ausschnittsweise angesehen wurden und kein Transkript erstellt wurde:
- Prjamoj éfir: 03.03.2014
- Pozner: 04.03.2014
- Voskresnyj Večer s Vladimirom Solov'ëvym: 07.03.2014, 14.03.2014, 17.03.2014, 18.03.2014
- Politika: 12.03.2014, 16.03.2014, 19.03.2014, 20.03.2014
- Special'nyj korrespondent: 11.03.2014, 19.03.2014
- Naedine so vsemi: 02.04.2014

Da es das Ziel der Arbeit ist, möglichst alle Subgenres zu untersuchen, wurde nach der ersten Materialreduktion beschlossen, zwei Spezial-Talks (Modnyj prigovor und Davaj poženimsja!), die sich mit der Krim befassen, aber erst Ende April und Mitte Mai ausgestrahlt wurden, in die Analyse miteinzubeziehen.[192] Sie sind hier ebenfalls schwarz gedruckt, da aus arbeitsökonomischen Gründen kein Transkript der Sendungen erstellt wurde:
- Modnyj prigovor: 29.04.2014
- Davaj poženimsja!: 15.05.2014

Fallbeispiel 2: Krieg in der Ostukraine (September/Oktober 2014)
Wie bereits erwähnt, wurde aufgrund der Vielzahl an Codierungen für dieses Fallbeispiel die Kategorie 23_Krieg/Bürgerkrieg ausgewählt, weil in ihr die Talkshowsendungen erfasst wurden, in welchen die Sendungsbeschreibungen allgemein von den Ereignissen in der Ostukraine berichten bzw. diese als „Bürgerkrieg" oder „Krieg" bezeichnet werden. Für das Fallbeispiel wurden lediglich diejenigen Sendungen ausgewählt, deren Ausstrahlung nach der vereinbarten Waffenruhe Minsk I stattgefunden hat, wobei als zusätzliche Einschränkung die Monate September und Oktober 2014 bestimmt wurden. Insgesamt wurden dadurch fünf Sendungen von vier verschiedenen Talkshowreihen – ein Trivial-Talk und drei Polit-Talks – für die Analyse eruiert:
- Special'nyj korrespondent: 09.09.2014
- Politika: 07.09.2014, 08.10.2014
- Vremja pokažet: 13.10.2014
- Mužskoe/Ženskoe: 13.10.2014

Wie hier deutlich wird, sind in beiden Fallbeispielen Sendungen aus allen vier Subgenres (Promi-, Spezial-, Trivial- sowie Polit-Talk) vertreten, wobei der Polit-Talk in beiden Beispielen klar dominiert. Diese ungleiche Verteilung ist jedoch dem Umstand geschuldet, dass sich Polit-Talks, wie

---

192 Wie in der integrativen Inhaltsanalyse dargestellt, wiesen insgesamt nur ein Prozent aller Sendungen von Spezial-Talks in den Sendungsbeschreibungen einen Ukrainebezug auf.

in der integrativen Inhaltsanalyse gezeigt wurde, am öftesten mit einem ukrainebezogenen Thema beschäftigt haben.[193] Trotzdem werden auch Promi-, Spezial- und Trivial-Talks angesehen und in die Analyse miteinbezogen, wodurch sich die vorliegende Arbeit von bisherigen Untersuchungen unterscheidet.

9.3.4 Datenaufbereitung und Transkription

Alle Talkshowsendungen sind online auf den Webseiten der beiden Fernsehsender *Pervyj kanal* und *Rossija-1* verfügbar und frei zugänglich (Stand: Oktober 2021). Für die vorliegende Arbeit wurden diejenigen Sendungen, die in den Fallbeispielen aufgelistet sind, mithilfe des Downloadprogramms *Video DownloadHelper* heruntergeladen und auf der Festplatte eines Laptops sowie zusätzlich auf einer externen Festplatte gespeichert.

Von allen im vorigen Abschnitt III.9.3.3 schwarz markierten Talkshowsendungen wurde zunächst im Zuge mehrmaligen Ansehens ein Grobtranskript[194] erstellt, welches die Basis für die Strukturanalyse und die Verdichtung von Äußerungen zu Aussagen bildete. Die audiovisuellen Besonderheiten der jeweiligen Sendung wurden in einem eigenen Dokument sprachlich festgehalten, indem unter Angabe der Zeitsequenz kurz beschrieben wurde, wer bzw. was in den Einspielern oder auf den Bildern gezeigt wird oder welche Geräusche (Musik, Schüsse, Explosionen etc.) zu hören sind.

Im Anschluss an die Strukturanalyse wurde schließlich die Grobtranskription für die sprachlich-rhetorische Feinanalyse überarbeitet, sodass eine detaillierte Transkription, eine sogenannte Feintranskription, entstanden ist. Die Feintranskription wurde aus arbeitsökonomischen Gründen jedoch lediglich von denjenigen Sprechbeiträgen erstellt, die in der vorliegenden Arbeit als Beispiele zitiert werden. Zu diesem Zweck wurde eine Transkriptionsliste mit Symbolen (Abbildung 10) erarbeitet, welche sich an bisherigen Transkriptionskonventionen, vor allem an Dresing und Pehl (2015: 21–22) sowie an Thielemann (2013), orientiert.

---

[193] Vgl. dazu Abschnitt III.8.3.
[194] Im Unterschied zur Feintranskription werden in der Grobtranskription beispielsweise keine Wiederholungen, Satzabbrüche, non-und paraverbale Äußerungen, Sprecherüberlappungen etc. notiert. Auch inhaltliche Kurzzusammenfassungen eines Redebeitrags oder kurze Auslassungen können im Grobtranskript enthalten sein.

	Liste der Transkriptionssymbole -und konventionen
-	Die Transkription erfolgt wörtlich und nicht zusammenfassend.
-	Die Transkription orientiert sich an den Konventionen der russischen Standardorthographie. Satzzeichen werden zur besseren Verständlichkeit und Lesbarkeit gesetzt.
-	Jeder Sprecher*innenbeitrag erhält einen eigenen Absatz, allerdings ohne Leerzeile zwischen den einzelnen Beiträgen der Sprecher*innen. Am Ende des (gesamten) Sprecher*innenbeitrags werden Zeitmarken eingefügt.
-	Wortdoppelungen werden erfasst.
-	Syntaktische Fehler oder andere Fehler werden beibehalten.
-	Fülllaute (дада, ммм, ...) werden nicht transkribiert.
-	Sofern die betreffende Person eindeutig identifizierbar ist, werden Höflichkeitspronomina großgeschrieben.
-	Zahlen von 0 bis 12 werden ausgeschrieben, größere Zahlen werden in Ziffern angegeben.
-	Hinweise bei Zahlenangaben (z. B. Prozentangaben) werden ausgeschrieben.

Symbol	Bedeutung
XX	Sprecher*in nicht eindeutig identifizierbar
/ поду/ я не знал/ он мне сказал	Wort- und Satzabbrüche
((смеется)) ((кашляет)) ((аплодисменты))	Non- und paraverbale Äußerungen sowie auffällige Mimik und Gestik der Sprecher*innen (z. B. размахивает руками / er*sie fuchtelt mit den Armen) werden in doppelten Klammern angegeben. Auch der Publikumsapplaus wird in doppelte Klammern gesetzt.
[ ]	Bei Sprechüberlappungen wird der Text, der von zwei oder mehreren Personen gleichzeitig gesprochen wird, in eckigen Klammern angegeben und in einem eigenen Absatz direkt unterhalb des Absatzes des/der unterbrochenen Sprechenden angeführt. Handelt es sich hierbei um kurze Zwischenrufe von drei oder weniger Wörtern, wird dieser Zwischenruf zur besseren Lesbarkeit im Absatz des/der unterbrochenen Sprechenden angeführt. Ausgenommen davon sind die Übersetzungen ins Deutsche, in denen zum besseren Verständnis sprachliche Ergänzungen in eckigen Klammern anführt sind.
[...]	Auslassung bei der Transkription
« »	Direkte Zitate werden in den Äußerungen der Talkshowgäste in Anführungszeichen gesetzt.
(нрзб.)	неразборчиво = unverständliche Wörter oder Passagen
(пип)	Piepton, der über das Gesagte gelegt wurde und dieses unverständlich macht.
(страховка?)	Vermutetes Wort bzw. Satzteil wird in Klammern gesetzt und mit einem Fragezeichen versehen (z. B. wenn ein Wort undeutlich ausgesprochen wurde und/oder nicht eindeutig identifizierbar ist).
Значит, сегодня *мирное население украинская армия пугает* чем?	Kursivsetzungen stammen von der Autorin der Arbeit, um bestimmte Äußerungen oder Wörter visuell hervorzuheben.

Abbildung 10: Liste der Transkriptionssymbole und -konventionen für die Sprechbeiträge aus den Talkshowsendungen.

Die Schwierigkeit bei der Entwicklung eines für die Feinanalyse dieser Arbeit angemessenen Transkriptionssystems bestand darin, ein lesbares Transkript zu erstellen und gleichzeitig diejenigen Details zu erfassen, die für die vorliegende Analyse unabdingbar sind (vgl. Schneider und Stöckl 2011: 31). Das vorliegende Transkriptionssystem (Abbildung 10) stellt dabei einen Kompromiss aus beiden Desideraten dar, da es unmöglich ist, in einem Transkriptionssystem alles zu erfassen, was verbal, non- und/oder paraverbal in einer Talkshowsendung geschieht. Das ist auch nicht zwingend notwendig, da bei einer Untersuchung immer beide Teile – sowohl das Transkript als auch das Original – beachtet werden müssen (vgl. Schneider und Stöckl 2011: 28–29). Das Verhältnis zwischen Transkript und audiovisuellen Daten wird von Edwards (1992: 367) folgendermaßen resümiert: „[The transcript] is not a direct mirror of reality; it is a translation of a selected set of spatio-temporally organized oral and gestural events into a written medium with properties of its own." Daher stellen die angefertigten Transkriptionen in erster Linie eine Unterstützung bei der Feinanalyse der Talkshowsendungen dar und ersetzen keinesfalls die genaue Betrachtung der Videos, da Transkripte letztendlich immer interpretativ und selektiv sind und diese Selektivität die Untersuchung und ihre Interpretation beeinflussen kann (vgl. Kowal und O'Connell 2013: 440).

Die in dieser Arbeit transkribierten Ausschnitte aus den Talkshowsendungen konzentrieren sich in erster Linie auf den gesprochenen Text, wobei non- und paraverbale Äußerungen sowie auffällige Mimik und Gestik der Sprechenden auch berücksichtigt werden. Weiterhin ist jedoch das Video selbst zentral für die Untersuchung von Bild und Ton, da es für die gemeinsame Transkription von Text und visuellen Elementen bzw. Bildern noch keine gut etablierten und standardisierten Transkriptionskonventionen gibt. Zudem sind viele bereits existierende multimodale Transkriptionssysteme äußerst detailliert und eignen sich meist nur für sehr kurze Videos wie Trailer oder Werbefilme, nicht jedoch für eine ganze Talkshowsendung (vgl. z. B. Schneider und Stöckl 2011; Klemm und Michel 2014; Keppler 2015).

Um die visuellen Elemente und insbesondere die gezeigten Videos und Fotos trotzdem in die Analyse miteinbeziehen zu können, wurden Screenshots der einzelnen Einstellungen erstellt. Diese Form der ‚Transkription' visueller Elemente ist sehr praktikabel, reduziert die Komplexität, die bei einer symbolischen oder sprachlichen Transkription von Bildern entstehen würde, und erhöht gleichzeitig das Verständnis und die Lesbarkeit von Bildern für den/die Betrachter*in (vgl. Stukenbrock 2013: 228).

Aufgrund des Umfangs der Talkshowsendungen wurden jedoch lediglich diejenigen visuellen Elemente in Form von Screenshots ‚transkribiert', die als Beispiele in der vorliegenden Arbeit angeführt werden. Bei der Präsentation und Analyse der (audio)visuellen Mittel wird der zu den Bildern gesprochene Text in einer eigenen Zeile notiert, um die Lesbarkeit von Bild und Text in der Arbeit zu erhöhen.[195] Eine Ausnahme davon bildet die Analyse des Zusammenspiels zwischen einer Abfolge verschiedener Kameraeinstellungen und gesprochenem Text. Hier erfolgt die Transkription des Textes in einer eigenen Zeile direkt unter dem Standbild.[196]

Nachdem im vorliegenden Kapitel die Theorie der Kritischen Diskursanalyse sowie das Forschungsdesign ausführlich dargestellt wurden, beschäftigt sich das nächste Kapitel mit der Umsetzung und praktischen Anwendung der Methode.

---

[195] Siehe Fallbeispiel 2, Abschnitt III.10.2.3.
[196] Siehe Fallbeispiel 2, Abschnitt III.10.2.3.4.

10 Durchführung und Ergebnisse der Kritischen Diskursanalyse: Zwei Fallbeispiele

Wie bereits erwähnt, werden die Ergebnisse der Struktur- und Feinanalyse des jeweiligen Fallbeispiels als synoptische Analyse dargestellt, um einerseits die Lesbarkeit der Arbeit zu erhöhen und andererseits die Redundanz der Analyse zu vermeiden. Im Anschluss werden nun die Diskursanalysen der beiden Fallbeispiele bzw. herausragenden Themen – der Beitritt der Krim zur Russischen Föderation sowie der Krieg in der Ostukraine – präsentiert.

10.1 Fallbeispiel 1: Beitritt der Krim zur Russischen Föderation (März/April 2014)

Mithilfe der integrativen Inhaltsanalyse wurden in der Kategorie 12_Ereignisse auf der Krim 16 Sendungen aus sieben Talkshowreihen codiert, welche im Februar, März und April 2014 ausgestrahlt wurden und sich laut Sendungsbeschreibung mit den Ereignissen auf der Krim beschäftigen. Die meisten Sendungen wurden im März, dem Monat der Durchführung des Referendums, gesendet und die Auswahl wurde somit auf März/Anfang April begrenzt. Um die ungleiche Verteilung zwischen den einzelnen Subgenres der Talkshowsendungen auszugleichen und die Forschungsfrage (FF 2), die nach dem Unterschied der Berichterstattung über die Ukraine in den einzelnen Subgenres der Talkshows fragt, beantworten zu können, werden zudem zwei Spezial-Talks in der Untersuchung berücksichtigt. Diese beschäftigen sich auch mit der Krim, wurden jedoch erst Ende April sowie Mitte Mai 2014 ausgestrahlt.

Im Fallbeispiel 1 werden daher folgende Talkshowsendungen untersucht, wobei aufgrund der Menge an Sendungen nur von den grau hinterlegten Sendungen ein vollständiges Transkript erstellt und die schwarz gedruckten lediglich kursorisch gesichtet und nicht transkribiert wurden:

- Prjamoj èfir: 03.03.2014
- Pozner: 04.03.2014
- Voskresnyj Večer s Vladimirom Solov'ëvym: 07.03.2014, 14.03.2014, 17.03.2014, 18.03.2014
- Politika: 12.03.2014, 16.03.2014, 19.03.2014, 20.03.2014
- Special'nyj korrespondent: 11.03.2014, 19.03.2014
- Naedine so vsemi: 02.04.2014
- Modnyj prigovor: 29.04.2014
- Davaj poženimsja!: 15.05.2014

Die Ereignisse auf der Krim wurden bereits im Kapitel II.4.2.1 im Detail beschrieben, weshalb an dieser Stelle die wichtigsten Geschehnisse lediglich kurz zusammengefasst werden: Nachdem die Proteste des Euromajdan im Februar 2014 zur Absetzung und Flucht des ehemaligen ukrainischen Präsidenten Viktor Janukovič geführt hatten, kam es in Sewastopol zu prorussischen Demonstrationen gegen den Machtwechsel in Kiew. Ende Februar besetzten Selbstverteidigungskräfte, hinter denen russische Soldaten sowie Soldaten aus Sewastopol standen, strategisch wichtige Gebäude in Simferopol, stürzten die Regierung und setzten Sergej Aksënov als neuen Ministerpräsidenten ein. Dieser bat Russland um Hilfe zum Schutz der russischsprachigen Bevölkerung der Krim und forderte ein Referendum über den Beitritt der Krim zu Russland für Ende Mai, welches jedoch „hastig" auf den 16. März vorverlegt wurde (Halling und Klein 2019). Bei diesem Referendum stimmten offiziell 97 Prozent der Wähler*innen für einen Beitritt der Krim zu Russland. Am 21. März wurde schließlich das Gesetz über die Eingliederung der Krim in die Russische Föderation vom russischen Präsidenten Vladimir Putin und der Krimregierung unterzeichnet.

Beim Ansehen der ausgewählten Talkshowsendungen wurde deutlich, dass neben der Ukraine vor allem die Darstellung von Russland und dessen Beziehung zur Krim im Fokus der Diskussionen steht. Aus diesem Grund wurden die beiden Forschungsfragen der vorliegenden Arbeit, die nach der Darstellung der Ukraine (FF 2 + FF 3) fragen, um vier Subfragen erweitert, um herauszufinden, wie in den russischen Talkshows die Halbinsel der Ukraine abgesprochen und als Teil Russlands präsentiert wird:

- **FF 2:** Welche Aussagen wurden in ausgewählten Promi-, Polit-, Trivial- sowie Spezial-Talks über die Ukraine gemacht und sind Unterschiede in Bezug auf diese Aussagen zwischen den einzelnen Subgenres der Talkshows feststellbar?
- **FF 3:** Mithilfe welcher sprachlichen und visuellen Mittel wird in den ausgewählten Talkshows gearbeitet, um die Ukraine bzw. die ukrainische Seite darzustellen, und inwiefern können diese Mittel als Propagandastrategien identifiziert werden?
- **Subfragen:**
    1) Welche Argumente bzw. Aussagen werden in den Talkshowsendungen vorgebracht, um die Krim nicht als Teil der Ukraine, sondern als Teil Russlands darzustellen?
    2) Welche sprachlich-rhetorischen Mittel werden verwendet, um den Zusammenhalt bzw. die Zugehörigkeit der Krim und Russlands zu suggerieren?
    3) Welche Bedeutung wird dem Krim-Referendum bzw. dem Beitritt der Krim für Russland zugeschrieben und wie wird sie sprachlich dargestellt?
    4) Welche möglichen Zukunftsvisionen und Versprechen werden den Krimbewohner*innen im Fall eines Beitritts der Krim zu Russland aufgezeigt?

Mithilfe der Beantwortung der Forschungsfragen wird einerseits analysiert, wie die Ukraine in den Krim-Talkshows dargestellt wurde. Andererseits wird ein umfassendes Bild davon gegeben, wie zunächst in den Talkshowsendungen ein Teil eines anderen Landes als Teil des eigenen Landes präsentiert und anschließend tatsächlich ins eigene Land eingegliedert wurde. De facto ist die Halbinsel Krim heute ein Teil der Russischen Föderation (RF), de jure handelt es sich jedoch immer noch um ukrainisches Territorium (vgl. Halling 2015).

10.1.1 Institutioneller Kontext

Die Auswahl der Talkshows wurde bereits im vorigen Abschnitt sowie in Abschnitt III.9.3 begründet; in diesem Kapitel wird nun auf ihre Besonderheiten im Hinblick auf Sendezeit, Moderation und Gästekonstellation[197] sowie Einschaltquoten eingegangen.

Bei den mithilfe der integrativen Inhaltsanalyse für das Fallbeispiel 1 bestimmten Talkshows handelt es sich um drei Polit-Talks (VOSKRESNYJ VEČER S VLADIMIROM SOLOV'ËVYM, POLITIKA und SPECIAL'NYJ KORRESPONDENT), einen Trivial-Talk (PRJAMOJ ÈFIR), zwei Promi-Talks (POZNER und NAEDINE SO VSEMI) sowie zwei Spezial-Talks (MODNYJ PRIGOVOR und DAVAJ POŽENIMSJA!). Somit sind in diesem Fallbeispiel alle Subgenres von Talkshows, die im Jahr 2014 auf den zwei staatlichen Sendern *Pervyj kanal* und *Rossija-1* gesendet wurden, vorhanden. Bei den Promi-Talks und den Polit-Talks kann noch eine genauere Unterteilung in Subgenres (siehe Abschnitt II.6.3.2) erfolgen: NAEDINE SO VSEMI zählt zur Unterkategorie des sogenannten Single-Portrait-Talks, bei dem ein Studiopublikum anwesend ist und Showelemente sowie Einspielfilme, in denen kurze persönliche Porträts der Gäste erstellt werden, zum Einsatz kommen. Obwohl normalerweise prominente Personen in dieser Show auftreten, sind in der Sendung am 2. April 2014 unbekannte Personen bzw. Durchschnittsbürger*innen zu Gast. In die Sendung kommen eine junge Frau und ihr Bruder, welche von der sich entwickelnden Liebesgeschichte zwischen der Frau und einem jungen Mann berichten, die anlässlich einer Kundgebung für den Beitritt der Krim zu Russland miteinander in Kontakt gekommen sind.

Die Talkshow POZNER zählt ebenso zum Promi-Talk, genauer gesagt zum Interview-Talk, dessen Besonderheit es ist, dass außer dem Interviewer, Vladimir Pozner, und seinem Gast niemand im Studio anwesend ist. Zu Pozners Gästen

---

[197] Die Auflistung aller Studiogäste, die in den untersuchten Sendungen auftreten, wurde lediglich für die Talkshowsendungen gemacht, von denen die gesamte Sendung transkribiert wurde (vgl. Abschnitt III.10.1).

zählen neben Prominenten auch Expert*innen und Vertreter*innen aus Wirtschaft und Politik, wie in der Sendung am 04.03.2014, in welcher Aleksandr Žukov, der erste stellvertretende Duma-Vorsitzende der Russischen Föderation, zu Vladimir Pozner ins Studio kommt.

Die drei in diesem Fallbeispiel untersuchten Polit-Talks (Voskresnyj Večer s Vladimirom Solov'ëvym, Politika und Special'nyj korrespondent) gehören alle zur Subgruppe des Polit-Steh-Talks, in dem ein Publikum anwesend ist und sich die Gäste konfrontativ gegenüberstehen. Mit Ausnahme von Politika, welche zwei Moderatoren hat, wird die Polit-Diskussion von jeweils einem Host geleitet.

Die beiden Polit-Talks (Voskresnyj Večer s Vladimirom Solov'ëvym und Special'nyj korrespondent) sowie der Trivial-Talk (Prjamoj ėfir) werden auf *Rossija-1* ausgestrahlt und alle übrigen hier angeführten Talkshows auf dem *Pervyj kanal*. Prjamoj ėfir, Naedine so vsemi sowie Davaj poženimsja! wurden am Abend vor den Hauptnachrichten gesendet. Die Ausstrahlung der Polit-Talks sowie Pozner erfolgte direkt im Anschluss an die Hauptabendnachrichten um 21:00 Uhr oder spätabends nach 23:00 Uhr. Die Sendung von Modnyj prigovor war dagegen bereits im Vormittagsprogramm des *Pervyj kanal* zu sehen.[198]

In Bezug auf die Einschaltquoten und den Zuseher*innenanteil[199] dieser Talkshows habe ich im März 2020 eine elektronische Anfrage beim russischen Markt- und Medienforschungs-unternehmen *Mediascope* gestellt. Aus der Antwort auf diese Anfrage geht hervor, dass die durchschnittlichen Einschaltquoten im Jahr 2014 bei den Nachmittagstalkshows zwischen zwei und vier Prozent und der Zuseher*innenanteil zwischen 11 und 15 Prozent lagen. Auch bei den abendlichen Polit-Talks lag die Einschaltquote zwischen drei und vier Prozent und der Zuseher*innenanteil zwischen 13,5 und 15 Prozent, wobei jedoch Voskresnyj Večer s Vladimirom Solov'ëvym mit einem Zuseher*innenanteil von 17 Prozent besonders hervorzuheben ist. Die Einschaltquote von Pozner war von allen in diesem Fallbeispiel 1 untersuchten Talkshows mit 1,5 Prozent durchschnittlich am niedrigsten; der Zuseher*innenanteil dieser Show betrug jedoch rund 12 Prozent.

---

198 Siehe dazu auch die Kurzporträts der untersuchten Talkshowsendungen im Anhang der Arbeit (Anhang III).
199 Die Einschaltquote (*rejting*) zeigt an, wie viele Personen oder Haushalte – gemessen an der Gesamtmenge der Bevölkerung – eine Sendung angesehen haben. Der Zuseher*innenanteil (*dolja auditorii*) gibt dagegen Auskunft darüber, wie viel Prozent der gleichzeitig fernsehenden Personen bzw. Haushalte eine bestimmte Sendung angesehen haben (vgl. Borodina 2015). Der Zuseher*innenanteil indiziert somit, wie attraktiv eine Sendung im Vergleich mit anderen zur selben Zeit laufenden Sendungen war.

10.1.1.1 Talkshowgäste: Polit-Talks

Die Hauptgäste, welche die primären Gesprächspartner*innen des/der Moderator*in sind und sich im Mittelpunkt der Show befinden (vgl. Abschnitt II.6.2.2), sowie die Nebengäste können verschiedenen Gruppen zugeordnet werden. Diese Aufteilung der Gäste in Gruppen wurde für die **vier** gänzlich transkribierten **Polit-Talks** des vorliegenden Fallbeispiels gemacht und wird nun an dieser Stelle präsentiert:

(1) Offizielle (politische) Vertreter*innen der Russischen Föderation (RF)
Diese Gruppe der offiziellen (politischen) Vertreter*innen kann in den vier untersuchten Polit-Talks in zwei Untergruppen eingeteilt werden: Erstens in die Gruppe „(1a) Mitglieder der Regierungspartei *Edinaja Rossija* und/oder Abgeordnete der Duma der RF" und zweitens in die „(1b) Mitglieder der Gesellschaftskammer[200] der RF". Lediglich eine Person, der Pressesprecher des russischen Präsidenten, konnte keiner der beiden Untergruppen zugeordnet werden und wird hier daher gesondert angeführt:[201]
- **Dmitrij Peskov**: Pressesprecher des russischen Präsidenten (Voskresnyj večer s Vladimirom Solov'ëvym 07.03.)

Gemeinsam ist allen übrigen Gästen dieser Gruppe (1), dass sie die offizielle Position der russischen Regierung oder eine damit konforme Position vertreten. Sie haben eine patriotische und antiwestliche Einstellung und werden sehr selten von den Moderatoren in ihren Ausführungen unterbrochen. Zu dieser Gruppe zählen folgende Gäste:

(1a) Mitglieder der Regierungspartei *Edinaja Rossija* und/oder Abgeordnete der Duma der RF:
- **Vladimir Žirinovskij**: Vorsitzender der Partei *LDPR* (Voskresnyj večer s Vladimirom Solov'ëvym 07.03., 18.03.)
- **Gennadij Zjuganov**: Vorsitzender des Zentralkomitees der Kommunistischen Partei der RF (Voskresnyj večer s Vladimirom Solov'ëvym 07.03.)
- **Vladimir Pligin**: Vorsitzender des Komitees der Duma für die Verfassungsgesetzgebung und den Staatsbau (Voskresnyj večer s Vladimirom Solov'ëvym 07.03.)
- **Vjačeslav Nikonov**: Abgeordneter der staatlichen Duma, Vorstandssprecher der Stiftung *Russkij mir* (dt. *Russische Welt*) (Voskresnyj večer s Vladimirom Solov'ëvym 07.03.)
- **Nikolaj Starikov**: Vorsitzender der Partei *Velikoe otečestvo* (Voskresnyj večer s Vladimirom Solov'ëvym 07.03.)
- **Viktor Zvagel'skij**: stellvertretender Vorsitzender des Komitees der staatlichen Duma für Wirtschaftspolitik und Unternehmertum (Voskresnyj večer s Vladimirom Solov'ëvym 07.03.)

---

200 Die Gesellschaftskammer (*Obščestvennaja palata RF*) gibt es aufgrund eines entsprechenden Gesetzes seit 2005. Sie besteht aus 126 ernannten Vertreter*innen zivilgesellschaftlicher Organisationen, welche die Aufgabe haben, „das Zusammenwirken der Bürgerinnen und Bürger der Russischen Föderation mit allen Ebenen des Staates" sicherzustellen (Lang et al. 2010: 13). Seit ihrem Bestehen wurde die Gesellschaftskammer wegen ihrer Verortung innerhalb des staatlichen Machtsystems von regierungskritischen Stimmen wiederholt kritisiert.
201 Bei den hier angeführten Beschreibungen und Informationen über die Gäste handelt es sich um die russischen Bauchbindentexte, die während des Redebeitrags eines Gastes in der Sendung angezeigt werden und von mir übersetzt wurden.

- **Leonid Kalašnikov:** erster stellvertretender Vorsitzender des Komitees der staatlichen Duma für die äußeren Angelegenheiten (Voskresnyj večer s Vladimirom Solov'ëvym 07.03.)
- **Sergej Železnjak:** stellvertretender Vorsitzender der staatlichen Duma (Voskresnyj večer s Vladimirom Solov'ëvym 18.03.)
- **Aleksandr Toršin:** erster stellvertretender Vorsitzender des Föderationsrats (Voskresnyj večer s Vladimirom Solov'ëvym 18.03.)
- **Irina Jarovaja:** Vorsitzende des Komitees der staatlichen Duma für Sicherheit und Korruptionsbekämpfung (Voskresnyj večer s Vladimirom Solov'ëvym 18.03.)
- **Nikolaj Valuev:** Abgeordneter der Duma der RF (Special'nyj korrespondent 19.03.)
- **Elena Mizulina:** Vorsitzende des Komitees der Duma der RF für Fragen der Familie, Frauen und Kinder (Special'nyj korrespondent 19.03.)

(1b) Mitglieder der Gesellschaftskammer der RF:
- **Dmitrij Orlov:** Mitglied der Gesellschaftskammer der RF (Voskresnyj večer s Vladimirom Solov'ëvym 07.03.)
- **Anton Cvetkov:** Vorsitzender des Präsidiums des allrussländischen Vereins „Offiziere Russlands", Mitglied der Gesellschaftskammer der RF (Special'nyj korrespondent 19.03.)

---

(2) Gäste aus der Ukraine bzw. von der Krim
Dieser Gästegruppe werden alle in den Talkshowsendungen auftretenden Personen zugeordnet, die aus der Ukraine und/oder von der Krim kommen. Gemeinsam ist ihnen, dass sie eine kritische Einstellung zum Euromajdan und den politischen Umbrüchen in der Ukraine haben und die Krim als Teil Russlands sehen. Diese Gäste können in zwei Gruppen aufgeteilt werden: „(2a) Offizielle politische Vertreter*innen" und „(2b) Expert*innen bzw. Vertreter*innen auf wissenschaftlicher oder beruflicher Ebene". In die erste Gruppe (2a) werden auch Sergej Aksënov und Vladimir Konstantinov eingeordnet, da sie maßgeblich für die Organisation und Durchführung des Referendums auf der Krim am 16. März 2014 verantwortlich waren:

(2a) Offizielle politische Vertreter*innen aus der Ukraine:
- **Vadim Kolesničenko:** Abgeordneter der *Verchovnaja Rada* der Ukraine, *Partija regionov*; Leiter der Menschenrechtsbewegung *Russkojazyčnaja Ukraina* (dt. *Russischsprachige Ukraine*) (Voskresnyj večer s Vladimirom Solov'ëvym 07.03., 18.03.; Politika 12.03.)
- **Alla Aleksandrovskaja:** erste Sekretärin des Charkower Gebietskomitees der Kommunistischen Partei der Ukraine (Politika 12.03.)
- **Rustam Temirgaliev:** erster stellvertretender Vorsitzender des Ministerrats der autonomen Republik Krim (Politika 12.03.; Voskresnyj večer s Vladimirom Solov'ëvym 18.03.)
- **Aleksandr Spiridonov:** bevollmächtigter Vertreter des Vorsitzenden des Ministerrats der Krim in der Arbeitsgruppe zur Durchführung des Referendums am 16. März (Politika 12.03.)
- **Vitalina Dzoz:** Abgeordnete der *Verchovnaja Rada* der Ukraine, *Partija regionov* (Politika 12.03.)
- **Oleg Carëv**[202]: Abgeordneter der *Verchovnaja Rada* der Ukraine (Voskresnyj večer s Vladimirom Solov'ëvym 18.03.)

---

202 Oleg Carëv war außerdem einer der Anführer der Separatistenbewegung in Doneck (vgl. Barabaš et al. 2015: 318; Weiss 2020a: 125).

- **Vladimir Konstantinov:** Vorsitzender des Staatsrats der Republik Krim (VOSKRESNYJ VEČER S VLADIMIROM SOLOV'ËVYM 18.03.)
- **Sergej Aksënov:** Vorsitzender des Ministerrats der Republik Krim (VOSKRESNYJ VEČER S VLADIMIROM SOLOV'ËVYM 18.03.)

(2b) Expert*innen bzw. Vertreter*innen auf wissenschaftlicher oder beruflicher Ebene aus der Ukraine:
- **Aleksandr Čalenko:** Journalist (Ukraine) (SPECIAL'NYJ KORRESPONDENT 19.03.)
- **Marina Zabrodskaja:** Mitglied von *Russkoe edinstvo* (dt. *Russische Einheit*), Bewohnerin der Krim (SPECIAL'NYJ KORRESPONDENT 19.03.)
- **Galina Zaporožceva:** Oberst der Miliz, Professorin der Nationalen Akademie für innere Angelegenheiten der Ukraine (SPECIAL'NYJ KORRESPONDENT 19.03.)
- **Natal'ja Gavrileva:** Einwohnerin der Stadt Simferopol, Journalistin (SPECIAL'NYJ KORRESPONDENT 19.03.)

---

(3) Expert*innen bzw. Vertreter*innen auf wissenschaftlicher oder beruflicher Ebene
In diese Gruppe zählen jene Gäste, die aufgrund ihrer Ausbildung oder beruflichen Expertise um ihre Meinung und die Bewertung bzw. Einordnung der Geschehnisse gebeten werden. Neben Historiker*innen, Politolog*innen und Journalist*innen befinden sich in dieser Gruppe auch Wissenschaftler*innen. Die Expert*innen können ebenso wie die Gruppe (1) ihren Standpunkt in den Talkshows darlegen, ohne dafür kritisiert zu werden. Erlaubt sind jedoch Nachfragen oder die Forderung nach Erklärungen seitens des Moderators. Zu dieser Gruppe gehören folgende Personen:
- **Vjačeslav Bondarenko:** Historiker, Schriftsteller (VOSKRESNYJ VEČER S VLADIMIROM SOLOV'ËVYM 07.03.)
- **Jurij Poljakov:** Schriftsteller, Chefredakteur der *Literaturnaja gazeta* (VOSKRESNYJ VEČER S VLADIMIROM SOLOV'ËVYM 07.03.; 18.03.)
- **Boris Titov:** Beauftragter für Unternehmensrechte des russischen Präsidenten (VOSKRESNYJ VEČER S VLADIMIROM SOLOV'ËVYM 07.03.)
- **Evgenij Satanovskij:** Präsident des Instituts des Nahen Ostens (VOSKRESNYJ VEČER S VLADIMIROM SOLOV'ËVYM 07.03.)
- **Leonid Kazinec:** Vorstand des russländischen Verbands der Industriellen und Unternehmer (VOSKRESNYJ VEČER S VLADIMIROM SOLOV'ËVYM 07.03.)
- **Sergej Dorenko:** Journalist (POLITIKA 12.03.)
- **Konstantin Kostin:** Leiter des Entwicklungsfonds der Zivilgesellschaft (POLITIKA 12.03.)
- **Michail Leont'ev:** Politologe, Chefredakteur des Fernsehjournals *Odnako* (POLITIKA 12.03.)
- **Aleksandr Dugin:** Politologe, Philosoph, Anführer der internationalen eurasischen Bewegung (POLITIKA 12.03.)
- **Aleksandr Vyležanin:** Direktor des Instituts für Völkerrecht des MGIMO, Doktor der Rechtswissenschaften (POLITIKA 12.03.)
- **Konstantin Sivkov:** erster Vize-Präsident der Akademie für geopolitische Probleme, Doktor der Kriegswissenschaften (POLITIKA 12.03.)
- **Vitalij Lejbin:** Chefredakteur des Journals *Russkij reportër* (POLITIKA 12.03.)
- **Elena Gus'kova:** Leiterin des Zentrums zum Studium der gegenwärtigen Balkankrise des Instituts für slawische Studien (RAN) (POLITIKA 12.03.)
- **Konstantin Zatulin:** Direktor des Instituts der GUS-Staaten (VOSKRESNYJ VEČER S VLADIMIROM SOLOV'ËVYM 18.03.)

- **Aleksandr Prochanov:** Schriftsteller, Chefredakteur der Zeitung *Zavtra* (Voskresnyj večer s Vladimirom Solov'ëvym 18.03.)
- **Jurij Kara:** Regisseur (Voskresnyj večer s Vladimirom Solov'ëvym 18.03.)
- **Sergej Kurginjan:** Politologe, Anführer der Bewegung *Sut' vremeni* (Special'nyj korrespondent 19.03.)
- **Vitalij Tret'jakov:** Journalist, Politologe, Dekan der Fakultät für Fernsehen an der Lomonosov-Universität (MGU) (Special'nyj korrespondent 19.03.)
- **Nikita Kričeskij:** Doktor der Wirtschaftswissenschaften (Special'nyj korrespondent 19.03.)
- **Dmitrij Sajms:** Politologe, Präsident des Zentrums für Nationale Interessen, Herausgeber des Journals *The National Interest* (Special'nyj korrespondent 19.03.)
- **Pavel Zarifullin:** Direktor des Lev-Gumilëv-Zentrums in Moskau (Special'nyj korrespondent 19.03.)
- **Michail Mjagkov:** wissenschaftlicher Leiter der russländischen kriegshistorischen Gesellschaft (Special'nyj korrespondent 19.03.)

In diese allgemeine Gruppe (3) kann eine Person, der Archimandrit[203], nicht eingeordnet werden. Er bildet aus diesem Grund eine eigene Gruppe. Er tritt als Vertreter der russisch-orthodoxen Kirche in einer Polit-Talkshow auf und betrachtet die Ereignisse auf der Krim aus religiöser Perspektive:

(3a) Vertreter der russisch-orthodoxen Kirche:
- **Archimandrit Tichon Ševkunov:** Ratsmitglied des Präsidenten der RF für Kunst und Kultur (Voskresnyj večer s Vladimirom Solov'ëvym 18.03.)

Eine eigene Gruppe bilden ebenso zwei (ehemalige) Militärangehörige, die um ihre Bewertung und Einschätzung der aktuellen Situation aufgrund ihrer Kriegsexpertise gebeten werden:

(3b) Kriegsexperten bzw. (ehemalige) Militärangehörige:
- **Viktor Baranec:** Kriegsberichterstatter der Zeitung *Komsomol'skaja pravda*, Oberstleutnant (Special'nyj korrespondent 19.03.)
- **Valerij Dorogin:** Vize-Admiral der Seekriegsflotte der RF, Abgeordneter der dritten Legislaturperiode der Duma[204] (Special'nyj korrespondent 19.03.)

---

(4) Liberale und/oder Vertreter des Westens
Alle drei Vertreter des Westens treten in der Sendung Voskresnyj večer s Vladimirom Solov'ëvym nach dem Krim-Referendum auf. Sie befürworten den Beitritt der Krim zu Russland und kritisieren gleichzeitig das westliche Unverständnis der Situation in der Ukraine. Im Gegensatz zum Fallbeispiel 2, in dem die Vertreter des Westens eine russlandkritische Position einnehmen und für eine differenzierte Auseinandersetzung und objektive Diskussion über den Krieg in der Ukraine plädieren, sind die Vertreter des Westens im Fallbeispiel 1 sehr russlandfreundlich eingestellt. Zu ihnen gehören folgende Personen:

---

[203] Als Archimandrit wird in der Ostkirche ein Klostervorsteher bezeichnet, zugleich ist diese Bezeichnung ein Ehrentitel für Mönchspriester (vgl. Brockhaus 2020a).
[204] Valerij Dorogin könnte als Duma-Abgeordneter auch in der Gruppe (2a) angeführt werden, aber da diese Funktion erst an zweiter Stelle genannt wird, ist er der Gruppe (3b) zugeordnet.

10.1 Fallbeispiel 1: Beitritt der Krim zur Russischen Föderation (März/April 2014) — 191

- **Džulian Louėnfel'd** [Julian Lowenfeld]: Dichter-Übersetzer, USA (Voskresnyj večer s Vladimirom Solov'ëvym 18.03.)
- **Jochan Bekman** [Johan Bäckman]: Vorsitzender des antifaschistischen Komitees von Finnland (Voskresnyj večer s Vladimirom Solov'ëvym 18.03.)
- **Džul'etto K'eza** [Giulietto Chiesa]: Journalist, Italien (Voskresnyj večer s Vladimirom Solov'ëvym 18.03.)

(5) TV-Prominenz und/oder Personen des öffentlichen Lebens
In jeder der vier im Detail analysierten Polit-Talks tritt jeweils ein Vertreter der Gruppe „(5) TV-Prominenz und/oder Personen des öffentlichen Lebens" auf. Diese befürworten den Beitritt der Krim zu Russland und präsentieren sich als Unterstützer des russischen Präsidenten. Zu dieser Gruppe gehören folgende Personen:
- **Michail Žvaneckij**[205]: Volkskünstler Russlands (Voskresnyj večer s Vladimirom Solov'ëvym 07.03.)
- **Vladimir Chotinenko**: Regisseur, Volkskünstler Russlands (Politika 12.03.)
- **Vladimir Bortko**: Regisseur, Volkskünstler Russlands (Voskresnyj večer s Vladimirom Solov'ëvym 18.03.)
- **Aleksandr Zaldostanov (Chirurg)**: Anführer des Biker-Clubs „Nachtwölfe"[206] (Special'nyj korrespondent 19.03.)

Zusammenfassend lässt sich festhalten, dass die meisten Gäste der Gruppe „(3) Expert*innen bzw. Vertreter*innen auf wissenschaftlicher oder beruflicher Ebene" zugeordnet werden konnten. Die zweitgrößte Gruppe bilden die offiziellen (politischen) Vertreter*innen aus Russland sowie aus der Ukraine. Diese Verteilung der Gäste ist typisch für das Genre Polit-Talk (vgl. Abschnitt II.6.3.2), in dem kaum ‚gewöhnliche' Menschen bzw. sogenannte Durchschnittsbürger*innen oder dem Publikum nicht bekannte Personen vorkommen.

Vier der hier aufgelisteten Personen treten in mehr als einer der untersuchten Polit-Talks auf: Einerseits sind das die beiden langjährigen Stammgäste in russischen Talkshows, der Parteivorsitzende der *LDPR*, Vladimir Žirinovskij, und der Schriftsteller Jurij Poljakov. Andererseits befinden sich auch unter den „(2) Gästen aus der Ukraine" zwei politisch aktive Personen, welche in zwei der analysierten Sendungen an der Studiodiskussion teilnehmen: der Krimtatar Rustam Temirgaliev sowie das Mitglied der ehemaligen Janukovič-Partei *Partija regionov* (dt. *Partei der Regionen*), Vadim Kolesničenko.

---

205 Michail Žvaneckij tritt nicht mit den anderen Gästen gemeinsam auf, sondern der Moderator, Vladimir Solov'ëv, führt mit ihm ein Einzelinterview im Studio.
206 Der russische Motorradclub „Nachtwölfe" (*Nočnye volki*) wurde 1989 von Aleksandr Zaldostanov nach dem Vorbild der „Hells Angels MC" gegründet. Die Mitglieder des Clubs vertreten und verbreiten imperial-orthodoxe, nationalistische sowie antiwestliche Ansichten. Die „Nachtwölfe" werden vom russischen Staat finanziell unterstützt und waren nicht nur an der Anti-Majdan-Bewegung, sondern auch am Konflikt in der Ukraine aktiv beteiligt (vgl. Harris 2020).

Auffällig ist, dass die große Mehrheit der Gäste männlich ist, da lediglich acht Gäste Frauen und 51 Männer sind. Diese Ungleichverteilung ist jedoch in allen untersuchten russischen Polit-Talks deutlich erkennbar (siehe auch Fallbeispiel 2) und zeigt, dass Politik und die Diskussion über politische Ereignisse in Russland eindeutig von Männern geführt wird. Die maskuline Dominanz in Verbindung mit der Kraft und Stärke Russlands sowie der Verteidigung der offiziellen politischen Linie wird in den Sendungen auch immer wieder unterstrichen. So spricht beispielsweise der stellvertretende Duma-Vorsitzende Sergej Železnjak von einer „männlichen Welt", in der Russland seine Position behaupten müsse:

> **Сергей Железняк**: Мир жесткий! Мир мужской! Нам нужно в этом мужском мире каждый день будет доказывать свою правоту и свое право на собственную позицию.   (*Voskresnyj večer s Vladimirom Solov'ëvym*, 18.03.2014, 00:30:16–00:30:26)
>
> **Sergej Železnjak**: Die Welt ist hart! Die Welt ist männlich! Wir werden uns in dieser männlichen Welt jeden Tag rechtfertigen und unser Recht auf die eigene Position beweisen müssen.

Zudem ist bemerkenswert, dass in diesen Polit-Talks keine kritischen Stimmen zu hören sind: So sind weder Vertreter*innen der offiziellen Ukraine in den Talkshows zu Gast, noch liberale russische Politiker*innen oder Vertreter*innen einer Position, welche die Ereignisse verurteilt. In allen Talkshowsendungen herrscht Konsens darüber, dass der Beitritt der Krim zu Russland rechtmäßig und notwendig sei. Die Vertreter*innen der Ukraine bzw. der Krim haben, wie bereits erwähnt, eine eindeutig prorussische Position, da sie entweder der *Partija regionov* des ehemaligen ukrainischen Präsidenten Viktor Janukovič angehören oder der Kommunistischen Partei, welche eine Rückkehr zu einer Gemeinschaft aus Russ*innen, Beloruss*innen und Ukrainer*innen befürwortet.

Nach dieser Darstellung der Gäste in den Polit-Talks folgt im nächsten Abschnitt die Präsentation der Gästekonstellation aus den Sendungen der anderen Subgenres: dem Trivial-Talk sowie den beiden Promi-Talks.[207]

10.1.1.2 Talkshowgäste: Trivial- und Promi-Talks

Die Verteilung der Haupt- und Nebengäste in den Trivial-und Promi-Talks auf die einzelnen Unterkategorien unterscheidet sich von derjenigen der Polit-Talks. Der größte Unterschied besteht darin, dass in den Promi- und Trivial-Talks kaum Personen der Gruppe „(1) Offizielle (politische) Vertreter*innen der Russischen Föderation (RF)" auftreten.

---

[207] Die Gäste der Spezial-Talks werden hier nicht angeführt, da keine Transkription der beiden Sendungen erstellt wurde.

10.1 Fallbeispiel 1: Beitritt der Krim zur Russischen Föderation (März/April 2014) — **193**

(1) Offizielle (politische) Vertreter*innen der Russischen Föderation (RF)
In den drei untersuchten Sendungen der Promi-bzw. Trivial-Talks kommen lediglich drei Personen der Gruppe (1) vor. Im Interview-Talk POZNER ist Aleksandr Žukov der einzige Gast. Im Trivial-Talk PRJAMOJ ÈFIR befindet sich Igor' Morozov während der gesamten Show im Studio, während der ehemalige Bürgermeister von Moskau, Jurij Lužkov, live aus London ins Studio zugeschaltet ist. Dass der Ex-Bürgermeister der russischen Hauptstadt in der Show auftritt, ist bemerkenswert, da dieser im Gegensatz zu Žukov und Morozov im Jahr 2014 kein aktiver Politiker mehr ist und bereits 2010 Russland verlassen hat. Er vertrat jedoch bereits vor 2014 die Einstellung, dass die Krim russisch sei, und provozierte mit diesem „gefährlichen russischen Patriotismus" die Ukraine (Schlögel 2017: 20).
- **Jurij Lužkov:** ehemaliger Bürgermeister von Moskau (PRJAMOJ ÈFIR 03.03.)
- **Igor' Morozov:** Mitglied des Föderationsrats der RF (PRJAMOJ ÈFIR 03.03.)
- **Aleksandr Žukov:** erster stellvertretender Vorsitzender der Duma der RF (POZNER 04.03.)

(2) Gäste aus der Ukraine
In dieser Gruppe befinden sich die meisten Gäste der Trivial- und Promi-Talks. Alle Personen stammen ohne Ausnahme von der Krim, genauer gesagt aus der Stadt Sewastopol, und sie unterstützen das Krim-Referendum sowie den Beitritt der Krim zu Russland. Während die Gästegruppe „(2a) Offizielle politische Vertreter*innen" in den Trivial- und Promi-Talks dieses Fallbeispiels nicht präsent ist, kommen in diesen Shows drei andere Gruppen von Gästen aus der Ukraine vor: „(2b) Expert*innen bzw. Vertreter*innen auf wissenschaftlicher oder beruflicher" Ebene, „(2c) Durchschnittsbürger*innen" und „(2d) TV-Prominenz":

(2b) Expert*innen bzw. Vertreter*innen auf wissenschaftlicher oder beruflicher Ebene aus der Ukraine:
- **Natal'ja Rjabinkina:** Journalistin des Fernsehsenders *Pervyj Sevastopol'skij*, Einwohnerin von Sewastopol (PRJAMOJ ÈFIR 03.03.)

(2c) Durchschnittsbürger*innen aus der Ukraine:
- **Tat'jana Ščerbakova:** Geschichtelehrerin aus Sewastopol, Krim (PRJAMOJ ÈFIR 03.03.)
- **Viktor Oganesjan:** Direktor des Ersten Puškin-Gymnasiums, Einwohner von Sewastopol (PRJAMOJ ÈFIR 03.03.)
- **Aleksandr Švec:** ehemaliger Mitarbeiter der staatlichen Verkehrspolizei (PRJAMOJ ÈFIR 03.03.)
- **Diana Kun:** wurde aus ihrer Wohnung in Kiew gejagt, weil sie den Majdan nicht unterstützt (PRJAMOJ ÈFIR 03.03.)
- **Tat'jana Solodovnij:** Mathematiklehrerin, Einwohnerin von Sewastopol (PRJAMOJ ÈFIR 03.03.)
- **Alina Solov'ëva** (NAEDINE SO VSEMI 02.04.)
- **Michail Solov'ëv** (NAEDINE SO VSEMI 02.04.)

(2d) TV-Prominenz aus der Ukraine:
- **Natal'ja Buz'ko**[208]: verdiente Schauspielerin der Ukraine (PRJAMOJ ÈFIR 03.03.)

---

208 Natal'ja Buz'ko ist vor allem aus den Filmen von Kira Muratova bekannt und hat auch im Spielfilm *Donbass* (2018) von Sergej Loznica mitgespielt. In PRJAMOJ ÈFIR kommt sie lediglich

(3) Expert*innen bzw. Vertreter*innen auf wissenschaftlicher oder beruflicher Ebene
Eine weitere Gästegruppe, die im Fallbeispiel 1 lediglich in der Trivial-Talkshow vorkommt, ist die der Expert*innen bzw. Vertreter*innen auf wissenschaftlicher oder beruflicher Ebene. Sie ergreifen in der Sendung jeweils nur einmal kurz das Wort:
- **Anatolij Vasserman:** Publizist (PRJAMOJ ÉFIR 03.03.)
- **Aleksandr Grišin:** Beobachter der Abteilung für Politik der Zeitung *Komsomol'skaja pravda* (PRJAMOJ ÉFIR 03.03.)
- **Arkadij Inin:** Schriftsteller, verdienter Kunstschaffender Russlands (PRJAMOJ ÉFIR 03.03.)
- **Aleksej Lobarev:** Leiter des Dachverbands der Polizeigewerkschaft der RF (PRJAMOJ ÉFIR 03.03.)

(4) Liberale und/oder Vertreter des Westens
Die Gästegruppe „(4) Liberale und/oder Vertreter des Westens" kommt weder im Trivial-Talk noch in den beiden Promi-Talks dieses Fallbeispiels vor.

(5) TV-Prominenz und/oder Personen des öffentlichen Lebens
Gäste, die der TV-Prominenz zugeordnet werden können, kommen lediglich in der Trivial-Talkshow dieses Fallbeispiels in der Person von Valdimir Gostjuchin vor. Letzterer ruft in der Sendung zum Widerstand der Menschen in der Ostukraine gegen die neue Regierung in Kiew auf:
- **Vladimir Gostjuchin:** verdienter Schauspieler der RSFSR (PRJAMOJ ÉFIR 03.03.)

(6) Vertreter der Opolčency
In den Studios der Trivial- und Promi-Talks[209] sind Vertreter der Opolčency, ergo der Separatisten in der Ostukraine und auf der Krim, präsent. Die Gäste dieser Gruppe können in drei Untergruppen aufgeteilt werden: Zur ersten Gruppe gehören „(6a) Politiker und/oder politisch aktive Personen", zu denen Anführer von (politischen) Organisationen sowie der Leiter der Selbstverteidigungseinheit von Sewastopol zählen:

(6a) Politiker und/oder politisch aktive Personen:
- **Gennadij Basov:** Parteiführer von *Russkij blok*, leitet die Selbstverteidigungsgruppe von Sewastopol (PRJAMOJ ÉFIR 03.03.)
- **Evgenij Žilin:** Anführer der Organisation *Oplot* (dt. *Bollwerk, Hochburg*) (Charkow) (PRJAMOJ ÉFIR 03.03.)
- **Vladimir Rogov:** Anführer der Gesellschaftsorganisation *Slavjanskaja gvardija* (dt. *Slawische Garde*) (PRJAMOJ ÉFIR 03.03.)

---

einmal kurz zu Wort und vertritt eine beschwichtigende Position, da sie erklärt, dass die Menschen in der Ukraine einander respektieren und jeder/jede das Recht haben sollte die Sprache zu sprechen, die er/sie beherrsche (vgl. *Prjamoj éfir*, 03.03.2014, 00:19:00–00:19:27).
209 In den Polit-Talks dieses Fallbeispiels kommt diese Gruppe nur in der Reportage des Spezialkorrespondenten vor und tritt nicht in den Talkshowstudios selbst auf. Daher wurde diese Gruppe im Abschnitt III.10.1.1.1 nicht aufgelistet.

10.1 Fallbeispiel 1: Beitritt der Krim zur Russischen Föderation (März/April 2014)

Die zweite Gruppe bildet ein Mitglied der Spezialeinheit Berkut, welche nach ihrer brutalen Vorgehensweise gegen Zivilist*innen auf dem Majdan aufgelöst wurde. In den russischen Talkshows werden die Berkut-Mitglieder aufgrund ihres Kampfes gegen die Majdan-Aktivist*innen einerseits als Helden, die für Ordnung sorgen, und andererseits als Opfer und Geiseln der neuen ukrainischen Regierung dargestellt. Auffällig ist, dass nur der Vorname des Mitglieds der Spezialeinheit Berkut in der Sendung angeführt wird:

(6b) Mitglieder der Berkut:
- **Gennadij:** [Mitglied der] Berkut (PRJAMOJ ÉFIR 03.03.)

Eine dritte Untergruppe, der in den drei untersuchten Sendungen lediglich eine Person zugeordnet werden kann, ist die der „(6c) Militärpersonen bzw. Krieger/Kämpfer". Es handelt sich um Denis Ptička, Gast in der Promi-Talkshow NAEDINE SO VSEMI, der eine militärische Ausbildung hat und bei den Selbstverteidigungseinheiten der Krim aktiv war:

(6c) Militärpersonen bzw. Krieger/Kämpfer:
- **Denis Ptička** (NAEDINE SO VSEMI 02.04.)

Abschließend kann festgehalten werden, dass die meisten Gäste der Trivial- und Promi-Talks aus der Gruppe „(2c) Durchschnittsbürger*innen aus der Ukraine" stammen. Während dieser Gästeschwerpunkt als typisch für das Genre Trivial-Talk bezeichnet werden kann, ist dies für den Promi-Talk ungewöhnlich, da darin normalerweise prominente Personen die Hauptgäste bilden. Allerdings handelt es sich bei den untersuchten Promi-Talks um zwei Ausnahmen: Zum einen kann NAEDINE SO VSEMI als Spezialsendung charakterisiert werden, da keine prominenten, sondern gewöhnliche Personen zu Gast sind. Zum anderen stellt POZNER eine Sonderform des Promi-Talks – des sogenannten Interview-Talks – dar, bei dem nicht nur TV-Prominente, sondern auch Vertreter*innen und Expert*innen aus Politik und Wirtschaft auftreten (siehe Kapitel II.6.3.2).

Zudem fällt auf, dass es in diesen Talkshowsendungen im Vergleich zu den Polit-Talks mehr weibliche Gäste gibt – gegenüber 16 Männer treten insgesamt sechs Frauen in den untersuchten Trivial- und Promi-Talks auf.

Die genaue Betrachtung der Gäste veranschaulicht außerdem, dass im Trivial- und Promi-Talk Vertreter der Opolčency präsent sind und somit Personen ins Studio kommen, die politisch und wahrscheinlich auch militärisch aktiv sind. Dieser Umstand deutet bereits darauf hin, dass in vermeintlich unpolitischen Unterhaltungssendungen wie Trivial- und Promi-Talks Politik gemacht, das Publikum beeinflusst und, wie in PRJAMOJ ÉFIR, sogar zum Aufstand bzw. Widerstand gegen die eigene Regierung aufgerufen wird.[210]

10.1.1.3 Moderation

Der bzw. die Moderator*in gilt als Aushängeschild und Identifikationsfigur jeder Talkshowsendung und hat neben der organisatorischen Funktion unter anderem eine provokative und unterhaltende Funktion (siehe Abschnitt II. 6.2.1). Aufgrund ihrer zentralen Rolle in Talkshows werden die einzelnen Moderator*innen der untersuchten Sendungen nachfolgend kurz charakterisiert:

- **Boris Korčevnikov:** Seine Fernsehkarriere begann der 1982 geborene Boris Korčevnikov als Moderator beim Fernsehsender *STS* und war schließlich von 2013 bis 2017 der Talkshowhost von PRJAMOJ ÉFIR auf *Rossija-1*. 2017 wurde Korčevnikov zum Generaldirektor des orthodoxen Fernsehsenders *Spas* ernannt und zwei Jahre später wurde er Mitglied der Gesellschaftskammer der Russischen Föderation (RF). Für seine „hohe Professionalität und Objektivität bei der Berichterstattung über die Ereignisse auf der Krim" bekam der Journalist 2014 die Medaille „Für Verdienste vor dem Vaterland" (Kamyšev und Boleckaja 2014).

- **Vladimir Pozner:** Der in Paris geborene Vladimir Pozner gehört zu den bekanntesten Interviewern des sowjetischen bzw. russischen Fernsehens und war bis 2008 der erste Präsident der Akademie des russländischen Fernsehens. Er ist einer der Begründer des Genres Talkshow in Russland (vgl. Abschnitt II.6.1) und moderiert seit 2008 die nach ihm benannte Interview-Talkshow POZNER. Vladimir Pozner hat bereits mehrmals den russischen Fernsehpreis TEFI gewonnen. Er vertritt eine liberale, durchaus regierungskritische Position, stellt sich offen gegen Homophobie und wird für seine Haltung auch immer wieder kritisiert. In einem Interview im Mai 2015 erklärte er, dass er die Gäste seiner Sendungen nicht selbst auswählen könne (vgl. Rustamova 2015).

- **Vladimir Solov'ëv:** Er gehört zu den einflussreichsten Akteuren der russischen Medienwelt und ist mit seiner Talkshow VEČER S VLADIMIROM SOLOV'Ë- VYM auf *Rossija-1* im russischen Fernsehen omnipräsent. Solov'ëv unterstützt offen die Politik des Kremls und hat zahlreiche Auszeichnungen erhalten, wie beispielsweise 2014 den Aleksandr-Nevskij-Orden für die Berichterstat-

---

[210] Der Leiter der Selbstverteidigungsgruppe von Sewastopol, Gennadij Basov, ruft beispielsweise die Menschen in der Südostukraine zum Widerstand gegen die neue Regierung in Kiew auf (*Podnimajtes' na vsem Jugo-Vostoke!* / dt. *Erhebt euch im gesamten Südosten!*) (*Prjamoj éfir*, 03.03.2014, 00:43:03–00:43:36).

tung über die Republik Krim (vgl. Kamyšev und Boleckaja 2014) oder den TEFI Preis 2017. Zu den Karrierehöhepunkten von Solov'ëv zählen zwei Exklusiv-Interviews, die er mit dem russischen Präsidenten Vladimir Putin im Jahr 2015 geführt hat.[211]
- **Pëtr Tolstoj:** Er ist Mitglied des Hohen Rats der Regierungspartei *Edinaja Rossija* und war von 2012 bis 2014 Mitglied der Gesellschaftskammer der RF. Neben zahlreichen Talkshows (POLITIKA, TOLSTOJ. VOSKRESEN'E und VREMJA POKAŽET) moderierte Pëtr Tolstoj bis 2012 die Nachrichtensendung VREMJA am Sonntagabend auf dem *Pervyj kanal*.
- **Aleksandr Gordon:** Der Moderator hat sowohl bei *NTV* als auch beim *Pervyj kanal* gearbeitet und ist ebenso als Schauspieler und Regisseur aktiv. Er ist der Gründer des Moskauer Instituts für Fernsehen und Radio namens „Ostankino" und hat fünf Mal den Fernsehpreis TEFI gewonnen.[212]
- **Arkadij Mamontov:** Der Journalist und Moderator, der seit 2000 für den Fernsehsender *Rossija-1* arbeitet, hat zahlreiche Dokumentarfilme gedreht, welche unter anderem in der Talkshow SPECIAL'NYJ KORRESPONDENT gezeigt wurden. Letztere moderierte Mamontov von 2012 bis Juli 2014, und danach arbeitete er an eigenen Dokumentarfilmprojekten. Ebenso wie Korčevnikov erhielt Mamontov 2014 die Medaille „Für Verdienste vor dem Vaterland" für seine „hohe Professionalität und Objektivität bei der Berichterstattung über die Ereignisse auf der Krim" (Kamyšev und Boleckaja 2014) und war zwischen 2017 und 2019 als Moderator für den orthodoxen Sender *Spas* tätig.
- **Julija Men'šova:** Men'šova ist Moderatorin, Schauspielerin und Regisseurin und hat bereits zahlreiche Talkshows auf unterschiedlichen Fernsehsendern, darunter *NTV* und *TV-3*, moderiert. Von 2013 bis 2017 war sie die Moderatorin und Autorin von NAEDINE SO VSEMI auf dem *Pervyj kanal*, und seit der Einstellung dieser Show leitet sie andere Talkshows auf dem *Pervyj kanal*.

Bemerkenswert ist, dass die Verbindung zwischen Fernsehen und Politik anhand der Karrierelaufbahn einiger Moderatoren ersichtlich wird, da zum Beispiel sowohl Boris Korčevnikov als auch Pëtr Tolstoj nach einiger Zeit beim Fernsehen Mitglieder der Gesellschaftskammer der RF wurden. Tolstoj ist zu-

---

211 Zu Vladimir Solov'ëv siehe auch Kaltseis 2017.
212 Wie prominent Aleksandr Gordon ist, wird auch deutlich, als Pëtr Tolstoj in der Ausgabe von *POLITIKA* am 29.10.2014 seinem Kollegen in der Anmoderation der Sendung zur Vaterschaft gratuliert. Erst nach den Glückwünschen leitet Tolstoj über zum eigentlichen Thema der Sendung – die Ereignisse in der Ukraine.

sätzlich Mitglied des Hohen Rates der Partei *Edinaja Rossija*. Auch die Auszeichnung von drei Moderatoren mit Medaillen für ihre „Professionalität und Objektivität bei der Berichterstattung über die Ereignisse auf der Krim" deutet darauf hin, dass diese Moderatoren keine objektive, sondern eine äußerst regierungstreue Position in Bezug auf die Geschehnisse auf der Halbinsel einnehmen, was mithilfe der Kritischen Diskursanalyse dieser Arbeit bestätigt wird (siehe III.10.1.3 und III.10.1.4).

10.1.2 Thematische Schwerpunkte

An dieser Stelle werden die inhaltlichen Schwerpunkte und Themen der untersuchten Sendungen zusammenfassend dargestellt. Während mithilfe der integrativen Inhaltsanalyse die Themen der Talkshows, wie in den Sendungsbeschreibungen angegeben, eruiert wurden (siehe Kapitel III.8), wird an dieser Stelle resümierend erfasst, über welche Themen in den untersuchten Sendungen des Fallbeispiels 1 tatsächlich diskutiert wurde. Daher werden hier lediglich diejenigen sieben Sendungen berücksichtigt, von denen ein vollständiges Transkript erstellt wurde.

Die Sendungsbeschreibung von PRJAMOJ ÈFIR vom 03.03.2014, welche den Titel *Krym menjaet flagy* (dt. *Die Krim wechselt die Fahnen*) trägt, wurde in der integrativen Inhaltsanalyse[213] neben der Kategorie **12_Ereignisse auf der Krim** mit den Kategorien **40_Nationalistische und faschistische Kräfte in der Ukraine (allgemein), 44_ Russophobie/Antisowjetismus, 82_Gewöhnliche Menschen aus/in der Ukraine (außer: Krim), 83_Gewöhnliche Menschen von/auf der Krim** und **52_Position/Hilfe Russlands zur Lösung des Konflikts** codiert. Tatsächlich werden alle diese Themen, die mithilfe der integrativen Inhaltsanalyse eruiert wurden, in der auf *Rossija-1* ausgestrahlten Sendung angesprochen. So treten in der Show Menschen aus der Ukraine und von der Krim auf, um über die „Jagd" (*gonenie*) auf die russische Sprache und Kultur in der Ukraine zu berichten. Die persönlichen Geschichten und Erlebnisse dienen dazu, die Spaltung bzw. den Zerfall (*raskol*) der Ukraine zwischen einer russisch- und einer ukrainischsprachigen Gemeinschaft zu illustrieren. Gerahmt wird die Sendung vom bekannten Lied *Legendarnyj Sevastopol'*, das im ukrainischen Fernsehen auf Ukrainisch anstatt auf Russisch gesungen wurde. Diese „Umgestaltung des Liedtextes" (*perepevka*) wird in der Sendung als Beweis für die Russophobie in der Ukraine vorgebracht, da laut dem Moderator Sewastopol die „Stadt der russischen Geschichte" (*gorod russkoj istorii*) ist (siehe Abschnitt III.10.1.4.1).

---

[213] Siehe dazu auch Kurzporträts der Talkshowsendungen (Anhang III).

Die Sendungsbeschreibung der auf dem *Pervyj kanal* am 04.03.2014 gesendeten Promi-Talkshow POZNER wurde in der integrativen Inhaltsanalyse neben der Kategorie **12_Ereignisse auf der Krim** mit den Kategorien **10_Situation/ Diskursive Ereignisse in der Ukraine (allgemein)** und **65_(Wirtschaftliche) Auswirkungen der Sanktionen auf Russland** codiert. In der Sendung erörtert Pozner mit seinem Gast Aleksandr Žukov zunächst ganz allgemein die Ereignisse in der Ukraine und geht dann schließlich auf die Situation auf der Krim ein. Neben der Ukraine wird ebenso über andere Themen wie die Beziehung zwischen Russland und dem Westen in Hinblick auf die olympischen Spiele und die ökonomische Situation in Russland gesprochen. Besonders hervorzuheben ist das Ende der Sendung: Pozner sitzt ohne seinen Gast im leeren Studio und spricht direkt in die Kamera, um Kritik[214] am bisherigen Vorgehen bei der Berichterstattung über die Ukraine zu üben und vor vorschnellen Bewertungen zu warnen. Das ist deshalb besonders bemerkenswert, da diese durchaus kritischen Äußerungen auf dem wichtigsten staatlichen Fernsehsender, dem *Pervyj kanal*, ausgestrahlt werden. Allerdings ist diese Kritik bzw. Warnung wahrscheinlich aufgrund der Stellung Pozners im russischen Fernsehen, der späten Sendezeit und der relativ geringen durchschnittlichen Einschaltquoten (vgl. Abschnitt III.10.1.1) der Sendung zulässig.[215]

Die Sendungsbeschreibung der am 07.03.2014 auf *Rossija-1* gesendeten Show VOSKRESNYJ VEČER S VLADIMIROM SOLOV'ËVYM wurde neben der Kategorie **12_Ereignisse auf der Krim** ebenso mit **51_Russische Außenpolitik in Bezug auf/Verbindung mit Ukraine** und mit **63_Beziehung zwischen Russland und dem Westen in Bezug auf Ukraine** codiert. Die Sendung besteht aus vier Teilen: Die ersten 30 Minuten führt der Moderator im Studio ein Live-Video-Gespräch mit dem Pressesprecher des russischen Präsidenten, Dmitrij Peskov, in dem es vor allem um die Situation auf der Krim und in der Ukraine geht. Peskov lobt die Reaktion Putins bzw. Russlands auf die Ereignisse in der Ukraine und kritisiert den Westen, der die Situation nicht wahrhaben wolle und Informationen verschweige. Im Anschluss daran folgt eine Diskussionsrunde mit sechs Gästen im Studio, in der es um das Recht der Krim auf Selbstbestimmung und die Rolle der Krim für Russland geht. Darauf folgt ein kurzes Einzelgespräch im Studio mit dem aus Odessa stammenden Michail Žvaneckij, der die Notwendigkeit der Verteidigung der „zwei Heimaten" (*dve rodiny*) beschwört. Abschließend findet noch einmal eine Diskussionsrunde im Studio statt, in der vorwiegend über die Sanktionen des Westens gegen Russland gesprochen wird.

---

214 Zum Inhalt dieser Kritik bzw. Warnung siehe Abschnitt III.10.1.3.
215 Siehe dazu auch Dollbaum (2019).

POLITIKA am 12.03.2013 wurde in der integrativen Inhaltsanalyse lediglich mit dem Code für die Kategorie **12_Ereignisse auf der Krim** versehen. In der Sendung geht es zunächst um das Krim-Referendum, insbesondere um juristische Fragen, aber auch um eventuelle technische Probleme oder Regelungen in Bezug auf das Eigentum der Krimbewohner*innen (*krimčane*). Neben der Krim werden in der Sendung auch die Situation in der Südostukraine sowie die neu angedrohten Sanktionen des Westens gegen Russlands thematisiert.

Die Sendungsbeschreibung von VOSKRESNYJ VEČER S VLADIMIROM SOLOV'ËVYM am 18.03.2014 wurde neben der Kategorie **12_Ereignisse auf der Krim** mit einer weiteren Kategorie, nämlich mit **51_Russische Außenpolitik in Bezug auf/Verbindung mit Ukraine**, codiert. Die Sendung gliedert sich in drei Diskussionsrunden: In der ersten und zweiten Runde wird über den Beitritt der Krim zu Russland und dessen Bedeutung debattiert. In der dritten Diskussionsrunde wird schließlich die Russophobie des Westens besprochen, da letzterer Russland nicht zuhören wolle und nicht sehe, was in der Ukraine geschehe.

Die mit dem Titel *Ostrov Krym. Vozvraščenie domoj* (dt. *Die Insel Krim. Rückkehr nach Hause*) versehene Sendung von SPECIAL'NYJ KORRESPONDENT am 19.03.2014 handelt, wie auch die Sendungsbeschreibung, für die der Code **12_Ereignisse auf der Krim** vergeben wurde, hauptsächlich von den Ereignissen auf der Krim. Nach einer kurzen Einleitung im Studio wird ein Video von den Ereignissen auf der Krim im Studio gezeigt, die sogenannte Reportage des Spezialkorrespondenten. In diesem Video werden Menschen auf der Krim, die das Referendum befürworten, interviewt, und es wird von einer Unterdrückung der russischsprachigen Bevölkerung berichtet. In der anschließenden Diskussion im Studio ist ebenso die Krim das Hauptthema, und es wird die Möglichkeit eines bevorstehenden Krieges angedeutet.

Die Sendungsbeschreibung der Anfang April ausgestrahlten Sendung der Promi-Talkshow NAEDINE SO VSEMI wurde zwei Mal codiert: einmal mit der Kategorie **12_Ereignisse auf der Krim** und einmal mit der Kategorie **83_Gewöhnliche Menschen von/auf der Krim**. In der Sendung geht es – wie in der Sendungsbeschreibung beschrieben – um genau diese zwei Themen: Ausgehend von einer Kundgebung zur Unterstützung des Krim-Referendums wird in der Sendung die Liebesgeschichte zwischen einer jungen Frau und einem Mitglied der Selbstverteidigungseinheit der Krim erzählt.[216] Die Geschichte des Kennenlernens der beiden jungen Leute wird gerahmt von den Ereignissen rund um das Krim-Referendum und die Bedeutung der Stadt Sewastopol, aus der alle Gäste stammen, für Russland.

---

216 Siehe dazu auch Abschnitt III.8.3.1.

Nachdem in den vorliegenden beiden Abschnitten die Gäste der Talkshowsendungen aufgezählt und kurz beschrieben sowie ganz allgemein die thematischen Schwerpunkte behandelt wurden, erfolgt in den nächsten Abschnitten die Kritische Diskursanalyse im Hinblick auf die zu Beginn dieses Kapitels angeführten Forschungsfragen.[217]

10.1.3 Allgemeine Darstellung der Ukraine in den Krim-Talkshows

In diesem Abschnitt werden die häufigsten Darstellungen und Aussagen über die Ukraine aus den untersuchten Talkshowsendungen angeführt. Diese haben hauptsächlich das Ziel, die Ukraine zu diffamieren und damit eine Zugehörigkeit zur ihr als unattraktiv für die Krimbewohner*innen zu charakterisieren. Im Umkehrschluss wird dadurch die Angliederung an Russland als erstrebenswert für die Krim und ihre Bewohner*innen präsentiert. Während in den nachfolgenden Abschnitten die Darstellung der Krim als Teil Russlands (Abschnitt III.10.1.4.1), die Inszenierung von Bedrohungsszenarien (Abschnitt III.10.1.4.2), die sprachlich-rhetorischen Mittel (Abschnitte III.10.1.4.3 und III.10.1.4.4) sowie die Argumente für den Beitritt der Krim zu Russland (Abschnitte III.10.1.4.5) behandelt werden, geht es in diesem Abschnitt um die allgemeine Darstellung der Ukraine und ihrer Einwohner*innen in den Talkshows.

In den analysierten Talkshowsendungen wird die Ukraine als nicht wohlhabendes Land dargestellt. Die Ukraine, so wird behauptet, stehe vor einer *humanitären Katastrophe*, da sie ihre Bürger*innen nicht ernähren könne:

> **Юрий Лужков**: Кстати говоря, *когда мы говорим о проблемах сегодняшней Украины, то никто сегодня не говорит о том, что Украину сейчас ждет гуманитарная катастрофа*. Нужно помогать Украине в том, чтобы она имела возможность кормить свой народ. Чтобы она имела возможность дать возможность/ дать своему народу работу. [Чтобы она имела возможность/]
> (*Prjamoj éfir*, 03.03.2014, 00:21:35–00:22:36)[218]

> **Jurij Lužkov**: Nebenbei gesagt, wenn wir über die Probleme der heutigen Ukraine sprechen, dann spricht heute niemand darüber, dass die Ukraine jetzt eine humanitäre Katastrophe erwartet. Man muss der Ukraine dabei helfen, dass sie die Möglichkeit hat, ihre Bevölkerung zu ernähren. Dass sie die Möglichkeit hat, ihrer Bevölkerung Arbeit zu geben. Dass sie die Möglichkeit hat/

---

217 Siehe Abschnitt III.10.1.
218 Alle Kursivsetzungen in den Äußerungen der Talkshowgäste stammen von mir (M. K).

Wie der Moskauer Ex-Bürgermeister Jurij Lužkov in diesem Ausschnitt ausführt, müsse Russland der Ukraine helfen, ihr Volk zu ernähren und Arbeit zu gewährleisten. Dabei handle es sich in erster Linie um „humanitäre Hilfe" (*gumanitarnaja pomošč'*), die Russland leisten müsse (*Prjamoj efir*, 03.03.2014, 00:27:03–00:27:29). Diese Darstellung von Russland als humanitärem Helfer in der Ukraine, die das Leid der Zivilbevölkerung in den Fokus rückt, wurde im Jahr 2014 vor allem von prorussischer Seite verbreitet.[219]

Auch in SPECIAL'NYJ KORRESPONDENT wird von einer „humanitären Tragödie" (*gumanitarnaja tragedija*) in der Ukraine berichtet. In dieser Sendung tritt Aleksandr Čalenko, ein nach Russland geflohener ukrainischer Journalist, auf und bittet Moskau um Hilfe, da er ohne Wohnung und Geld sei. Der Moderator, Arkadij Mamontov, versichert dem Flüchtling sogleich, dass Russland helfen werde (*Pomožem! Pomožem!*) (*Special'nyj korrespondent*, 19.03.2014, 01:03:22–01:03:34).

In engem Zusammenhang mit der humanitären Katastrophe steht die schwache wirtschaftliche Leistung der Ukraine. Auch hier wird von einer Katastrophe, nämlich von einer „ökonomischen Katastrophe" (*ėkonomičeskaja katastrofa*) gesprochen: So erklärt der Journalist Michail Leont'ev zunächst, dass sich die Ukraine „am Rande" (*na grani*) einer wirtschaftlichen Katastrophe befinde, und steigert diese Behauptung noch, indem er erklärt, dass die ukrainische Wirtschaft praktisch „wie auf Kokain" (*kak na kokaine*) sei. Durch diesen Vergleich mit einem Drogenrausch verweist der Talkshowgast darauf, dass die ukrainische Wirtschaft quasi betäubt und wie im Delirium sei – ein Zustand, auf den meist Erschöpfung und Müdigkeit folgen. Daher lautet das abschließende Resümee des Journalisten, dass es physisch gesehen gar keine ukrainische Wirtschaft gebe:

> **Михаил Леонтьев:** *Украина стоит на грани экономической катастрофы полной, абсолютной, если уже не за гранью, то есть я думаю, что она поддерживает/ знаешь, как на кокаине практически находится, потому что нету украинской экономики. Физически нету. Вот. Украина просто накроется и нету такой помощи реально западной, которая могла бы вытащить Украину и решить ее вопросы.*
> (*Politika*, 12.03.2014, 00:43:40–00:44:05)

> **Michail Leont'ev:** Die Ukraine steht am Rande einer totalen, vollständigen wirtschaftlichen Katastrophe, wenn nicht sogar schon über dem Rand, das heißt, ich denke, dass sie stützt/, weißt du, sie ist praktisch wie auf Kokain, denn es gibt keine ukrainische Wirtschaft. Nicht physisch. So ist das. Die Ukraine wird einfach kaputtgehen, und es gibt keine derartige tatsächlich westliche Hilfe, welche die Ukraine da herausziehen und ihre Probleme lösen könnte.

---

[219] Siehe dazu auch Fallbeispiel 2 (Abschnitt III.10.2.5.4).

Wie dieser Ausschnitt demonstriert, wird der Ukraine vollkommenes Versagen vorgeworfen, und sie wird nicht nur als Drogenjunkie, sondern auch als gescheiterter Staat dargestellt (*Ukraina prosto nakroetsja* / dt. *Die Ukraine wird einfach kaputtgehen*), dem der Westen nicht helfen könne. Sprachlich verstärkt wird diese Darstellung einer kaputten Ukraine durch das dafür verwendete Verb *nakryt'sja* (dt. *nicht mehr funktionieren, kaputtgehen*), das als Slang-Ausdruck stilistisch markiert ist (vgl. Krysin 2017: 429).

Eine weitere Diffamierung der Ukraine betrifft die *neue ukrainische Regierung*, die in den Talkshowsendungen als „illegitim" (*nelegitimnaja vlast'*) bezeichnet wird. Die Illegitimität und Nichtanerkennung der Post-Majdan-Regierung vonseiten Russlands wird damit begründet, dass diese interimistische Regierung nach dem Sturz und der Flucht des ehemaligen ukrainischen Präsidenten Viktor Janukovič ohne Wahlen an die Macht gekommen sei. Dementsprechend wird die neue Regierung mithilfe von Hate-Speech diskreditiert und verunglimpft, um sprachlich zu illustrieren, dass diese von Russland offiziell nicht gebilligt wird: In den Talkshows werden die neue Regierung und ihre Mitglieder beispielsweise als „illegitime Junta" (*nelegitimnaja chunta*), „Kiewer Bande" (*kievskaja šajka*), „Namensbetrüger/Usurpatoren" (*samozvancy*), „Schlägertypen" (*molodčiki*), „Schuften" (*negodjai*), „Gesindel" (*podonki*), „Angstmacher" (*ustrašiteli*), „Missgeburten" (*urody*), „Lumpenpack" (*svoloči*), „Satanskreaturen" (*nečisti*) oder „Widerlinge" (*merzavcy*) beschimpft. Besonders häufig sind darüber hinaus Hate-Speech-Begriffe, die Erinnerungen an den Zweiten Weltkrieg wachrufen und die ukrainische Regierung mit Nazis und Faschisten gleichsetzen: Neben den Bezeichnungen „Faschisten" (*fašisty*) und „Nazisten" (*nacisty*) sind in den untersuchten Shows unter anderen folgende Termini zu hören: „faschistische Junta" (*fašiststkaja chunta*), „neonazistisches Regime" (*neonacistskij režim*), „Nazibande" (*nacistskaja klika*), „Nationalfaschisten" (*nacional-fašisty*) sowie „Bandera-Anhänger" (*banderovcy/ banderlogi*). Vor allem der Begriff *banderovcy* eignet sich laut Belov (2016: 398) aus politischer Sicht besonders für die Diffamierung der ukrainischen Seite, da diese somit als direkter Nachfolger des ukrainischen Nationalisten, Stepan Bandera, dargestellt wird.[220] Auch *banderlogi* verweist lautlich auf Stepan Bandera und ist als abwertende Bezeichnung ukrainischer Nationalisten in Gebrauch bzw. wurde „zum Hassetikett" von Euromajdan-Gegner*innen (Kuße 2019: 88).[221]

---

220 Siehe dazu auch Abschnitt I.3.3.
221 Ursprünglich bezeichnete *Bandar-log* die Affen in Rudyards Kiplings *The Jungle Book*. Im darauf basierenden sowjetischen Trickfilm *Maugli* (engl. *Mowgli*) wurde der heutige Hate-Speech-Terminus zur Benennung des Affenvolkes verwendet (vgl. Reuther 2016: 305; Kuße 2019: 88).

Auffällig ist, dass besonders viele verschiedene dieser Hate-Speech-Bezeichnungen in den Talkshowsendungen auf dem Sender *Rossija-1*, nämlich in PRJAMOJ ÈFIR und SPECIAL'NYJ KORRESPONDENT, vorkommen (siehe Abbildung 11).

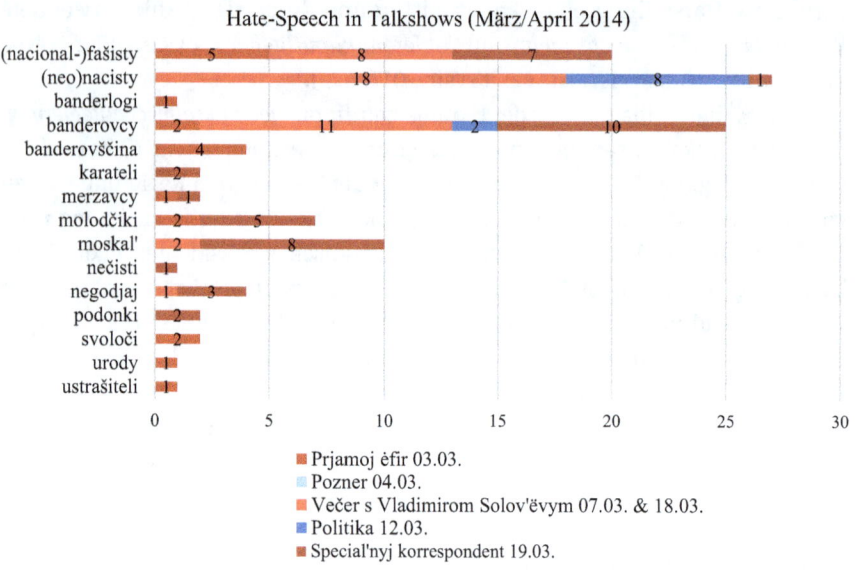

Abbildung 11: Frequenz von Hate-Speech-Termini in den analysierten Talkshowsendungen (blau – Talkshows auf dem *Pervyj kanal*; rot – Talkshows auf *Rossija-1*).

Die Abbildung 11 zeigt, dass lediglich in der Sendung POZNER Hate-Speech nicht verwendet wird. Darüber hinaus ist bemerkenswert, dass sich der Moderator Vladimir Pozner, wie bereits erwähnt, am Ende der Sendung, in der er alleine im Studio sitzt und die Zuseher*innen direkt anspricht, kritisch gegenüber der bisherigen Art und Weise der Berichterstattung über die Ukraine äußert. Das Wort, so zitiert Vladimir Pozner eine Volksweisheit, sei kein Spatz – einmal losgelassen könne es nicht mehr eingefangen werden (*slovo ne vorobej, vyletit – ne pojmaeš'*) –, und er fügt hinzu, dass Worte heute „wie Funken" (*kak iskra*) agieren würden und „das Pulverfass" (*porochovaja bočka*) gleich nebenan stehe:

> **Владимир Познер:** Меня вообще поражает как легко и уверенно даже самоуверенно высказываются и различного рода политики и политологи, и журналисты. [...] Вопрос того, в частности, что происходит на Украине, в России – у них почему-то нет вопросов. Они все знают, даже наперед. Мне интересно, им вообще знакома народная мудрость насчет того, что «*слово не воробей, вылетит – не поймаешь*». А ведь сейчас слово – это как искра, и пороховая бочка совсем рядом.
>
> (*Pozner*, 04.03.2014, 00:46:28–00:47:50)

10.1 Fallbeispiel 1: Beitritt der Krim zur Russischen Föderation (März/April 2014) — 205

> **Vladimir Pozner:** Es verblüfft mich, wie leicht und sicher, ja sogar selbstsicher sich verschiedene Politiker, Politologen und Journalisten äußern. [...] Insbesondere die Frage, was in der Ukraine, in Russland geschieht – aus irgendeinem Grund haben sie keine Fragen. Sie wissen alles, sogar im Voraus. Mich interessiert, ob sie überhaupt die Volksweisheit kennen, dass „das Wort kein Spatz ist – einmal losgelassen, fängst du ihn nicht mehr ein." Denn gerade jetzt ist das Wort wie ein Funken, und das Pulverfass steht gleich daneben.

Das Zitieren der Volksweisheit hat hier eine pragmatische Funktion, nämlich die der Warnung bzw. Mahnung (vgl. Burger 2015: 108), dass das Gesagte nicht mehr rückgängig gemacht werden kann. Ebenso hat der anschauliche Vergleich von Worten mit Funken eine pragmatische Funktion, denn dadurch verdeutlicht der Moderator ein zweites Mal bildlich, wie gefährlich Worte sein können und welches Potenzial sie haben, Konflikte anzufachen.

Allerdings ist Pozner die einzige kritische und mahnende Stimme in den analysierten Shows, in denen sich – wie zuvor gezeigt wurde – Hate-Speech-Bezeichnungen akkumulieren. Beispielhaft dafür und ein krasses Gegenteil zu den mahnenden Worten von Pozner bildet folgende Wortmeldung des Politologen Sergej Kurginjan, in der er die Illegitimität der ukrainischen Regierung deutlich macht und den Grund ihrer Darstellung als Faschisten und Nazis darlegt: Hitler, so Kurginjan, sei zumindest gewählt worden, die heutige ukrainische Regierung jedoch nicht:

> **Сергей Кургинян:** Ну что сказать? Весь вопрос заключается как раз в том, что беспрецедентный уровень бесчинства и нелигитимности, понимаете? *Гитлер приходил к власти этот мерзавец, нацист, так сказать, исчадие ада. Он все-таки приходил через выборы. Кто эти люди?* [...] Есть псы войны, а есть просто омерзительные каратели! Дальше все это дальше раскручивается, *банда захватила власть, схватила тяжелое оружие, схватила бог знает, что! Совершенно напоминает Гитлера, приход Гитлера к власти, только еще хуже!* Бесконечное навязчивое повторение окончательного решения русского вопроса.
>
> (*Special'nyj korrespondent*, 19.03.2014, 00:59:18–01:01:03)

> **Sergej Kurginjan:** Was soll ich sagen? Die ganze Frage besteht genau darin, dass es ein noch nicht dagewesenes Ausmaß an Ausschreitung und Unrechtmäßigkeit [gibt], verstehen Sie? Hitler kam an die Macht, dieser Schurke, ein Nazi, sozusagen, eine Ausgeburt der Hölle. Aber er kam immerhin über Wahlen [an die Macht]. Wer sind diese Leute? [...] Es gibt Kriegshunde und es gibt einfach nur abscheuliche Mitglieder der Todesschwadronen! Weiter, das alles dreht sich weiter, die Bande hat die Macht an sich gerissen, hat sich schwere Waffen geschnappt, hat sich Gott weiß was alles geschnappt! Das erinnert stark an Hitler, an Hitlers Machtübernahme, nur noch schlimmer! Ein endloser Wiederholungszwang der Endlösung der Russenfrage.

Dieses Beispiel zeigt eine in politischen Diskussionen sehr verbreitete Methode, nämlich die Verwendung von Eigennamen, wodurch die „distinktiven Merkmale" der bekannten Person auf das Zielsubjekt transportiert werden (Brunner 2016: 74).

Durch den Vergleich mit Adolf Hitler (*napominaet Gitlera*) wird das bereits vorhandene Wissen über den nationalsozialistischen Diktator aktiviert. Dieses bekannte Wissen dient schließlich zur Erklärung von etwas Neuem, nämlich der ukrainischen Regierung. Dadurch wird die neue ukrainische Regierung nicht nur mit Hitler als dem absoluten Bösen, der „Ausgeburt der Hölle" (*isčadie ada*), gleichgesetzt – sprachlich bemerkenswert ist hier die Klimax (*merzavec, nacist*), die schließlich ihren Höhepunkt in einer Metapher findet (*isčadie ada*) –, sondern sie wird sogar als „noch schlimmer" (*eščë chuže*) charakterisiert, weil diese „Bande" (*banda*) die Macht an sich gerissen und schwere Waffen ergriffen habe.

Neben dem Vergleich mit dem nationalsozialistischen Führer benutzt der Politologe in diesem Ausschnitt eindeutige Lexik aus dem Kontext des Zweiten Weltkriegs, wie den Begriff *karateli*, der aus dem sowjetischen Sprachgebrauch stammt und ins Deutsche als „Mitglieder der Todesschwadronen" übersetzt werden kann (vgl. Osipian 2015: 116; Fedorenko 2019: 183). Der Terminus wird vor allem mit den Aktionen der Gestapo und den SS-Unterabteilungen gegen Partisanen und Zivilisten in besetzten Gebieten assoziiert (vgl. Osipian 2015: 116). In den Talkshows des Jahres 2014 wurde *karateli* zur Benennung der ukrainischen Seite verwendet (siehe auch Fallbeispiel 2). Dadurch entstand eine „Kontinuitätslinie" zwischen den heutigen ukrainischen Truppen und den Nationalsozialisten im Zweiten Weltkrieg (Fedorenko 2019: 183).

Ein weiterer Begriff aus dem Kontext des Zweiten Weltkriegs ist die „Endlösung" (*okončatel'noe rešenie*) – ein Euphemismus, der zur Benennung der totalen Vernichtung der Juden verwendet wurde. Im vorliegenden Ausschnitt spricht Kurginjan jedoch nicht von der Endlösung der Judenfrage, sondern von der „Endlösung der Russenfrage", womit er eventuell auf die in den Talkshowsendungen behauptete Jagd auf die russische Sprache und Kultur anspielt (siehe Abschnitt III.10.1.4.2).

Diese Wortmeldung von Kurginjan illustriert zudem die Verbindung zwischen den Aussagen, dass die neue Regierung in Kiew nicht legitim sei und Faschisten die Macht in der Ukraine ergriffen hätten, da die neue Regierung in Kiew von Russland nicht anerkannt und daher mithilfe von ideologischer Hate-Speech aus dem Zweiten Weltkrieg diffamiert wird.

Wie im Laufe der vorliegenden Diskursanalyse demonstriert wird, sind die Vergleiche mit dem Zweiten Weltkrieg und die Gleichsetzung der ukrainischen Seite mit Faschisten und Nazis in den Talkshows sehr produktiv und werden immer wieder wiederholt: Diese Diffamierung knüpft an das bereits bestehende, in der Sowjetunion und im postsowjetischen Russland verbreitete Vorurteil an, dass die Ukrainer*innen Kollaborateure der Nazis seien (vgl. Kappeler 2017: 179), und baut dieses aus. So wird die Kontinuitätslinie zwischen den Nazis und den Ukrainer*innen nicht nur im Begriff *banderovcy* angedeutet, sondern sie werden auch direkt als „Nachfolger der Nazis und ihrer Handlanger" (*èto potomki nacis-*

tov i ich posobnikov) bezeichnet (*Voskresnyj večer s Vladimirom Solov'ëvym*, 07.03.2014, 00:44:42–00:45:21), die Gräueltaten „ähnlich der Folterungen der Gestapo oder SS" (*ėto zverstva, ėto pochože na gestapovskie pytki, na SS*) begehen würden (*Prjamoj ėfir*, 03.03.2014, 00:43:36–00:43:46).

Mithilfe der Parallele zu den Verbrechen der Nazis und der direkten Benennung der ukrainischen Seite mit ideologischer Hate-Speech aus dem Zweiten Weltkrieg werden bereits bestehende Meinungen und Inhalte über die Ukraine und ihre Bewohner*innen aufgegriffen und verstärkt. Dies ist, wie in Abschnitt I.1.1.2 dargelegt, eine der wichtigsten Strategien von Propaganda.

Abschließend wird eine weitere diffamierende Darstellung, die in den Talkshowsendungen im März 2014 häufig vorkommt,[222] angeführt: die *Ukraine als inhomogener und geteilter Staat*. Die Darstellung der Ukraine als „misslungenes Projekt" (Brunner 2016) oder sogar die Leugnung ihrer staatlichen Existenz (vgl. Kuße 2018a, 2018b, 2019) wurde bereits in der Forschungsliteratur konstatiert. Nach der Unabhängigkeit der Ukraine war in der *mental map* beispielsweise die Auffassung weit verbreitet, dass die Ukraine eine Region mit einem spezifischen Dialekt, aber kein eigener Staat sei (vgl. Schlögel 2017: 44).

In den hier analysierten Talkshowsendungen wird vor allem die Zerspaltung der Ukraine betont. So sieht zum Beispiel Konstantin Kostin die Ukraine nicht als „Einheitsstaat" (*unitarnoe gosudarstvo*), sondern bezeichnet sie als „zusammengeklebt" (*ona byla skleena*):

Константин Костин: И мне кажется, что на этом этапе достаточно, потому что мы должны прекрасно понимать, опять же, как вы сказали, что *Украина как унитарного государства уже до референдума уже больше не существует. Она была склеена, был Крым*, но тем не менее Украина считала себя государством унитарным/ (*Politika*, 12.03.2014, 00:31:30–00:31:47)

Konstantin Kostin: Und mir scheint, dass es auf dieser Ebene schon genug ist, weil wir verstehen müssen, wiederum, wie Sie gesagt haben, dass die Ukraine als Einheitsstaat schon vor dem Referendum bereits nicht mehr existiert. Sie wurde zusammengeklebt, es gab die Krim, aber nichtsdestotrotz betrachtete sich die Ukraine als Einheitsstaat/

Mithilfe dieser Darstellung der Zerstückelung und Uneinheitlichkeit der Ukraine wird in der Folge auch die Legitimität der Durchführung eines Referendums und der Annexion der Krim vonseiten Russlands verstärkt: Denn wenn die Ukraine kein einheitlicher Staat bzw. Einheitsstaat ist, handelt es sich bei der Krim um ein selbstständiges Subjekt, das frei entscheiden darf, und folglich wäre deren Annexion auch nicht völkerrechtswidrig.

---

222 Diese Darstellung der Ukraine findet sich auch im Fallbeispiel 2 (siehe Abschnitt III.10.2.5.2).

Ebenso werden nicht gesicherte Informationen bzw. Legenden verbreitet, um die Ukraine als Staat in Frage zu stellen. Laut den Erläuterungen des Journalisten und Politologen Vitalij Tret'jakov ist die ukrainische Flagge lediglich „eine Variation der schwedischen Flagge" (*variacija švedskogo flaga*) (*Special'nyj korrespondent*, 19.03.2014, 00:33:30–00:34:08). Obwohl es sich hier um eine nicht bestätigte Legende handelt, stellt der Talkshowgast diese als historische Tatsache dar und bezeichnet die Ukrainer*innen dadurch einerseits als unwissend, da sie „ihre eigene Geschichte nicht kennen" würden (*oni ne znajut svoju istoriju*). Andererseits präsentiert er somit eines der wichtigsten nationalen Symbole eines Staates – die Flagge – als Kopie der Flagge eines anderen Staates und macht die Ukraine damit lächerlich und eines eigenen Staates nicht würdig.

Außerdem wird die Ukraine als geteilte Nation präsentiert: Sie bestehe „aus zwei Teilen" (*sostoit iz dvuch častej*), nämlich aus einem russischsprachigen und einem ukrainischsprachigen Teil, die neben den unterschiedlichen Sprachen jeweils auch ein anderes Temperament besäßen (*Politika*, 12.03.2014, 00:30:26–00:30:49). Der eine Teil der Ukraine sei die „Naziclique" (*klika nacistov*), welche von den USA gesteuert werde, und der andere Teil „das Volk der Ukraine" (*narod Ukrainy*), welches damit nicht einverstanden sei (*Voskresnyj večer s Vladimirom Solov'ëvym*, 18.03.2014, 00:13:09–00:13:18).[223]

In SPECIAL'NYJ KORRESPONDENT wird die Ukraine nicht in zwei, sondern in vier Teile geteilt: die Westukraine, welche die Russ*innen vernichten wolle, Kleinrussland (*Malorossija*)[224], Neurussland (*Novorossija*)[225] und schließlich die Krim (*Special'nyj korrespondent*, 19.03.2014, 00:36:00–00:37:41).

Zusammenfassend kann festgehalten werden, dass die Darstellung der Ukraine in den analysierten Sendungen sehr diffamierend ist und aufgrund der lexikalischen Denunzierung der ukrainischen Seite als Propaganda bezeichnet werden kann: So wird die ukrainische Seite mit Hate-Speech verunglimpft, und die neue Regierung wird u. a. durch Vergleiche mit den Nazis als illegitim präsentiert. Der Zustand im Land selbst sei katastrophal – sowohl humanitär als auch wirtschaftlich. Laut Schlussfolgerung einiger Talkshowgäste ist die Ukra-

---

[223] Diese Zweiteilung der Ukraine und der angeblich evidente Unterschied zwischen den zwei Sprachgruppen wird auch in den Talkshows des Fallbeispiels 2 hervorgehoben und dient dort als Argument für die Behauptung, dass im Donbass ein Genozid an der russischsprachigen Bevölkerung stattfinde (siehe Abschnitt III.10.2.5.3).

[224] Bis zum Ende des Zarenreichs galt *Malorossija* als offizielle Bezeichnung der Ukraine und wurde ab dem 19. Jahrhundert als abwertend empfunden. Nach 1991 wurden die Termini *malorosy/malorosijstvo* in der Ukraine wiederbelebt, „um diejenigen Staatsbürger zu bezeichnen, denen man mangelnde Loyalität zum Staat, das Festhalten an der russischen Sprache und eine Orientierung auf den großen Bruder Russland vorwarf" (Kappeler 2017: 24).

[225] Zum Begriff *Novorossija* siehe Abschnitt I.3.1.

ine kein homogener Nationalstaat und zweigeteilt. Das Ziel dieser abwertenden Charakterisierung der Ukraine und ihrer Bewohner*innen ist eindeutig: Mithilfe der Feindrhetorik wird ein stark negatives Bild der Ukraine erstellt und eine Zugehörigkeit zu ihr als unattraktiv für die Krim und ihre Bevölkerung dargestellt.

Neben dieser Diffamierung der Ukraine werden in den Talkshows weitere Strategien angewendet, um die Halbinsel für Russland zu gewinnen. Anschließend werden diese Überzeugungsstrategien für einen Beitritt der Krim zu Russland dokumentiert, indem die Argumente und sprachlich-rhetorischen Mittel präsentiert werden, die in den Talkshows vorgebracht werden, um die Halbinsel der Ukraine abzusprechen und als Teil Russlands darzustellen.

10.1.4 Die Krim als Teil Russlands

In den nachfolgenden fünf Abschnitten wird gezeigt, wie die Krim in den Talkshows als Teil Russlands dargestellt wird. Zu diesem Zweck wird in einem ersten Schritt eruiert, welche Argumente bzw. Aussagen in den analysierten Talkshowsendungen vorgebracht werden, um die Krim der Ukraine abzusprechen und sie Russland zuzusprechen. Neben der Aufzählung verschiedenster Argumente dafür, dass die Krim ‚schon immer russisch' gewesen sei (III.10.1.4.1), ist ein ebenso zentraler Bestandteil dieser Argumentation die Notwendigkeit der Verteidigung der ‚russischen' Halbinsel. Dafür werden in den Talkshows Bedrohungsszenarien kreiert, welche die Einmischung bzw. das Eingreifen Russlands auf der Krim legitimieren sollen. Diese Szenarien werden in einem zweiten Schritt präsentiert (III.10.1.4.2). Im dritten und vierten Abschnitt wird schließlich im Detail betrachtet, mithilfe welcher sprachlich-rhetorischer Mittel die Zugehörigkeit der Halbinsel zu Russland suggeriert (III.10.1.4.3) und wie der Beitritt selbst sprachlich dargestellt wird (III.10.1.4.4). Abschließend werden diejenigen Argumente für einen Beitritt der Krim zu Russland angeführt, in denen aufgezeigt wird, welche Bedeutung dem Beitritt zugeschrieben wird und welche positiven Auswirkungen der Beitritt sowohl für Russland als auch für die Krim hat (III.10.1.4.5).

10.1.4.1 Argumente zur Darstellung der Krim als Teil Russlands

Insgesamt können fünf Argumente in den analysierten Talkshowsendungen bestimmt werden, die immer wieder als Grund dafür angeführt werden, warum die Krim ein Teil Russlands sei: die gemeinsame Geschichte, die gemeinsame Kultur und der „russische Geist", das Recht auf Selbstbestimmung, die Unrechtmäßigkeit der Übergabe der Krim an die Ukraine sowie die Unterstützung durch die Mehrheit. Diese Argumente werden nachfolgend präsentiert.

– **Die gemeinsame Geschichte**

Eines der häufigsten und deshalb wichtigsten Argumente zur Darstellung der Krim als Teil Russlands ist jenes der gemeinsamen Geschichte. Der Moderator des Trivial-Talks PRJAMOJ ÉFIR, Boris Korčevnikov, leitet seine Sendung am 03.03.2014 mit den Worten ein, dass Sewastopol „nicht nur die Stadt russischer Matrosen, sondern der gesamten russischen Geschichte" (*èto vsë-taki gorod russkich i ne tol'ko morjakov, no i vsej russkoj istorii*) sei. Hier habe alles begonnen: Korčevnikov nennt zuerst die Taufe des Fürsten Vladimir, dank derer die *Rus'*[226] zu einer Großmacht aufgestiegen sei, und fährt dann metaphorisch fort, dass hier „alles die Erinnerung an die Opfer der beiden Weltkriege ausströme" (*vsë dyšit pamjat'ju o žertvach dvuch mirovych vojn*), wobei er neben dem Zweiten Weltkrieg nicht den Ersten Weltkrieg, sondern den Krimkrieg, der im 19. Jahrhundert stattgefunden hat, als „Weltkrieg" bezeichnet (vgl. *Prjamoj éfir*, 03.03.2014, 00:01:19–00:02:31). Mithilfe dieser Metapher „alles atmet, riecht nach bzw. strömt Erinnerung aus" (*vsë dyšit pamjat'ju*) weckt der Moderator die Sinnesebene, das olfaktorische Empfinden der Zuseher*innen, und impliziert damit, dass der „Geruch der Erinnerung" an die beiden Kriege auf der Krim und somit die geschichtliche Verbundenheit mit Russland mithilfe der Sinnesorgane wahrnehmbar sei.

Visuell unterstützt wird die Anspielung auf die sensorische Wahrnehmung durch Bilder: Während dieser einführenden Worte werden auf der Studioleinwand und im Vollbildmodus auf den Fernsehgeräten Videoaufnahmen abgespielt mit Bildmontagen von beispielsweise einem metallenen Kreuzanhänger, der aus dem Wasser gezogen wird, einem Gemälde der Taufe des Fürsten Vladimir oder Archivaufnahmen von Kampfhandlungen, die mit Aufnahmen von Kriegsgemälden vermischt werden. Diese Bilder unterstreichen und illustrieren die Worte des Moderators und bestärken als Zeitdokumente das Argument, dass die Krim Ausgangspunkt der Geschichte Russlands und daher russisch sei.

Als erster Beweis für die gemeinsame Geschichte der Krim und Russlands wird die *Taufe des Fürsten Vladimir* in Chersones genannt und mithilfe von Bildern untermalt. Das zeigt den hohen symbolischen Wert, den dieses auf das Jahr 988 datierte Ereignis für Russland hat. Die Taufe bildet das zentrale Element des Konzepts der „Heiligen Rus'" – eines sakralen und daher topografisch

---

[226] Der Begriff *Rus'* bezeichnete die „vormoderne Herrschafts- bzw. Staatsform der Ostslawen" und wird heute von Russland als gemeinsamer historischer Ausgangspunkt der Gemeinschaft von Russ*innen, Ukrainer*innen und Belaruss*innen gesehen, der sowohl gegenwärtig als auch zukünftig Bedeutung habe (Bremer 2015: 6). Häufig wird die mittelalterliche *Rus'* als „exklusiv russischer Staat" dargestellt und dient als Rechtfertigung für die Behauptung, dass Russ*innen, Ukrainer*innen und Belaruss*innen ein gemeinsames Volk bzw. eine Einheit seien (Gajos 2017: 65).

10.1 Fallbeispiel 1: Beitritt der Krim zur Russischen Föderation (März/April 2014) — 211

nicht festzumachenden Raumes (vgl. Zabirko 2015: 2) – und positioniert die Krim aus russischer Sicht als Terra Sancta (vgl. Suslov 2014: 593). Es ist daher nicht verwunderlich, dass Vladimir Putin in seiner Krim-Rede am 18. März 2014 die Taufe Vladimirs des Großen als ersten Beleg dafür anführt, dass die Krim von der „gemeinsamen Geschichte" mit Russland durchdrungen sei (Radetzkaja und Weichsel 2014: 87). In einer späteren Rede desselben Jahres vergleicht Putin die Bedeutung der Krim für Russland sogar mit jener des Tempelberges in Jerusalem (vgl. Suslov 2014: 593).

Besonders hervorzuheben sind die Kriegsopfer, von denen der Moderator von PRJAMOJ ÈFIR mithilfe der Metapher des auf der Krim vergossenen Blutes wenige Minuten nach seiner Einführung spricht (*Krym polit krov'ju*). Die *Blutmetapher* als Erinnerung an die Gefallenen während des Krimkriegs und des Zweiten Weltkriegs fungiert neben der Taufe Vladimirs als zentrales Element der Konstruktion einer gemeinsamen Geschichte von Russland und der Krim. Dies ist am Beispiel der Wortmeldung des Parteivorsitzenden von *Velikoe otečestvo*, Nikolaj Starikov, in VOSKRESNYJ VEČER S VLADIMIROM SOLOV'ËVYM erkennbar. Starikov bedauert, dass das, was „mit enormem Blut und enormen Verlusten im Zweiten Weltkrieg erkämpft wurde" (*to, čto bylo ogromnoj krov'ju, ogromnymi lišenijami zavoevano v chode Vtoroj mirovoj i Velikoj Otečestvennoj vojny*), im Jahr 1991 verloren gegangen sei (*Voskresnyj večer s Vladimirom Solov'ëvym*, 07.03.2014, 00:42:28–00:42:41).

Mit Bedauern stellt auch der Moderator in der Reportage von SPECIAL'NYJ KORRESPONDENT, Arkadij Mamontov, fest, dass die junge Generation in der Ukraine die Geschichte vergessen habe, da sie sich nicht mehr daran erinnere, „wie viel Blut auf diesen Steinen" der Krim vergossen wurde (*skol'ko krovi bylo prolito na ètich kamnjach*) (vgl. *Special'nyj korrespondent*, 19.03.2014, 00:19:06–00:19:23).

Während in diesen Beispielen allgemein vom vergossenen Blut gesprochen wird, um auf das Leid der Menschen und erbrachte Opfer hinzuweisen, spricht Vladimir Solov'ëv dezidiert von der Krim als „Land, das mit *russischem* Blut übergossen" sei (*zemlja, politaja russkoju krov'ju*) und verwendet zur stärkeren Hervorhebung des Attributs ‚russisch' die stilistisch markierte Variante der femininen Form des Instrumentals (*russkoju* statt *russkoj*).

Bereits zu Beginn der Sendung PRJAMOJ ÈFIR und in den einleitenden Worten von Boris Korčevnikov wird deutlich, dass die *Stadt Sewastopol* als Basis der russischen Schwarzmeerflotte eine dominante Rolle in der Argumentation für die gemeinsame Geschichte Russlands und der Krim spielt, da sie den militärischen Ruhm Russlands symbolisiert (vgl. Suslov 2014: 592). Bemerkenswert ist, dass Sewastopol in den Talkshows sprachlich immer hervorgehoben wird, indem sie von der Krim durch eine Konjunktion getrennt (*Krym i Sevastopol'*) und dadurch unterstrichen wird, dass Sewastopol und die Krim zwei gesonderte Subjekte sind.[227]

In Bezug auf das Argument der gemeinsamen Geschichte der Krim und Russlands wird in den Talkshows die *historische Verbindung* von Sewastopol mit dem Zweiten Weltkrieg akzentuiert, um die Parallelität bzw. die Wiederholung der ‚gemeinsamen' Geschichte zu demonstrieren. So schildert beispielsweise Vadim Kolesničenko in der Sendung POLITIKA am 12.03.2014, dass sich die Stadt Sewastopol auf das Referendum durch Einrichtung einer Selbstverteidigungstruppe vorbereite, die „wie zur Zeit des Großen Vaterländischen Kriegs" (*kak èto bylo vo vremja Velikoj Otečestvennoj Vojny*) alle Zufahrten zur Stadt blockiert habe (*Politika*, 12.03.2014, 00:40:02–00:40:22). Der Studiogast hebt auch den Sonderstatus von Sewastopol als „eigenes Subjekt" (*otdel'nyj sub''ekt*) hervor und verweist mit der Apposition „Heldenstadt" (*gorod-geroj*) auf den Zweiten Weltkrieg und die gemeinsame Geschichte mit Russland.[228]

Eine ähnliche Parallele zieht der Anführer des Biker-Clubs „Nachtwölfe", Aleksandr Zaldostanov, in seiner Bezeichnung von Sewastopol als „Stalingrad des 21. Jahrhunderts" (*ètot gorod – èto Stalingrad 21-ogo veka!*) (*Special'nyj korrespondent*, 19.03.2014, 00:30:56–00:31:00). Indem Zaldostanov Sewastopol mit Stalingrad als Symbol für den erfolgreichen Widerstand gegen die Wehrmacht vergleicht, schreibt er auch Sewastopol den Status als Ort des historischen Wendepunkts im Kampf gegen den Faschismus zu. Damit referiert er auf die offizielle russische Darstellung, dass es sich bei den Ereignissen auf der Krim und generell in der Ukraine um einen Kampf gegen den Faschismus handle.[229]

Der Topos von Sewastopol als Schauplatz des Widerstands gegen den Faschismus wird im Promi-Talk NAEDINE SO VSEMI zu Ende gedacht, da in der Sendung der Gast Michail Solov'ëv die Atmosphäre in Sewastopol nach dem Referendum mit jener Stimmung vergleicht, die nach der Befreiung der Stadt durch die Rote Armee im Jahr 1944 geherrscht habe:

---

[227] Sewastopol hatte bereits vor der Angliederung der Krim an Russland einen Sonderstatus, da es der Regierung in Kiew unterstand und juristisch gesehen somit kein Teil der Autonomen Republik Krim war (vgl. Rjabuškin 2009: 18).
[228] Die Russische Föderation wird als direkter Nachfolger der Sowjetunion und des russischen Zarenreichs angesehen. Russland selbst „möchte zwar Erbe der Großmachtstellung der Sowjetunion" sein, verweigere jedoch die damit verbundene „geschichtliche Verantwortung" für deren Politik (Schmidt 2003: 143).
[229] Siehe dazu auch Fallbeispiel 2.

10.1 Fallbeispiel 1: Beitritt der Krim zur Russischen Föderation (März/April 2014)

Михаил Соловьев: *Везде такая была атмосфера*, знаете, я думаю, что, наверное, только *девятого мая 44-ого года*, вот когда [город освободили]
(*Naedine so vsemi*, 02.04.2014, 00:20:40–00:20:47)

Michail Solov'ëv: Überall war eine derartige Atmosphäre, wissen Sie, ich denke, dass wahrscheinlich nur am 9. Mai des 44er Jahres, als [die Stadt befreit wurde]

Mit dieser Parallele spielt der Gast auf die Wiederholung der ‚gemeinsamen' Geschichte an, da sowohl 1944 als auch 2014 Sewastopol von den Nazis befreit worden sei. Die Argumentation hinkt aufgrund des Alters des Gastes, der in der Sendung erst 30 Jahre alt ist und daher nicht wissen kann, welche Atmosphäre im Jahr 1944 geherrscht hat. Trotzdem demonstriert dieses Beispiel, wie zentral die Inszenierung des Referendums als Abstimmung für oder gegen den Faschismus in den Talkshows ist. Besonders deutlich wird das auch auf den gezeigten Bildern von Wahlplakaten, wie in SPECIAL'NYJ KORRESPONDENT (Abbildung 12), deren Aufschrift im Kontext der Darstellung der Ukraine als faschistisch einen eindeutigen Appell zur Abstimmung eines Beitritts der Krim zu Russland darstellen.

Abbildung 12: Wahlplakat vor dem Referendum mit der Aufschrift „Stopp Faschismus! Alle zum Referendum!" (*Special'nyj korrespondent*, 19.03.2014, 00:30:32–00:30:33).

Eine logische Konsequenz des Arguments der Wiederholung der ‚gemeinsamen' Geschichte ist in den Talkshows die Darstellung des Beitritts der Krim zu bzw. der „Rückkehr" nach Russland als „Wiederherstellung der historischen Gerechtigkeit" (*vosstanovit' istoričeskuju spravedlivost'*) (siehe Abschnitt III.10.1.4.5.1).

In engem Zusammenhang mit dem historischen Argument stehen zwei weitere Argumente für die Zugehörigkeit der Krim zu Russland: die gemeinsame Kultur sowie der sogenannte „russische Geist".

- **Die gemeinsame Kultur und der „russische Geist"**

Zusammen mit dem historischen Argument wird in den Talkshows häufig das Argument angeführt, dass die Krim aus kultureller Perspektive immer schon russisch gewesen sei. Als Beweis dafür zählt Vladimir Bortko verschiedene russische Persönlichkeiten auf, welche für ihn die Krim symbolisieren. Seine Argumentation beendet er mit dem Resümee, dass er die Krim – „dieses Gebiet" (*ėtot kraj*) – nicht als „ukrainisch" bezeichnen könne, da alle von ihm genannten und aus seiner Sicht „russischen" Kulturschaffenden von dort stammen würden. Zusätzliche Dramatik und Verstärkung verleiht Bortko seinen Worten durch eine Parenthese am Ende seiner Ausführungen (*pustʼ menja rasstreljajut* / dt. *sollen sie mich doch erschießen*):

> **Владимир Бортко**: Вот что для меня Крым? Это ни в коем случае не украинская территория и никогда ею не была! ((аплодисменты)) [...] Для меня Крым – это Волошин! Для меня Крым – это Чехов! Для меня Крым – это Толстой, приезжающий к нему! ((аплодисменты)) Для меня Крым – это даже не столько *героические победы нашего флота*, сколько памятник Нахимова, находящийся там! ((аплодисменты)) [...] Что такое, извините, пожалуйста, для меня Киев? Это Булгаков! Почитайте его роман «Белая гвардия»! Извините! Что такое великий русский художник Илья Ефимыч Репин? Извините, пожалуйста, Харьков, всего-навсего! Что такое поэтесса Ахматова? Уже, казалось бы, никак не назовешь? Это Одесса! Горенко! *Поэтому этот, это, этот край, простите, я, украинским, пусть меня расстреляют, я не считаю!*
>
> (*Voskresnyj večer s Vladimirom Solovʼëvym*, 18.03.2014, 01:01:57–01:03:18)

> **Vladimir Bortko**: Was ist für mich die Krim? Sie ist auf keinen Fall ukrainisches Territorium und das war sie auch niemals! ((Applaus)) [...] Für mich ist die Krim – Vološin! Für mich ist die Krim – Čechov! Für mich ist die Krim – Tolstoj, der dorthin gefahren ist! ((Applaus)) Für mich geht es bei der Krim nicht einmal so sehr um die heldenhaften Siege unserer Flotte als vielmehr um das Nachimov-Denkmal, das sich dort befindet! ((Applaus)) [...] Was ist für mich, entschuldigen Sie bitte, Kiew? Das ist Bulgakov! Lesen Sie seinen Roman „Die weiße Garde"! Entschuldigung! Was ist der große russische Künstler Ilʼja Efimyč Repin? Entschuldigen Sie bitte, Charkow, schlicht und einfach! Was ist die Poetin Achmatova? Man sollte meinen, [sie] kann man schon gar nicht nennen! Odessa! Gorenko! Daher empfinde ich diese, dieses, diese Region, entschuldigen Sie, sollen sie mich doch erschießen, nicht als ukrainisch!

Das kulturelle Argument der Zugehörigkeit der Krim zu Russland wird wiederholt gemeinsam mit dem „russischen Geist" angeführt. Wie Sergej Železnjak ausführt, würden alle Regionen und Länder, in denen es eine „historische Verbreitung der russischen Kultur" gäbe, dieselbe Aufmerksamkeit wie die Krim benötigen: Russe sei man nicht aufgrund des Blutes, sondern aufgrund des Geistes und der Kultur (*Russkie ne po krovi, russkie po duchu, po kul'ture!*) (*Voskresnyj večer s Vladimirom Solov'ëvym*, 18.03.2014, 00:42:23–00:42:46).

Mit der Erwähnung des russischen Geistes und der Kultur spielt Železnjak auf das imaginierte Raumkonzept – *Russkij mir* (dt. *Russische Welt*) – an, welches im politischen und religiösen Diskurs Russlands eine zentrale Rolle spielt (vgl. Zabirko 2015). Die „tragenden Säulen" dieses Konzepts sind die russische Sprache, das Geschichtsbewusstsein, die russische Orthodoxie und damit verbundene antiliberale und konservative Werte sowie „emotional aufgeladene Symbole" wie die Heilige Rus' (Zabirko 2015: 2). Die Worte des Duma-Abgeordneten „Russen durch den Geist und die Kultur" (*russkie po duchu, po kul'ture*) implizieren, dass allen Angehörigen des *Russkij mir* diese tragenden Säulen gemein seien. Durch die Vagheit der beiden die Angehörigen des *Russkij mir* einenden Begriffe *Geist* und *Kultur* wird ganz im Sinne dieses Konzepts der betreffende Raum topographisch nicht eingrenzbar dargestellt (vgl. Zabirko 2015: 2).

Das Motto „Russe durch den Geist/Russisch im Geiste" (*russkij po duchu*) wird auch in einer anderen Talkshow von einer gebürtigen Krimbewohnerin wiederholt. Marina Zabrodskaja spricht mit Freudentränen in den Augen jedoch nicht nur vom „russischen Geist", sondern auch vom „Geist der Krim" (*duch krymskij*), der nun „seine Heimat"[230] gefunden und sich mit ihr vereint habe:

> **Марина Забродская**: Вы знаете, я коренная крымчанка, в крымской земле лежит пять поколений моих предков и во мне столько намешано кровей, что назвать себя чисто русским человеком я не могу. То есть, *русский – это русский по духу!* И вот тот *дух крымский, который в нас жив и, который, наконец-то, обрел свою родину, воссоединился со своей родиной*, он не может никого оставить равнодушным.
> (*Special'nyj korrespondent*, 19.03.2014, 00:26:04–00:26:29)

> **Marina Zabrodskaja**: Wissen Sie, ich bin gebürtige Krimbewohnerin, in der Krimerde liegen fünf Generationen meiner Vorfahren und in mir ist so viel Blut vermischt, dass ich mich nicht als rein russisch bezeichnen kann. Das heißt, russisch ist man durch den Geist! Und dieser Geist der Krim, der in uns lebendig ist und der endlich seine Heimat gefunden, sich mit seiner Heimat wiedervereinigt hat, er kann niemanden gleichgültig lassen.

Die geistige Bedeutung der Ereignisse auf der Krim wird insbesondere auch von der Duma-Abgeordneten Irina Jarovaja hervorgehoben. Zunächst unterstreicht sie den „Glauben an Russland" (*vera v Rossiju*), der die berühmte und viel zitierte letzte Zeile des Gedichts von Fëdor Tjutčev (*v Rossiju možno tol'ko verit'*) in Erinnerung ruft:

---

[230] Zur Heimatmetapher siehe Abschnitt III.10.1.4.3.

Ирина Яровая: *Духовным, духовным наполнением происходящего*, на мой взгляд, является все-таки *вера в Россию*. Вера, как совокупность, вот, сопричастности, сопереживания, верности и любви, понимаете, это качество, которое безусловно всех нас объединяет. ((аплодисменты))
　　　　　　　　　(*Voskresnyj večer s Vladimirom Solov'ëvym*, 18.03.2014, 00:59:13–00:59:27)

Irina Jarovaja: Der geistige, spirituelle Gehalt dessen, was geschehen ist, besteht meiner Ansicht nach im Glauben an Russland. Der Glaube als Gesamtheit von Mitbeteiligung, Mitgefühl, Treue und Liebe, verstehen Sie, diese Eigenschaft ist es, die uns zweifellos alle vereint.

Anschließend personifiziert die Politikerin die russische Sprache, indem sie ihr eine wichtige einende Rolle als „Bewahrerin der Seele des Volkes" (*ochranitel' duši naroda*) zuweist, und verleiht ihr dadurch den Status eines politischen Subjekts (vgl. Baranov 2014: 50–51). Wenige Minuten später führt Jarovaja die in diesem Abschnitt bereits erwähnten tragenden Säulen des *Russkij mir* – die „geistigen Quellen" (*duchovnye istoki*) – an: die Sprache, die Geschichte und die Orthodoxie. Außerdem zählt Jarovaja zu diesen Quellen auch „unseren gemeinsamen Sieg" (*naša obščaja pobeda*), ergo den Sieg der Sowjetunion im Zweiten Weltkrieg (*Voskresnyj večer s Vladimirom Solov'ëvym*, 18.03.2014, 01:10:20–01:10:50). Diese „geistigen Quellen" gelte es zu „verteidigen" (*zaščiščat'*), da sie die russische Nation konstituieren würden.

Auch der Moderator, Vladimir Solov'ëv, spricht in der Sendung nach dem erfolgreichen Ausgang des Referendums für Russland pathetisch vom „Geist, der heute ganz Russland durchdringt" (*s ètim duchom, kotoryj segodnja pronizyvaet vsju Rossiju*) und gratuliert allen Russ*innen „zu diesem Geist" sowie „zu diesem bewundernswerten Gefühl des wahrhaftigen Patriotismus" (*ja pozdravljaju vsech rossijan s ètim udivitel'nym čuvstvom istinnogo patriotizma*) (vgl. *Voskresnyj večer s Vladimirom Solov'ëvym*, 18.03.2014, 00:30:45–00:31:04).

Wie diese Beispiele illustrieren, ist das Narrativ eines „russischen Geistes" in Verbindung mit der gemeinsamen Geschichte, Kultur und Sprache ein wichtiges Argument zur Rechtfertigung der Zusammengehörigkeit der Krim und Russlands: Indem die Zugehörigkeit der Krim zu Russland auf eine abstrakte und rational nicht fassbare Ebene gehoben wird, bedarf es keiner zusätzlichen Rechtfertigung mehr dafür, warum die Krim russisch ist – es sei eben „der russische Geist", der dort herrsche und von den Talkshowteilnehmer*innen heraufbeschworen wird.

Besonders stark spürbar ist dieser Geist der Darstellung der Talkshowgäste zufolge in Sewastopol. So habe Aleksandr Zaldostanov in Sewastopol „diesen Geist", der „unbeschreiblich" (*neperedavaem*) sei, gefühlt (*ètot duch, kotoryj ja*

10.1 Fallbeispiel 1: Beitritt der Krim zur Russischen Föderation (März/April 2014) — 217

počuvstvoval) (vgl. *Special'nyj korrespondent*, 19.03.2014, 00:28:22–00:28:11). Auch im Promi-Talk berichtet Michail Solov'ëv von diesem Geist in Sewastopol, von dem „alles durchtränkt sei" (*tam vsë propitano ètim duchom*) und der das Gefühl vermittle, ein Teil Russlands zu sein (*Naedine so vsemi*, 02.04.2014, 00:08:36–00:08:42).

Allerdings werde der russische Geist und damit *Russkij mir* (von außen) angegriffen: Zum einen werde *Russkij mir* von den „sogenannten neoliberalen Werten" (*tak nazyvaemye neoliberal'nye cennosti*) bedroht (vgl. *Voskresnyj večer s Vladimirom Solov'ëvym*, 18.03.2014, 01:05:08–01:06:30). Zum anderen seien in der Ukraine als Ultima Ratio die „Kräfte des Nazismus" wirksam geworden, um den „russischen Geist" zu brechen:

> **Юрий Поляков**: И когда стало понятно, что с помощью, так сказать, лингвистического насилия, с помощью культурологического насилия, с помощью исторического насилия поломать вот этот, так сказать, *русский дух*, так сказать, *могучий русский мир невозможно, вступили в действие уже силы нацизма!*
> (*Voskresnyj večer s Vladimirom Solov'ëvym*, 18.03.2014, 01:26:38–01:27:00)

> **Jurij Poljakov:** Und als klar wurde, dass es nicht möglich ist, mithilfe von sprachlicher Gewalt, mithilfe von kulturologischer Gewalt, mithilfe von historischer Gewalt diesen russischen Geist, sozusagen, die mächtige russische Welt zu brechen, da kamen die Kräfte des Nazismus zum Einsatz.

Mit diesen und ähnlichen Äußerungen wird der Weg dafür geebnet, dass der Krieg in der Ukraine als Kampf gegen die russische Welt bzw. als Kampf zwischen Faschismus und Antifaschismus inszeniert wird (siehe Fallbeispiel 2).

Aufgrund dieser Angriffe und Bedrohungen des russischen Geistes, der russischen Kultur und somit der russischen Welt müssten sich Russland und die „russischen Menschen" geistig mobilisieren (*Rossii pridëtsja, russkim ljudjam duchovno mobilizovat'sja*), da nach Aleksandr Prochanovs Ansicht ein Kampf auf mehreren Ebenen bevorstehe (*Voskresnyj večer s Vladimirom Solov'ëvym*, 18.03.2014, 01:46:34–01:49:05).

Wie diese Auszüge aus den untersuchten Talkshowsendungen zeigen, werden die Zuseher*innen parallel zur Argumentation der Zugehörigkeit der Krim zu Russland im Fernsehen auf einen Kampf bzw. Krieg zum Schutz des *Russkij mir* und somit der russischsprachigen Bevölkerung vorbereitet.

Ein weiteres Argument für die Darstellung der Krim als Teil Russlands ist das Recht auf die eigenständige Entscheidung, ob die Krim zu Russland gehören will oder nicht.

– **Das Recht auf Selbstbestimmung**

Das Recht der Krim auf Selbstbestimmung und somit das Recht auf die Durchführung eines Referendums wird in den untersuchten Talkshowsendungen sehr häufig als Argument für den Beitritt zu Russland vorgebracht. Mit diesem Argument schiebt Russland die Verantwortung quasi von sich und legt sie in die Hände der Krimregierung und der Krimbewohner*innen, die, so der Tenor, unbedingt zu Russland wollen. Als Stimme der Krimbewohner*innen tritt in zwei der untersuchten Polit-Talks der Krimtatar Rustam Temirgaliev auf. Dieser pocht darauf, das Recht der Krimbewohner*innen auf Selbstbestimmung zu respektieren:

> **Рустам Темиргалиев:** Мы требуем уважать наше право на самоопределение. *Только сами крымчане в праве самим определить судьбу Крыма.* А я повторю – 82 процента крымчан сегодня за воссоединение Крыма с Россией.
> (*Politika*, 12.03.2014, 00:16:35–00:16:48)

> **Rustam Temirgaliev:** Wir verlangen die Achtung unseres Rechts auf Selbstbestimmung. Nur die Krimbewohner selbst sind im Recht, selbst das Schicksal der Krim zu bestimmen. Und ich wiederhole – 82 Prozent der Krimbewohner sind heute für die Wiedervereinigung der Krim mit Russland.

Etwas drastischer formuliert der Abgeordnete der *Verchovnaja Rada*, Oleg Carëv, das Recht der Menschen auf Selbstbestimmung, indem er erklärt, dass der Staat kein „Konzentrationslager" sei, das mit „Stacheldraht" umwickelt werden könne, sondern die Leute selbst wählen würden, wo es ihnen besser gehe (*ljudi vybirajut gde im lučše*) (*Voskresnyj večer s Vladimirom Solov'ëvym*, 18.03.2014, 00:22:33–00:23:09). Durch die Verwendung der Termini „Konzentrationslager" (*konclager'*) und „Stacheldraht" (*koljučaja provoloka*) ruft der Politiker Erinnerungen an den Zweiten Weltkrieg wach. Mit dem Hintergrundwissen, dass die Ukraine im russischen Fernsehen als faschistisch dargestellt wird, können Carëvs Äußerungen so aufgefasst werden, dass er die Ukraine mit einem Konzentrationslager gleichsetzt, aus dem „ganze Regionen fliehen" würden (*iz strany načali ubegat' celymi regionami*).

Obwohl den Krimbewohner*innen in beiden hier vorgebrachten Beispielen das Recht auf Selbstbestimmung eingeräumt wird, gibt der Duma-Abgeordnete, Vjačeslav Nikonov, am 07.03.2014 zu, dass der Beitritt der Krim zu Russland aufgrund der Entscheidung des Obersten Rats der Krim bereits feststehe und es kein Zurück mehr gebe:

> **Вячеслав Никонов:** Действительно вчера был пере/ *Рубикон уже перешли*, потому что Верховный совет Крыма *принял решение о вхождении в состав Российской Федерации. Референдум – это то, что должно подкрепить это решение, то есть*

> *решение принято*. Сейчас для них *шагу назад уже нет*. За этим, безусловно, ну даже сложно себе представить, что может быть, если будет шаг назад.
> (*Voskresnyj večer s Vladimirom Solov'ëvym*, 07.03.2014, 00:39:52–00:40:18)

Vjačeslav Nikonov: In der Tat wurde gestern über/ sie haben den Rubikon schon überschritten, da der Oberste Rat der Krim die Entscheidung über den Eintritt in die Russische Föderation getroffen hat. Das Referendum soll diese Entscheidung bekräftigen, das heißt, die Entscheidung ist getroffen. Jetzt gibt es für sie keinen Schritt mehr zurück. Danach ist es zweifellos, nun ja, sogar schwer vorstellbar, was sein könnte, wenn der Schritt zurück gemacht wird.

Nikonov stellt in diesem Ausschnitt klar, dass das Referendum und die Stimme der Menschen im Prinzip unbedeutend sind – sie dienen lediglich der Bestärkung einer Entscheidung, die bereits feststehe (*dolžno podkrepit' ėto rešenie*). Der Endgültigkeit und Unwiderruflichkeit dieser Entscheidung verleiht der Politiker mithilfe eines Phraseologismus (*Rubikon uže perešli* / dt. *Sie haben den Rubikon schon überschritten*), den er später noch einmal paraphrasiert (*šagu nazad uže net* / dt. *Es gibt keinen Schritt mehr zurück*), Nachdruck.

In Hinblick auf die Selbstbestimmung der Krimbewohner*innen präsentiert sich Russland als Befürworter dieses Rechts und als Garant für die Einhaltung der Menschenrechte (vgl. *Voskresnyj večer s Vladimirom Solov'ëvym*, 07.03.2014, 00:14:01–00:18:22). Dem Westen wird vorgeworfen, „doppelte Standards" (*dvojnye standarty*)[231] anzuwenden und somit mit zweierlei Maß zu messen, da er sich vorbehalte zu entscheiden, auf welchem Gebiet das Recht auf Selbstbestimmung legitim sei und auf welchem nicht (vgl. *Voskresnyj večer s Vladimirom Solov'ëvym*, 07.03.2014, 00:38:14–00:39:27). So wird häufig die Republik Kosovo als Präzedenzfall in den Sendungen vorgebracht: Der Kosovo habe das Recht auf die Unabhängigkeit von Serbien gehabt und daher, so die Argumentation, habe jetzt auch die Krim das Recht auf Selbstbestimmung, was der Westen anerkennen solle.[232] Besonders kreativ wird die Parallele zwischen der Krim und dem Kosovo mithilfe eines Wortspiels in POLITIKA von Sergej Dorenko gezogen:

---

231 Der Vorwurf Russlands an den Westen, eine Doppelmoral zu vertreten, ist häufig in der antiwestlichen Rhetorik in russischen Talkshows zu hören (vgl. Kaltseis 2016). Bereits 2007 hatte Vladimir Putin während seines Auftritts auf der Münchner Sicherheitskonferenz die „moralischen Doppelstandards" des Westens kritisiert (Schlögel 2017: 35).

232 2008 hat der Kosovo die Unabhängigkeit von Serbien erklärt. Während viele europäische Länder die Unabhängigkeit anerkennen, wird sie von einigen Staaten, darunter Russland, nicht anerkannt.

Сергей Доренко: На вопрос: «Why Crimea?» – ответ на английском: «Bekosovo». Вот и все.

Петр Толстой: А теперь по-русски.

Сергей Доренко: Почему Крым? Потому что Косово. Все. Еще какие-то вопросы?
(*Politika*, 12.03.2014, 00:11:06–00:11:22)

Sergej Dorenko: Auf die Frage „Why Crimea?" lautet die Antwort auf Englisch: „Bekosovo." Das war's schon.

Pëtr Tolstoj: Und jetzt auf Russisch.

Sergej Dorenko: Warum die Krim? Weil Kosovo. Das war's. Noch Fragen?

Dorenkos Sprachspiel basiert auf der „partiellen phonologischen Gleichheit", der Homoiophonie (Hoffmann 2010: 63), von *cause* in der Konjunktion *because* und den ersten drei Buchstaben des Kosovo (*because* + *Kosovo*), das zur Wortkreuzung ‚Bekosovo' wird. Die Ersetzung von *cause* durch das lautähnliche *Kos* bewirkt, dass der/die Rezipient*in „die Bedeutung des ersetzten Lexems" mitdenkt und auf diese Weise ein komischer Effekt entsteht (Hoffmann 2010: 63), der durch das Lachen der anderen Talkshowgäste und den Publikumsapplaus unterstrichen wird. Wie dieser Ausschnitt illustriert, funktioniert dieses Blending und somit der Witz jedoch nur auf Englisch und geht im Russischen verloren.

Mit dieser kreativen Ein-Wort-Antwort vereinfacht Dorenko einen komplexen politischen und juristischen Sachverhalt und setzt die Situation auf der Krim mit der des Kosovo gleich – ein Vergleich, den auch Vladimir Putin in seiner Rede am 18. März 2014 gezogen hat (vgl. Radetzkaja und Weichsel 2014: 93). Auch wenn in Russland immer wieder mit der Unabhängigkeitserklärung des Kosovo 2008 zur Legitimierung des Krim-Referendums argumentiert wurde, kann die rechtliche Situation nicht verglichen werden, da im Gegensatz zum Kosovo das Krim-Referendum von Russland initiiert und die Durchführung von militärischen Gruppen anstelle von unabhängigen Beobachter*innen überwacht wurde (vgl. Busol et al. 2019).

Gleichzeitig wird in den Talkshows erklärt, dass die westliche Anerkennung aufgrund der vollkommenen Legitimität des Krim-Referendums nicht notwendig sei. Zu diesem Zweck werden in POLITIKA Auszüge aus dem Völkerrecht, nämlich Artikel 1 der UN-Charta aus dem Jahr 1966 zitiert, in dem das Recht des Volkes auf Selbstbestimmung verankert ist (vgl. *Politika*, 12.03.2014, 00:08:08–00:10:41). Mithilfe dieser Erklärung sichert sich Russland doppelt ab: Erstens müsse der Westen das Referendum anerkennen, da er auch dem Kosovo das Recht auf Unabhängigkeit zugestanden habe. Zweitens sei eine Anerkennung durch den Westen gar nicht notwendig, da aus juristischer Perspektive das Referendum rechtmäßig sei.

Die Rechtmäßigkeit und Legitimität des Referendums wird zusätzlich mithilfe von Superlativen verstärkt. So spricht das Duma-Mitglied Irina Jarovaja hyperbolisch von dem „allerhöchsten bürgerlichen Rechtsempfinden" (*vysočajšee graždanskoe pravosoznanie*), das die Krim gezeigt habe, weil die Menschen dort die „demokratischste aller Prozeduren" (*vybrali samuju demokratičnuju proceduru*), ergo das Referendum, ausgewählt hätten (vgl. *Voskresnyj večer s Vladimirom Solov'ëvym*, 18.03.2014, 00:35:40–00:35:50).

Neben der Beschuldigung „doppelte Standards" anzuwenden wird dem Westen in den Talkshows sehr häufig der Vorwurf gemacht, dass er Russland, dessen Argumente und Vorgehensweise nicht verstehe bzw. nicht verstehen wolle. Meist wird dieses Unverständnis des Westens metaphorisch in Form von Perzeptionsstörungen – dem „Blindsein" (*oni slepye*), dem „Verschließen der Augen" (*na ėto zakryvajut glaza na Zapade*) oder dem „Nicht-Hören" (*ne slyšit*) – ausgedrückt. Der Westen, so der Pressesprecher des russischen Präsidenten, Dmitrij Peskov, wolle nicht erkennen, dass den Menschen auf der Krim das Recht auf Selbstbestimmung abgesprochen werde. In seinen minutenlangen Erläuterungen spricht Peskov deshalb metaphorisch von einer „Wand des Unverständnisses" (*stena neponimanija*), die zwischen dem Westen und Russland stehe. Mithilfe dieser Wandmetapher bringt Peskov die Unüberwindbarkeit und Beständigkeit der Gegensätze zwischen Russland und dem Westen plastisch zum Ausdruck (vgl. *Voskresnyj večer s Vladimirom Solov'ëvym*, 07.03.2014, 00:04:08–00:05:01).

Neben dem geschichtlichen Argument und dem Recht auf Selbstbestimmung der Einwohner*innen der Krim wird in den Talkshowsendungen ein weiterer Grund vorgebracht, warum die Krim zu Russland gehöre: die Übergabe der Krim an die Ukraine sei nicht legitim gewesen.

– **Die Unrechtmäßigkeit der Übergabe der Krim an die Ukraine**
In den analysierten Sendungen wird behauptet, dass die Übergabe der Krim an die Ukraine unrechtmäßig gewesen sei. Das betrifft sowohl die Eingliederung der Krim in die Ukrainische Sowjetrepublik im Jahr 1954[233] als auch den Verbleib der Krim bei der Ukraine[234] nach dem Zusammenbruch der Sowjetunion.

---

233 Die Krim wurde im Jahr 1954 anlässlich der 300-Jahresfeier des Vertrags von Perejaslav und der damit nach russischer Geschichtsschreibung verbundenen ‚Wiedervereinigung der Ukraine mit Russland' von Nikita Chruščëv an die Ukrainische SSR übergeben. Bis dahin war die Krim Teil der Russländischen SFSR und bis 1945 eine Autonome Republik (vgl. Kappeler 2014: 268).
234 Die Krim erklärte 1992 ihre Unabhängigkeit und wurde schließlich zu einer Autonomen Republik innerhalb der Ukraine – mit kurzer Aufhebung der Autonomie 1995 (vgl. Kappeler 2014: 268).

Die Eingliederung der Krim in die Ukrainische SSR im Jahr 1954 bezeichnet der Moderator von Prjamoj efir in seiner Einleitung zunächst als „leichtsinnige Übergabe" (*bezrassudnaja peredača*). Sein per Video live in den Trivial-Talk zugeschalteter Gast, der ehemalige Bürgermeister von Moskau, Jurij Lužkov, stellt zunächst klar, dass „die Krim immer russländisch" gewesen sei (*Krym byl vsegda rossijskim*); aufgrund der Verwendung des temporalen Allquantors[235] (*vsegda*) erfolgt eine positive Bewertung dieser Äußerung (vgl. Kuße 2019: 67). Anschließend erweitert Lužkov die Charakterisierung der Eingliederung als „leichtsinnig", indem er diese als „illegal" (*nezakonno*), „willkürlich" (*voljuntaristski*) und „diktatorisch" (*po-diktatorski*) beschreibt, da sie ohne die dafür formal notwendigen Prozesse abgelaufen sei. Der ehemalige Parteivorsitzende Nikita Chruščëv sei für seine „Gepflogenheiten und Methoden" bekannt gewesen, so erinnert Lužkov an den kolportierten Zwischenfall aus dem Jahr 1960 bei der UN-Vollversammlung, im Rahmen derer Nikita Chruščëv mit seinem Schuh auf das Rednerpult geschlagen habe. Damit impliziert der Moskauer Ex-Bürgermeister, dass die Übergabe der Krim damals wahrscheinlich ebenso im Affekt geschehen sei:

> **Юрий Лужков:** Крым был всегда российским! *Крым передан был Хрущевым незаконно.* ((аплодисменты)) Передан был Хрущевым *незаконно*, настолько *волюнтаристски, по-диктаторски*, не даже приняв необходимые формальные документы и не проведя необходимые формальные процедуры по передаче из Российской Федерации в Украину. Это требовала Конституция 1936 года. И Никита Сергеевич по своим обычаям вспомните какие методы он применял, даже в Организации Объединенных Наций, *ударил, как говорится, ботинком по столу и сказал: «Передать!»*
>
> (*Prjamoj éfir*, 03.03.2014, 00:10:18–00:11:15)

> **Jurij Lužkov:** Die Krim war immer russländisch! Die Krim wurde von Chruščëv illegal übergeben. ((Applaus)) Sie wurde von Chruščëv illegal übergeben, derartig willkürlich, diktatorisch, ohne die erforderlichen formellen Dokumente zu verabschieden und die notwendigen formellen Verfahren zur Übergabe von der Russischen Föderation an die Ukraine durchzuführen. Das verlangte die Verfassung aus dem Jahr 1936. Und Nikita Sergeevič [Chruščëv] entsprechend seiner Gewohnheiten, erinnern Sie sich, welche Methoden er angewendet hat, sogar bei der [Versammlung der] Organisation der Vereinten Nationen, hat er, wie gesagt wird, mit seinem Schuh auf das Rednerpult geschlagen und gesagt: „Übergeben!"

Der in Kertsch geborene Sergej Dorenko bezeichnet die Übergabe der Krim an die Ukrainische SSR als „Kuriosum" (*éto kakoj-to kur'ëz*) und weist ebenso auf deren Willkür bzw. Illegalität hin, da es unverständlich sei, ob diese Übergabe damals „im Delirium" (*v bredu*) oder „sonst irgendwie" (*ili eščë kak-to*) geschehen sei (*Politika*, 12.03.2014, 00:01:16–00:01:37).

---

235 Zur Definition von Allquantoren siehe Abschnitt III.9.3.2.

Während weder Lužkov noch Dorenko den genauen Hergang der Übergabe der Krim an die Ukrainische SSR erläutern, wird der exakte Wortlaut der Parteisitzung aus dem Jahr 1954 von Vladimir Pozner in seinem Gespräch mit Aleksandr Žukov zitiert. Dadurch erfährt der/die Zuseher*in, dass die Abhandlung des Punkts der Übergabe der Krim an die Ukrainische SSR lediglich 15 Minuten in Anspruch genommen habe und vom Präsidium des Obersten Sowjets der Russländischen SFSR einstimmig beschlossen worden sei. Erst 1992 habe Russland diese Übergabe als unrechtmäßig erklärt. Dadurch unterscheidet sich POZNER von den übrigen untersuchten Sendungen, da der Moderator versucht, möglichst genau die historischen Daten und Fakten wiederzugeben und sein Publikum aufzuklären (*Pozner*, 04.03.2014, 00:14:32–00:16:30).[236]

Neben der Betonung der Unrechtmäßigkeit der Übergabe der Krim an die Ukraine im Jahr 1954 wird in den Talkshowsendungen auch Kritik daran geübt, dass die Krim nach dem Ende der Sowjetunion nicht zu Russland zurückgekommen ist. Hier wird – ähnlich wie bei Dorenko – der Topos des Deliriums ausgebaut, indem der Vorwurf laut wird, dass das „Abkommen von Belowesch" (russ. *Belovežskie soglašenija*), das die Gründung der GUS-Staaten vorsah und das Ende der Sowjetunion fixierte, unter Alkoholeinfluss unterzeichnet wurde. So erklärt Jurij Lužkov, dass dieses Treffen damals „im Dunst oder sogar gut voll mit Horilka oder Vodka", also auf „wilde Art und Weise" stattgefunden habe (*vsë proischodilo absoljutno dikim obrazom*) (*Prjamoj efir*, 03.03.2014, 00:13:00–00:13:17).

Ebenso verstärkt Solov'ëv wenige Tage später in seinem Polit-Talk das Bild der alkoholisierten Politiker. Sprachlich realisiert der Moderator seine Äußerung mithilfe eines Vergleichs des damaligen russischen Präsidenten Boris El'cin, dem ein Alkoholproblem nachgesagt wird, mit einem „betrunkenen Kaufmann, der seinen Pelzmantel von der Schulter nimmt und weggibt":

Владимир Соловьев: В 91-м году, когда Кравчук спросил: «Что будем делать с Крымом?» во время Беловежской пущи, Ельцин умудрился сказать фразу: «Да забирай.» Вот *как пьяный купчина шубу с плеча, взял и отдал землю, политую русскою кровью.* (*Voskresnyj večer s Vladimirom Solov'ëvym*, 07.03.2014, 00:42:41–00:43:00)

Vladimir Solov'ëv: Als Kravčuk im 91er Jahr während des [Treffens im] Belowescher Urwald fragte: „Was werden wir mit der Krim machen?", hat El'cin es fertiggebracht, folgenden Satz zu sagen: „Jetzt nimm sie schon." Also wie ein betrunkener Kaufmann, der seinen Pelzmantel von der Schulter nimmt und die Erde weggibt, die mit russischem Blut übergossen ist.

---

[236] Obwohl sich sein Gast nach dieser längeren Ausführung und Erklärung von Pozner beschwert, dass er das bereits gewusst habe, erwidert Pozner, dass nicht alle über dieses Wissen verfügen (*Vy ėto znali, no ne vse ėto znajut*).

In dem Vergleich, der mit dem Vergleichsmarker *wie* (*kak*) eingeleitet wird, wertet Solov'ëv den ehemaligen Präsidenten El'cin doppelt ab: mit der attributiven Zuschreibung „betrunken" (*p'janyj*) und mit dem umgangssprachlich-abwertenden Substantiv *kupčina* (dt. *Kaufmann*) (vgl. Belentschikow 2005: 358). Die Krim dagegen vergleicht der Moderator mit einem wertvollen Pelzmantel (*šuba*), den der alkoholisierte Händler quasi achtlos weggegeben habe.

Der Alkoholeinfluss und die Unzurechnungsfähigkeit, die den damaligen Politikern in diesen Beispielen unterstellt wird, werden in den Talkshowsendungen als Beweis für die Unrechtmäßigkeit der Übergabe der Krim an die Ukraine angeführt. Diese „Fehler" müsse Russland und insbesondere Vladimir Putin nun ausbessern. Den Topos der Fehlerkorrektur bzw. der Ausbesserung von – wie der Moderator hyperbolisch festhält – „kolossalen Fehleinschätzungen" (*kolossal'nye prosčëty*) als Rechtfertigung für den Beitritt der Krim zu Russland verwendet Vladimir Solov'ëv im Gespräch mit Dmitrij Peskov:

> **Владимир Соловьев:** Дмитрий Сергеевич, сейчас по большому счету *России и лично президенту Путину приходится поправлять колоссальные просчеты от Хрущева, до Горбачева и Ельцина*. То есть время разбрасывания земель и отсутствия собственной внешней политики закончилось. Судя по всему, *наступает время собирания земель* и, если угодно, восстановления независимой политической линии, внешнеполитической линии.
>
> (*Voskresnyj večer s Vladimirom Solov'ëvym*, 07.03.2014, 00:13:02–00:13:33)
>
> **Vladimir Solov'ëv:** Dmitrij Sergeevič, jetzt müssen im Grunde genommen Russland und Präsident Putin persönlich die kolossalen Fehleinschätzungen von Chruščëv bis Gorbačëv und El'cin korrigieren. Das heißt, die Zeit der Zerstreuung der Erde [Länder] und des Fehlens einer eigenen Außenpolitik ist vorbei. Allem Anschein nach ist die Zeit der Sammlung von Erde [Ländern] und, wenn man so will, die Wiederherstellung einer unabhhängigen politischen Linie, einer außenpolitischen Linie gekommen.

Gleichzeitig kündigt Solov'ëv in dieser Sequenz an, dass nun die Zeit der „Sammlung von Erde bzw. Ländern" (*sobiranie zemel'*) angebrochen sei, womit er einerseits auf das „Sammeln der Länder der Rus'" anspielt, das heißt auf die Vereinigung der Gebiete des Kiewer Reichs durch den Moskauer Großfürsten, die Mitte des 14. Jahrhunderts begann und unter Ivan III. fortgesetzt wurde (vgl. Kappeler 2014: 46). Andererseits werden in dieser Äußerung des Moderators aufgrund des Präsens (*nastupaet*) weitere zukünftige außenpolitische Maßnahmen Russlands in Aussicht gestellt.

Auch Viktor Baranec verwendet den Topos der „Fehlerkorrektur", indem er erklärt, dass der Beitritt der Krim zu Russland nicht nur ein „Ehrentag der historischen Gerechtigkeit", sondern auch die „Ausbesserung eines Fehlers" sei (*ispravlenie toj ošibki, kotoruju my dopustili*), den Russland zugelassen habe (vgl. *Special'nyj korrespondent*, 19.03.2014, 00:05:01–00:05:35).

- **Die Mehrheit befürwortet den Beitritt zu Russland**
Das Argument, dass die Mehrheit der Einwohner*innen der Krim den Beitritt zu Russland unterstütze, wird in den Sendungen vor dem Referendum vorgebracht. So erklärt beispielsweise Sergej Dorenko am 12.03.2014, dass er „niemanden kenne, der dagegen stimmen würde" (*ja ne znaju ni odnogo, kotoryj progolosuet protiv*) (*Politika*, 12.03.2014, 00:01:37–00:01:48). Durch die Verwendung dieses Allquantors in der doppelten Verneinung (*ne znaju ni odnogo*) in Kombination mit einem negativ geladenen Prädikat (*progolosuet protiv*) wird ein „totale[r] Konsens" beschworen (vgl. Weiss 2000: 242), da eine positive Allaussage entsteht: „Ich kenne niemanden, der dagegen stimmt" bedeutet, dass „alle dafür stimmen". Eine derartige Ausdrucksweise ist typisch für die Wir-Gruppe, ergo für die positiv konnotierte Seite, und wird dazu verwendet, um Konsens und „Harmonie der eigenen Reihen" herzustellen (Weiss 2000: 242).

Besonders häufig ist in diesem Zusammenhang die Wortkombination *podavljajuščee bol'šinstvo* zu hören, wodurch ebenso unterstrichen wird, dass die meisten, nämlich „die überwältigende Mehrheit" der Krimbewohner*innen für den Beitritt der Krim zu Russland stimmen werde:

> **Константин Костин:** Я с Сергеем согласен. Я думаю, что конечно будут какие-то голоса против, мы знаем данные социологии, но *подавляющее большинство жителей Крыма, конечно, проголосует за то, чтобы Крым вошел в состав России*.
> (*Politika*, 12.03.2014, 00:01:53–00:02:05)

> **Konstantin Kostin:** Ich stimme Sergej zu. Ich denke, dass es natürlich irgendwelche Stimmen dagegen geben wird, wir kennen die soziologischen Daten, aber die überwältigende Mehrheit der Einwohner der Krim wird natürlich dafür stimmen, dass die Krim Teil von Russland wird.

Dadurch wird Druck auf die Bürger*innen aufgebaut – die denotative Bedeutung des Verbs *podavljat'* ist „niederschlagen, unterdrücken" (Belentschikow 2011: 357) –, und sie werden hier abermals mithilfe der verwendeten Lexik in den Glauben versetzt, dass die Mehrheit für das Referendum stimmen würde. Dieses Mehrheitsargument ist mit einem weiteren Totschlagargument gekoppelt, nämlich jenem, dass die Krim „immer" zu Russland wollte:

> **Константин Затулин**: Но *Крым всегда хотел в Россию*! Это было абсолютным секретом Полишинеля. Им 20 лет не давали вообще подойти к референдуму. Это был как ночной кошмар – не дать им права голоса.
> (*Voskresnyj večer s Vladimirom Solov'ëvym*, 18.03.2014, 00:39:57–00:40:10)

> **Konstantin Zatulin:** Aber die Krim wollte immer zu Russland! Das war ein völlig offenes Geheimnis. Sie durften sich 20 Jahre lang nicht einmal einem Referendum nähern. Das war wie ein nächtlicher Alptraum, ihnen das Wahlrecht nicht zu geben.

Mithilfe des temporalen Allquantors *vsegda* wird ebenso auf zeitlicher Ebene ein totaler Konsens erzeugt, indem Kontinuität – in diesem Fall der Wunsch der Krim zu Russland und damit zur Wir-Gruppe zu gehören – suggeriert wird (vgl. Weiss 2005: 255). Verstärkt wird dieses postulierte Desiderat der Krim ‚ein Teil Russlands zu sein' mit dem Phraseologismus, dass dies „ein offenes Geheimnis" (*sekret Polišinelja*)[237] gewesen sei, sowie mit dem Vergleich des bishrigen Ausbleibens eines Referendums mit einem „nächtlichen Alptraum" (*kak nočnoj košmar*), aus dem die Krim im Zuge des nun stattgefundenen Referendums am 16. März folglich erwacht sei.

Das Mehrheitsargument wird in den Talkshows auch vorgebracht, um die tatarische Bevölkerung zur Abstimmung zum Beitritt der Krim zu Russland zu bewegen.[238] Erstens ist dieses Ziel in den Worten von Rustam Temirgaliev deutlich erkennbar, der sich direkt an die Krimtatar*innen wendet in der Hoffnung, dass sie zum Referendum gehen und die „überwältigende Mehrheit" der Krimbewohner*innen unterstützen werden:

> **Рустам Темиргалиев:** После вчерашних переговоров с участием президента Татарстана, Рустама Минниханова, в принципе мы близки уже с крымскими татарами к компромиссу, которые, *я надеюсь, в большинстве своем все-таки придут на референдум и поддержат подавляющее большинство крымчан и проголосуют за вступление Крыма в Россию.* Долгожданное вступление, кстати.
>
> (*Politika*, 12.03.2014, 00:13:53–00:14:10)

> **Rustam Temirgaliev:** Nach den gestrigen Verhandlungen mit Beteiligung des Präsidenten von Tatarstan, Rustam Minnichanov, sind wir im Prinzip bereits nahe an einem Kompromiss mit den Krimtataren, die, so hoffe ich, mehrheitlich zum Referendum gehen und die überwältigende Mehrheit der Krimbewohner unterstützen und für den Beitritt der Krim zu Russland stimmen werden. Ein lang erwarteter Beitritt übrigens.

Zweitens wird dieses Desiderat mithilfe des Zeigens von Tatar*innen, die für Russland votieren, forciert. So werden beispielsweise in der Videoreportage von

---

237 Der Phraseologismus stammt ursprünglich aus dem Französischen (frz. *secret de polichinelle*), wobei *Polišinelj* (frz. *Polichinelle*; ital. *Pulcinella*) eine komische Figur aus dem französischen Volkstheater des 16. Jahrhunderts bezeichnet, die den anderen Figuren ein Geheimnis verrät, das diesen jedoch bereits bekannt ist (vgl. Bierich et al. 1999: 521).

238 Die tatarische Bevölkerung stand dem Referendum und einem Beitritt zu Russland sehr kritisch gegenüber, und ein Großteil der circa 300 000 Krimtatar*innen hat das Referendum boykottiert (vgl. Halling 2015; Jobst 2020; siehe auch Dubasevych und Schwartz 2020: 24–25).

SPECIAL'NYJ KORRESPONDENT zwei Krimtataren gefilmt, die beide für die Angliederung der Krim zu Russland stimmen. Ganz im Sinne des *Russkij mir*-Denkens erklärt der erste, dass er sich als Teil der „großen russischen Welt" sehe (*bol'šoj Russkij mir*) (vgl. *Special'nyj korrespondent*, 19.03.2014, 00:14:22–00:14:59). Am Ende des Videos wird der zweite gezeigt, der gerade für den Beitritt der Krim zu Russland abgestimmt hat, weil ihm die Zukunft in der Ukraine Angst mache (*Special'nyj korrespondent*, 19.03.2014, 00:24:01–00:24:24). Auch im Spezial-Talk DAVAJ POŽENIMSJA! nach dem Referendum ist der erste männliche Studiogast ein Krimtatar, und dieser gibt gleich nach Betreten der Bühne seine Freude über den Beitritt der Krim zu Russland bekannt (*Davaj poženimsja!*, 15.05.2014, 00:16:50–00:17:10).[239]

Drittens wird den Krimtatar*innen das Versprechen gegeben, dass Russland und insbesondere der russische Präsident, Vladimir Putin, im Gegensatz zu Kiew die „Rechte und Freiheiten" sowie die „Rehabilitierung" der Krimtatar*innen garantieren würden (*Rossija garantiruet prava i svobody i samoe glavnoe – reabilitaciju krymskich tatar*) (*Voskresnyj večer s Vladimirom Solov'ëvym*, 18.03.2014, 00:37:56–00:38:48).

Wie in diesem Abschnitt illustriert wurde, zählen die gemeinsame Geschichte, die gemeinsame Kultur und der „russische Geist", das Recht auf Selbstbestimmung, die Unrechtmäßigkeit der Übergabe der Krim an die Ukraine sowie das Mehrheitsnarrativ zu den wichtigsten Argumenten, die in den untersuchten Talkshowsendungen zur Darstellung der Krim als Teil Russlands benutzt werden. Die Argumente, mithilfe derer die Krim der Ukraine abgesprochen wird, werden zusätzlich durch negative Darstellungen der Ukraine und die Inszenierung von Bedrohung verstärkt. Im nachfolgenden Abschnitt werden diese sprachlich konstruierten Bedrohungsszenarien präsentiert.

10.1.4.2 Erschaffung von Bedrohungsszenarien

Wie bereits im vorangehenden Abschnitt erwähnt, ist das *Russkij mir*-Konzept ein zentraler Bestandteil in der Argumentation für die Zugehörigkeit der Krim zu Russland. Daher ist die Inszenierung eines Angriffs bzw. einer Bedrohung

---

[239] Allerdings sei an dieser Stelle auch auf die eindeutig rassistischen und negativen Bemerkungen über die Krimtataren in den untersuchten Talkshows hingewiesen: So zeigt sich beispielsweise die Moderatorin in DAVAJ POŽENIMSJA! erstaunt, dass der junge attraktive Mann ein Krimtatar sei, weil sie dachte, dass ein solcher „wie ein Schlitzauge" (*kak babaj*) aussehen würde. In POLITIKA am 12.03.2014 werden die Krimtataren als „extremistisch" dargestellt, vor allem jene, die Anhänger der „unabhängigen Ukraine" (*storonniki nezaležnoj Ukrainy*) seien. Allerdings handle es sich hier, wie Leont'ev betont, lediglich um eine „extremistische Minderheit" (*tam est' nebol'šoe ėkstremistskoe men'šinstvo*) (vgl. Politika, 12.03.2014, 00:02:23–00:02:47).

der russischen Welt eine wichtige Legitimierungsstrategie für das Eingreifen Russlands sowie für die Durchführung eines Referendums. Tatsächlich finden sich in den analysierten Talkshowsendungen Bedrohungsszenarien und Berichte von Angriffen, welche auf die Grundsäulen des *Russkij mir* verübt werden: die russische Sprache, die Orthodoxie, die gemeinsame Geschichte sowie die gemeinsame Kultur.

Bezüglich der Bedrohung und des *Angriffs auf die russische Sprache* wird im Trivial-Talk PRJAMOJ ÈFIR am 03.03.2014 von einer „Jagd" (*gonenie*) auf die russische Sprache in der Ukraine und auf der Krim berichtet: Die Sendung beginnt mit dem berühmten russischen Lied *Legendarnyj Sevastopol'*, das im ukrainischen Fernsehen auf Ukrainisch gesungen wurde und vom Moderator nun als Beweis für die Ausradierung der Erinnerung an die russische Sprache und Geschichte gedeutet wird. Im Laufe der Sendung werden zudem verschiedene Berichte von Ukrainer*innen und Bewohner*innen der Krim vorgeführt, welche demonstrieren sollen, dass sich, wie der Moderator mehrmals erläutert, „die Sprache an vorderster Front dieser Spaltung, dieses Kampfes" (*jazyk okazalsja na peredovoj linii togo raskola, ėtoj bor'by*) befinde. Diese Spaltung der Ukraine wird metaphorisch als Krankheit dargestellt, deren „Symptom" (*simptom takogo raskola*) in der Sendung anhand von Augenzeugenberichten erörtert wird: So erzählt Aleksandr Švec, ein Verkehrspolizist aus Odessa, dass er bereits 2011 vom Polizeidienst suspendiert wurde, weil er bei einer Verkehrskontrolle behauptet hatte, dass er kein Ukrainisch verstehe, und diese Sprache als „Kalbssprache" (*teljač'ja mova*) beschimpft hatte. Während *mova* der ukrainische Terminus für ‚Sprache' ist, deutet Švec mit dem Adjektiv *teljač'ja* die Eigenschaften eines Kalbes an, welches im russischen Argot einen „albernen, unbeholfenen Menschen", einen „Tollpatsch", bezeichnet (Elistratov 2000: 463). Zugleich ordnet er die ukrainische Sprache dem bäuerlichen Milieu zu. Mit der Bezeichnung „Kalbssprache" wertet Švec somit die ukrainische Sprache als albern, plump sowie holprig ab und stuft sie als bäuerlich, das heißt einer literarischen Hochsprache nicht ebenbürtig, ein. Gleichzeitig spielt er damit auf das nach der staatlichen Unabhängigkeit der Ukraine weit verbreitete Stereotyp an, dass die Ukraine eine „Landschaft mit einem irgendwie besonderen Dialekt" sei (Schlögel 2017: 46).[240]

Obwohl es sich hier um eine Diffamierung und Beleidigung der ukrainischen Sprache vonseiten Švec' handelt, wird letzterer in der Sendung als Opfer

---

[240] Zur aggressiven Argumentation und der Behauptung, dass das Ukrainische keine eigene Sprache sei, siehe auch Kuße (2019: 91–112).

dargestellt, da die Menschen kein Ukrainisch beherrschen würden und niemand gezwungen werden sollte, Ukrainisch zu sprechen (vgl. *Prjamoj ėfir*, 03.03.2014, 00:16:39–00:19:27).

Auch eine Lehrerin wird in dieser Sendung als Augenzeugin befragt: So berichtet die Mathematiklehrerin Tat'jana Solodovnik, dass der Unterricht von russischer Literatur unter Strafverfolgung stehe und die ukrainische Seite die Schultaschen ständig auf der Suche nach verbotenen russischen Lehrbüchern kontrolliere (*Prjamoj ėfir*, 03.03.2014, 00:50:52–00:51:13).

Im Video von SPECIAL'NYJ KORRESPONDENT ist es ebenfalls eine Lehrerin, die vom Verschwinden der russischen Sprache in Sewastopol und der zunehmenden Ukrainisierung berichtet: Leise „wie eine Schlange" sei die Ukrainisierung angekrochen (*kak zmeja polzla*) und habe dann „wie eine Riesenschlange zu würgen" (*kak udav načali dušit'*) begonnen:

> **Регина Матвеева**: Я ушла из школы в 2003 году, потому что невозможно уже было, понимаете. *Это не просто была тихая украинизация вначале она как змея ползла, понимаете, как удав, начали душить*. Это была уже прямая агрессия, это даже не украинизация, а *фашизация детей*, понимаете. Их очень легко построить.
> (*Special'nyj korrespondent*, 19.03.2014, 00:09:44–00:10:04)
>
> **Regina Matveeva:** Im Jahr 2003 bin ich von der Schule gegangen, weil es schon nicht mehr auszuhalten war, verstehen Sie. Das war nicht einfach eine leise Ukrainisierung. Zu Beginn ist sie wie eine Schlange angekrochen, verstehen Sie, wie eine Riesenschlange haben sie zu würgen begonnen. Das war schon eine direkte Aggression. Das war keine Ukrainisierung, sondern eine Faschisierung der Kinder, verstehen Sie. Die sind sehr leicht einzuschüchtern.

Mithilfe des plastischen Vergleichs der Ukrainisierung mit einer leise ankriechenden Würgeschlange schafft die ehemalige Russischlehrerin aus Sewastopol ein sehr einprägsames und eindringliches Bild. Auf diese Weise wird der schleichende, langsam vor sich gehende Charakter der Ukrainisierung verbildlicht und konkretisiert. Verstärkt wird dieses Bild durch den Zusatz, dass es sich dabei um keine gewöhnliche Schlange, sondern um eine tödliche „Würgeschlange" (*udav*) handle, welche die Eigenschaft hat, dass sie ihre Beute umschlingt und diese dann langsam stirbt. Auf die Ukrainisierung bezogen bedeutet das, dass diese ihr Opfer – die russische Sprache und Kultur in der Ukraine und insbesondere auf der Krim – langsam und fast unbemerkt auslösche. Neben den stark negativen Emotionen wie Angst und Ekel, welche die bloße Erwähnung dieses Reptils bei einigen Menschen auslöst, wird die Schlange häufig mit Arglist assoziiert (vgl. Weiss 2006: 428). Der Vergleich der Ukrainisierung mit einer Schlange signalisiert somit auch, dass diese heimtückisch, falsch und hinterlistig vonstattengehe. Tatsächlich nennt die Lehrerin sogleich das ‚wahre' Ziel der Ukrainisierung:

die „Faschisierung der Kinder" (*fašizacija detej*), die mithilfe von Bildern faschistischer Symbole in der Szene visuell untermauert wird.

Auch vom *Angriff auf die Orthodoxie*, die als „religiöse Grundlage der russischen Zivilisation" gesehen wird (Bremer 2015: 7), gibt es Berichte in den Talkshows. Wie der Historiker und Schriftsteller Vjačeslav Bondarenko das Publikum unterrichtet, seien die Türen einer orthodoxen Kirche während einer Messe eingetreten worden (vgl. *Voskresnyj večer s Vladimirom Solov'ëvym*, 07.03.2014, 01:05:14–01:05:44). Bondarenko behauptet zwar, dass alle die Bilder von diesem Geschehnis gesehen hätten (*vse my videli ėti kadry*), aber in der Sendung selbst werden keine Videoaufnahmen des angeblichen Angriffs auf die orthodoxe Kirche gezeigt.

In SPECIAL'NYJ KORRESPONDENT am 19.03.2014 eröffnet Zaldostanov, dass „ein Krieg an allen Fronten" (*idët vojna na vsech frontach*) stattfinde und dass es sich dabei nicht nur um einen Krieg um Russland, sondern auch „um die ganze orthodoxe Zivilisation" (*vojna idët za vsju pravoslavnuju civilizaciju*) handle (vgl. *Special'nyj korrespondent*, 19.03.2014, 01:24:42–01:26:18).

In den untersuchten Talkshows werden zudem häufig *Angriffe auf die Geschichte*, auf das historische Gedächtnis, in der Ukraine geschildert. Dabei geht es vor allem um angebliche Versuche der ukrainischen Seite, die gemeinsame Geschichte auszulöschen bzw. umzuschreiben. So behauptet beispielsweise Gennadij Basov zu Beginn der Sendung des Trivial-Talks PRJAMOJ ĖFIR, dass in der Ukraine schon seit Jahrzehnten versucht werde, „unsere gemeinsamen Wurzeln" (*naši obščie korni*) von Ukrainer*innen, Russ*innen und Belaruss*innen zu beseitigen und die Geschichte umzuschreiben (*perepisat' istoriju*) (vgl. *Prjamoj ėfir*, 03.03.2014, 00:06:19–00:06:55). Als Beweis für die Leugnung der gemeinsamen Geschichte dient in dieser Show ebenso der Bericht einer Geschichtslehrerin aus Sewastopol, Tat'jana Ščerbakova. Wie die Pädagogin verlautbart, werde in den ukrainischen Geschichtslehrbüchern ausschließlich der Terminus „Zweiter Weltkrieg" (*Vtoraja mirovaja vojna*) verwendet, nicht jedoch der Begriff „Großer Vaterländischer Krieg" (*Velikaja otečestvennaja vojna*). Diese Behauptung wird mit einem lauten Raunen des Studiopublikums quittiert – ein Charakteristikum, das wie auch die häufig vom Moderator der Show eingebauten emotionalen Interjektionen (*Kakoj užas! Ėto užasno!* / dt. *Wie entsetzlich! Das ist schrecklich!*) lediglich im analysierten Trivial-Talk vorkommt und dem/der Fernsehzuseher*in emotionale Hinweise liefert (siehe Abschnitt II.6.2.3). Außerdem, so fährt die Lehrerin fort, gäbe es in diesen Schulbüchern kaum Informationen über die sowjetischen Partisanen, sondern stattdessen seitenweise Informationen über den Befreiungskampf ukrainischer Nationalisten (vgl. *Prjamoj ėfir*, 03.03.2014, 00:02:40–00:03:56). Mit dieser Zusatzinformation spielt die Lehrerin auf die Darstellung der Ukrainer*innen als *banderovcy* und Nachfolger der Nazi-Kollaborateure an (siehe Abschnitt III.10.1.3).

Von einem „Krieg um das historische Gedächtnis" (*vojna za istoričeskuju pamjat'*) spricht in diesem Zusammenhang Arkadij Mamontov in der Reportage von SPECIAL'NYJ KORRESPONDENT. Er prophezeit die Zerstörung historischer Denkmäler auf der Krim und Sewastopol und kreiert dadurch sprachlich ein Bedrohungsszenario, welches dank des Referendums und des Beitritts der Krim zu Russland habe verhindert werden können (vgl. *Special'nyj korrespondent*, 19.03.2014, 00:19:40–00:20:31).

Besonders einfallsreich wird in der Sendung von SPECIAL'NYJ KORRESPONDENT die *Bedrohung bzw. der Angriff auf die gemeinsame Kultur* auf der Krim dargestellt. So wird die Behauptung verbreitet, dass das berühmte Gold der Skythen[241] von ukrainischen Politikern, insbesondere von Ministerpräsident Jacenjuk[242], an Amerika verkauft worden sei, um Kreditgarantien zu erhalten. In den Museen befänden sich heute nur noch „Fälschungen" (*poddelki*) dieses Kunstschatzes.[243] Interessant ist hierbei, dass sich die Sendungsmacher der Absurdität dieser offensichtlichen Lüge bewusst sind und sich der Moderator daher zunächst bei seinem Gast absichert, ob diese Geschichte wahr sei, was dieser bejaht – „zumindest zu 90 Prozent" (*ja dumaju, procentov 90 pravdy*). Nach dieser Bestätigung bittet der

---

241 Die Skythen waren Reiternomadenvölker, die circa ab dem 8./7. Jahrhundert v. Chr. „die eurasischen Steppen nördlich des Schwarzen Meeres im heutigen Südrussland und der Ukraine von der unteren Wolga und dem Kuban bis zum Dnister besiedelten" (Lausberg 2017: 133). Im 4./3. Jahrhundert v. Chr. flüchtete ein Teil der Skythen vor den Sarmaten auf die Krim, wo schließlich rund 600 Jahre lang „skythische Stammesverbände" siedelten (Lausberg 2017: 133). Ein Großteil des Skythengoldes wurde im 19. Jahrhundert in der Kuban-Region gefunden und in die Eremitage gebracht. Russland erhielt dadurch „seine eigene Antike" (Dmitrieva 2009: 45). Das „‚skythische' Thema" spielte vor allem in der symbolistischen Dichtung und bei den Eurasiern eine wichtige Rolle (Dmitrieva 2009: 46).
242 Arsenij Jacenjuk war von Ende Februar 2014 bis April 2016 ukrainischer Ministerpräsident (siehe Kapitel II.4).
243 Besonders erwähnenswert ist, dass fünf ukrainische Museen (vier von der Krim und eines aus Kiew) noch vor der Krim-Annexion durch Russland ihre Ausstellungsstücke für die Exposition unter dem Titel „Krim – Goldene Insel im Schwarzen Meer" nach Bonn und danach nach Amsterdam exportiert hatten (vgl. Busol 2018: 12). Von Februar bis August 2014 war das Skythengold im Allard Pierson Archäologiemuseum in Amsterdam ausgestellt, weshalb nach dem Beitritt der Krim zu Russland ein Streit darüber ausbrach, an wen das Gold zurückgegeben werden soll, da bei einer Rückgabe des Kunstschatzes an die vier Museen auf der Krim das Gold in den Besitz Russlands übergegangen wäre (vgl. FAZ 2016). 2016 wurde von einem Amsterdamer Gericht entschieden, dass das Skythengold zurück an die Ukraine gehen solle, da es sich dabei um das kulturelle Erbe der Ukraine handle. Russland kritisierte diese Entscheidung und bezeichnete sie als „politisches Urteil", welches das „‚Volk der Krim' seines Erbes beraube" (Busol 2018: 13).

Moderator seinen Gast, Pavel Zarifullin, Direktor des Lev-Gumilëv-Zentrums[244] in Moskau, dem Publikum zu erklären, worum es sich bei dem Gold der Skythen handle und was genau damit passiert sei (*Special'nyj korrespondent*, 19.03.2014, 01:09:35–01:10:26). Wie der Gast behauptet, werde das Gold schon seit einiger Zeit aus der Ukraine ausgeführt und nun habe diese Ausfuhr katastrophale Ausmaße angenommen. Er betont auch den Wert des Goldes, der aufgrund der Einzigartigkeit dieses Schatzes unschätzbar sei. Zudem handle es sich dabei auch um „unsere geistigen Werte" (*ėto naša duchovnaja cennost'*), um „unser Erbe aller unserer Völker" (*naše nasledstvo vsech našich narodov*), das nun bedroht werde (*Special'nyj korrespondent*, 19.03.2014, 01:10:36–01:11:16). Auf diese Weise wird von der anfänglichen Diffamierung des Ausverkaufes des materiellen Erbes an Amerika ein Bogen zur Bedrohung der ‚gemeinsamen Kultur' der Krim gespannt.

Obwohl diese Information nicht gesichert sei, wie Mamontov am Ende dieser Sequenz zugibt, sei wohl „etwas dran" (*pod soboj ona čto-to imeet*):

> **Аркадий Мамонтов**: [Спасибо! (нрзб.)] ((аплодисменты)) Вот Вы тоже были в Крыму, да? Как Ваше отношение, вот мародерская власть, которая занимается такими вещами, вывозит золото. *Ну правда, не думаю, что это проверенная информация, но, тем не менее, под собой она что-то имеет.*
>
> (*Special'nyj korrespondent*, 19.03.2014, 01:11:17–01:11:30)

> **Arkadij Mamontov**: Danke! (unv.) ((Applaus)) Ja also Sie waren auch auf der Krim, oder? Wie stehen Sie dazu, also die plündernde Regierung, die sich mit derartigen Dingen beschäftigt, das Gold ausführt. Nun, ehrlich gesagt, ich denke nicht, dass es sich hier um gesicherte Informationen handelt, aber nichtsdestotrotz ist wohl etwas dran.

Diese Verleumdung der Ukraine in Bezug auf das Gold der Skythen illustriert, dass die Gäste in den Talkshowsendungen im Prinzip alles behaupten können, ohne dafür Beweise vorbringen zu müssen (vgl. dazu auch Makukhin et al. 2018). Die erfundenen Geschichten und Lügen bleiben in den Talkshows unwidersprochen und unkommentiert im Raum stehen und erfüllen dadurch eine performative Funktion, da sie den beabsichtigten Eindruck wecken, dass auch, wenn die Information nicht gesichert sei, „die Wahrheit [...] immer irgendwo in der Mitte liege" (Schlögel 2018: 73).

Des Weiteren wird dadurch suggeriert, dass dieses Gold, welches nicht nur unschätzbaren materiellen, sondern auch „geistigen Wert" habe, in jedem Fall

---

244 Laut Angaben der eigenen Webseite ist das Lev-Gumilëv-Zentrum ein „Eurasisches Zentrum", das 2009 als Non-Profit-Organisation gegründet wurde. Ziel dieses Zentrums ist u. a. die Propaganda eurasischer und skythischer Ideologie, wie Pavel Zarifullin erklärt (*Special'nyj korrespondent*, 19.03.2014, 01:09:25–01:09:28).

geschützt werden müsse. Gleichzeitig wird hier die ukrainische Seite als „diebisch" (*marodërskaja vlast'*) und kriminell dargestellt.

Die Bedrohung der russischen Kultur in der Ukraine und speziell auf der Krim wird sprachlich auch mithilfe von Metaphern realisiert. So wird in SPECIAL'NYJ KORRESPONDENT die Naturmetapher einer lebensfeindlichen Umgebung für die russische Kultur konstruiert: Diese Umgebung sei „säurehaltig" (*kislotnaja sreda*), habe die russische Kultur „bedeckt/ummantelt" (*obvolakivala*) und sie gezwungen anders zu denken und die Geschichte zu vergessen:

> **Аркадий Мамонтов:** А у меня вопрос тогда к Вам такой! Скажите, пожалуйста, ((аплодисменты)) а *как они могли, эти люди, сохранить истинную русскую культуру в такой кислотной среде, которая обволакивала, заставляла думать по-другому, историю забывать*, как они могли ее сохранить? Скажите мне!
> (*Special'nyj korrespondent*, 19.03.2014, 00:28:58–00:29:20)

> **Arkadij Mamontov:** Und ich habe folgende Frage an Sie! Sagen Sie bitte ((Applaus)), wie konnten diese Leute die wahrhaftige russische Kultur in dieser säurehaltigen Umgebung, welche [sie] ummantelt [und] gezwungen hat, anders zu denken, die Geschichte zu vergessen, wie konnten sie sie [die russische Kultur] bewahren? Sagen Sie es mir!

Mithilfe dieser Metapher wird die russische Kultur als lebender Organismus dargestellt, der in der Ukraine nicht gedeihen könne, nicht überlebensfähig sei, weil diese säurehaltig und somit lebensfeindlich sei. Das Bild der Ummantelung der russischen Kultur von der ukrainischen erinnert wiederum an den Vergleich der Ukrainisierung mit einer Würgeschlange, die ihre Beute umschlingt.

Auch die Krankheitsmetapher wird benutzt, um plastisch auszudrücken, dass die russische Kultur in der Ukraine und auf der Krim bedroht sei und dort nicht überleben könne. Konkret ist in Anspielung auf das westukrainische Galizien von einer „schweren galizischen Seuche" (*nasyščennaja galicijskaja zaraza*) die Rede, welche die Russ*innen bedrohe (*Special'nyj korrespondent*, 19.03.2014, 00:36:00–00:36:28). Die Krankheitsmetapher signalisiert hier, was bzw. wer die Bedrohung darstellt: Es handelt sich um eine Krankheit, eine Seuche, die aus der Westukraine kommt und die man heilen oder bekämpfen muss. Mithilfe der Verwendung dieser Krankheitsmetapher wird in erster Linie Angst beim Publikum geschürt (vgl. Kurz 2009: 29), aber gleichzeitig wird ihm auch signalisiert, auf welcher Seite es stehen soll (vgl. Kruse et al. 2011: 70).

Diese Bedrohungsszenarien und Berichte von Angriffen auf die Grundfeste des *Russkij mir* dienen dazu, das Eingreifen Russlands auf der Krim und später in der Ostukraine zu legitimieren. Wie in den Talkshows immer wieder wiederholt wird, werde Russland nicht tatenlos zusehen, sondern intervenieren, wenn die russischsprachige Welt bzw. die Russ*innen in der Ukraine bedroht werden.

Beispielhaft dafür sind folgende Äußerungen des Pressesprechers des russischen Präsidenten, Dmitrij Peskov:

> **Дмитрий Песков:** Сможет ли Россия остаться безучастной к ситуации, когда над русскими где-то в мире, а тем более в соседней Украине нависает смертельная опасность? Ответ простой: [...] *Нет, не может Россия оставаться безучастной, и она не останется безучастной, потому что Россия — это страна, на которой зиждется Русский мир и президентом страны является Путин* и именно *Путин является, наверное, главным гарантом безопасности Русского мира.*
> (*Voskresnyj večer s Vladimirom Solov'ëvym*, 07.03.2014, 00:12:13–00:00:12:55)

> **Dmitrij Peskov:** Kann Russland gleichgültig bleiben gegenüber einer Situation, in der Russen irgendwo auf der Welt, und umso mehr in der benachbarten Ukraine in tödlicher Gefahr sind? Die Antwort ist einfach: [...] Nein, Russland kann nicht untätig bleiben, und es wird nicht untätig bleiben, weil Russland das Land ist, auf dem die russische Welt basiert und der Präsident des Landes ist Putin und Putin ist wahrscheinlich der wichtigste Garant für die Sicherheit der russischen Welt.

Somit wird das Publikum in den Talkshowsendungen rund um das Krim-Referendum auf eine Intervention Russlands vorbereitet, und es wird gar nicht versucht zu verbergen, dass Russland agieren werde (*ona ne ostanetsja bezučastnoj*). Die Zuseher*innen werden in den Shows auf einen (bevorstehenden) Krieg eingeschworen, indem immer wieder betont wird, dass das Referendum erst der „Anfang eines langen Weges" (*načalo dlinnogo puti*) sei (vgl. *Voskresnyj večer s Vladimirom Solov'ëvym*, 18.03.2014, 00:14:14–00:15:13) und „das Schwierigste noch bevorstehe" (*vsë samoe složnoe vperedi*) (vgl. *Politika*, 12.03.2014, 00:35:23–00:36:02), da – wie in den Sendungen vorausgesagt wird – die Lage in anderen ukrainischen Städten nicht ruhig bleiben werde.[245]

Neben diesen hier angeführten Bedrohungsszenarien und Angriffen auf die Grundfeste von *Russkij mir* wird in den Talkshowsendungen auch *physische Bedrohung mittels räumlicher Näherung* – der Bewegung der Sie-Gruppe, des Feindes, in das deiktische Zentrum der Wir-Gruppe – erzeugt (vgl. Cap 2013: 74). Wie beispielsweise in dem Polit-Talk am 07.03.2014 prophezeit wird, nähere sich der

---

[245] Metaphorisch wird die Südostukraine deshalb als „Pulverfass" (*porochovaja bočka*) bezeichnet, um zu implizieren, dass die Situation dort jederzeit explodieren könne und somit ein Kampf oder sogar Krieg unmittelbar bevorstehe (vgl. *Politika*, 12.03.2014, 00:26:52–00:27:10). Beispielhaft für die zukünftige Entwicklung der Situation und die Teilnahme Russlands sind außerdem die Äußerungen des Anführers der neo-eurasischen Bewegung, Aleksandr Dugin, der den „bewaffneten Konflikt gegen den Terror" (*vooružënnoe soprotivlenie protiv terrora*) im Südosten der Ukraine bereits in der Sendung am 12. März 2014 prophezeit und unterstreicht, dass Russland der Südostukraine helfen müsse (*my im dolžny pomogat'*) (*Politika*, 12.03.2014, 00:24:59–00:25:47).

Krim von allen Seiten unbemerkt Gefahr, welche die Menschen „mit ihrer Haut spüren" würden (*Oni kožej čuvstvujut tu opasnost', kotoraja podobralas' so vsech storon k Krymu.*) (*Voskresnyj večer s Vladimirom Solov'ëvym*, 07.03.2014, 00:53:01– 00:54:09). Mithilfe dieser räumlichen Näherung – realisiert mithilfe des Verbs *podobrat'sja* und der Lokalergänzung *so vsech storon* – sowie der Verstärkung dieser Näherung durch die Beschreibung der physischen Auswirkung, des körperlichen Erfühlens der Gefahr (*kožej čuvstvujut opasnost'*), wird ein Angriff auf die Krim als unmittelbar bevorstehend konstruiert, falls keine Maßnahmen – nämlich die Abstimmung für Russland beim Referendum – unternommen würden. Durch diese Strategie der räumlichen Näherung wird ein Bedrohungsszenario geschaffen, das in diesem Fall dazu dient, das Publikum zur Unterstützung des Referendums zu bewegen.

Nach der Präsentation der Bedrohungsszenarien, die Russland in erster Linie als Rechtfertigung für die Einmischung in der Ukraine dienen, stehen in den nächsten beiden Abschnitten (III.10.1.4.3 und III.10.1.4.4) die sprachlich-rhetorischen Mittel im Fokus der Analyse.

10.1.4.3 Sprachlich-rhetorische Mittel zur Suggestion von Zusammengehörigkeit

In Bezug auf die sprachlich-rhetorischen Mittel, mithilfe derer in den Talkshowsendungen die Zusammengehörigkeit der Krim und Russlands suggeriert wird, ist insbesondere die Analyse von Metaphern interessant, da sie zeigen, „welche Einstellungen, welche Grundannahmen [...] die Wahrnehmung und Kommunikation einer Sache bestimmen" und „welche Konzeptualisierungen (und Konsequenzen) als selbstverständlich wahrgenommen werden" (Kruse et al. 2011: 76). Darüber hinaus ist die Metaphernanalyse ein wichtiges Instrument der Diskursanalyse, da sie verdeutlicht, wie verschiedene Diskurse miteinander in Verbindung stehen bzw. vernetzt sind (vgl. Kruse et al. 2011: 76). Im Verlauf der bisherigen Analyse wurden bereits einige Metaphern angeführt (siehe Abschnitte III.10.1.4.1 und III.10.1.4.2), die in den analysierten Sendungen benutzt wurden. An dieser Stelle sei noch einmal darauf hingewiesen, dass Metaphern u. a. die Eigenschaft haben, etwas Abstraktes und schwer Begreifliches anhand von etwas weniger Abstraktem und Bekanntem verständlich zu machen (vgl. Kruse et al. 2011: 88). Dieses Charakteristikum wird vor allem in Hinblick auf die Zusammengehörigkeit von zwei staatlichen Gebilden wie der Krim und der Russischen Föderation deutlich, da Metaphern dabei helfen, deren Verbindung zu suggerieren. Die Schaffung einer metaphorischen Verknüpfung ist aus russischer Sicht auch insofern wichtig, da die Krim auf der Landkarte keine Landverbindung zu Russland hat und als Halbinsel direkt an das ukrainische Festland anschließt.²⁴⁶ Aus den hier angeführten Gründen stehen in dieser sprachlich-rhetorischen Analyse die Metaphern im Zentrum der Untersuchung.

Eine häufig anzutreffende Metapher, die zur Suggestion der Verbundenheit der Krim und Russlands benutzt wird, ist die *Geburtsmetapher*. So erklärt beispielsweise die Geschichtelehrerin aus Sewastopol, Tat'jana Ščerbakova, dass Sewastopol als südlicher Vorposten des Russischen Imperiums „geboren" worden sei (*Sevastopol' byl roždën, kak južnyj forpost Rossijskoj Imperii*) (*Prjamoj éfir*, 03.03.2014, 00:04:39–00:04:56). Dadurch wird Russland die Rolle der Gebärenden, der Mutter, und Sewastopol die Rolle des Kindes zugeschrieben und die direkte Verwandtschaftsbeziehung zwischen der Hafenstadt und Russland deutlich gemacht.

Die Geburtsmetapher wird jedoch nicht nur gebraucht, um eine bereits länger bestehende verwandtschaftliche Verbindung von Russland und der Halbinsel zu verdeutlichen, sondern auch, um die Krim nach dem Referendum als „neugeborene Republik" darzustellen:

> **Владимир Жириновский:** *Родилось новое государство* [...] *Республика Крым без единого выстрела.*
> (*Voskresnyj večer s Vladimirom Solov'ëvym*, 18.03.2014, 00:05:43–00:05:50)

> **Vladimir Žirinovskij:** Ein neuer Staat wurde geboren [...] die Republik Krim ohne einen einzigen Schuss.

Auch Russland wird in Zusammenhang mit dem Krim-Referendum als neugeboren bzw. „wiedergeboren" präsentiert (siehe Abschnitt III.10.1.4.5).

Im semantischen Feld der Geburtsmetapher ist auch *imeninniki* angesiedelt, das wortwörtlich jemanden bezeichnet, der Namenstag hat, aber im übertragenen Sinn auch als „Held des Tages" sowie „Geburtstagskind" wiedergegeben werden kann (Belentschikow 2004: 375). Mit diesem Terminus betitelt der Moderator des Polit-Talks VOSKRESNYJ VEČER S VLADIMIROM SOLOV'ËVYM die beiden Krim-Politiker, Sergej Aksënov und Vladimir Konstantinov (*Voskresnyj večer s Vladimirom Solov'ëvym*, 18.03.2014, 00:11:45–00:12:20). Diese Darstellung der wichtigsten politischen Akteure beim Krim-Referendum als Geburtstagskinder korreliert mit der festlichen Bedeutung, die der Angliederung der Krim in den Talkshows zugeschrieben wird (siehe Abschnitt III.10.1.4.5.1).

---

246 Es ist daher kein Zufall, dass nach der Angliederung der Krim an Russland sofort mit dem Bau der Krim-Brücke (auch: Brücke von Kertsch), die das russische Festland mit der Krim verbindet, begonnen wurde. Diese Brücke bildet nun – neben der praktischen, verkehrstechnischen Notwendigkeit – eine sichtbare physische Verbindung zwischen der Krim und Russland.

In enger Verbindung mit der Geburtsmetapher steht die *Verwandtschafts- bzw. Familienmetaphorik*, die zur Beschreibung des Verhältnisses zwischen Russland und der Krim, aber auch zwischen Russland und der Ukraine allgemein verwendet wird. Laut Brunner (2016: 36) zählt die Familienmetapher „zu den meist verbreiteten Metaphern der politischen Rede", da die Familie als „Sinnbild für die Nation" Zusammenhalt, Vertrauen, Liebe und Gemeinschaft symbolisiere. Die Verwandtschaftsmetapher zwischen der Ukraine und Russland wird als „Blutsverwandtschaft" (*oni s nami odnoj krovi*), das heißt als direkte genetische Verwandtschaft aufgrund gemeinsamer Vorfahren bzw. einer gemeinsamen Abstammung, präsentiert. Diese gemeinsamen Wurzeln werden zum einen in der Sowjetunion verortet (*žili v Sovetskom sojuze*) und zum anderen bei der mittelalterlichen *Rus'* mit Kiew als „Mutter der russischen Städte" (*Kiev – mat' gorodov russkich*)[247] (*Special'nyj korrespondent*, 19.03.2014, 00:35:18–00:35:59).

Besonders häufig kommt in den untersuchten Talkshows die Darstellung der Ukraine und Russlands als „Brüder" (*brat'ja*) vor: So spricht beispielsweise der Moderator von PRJAMOJ ÈFIR, Boris Korčevnikov, von „unserem Bruderland" (*naša bratskaja strana*) (*Prjamoj èfir*, 03.03.2014, 00:05:10–00:05:17) oder Vladimir Solov'ëv vom „ukrainischen Brudervolk" (*bratskij ukrainskij narod*) (*Voskresnyj večer s Vladimirom Solov'ëvym*, 07.03.2014, 00:00:16–00:01:19) sowie vom „großen Brudervolk" (*velikij bratskij narod*) (*Voskresnyj večer s Vladimirom Solov'ëvym*, 07.03.2014, 00:43:53–00:44:42). Mithilfe dieser Brudermetapher wird die enge Verbundenheit zwischen den beiden Ländern ausgedrückt und somit eine Einmischung Russlands legitimiert, da ein Bruder nicht im Stich gelassen werden könne. Dass jedoch Russland der dominantere von den beiden Brüdern ist und eine schützende Funktion in Bezug auf die Ukraine erfüllt bzw. erfüllt hat, wird in den Äußerungen des Regisseurs Jurij Kara deutlich. Wie der Regisseur erklärt, sei die Ukraine „die mächtigste" aller Sowjetrepubliken gewesen, als sie ihr Bruder Russland „unter seine Fittiche" (*kogda ona byla pod krylom svoego brata Rossii*) genommen hatte (*Voskresnyj večer s Vladimirom Solov'ëvym*, 18.03.2014, 01:32:15–01:32:39). Wortwörtlich übersetzt lautet dieser Phraseologismus „als sie [die Ukraine] unter dem Flügel ihres Bruders Russland war", und damit spielt Kara auf die schützende, abschirmende Funktion Russlands an und

---

[247] Die Bezeichnung von Kiew als „Mutter der russischen Städte" entstammt der Gründungslegende Kiews im Jahr 882 in der Nestorchronik. Dieser Namenszusatz wurde auch von Vladimir Putin in seiner Rede am 18. März 2014 verwendet: „Kiew ist die Mutter der russischen Städte. Die alte Rus' ist unser gemeinsamer Ursprung – wir gehören nun einmal zusammen" (Radetzkaja und Weichsel 2014: 96). (*Kiev – mat' gorodov russkich. Drevnjaja Rus' – èto naš obščij istok, my vsë ravno ne smožem drug bez druga*).

evoziert damit das Bild des Wappentiers Russlands, des Doppeladlers, der seine Flügel schützend über der Ukraine ausbreitet.

Zudem wird die Brudermetapher in den Talkshows ausgeweitet, indem sie der sowjetnostalgischen bzw. neoimperialen Auffassung, dass Ukrainer, Russen und Belorussen Brüder bzw. ein Volk seien (*my odin narod*), als Stütze dient (vgl. z. B. *Prjamoj éfir*, 03.03.2014, 00:06:19–00:06:55).[248] In diesem Zusammenhang werden Russland und die Ukraine von manchen Talkshowgästen auch als „eine große Familie" (*odna bol'šaja sem'ja*) konzipiert, deren Heimat Russland bzw. die Russische Föderation als „rechtmäßiger Nachfolger" (*pravopreemnica*) der Sowjetunion sei (*Special'nyj korrespondent*, 19.03.2014, 00:22:51–00:22:58) (vgl. dazu auch Suslov 2014; Bremer 2015; Gajos 2017).

Die Ukraine wird in den untersuchten Talkshowsendungen als Bruder dargestellt; in Bezug auf die Krim ist jedoch eine andere Verwandtschaftsmetapher in Gebrauch: Während Russland, wie bereits erwähnt, mithilfe der Geburtsmetapher von Sewastopol als Mutter präsentiert wird, gilt die Ukraine als „Stiefmutter" (*mačecha*) der Krim. So wird der Ukraine vorgeworfen, dass sie sich ungerecht gegenüber ‚ihren Kindern' – der Krim und später auch der Ostukraine – verhalten habe:

> **Олег Царев**: И надо было создать нормальные условия для того, чтобы не получилось так, что одни, что часть населения не чувствовала себя в этом государстве родными. *Украина должна была быть/ не должна была быть одним – матерью, а другим – мачехой. И вот те, которые почувствовали, что это мачеха, и 20 лет это мы чувствовали, они ушли.*
> (*Voskresnyj večer s Vladimirom Solov'ëvym*, 18.03.2014, 00:23:50–00:24:13)
>
> **Oleg Carëv**: Und es mussten normale Bedingungen dafür geschaffen werden, damit es nicht passiert, dass sich ein Teil der Bevölkerung in diesem Staat nicht heimisch fühlt. Die Ukraine sollte/ sie sollte nicht für die einen eine Mutter und für die anderen eine Stiefmutter sein. Und diejenigen, die sie als Stiefmutter empfunden haben, und das haben wir 20 Jahre lang empfunden, sind fortgegangen.

Die Ukraine, so Oleg Carëv, habe es nicht geschafft, alle ‚Kinder' gleich zu behandeln: Für die einen sei die Ukraine eine „Mutter" (*mat'*) und für die anderen

---

248 Auch Putin hat in seiner Rede am 18. März 2014 unterstrichen, dass die Ukraine und Russland „nicht einfach nur Nachbarn, sondern faktisch […] ein Volk" seien (*[V]ed' my ne prosto blizkie sosedi, my faktičeski […] odin narod.*) (Radetzkaja und Weichsel 2014: 96). Diese Behauptung wird ebenso in den Talkshowsendungen im Fallbeispiel 2 aufgestellt (siehe Abschnitt III.10.2.5.2). Kuße (2020: 64) sieht in dieser Rhetorik eine Verbindung zur „Tradition der stalinistischen Ideologie der einen sowjetischen Identität".

eine „Stiefmutter" (*mačecha*) gewesen.²⁴⁹ Diejenigen Regionen bzw. Gebiete, die sich in der Ukraine „nicht zuhause", „nicht heimisch", „nicht als Verwandte" (*ne čuvstvovali sebja rodnymi*) gefühlt hätten, seien von ihr fortgegangen. Durch diese negative Rollenzuschreibung der Ukraine als Stiefmutter, die auch Weiß (2017: 481) konstatiert hat,²⁵⁰ wird das aus Märchen bekannte Bild der bösen Stiefmutter, die lediglich ihre eigenen Kinder liebt, geweckt. Eine logische Konsequenz dieses Bildes der Ukraine als Stiefmutter, die ihre eigenen Kinder besser behandelt als ihre Stiefkinder, ist diejenige, dass die Kinder vor der Stiefmutter zu ihrer leiblichen Mutter (*mama*), nämlich Russland, flüchten. Das wird beispielsweise im Appell einer Einwohnerin von Sewastopol deutlich, in welchem sie die Mutter bittet, ihre Kinder nach Hause zu holen:

Валентина Славченко: И Украине мы подарком достались, но для них наш край чужой! Даже братьями нас называли, а держали нож за спиной. Мы не будем жить в дружбе с фашизмом! Проливают они нашу кровь! *Эх, мама, Родина – мама, забери своих деток домой!* (*Special'nyj korrespondent*, 19.03.2014, 00:21:52–00:22:44)

Valentina Slavčenko: Und der Ukraine wurden wir als Geschenk übergeben, aber für sie ist unsere Region fremd! Brüder haben sie uns sogar genannt, aber ein Messer hinter dem Rücken gehalten. Wir werden nicht in Freundschaft mit dem Faschismus leben! Sie vergießen unser Blut! Ach, Mama, Heimat – Mama, hole deine Kinderlein nach Hause!

Die Konzeptualisierung von Russland als Mutter zählt zu den konventionalisierten Metaphern. Sie ist ein häufiges Mittel politischer Argumentation und ein Beispiel für sprachliche Manipulation, da sie präsupponiert wird (vgl. Baranov 2014: 349).

Auch die zuvor erwähnte Blutsverwandtschaft zwischen der Ukraine und Russland wird in Bezug auf die Krim benutzt: So spricht Aleksandr Zaldostanov von einer „historischen, ja sogar genetischen Erinnerung" (*istoričeskaja pamjat', genetičeskaja daže*), welche die Krimbewohner*innen an die russische Kultur hätten, und impliziert damit, dass ‚das Russische' in ihren Genen stecke. Dadurch festigt Zaldostanov die metaphorisch konstruierte verwandtschaftliche

---

249 Interessanterweise verwendet Carëv fast denselben Wortlaut auch in POEDINOK am 27.02.2014 (vgl. Brunner 2016: 42), was ein Indiz dafür ist, dass die Wiederholung in den Talkshows eine große Rolle spielt.
250 Neben der Stiefmutter hat Weiss (2018: 339) in seinen Untersuchungen noch zwölf weitere Rollenzuschreibungen für die Ukraine entdeckt, wie zum Beispiel die Bezeichnung der Ukraine als jüngere oder ältere Schwester, Tochter oder Totgeburt. Bemerkenswert ist, dass die Metaphern vor allem weibliche Wesen benennen und männliche Erwachsene fehlen, was einerseits mit dem grammatischen Geschlecht von *Ukraina/Rossija/Rus'* und andererseits mit dem Stereotyp der *matuška Rus'*, die weiblich ist, zusammenhängen könnte (vgl. Weiss 2020a: 128).

Zugehörigkeit der Krim zu Russland (*Special'nyj korrespondent*, 19.03.2014, 00:29:20–00:30:15).

In Verbindung mit der Familien- und Verwandtschaftsmetapher steht die *Heimat-* bzw. *Hausmetapher*, mithilfe derer die Angliederung der Krim an Russland als „Rückkehr nach Hause" (*vosvraščenie domoj*) oder als „Rückkehr in den Bestand ihres gebürtigen Staates" (*vosvraščenie v sostav svoego rodnogo gosudarstva*) charakterisiert wird. Mit dieser „Rückkehr nach Hause" wird einerseits impliziert, dass die Krim immer schon zu Russland und nicht zur Ukraine gehört habe, denn Russland sei dieses „Haus" bzw. der „Heimatstaat". Das Haus verkörpert „die wichtigste Komponente der kulturellen Tradition der russischen Gesellschaft" (Baranov 2014: 303, Übers. d. Verf.) und die Metapher von Russland als „Haus" für diejenigen Menschen, die in Sicherheit leben wollen, kommt beispielsweise in folgendem Wortlaut des Duma-Abgeordneten Sergej Železnjak vor:

> **Сергей Железняк**: *Мы просто опять стали желанны как дом для тех людей, для тех народов, ((аплодисменты)) которые хотят жить в безопасности, которые связывают свое будущее именно с Россией. И это начало, действительно, очень серьезного совершенно нового этапа.*
> (*Voskresnyj večer s Vladimirom Solov'ëvym*, 18.03.2014, 00:04:07–00:04:27)

> **Sergej Železnjak**: Wir sind einfach wieder begehrenswert geworden als Haus für jene Menschen, für jene Völker ((Applaus)), die in Sicherheit leben wollen, die ihre Zukunft genau mit Russland verbinden. Und das ist tatsächlich der Anfang einer sehr ernsten, vollkommen neuen Etappe.

In diesem Beispiel ist auch deutlich die Konstruktion von Russland als Wir-Gruppe (*my stali želanny kak dom*) erkennbar, mit der in den Talkshowsendungen gearbeitet wird. Das „Wir" – Russland sowie alle, die zu Russland gehören wollen – wird allen anderen – der Ukraine und dem Westen (*oni*) – gegenübergestellt. In diesem Beispiel wird die eigene Seite, nämlich Russland, positiv und die andere negativ dargestellt. Diese polarisierende Darstellung und die damit verbundene Ein- bzw. Ausgrenzung ist eine häufig zu beobachtende Strategie im russischen Ukrainediskurs (siehe Abschnitt III.9.3.2).

Mithilfe der Metapher der Rückkehr nach Hause wird andererseits die Freiwilligkeit des Beitritts unterstrichen, wie beispielsweise Vladimir Solov'ëv konkretisiert:

> **Владимир Соловьев**: *Мы не захватывали Крым. Мы не присоединяли Крым. Крым вернулся домой!*
> (*Voskresnyj večer s Vladimirom Solov'ëvym*, 18.03.2014, 00:39:15–00:39:22)

> **Vladimir Solov'ëv**: Wir haben die Krim nicht annektiert. Wir haben die Krim nicht angegliedert. Die Krim ist nach Hause zurückgekehrt!

Das Wort „Rückkehr" signalisiert jedoch auch eine Bewegung zurück und somit einen ersten Schritt in Richtung Wiederherstellung von Russlands alter Größe, wobei das „historische Russland" sowohl mit dem imperialen Russland (*Velikaja Rossija*)[251] als auch mit der Sowjetunion gleichgesetzt wird (vgl. Suslov 2014: 593). Dadurch werden bei vielen Menschen Kindheitserinnerungen an die sowjetische Krim wachgerufen, die sowohl in der Sowjetzeit selbst als auch in der Gegenwart durch Artefakte und Sowjetfilme verstärkt wurden (vgl. Suslov 2014: 594).[252]

Dass die Krim freiwillig bzw. von selbst „nach Hause" (*domoj*) zurückzukehren wollte, wird darüber hinaus ebenso als „Wunsch" (*želanie*) wie als „Erfüllung eines Traumes" dargestellt (*oščuščenie sbyvšejsja mečty*). Michail Solov'ëv spricht als gebürtiger Sewastopoler im Promi-Talk nicht nur von einem „Traum" der Rückkehr nach Russland, sondern oxymoronisch vom „bewussten Unbewussten" (*soznatel'noe nesoznatel'noe*), mit dem die Menschen auf der Krim die ganze Zeit gelebt hätten (*Naedine so vsemi*, 02.04.2014, 00:06:48–00:07:19). Mithilfe dieser Kombination zweier entgegengesetzter Termini pointiert Solov'ëv diesen Traum bzw. Wunsch nach Russland zurückzukehren.

Neben der ‚formalen' Rückkehr der Krim zu Russland spricht beispielsweise Vitalina Dzoz wortwörtlich auch von einem „geistigen Eintritt/Gang zu sich nach Hause" (*duchovoe* [sic!] *vchoždenie k sebe domoj*) (*Politika*, 12.03.2014, 00:23:25–00:23:32) und greift damit das Argument des „russischen Geistes", der auf der Krim herrsche und zu dem sie nun zurückkehre, auf (vgl. Abschnitt III.10.1.4.1).

Die Zugehörigkeit der Krim zu Russland wird ebenso mithilfe der *Schmerzmetapher* realisiert. Schmerzen sind etwas Unerwünschtes und bringen das Subjekt, das Schmerz empfindet, in einen miserablen Zustand, der bekämpft bzw. gelindert werden muss. Neben den echten Schmerzen haben Kranke auch manchmal Phantomschmerzen, die dann auftreten, wenn Schmerzen in einem Körperteil, der amputiert wurde, empfunden werden. Im Promi-Talk POZNER fragt der Moderator, Vladimir Pozner, seinen Gast nach diesen Phantomschmerzen Russlands in Bezug auf das Imperium und ihrer Rolle bei der emotionalen Beziehung zu den

---

[251] Vgl. hierzu die Wortmeldung von Rustam Temirgaliev, der die Krim als „Symbol für eine Rückwärtsbewegung" (*simvol dviženija obratno*) zu jenen Gebieten sieht, auf denen sich das „Große Russland" (*Velikaja Rossija*) befand (*Voskresnyj večer s Vladimirom Solov'ëvym*, 18.03.2014, 01:04:54–01:05:01).
[252] Die Wiederbelebung der Sowjetnostalgie findet sich auch in den Talkshows nach der Angliederung der Krim, wie beispielsweise in der Sendung SEGODNJA VEČEROM am 29.03.2014. In dieser Sendung mit dem Titel *Krym v sovetskom kino* wurde am Samstagabend im Hauptabendprogramm über sowjetische Filme, die auf der Krim spielen bzw. gedreht wurden, diskutiert.

Geschehnissen in der Ukraine (*Pozner*, 04.03.2014, 00:18:40–00:18:55). Der Gast, Aleksandr Žukov, antwortet darauf, dass die Ereignisse von 1991 „ziemlich schmerzhaft" (*krajne boleznenno*) gewesen und dass dies keine „Phantomschmerzen", sondern „sehr echte Schmerzen" (*ėto ne fantomnye, ėto samye nastojaščie boli*) seien. Dadurch drückt Žukov aus, dass Russland der Zerfall der Sowjetunion und damit der Verlust der sowjetischen Republiken, darunter der Ukraine mit der Krim, immer noch schmerze (*ėto prodolžaet bolet'*) (*Pozner*, 04.03.2014, 00:19:15–00:20:02)[253]. Während Žukov allgemein von den Verlustschmerzen Russlands in Hinblick auf dessen frühere territoriale Größe berichtet, erklärt in einer anderen Sendung Vladimir Pligin, dass sich der Schmerz „auf die Krim konzentriere" und dass es sich um „unseren gemeinsamen Schmerz für das ganze ukrainische Volk" (*ėto naša obščaja bol' za ves' ukrainskij narod*) handle bzw. um den Schmerz, dass sich die „faschistische Seuche" (*fašistskaja zaraza*) auf alle Menschen ausbreite (*Voskresnyj večer s Vladimirom Solov'ëvym*, 07.03.2014, 00:52:14–00:52:58). Pligin verwendet hier zwei Metaphern: zum einen die Schmerzmetapher als Schmerz des Verlustes, den Russland gegenüber der Krim und der Ukraine empfinde, und zum anderen die Krankheitsmetapher, indem er von einer „faschistischen Seuche" spricht, die sich in der Ukraine ausbreite. Durch die Verwendung dieser Krankheitsmetapher impliziert er einerseits Gefahr und schürt die Angst, dass sich weitere Menschen mit dieser Krankheit anstecken könnten, und andererseits, dass diese Krankheit bekämpft bzw. geheilt werden müsse (siehe dazu auch Abschnitt III.10.1.4.2).

Dass insbesondere der Verlust der Krim von Russland metaphorisch als Schmerz empfunden wird, zeigt auch die Reaktion von Vladimir Žirinovskij in der Talkshow nach der Entscheidung des Obersten Rats der Krim über deren Beitritt zu Russland:

> **Владимир Жириновский:** Вчера для меня был самый радостный день моей жизни. Я еще не родился в 45-ом, а вот этот день, когда мы знаем, что вот там в Крыму парламент принимает решение войти в состав России, это был праздник. Я вас уверяю: *Вчера кто услышал, мы отодвинули 1000 инфарктов и инсультов. Люди болеют, но это лучшее лекарство было.* У всей страны, и у нас, и на Украине, настроение резко улучшилось. (*Voskresnyj večer s Vladimirom Solov'ëvym*, 07.03.2014, 00:28:18–00:28:46)

> **Vladimir Žirinovskij:** Gestern war für mich der freudigste Tag meines Lebens. Im 45er [Jahr] war ich noch nicht geboren, aber dieser Tag, an dem wir wissen, dass dort auf der Krim das Parlament die Entscheidung trifft, ein Teil Russlands zu werden, das war ein

---

[253] Bereits 2005 hatte Russlands Präsident, Vladimir Putin, in seiner Rede zur Lage der Nation den Zusammenbruch der Sowjetunion als „größte geopolitische Katastrophe des 21. Jahrhunderts" (*krupnejšaja geopolitičeskaja katastrofa veka*) bezeichnet.

10.1 Fallbeispiel 1: Beitritt der Krim zur Russischen Föderation (März/April 2014) — 243

> Fest. Ich versichere Ihnen: Wer das gestern gehört hat, dadurch haben wir 1000 Herzinfarkte und Schlaganfälle verhindert. Die Menschen sind krank, aber das war die beste Medizin. Im ganzen Land, bei uns und in der Ukraine, hat sich die Stimmung drastisch verbessert.

Dieser Ausschnitt demonstriert, wie Metaphern in unterschiedlichen Talkshowsendungen weiterentwickelt werden. Hier wird die Schmerzmetapher zu Ende geführt, da die Schmerzen des Verlusts durch die Entscheidung über die Angliederung der Krim an Russland nun geheilt seien. Der Beitritt zu Russland wird vom russischen Politiker als Heilung, nämlich als „beste Medizin" (*lučšee lekarstvo*) präsentiert, mit deren Hilfe sie „1000 Herzinfarkte und Schlaganfälle verhindert" hätten (*my otodvinuli 1000 infarktov i insul'tov*).

Eine weitere Metapher, die in den analysierten Talkshowsendungen gefunden wurde und die Zusammengehörigkeit der Krim und Russlands untermauern soll, stammt aus dem Bereich der Physik. Mithilfe der *Magnetmetapher* wird die Anziehungskraft hervorgehoben, die Russland auf andere Regionen und kleinere Länder hat. Letztere würden in Richtung Russland „gravitieren" (*tjagotejut*), da sie Russland als „Beschützerin" (*zaščitnica*) ansehen (*Prjamoj ėfir*, 03.03.2014, 00:27:03–00:27:29). Besonders anschaulich kommt die Magnetmetapher beim Pressesprecher des russischen Präsidenten, Dmitrij Peskov, zum Ausdruck:

> **Дмитрий Песков:** *Земли могут собираться по принципу магнита.* Как только какое-то государство становится достаточно мощным, достаточно стабильным, как только оно начинает иметь перспективу развития, которая очевидна для всех окружающих, то естественно, *все вокруг начинают тяготеть к этому государству, тем более к этому государству тяготеют наши соотечественники.*
> (*Voskresnyj večer s Vladimirom Solov'ëvym*, 07.03.2014, 00:14:19–00:14:48)
>
> **Dmitrij Peskov:** Die Länder können nach dem Magnet-Prinzip gesammelt werden. Sobald irgendein Staat stark genug und stabil genug ist, sobald er beginnt ein Entwicklungspotenzial zu haben, das für alle Umliegenden offensichtlich ist, dann beginnen natürlich alle rundherum zu diesem Staat zu gravitieren, insbesondere unsere Landsleute.

In diesem Ausschnitt erklärt Peskov die Magnetwirkung Russlands auf andere, umliegende Länder. Heute handle es sich nicht mehr um eine „Sammlung von Erde bzw. Ländern" (*sobiranie zemel'*), wie das in früheren Jahrhunderten der Fall gewesen sei, sondern die angrenzenden Gebiete würden „naturgemäß" (*estestvenno*) von selbst zum starken und stabilen Staat streben. Wie der Pressesprecher weiter ausführt, geschehe diese Sammlung von Gebieten nicht auf Initiative des Kremls, sondern es sei ein „natürlicher Prozess" (*estestvennyj process*), dass die sogenannten *sootečestvenniki* zu ihrer historischen Heimat, zum Zentrum, wo ihnen Sicherheit und eine „blühende Zukunft" (*procvetajuščee buduščee*) garantiert werde, zurückwollen. Mit dieser doppelten Hervorhebung der Natürlichkeit, der „Naturalisierung" der Metapher (Barthes 2010: 279), verwehrt sich Peskov jeglicher Vorwürfe, dass sich Russland in der Ukraine einmische, da die Gebiete von selbst und freiwillig in Richtung Russland streben würden. Barthes (2010: 296–297) spricht in diesem Zusammenhang auch von einer Entpolitisierung des Gesagten, die dadurch entsteht, dass Dinge ohne Erklärung einfach festgestellt und folglich als „natürlich und *selbstverständlich*" empfunden werden.

In den Talkshowsendungen wird jedoch nicht nur die Zugehörigkeit der Krim zu Russland metaphorisch beschrieben, sondern Metaphern dienen ebenso dazu, die Gefühle der Euphorie zu beschreiben, die beim Beitritt der Krim zu Russland bei den Gästen und den Krimbewohner*innen entstanden sind.

10.1.4.4 Sprachlich-rhetorische Mittel zur Darstellung des Beitritts der Krim zu Russland

Ein wichtiges Organ, das häufig dazu benutzt wird, um starke emotionale Gefühle metaphorisch auszudrücken, ist das Herz. Die *Herzmetapher* wird beispielsweise zur Erzeugung einer emotionalen Verbundenheit der Russ*innen mit der Krim verwendet. So erklärt Boris Korčevnikov, dass die Geschichte der Krim und von Sewastopol „in den Herzen" (*ona ostaëtsja čisto v serdcach*) bleibe (*Prjamoj efir*, 03.03.2014, 00:00:57–00:02:31), und fährt später fort, dass sich das „russische Herz" (*russkoe serdce*) beim Anblick dessen melde, was auf der Krim geschehe (*Prjamoj efir*, 03.03.2014, 00:21:25–00:21:34).

Nach dem Referendum verwendet Viktor Baranec ebenso die Herzmetapher, um die Verbundenheit und die Emotionen, die dieses Ereignis hervorgerufen hat, zu versprachlichen. Wie er erläutert, habe sich angesichts der Angliederung der Krim an Russland sein „Herz geregt" (*mne ševel'nulo serdce*), und er deklariert diesen Beitritt zu Russland als „noch einen unserer Siege" (*èto ešče odna naša pobeda*)[254] (*Special'nyj korrespondent*, 19.03.2014, 00:04:06–00:04:36). Mithilfe der Verortung der Geschehnisse im Herzen der Menschen und damit im Zentrum menschlicher Gefühle wird die emotionale Bedeutung der Ereignisse auf der Krim betont und Nähe erzeugt, denn das Herz ist nicht nur eines der wichtigsten Organe des Menschen, sondern dient auch metaphorisch zur Beschreibung menschlicher Emotionen. Besonders bemerkenswert ist, dass sich die Verortung der Krim im Herzen der Menschen mit dem Slogan „Die Krim in meinem Herzen" (*Krym v moëm serdce*) auch auf offiziellen Werbeplakaten für das Krim-Referendum befand und diese Worte gemeinsam mit

---

[254] Zur Bedeutung des Krim-Referendums für Russland siehe Abschnitt III.10.1.4.5.1.

einem Herz in den Farben der russischen Nationalflagge den Hintergrund bei der Festveranstaltung zum Beitritt am 18. März 2014 am Roten Platz bildeten (siehe Abbildung 13).

Abbildung 13: Festveranstaltung zum Beitritt der Krim am Roten Platz in Moskau am 18.03.2014, Aufschrift im Hintergrund; „Die Krim in meinem Herzen" *(Krym v moëm serdce)* (Quelle: ridus.ru/news/156700.html).

Weitere Beispiele für Metaphern sind die Charakterisierung der emotionalen Atmosphäre vor dem Referendum als „Welle" (*volna/kak na volne*) sowie die Gefühle nach dem Referendum als „Flut eines lange vergessenen Gefühls von Stolz" (*priliv davno zabytogo čuvstva gordosti*). Das Referendum selbst wird ebenso metaphorisch beschrieben als „Rettung" (*spasenie*) vor der „bevorstehenden Hölle" (*iz predstojaščego ada*) in den „ruhigen Hafen" (*tichaja gavan'*) Russland (*Voskresnyj večer s Vladimirom Solov'ëvym*, 18.03.2014, 00:10:57– 00:11:29).[255] Besonders bemerkenswert ist bei diesen Metaphern der emotio-

---

[255] In dieser Äußerung wiederholt Vladimir Solov'ëv fast wortwörtlich die Metapher Vladimir Putins, der am 18. März 2014 von der Rückkehr in den „heimatlichen Hafen" (*rodnaja gavan'*) gesprochen hat (vgl. RBK 2014).

nalen Erregtheit die *Akkumulierung meeresbezogener Lexik* (*volna, priliv, gavan'*), die besonders gut zur Halbinsel im Schwarzen Meer passen.[256]

Darüber hinaus werden die Gefühle innerlicher Erregung und Freude auch mithilfe der Metapher des Nicht-Einschlafen-Könnens ausgedrückt (*ne budet spat' Krym/mnogie sem'i ne zasnut*) (*Voskresnyj večer s Vladimirom Solov'ëvym*, 18.03.2014, 00:01:09–00:01:19). Žirinovskij spricht außerdem von einer „Explosion der Emotionen" (*vzryv ėmocij*) sowie von einem „Kloß im Hals" (*komok ėmocij*), den viele Anwesende während der Unterzeichnung der Angliederung der Krim an Russland vor lauter Rührung gehabt hätten (*Voskresnyj večer s Vladimirom Solov'ëvym*, 18.03.2014, 00:01:20–00:01:55).

Erwähnenswert sind in Bezug auf die Darstellung des Beitritts der Krim zu Russland auch die *sprachlichen Vergleiche*, die in den Talkshowsendungen gemacht werden, und welche zum einen die Formalität, das Ritual und die Öffentlichkeit des Beitritts als Akt unterstreichen. So wird die Stimmabgabe des Referendums beispielsweise mit einer standesamtlichen Hochzeit verglichen (*ėto kak vopros v zagse*). Wenn man sich bereits vor dem Altar befinde, sei es fast unmöglich, Nein zu sagen:

> **Александр Спиридонов:** Это как вопрос в загсе: если вы уже у алтаря, это нонсенс если кто-то ответит нет, это такое временное помешательство.
> (*Politika*, 12.03.2014, 00:19:19–00:19:33)

> **Aleksandr Spiridonov:** Das ist wie die Frage beim Standesamt: Wenn Sie schon vor dem Altar stehen, ist es Nonsens, wenn jemand Nein sagt, das ist so ein vorübergehender Irrsinn.

Mithilfe dieser Parallele zwischen dem Referendum und einer Hochzeit wird einerseits die Wichtigkeit des Referendums und dessen Einmaligkeit unterstrichen. Andererseits wird durch diesen Vergleich deutlich gemacht, dass die Ablehnung eines Beitritts quasi unmöglich sei, da man sich bereits „vor dem Altar" (*uže u altarja*) befinde.

Zum anderen wird mithilfe der sprachlichen Vergleiche das Referendum auf eine geistlich-religiöse bzw. sakrale Ebene gehoben. Wie Sergej Kurginjan im Polit-Talk am 19.03.2014 erklärt, seien die Menschen zu den Wahllokalen „wie in die Kirche an einem heiligen Tag" gekommen (*ljudi zachodjat na učastki kak v cerkov' v kakoj-to svjatoj den'*):

---

256 Neben seiner denotativen Bedeutung als ‚Hafen' wird *gavan'* in der orthodoxen Literatur auch als Bezeichnung für die Bibel gebraucht (vgl. Segal 2017: 140).

10.1 Fallbeispiel 1: Beitritt der Krim zur Russischen Föderation (März/April 2014) — 247

> **Сергей Кургинян**: То, что я там видел на участках, *я не видел никогда в жизни*. Понимаете, я много раз был наблюдателем ((аплодисменты)), но *я никогда не видел, чтобы люди, приходящие на участки, крестили бюллетени*. Я даже не мог себе представить, что я это увижу. *Я никогда не видел этой волны, когда люди заходят на участки как в церковь вот в какой-то святой день*. ((аплодисменты))
> (*Special'nyj korrespondent*, 19.03.2014, 00:02:30–00:02:53)

> **Sergej Kurginjan:** Das, was ich dort bei den Wahllokalen gesehen habe, das habe ich noch nie im Leben gesehen. Verstehen Sie, ich war schon oft Beobachter ((Applaus)), aber ich habe noch nie gesehen, dass die Menschen, die zu den Wahllokalen kommen, die Stimmzettel bekreuzigen. Ich konnte mir nicht einmal vorstellen, dass ich das sehen werde. Ich habe noch nie so eine Flut [an Menschen] gesehen, als die Menschen die Wahllokale betraten wie die Kirche an einem heiligen Tag ((Applaus)).

Diesen Kirchenvergleich verdeutlicht Kurginjan, indem er von religiösen Praktiken, nämlich von Menschen, die die Stimmzettel bekreuzigt hätten (*ljudi [...] krestili bjulleteni*), berichtet.[257] Die Unglaublichkeit und Einzigartigkeit dieses Ereignisses untermauert er durch mehrmaliges Wiederholen, dass er etwas Vergleichbares noch nie gesehen habe (*ja ne videl nikogda v žizni*) bzw. sich nicht vorstellen hätte können, dass er je so etwas sehen werde.

Eine sakrale Atmosphäre wird jedoch nicht nur dem Gang ins Wahllokal und der Stimmabgabe beim Referendum zugeschrieben, sondern auch der Unterzeichnung des Dokuments über die Aufnahme der Krim nach Russland, die im Georgssaal im Großen Kremlpalast stattgefunden hat. Hier handelt es sich jedoch nicht mehr um einen Vergleich, sondern bereits um die Gleichsetzung der Vertragsunterzeichnung mit einer Liturgie (*èto byla liturgija*):

> **Александр Проханов**: Эти слезы были не у одного меня. Был такой момент, когда и у Владимира Владимировича засверкала слеза там в Георгиевском зале, потому что все что там происходило, лишь может на одну четверть являлось политическим мероприятием. *Во всем остальном это была литургия. Там царила атмосфера церковного молитвенного воодушевления, и наши чиновники, политики – люди утомленные, люди грузные и обремененные, люди уставшие от слез – они были преображенные, они, у них возникло вот это сияние*.
> (*Voskresnyj večer s Vladimirom Solov'ëvym*, 18.03.2014, 00:51:32–00:52:07)

> **Aleksandr Prochanov:** Diese Tränen hatte nicht nur ich [in den Augen]. Es gab einen Moment, wo auch bei Vladimir Vladimirovič [Putin] Tränen in den Augen aufleuchteten, dort im Georgssaal, denn alles, was dort geschah, war nur zur einem Viertel ein politisches

---

[257] Kurginjan ist jedoch nicht der einzige Gast, der von religiösen Praktiken während des Referendums berichtet, da beispielsweise eine andere Augenzeugin in dieser Sendung behauptet, auch mit Gebeten empfangen worden zu sein (*nas vstrečali i s molitvami*) (*Special'nyj korrespondent*, 19.03.2014, 00:27:23–00:27:51).

> Ereignis. In allem anderen war es eine Liturgie. Dort herrschte eine Atmosphäre der kirchlichen Gebetsbegeisterung, und unsere Beamten, Politiker – die Menschen waren matt, schwer und erschöpft von den Tränen. Sie waren verklärt, sie, bei ihnen ist dieser Glanz entstanden.

In diesem Ausschnitt beschreibt Prochanov die übernatürliche, ja fast göttliche Atmosphäre, die im Georgssaal geherrscht habe. Sprachlich hebt er zunächst das Gefühl der Anwesenden von Erschöpfung und Müdigkeit (*utomlënnye, gruznye, obremenënnye, ustavšie*) aufgrund der vergossenen Tränen hervor. Dieses Gefühl habe sich schließlich in ein Scheinen (*sijanie*), in einen Glanz, verwandelt. Mit dieser körperlichen Veränderung der Anwesenden, die von einer Mattheit in ein Strahlen übergeht, spielt Prochanov auf die „Verklärung des Herrn" bzw. die „Verklärung Christi" (*Preobraženie Gospodne*) an, die er zusätzlich lexikalisch evoziert (*oni byli preobražënnye*) und anhand von Lichtlexik verstärkt (*zasverkala, sijanie*). Durch diese Anspielung auf die „Verklärung Christi" schreibt Prochanov der Vertragsunterzeichnung über den Beitritt der Krim zu Russland einen erleuchtenden Charakter zu und assoziiert das Beiwohnen an dieser Veranstaltung mit einer religiös-spirituellen Erfahrung.

Mithilfe dieser Erhebung des Beitritts der Krim von einem weltlichen zu einem sakralen Akt werden die Gnade Gottes sowie eine göttliche Dimension des Ereignisses angedeutet. Darüber hinaus liefert diese Sakralisierung eine absolute Legitimierung des Vorgehens, weil dadurch jedes Gegenargument entkräftet wird (vgl. Kuße 2019: 165–166).

Wie diese beiden Abschnitte (III.10.1.4.3 und III.10.1.4.4) der sprachlich-rhetorischen Mittel zur Suggestion der Zugehörigkeit der Krim sowie der sprachlichen Darstellung des Beitritts zeigen, sind Metaphern zentral in den Talkshowsendungen, da sie die Zusammengehörigkeit der Krim zu Russland unterstreichen, akzentuieren und eindringlicher machen. Mithilfe von Metaphern wird Russland als lebender Organismus dargestellt, der Schmerz empfinden oder der Krim eine Mutter sein kann. Ebenso wird die Ukraine personifiziert und als Stiefmutter der Krim und Bruder Russlands beschrieben.[258] In Ergänzung zur Metapher des lebendigen Organismus wird Russland als schützendes Haus, ruhiger Hafen oder als Magnet mit hoher Anziehungskraft für umliegende Regionen, wie zum Beispiel für die Krim, präsentiert.

Die Halbinsel Krim wird mithilfe von Metaphern als Kind Russlands oder als Neugeborenes charakterisiert und ihre genetische, geistige und körperliche Verbindung zur Mutter Russland wird immer wieder hervorgehoben. Betont werden außerdem die Freiwilligkeit und Selbstständigkeit der Entscheidung

---

[258] Dass sich diese Metaphern teilweise widersprechen, ist nicht ungewöhnlich, da die metaphorische Argumentation logisch nicht konsistent sein muss (vgl. Weiss 2020a: 132).

der Krim zu Russland zurückzukehren. Zudem wird anhand von Vergleichen das Referendum bzw. der Beitritt der Krim zu Russland auf eine rituelle sowie geistig-religiöse Ebene gehoben und sakralisiert, wodurch die Ereignisse eine absolute Legitimation erhalten.

10.1.4.5 Argumente für den Beitritt der Krim zu Russland

In den beiden nächsten Abschnitten (III.10.1.4.5.1 und III.10.1.4.5.2) wird dargestellt, welche Argumente in den Talkshowsendungen vorgebracht werden, um für einen Beitritt der Krim zu Russland zu ‚werben'. Zum einen handelt es sich dabei um die Einordnung und Charakterisierung dieses Ereignisses für Russland. Zum anderen geht es um den Stellenwert des Beitritts für die Krim und deren Bewohner*innen sowie die Versprechen, die in den russischen Talkshowsendungen gemacht werden und mit denen die *krymčane* motiviert bzw. überzeugt werden sollen, für einen Beitritt der Krim zu Russland zu stimmen.

10.1.4.5.1 Einordnung, Charakterisierung und Bedeutung des Beitritts für Russland

Die Einordnung und Charakterisierung des Beitritts der Krim zu Russland und somit die Bedeutung dieses Ereignisses für Russland stehen in engem Zusammenhang mit den in Abschnitt III.10.1.4.1 angeführten Argumenten und Aussagen zur Darstellung der Krim als Teil Russlands bzw. sind sie deren logische Konsequenz. In den analysierten Talkshows wurden folgende Charakterisierungen des Ereignisses für Russland gefunden: Vereinigung des russischen Volkes, Rückkehr in die große Politik, Wiedergeburt und Erneuerung, Fest und Sieg, metaphysische Bedeutung sowie Revanche und Gerechtigkeit.

– **Vereinigung des russischen Volkes**

Die „Rückkehr" (*vozvraščenie*) der Krim zu Russland wird in den Talkshows als „Vereinigung des russischen Volkes" (*ob"edinenie russkogo naroda*) präsentiert und hängt daher mit dem Argument zusammen, dass die Krim russisch sei, weil sie eine gemeinsame Geschichte und Kultur mit Russland habe und dort der ‚russische Geist' präsent sei. Laut Suslov (2014: 592) handelt es sich bei diesem Narrativ der „Wiedervereinigung" mit der Krim um eine „symbolische Heilung des Traumas von Exil und Zerstückelung des Landes".

Eine vereinende Bedeutung hat auch Vladimir Putin in seiner Rede am 18. März 2014 dem Beitritt der Krim zu Russland zugeschrieben, indem er das russische Volk als das „größte geteilte Volk der Welt" (*russkij narod stal [...] samym bol'šim razdelënnym narodom v mire*) bezeichnet hat (Radetzkaja und Weichsel 2014: 89). Diese Worte des Präsidenten werden noch am selben Abend in einer

Talkshowsendung wiederholt (*russkij narod – samyj bol'šoj v mire razdelënnyj narod*) (vgl. *Voskresnyj večer s Vladimirom Solov'ëvym*, 18.03.2014, 01:43:05–01:43:20).

In den Talkshows wird die Interpretation des Beitritts der Krim zu Russland als Vereinigung der Russ*innen durch die Aussage gestützt, dass die „überwältigende Mehrheit" der Krimbewohner*innen Russ*innen sei (*podavljajuščee bol'šinstvo žitelej Kryma – ėto russkie*) (*Voskresnyj večer s Vladimirom Solov'ëvym*, 07.03.2014, 00:33:25–00:33:29). Beispielhaft für diese Auffassung ist folgende Wortmeldung von Vladimir Žirinovskij:

> **Владимир Жириновский**: Здесь родной народ вернулся к своему государству! *Русские соединились с русскими!*
> (*Voskresnyj večer s Vladimirom Solov'ëvym*, 18.03.2014, 00:06:00–00:06:07)

> **Vladimir Žirinovskij**: Hier ist das gebürtige Volk zu seinem Staat zurückgekehrt! Russen haben sich mit Russen vereinigt!

Mit der Verwendung der Bezeichnung *russkie* spricht Žirinovskij dezidiert nur von den ethnischen Russ*innen, die auf der Krim wohnen und die, wie in den Talkshows behauptet wird, die große Mehrheit der Krimbewohner*innen ausmachen. Tatsächlich stellen die Russ*innen laut einer Volkszählung aus dem Jahr 2001 die größte Gruppe mit rund 59 Prozent der Bevölkerung dar (vgl. Rjabuškin 2009: 20). Circa 25 Prozent sind dieser Umfrage zufolge Ukrainer*innen, 12 Prozent Krimtatar*innen und 1,5 Prozent Beloruss*innen. Alle anderen Bevölkerungsgruppen, darunter Pol*innen, Juden/Jüdinnen, Usbek*innen und Deutsche, machen jeweils unter ein Prozent der Bevölkerung aus. Somit werden in dem Zitat Žirinovskijs circa 40 Prozent der Krimbewohner*innen nicht miteingeschlossen, da sie keine ethnischen Russ*innen sind.

- **Rückkehr in die große Politik**

Neben der Charakterisierung des Beitritts als Vereinigung des russischen Volkes wird ebenso dessen politische Dimension betont. So wird die Angliederung der Krim als Russlands „Rückkehr in die große Politik" (*Rossija vernulas' v bol'šuju politiku čerez Krym*) bewertet (*Voskresnyj večer s Vladimirom Solov'ëvym*, 07.03.2014, 00:42:14–00:43:20). Diese Rückkehr Russlands in die Weltpolitik wird mithilfe einer *Spielemetapher* deutlich gemacht: Russland (*my*) sei nun zu einem „Global Player" (*mirovoj igrok*) geworden, nämlich zur „Hauptfigur" (*glavnaja figura*) im politischen Spiel (*Voskresnyj večer s Vladimirom Solov'ëvym*, 18.03.2014, 00:31:47–00:31:59).

Zudem wird in den Sendungen erklärt, dass die Ereignisse auf der Krim und in der Ukraine die Weltkarte und das globale Kräfteverhältnis verändern würden (*Politika*, 12.03.2014, 00:47:18–00:48:03) und der Beitritt der Krim zu Russland das „Ende der unipolaren Welt" (*konec odnopoljarnomu miru*) markiere, da die USA nicht mehr der ganzen Welt ihren Willen aufzwingen könnten (*SŠA uže ne budut diktovat' vsemu miru svoju volju*) (*Voskresnyj večer s Vladimirom Solov'ëvym*, 18.03.2014, 00:11:30–00:11:40). Mit dem Akt des Beitritts der Krim sagt sich Russland somit dezidiert von den von Amerika diktierten Spielregeln los (*My ne budem vybirat' put', kotoryj vy nam pytaetes' navjazat'!*) (vgl. *Voskresnyj večer s Vladimirom Solov'ëvym*, 18.03.2014, 00:26:39–00:26:57) und bricht das Völkerrecht. Dadurch artikuliert es Eigenständigkeit und beansprucht für sich selbst das Recht auf Selbstbestimmung.

Der politische Aufstieg Russlands und dessen Rückkehr in die Weltpolitik werden sprachlich auch mithilfe eines *Wortspiels* präzisiert: Aleksandr Prochanov verwendet dazu die im Deutschen gut bekannte Redewendung „von Null auf Hundert" (*ot nulja do sta*), die im Russischen jedoch eher unüblich ist. Prochanov substituiert den letzten Teil dieser Redewendung durch ein anderes Element, wodurch „der Anschluss des Phrasems an den Kontext" geleistet wird (Burger 2015: 164) – „von Null zur Angliederung der Krim" (*ot nulja do prisoedinenija Kryma*):

> **Александр Проханов:** *Русское государство* с 91-ого *года проделало путь от нуля до присоединения Крыма.* Это громадный *график взлета!* ((аплодисменты))
> (*Voskresnyj večer s Vladimirom Solov'ëvym*, 18.03.2014, 01:46:34–01:46:47)
>
> **Aleksandr Prochanov:** Der russische Staat ist vom 91er Jahr weg den Weg von Null bis zur Angliederung der Krim gegangen. Das ist eine riesengroße Kurve des Aufstiegs! ((Applaus))

Obwohl dieser Phraseologismus für das Russische untypisch ist, wird dessen Bedeutung, nämlich die Beschleunigung vom Stillstand zur Höchstleistung, trotzdem klar: Die Höchstleistung (Hundert/*sto*) wird in dieser formalen und semantischen Modifikation des Phrasems durch die „Angliederung der Krim" (*prisoedinenie Kryma*) ersetzt, und dadurch macht Prochanov die zentrale Rolle dieses Ereignisses als Klimax für Russlands Aufschwung deutlich. Dieser Aufwärtsentwicklung Russlands verleiht der Studiogast mithilfe einer Hyperbel und zugleich Alliteration (*gromadnyj grafik*) zusätzlich Nachdruck. Außerdem visualisiert der Gast die Graphik des Aufschwungs bzw. Aufstiegs gestisch, indem er mit seinem Finger eine nach oben steigende Kurve in die Luft malt.

Gleichzeitig wird der Aufstieg Russlands anhand der *Körpermetaphorik* verdeutlicht: Russland habe sich „von den Knien erhoben" (*Rossija vstala s kolen*) (*Voskresnyj večer s Vladimirom Solov'ëvym*, 18.03.2014, 00:49:14–00:49:24). Diese Bewegung des Aufstehens vom Boden verbildlicht die Rückkehr zur neuen alten Größe und Stärke Russlands, die es mit dem Zerfall der Sowjetunion verloren hat. Nun jedoch sei Russland, wie der Anführer der neo-eurasischen Bewegung, Aleksandr Dugin, ausführt, als „eigenständiges, souveränes, freies Subjekt, das für sich selbst einstehen kann" zurückgekehrt (*vosvraščenie kak samostojatel'nogo suverennogo svobodnogo sub"ekta, kotoryj možet postoit' za sebja*) und könne seine eigene Meinung und Interessen verteidigen (*možet otstojat' svoi sobstvennye interesy*) (*Politika*, 12.03.2014, 00:07:08–00:07:39).

Neben der neuen Stärke Russlands wird in den Talkshows jedoch auch immer wieder das Bild der Demütigung Russlands aufgegriffen, welches als In-die-Knie-Zwingen (*postavit' na koleni*) metaphorisch umschrieben wird und somit das Pendant zum eben erwähnten Von-den-Knien-Erheben bildet: Nach dem Beitritt der Krim, so der Moderator, werde es schwer für Russland bzw. für die Wir-Gruppe (*nam, nas*) werden:

> **Владимир Соловьев**: И начинается совсем новая эра! *Нам будет тяжело, нас будут бить, нам будут мстить, нас будут пытаться поставить на колени. Испытания только начинаются. Но вот момент этого осознания – он сегодня! Потому что впервые российский президент не постеснялся не только сказать, но и сделать!* (*Voskresnyj večer s Vladimirom Solov'ëvym*, 18.03.2014, 00:27:03–00:27:22)
>
> **Vladimir Solov'ëv:** Und nun beginnt eine komplett neue Ära! Wir werden es schwer haben, sie werden uns schlagen, sich an uns rächen, sie werden versuchen, uns in die Knie zu zwingen. Die Belastungsproben beginnen erst. Aber der Moment dieses Bewusstwerdens ist heute! Denn zum ersten Mal hat ein russländischer Präsident nicht davor zurückgeschreckt, nicht nur zu reden, sondern auch zu handeln!

Mit diesen Worten bereitet Vladimir Solov'ëv das Publikum auf schwierige Zeiten vor, die nach der Krim-Annexion folgen werden, und stellt Russland als Opfer dar, welches die anderen, die Solov'ëv nicht näher benennt, bestrafen werden. Dieser Ausschnitt ist ein Beispiel für den polarisierenden Wir-Sie-Diskurs, der in den Talkshowsendungen geführt wird und mit dessen Hilfe sich Russland als Opfer darstellt, das von ‚den anderen' „geschlagen" (*bit'*), „in die Knie gezwungen" (*postavit' na koleni*) und an dem „Rache geübt" (*mstit'*) werde. Die anderen (*oni*) werden somit als die Täter und Mächtigen, Russland (*my*) dagegen als das Opfer dargestellt.

– **Erneuerung und Wiedergeburt**
Wie das vorhergehende Beispiel illustriert, bezeichnet Vladimir Solov'ëv den Beitritt der Krim zu Russland als Beginn einer „neuen Ära" (*novaja ėra*), von der auch Aleksandr Dugin in einer anderen Sendung spricht. Zur Konkretisierung dieser neuen Ära verwendet Dugin verschiedene Metaphern, indem er diese beispiels-

weise als „Wiedergeburt" (*voskresenie/russkoe vozroždenie*) oder als „russisches Erwachen" (*russkoe probuždenie*) betitelt. Ihm zufolge werde Russland nach dem Referendum ein anderes Land sein – sowohl flächenmäßig, politisch als auch konzeptuell (*Politika*, 12.03.2014, 00:06:29–00:07:01). In diesem Zusammenhang spricht Dugin auch vom „russischen Frühling" (*russkaja vesna*) – ein Begriff, den Dugin popularisiert hat und mit dem er auf die prorussische nationalistische Mobilisierung in der Ukraine anspielt (vgl. Lankina und Watanabe 2017: 1549).

Hinter diesen Metaphern der Geburt und des Aufwachens ist die Absicht Russlands zu erkennen, außenpolitisch vermehrt seine eigenen Interessen zu verfolgen und sich nicht mehr an die von den USA aufgezwungenen Bestimmungen zu halten, das heißt, die Krim zu annektieren, auch wenn das dem internationalen Völkerrecht widerspricht.[259] Des Weiteren werden mit der Bezeichnung der Ereignisse auf der Krim als „russischer Frühling" die Demokratiebewegungen in der arabischen Welt assoziiert, die als „Arabischer Frühling" Eingang in die Geschichte gefunden haben. Somit handelt es sich hier um die Aneignung westlicher demokratischer Konzepte, die zur Legitimierung des eigenen Handelns genutzt werden – eine Strategie, die ebenso in der Argumentation des Selbstbestimmungsrechts der Krim konstatiert werden kann.

Der russische Frühling stellt laut Jochan Bekman, Vorsitzender des antifaschistischen Komitees Finnlands, jedoch erst den „Anfang von etwas Neuem, etwas Großem" dar:

> **Йохан Бекман**: Но то, что я видел это было уникально, это было великолепно. Я очень благодарен, что мне выпала честь это все увидеть ((аплодисменты)), потому что это было начало что-то/ *это было начало что-то нового, что-то великого и как сказал Александр Дугин, правильно: «Это русская весна!». Это начало русской весны!* (*Voskresnyj večer s Vladimirom Solov'ëvym*, 18.03.2014, 01:21:51–01:22:19)

> **Jochan Bekman** [Johan Bäckman]: Aber das, was ich gesehen habe, war einzigartig, das war großartig. Ich bin sehr dankbar, dass mir die Ehre zuteilwurde, das alles zu sehen ((Applaus)), denn das war der Beginn von etwas/ das war der Beginn von etwas Neuem, etwas Großem und, wie Aleksandr Dugin richtig gesagt hat: „Dies ist der russische Frühling!" Dies ist der Beginn des russischen Frühlings!

Wie sich wenig später zeigen wird, ist ein weiteres Resultat des „russischen Frühlings" der Krieg in der Ostukraine.[260] Dieses Beispiel illustriert, dass die Talkshowgäste – auch diejenigen aus dem Westen – in den analysierten Sendungen nicht nur die Position des Kremls wiedergeben, sondern, dass sie den

---

259 Siehe dazu auch Abschnitt II.4.2.1.
260 Siehe dazu auch Abschnitt II.4.2.2.

Zuseher*innen auch mögliche weitere (politische) Schritte Russlands andeuten und sie darauf vorbereiten.

Besonders erwähnenswert in Zusammenhang mit der Betonung der eigenen Interessen Russlands ist der immer wieder wiederholte Verweis auf die Größe Russlands. Vladimir Solov'ëv spitzt das in der Sendung am 18.03.2014 dahingehend zu, dass Russland nur existieren könne, wenn es groß sei (*My – velikaja Rossija!/Rossija možet libo byt' velikoj, libo ne byt' voobšče!/Rossija možet byt' ili velikoj deržavoj, ili ne byt'!*). Damit spielt der Moderator auf das imperialistische Bewusstsein an, das in den Talkshowsendungen immer wieder geweckt wird, da Russland nur als Großmacht, als Imperium bestehen könne. Gleichzeitig zeigen diese Äußerungen die Sehnsucht Russlands nach der verlorenen Größe, deren Wiederherstellung – nach Auffassung der Talkshowgäste – mit dem Beitritt der Krim zu Russland nun begonnen hat.

Auch mithilfe der *Baumetapher* wird das ‚neue Russland' repräsentiert, um auf den Prozess der Konstruktion, der Neustrukturierung, der mit der Krim in Gang gesetzt wurde, hinzuweisen. So ist beispielsweise von einer „neuen politischen Architektur", die gebaut werden wird (*budet stroit'sja novaja političeskaja architektura*) (*Voskresnyj večer s Vladimirom Solov'ëvym*, 18.03.2014, 00:26:31–00:26:38), oder allgemein tautologisch von einer „Neuerrichtung einer neuen Krim und eines neuen Russlands" (*novoe stroitel'stvo novogo Kryma i novoj Rossii*) die Rede (*Voskresnyj večer s Vladimirom Solov'ëvym*, 18.03.2014, 00:29:16–00:29:45).

Interessant ist hier der Gegensatz zwischen Neuerrichtung und Zerfall, der im Hinblick auf Russland und die Ukraine sprachlich deutlich wird: Während die Krim als Teil Russlands eine Neuerrichtung bedeutet, werden der Wegfall der Krim und die Unruhen in der Ostukraine in den Talkshows als Zerfall (*raspad*) der Ukraine präsentiert.

In Zusammenhang mit der Neuerrichtung Russlands wird auch die Chance hervorgehoben, welche die Angliederung der Krim an Russland bedeute (*Krym – ėto šans*): Diese sei ein „Wendepunkt" für Russland (*povorotnyj punkt Rossii*) (*Voskresnyj večer s Vladimirom Solov'ëvym*, 18.03.2014, 00:20:58–00:21:13) und nun sei es Zeit für eine Weiterentwicklung Russlands sowie für die Suche nach dem „Besten in uns" (*vremja iskat' lučšee v nas*) (*Voskresnyj večer s Vladimirom Solov'ëvym*, 18.03.2014, 01:16:00–01:16:31).

Die Möglichkeit und Chance der Veränderung sieht Vadim Kolesničenko auch in Hinblick auf die Weltordnung und geht schließlich dazu über, hyperbolisch „riesige Siege" (*ogromnye pobedy*) zu prophezeien (*Voskresnyj večer s Vladimirom Solov'ëvym*, 18.03.2014, 01:17:13–01:18:10), womit er eine weitere zentrale Bedeutung der Krim für Russland aufgreift – den Sieg.

– **Sieg und Fest**

Die Einordnung des aus russischer Sicht erfolgreichen Krim-Referendums als „Sieg" (*pobeda*) ist insofern bemerkenswert, da kein Kampf oder Wettkampf stattgefunden hat, sondern lediglich eine Abstimmung zwischen den Optionen Beitritt der Krim zu Russland oder Wiederherstellung der Verfassung von 1992 – die Möglichkeit eines Verbleibs der Krim in der Ukraine und damit eine Wahl zwischen der Ukraine und Russland stand nicht auf dem Stimmzettel.[261] Trotzdem wird die Angliederung der Krim an Russland in den Talkshows als Sieg inszeniert. Die Siegesrhetorik ist bereits vor dem Referendum omnipräsent und knüpft an den Vergleich der Ereignisse mit dem Zweiten Weltkrieg an. Folgender Ausschnitt aus dem Polit-Talk VOSKRESNYJ VEČER S VLADIMIROM SOLOV'ËVYM am 07.03.2014 demonstriert, wie zentral die Einstufung des Referendums als Sieg Russlands und die Verbindung zum Sieg im Zweiten Weltkrieg ist:

Вячеслав Никонов: *Как сказал мой дед Вячеслав Молотов, 22-го июня 1941 года/*

Владимир Соловьев: Никогда не забывал.

Вячеслав Никонов: Я его никогда не забывал. Что он сказал? Ну-ка/
[...]

Вячеслав Никонов: *«Наше дело правое. Враг будет разбит. Победа будет за нами!»* ((аплодисменты))

Владимир Соловьев: Ну что же. *Надеюсь, что войны не будет, а победа будет за нами.*
(*Voskresnyj večer s Vladimirom Solov'ëvym*, 07.03.2014, 01:06:52–01:07:20)

Vjačeslav Nikonov: Wie mein Großvater Vjačeslav Molotov am 22. Juni 1941 gesagt hat/

Vladimir Solov'ëv: Das habe ich nie vergessen.

Vjačeslav Nikonov: Ich habe ihn nie vergessen. Was hat er gesagt? Na!/
[...]

Vjačeslav Nikonov: „Unsere Sache ist gerecht. Der Feind wird geschlagen. Der Sieg wird unser sein!" ((Applaus))

Vladimir Solov'ëv: Nun ja. Ich hoffe, dass es keinen Krieg gegeben wird, aber dass der Sieg unser sein wird.

„Der Sieg wird unser sein!" (*Pobeda budet za nami!*) – so lautete der Appell von Vjačeslav Molotov zur Mobilisierung der Soldaten am 22. Juni 1941, dem Tag des

---

261 Siehe Abschnitt II.4.2.1.

Beginns des Zweiten Weltkriegs in der Sowjetunion. Über 70 Jahre später tritt nun der Enkel von Molotov, Vjačeslav Nikonov, im Polit-Talk auf und wiederholt anlässlich des Krim-Referendums den Aufruf seines Großvaters und rekontextualisiert ihn. Während die Worte Molotovs ursprünglich im Kontext eines echten bevorstehenden Krieges geäußert wurden, handelt es sich beim Krim-Referendum eigentlich nicht um eine Mobilisierung für einen Krieg, sondern lediglich um die Abstimmung der Bevölkerung bei einem Referendum. Allerdings demonstriert die Rekontextualisierung des Zitats, dass es aus russischer Sicht um viel mehr geht als um eine bloße Abstimmung und daher wird hier Kriegsrhetorik benutzt. Neben der Zerschlagung des Feindes (*vrag budet razbit*), von der im Zitat Molotovs gesprochen wird, schwingt in dieser Sequenz auch die Möglichkeit eines Kriegs mit: Der Moderator hoffe, dass es „keinen Krieg" geben, sondern „wir siegreich sein" werden (*vojny ne budet, a pobeda budet za nami*). Solov'ëvs Worte sind absurd und stehen im Widerspruch zueinander, was vor allem durch eine adversative Konjunktion (*a*) deutlich wird, da es ohne Krieg oder Kampf keinen Sieg geben kann. Aus diesem Grund wird das Referendum in den Talkshows auch häufig als kampfloser, „friedlicher Sieg" (*mirnaja pobeda*) bezeichnet. Gleichsam werden die Ereignisse als „Informationskrieg" (*vojna informacionnaja*) gedeutet, wozu wiederum die eben erwähnte Siegesrhetorik passen würde.

Während in den Polit-Talks immer wieder der Terminus „Sieg" zu hören ist, trägt der Spezial-Talk DAVAJ POŽENIMSJA! vom 25.05.2014 den Titel „Eroberung der Krim" (*pokoren'e Kryma*). Interessant ist hier die Ambiguität des Titels der Sendung, da dieser einerseits auf den Beitritt der Krim zu Russland anspielt und impliziert, dass Russland die Krim (zurück)erobert habe. Andererseits wird mit der „Eroberung der Krim" auf das Ziel der Show angespielt, in der eine junge, von der Krim stammende Frau einen von drei in der Sendung vorgestellten Männern auswählen bzw. von ihnen ‚erobert' werden muss.

Dass das Krim-Referendum als Sieg für Russland gewertet wird, zeigt auch die Präsenz des Georgsbändchens, das sich nach dem Referendum fast alle Talkshowgäste deutlich sichtbar an die linke Brust geheftet haben (Abbildung 14).

Diese schwarz-orange Schleife wird in Russland seit 2005 am Tag des Sieges (*Den' Pobedy*), dem 9. Mai, getragen, gilt als „das wichtigste Symbol der Erinnerung an den Sieg im Großen Vaterländischen Krieg" (Demmel 2016: 19) und ist somit Symbol für den Widerstand gegen und Sieg über den Faschismus.[262] Das demonstrative Anheften dieses Zeichens nach dem Referendum auf

---

[262] Das Georgsband ist jedoch nicht nur ein Symbol des Gedenkens an den Sieg im Zweiten Weltkrieg, sondern gilt heute allgemein als „Zeichen zur Identifikation mit der russischen Nation" (Demmel 2016: 19).

10.1 Fallbeispiel 1: Beitritt der Krim zur Russischen Föderation (März/April 2014) — 257

Abbildung 14: Aleksandr Toršin (links) und Sergej Železnjak (rechts) mit Georgsbändchen (*Voskresnyj večer s Vladimirom Solov'ëvym*, 18.03.2014).

der Krim fügt sich daher in das Narrativ, dass es sich bei dem Beitritt der Krim zu Russland um einen Sieg über den Faschismus handle, da, wie bereits mehrmals erwähnt, aus offizieller russischer Perspektive in der Ukraine im Zuge des Euromajdans Faschisten und Nazis an die Macht gekommen seien und die Krim sowie die Ostukraine vor diesen geschützt werden müssen.

Sogar an der Garderobe von Vladimir Žirinovskij, der auch sonst des Öfteren exzentrisch gekleidet ist, wird der einzigartige Charakter des Ereignisses erkennbar, worauf der Moderator, Vladimir Solov'ëv, eigens aufmerksam macht (*Vy tak jarko odety, potomu čto dlja Vas segodnja prazdnik?*) (*Voskresnyj večer s Vladimirom Solov'ëvym*, 07.03.2014, 00:27:46–00:28:17). Žirinovskij trägt ein rotes Sakko, ein weißes Hemd mit roten Punkten sowie eine große dunkelrote Masche und unterscheidet sich dadurch deutlich von den anderen Gästen, die schwarze oder dunkelblaue Sakkos tragen. Als erster der Anwesenden verkündet Žirinovskij, dass die Entscheidung des Parlaments der Krim über den Beitritt zu Russland „ein Fest" (*prazdnik*) sei.

Darüber hinaus wird der Beitritt der Krim zu Russland in den Talkshows als „großes historisches Fest" (*bol'šoj istoričeskij prazdnik*) sowie als „unser gemeinsames großes Fest" (*naš obščij bol'šoj prazdnik*) bezeichnet. Zu einem Fest oder einer Feier gehören ebenso Gratulationen, welche beispielsweise der Moderator, Vladimir Solov'ëv, ausspricht: Er gratuliere allen Russ*innen „zu diesem unglaublichen Gefühl von Patriotismus" und bezeichnet die anwesenden Studiogäste pathetisch als „Galerie von Helden" (*verenica geroev*) (*Voskresnyj večer s Vladimirom Solov'ëvym*, 18.03.2014, 00:30:45–00:31:04).

Die Präsentation der Angliederung der Krim als Sieg und Fest sowie die Rhetorik von Helden und Siegern vermitteln den Zuseher*innen das Gefühl, etwas gewonnen zu haben und stolz auf „uns", auf Russland, sein zu können. Dieser „erneute Sieg" (*èto eščë odna naša pobeda*), wie Viktor Baranec den Beitritt der

Krim bezeichnet (vgl. *Special'nyj korrespondent*, 19.03.2014, 00:04:06–00:05:35), wird medial zelebriert: Bilder von feiernden Menschenmengen, die russische Flaggen schwenken,[263] lachen und singen, werden beispielsweise zu Beginn der Sendung VOSKRESNYJ VEČER S VLADIMIROM SOLOV'ĖVYM am 17.03.2014 gezeigt (siehe Abbildung 15).

Abbildung 15: Russische Nationalflaggen (links) und jubelnde Menge (rechts) nach dem Krim-Referendum (*Voskresnyj večer s Vladimirom Solov'ėvym*, 17.03.2014).

Während diese Bilder (Abbildung 15) am Bildschirm erscheinen, erklingt die russische Nationalhymne. Diese Bild- und Tonsequenzen sind stark emotionalisierend, da sie sowohl Nahaufnahmen von den Gesichtern der Menschen, als auch emotional aufgeladene nationale Symbole (Nationalflagge, Nationalhymne) präsentieren und dadurch Gefühle von Stolz, Patriotismus und Gemeinschaft bzw. Einheit erzeugen (vgl. Waterman 2019: 4). Diese Bilder bilden einen augenfälligen Kontrast zu jenen Fotos und Videos, die im September und Oktober 2014 in den Talkshows gezeigt werden (siehe Fallbeispiel 2).

Neben der Charakterisierung der Krim als Sieg und Fest wird der Beitritt auf eine abstraktere Ebene gehoben, indem ihm eine metaphysische Bedeutung zugeschrieben wird.

- **Metaphysische Bedeutung**

In Bezug auf die metaphysische Bedeutung des Krim-Beitritts können zwei Beispiele genannt werden. Erstens öffnet der Moderator, Vladimir Solov'ėv, das religiöse Bedeutungsfeld des Krim-Beitritts, indem er erklärt, dass die Ereignisse zur „Großen Fastenzeit" (*Velikij Post*) stattgefunden haben und dass diese Fas-

---

[263] Die russische Fahne wird auch im ersten Video von DAVAJ POŽENIMSJA! am 15.05.2014 von den jungen Menschen demonstrativ vor der Kamera geschwenkt.

tenzeit auch eine „andere Bedeutung" (*inoj smysl*) habe, die „für uns Weltliche oft nicht zugänglich" (*začastuju nam mirjanam nedostupnyj*) sei:

> **Владимир Соловьев:** *Какое значение имеет Крым для духовной жизни России? Ведь не случайно все, что сейчас происходит, происходит в дни Великого Поста. Ведь всегда для Великого Поста/ ведь всегда это имеет совсем иной смысл, зачастую нам мирянам недоступный.*
> (*Voskresnyj večer s Vladimirom Solov'ëvym*, 18.03.2014, 00:54:56–00:55:13)

> **Vladimir Solov'ëv:** Welche Bedeutung hat die Krim für das geistige Leben Russlands? Schließlich ist es kein Zufall, dass all das, was nun geschieht, an den Tagen der Großen Fastenzeit passiert. Es ist doch immer für die Große Fastenzeit/ das hat doch immer eine ganz andere Bedeutung, die für uns Weltliche oftmals nicht zugänglich ist.

Das zweite Beispiel für die metaphysische Ebene ist das (russische) „Wunder" (*čudo*) als das die Angliederung der Krim an Russland bezeichnet wird. Sowohl orthodoxe Priester als auch Aleksandr Prochanov haben dieses Schlüsselwort wiederholt in verschiedenen Medien verwendet (vgl. Suslov 2014: 603). In den Talkshowsendungen spricht vor allem Vladimir Solov'ëv von einem „Wunder" (*real'no čudo, kotoroe sveršilos'*) (*Voskresnyj večer s Vladimirom Solov'ëvym*, 18.03.2014, 00:10:57–00:11:29) sowie vom „Wunder, das sich durch den Patriotismus offenbart habe" (*čudo, javlennoe patriotizmom*) (*Voskresnyj večer s Vladimirom Solov'ëvym*, 18.03.2014, 01:00:30–01:01:37).

– **Revanche und Gerechtigkeit**

Zwei weitere Bedeutungen, die dem Krim-Beitritt zugeschrieben werden, sind die der Revanche sowie der Gerechtigkeit. Beide sind eine Fortführung des Arguments, dass die Krim einst unrechtmäßig an die Ukraine übergeben wurde und sie nach 1991 dortgeblieben ist. So spricht beispielsweise Vladimir Solov'ëv in Zusammenhang mit der Angliederung der Krim wiederholt von einer „Wiederherstellung der historischen Gerechtigkeit" (*vosstanovit' istoričeskuju spravedlivost'*) sowie nach dem Referendum von einem „Triumph der historischen Gerechtigkeit" (*istoričeskaja spravedlivost' vostoržestvovala*) (*Voskresnyj večer s Vladimirom Solov'ëvym*, 18.03.2014, 00:00:24–00:00:30).

Auch Konstantin Zatulin assoziiert den Krim-Beitritt mit der Herstellung von Gerechtigkeit (*reč' idët o vosstanovlenii spravedlivosti*) und zitiert in diesem Zusammenhang den Ausspruch Aleksandr Nevskijs – *Ne v sile Bog, a v pravde!* (*Voskresnyj večer s Vladimirom Solov'ëvym*, 18.03.2014, 00:57:58–00:59:11). Mit der Erwähnung dieser berühmten Worte sowie der Ergänzung, dass es sich hier um „unseren orthodoxen Glauben" handle (*èto že naša pravoslavnaja vera*), wird die religiöse Dimension geöffnet: Die Bedeutung des

Zitats liegt darin, dass der Glaube daran, dass Gott nicht im Weltlichen bzw. Menschlichen (*sila*), sondern im Metaphysischen liege (*Bog – v pravde*) – wobei *pravda* laut Semenkov (2014: 188–189) in diesem Ausspruch soviel wie „echter, richtiger bzw. rechter Glaube" (*pravil'naja (istinnaja) vera*) bedeutet –, zum Sieg führen werde. Somit wird hier die Wiederherstellung der Gerechtigkeit mit der metaphysischen Ebene vermischt.

Die Interpretation der Angliederung der Krim an Russland als Revanche wird lediglich von Aleksandr Prochanov genannt. Dieser erklärt den Beitritt zur „Revanche für den Zerfall bzw. die Zerstörung der Sowjetunion" (*revanš za razval, za razrušenie Sovetskogo Sojuza*) und beruft sich dabei auf den russischen Präsidenten, Vladimir Putin (*Voskresnyj večer s Vladimirom Solov'ëvym*, 18.03.2014, 00:52:12–00:53:09).

Der Talkshowgast greift hier das Trauma Russlands über den Zusammenbruch der Sowjetunion auf[264] und deutet die Wiedervereinigung mit der Krim als ersten Schritt in Richtung Wiederherstellung des alten Russlands. Prochanov spricht in Bezug auf den Zerfall der UdSSR ebenso wie Putin 2005[265] von einer „schrecklichen Tragödie" (*strašnaja tragedija*) (*Voskresnyj večer s Vladimirom Solov'ëvym*, 18.03.2014, 01:11:03–01:11:18), und das zeigt wiederum, dass die Äußerungen des russischen Präsidenten immer wieder von Talkshowgästen und Moderatoren fast wortwörtlich wiederholt werden.

Nachdem in diesem Abschnitt die Bedeutung des Krim-Beitritts für Russland eruiert wurde, widmet sich der letzte Abschnitt der Einordnung und Charakterisierung der Angliederung für die Krim und ihre Bewohner*innen.

10.1.4.5.2 Einordnung, Charakterisierung und Bedeutung des Beitritts für die Krim

In diesem Abschnitt wird präsentiert, was der Beitritt der Krim zu Russland für die Halbinsel und deren Bewohner*innen bedeutet, welche Versprechen vonseiten Russlands gemacht und welche positiven Auswirkungen prophezeit werden. Zum einen sind in den Sendungen die Krimbewohner*innen (*krymčane*) selbst zu hören, und diese drücken vor allem ihre Hoffnung in Bezug auf den Beitritt aus. Zum anderen sind es lockende Versprechen, die den *krymčane* vonseiten Russlands gemacht werden: Sicherheit und Freiheit, ein erhöhter Lebensstandard sowie eine prosperierende Zukunft.

---

264 Siehe dazu auch Abschnitt III.10.1.4.3.
265 Vgl. dazu Fußnote 253.

– **Hoffnung**
Die Angliederung der Krim an Russland bzw. Russland selbst wird von den Krimbewohner*innen als „Hoffnung" (*nadežda*) bezeichnet, wobei diese Hoffnung nicht genauer definiert wird. So erklärt die Geschichtslehrerin aus Sewastopol, Tat'jana Ščerbakova, dass Russland Hoffnung bedeute (*Rossija dlja nas – ėto nadežda*), nämlich die Hoffnung darauf, dass „wir es auch jetzt schaffen" (*nadežda na to, čto my spravimsja i sejčas*) (*Prjamoj ėfir*, 03.03.2014, 00:04:39–00:05:08). Ebenso erklärt der via Video ins Studio zugeschaltete Direktor eines Gymnasiums in Sewastopol, dass Russland für die Einwohner*innen der Stadt „Hoffnung und Glaube" bedeute:

> **Виктор Оганесян:** И мы севастопольцы *с огромной надеждой и верой смотрим вперед, чувствуя за собой, за своей спиной поддержку нашей родины – России.*
> (*Prjamoj ėfir*, 03.03.2014, 00:37:02–00:37:13)
>
> **Viktor Oganesjan:** Und wir Einwohner von Sewastopol blicken mit großer Hoffnung und Zuversicht nach vorne, da wir die Unterstützung unserer Heimat Russland hinter uns, hinter unserem Rücken spüren.

Diese zwei Beispiele illustrieren, dass der Beitritt der Krim zu Russland mit Hoffnung gleichgesetzt wird, wobei jedoch offen bleibt, wofür diese Hoffnung steht – eine Lücke, welche die Zuseher*innen selbst füllen müssen.

Hoffnung impliziert eine positive Zukunft, und so spricht beispielsweise der Moderator der Polit-Talkshow SPECIAL'NYJ KORRESPONDENT in seiner Reportage von einem „neuen Leben" (*novaja žizn'*). Die russische Flagge, die er in Anspielung auf die drei Farben als *trikolor* bezeichnet, sei, wie der Moderator erklärt, ein Symbol für ein neues Leben (*znak novoj žizni*), für eine Rückkehr nach Hause (*znak vozvraščenija domoj*) (*Special'nyj korrespondent*, 19.03.2014, 00:12:34–00:12:44).

Die in Russland gesetzte Hoffnung wird von den Talkshowgästen bestärkt, indem sie den Krimbewohner*innen Versprechen machen: Sicherheit und Freiheit, einen höheren Lebensstandard sowie generell eine positive Zukunft.

– **Sicherheit und Freiheit**
Die aufgebauten Bedrohungsszenarien, denen zufolge die russische Sprache und Kultur in der Ukraine gefährdet seien,[266] werden mit dem Versprechen von Sicherheit und Freiheit an die Krimbewohner*innen logisch ergänzt. Das Referendum wird in den Talkshows als Abstimmung für das „Recht auf Leben" (*pravo na žizn'*) inszeniert, da sich die Russ*innen auf der Krim laut offizieller

---

266 Siehe dazu Abschnitt III.10.1.4.2.

russischer Darstellung in Lebensgefahr befunden hätten. Der Schritt der Durchführung eines Referendums wird als „heroische Tat" (*geroičeskoe rešenie*) und ihre Akteure, wie bereits im vorigen Abschnitt gezeigt wurde, als Sieger und Helden präsentiert (*Voskresnyj večer s Vladimirom Solov'ëvym*, 07.03.2014, 00:35:09–00:36:18).

Russland stellt sich in diesem Zusammenhang als Garant für Sicherheit, Freiheit sowie die Einhaltung von Menschenrechten dar. Beispielhaft dafür sind die Äußerungen des Duma-Abgeordneten Sergej Železnjak, der zuerst metaphorisch Russland als sicheres Haus[267] präsentiert und dann erklärt, dass Russland bereit sei, die Rechte und Freiheiten der Menschen zu garantieren und sie vor Angriffen, Gewalt und Rechtlosigkeit zu schützen (*my gotovy garantirovat' prava i svobody ljudej ot ljubych posjagatel'stv, ot ljubogo nasilija, ot ljubogo bespravija*) (*Voskresnyj večer s Vladimirom Solov'ëvym*, 18.03.2014, 00:04:43–00:05:03).

In engem Zusammenhang mit der Darstellung Russlands als Garant für Sicherheit (*ser'ëznyj garant bezopasnosti*) steht die Selbstrepräsentation Russlands als Beschützer, da es das „große Brudervolk" – die Ukraine – vor den Neonazis schützen müsse (*my pytaemsja zaščitit' velikij bratskij narod ot [...] neonacistov*) (*Voskresnyj večer s Vladimirom Solov'ëvym*, 07.03.2014, 00:43:53–00:44:42).

Der Krim und ihren Bewohner*innen wird bei einer Stimmabgabe für den Beitritt zu Russland in erster Linie Sicherheit garantiert, denn Russland sei ein großes und starkes Land. Das für Russland positive Ergebnis des Referendums wird daher als Anerkennung der Stärke und Größe Russlands gedeutet. Nach dem Referendum ist die Krim aus russischer Sicht Teil eines starken Landes:

> **Ирина Яровая**: Но и голосование Крыма показало, что *сегодня Крым признал силу и величие страны России,* Вы понимаете? Потому что сегодня *они пришли в сильную страну.* (*Voskresnyj večer s Vladimirom Solov'ëvym*, 18.03.2014, 00:39:01–00:39:10)

> **Irina Jarovaja:** Aber auch die Abstimmung der Krim hat gezeigt, dass die Krim heute die Stärke und Größe Russlands anerkannt hat, verstehen Sie? Denn heute sind sie zu einem starken Land gekommen.

Der Begriff „Freiheit" (*svoboda*) wird einerseits generell in Bezug auf die Durchführung des Referendums benutzt und andererseits in der Bedeutung „Befreiung", nämlich als Befreiung von der Ukraine. So stellt beispielsweise der Moderator des Trivial-Talks mehrmals die Frage, ob die Krim eine „Insel der Freiheit von der Banderovščina" (*ostrov svobody ot banderovščiny*) werden könne, womit er impliziert,

---

267 Zur Hausmetapher siehe Abschnitt III.10.1.4.3.

dass die Halbinsel gegenwärtig von Bandera-Anhängern besetzt sei. Der Hate-Speech-Terminus *banderovščina* setzt sich aus dem Namen des vor allem im Westen der Ukraine als Nationalheld verehrten ukrainischen Nationalisten, Stepan Bandera[268], und den Suffixen -ov- sowie -ščin-(a) zusammen. Das Wortbildungssuffix -ščin-(a) kann dabei sowohl für die Bezeichnung einer gesellschaftlichen, politischen oder ideellen Strömung als auch für die volkstümliche Benennung eines Gebiets stehen (vgl. Efremova 2000). Im vorliegenden Beispiel wird die *gesamte* Ukraine als Land von Bandera-Anhängern diffamiert, von denen die Krim befreit werden müsse. Tatsächlich bezeichnet Sergej Aksënov die Ukraine wortwörtlich als „Besatzer" (*okkupanty*) der Krim (*Voskresnyj večer s Vladimirom Solov'ëvym*, 18.03.2014, 00:22:17–00:22:31). Dieser Darstellung der Krim als „okkupiert" folgt schließlich nach dem Krim-Referendum der Slogan, der die Krim als „frei" feiert (*Krym svoboden!*) und der somit wieder die Befreiung der Halbinsel von den ‚Nazis' assoziiert (vgl. dazu Abschnitt III.10.1.4.1).

Neben der Garantie von Sicherheit und Freiheit lockt Russland die Krimbewohner*innen mit dem Versprechen eines besseren Lebens.

– **Höherer Lebensstandard**

Wie bereits in Abschnitt III.10.1.3 gezeigt, wird die Ukraine in den Talkshowsendungen als Land mit wenig Wohlstand dargestellt. Die Abstimmung beim Referendum für Russland und folglich der Beitritt der Krim zu Russland werden daher mit einer positiven Entwicklung der Halbinsel in Verbindung gebracht. So fordert beispielsweise der Vorsitzende des Zentralkomitees der Kommunistischen Partei, Gennadij Zjuganov, die Bevölkerung der Krim auf, das Referendum aktiv zu unterstützen – je „einiger" (*družnee*) und „tatkräftiger" (*ėnergičnee*) die Bürger*innen wählen, desto „effektiver" (*ėffektivnee*) werde der Frieden und desto „besser" (*lučše*) werde sich die Krim entwickeln:

> **Геннадий Зюганов:** Поэтому *я обращаюсь к гражданам Крыма активно поддержать референдум*. Чем дружнее и энергичнее будете голосовать, и русские и украинцы, и татары в Крыму, тем эффективнее будет мир и тем лучше будет развиваться Крым как самостоятельный субъект федерации.
> (*Voskresnyj večer s Vladimirom Solov'ëvym*, 07.03.2014, 01:00:41–01:01:01)

> **Gennadij Zjuganov:** Daher wende ich mich an die Bürger der Krim, das Referendum aktiv zu unterstützen. Je einiger und tatkräftiger Sie abstimmen, sowohl Russen als auch Ukrainer und Tataren auf der Krim, desto effektiver wird der Frieden und desto besser wird sich die Krim als eigenständiges Subjekt der Föderation entwickeln.

---

268 Siehe dazu auch Abschnitt III.10.1.3 sowie Abschnitt I.3.3 des Forschungsüberblicks.

Die Häufung der Komparativformen positiv konnotierter Adjektive (*družnee, énergičnee, éffektivnee, lučše*) kann hier als Signal für eine Verbesserung der Lebensqualität, die auf der Krim einkehren werde und an das Referendum gebunden sei, gedeutet werden.

In den Shows wird jedoch auch direkt ein besserer Lebensstandard auf der Krim im Falle eines Beitritts zu Russland vorausgesagt. So legt beispielsweise Vjačeslav Nikonov dar, dass der Lebensstandard in Russland „vier Mal höher" (*v četyre raza vyše*) sei als in der Ukraine und die Einwohner*innen der Krim deshalb von einem Beitritt aus ökonomischer Sicht stark profitieren würden:

> **Вячеслав Никонов:** Так вот, *уровень жизни в России в четыре раза выше, чем на Украине*, в четыре раза, и, войдя в состав Российской Федерации, крымчане выиграют очень много экономически.
>
> (*Voskresnyj večer s Vladimirom Solov'ëvym*, 07.03.2014, 00:41:25–00:41:40)

> **Vjačeslav Nikonov:** Wie gesagt, der Lebensstandard ist in Russland vier Mal höher als in der Ukraine, vier Mal [höher], und durch den Beitritt zur Russischen Föderation würden die Krimbewohner wirtschaftlich sehr viel gewinnen.

Während Nikonov hier von einem viermal so hohen Lebensstandard in Russland spricht, erklärt Arkadij Mamontov, dass die Menschen in der Ukraine circa „dreimal ärmer" (*raza v tri bednee*) seien als die Russ*innen, die er als Wir-Gruppe (*my*) charakterisiert. Anschließend ergänzt er, dass die Krim eigentlich „ein Paradies" (*raj*) sei und daraus die „Perle des Schwarzen Meeres" (*iz étogo možno sdelat' žemčužinu Černogo morja*) entstehen könne (*Special'nyj korrespondent*, 19.03.2014, 00:38:57–00:39:31). Mithilfe dieser Metapher verdeutlicht der Moderator, dass eine Aufwertung der Krim möglich sei und sie ein teures Schmuckstück, nämlich eine „Perle" werden könne, wenn sie Russland beitrete. Im Anschluss daran konkretisiert Mamontov, wie diese Kostbarkeit als Teil von Russland aussehen könnte, indem er den Bau von neuer Infrastruktur sowie die Veranstaltung von Sportwettbewerben in Aussicht stellt.

Wenig später benutzt der Moderator nochmals eine Metapher, um den Aufschwung der Krim bildlich auszudrücken. So sagt er eine „wirtschaftliche Wiedergeburt" (*ékonomičeskoe vozroždenie*) der Krim und Sewastopols voraus, die nun, da die Krim zu Russland gehöre, eintreten werde (*Special'nyj korrespondent*, 19.03.2014, 00:44:37–00:44:57). Mithilfe dieser Geburtsmetapher verweist Mamontov auf eine positive Erneuerung, welche die Wirtschaft der Krim erfahren werde.

Im Spezial-Talk MODNYJ PRIGOVOR, der über einen Monat nach dem Referendum am 29.04.2014 ausgestrahlt wurde, wird schließlich von der Verbesserung des Lebensstandards der Krimbewohner*innen seit dem Beitritt zu Russland berichtet. Vor der Angliederung sei es nicht möglich gewesen, auf der Krim zu wohnen (*ne bylo uže žit' tam vozmožnosti*), aber nun, seit dem 18. März herrsche dort eine wahre „Wonne" (*sejčas tam znajete kakaja blagodat'*), weshalb die Talkshowteilnehmerin überlege, dorthin zurückzuziehen (vgl. *Modnyj prigovor*, 29.04.2014, 00:11:24–00:11:50).

Diese Beispiele demonstrieren, dass in den Talkshowsendungen aktiv für einen Beitritt der Krim zu Russland geworben wird und den Menschen dort ein besserer, höherer Lebensstandard als in der Ukraine versprochen wird bzw. in Talkshows nach dem Referendum bereits von einer Verbesserung gesprochen wird.[269] Darüber hinaus wird den Krim-Bewohner*innen ein weiteres, jedoch eher allgemeines Versprechen gemacht: eine aussichtsreiche Zukunft.

– **Prosperierende Zukunft**

Neben der Sicherheit und Freiheit sowie dem höheren Lebensstandard ist das dritte Versprechen, das den Krimbewohner*innen in den analysierten Talkshowsendungen gemacht wird, jenes einer florierenden Zukunft.

Dieses Versprechen ist mit der Behauptung verbunden, dass es für die Krim und ihre Bewohner*innen keine Zukunft in der Ukraine geben würde. So erläutert der Moderator Arkadij Mamontov, dass „das Volk keine Zukunft" (*narod ne imeet buduščego*) habe, wenn die Vergangenheit vernichtet werde (*Special'nyj korrespondent*, 19.03.2014, 00:19:40–00:20:31). Das sei jedoch in der Ukraine geschehen, und damit spielt der Moderator auf die Bedrohungen an, welche in der Ukraine bzw. auf der Krim für die russische ‚gemeinsame' Geschichte, Kultur und Sprache bestehen würden (siehe Abschnitt III.10.1.4.2). Auch ein Krimtatare verkündet in der Reportage des Spezialkorrespondenten, dass er für sein Volk keine Zukunft in „dieser Ukraine" (*v toj Ukraine*) sehe (*Special'nyj korrespondent*, 19.03.2014, 00:24:01–00:24:24). Diese Worte zielen eindeutig auf die dem Referendum eher skeptisch gegenüberstehenden Krimtatar*innen ab, die davon überzeugt werden sollen, dass die Krim in Russland eine bessere Zukunft erwarte.

Passend zur Konstruktion einer quasi nichtexistierenden Zukunft der Krim in der Ukraine bezeichnet der Moderator, Vladimir Solov'ëv, das Referendum als „Entscheidung des Volkes über seine Zukunft" (*narod rešit svoë buduščee*) und weist damit dem Referendum eine wichtige, nämlich zukunftsentscheidende Bedeutung zu (*Voskresnyj večer s Vladimirom Solov'ëvym*, 07.03.2014, 00:27:46–00:28:17). Den Abstimmungsberechtigten selbst, ergo den Einwohner*innen der Krim, schreibt der Moderator in einer anderen Sendung eine Zukunftsvision zu,

---

[269] Westlichen und ukrainischen Berichten zufolge sind die Lebensbedingungen auf der Krim seit 2014 jedoch härter geworden und es gibt Repressionen gegen die Krimtatar*innen (vgl. Busol 2018: 14; Sasse et al. 2019).

da sie „die Zukunft sehen" würden, zu der „wir alle gemeinsam" gehen müssten (*oni vidjat to buduščee, k kotoromu nam vsem vmeste nado idti*) und fährt fort, die Stärke und Einheit Russlands zu betonen (*Voskresnyj večer s Vladimirom Solov'ëvym*, 18.03.2014, 01:52:01–01:53:15).

Der Pressesprecher des russischen Präsidenten, Dmitrij Peskov, prophezeit der Krim als Teil Russlands eine „blühende Zukunft" (*procvetajuščee buduščee*), womit er auf das wachsende, gedeihende Element wie bei einer Blume anspielt und die Zukunft dadurch als sehr positiv präsentiert (*Voskresnyj večer s Vladimirom Solov'ëvym*, 07.03.2014, 00:15:35–00:16:00).

Arkadij Mamontov sagt der Krim dagegen im Wortlaut der positiven Zukunftsvision der Sowjetunion eine „lichte Zukunft" (*svetloe buduščee*) voraus (*Special'nyj korrespondent*, 19.03.2014, 00:38:57–00:39:31). Dadurch schafft Mamontov einerseits eine Verbindung zur Darstellung des Krim-Beitritts zu Russland als Beginn einer neuen Ära, und andererseits verleiht er der Zukunft der Krim als Teil Russlands mit diesen Worten eine ironische Konnotation.

Abschließend lässt sich festhalten, dass die Charakterisierungen des Krim-Beitritts zu Russland äußerst positiv sind und in den Talkshowsendungen kaum über mögliche nachteilige Auswirkungen des Referendums gesprochen wird. Die einzigen ungünstigen Folgen der Angliederung der Krim, die aufgegriffen werden, sind zum einen die Sanktionen des Westens, die jedoch, so der Tenor in den Shows, Russland nicht schaden würden, da es sich nun auf sich selbst konzentrieren und den eigenen Markt stärken könne. Zum anderen werden zum Beispiel in SPECIAL'NYJ KORRESPONDENT potenzielle negative finanzielle Auswirkungen auf Russland, die mit einem Beitritt der Krim verbunden seien, kurz erwähnt. Diesbezüglich erklärt Vitalij Tret'jakov jedoch, dass alle Investitionen in die Krim eine „Investition in den Urlaub" der gesamten Bevölkerung Russlands, also „in jeden von uns", seien (*Vse vloženija v Krym – éto vloženija v otdych vsego naselenija Rossii, to est' v každogo iz nas!*) (*Special'nyj korrespondent*, 19.03.2014, 00:48:11–00:48:30). Mit diesem Satz kontert der Politologe eventuellen kritischen Gegenstimmen mit der Behauptung, dass von einem Beitritt der Krim alle Russ*innen profitieren würden.

Nach der ausführlichen Diskursanalyse derjenigen Talkshowsendungen, die sich mit dem Beitritt der Krim zu Russland beschäftigt haben, werden im Anschluss die wichtigsten Erkenntnisse noch einmal kurz zusammengefasst.

10.1.5 Zusammenfassung der Analyse

Die vorliegende Diskursanalyse, die sich mit der Darstellung der Ereignisse auf der Krim im März 2014 in ausgewählten russischen Talkshows befasst, zeigt deutlich, wie sprachlich in diesen Shows die Zugehörigkeit zwischen Russland und der Krim suggeriert wurde. Die Krim gehörte vor der Annexion durch Russland de facto und de jure zur Ukraine und dementsprechend wird die Ukraine in den Sendungen diffamiert, um sie als unattraktiv für die Krim zu präsentieren. So wird die Ukraine beispielsweise als ökonomisch schwaches Land und inhomogener bzw. geteilter Staat charakterisiert und ihre Regierung als unrechtmäßig an die Macht gekommene Nazi-Regierung verunglimpft (siehe Abschnitt III.10.1.3). Hervorzuheben sind in diesem Zusammenhang die zur Bezeichnung der ukrainischen Seite eingesetzte ideologische Hate-Speech sowie die historischen Vergleiche mit dem Zweiten Weltkrieg, mithilfe derer eine Parallele zwischen den heutigen Ukrainer*innen und den damaligen Nazi-Kollaborateur*innen hergestellt und dadurch stark negative Emotionen hervorgerufen werden. Diese Schaffung eines abwertenden Bildes der gegnerischen Seite, die Denunzierung mithilfe von Hate-Speech sowie die einseitige, polarisierende Darstellung zählen, wie im ersten Teil der Arbeit dargelegt (siehe Abschnitt I.1.1.2), zu den wichtigsten Strategien von Propaganda.

Neben der stark negativen Darstellung der Ukraine wird in den untersuchten Talkshowsendungen das Ziel verfolgt, die Krim als Teil Russlands darzustellen (siehe Abschnitt III.10.1.4.1). Dafür werden einerseits die *kulturellen Gemeinsamkeiten* der Halbinsel und Russlands unterstrichen, die in der gemeinsamen Geschichte, der gemeinsamen Kultur und dem „russischen Geist" bestehen würden. Die Krim, so der Tenor in den Talkshows, sei Teil des *Russkij mir*, Ausgangspunkt und Quelle der Heiligen Rus' und daher heiliges russisches Terrain. In Bezug auf die gemeinsame Geschichte werden die Opfer und das Leid der Menschen im Krimkrieg sowie im Zweiten Weltkrieg hervorgehoben und dienen als Erklärung für die Behauptung, dass die Halbinsel mit russischem Blut getränkt sei.

Darüber hinaus wird in den Sendungen darauf hingewiesen, dass die Übergabe der Krim an die Ukraine im Jahr 1954 sowie die Nicht-Rückgabe an Russland nach 1991 illegitim und ungerecht gewesen und die Krim folglich *unrechtmäßig Teil der Ukraine* sei. Neben den kulturellen Gemeinsamkeiten und der Illegitimität der Übergabe der Krim an die Ukraine werden zwei weitere Argumente dafür vorgebracht, warum die Krim zu Russland gehöre, nämlich jenes, dass die Krim das *Recht auf Selbstbestimmung* habe, sowie jenes, dass die *Mehrheit der Bevölkerung* der Krim den Beitritt zu Russland befürworte.

Zur Stützung der Argumentation und zur Betonung der Dringlichkeit der Durchführung eines Referendums werden in den Talkshows *Bedrohungsszenarien* geschaffen, mithilfe derer Angriffe auf die Grundfeste des *Russkij mir* – die russische Sprache, die Orthodoxie sowie die gemeinsame Geschichte und Kultur – konstruiert werden. Die russische Sprache und Kultur sowie die Russ*innen generell, so die Behauptung, seien in der Ukraine in Gefahr, die nur durch eine Angliederung der Krim an Russland, an den „ruhigen Hafen" (*tichaja gavan'*), gebannt werden könne. Sprachlich erwähnenswert sind in diesem Zusammenhang die Metaphern und Vergleiche aus Flora und Fauna, die dazu dienen, die lebensfeindliche Umgebung für das Russische innerhalb der Ukraine zu verdeutlichen. Wie das Beispiel der Geschichte rund um das Gold der Skythen illustriert, werden auch Lügen in die Talkshows zur Verleumdung der Ukraine eingebaut (siehe Abschnitt III.10.1.4.2).

Die vorliegende Untersuchung zeigt außerdem, dass zahlreiche Metaphern in den Talkshowsendungen vorkommen und diese nicht nur zur Konkretisierung der Bedrohung für das Russische benutzt werden, sondern auch dazu dienen, die *Verbindung und Zugehörigkeit* der Krim und Russlands zu illustrieren bzw. zu akzentuieren (siehe Abschnitte III.10.1.4.3 und III.10.1.4.4). Die Ukraine wird dabei einerseits als Bruder Russlands und andererseits als Stiefmutter der Krim präsentiert, während Russland die echte Mutter sei und aufgrund des Verlustes der Krim Schmerzen empfinde. Neben der Betonung der genetischen Verbindung der Krim und Russlands wird Russland zudem metaphorisch eine schützende Funktion (Haus, Hafen) zugewiesen. Ferner habe Russland eine Magnetwirkung auf angrenzende Regionen, und daher sei das Streben von Gebieten in Richtung Russland ein ‚natürlicher' und ‚freiwilliger' Prozess. Durch diese Naturalisierung und gleichzeitige Entpolitisierung mithilfe der Magnetmetapher enthebt sich Russland jeglicher Vorwürfe einer Einmischung in der Ukraine.

Des Weiteren werden die Ereignisse auf der Krim im Herzen, dem wichtigsten Organ des Menschen und des Ausdrucks menschlicher Emotionen, verortet. Sprachliche Vergleiche dienen außerdem dazu, die Formalität und das Ritual des Beitritts sowie die Unterzeichnung des Vertrags selbst zu einem sakralen Akt zu erheben, wodurch die Gnade Gottes und eine geistig-religiöse Dimension des Ereignisses angedeutet werden. Diese Sakralisierung des Beitritts kann als absolute Legitimierung gesehen werden, weil dadurch jegliche Gegenargumentation entkräftet wird.

In den untersuchten Talkshowsendungen werden außerdem *Argumente für den Beitritt* der Krim zu Russland vorgebracht und die Bedeutung dieses Ereignisses sowohl für Russland als auch für die Krim betont (siehe Abschnitte III.10.1.4.5.1 und III.10.1.4.5.2). So wird beispielsweise argumentiert, dass Russland durch die Angliederung der Krim in die große Politik zurückkehre, erneuert bzw. wiedergeboren werde und dass durch den Krim-Beitritt die Gerechtigkeit wiederhergestellt werde. Für die Krim dagegen sei ein Beitritt zu Russland vor allem mit einer Verbesserung des Lebensstandards, mit Sicherheit und Freiheit sowie einer vielversprechenden Zukunft verbunden.

Abschließend lässt sich festhalten, dass die Analyse der untersuchten Sendungen zeigt, wie in den Talkshows ein Teil eines fremden Landes als ‚eigenes' Terrain dargestellt wird und welche Assoziationen damit verbunden sind. Dabei wird eine vollkommen einseitige und undifferenzierte Sichtweise auf die Ereignisse präsentiert, um gesellschaftlichen Konsens zu erzeugen, dass der Beitritt der Krim zu Russland unbedingt erforderlich, legitim und der einzig richtige Weg sei. Diese Einseitigkeit der Berichterstattung, die Abwesenheit von Meinungspluralität sowie die Perspektivenlosigkeit sind, wie im Theorieteil dargelegt wurde, Charakteristika von Propaganda.

Neben der bereits erwähnten Denunzierung des Fremd- bzw. Feindbildes, welche vor allem mithilfe von Hate-Speech und Vergleichen erfolgt, ist eine weitere Strategie von Propaganda die Überhöhung des Selbstbildes. Besonders bemerkenswert ist hier, dass sich Russland als Garant für die Einhaltung der Menschenrechte präsentiert, indem es sich westliche demokratische Konzepte aneignet, um das eigene Handeln zu legitimieren. Beispiele dafür sind – in Anlehnung an die Demokratiebewegungen in der arabischen Welt – die Darstellung des Krim-Beitritts als „russischen Frühling" sowie generell die Präsentation der Ereignisse auf der Krim als Kampf gegen die Unterdrückung durch die Ukraine und die Einforderung des Rechts auf Selbstbestimmung.

In den Talkshows wird zudem immer wieder das imperialistische Bewusstsein, die Sehnsucht Russlands nach Wiederherstellung verlorener Größe, geweckt. Wie in der Untersuchung deutlich wird, stellt der Beitritt der Krim zu Russland dabei einen ersten Schritt in Richtung Erfüllung dieses Desiderats dar, da dieses Ereignis als ein Sich-Erheben von den Knien, als Rückkehr in die Weltpolitik sowie generell als Sieg präsentiert wird. Die Krim symbolisiert somit einen „Wendepunkt" (*povorotnyj punkt*) – Russland sagt sich mit der Angliederung der Halbinsel von den von Amerika diktierten Spielregeln los, bricht internationales Völkerrecht und artikuliert dadurch Eigenständigkeit sowie das Recht auf Selbstbestimmung.

10.2 Fallbeispiel 2: Krieg in der Ostukraine (September/Oktober 2014)

Nach der Angliederung der Krim an Russland kam es in der Ostukraine, insbesondere in den Gebieten Doneck und Lugansk, zur Formierung eines bewaffneten Volksaufstandes der in westlichen Medien als „Separatisten" und in russischen Medien als „Opolčency" bezeichneten Aufständischen. Als Reaktion darauf rief die Übergangsregierung der Ukraine eine sogenannte Anti-Terror-Operation

(ATO)[270] ins Leben, um gegen die Aufständischen vorzugehen. Das führte zur Intensivierung der Gewalt und schließlich zum Ausbruch des Krieges in der Ostukraine, der trotz mehrerer vereinbarter Waffenruhen, darunter der Anfang September 2014 ausverhandelte Waffenstillstand Minsk I, immer noch andauert und mit dem Einmarsch russischer Truppen in die Ukraine Ende Februar 2022 eine neue Dimension erreicht hat.

Das Fallbeispiel 2 knüpft an diese vereinbarte Waffenruhe Minsk I an, indem es sich mit der Darstellung des Krieges in den russischen Talkshows nach diesem Waffenstillstand beschäftigt. Insofern gibt es *drei wesentliche Unterschiede* zwischen dem ersten und dem zweiten Fallbeispiel, die an dieser Stelle kurz festgehalten werden: Erstens unterscheiden sich die beiden Fallbeispiele zeitlich voneinander, indem sie sich mit jenen zwei Ereignissen befassen, anlässlich derer, wie die integrative Inhaltsanalyse gezeigt hat, die meisten Talkshowsendungen mit Ukrainebezug 2014 ausgestrahlt wurden (vgl. Abschnitt III.8.3, Abbildung 5): dem Krim-Referendum (März/April) sowie dem Krieg in der Ostukraine nach Minsk I (September/Oktober). Zweitens divergieren die beiden Fallbeispiele thematisch voneinander. Ein dritter Unterschied zwischen den beiden Fallbeispielen besteht in dem Zweck der Diskussion: Während das Fallbeispiel 1 auf die Legitimierung des Referendums und die Überzeugung, dass die Krim ‚russisch' sei, ausgelegt ist, konzentriert sich das Fallbeispiel 2 auf die Kriegsberichterstattung sowie die Darstellung der einzelnen Akteure bzw. Kriegsparteien.

Für das Fallbeispiel 2 wurden diejenigen Talkshowsendungen ausgewählt, die in der integrativen Inhaltsanalyse in der Kategorie 23_Krieg/Bürgerkrieg erfasst wurden, weil es in diesen Sendungsbeschreibungen allgemein um die Ereignisse in der Ostukraine geht bzw. diese als „Krieg" (*vojna*) oder „Bürgerkrieg" (*graždanskaja vojna*) bezeichnet werden (vgl. Abschnitt III.9.3.3). Um die Anzahl der Talkshowsendungen für die Diskursanalyse einzugrenzen, wurden mithilfe der integrativen Inhaltsanalyse lediglich diejenigen Sendungen ausgewählt, die im September und Oktober 2014 ausgestrahlt wurden. Auf diese Weise wurden folgende vier Sendungen von Polit-Talks und eine Sendung eines Trivial-Talks für die Analyse bestimmt und transkribiert:

---

270 Die euphemisierende Benennung des Vorgehens als Anti-Terror-Operation (ATO) begründet sich darin, dass die Aufständischen in der Ostukraine in der Ukraine offiziell als „Terroristen" bezeichnet wurden und somit der ukrainischen Bevölkerung vermittelt wurde, gegen den Terror und nicht gegen die eigene Bevölkerung zu kämpfen (siehe dazu auch Abschnitt II.4.2.2). Je länger der Konflikt bzw. Krieg in der Ukraine andauerte, desto weniger wurde er von den ukrainischen Medien gebraucht, da der Terminus „Operation" eigentlich eine kurze Aktion impliziert (vgl. Novosolova und Jacura 2018: 296).

- POLITIKA: 07.09.2014, 08.10.2014
- SPECIAL'NYJ KORRESPONDENT: 09.09.2014
- VREMJA POKAŽET: 13.10.2014
- MUŽSKOE/ŽENSKOE: 13.10.2014

Im Anschluss an die Präsentation der Gäste und der in diesen Talkshows angesprochenen Themen erfolgt die synoptische Präsentation der Analyse dieser Sendungen. Obwohl der Fokus der Untersuchung aufgrund der Forschungsfragen (FF 2 und FF 3) auf der Darstellung der Ukraine liegt, werden ebenso die anderen Konfliktparteien – vor allem die Opolčency und Russland, aber auch die Vorwürfe an den Westen – in die Untersuchung miteinbezogen. Der Grund für diese Miteinbeziehung liegt darin, dass letztere ebenso eine zentrale Rolle in den Talkshowsendungen spielen. Aufgrund der Verschränkung zwischen den Aussagen kann daher nur durch eine Gegenüberstellung dieser Akteure die Darstellung der Ukraine in den Talkshows im Detail erfasst werden.

10.2.1 Institutioneller Kontext

Um einen besseren Überblick über das Untersuchungsmaterial zu erhalten, werden an dieser Stelle die wichtigsten Parameter der Talkshows – die Sendezeit, die Moderation, die Gästekonstellation sowie die Einschaltquoten – angeführt.

Mithilfe der integrativen Inhaltsanalyse wurden für das Fallbeispiel 2 vier Sendungen von Polit-Talks (SPECIAL'NYJ KORRESPONDENT, VREMJA POKAŽET sowie zwei Sendungen von POLITIKA) und eine Sendung eines Trivial-Talks (MUŽSKOE/ŽENSKOE) ausgewählt. Bei den Polit-Talks kann noch eine genauere Einteilung in Unterkategorien getroffen werden:[271] VREMJA POKAŽET zählt zur Untergruppe des Polit-Publikumstalks, bei dem der gesamte Talkshowsaal an der Diskussion teilnimmt. In dieser Show wird kein Gast auf die Bühne geholt, sondern alle Gäste sitzen in kreisförmig nach hinten ansteigenden Reihen. POLITIKA und SPECIAL'NYJ KORRESPONDENT gehören dagegen zur Subgruppe des Polit-Steh-Talks, bei dem die Gäste sich an jeweils zwei länglichen Pulten konfrontativ gegenüberstehen.

Mit Ausnahme der Show SPECIAL'NYJ KORRESPONDENT, die eine Einzelmoderation hat, treten die Moderator*innen im Team auf: POLITIKA wird von zwei Männern moderiert; in VREMJA POKAŽET und MUŽSKOE/ŽENSKOE führen dagegen ein Mann und eine Frau gemeinsam durch die Sendung. Diese männlich-weibliche

---

271 Vgl. dazu auch Kapitel II.6.

Teammoderation der beiden Nachmittagstalkshows VREMJA POKAŽET und MUŽSKOE/ŽENSKOE ist auffällig und könnte ihrem Zielpublikum geschuldet sein, das wahrscheinlich aufgrund der Sendezeit vorwiegend aus weiblichen und älteren Personen besteht. Diese beiden Shows wurden im Herbst 2014 wochentäglich im Nachmittagsprogramm ausgestrahlt. VREMJA POKAŽET wurde um 14:25 Uhr gesendet und behandelte jeweils zwei verschiedene Themen: Das erste Thema wurde vor den Nachrichten um 15:00 Uhr diskutiert, und nach den Nachrichten wurde ab circa 15:15 Uhr das zweite Thema aufgegriffen. Direkt im Anschluss an VREMJA POKAŽET ging um 16:00 Uhr der Trivial-Talk MUŽSKOE/ŽENSKOE auf Sendung und daher ist es besonders interessant, die beiden Sendungen, die sich am 13.10.2014 beide mit einem ukrainebezogenen Thema beschäftigt haben, zu untersuchen.

Die übrigen drei Talkshows dieses Fallbeispiels waren Teil des Abendprogramms nach den Hauptnachrichten: POLITIKA wurde am Sonntag, 07.09.2014, um 22:00 Uhr sowie am Mittwoch, 08.10.2014, um 00:35 Uhr ausgestrahlt. SPECIAL'NYJ KORRESPONDENT dagegen lief am Dienstag, 09.09.2014, um 22:50 Uhr. Das Zielpublikum dieser Abendtalkshows ist vermutlich breiter als jenes der Nachmittagssendungen, da abends generell mehr Menschen fernsehen als während des Tages. Mit Ausnahme der Sendung SPECIAL'NYJ KORRESPONDENT, die im Programm von *Rossija-1* lief, wurden alle untersuchten Shows dieses Fallbeispiels auf dem *Pervyj kanal* ausgestrahlt.

Wie im Fallbeispiel 1, kann in Bezug auf die Einschaltquoten und den Zuseher*innenanteil[272] der Talkshows auf die Antwort der elektronischen Anfrage bei *Mediascope* zurückgegriffen werden (siehe dazu auch Abschnitt III.10.1.1): Bei den Nachmittagstalkshows VREMJA POKAŽET und MUŽSKOE/ŽENSKOE lagen die durchschnittlichen Einschaltquoten im Jahr 2014 bei rund zwei Prozent und der Zuseher*innenanteil bei circa 13 Prozent. Die Abend-Polit-Talkshow POLITIKA hatte dagegen im Durchschnitt Einschaltquoten von 2,6 Prozent und einen Zuseher*innenanteil von 15,4 Prozent. Die Einschaltquoten der ebenfalls abends gesendeten Show SPECIAL'NYJ KORRESPONDENT befanden sich 2014 bei rund 3,6 Prozent und der Zuseher*innenanteil bei 13,5 Prozent.

10.2.1.1 Talkshowgäste: Polit-Talks

Die Hauptgäste, welche die zentralen Gesprächspartner*innen des/der Moderator*in sind und sich im Zentrum der Show befinden,[273] sowie die Nebengäste können in den vier untersuchten Polit-Talks des vorliegenden Fallbeispiels folgenden Gruppen zugeordnet werden:

---

272 Zum Unterschied zwischen Zuseher*innenanteil und Einschaltquoten siehe Fußnote 199.
273 Vgl. Abschnitt II.6.2.2.

(1) Offizielle (politische) Vertreter*innen der Russischen Föderation (RF)
Diese Gäste vertreten die offizielle Position der russischen Regierung. Wie im Fallbeispiel 1 können sie in zwei Gruppen aufgeteilt werden: „(1a) Mitglieder der Regierungspartei *Edinaja Rossija* und/oder Abgeordnete der Duma der RF" und „(1b) Mitglieder der Gesellschaftskammer der RF". Gemeinsam sind diesen Personen patriotische sowie antiwestliche Einstellungen. Normalerweise werden sie nicht kritisiert oder verbal angegriffen und können ihre Meinung und Ansichten – meist in minutenlangen Monologen – darlegen, ohne unterbrochen zu werden. Diese Gäste müssen ihren Standpunkt nicht rechtfertigen. Folgende Teilnehmer*innen der Talkshows gehören in diese zwei Gruppen:[274]

(1a) Mitglieder der Regierungspartei *Edinaja Rossija* und/oder Abgeordnete der Duma der RF:
- **Aleksandr Chinštejn:** stellvertretender Vorsitzender der Duma im Bereich der Sicherheit und Korruptionsbekämpfung, Mitglied der Partei *Edinaja Rossija* (POLITIKA 07.09., 08.10.)
- **Vjačeslav Nikonov:** Vorsitzender der Duma im Bereich der Bildung, Mitglied der Partei *Edinaja Rossija* (POLITIKA 07.09.)
- **Sergej Železnjak:** stellvertretender Vorsitzender der Duma der RF, Partei *Edinaja Rossija* (SPECIAL'NYJ KORRESPONDENT 09.09.)
- **Franc Klincevič:** stellvertretender Vorsitzender des Verteidigungsausschusses der Duma, Leiter der russländischen Truppenkameradschaft Afghanistans, Partei *Edinaja Rossija* (SPECIAL'NYJ KORRESPONDENT 09.09.; VREMJA POKAŽET 13.10.)
- **Aleksandr Žuravlev:** Abgeordneter der Duma der RF (VREMJA POKAŽET 13.10.)
- **Vladimir Žirinovskij:** Vorsitzender der Partei LDPR, Leiter der Fraktion der LDPR in der Duma der RF (SPECIAL'NYJ KORRESPONDENT 09.09.)
- **Vladimir Bortko:** Regisseur, Volkskünstler Russlands, Abgeordneter der RF, Kommunistische Partei der RF (POLITIKA 08.10.)

(1b) Mitglieder der Gesellschaftskammer der RF:
- **Sergej Markov:** Direktor des Instituts für politische Analysen, Mitglied der Gesellschaftskammer der RF (POLITIKA 07.09.; VREMJA POKAŽET 13.10.)
- **Iosif Diskin:** Politologe, Mitglied der Gesellschaftskammer der RF (POLITIKA 08.10.; VREMJA POKAŽET 13.10.)

(2) Gäste aus der Ukraine
Zu dieser Gruppe gehören alle Personen, die aus der Ukraine stammen. Nicht in diese Gruppe zählen jedoch die Kämpfer aus der Volkrepublik Doneck (DNR), der Volksrepublik Lugansk (LNR) oder *Novorossija*[275], da diese in einer eigenen Gruppe, „(6) Vertreter der Opolčency", erfasst werden.

---

[274] Die Beschreibungen und Informationen über die Gäste stammen aus den russischen Bauchbindentexten, die während des Redebeitrags eines Gastes in der Sendung eingeblendet werden und von mir (M. K.) ins Deutsche übersetzt wurden.

[275] Der Terminus *Novorossija* (dt. *Neurussland*) wurde im Jahr 2014 vor allem von den Opolčency selbst zur Bezeichnung des Gebiets in der Südostukraine verwendet. Allerdings konnte sich diese Benennung nicht gegen den besser abgrenzbaren ‚Donbass' durchsetzen.

In den Talkshows des Fallbeispiels 2 stammen sechs Gäste aus der Ukraine, die nicht den Opolčency zugeordnet werden können. Diese sechs Gäste können in zwei Gruppen unterteilt werden: Einerseits in die Gruppe „(2a) Offizielle politische Vertreter*innen und Politolog*innen aus der Ukraine" wie beispielsweise Abgeordnete der *Verchovnaja Rada*. Diese Personen vertreten eine kritische Position gegenüber der offiziellen Ukraine und ihrer Regierung. Außerdem haben sie eine eindeutig prorussische Einstellung, da sie entweder der *Partija regionov* (dt. *Partei der Regionen*) des ehemaligen ukrainischen Präsidenten Viktor Janukovič (Sergej Gorochov) oder der Kommunistischen Partei (Oksana Kaletnik) angehören. Sie verteidigen und befürworten die Abspaltung des Donbass, der Gebiete rund um Doneck und Lugansk, von der Ukraine:

(2a) Offizielle politische Vertreter*innen und Politolog*innen aus der Ukraine:
- **Oksana Kaletnik:** Abgeordnete der *Verchovnaja Rada* der Ukraine (POLITIKA 07.09.)
- **Sergej Gorochov:** Abgeordneter der *Verchovnaja Rada* der Ukraine (POLITIKA 08.10.)
- **Vasilij Stojakin:** Politologe, Polittechnologe, Direktor des Zentrums für politisches Marketing (Ukraine) (POLITIKA 08.10.)

Während die Gruppe „(2b) Expert*innen bzw. Vertreter*innen auf wissenschaftlicher oder beruflicher Ebene aus der Ukraine" in den untersuchten Talkshows dieses Fallbeispiels nicht vertreten sind,[276] bilden gewöhnliche Menschen, sogenannte „(2c) Durchschnittsbürger*innen" die zweite Gästegruppe aus der Ukraine in den analysierten Polit-Talks.

(2c) Durchschnittsbürger*innen aus der Ukraine:
- **Ol'ga Sofronij:** Mutter eines gefangenen Einwohners von Simferopol (SPECIAL'NYJ KORRESPONDENT 09.09.)
- **Frau** aus dem Publikum 1: ohne Namen, wird nicht vorgestellt (VREMJA POKAŽET 13.10.)
- **Frau** aus dem Publikum 2: ohne Namen, wird nicht vorgestellt (VREMJA POKAŽET 13.10.)

(3) Expert*innen bzw. Vertreter*innen auf wissenschaftlicher oder beruflicher Ebene
Dazu zählen diejenigen Gäste, welche in den Talkshows als Expert*innen auftreten und die aufgrund ihrer wissenschaftlichen oder beruflichen Erfahrung um ihre Meinung bzw. Expertise gebeten werden. Neben Journalist*innen sind in dieser Gruppe Historiker*innen, Schriftsteller*innen, Publizist*innen, Politikwissenschaftler*innen und Ökonom*innen zu finden. Ebenso wie die Gruppe (1) können die Expert*innen ihre Meinungen und Ansichten darlegen, ohne dafür kritisiert zu werden. Nachfragen sowie die Forderung nach Erklärungen seitens der Moderator*innen sind zulässig. Normalerweise werden diese Personen während ihrer Ausführungen nicht unterbrochen. Die Expert*innen bzw. Vertreter*innen auf wissenschaftlicher oder beruflicher Ebene haben häufig sowohl eine berichtende als auch eine analysierende Funktion. Zu dieser Gruppe gehören folgende Personen:
- **Valerij Fadeev:** Chefredakteur der Zeitschrift *Ėkspert*, Mitglied der Kommandostelle der allrussischen Volksfront (POLITIKA 07.09.)

---

276 Im Fallbeispiel 1 war in den Polit-Talks die Gruppe (2b) vertreten, (2c) jedoch nicht.

10.2 Fallbeispiel 2: Krieg in der Ostukraine (September/Oktober 2014) — 275

- **Oksana Gaman-Golutvina:** Leiterin des Instituts für Vergleichende Politikwissenschaft am MGIMO[277]; Präsidentin der russischen Gesellschaft für politische Wissenschaft (POLITIKA 07.09.)
- **Platon Besedin:** Schriftsteller, Publizist (POLITIKA 07.09.)
- **Sergej Černjachovskij:** Historiker, Politologe (POLITIKA 07.09.)
- **Aleksandr Rogatkin:** Journalist (SPECIAL'NYJ KORRESPONDENT 09.09.)
- **Marija Zacharova:** Vizedirektorin der Abteilung für Information und Presse des Außenministeriums der RF (SPECIAL'NYJ KORRESPONDENT 09.09.)
- **Aleksandr Jakovlev:** Journalist bei der Zeitung *Komsomol'skaja pravda* (SPECIAL'NYJ KORRESPONDENT 09.09.)
- **Michail Chazin:** Ökonom (SPECIAL'NYJ KORRESPONDENT 09.09.)
- **Konstantin Šurov:** Vorsitzender der russischen Gemeinschaft der Ukraine (SPECIAL'NYJ KORRESPONDENT 09.09.)
- **Michail Deljagin:** Direktor des Instituts für Globalisierungsprobleme, Doktor der Wirtschaftswissenschaften (POLITIKA 08.10.)
- **Andrej Litvinov:** Pilot erster Ordnung (*lëtčik pervogo klassa*), Kommandant (VREMJA POKAŽET 13.10.)
- **Artëm Šejnin:** Journalist (VREMJA POKAŽET 13.10.)

Im Unterschied zum Fallbeispiel 1 befinden sich in den Sendungen des Fallbeispiels 2 keine „(3a) Vertreter der russisch-orthodoxen Kirche". Neben der allgemeinen Gruppe von Expert*innen können jedoch auch hier zwei weitere Untergruppen definiert werden: Eine Untergruppe bilden Personen, die aufgrund ihrer Erfahrung oder Ausbildung als Kriegsexperten gelten oder (ehemalige) Militärangehörige sind (3b):

(3b) Kriegsexperten bzw. (ehemalige) Militärangehörige:
- **Viktor Baranec:** Kriegsberichterstatter der Zeitung *Komsomol'skaja pravda*, Oberstleutnant im Ruhestand (POLITIKA 07.09., 08.10.)
- **Andrej Popov:** Oberleutnant der Reserve, Mitglied der Anti-Terror-Gruppe „Al'fa" (VREMJA POKAŽET 13.10.)
- **Michail Timošenko:** Oberst, Wehrexperte (VREMJA POKAŽET 13.10.)
- **Vladimir Michajlov:** Luftwaffen-Oberbefehlshaber Russlands, von 2002 bis 2007 Armeegeneral (VREMJA POKAŽET 13.10.)

Zur zweiten Untergruppe zählen die ausländischen Expert*innen, zu denen im vorliegenden Fallbeispiel zwei Personen gehören (3c). Beide vertreten eine eindeutig prorussische Position und berichten in den Shows als westliche Expert*innen von den Gräueltaten sowie der Propaganda der ukrainischen Seite:

(3c) Expert*innen aus dem Ausland:
- **Anisa Nauėj [Anissa Naouai]:** Moderatorin beim Fernsehsender *Russia Today* (SPECIAL'NYJ KORRESPONDENT 09.09.)
- **Ėjnars Graudin'š:** Politologe, Menschenrechtler aus Litauen (VREMJA POKAŽET 13.10.)

---

[277] Das Akronym MGIMO steht für das „Moskauer Staatliche Institut für Internationale Beziehungen" (*Moskovskij gosudarstvennyj institut meždunarodych otnošenij MID Rossii*). Dabei handelt es sich laut Angaben auf der eigenen Webseite um eine der renommiertesten Universitäten für Sozialwissenschaften in Russland, Osteuropa, Zentralasien und den BRICS-Staaten.

(4) Liberale und/oder Vertreter des Westens

Eine weitere Gruppe von Gästen bilden Personen mit liberalen Ansichten sowie westlicher Positionen. Während im Fallbeispiel 1 lediglich westliche Gäste mit prorussischer Einstellung präsent waren, sind in einer analysierten Sendung im Oktober 2014, nämlich in POLITIKA am 08.10.2014, auch russlandkritische Stimmen vertreten. Diese Gäste plädieren dafür, auch die andere, das heißt die ukrainische oder westliche Sichtweise zu berücksichtigen, und sie kritisieren die einseitige Berichterstattung im russischen Fernsehen.

Auffällig ist, dass alle drei Personen ursprünglich nicht aus Russland kommen – Jaroslav Romančuk stammt aus Belarus, Robert Pšel' aus Polen und Majkl Bom aus den USA. Zudem haben Pšel' und Bom einen Akzent im Russischen und teilweise Schwierigkeiten, sich zu artikulieren. Das wirkt sich insbesondere bei einem Polit-Talk wie POLITIKA, in dem rhetorische Finesse zur Verteidigung des eigenen Standpunkts gefragt ist, negativ für diese Gäste aus, da sie den Moderatoren und anderen Gästen somit rhetorisch unterlegen sind. Dazu kommt erschwerend, dass die Vertreter dieser Gruppe in der Sendung häufig unterbrochen und daran gehindert werden, ihre Sätze zu vervollständigen.[278] Ihre Ausführungen über die Ukraine werden außerdem ins Lächerliche gezogen oder als unwahr bzw. falsch dargestellt. Folgende drei Personen zählen in diese Gruppe:

- **Jaroslav Romančuk:** Leiter des Forschungszentrums Mizesa (Republik Belarus) (POLITIKA 08.10.)
- **Robert Pšel':** Direktor des NATO-Informationsbüros in Moskau (POLITIKA 08.10.)
- **Majkl Bom:** Journalist der Zeitung *The Moscow Times* (POLITIKA 08.10.)

(5) TV-Prominenz und/oder Personen des öffentlichen Lebens

Zu dieser Gruppe gehören aus dem Fernsehen bekannte Schauspieler*innen, Musiker*innen oder Sportler*innen. In den Polit-Talks des vorliegenden Fallbeispiels kommt lediglich in VREMJA POKAŽET eine Person vor, die zur Gruppe der TV-Prominenz zählt. In dieser Show ergreift sie zur Unterstützung der Forderungen eines Vertreters der Gruppe (1b) nur einmal kurz das Wort:

- **Antonina Venediktova:** Schauspielerin (VREMJA POKAŽET 13.10.)

(6) Vertreter der Opolčency

In dieser Gruppe werden diejenigen Personen erfasst, welche aus der Ostukraine (DNR, LNR, Charkow etc.) bzw. „*Novorossija*"[279] kommen und als Vertreter der Opolčency in den Talkshowsendungen auftreten. Als im Studio anwesende Augenzeugen berichten sie von den Ereignissen in der Ostukraine. Einer der Vertreter der Opolčency, Andrej Purgin, ist jedoch in zwei Talkshows live via Video aus Doneck in die Sendungen zugeschaltet.

Die Opolčency werden nach ihren Eindrücken, Erlebnissen und ihrer Einschätzung der weiteren Entwicklung der Situation in der Ukraine befragt. Sie können in zwei Gruppen aufgeteilt

---

278 Vgl. z. B. Abschnitt III.10.2.5.2.
279 Wie die Gästeauflistung zeigt, wird in den Bauchbindentexten *Novorossija* anstatt *Donbass* benutzt.

werden: In der ersten Gruppe befinden sich Politiker sowie politisch aktive Personen wie beispielsweise Mitglieder bzw. Vertreter nationalistischer Verbände oder Vereine:

(6a) Politiker und/oder politisch aktive Personen:
- **Aleksandr Kofman**: erster stellvertretender Vorsitzender des Parlaments von *Novorossija* (POLITIKA 07.09.)
- **Konstantin Dolgov**: Co-Präsident der Volksfront von *Novorossija* (POLITIKA 07.09.)
- **Andrej Purgin**: erster stellvertretender Vorsitzender der Regierung = Vizepremier der DNR (SPECIAL'NYJ KORRESPONDENT 09.09.; VREMJA POKAŽET 13.10.)
- **Vladimir Rogov**: Anführer der „Slawischen Garde" (*Slavjanskaja gvardija*), Co-Vorsitzender der Volksfront von *Novorossija* (SPECIAL'NYJ KORRESPONDENT 09.09.; VREMJA POKAŽET 13.10.)
- **Vjačeslav Bednjak**: Abgeordneter des Parlaments von *Novorossija*, Verantwortlicher für die Republik Lugansk (SPECIAL'NYJ KORRESPONDENT 09.09.)
- **Aleksej Granovskij**: Minister für Brennmaterial und Energetik der Volksrepublik Doneck (POLITIKA 08.10.)
- **Sergej Agarkov**: Vorsitzender des Exekutivkomitees des Verbands „Einheit des Volkes" (*Narodnoe Edinstvo*), Stadt Charkow (VREMJA POKAŽET 13.10.)
- **Evgenij Vallenberg**: Vertreter des antifaschistischen Stabs „Roter Widerstand" (*Krasnoe soprotivlenie*) (VREMJA POKAŽET 13.10.)

Die zweite Gruppe der Opolčency bilden Krieger oder Kämpfer bzw. allgemein Militärpersonen, die aufgrund ihrer militärischen Funktion und Tarnkleidung, die sie in den Shows tragen, als solche identifiziert werden können. Im Bauchbindentext ist bisweilen auch ihr Rufname (*Rim, Kuznec*) angeführt, was laut Norman (2020: 112) eine sprachliche Manipulation darstellt, da der Status dieser Personen „dadurch implizit erhöht, ihr Image ‚geadelt'" wird:

(6c) Militärpersonen bzw. Krieger/Kämpfer:
- **Aleksandr Gajdej (Rim)**: Kommandeur des „Großen Don-Heeres" (*Vsevelikoe vojsko Donskoe*)[280] (SPECIAL'NYJ KORRESPONDENT 09.09.)
- **Nikolaj Pačkovskij**: Kommandeur einer Teileinheit des „Großen Don-Heeres" (*Vsevelikoe vojsko Donskoe*) (SPECIAL'NYJ KORRESPONDENT 09.09.)
- **Oleg Kirillov**: Opolčenec, Rufname „Schmied" (*Kuznec*) (VREMJA POKAŽET 13.10.)

Abschließend lässt sich festhalten, dass die meisten Gäste der Polit-Talks aus der Gruppe „(1) Offizielle (politische) Vertreter*innen der Russischen Föderation (RF)" sowie aus der Gruppe „(3) Expert*innen bzw. Vertreter*innen auf wissenschaftlicher oder beruflicher Ebene" stammen. Dieser Gästeschwerpunkt ist jedoch typisch für das Genre Polit-Talk (vgl. Abschnitt II.6.3.2).

---

[280] *Vsevelikoe vojsko Donskoe* ist eine Kosakenorganisation und hat ihren Hauptsitz in Rostov am Don (vgl. Mitrokhin 2019: 118). An der Spitze dieser Kosaken-Einheit steht der aus Russland stammende Ataman Nikolaj Kozicyn. Laut Mitrokhin (2015: 12) eroberte im Mai 2014 das „Große Don-Heer" circa „die Hälfte des offiziell der ‚Volksrepublik Lugansk' unterstellten Territoriums".

Sieben der in diesem Abschnitt aufgelisteten Gäste treten in zwei der untersuchten Sendungen auf: Zum einen sind das die beiden Parteimitglieder der Regierungspartei *Edinaja Rossija*, Aleksandr Chinštejn und Franc Klincevič. Auch die beiden Mitglieder der Gesellschaftskammer der RF, Sergej Markov und Iosif Diskin, sind in zwei Polit-Talks zu Gast. Zum anderen treten in den analysierten Sendungen wiederholt dieselben Vertreter der Opolčency auf, da sowohl Andrej Purgin als auch Vladimir Rogov in zwei Polit-Talks ihre Sichtweise auf die Ereignisse präsentieren. Darüber hinaus diskutiert der bereits aus dem Fallbeispiel 1 bekannte Viktor Baranec, Kriegsberichterstatter der *Komsomol'skaja pravda*, auch in diesem Fallbeispiel in zwei Sendungen mit. Diese wiederholte Präsenz derselben Gäste in mehreren Sendungen weist auf die hohe Serialität der Shows hin, deren Gäste und Expert*innen beim Publikum einen ähnlichen Status wie Serienhelden erreichen (vgl. MKRU 2017).

Des Weiteren kann – wie im Fallbeispiel 1 – auch in den Polit-Talks des Fallbeispiels 2 eine deutliche Überzahl männlicher Talkshowgäste festgestellt werden. In den vier untersuchten Sendungen sind insgesamt lediglich fünf Gäste weiblich, 40 dagegen sind männlich. Diese Unterrepräsentation von Frauen zeigt, dass nicht nur wichtige (politische) Positionen in Russland von Männern besetzt werden, sondern auch die Diskussion über die aktuelle Politik männlich dominiert ist (siehe Abschnitt III.10.1.1.1).

Zudem fällt bei genauer Betrachtung der Gäste auf, dass keine Vertreter*innen der offiziellen Ukraine vorkommen. Zwar befinden sich Abgeordnete der *Verchovnaja Rada* unter den Gästen, aber diese stammen entweder von der ehemaligen Janukovič-Partei oder der Kommunistischen Partei und nehmen daher eine prorussische Position ein. Weitere Gäste aus der Ukraine sind die Opolčency, von denen in jedem Polit-Talk mindestens ein, meistens jedoch mehrere Vertreter anwesend sind, und die ihre Sichtweise auf die Ereignisse in der Ostukraine präsentieren. Aufgrund des Fehlens von Vertretern der offiziellen Ukraine können die Opolčency ihre Version der Geschehnisse schildern, ihre Forderungen stellen und die ukrainische Seite diffamieren, ohne, dass letztere sich in der Show verteidigen oder ihren Standpunkt rechtfertigen könnten. Somit ist bereits anhand der Gästekonstellation erkennbar, dass mit Ausnahme von POLITIKA am 08.10.2014 kritische Stimmen in den Polit-Talks nicht existieren und daher davon ausgegangen werden kann, dass in den Shows eine klar einseitige, polarisierende und mit der offiziellen Position Russlands konforme Sichtweise auf die Ereignisse in der Ostukraine präsentiert wird.

10.2.1.2 Talkshowgäste: Trivial-Talk

Die Gästekonstellation in der Sendung des Trivial-Talks MUŽSKOE/ŽENSKOE des vorliegenden Fallbeispiels unterscheidet sich von derjenigen der Polit-Talks. Einer der größten Unterschiede besteht in der Verteilung der Haupt- und Nebengäste auf die einzelnen Untergruppen:

---

(1) Offizielle (politische) Vertreter*innen der Russischen Föderation (RF)
Im Gegensatz zu den Polit-Talks sind es in der Trivial-Talkshow keine Parteivorsitzende oder Abgeordnete der Duma, die in der Sendung auftreten, sondern Politiker*innen sowie Mitglieder des Föderationsrates auf regionaler Ebene. Sie werden normalerweise nicht unterbrochen und fungieren in der Talkshow als staatliche Vertreter*innen Russlands, welche die Flüchtlinge aus der Ukraine über ihre Möglichkeiten und Chancen in Russland aufklären. Von den übrigen Talkshowgästen unterscheiden sich Vertreter*innen dieser Gruppe durch die Verwendung eines administrativen und schriftsprachlichen Stils.[281] Zu dieser Gruppe gehören folgende Personen:
- **Elena Popova**: Leiterin der Wolgograder Regionalabteilung der allrussländischen gesellschaftlichen Bewegung „Mütter Russlands" (*Materi Rossii*)
- **Nina Boldyreva**: Beauftragte für die Rechte des Kindes der Oblast Wolgograd
- **Ruslan Smolenskij**: Stellvertreter des Gouverneurs der Oblast Kaluga
- **Tat'jana Gansior**: stellvertretende Verwaltungsleiterin für Arbeit und Beschäftigung der Bevölkerung der Oblast Tambov

---

(2) Gäste aus der Ukraine
Die Gäste aus der Ukraine bilden in der untersuchten Sendung des Trivial-Talks MUŽSKOE/ŽENSKOE die größte Gruppe. Sie setzt sich aus Flüchtlingen aus der Ukraine zusammen, die alle als gewöhnliche Menschen, das heißt als „(2c) Durchschnittsbürger*innen" bezeichnet werden können.[282] In den Bauchbindentexten erfahren die Zuseher*innen den Grund für den Auftritt dieser Personen in der Talkshow und/oder ihre Beziehung zu anderen anwesenden Gästen.

Die Durchschnittsbürger*innen aus der Ukraine zeichnen sich im Trivial-Talk durch ihre einfache und nicht normative, sondern substandardliche Sprachverwendung (*prostorečie*) aus. Ihr Auftritt in der Sendung ist meist sehr emotional. Folgende Personen können dieser Gruppe zugeordnet werden:

(2c) Durchschnittsbürger*innen:
- **Anna Golenickaja**: Flüchtling aus der Ukraine
- **Natal'ja Golenickaja**: Flüchtling aus der Ukraine
- **Viktorija Golenickaja**: Flüchtling aus der Ukraine
- **Il'ja Golenickij**
- **Viktor Golenickaja** [sic!]: seine Kinder sind nach Russland geflüchtet
- **Frau von Viktor und Mutter der vier Kinder** *(kommt nicht zu Wort)*

---

[281] Vgl. Abschnitt III.10.2.5.4.
[282] Die beiden Gruppen „(2a) Offizielle politische Vertreter*innen und Politologen" sowie „(2b) Expert*innen bzw. Vertreter*innen auf wissenschaftlicher oder beruflicher Ebene" kommen zwar in den Polit-Talks, nicht jedoch im untersuchten Trivial-Talk vor.

- **Diana Astapenko:** ihr Sohn wird vermisst
- **Aleksandr Rjabčenko:** Flüchtling aus der Ukraine, sucht seine Eltern
- **Daniil Rjabčenko:** Sohn von Aleksandr Rjabčenko
- **Mutter von Aleksandr und Großmutter von Daniil** *(kommt nicht zu Wort)*
- **Frau von Aleksandr** *(kommt nicht zu Wort)*
- **Natal'ja Erdjakova:** Flüchtling aus Lugansk
- **Tochter von Natal'ja** *(kommt nicht zu Wort)*

(3) Expert*innen bzw. Vertreter*innen auf wissenschaftlicher oder beruflicher Ebene
Im Gegensatz zu den Polit-Talks befinden sich im Trivial-Talk in dieser Gruppe keine Journalist*innen, sondern lediglich medizinische Expert*innen. Sie kommen in der Sendung jeweils nur ganz kurz zu Wort, da der Großteil der Unterhaltung zwischen den Moderator*innen und den Gästen aus der Ukraine (2c) stattfindet. In MUŽSKOE/ŽENSKOE treten zwei Expert*innen auf:
- **Aleksandr Tesler:** Psychologe
- **Inna Arutjunjan:** Fachärztin für Augenheilkunde

(4) Liberale und/oder Vertreter des Westens
Die Gästegruppe „(4) Liberale und/oder Vertreter des Westens" kommt im untersuchten Trivial-Talk dieses Fallbeispiels nicht vor.

(5) TV-Prominenz und/oder Personen des öffentlichen Lebens
In MUŽSKOE/ŽENSKOE gibt es zwei Personen, die zu dieser Gruppe gezählt werden können: eine Schauspielerin und ein Regisseur. Die Schauspielerin kommentiert und bewertet die Ereignisse in der Talkshow, indem sie die Leistung des Fernsehsenders lobt. Der Regisseur dagegen ist selbst ein Star bzw. Held der Sendung, da er Menschen aus der Ukraine rettet und nach Russland bringt:
- **Irina Vychodceva:** Schauspielerin
- **Aleksej Smirnov:** Regisseur, hat mehr als 6000 Flüchtlingen geholfen

(6) Vertreter der Opolčency
Zu den Opolčency können im Trivial-Talk zwei junge Männer gezählt werden, die in der Ostukraine geblieben sind, um dort, wie in der Talkshow verlautbart, ihre Heimat zu verteidigen. Während Rustam Kasumov in die Sendung kommt, um seine nach Russland geflüchtete Freundin wiederzutreffen, trifft Bogdan Astapenko nach Monaten in ukrainischer Gefangenschaft in der Show auf seine Mutter, die angeblich seit seiner Entführung nichts mehr von ihm gehört hat. Da die beiden Männer anhand der Informationen im Bauchbindentext weder einer militärischen Einheit zugeordnet noch als politisch aktive Personen bezeichnet werden können, werden sie der Untergruppe „(6d) Durchschnittsbürger*innen" zugeordnet:

(6d) Durchschnittsbürger*innen:
- **Rustam Kasumov:** Freund von Anna Golenickaja
- **Bogdan Astapenko:** Sohn von Diana Astapenko, war in Gefangenschaft

(7) Durchschnittsbürger*innen aus Russland
In den untersuchten Talkshows findet sich lediglich eine Person, die in diese Gruppe fällt. Es handelt sich dabei um einen Mann aus Russland, der sich dadurch auszeichnet, dass er einen weiblichen Flüchtling aus der Ukraine bei sich aufgenommen hat:
– **Danila Baranov**: hat Natal'ja Erdjakova Zuflucht gewährt

Abschließend kann festgehalten werden, dass sich die Gästekonstellation der Trivial-Talkshow Mužskoe/Ženskoe von jener der Polit-Talks vor allem dadurch unterscheidet, dass die weiblichen Gäste deutlich in der Überzahl sind. Das betrifft nicht nur die größte Gästegruppe „(2c) Durchschnittsbürger*innen" aus der Ukraine, sondern auch die Gruppe „(1) Offizielle (politische) Vertreter*innen der Russischen Föderation (RF)". Die Überzahl weiblicher Gäste ist wiederum ein Indiz für das Zielpublikum dieser Show, das, wie bereits erwähnt, aufgrund der Sendezeit wahrscheinlich hauptsächlich aus weiblichen Personen und älteren Menschen besteht.

Bemerkenswert ist außerdem, dass in dieser Talkshow ein sehr traditionelles und konservatives Männer- und Frauenbild vermittelt wird. Folgende Wortmeldung des als Psychologen vorgestellten Aleksandr Tesler ist ein Beispiel für die Vorstellung des Mannes als Ernährer und Versorger der Familie:

> **Александр Теслер:** Вы знаете, несмотря на то, что *решат мужчины в этой семье, оставаться им или вернуться домой, нужно их обеспечить работой,* и пусть даже *они решат* не оставаться здесь, но тем не менее. Если будет работа, если будет возможность *поддержать свою семью здесь, они останутся настоящими мужчинами* и *дети в них увидят настоящий мужской стереотип, к которому надо стремиться.*
> (*Mužskoe/Ženskoe*, 13.10.2014, 00:23:09–00:23:34)

> **Aleksandr Tesler:** Wissen Sie, ungeachtet dessen, wie sich die Männer in dieser Familie entscheiden, ob sie bleiben oder nach Hause zurückkehren, muss man ihnen Arbeit geben, selbst wenn sie sich entscheiden sollten, nicht hier zu bleiben. Wenn es eine Arbeit gibt, wenn es eine Möglichkeit gibt, ihre Familie hier zu unterstützen, werden sie echte Männer bleiben und die Kinder werden in ihnen das echte männliche Stereotyp sehen, das es anzustreben gilt.

Während die Männer in dieser Show zu Beschützern, Verteidigern und Rettern stilisiert werden, erfüllen die Frauen ihre traditionelle Rolle als Mutter. So sorgt sich beispielsweise eine Mutter um ihren Sohn, der von der ukrainischen Seite entführt wurde, und die aus der Ukraine nach Russland geflüchtete Natal'ja Erdjakova, die bereits ein Kind hat, verkündet, dass sie erneut schwanger sei, nämlich von ihrem Retter, Danila Baranov, der ihr in Russland Zuflucht gewährt hat.

Zusammenfassend kann konstatiert werden, dass auch im Trivial-Talk die Gästekonstellation auf die Erzeugung eines sehr einseitigen Bildes hindeutet, das die Ukraine als Land präsentiert, aus dem die Menschen in ein besseres Leben nach Russland flüchten.

10.2.1.3 Moderation

Die bereits erwähnte männliche Dominanz in Polit-Talks zeigt sich ebenso in der Besetzung der Moderation. So wird POLITIKA von Pëtr Tolstoj sowie von Aleksandr Gordon moderiert, und SPECIAL'NYJ KORRESPONDENT steht unter der Leitung von Evgenij Popov. Lediglich der Nachmittags-Polit-Talk VREMJA POKAŽET sowie die Trivial-Talkshow MUŽSKOE/ŽENSKOE haben eine männlich-weibliche Doppelmoderation. Den Nachmittags-Polit-Talk leiten Pëtr Tolstoj und Ekaterina Striženova und den Trivial-Talk Julija Baranovskaja sowie Aleksandr Gordon. Letzterer moderiert somit sowohl einen Polit-Talk als auch einen Trivial-Talk, was darauf hindeutet, dass auch in vermeintlich unpolitischen Trivial-Talks Politik gemacht wird. Bemerkenswert ist außerdem, dass in den Doppelmoderationen jeweils die beiden Männer auftreten, die bereits gemeinsam eine Talkshowsendung, nämlich POLITIKA, moderieren. Pëtr Tolstoj moderierte 2014 zudem noch einen weiteren Polit-Talk – die nach ihm benannte, sonntagabends ausgestrahlte Show TOLSTOJ. VOSKRESEN'E.

Da die Moderator*innen ein unerlässlicher und zentraler Teil von Talkshows sind, werden diejenigen Moderator*innen, die im Fallbeispiel 1 noch nicht vorgestellt wurden, an dieser Stelle kurz näher charakterisiert:
- **Pëtr Tolstoj:** Kurzbeschreibung siehe Fallbeispiel 1 (Abschnitt III.10.1.1.3)
- **Aleksandr Gordon:** Kurzbeschreibung siehe Fallbeispiel 1 (Abschnitt III.10.1.1.3)
- **Evgenij Popov:** Als Journalist und politischer Beobachter in der Ukraine arbeitete Evgenij Popov 2013 für die Nachrichtensendung VESTI auf *Rossija-1* und berichtete vor allem über die Ereignisse auf dem Majdan. Ende August 2014 wurde er auf die Liste ukrainischer Sanktionen gesetzt.

In der Talkshow SPECIAL'NYJ KORRESPONDENT war Popov zunächst als Spezialkorrespondent tätig, und im Herbst 2014 wurde er schließlich zum Moderator der Show befördert. Seit 2016 leitet er gemeinsam mit seiner Ehefrau, Ol'ga Skabeeva, den Polit-Talk 60 MINUT auf *Rossija-1*. Für diese Show haben beide bereits zwei Mal den TEFI-Preis sowie 2017 die journalistische Auszeichnung „Goldene Feder" (*Zolotoe pero*) erhalten.
- **Ekaterina Striženova:** Die Journalistin und Schauspielerin hat bereits in zahlreichen Theaterinszenierungen und Spielfilmen mitgewirkt. Seit 2014 moderiert Ekaterina Striženova gemeinsam mit Pëtr Tolstoj die Talkshow

VREMJA POKAŽET auf dem *Pervyj kanal*. Davor leitete sie gemeinsam mit Aleksandr Gordon u. a. die Talkshows ZA I PROTIV sowie ONI I MY.
- **Julija Baranovskaja:** Ihre Karriere im Fernsehen startete 2014 zunächst auf dem Sender *TNT*, und anschließend moderierte sie die Talkshow DEVČATA auf *Rossija-1*. Seit September 2014 führt sie gemeinsam mit Aleksandr Gordon durch die Talkshow MUŽSKOE/ŽENSKOE auf dem *Pervyj kanal*.

Auffällig ist, dass beide Moderatorinnen mit den zwei sehr bekannten Moderatoren von Polit-Talks, nämlich Aleksandr Gordon und Pëtr Tolstoj, zusammengearbeitet haben bzw. zusammenarbeiten. Die Moderation von Polit-Talks ist zudem ausschließlich Männern vorbehalten, wobei lediglich die Nachmittags-Polit-Talkshow VREMJA POKAŽET, die in Doppelmoderation geführt wird, eine Ausnahme bildet. Bemerkenswert ist ferner der Werdegang von Evgenij Popov, der zunächst lediglich Nachrichtenkorrespondent war und aufgrund seiner Berichterstattung über die Ereignisse in der Ukraine im Herbst 2014 zum Talkshowmoderator von SPECIAL'NYJ KORRESPONDENT aufgestiegen ist. Seit 2016 moderiert er gemeinsam mit seiner Ehefrau die für die Diffamierungen der Ukraine bekannte Talkshow 60 MINUT, für die das Ehepaar bereits mehrmals ausgezeichnet wurde (vgl. Kaltseis 2019a).

In Bezug auf die Moderator*innen der Talkshows kann – wie bereits im Fallbeispiel 1 – festgehalten werden, dass bei genauer Betrachtung ihrer Karrierelaufbahn deutlich wird, dass sie eine sehr subjektive Haltung hinsichtlich der Ereignisse in der Ukraine einnehmen und für die Art ihrer Berichterstattung wichtige Preise erhalten.

10.2.2 Thematische Schwerpunkte

In diesem Untersuchungsschritt geht es darum, ein knappes thematisches Gesamtbild der jeweiligen Talkshowsendung zu präsentieren. Während mithilfe der integrativen Inhaltsanalyse lediglich diejenigen Themen, die in den Sendungsbeschreibungen genannt sind, eruiert wurden (siehe Kapitel III.8), wird an dieser Stelle zusammenfassend festgehalten, welche Themen in den Talkshowsendungen des Fallbeispiels 2 tatsächlich diskutiert wurden.

Die Sendung POLITIKA vom 07.09.2014 wurde in der integrativen Inhaltsanalyse mit den beiden Kategorien **23_Krieg/Bürgerkrieg** sowie **26_Waffenruhe/Friedensverhandlungen** codiert. In der ersten Hälfte der Show geht es vor allem um die Waffenruhe bzw. deren Nicht-Einhaltung sowie um die Perspektiven des Friedensabkommens Minsk I. Im Zuge dessen wird auch über die politische Zukunft von *Novorossija* bzw. den Status der beiden Volksrepubliken DNR und LNR gesprochen. In der zweiten Hälfte der Sendung werden hauptsächlich die westlichen Sanktionen gegen Russland sowie allgemein die Beziehung zwischen Russland und dem Westen vor dem Hintergrund des Ukrainekonflikts diskutiert.

Die Talkshow SPECIAL'NYJ KORRESPONDENT, die am 09.09.2014 den Zusatztitel *Doroga v Lugansk* hatte, wurde in der integrativen Inhaltsanalyse aufgrund der Sendungsbeschreibung mit vier Kategorien codiert: **23_Krieg/Bürgerkrieg, 25_Kriegsverbrechen, 31_Tote/verletzte Erwachsene** und **40_Nationalistische und faschistische Kräfte in der Ukraine (allgemein)**. Nach einer kurzen Anfangsdiskussion wird in der Sendung eine rund 25-minütige Reportage des Spezialkorrespondenten gezeigt, über die im Anschluss im Studio diskutiert wird. In dieser Reportage wird die Situation im Donbass – vor allem rund um Lugansk – aus Sicht der Opolčency geschildert und Interviews mit Augenzeug*innen gemacht, welche von den Kriegsverbrechen und der Gewalt der ukrainischen Seite berichten. In der anschließenden Diskussion im Studio geht es um die Verbrechen der ukrainischen Seite, insbesondere der Freiwilligenbataillone, welche als Beweis für den ‚ukrainischen Faschismus' angeführt werden. Ebenso werden die Rolle Russlands als Aufklärer sowie die angeblichen Pläne der ukrainischen Regierung mit dem Donbass erörtert. In diesem Zusammenhang wird auch der Status der beiden Volksrepubliken Doneck und Lugansk angesprochen. Außerdem wird in der Sendung über das Verhältnis zwischen dem Westen, vor allem Amerika, und der Ukraine sowie zwischen Russland und dem Westen diskutiert.

Für die Sendung POLITIKA vom 08.10.2014 wurden die Kategorien **23_Krieg/Bürgerkrieg, 25_Kriegsverbrechen** sowie **31_Tote/verletzte Erwachsene** vergeben. Die Kriegsverbrechen und Gräueltaten der ukrainischen Seite sowie der ‚ukrainische Faschismus' spielen vor allem in der ersten Hälfte der Sendung eine wichtige Rolle. Da in der Sendung zwei Vertreter des Westens präsent sind, geht es in der Show auch um die Beziehungen zwischen der NATO bzw. Amerika und der Ukraine, die Sanktionen gegen Russland sowie allgemein um die Beziehung zwischen Russland und dem Westen. Auch die Zukunft des Donbass sowie die Propaganda gegen Russland werden in der Sendung behandelt.

VREMJA POKAŽET vom 13.10.2014 wurde in der integrativen Inhaltsanalyse aufgrund der sehr allgemeinen und kurzen Sendungsbeschreibung lediglich mit der Kategorie **23_Krieg/Bürgerkrieg** codiert. Wie in den anderen Polit-Talks wird in dieser Sendung über die Kriegsverbrechen und die Gewalt der ukrainischen Seite gesprochen, welche unter anderem am Beispiel von einem angeblichen Massengrab in der Ostukraine demonstriert werden. Des Weiteren geht es in der Show um die ukrainische Regierung, vor allem um den neuen Verteidigungsminister der Ukraine, sowie die Zukunft des Donbass. Am Ende der Sendung wird zudem eine längere Diskussion über den Absturz der malaysischen Boeing MH17 geführt und neue Theorien für die Absturzursache vorgebracht.[283]

Die Trivial-Talkshow MUŽSKOE/ŽENSKOE vom 13.10.2014, die im Titel den Zusatz *Granica ljubvi* trägt, wurde aufgrund der Sendungsbeschreibung mit drei Kategorien codiert: **23_Krieg/Bürgerkrieg**, **33_Flüchtlinge** sowie **82_Gewöhnliche Menschen aus/in der Ukraine (außer: Krim)**. Diese Codierung stimmt mit den in der Sendung angesprochenen Themen überein, da es in der Show um ukrainische Flüchtlinge, das heißt um gewöhnliche Menschen aus der Ukraine geht, die nach Russland gekommen sind. Sie berichten in der Sendung von ihrem persönlichen Schicksal und der aufgrund der Flucht entstandenen Trennung von ihren Liebsten bzw. ihrer Familie, mit denen sie in der Show schließlich wiedervereint werden.

Nach diesem kurzen Überblick über die thematischen Schwerpunkte der einzelnen Sendungen erfolgt in den nächsten Abschnitten die Kritische Diskursanalyse in Hinblick auf die Darstellung der Konfliktparteien. Dabei werden zuerst die in den Talkshowsendungen eingesetzten audiovisuellen Mittel und die Zusammenwirkung von Bild und Text eruiert. Zur besseren Übersicht und einfacheren Darstellung werden diese audiovisuellen Mittel in einem eigenen Abschnitt (III.10.2.3) präsentiert. Im Anschluss daran erfolgt schließlich die Analyse der einzelnen Akteure des Konflikts bzw. Kriegs (die Ukraine, die Opolčency und Russland) sowie die Präsentation der Vorwürfe und Anschuldigungen gegenüber der Ukraine und dem Westen.

10.2.3 (Audio-)Visuelle Mittel

Dieser Abschnitt behandelt die in den untersuchten Talkshowsendungen eingesetzten (audio)visuellen Mittel, wie Einspieler, in Form von kurzen vorproduzierten Videos, Filmausschnitten oder Fotos, die während der Sendung auf einer Bildschirmleinwand im Studio gezeigt werden. Diese nehmen einen wichtigen Platz in den Talkshows ein und fungieren als „Steuerungsinstrument" (Klemm 2015: 100). So können sie beispielsweise dazu eingesetzt werden, ein neues Thema einzuleiten, das Gesagte zu beweisen, zusätzliche Informationen zu geben oder die Diskussion anzuregen (vgl. Abschnitt II.6.2.4).

Im Folgenden wird anhand von Beispielen aus den einzelnen Sendungen demonstriert, welche Funktionen Bilder (z. B. Videos, Fotos etc.) in den untersuchten

---

[283] Der Flugzeugabsturz kommt auch in anderen Talkshows vor, meist jedoch nur in einzelnen Äußerungen der Gäste, um die Darstellung von Russland als Opfer zu stützen.

Talkshows des Fallbeispiels 2 haben und wie diese mit sprachlichen Äußerungen interagieren. Insgesamt können fünf Funktionen von Bildern in den untersuchten Sendungen unterschieden werden: (1) Bilder als Suggestion, (2) Bilder der Unmittelbarkeit, (3) Bilder als Mittel zur Dramatisierung und Emotionalisierung, (4) Bilder als Mittel zur Personalisierung und (5) Bilder als didaktisches Mittel.

10.2.3.1 Bilder als Suggestion

Bilder dienen in den Talkshows häufig dazu, den gesprochenen Text zu authentifizieren und dessen Glaubwürdigkeit zu erhöhen. Die Bilder erfüllen dabei eine suggestive Funktion, einerseits, um die eigene Seite, in diesem Fall die Opolčency positiv darzustellen. Andererseits wird die suggestive Funktion dazu genutzt, um die gegnerische Seite, nämlich die ukrainische Armee und Soldaten, zu diskreditieren.

– **Heroisierung der Opolčency**

Die prorussischen Kämpfer im Donbass werden in den Talkshowsendungen heroisiert. In der 25-minütigen Reportage in SPECIAL'NYJ KORRESPONDENT wird beispielsweise eine Kampfszene, in der die Opolčency als Sieger hervorgehen, folgendermaßen kommentiert:

> **Александр Рогаткин:** В бой замеченные здесь люди *вступать не стали*, ушли как раз в тот самый момент, когда *у отряда заклинил единственный пулемет*, ведь воюют чуть ли не *с музейными экспонатами*.
>
> (*Special'nyj korrespondent*, 09.09.2014, 00:07:53–00:08:04)

> **Aleksandr Rogatkin:** Die Menschen, die hier zu sehen sind, haben sich nicht am Kampf beteiligt, sondern sie sind genau in dem Moment abgezogen, als sich bei der Kampfeinheit das einzige Maschinengewehr verkeilt hat, denn sie kämpfen ja fast mit Museumsstücken.

Dem Kommentator zufolge kämpfen die Opolčency mit sehr alten Waffen, welche fast schon „Museumsexponate" seien (*vojujut čut li ne s muzejnymi ėksponatami*). Als Beweis dafür wird im Video ein kaputtes Maschinengewehr gezeigt – der Riss auf dem Handschutz (*handguard*) der Waffe ist mithilfe des Zooms deutlich zu erkennen (siehe Abbildung 16).

Die gezeigten Bilder erfüllen hier eine suggestive Funktion, da sie dazu dienen, die Glaubwürdigkeit des Gesagten zu erhöhen. Bild und gesprochener Text ergänzen sich somit an dieser Stelle gegenseitig.

Wie diese Screenshots (Abbildung 16) aus der Reportage illustrieren, wird das Maschinengewehr (*pulemët*) in einer Detailaufnahme gezeigt, und anschließend erklärt ein Opolčenec, wie er diese Waffe wieder einsatzfähig gemacht habe. Außerdem wird darauf hingewiesen, dass die Opolčency lediglich „ein

Abbildung 16: Maschinengewehr in *Special'nyj korrespondent*. Links ohne Zoom, rechts mit Zoom. (*Special'nyj korrespondent*, 09.09.2014, 00:08:00–00:08:04).

einziges Maschinengewehr" (*edinstvennyj pulemët*) gehabt hätten, das jedoch derart marod sei, dass es sich „verkeilt" (*zaklinil*) habe.

Diese sprachliche und visuelle Inszenierung und Fokussierung auf das Maschinengewehr lösen an dieser Stelle wahrscheinlich unterschiedlichste Assoziationen bei den Zuseher*innen aus, da diese Waffe sowohl im Ersten als auch im Zweiten Weltkrieg äußerst populär gewesen ist und zudem eine zentrale Rolle in zahlreichen bekannten Spielfilmen, wie beispielsweise in dem sowjetischen Klassiker ČAPAEV (1934) oder in dem zweiten Teil von Aleksej Balabanovs Kultfilm BRAT 2 (2000) (dt. *Bruder 2*), gespielt hat.

Ein weiteres Beispiel für die ästhetische Inszenierung des Maschinengewehrs und die gleichzeitige Heroisierung der Opolčency in der Reportage ist das Einzelporträt eines jungen Mannes aus Odessa, der auf der Seite der Aufständischen im Donbass kämpft. Obwohl in dieser Sequenz der Mann porträtiert wird, machen die nachfolgenden Screenshots der verschiedenen Einstellungen deutlich, dass hier ebenso wie in der Szene zuvor die Waffe im Vordergrund steht und in Szene gesetzt wird (siehe Abbildung 17).

Lexikalisch unterstrichen wird die Inszenierung der Waffe, die in Detailaufnahmen (*close-up* und *extreme-close-up*) gefilmt wird, durch folgende Worte des Kommentators, mit denen er die Szene einleitet und den Kämpfer vorstellt:

> **Aleksandr Rogatkin:** Вот одессит Миша. Всю жизнь на стройках, но после трагедии в доме профсоюзов, *пришлось взять в руки пулемет*.
> (*Special'nyj korrespondent*, 09.09.2014, 00:10:34–00:10:42)

> **Aleksandr Rogatkin:** Das ist Miša aus Odessa. Sein ganzes Leben lang war er am Bau tätig, aber nach der Tragödie im Gewerkschaftshaus sah er sich gezwungen, ein Maschinengewehr in die Hände zu nehmen.

Abbildung 17: Opolčenec mit Maschinengewehr (*Special'nyj korrespondent*, 09.09.2014, 00:10:34–00:11:41).

Nach der Tragödie im Gewerkschaftshaus habe Miša aus Odessa, der sein ganzes Leben am Bau gearbeitet hat, die Waffe – das Maschinengewehr – in die Hände nehmen müssen (*prišlos' vzjat' v ruki pulemët*). Das In-die-Hand-Nehmen bzw. Ergreifen der Waffe wird in dieser Szene nachgestellt, und gleichzeitig findet mithilfe der Nah- und Detailaufnahmen eine Intensivierung statt, da diese Kameraperspektiven eine sehr hohe ästhetische Wirkung haben und physische Nähe bei dem/der Zuseher*in erzeugen (vgl. Zettl 2013: 228). Zusätzlich intensiviert und dramatisiert wird die Szene mithilfe extradiegetischer Musik (*nonliteral sound*), welche lauter und schneller wird, als der junge Mann das erste Mal mit der Waffe in der Hand im Bild erscheint. Die zunächst rhythmische elektronische Musik wechselt beim Anlegen der Waffe in Klänge eines Streichinstruments, welches an szenische Musik aus Thrillern oder Kriminalfilmen erinnert. Diese musikalische Untermalung hat Einfluss auf die Wahrnehmung der Szene bei den Zuseher*innen (vgl. Langkjær 2013: 74) und verleiht ihr zusätzliche Energie (vgl. Zettl 2013: 328). Bemerkenswert ist außerdem, dass der Kämpfer trotz der bedrohenden Waffe, die er in der Hand hält, als ungefährlich dargestellt wird, indem ihn der Reporter mit der Kurzform seines Vornamens (Miša) anspricht und dadurch eine intime, vertraute und persönliche Atmosphäre schafft.

Ein weiteres Beispiel für die suggestive Funktion von Bildern und die Heroisierung der Opolčency ist die weinende Ikone des Heiligen Nikolaj in einer Kirche. Die Bilder dienen hier als Beweismittel für übernatürliche Begebenheiten, die eigentlich nicht glaubhaft sind, aber die durch das Zeigen von Bildern für die Zuseher*innen real und plausibel werden: Zunächst wird in der Reportage von SPECIAL'NYJ KORRESPONDENT eine Kirche (*chram*) gefilmt. Diese Szene ist mit extradiegetischer, sakraler Musik hinterlegt, wodurch Bild und Ton thematisch übereingestimmt werden (vgl. Zettl 2015: 357). Zusätzlich wird dadurch der im Film gezeigte religiöse Ort – das Gotteshaus – akzentuiert und charakterisiert (vgl. Burger und Luginbühl 2014: 97).

In die Kuppel der Kirche hat eine Granate ein klaffendes Loch gesprengt. Vor der Ikone des Heiligen Nikolaj, die in dieser Kirche hängt, bekreuzigt sich ein Opolčenec, und der Kommentator, Aleksandr Rogatkin, erklärt, dass die Ikone nach dem Granateneinschlag geweint habe:

Александр Рогаткин: Снарядом пробит купол храма. Ополченцы крестятся на икону Николая Чудотворца. Хотите верьте, хотите нет, но козаки уверяют, что *икона после этого кошмара замироточила*.
(*Special'nyj korrespondent*, 09.09.2014, 00:14:58–00:15:10)

Aleksandr Rogatkin: Eine Granate hat ein Loch in die Kuppel gesprengt. Die Opolčency bekreuzigen sich vor der Ikone des Heiligen Nikolaj. Ob Sie es glauben oder nicht, aber die Kosaken versichern, dass die Ikone nach diesem schrecklichen Ereignis geweint habe.

Obwohl sprachlich ein Moment der Unglaublichkeit dieses Ereignisses eingeräumt wird (*chotite ver'te, chotite net* / dt. *ob Sie es glauben oder nicht*), sollen das Bild und der Zoom auf die Ikone (Abbildung 18), auf deren Gesicht deutlich die Spur einer Träne zu erkennen ist, die Zweifel des Rationalen beseitigen.

Während die Opolčency mithilfe der hier angeführten Beispiele positiv dargestellt und heroisiert werden, ist die Darstellung der ukrainischen Seite durchgehend negativ, wie der nachfolgende Abschnitt zeigt.

Abbildung 18: Weinende Ikone des Hl. Nikolaj (*Special'nyj korrespondent*, 09.09.2014, 00:15:20).

– **Diffamierung der ukrainischen Seite**
In der Reportage von SPECIAL'NYJ KORRESPONDENT werden in der im vorherigen Abschnitt erwähnten Kirche, in die eine Granate ein klaffendes Loch gesprengt hat, eine Medikamentenpackung sowie eine Spritze in die Kamera gehalten, und ein Opolčenec kommentiert diesen Fund (Abbildung 19) mit den Worten, dass die ukrainische Seite diese Dinge wohl benötige, um sich Mut zu machen (*dlja chrabrosti, ja tak ponimaju*) (*Special'nyj korrespondent*, 09.09.2014, 00:15:28– 00:15:30).

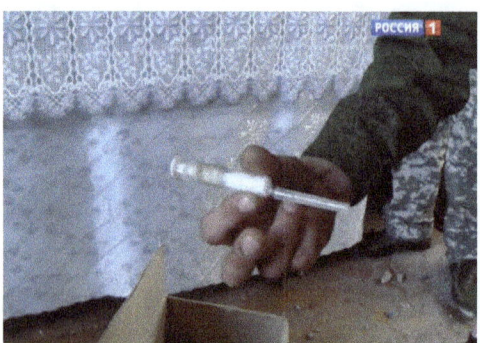

Abbildung 19: Medikamente und Spritzen in einer Kirche (*Special'nyj korrespondent*, 09.09.2014, 00:15:28).

Mithilfe des Kommentars und der im Video gezeigten Spritze wird impliziert, dass sich die ukrainischen Soldaten mit Drogen und Medikamenten aufputschen. Dadurch wird die ukrainische Seite diffamiert, weil sie einerseits als schwach und demoralisiert dargestellt wird, da sie Analeptika brauche, um kämpfen zu können. Andererseits wird hier, wie im Fallbeispiel 1[284], der Ukraine ein Drogenproblem unterstellt: Während im Fallbeispiel 1 der ukrainische Staat als Drogenjunkie präsentiert wurde, sind es im Fallbeispiel 2 die ukrainischen Soldaten, die des Drogenkonsums bezichtigt werden.

Auch in VREMJA POKAŽET wird ein negatives Bild von der ukrainischen Seite gezeichnet. In dieser Sendung wird über die Entdeckung eines angeblichen Massengrabs in der Ostukraine berichtet und die Behauptung aufgestellt, dass die ukrainische Seite Tote in Massengräbern verscharrt habe. Visuell untermauert wird diese Behauptung mithilfe von verpixelten Bildern, die in der Talkshow präsentiert werden (Abbildung 20).

Abbildung 20: Massengrab bei Nižnjaja Krynka (*Vremja pokažet*, 13.10.2014, 00:42:12).

Während diese stark verpixelten Bilder[285] in der Show auf eine große Leinwand projiziert werden, verweist der Moderator Pëtr Tolstoj auf die aufklärerische Mission Russlands, da in Europa und in der Ukraine über diese Massengräber nicht berichtet werde (vgl. *Vremja pokažet*, 13.10.2014, 00:41:47–00:43:06). Diese verschwommenen, detailarmen Bilder und somit das, was bildlich nicht gezeigt werden kann bzw. nicht zeigbar ist, werden in der Sendung mithilfe der sogenannten „Ästhetik der Anspielung" (Setz 2014) sprachlich ergänzt. Dadurch wird gleichzeitig die von McLuhan (1995: 466–482) beschriebene Beteili-

---

284 Vgl. Abschnitt III.10.1.3.
285 Als Quelle wird im Bild kein spezifischer Link, sondern nur die allgemeine Internetadresse des Videoportals *Youtube* angeführt sowie das Akronym *RHHB TV*, welches auf den Youtube-Kanal namens „Russian Hip-Hop Beef" führt. Beim Aufruf dieses Youtube-Kanals war jedoch kein Video über ein Massengrab bei *Nižnjaja Krynka* zu finden (Datum des Zugriffs: 17.03.2020).

gung und Miteinbeziehung der Zuseher*innen erhöht, da sie selbst mithilfe ihrer Sinne und Vorstellungskraft die Lücken schließen müssen, die durch die Verpixelung entstehen.

Beim Schließen dieser Lücken hilft dem Publikum der Bericht des via Video live aus Lettland zugeschalteten Augenzeugen Ejnars Graudin'š, der angeblich vor Ort gewesen ist. Der als Politologe und Menschenrechtler vorgestellte Graudin'š spricht in der Show zunächst von „Kriegsverbrechen" (*voennye prestuplenija*), einem „Völkermord" (*genocid*) und „Massenhinrichtungen" (*massovye kazni*), die in der Ukraine geschehen würden. Schließlich steigert Graudin'š seinen Bericht der Aufzählung von Gräueln der ukrainischen Seite, indem er von „Gruppenvergewaltigungen minderjähriger Mädchen" (*gruppovye iznasilovanija nesoveršennoletnich devušek*) berichtet, welche die „Pro-Kiewer Strafbataillone" (*prokievskie karatel'nye batal'ony*) begangen hätten (vgl. Vremja pokažet, 13.10.2014, 00:43:07–00:46:49).

Dieser die verpixelten Bilder komplettierende Bericht des angeblichen Augenzeugen Ejnars Graudin'š ist ein gutes Beispiel dafür, wie in der Talkshow in verdichteter Form die schlimmsten menschlichen Verbrechen aufgelistet, in den Raum gestellt und dem Feind, ergo der ukrainischen Seite, unterstellt werden. Die Behauptungen von Graudin'š sind besonders wirkungsvoll, da er als „Experte aus einem europäischen Land, genauer gesagt aus Lettland" (*ėkspert iz odnoj iz evropejskich stran, konkretno iz Latvii*) (Vremja pokažet, 13.10.2014, 00:42:28–00:42:35) vorgestellt wird. Mithilfe dieser Strategie des Zitierens westlicher Meinungen wird nicht nur Objektivität suggeriert, sondern dadurch werden gleichzeitig die in den Talkshows kolportierten ukrainischen Gräueltaten untermauert, da es schließlich nicht nur Russland, sondern auch europäische Expert*innen seien, die diese Verbrechen beobachtet hätten. Wie an Graudin'š Lexik zur Bezeichnung der ukrainischen Seite erkennbar ist, vertritt dieser jedoch eine einseitige und polarisierende Sichtweise in Bezug auf die Ukraine, und sein Auftritt dient hier somit lediglich als Bestätigung der offiziellen Position Russlands.[286]

Auch in POLITIKA am 08.10.2014 werden verpixelte Bilder auf die Studioleinwand projiziert und anhand von Gräuelgeschichten komplettiert. Zu Beginn der Sendung sowie mehrmals während der Sendung werden Bilder von am Boden liegenden Personen gezeigt, deren Füße mit einer Schnur zusammengebunden sind. Während die verpixelten Bilder, die ohne Ton auf der Studioleinwand abgespielt werden, das Ergebnis der Gräueltat bzw. der „Folter" (*tankisty so sledami*

---

[286] Zur verwendeten Lexik und Hate-Speech siehe Abschnitte III.10.1.3 sowie III.10.2.5.1.

Abbildung 21: Panzermänner mit gefesselten Füßen (*Politika*, 08.10.2014, 00:00:50).

pytok) präsentieren (Abbildung 21), ergänzt der Moderator die Gräuelgeschichte, die sich ereignet habe:

> **Петр Толстой:** Одна из историй этой недели заключается в том, что *во время боев за аэропорт Донецка были найдены тела танкистов*, воевавших за Донецкую Народную Республику *со следами пыток*. *Этих людей привязали за ноги и волокли по летному полю за танками*. Трупы эти изуродованы, я, к сожалению, даже *не могу Вам подробнее описать*, потому что это *слишком жутко* и в общем, из-под пуль во время боев ополченцы извлекли три тела своих товарищей.
> (*Politika*, 08.10.2014, 00:00:43–00:01:21)

> **Pëtr Tolstoj:** Eine der Geschichten dieser Woche ist, dass während der Kämpfe um den Donecker Flughafen die Körper von Panzersoldaten, die für die Donecker Volksrepublik gekämpft haben, mit Folterspuren gefunden wurden. Diese Leute wurden an den Beinen gefesselt und hinter Panzern über das Flugfeld geschleift. Die verunstalteten Leichen kann ich Ihnen leider nicht einmal näher beschreiben, weil das zu makaber ist, und alles in allem haben die Opolčency unter Kugelhagel während der Kämpfe drei Leichen ihrer Kameraden geborgen.

Anhand dieser Gräuelgeschichte, dass Panzersoldaten (*tankisty*), die an den Füßen an Panzern festgebunden waren, über das Flugfeld geschleift[287] worden seien, kann der/die Zuseher*in das, was nicht gezeigt wird bzw. was nicht zeigbar ist, mithilfe seiner/ihrer Vorstellungskraft selbst vervollständigen. Der Moderator signalisiert in seinen Ausführungen, dass er „diese Leichen, die verunstaltet wurden" (*trupy ėti izurodovany*), nicht näher beschreiben könne, weil das zu „makaber" (*žutko*) sei, und verweist somit auf die eigene Vorstel-

---

[287] Der Moderator gebraucht dafür das Substandardverb *voloč'* (dt. *über den Boden schleifen*) (vgl. Ožegov und Švedova 2005: 95), wodurch er seinen Schilderungen zusätzliche Expressivität verleiht.

lungskraft des Publikums. Dadurch wird die Intensität und Wirkung der Bilder im Kopf der Rezipient*innen verstärkt.

Der Moderator erklärt den Zuseher*innen außerdem, *was* sie auf den Bildern sehen bzw. sehen sollen. So verkündet Tolstoj im Verlauf der Sendung, dass der Vertreter der NATO, Robert Pšel', in die Show eingeladen worden sei, um ihm zu zeigen, worüber in Europa nicht berichtet werde, nämlich über tote Bürger*innen aus Doneck:

> **Петр Толстой:** Мы Вас специально пригласили, чтобы Вы посмотрели. *Вот обратите внимание. Это невооруженные люди погибшие. Это люди, которые жили в своем доме и туда попал снаряд. Это женщины. Вот, и это убитые женщины на этой войне.*　　　　　　　　　　　　　　　(*Politika*, 08.10.2014, 00:19:18–00:19:31)

> **Pëtr Tolstoj:** Wir haben Sie extra eingeladen, damit Sie sich das ansehen. Schauen Sie einmal. Das sind unbewaffnete Menschen, die gestorben sind. Das sind Menschen, die in ihrem Haus lebten und dort schlug eine Granate ein. Das sind Frauen. Und hier sind in diesem Krieg getötete Frauen.

Während dieser Worte Tolstojs wird auf die Studioleinwand ein Foto mit nackten Leichen, die in einem Lieferwagen liegen, projiziert (Abbildung 22).

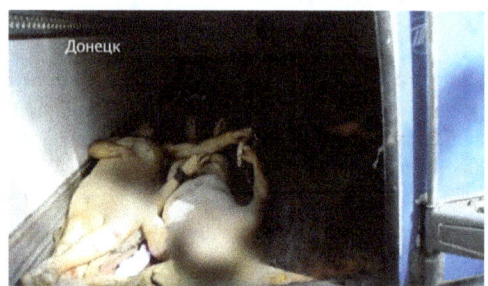

Abbildung 22: Nackte Männerleichen (*Politika*, 08.10.2014, 00:19:19).

Obwohl auf dem Bild eindeutig nackte Männer zu erkennen sind, betont Tolstoj gleich zwei Mal, dass auf diesem Bild „Frauen" zu sehen seien, die „im Krieg getötet" wurden (*èto ženščiny/èto ubitye ženščiny na ètoj vojne*). Zusätzlich werden Bilder eines Wohnblocks gezeigt, in dem das Glas einiger Fenster riesige Einschusslöcher aufweist. Diese Bilder werden als Beweis dafür angeführt, dass, wie Tolstoj postuliert, die Frauen durch den Einschlag einer Granate in ihren Häusern getötet wurden. Zugleich untermauern die Bilder die Behauptung, dass die ukrainische Seite auf Wohnhäuser schieße und dadurch unschuldige Menschen töte.

Bei genauerer Betrachtung der Aufnahmen werden, abgesehen davon, dass diese Personen eindeutig keine Frauen sind, einige Ungereimtheiten zwischen Bild und Text erkennbar: Obwohl diese „Frauen" angeblich durch einen Granateneinschlag in ihren Häusern getötet wurden, liegen sie vollkommen nackt in einem Lieferwagen und auf ihren Körpern sind äußerlich weder schwere Verletzungen noch Hinweise auf eine Tötung durch eine Granatenexplosion erkennbar (z. B. zerfetzte oder abgetrennte Gliedmaßen, Metallteile oder Splitter in der Haut, Schmutz oder Schutt am Körper etc.).

Bemerkenswert ist außerdem, dass das Video Merkmale eines Amateurvideos aufweist (verwackelte Handkameraaufnahmen, lange Kameraschwenks ohne Schnitt), und es kann angenommen werden, dass die Leichen für die filmische Präsentation speziell im Lieferwagen platziert wurden.[288] Im hinteren, rechten Teil des Fahrzeugs sind zudem grüne Stoffe erkennbar, die der Tarnkleidung ähneln, welche normalerweise von Soldaten bzw. den Opolčency getragen wird.

Obwohl die Bilder der zwei nackten Leichen nicht mit dem gesprochenen Text übereinstimmen, werden diese Unstimmigkeiten wahrscheinlich nicht bemerkt, weil das gesamte Video nur wenige Sekunden in der Sendung zu sehen ist. Außerdem reduziert der gesprochene Text des Moderators die „Vieldeutigkeit des Bildes", sodass es eindeutig bzw. monosemiert wird (Burger und Luginbühl 2014: 434). Das heißt, dass der Text dem Bild eine Bedeutung gibt und den Zuseher*innen erklärt, wie dieses verstanden werden muss: „Wenn einmal der Text gesprochen ist, scheint die Deutung des Bildes evident und nicht mehr korrigierbar" (Burger und Luginbühl 2014: 434). Somit sieht der/die Zuseher*in genau das, was der Moderator ihm/ihr zu sehen vorgibt – von einer Granate in ihren Häusern getötete Frauen.

Ein weiteres Beispiel für die von der ukrainischen Seite begangenen Gräueltaten und Verbrechen ist die bildliche Inszenierung ausgebrannter Autos, welche die Brutalität und Willkür der gegnerischen Seite demonstrieren sollen. Der Reporter von SPECIAL'NYJ KORRESPONDENT erläutert zunächst, dass es sich hier um „abgeschossene Autos von Flüchtlingen" (*rasstreljannye avtomobili bežencev*) handle, auf die „aus jedem beliebigen Anlass das Feuer eröffnet" worden sei (*ogon' po nim otkryvali po ljubomu povodu*) (*Special'nyj korrespondent*, 09.09.2014, 00:14:09–00:14:14). Mit diesen Worten wird – wie im Beispiel zuvor – die Un-

---

[288] Das Bild toter Menschen in einem Lieferwagen erinnert an die letzte Szene des Spielfilms *Donbass* (2018) von Sergej Loznica, in dem alle Menschen in einem Kleinlastwagen erschossen werden. Basierend auf Amateurvideos und Erzählungen von Augenzeug*innen handelt der Film von der Absurdität und dem Kriegsalltag in der Ostukraine der Jahre 2014 und 2015.

menschlichkeit und Skrupellosigkeit der ukrainischen Seite unterstrichen, da sie friedliche Menschen, nämlich Flüchtlinge, aus beliebigem Grund töte.

Metonymisch stehen die ausgebrannten, abgeschossenen Autos für die Vernichtung der Menschen bzw. die Zerstörung der Dörfer und Städte im Donbass. Diese Metonymie wird deutlich, als ein von hinten gefilmter Mann mit übergezogener Kapuze in der Reportage berichtet, dass dieses „friedliche Auto" (*ėtot mirnyj avtomobil'*) (Abbildung 23) von Mitgliedern des Bataillons Ajdar (*ajdarovcy*)[289] „erschossen" (*rasstreljali*) worden sei.

Wie der Mann, der offensichtlich unerkannt bleiben will, verlautbart, hätten die Mitglieder des Bataillons Ajdar auf dieses Auto mit „Raketenwerfern" (*RPG*), also mit Artillerie, geschossen und das auf hinterhältige Art und Weise – nämlich von hinten (wörtlich: „in den Rücken"/*v spinu*) (*Special'nyj korrespondent*, 09.09.2014, 00:14:14–00:14:25). Damit impliziert der Interviewte einerseits, dass die ukrainische Seite unmenschliche Methoden der Kriegsführung benutze, da sie mit Artillerie kämpfe.[290] Andererseits wird anhand der Darstellung des völlig zerstörten Fahrzeugs und der Nacherzählung der Ereignisse wiederum die Vorstellungskraft der Zuseher*innen aktiviert: Wenn das Auto bereits derart zuge-

Abbildung 23: Ausgebranntes Auto (*Special'nyj korrespondent*, 09.09.2014, 00:14:11).

---

289 Das Freiwilligenbataillon Ajdar wurde aus einer abgespaltenen Gruppe des Rechten Sektors (*Pravyj sektor*) gegründet. Heinemann-Grüder (2019: 62) beschreibt das Bataillon als nationalpatriotistisch mit „professionelle[r], ideologisch undogmatische[r] Führung." Ajdar finanzierte sich mithilfe der Unterstützung von Oligarchen, vor allem aus einer Stiftung von Igor' Kolomojskij. Das Bataillon wird mehrerer Straftaten beschuldigt darunter Entführung, Raub, Folter und Scheinerschießungen (vgl. Heinemann-Grüder 2019: 63).
290 Vgl. dazu auch Abschnitt III.10.2.6.1.

10.2 Fallbeispiel 2: Krieg in der Ostukraine (September/Oktober 2014) — 297

richtet wurde, wie sehen dann erst die Menschen aus, die in diesem Fahrzeug gesessen sind?

Besonders bemerkenswert ist außerdem, dass der angebliche Augenzeuge genau schildert, was geschehen ist, obwohl er zugibt, dass nicht er selbst die Ereignisse beobachtet, sondern, dass er seine Informationen von den Anwohner*innen erhalten habe (*mestnye rasskazyvali potom*). Diese Art der Informationsvermittlung über zweite oder dritte Personen, die das Geschehen selbst nicht gesehen haben, ist typisch für die Augenzeugenberichte in den Talkshows und kommt immer wieder vor.[291]

Neben der Darstellung der ukrainischen Seite als brutal, verbrecherisch und skrupellos ist eine weitere Strategie zur Diffamierung der Ukraine die Dokumentation ihrer Schwäche. So werden in den Sendungen bestimmte sprachliche und visuelle Mittel eingesetzt, um die Unterlegenheit der gegnerischen ukrainischen Seite und die gleichzeitige Stärke der Opolčency zu demonstrieren: In der Reportage von SPECIAL'NYJ KORRESPONDENT werden ausschließlich die Opolčency interviewt, gefilmt und vom Reporter begleitet; ukrainische Soldaten kommen dagegen kein einziges Mal vor. Um die Präsenz der ukrainischen Seite trotzdem filmisch darzustellen, werden die Hinterlassenschaften der ukrainischen Armee ins Bild gebracht – stark beschädigte, ausgebrannte Panzer oder Fahrzeuge, welche metonymisch für die ukrainische Armee, die zerschlagen, besiegt und quasi ‚am Boden' sei, stehen. Beispielhaft für diese Metonymie ist das Bild eines am Boden liegenden, abgerissenen Turms eines zerstörten ukrainischen Panzers (Abbildung 24). Wie der Kommentator dem Publikum erklärt, handle es sich bei folgendem Kriegsgerät um einen durch eine Explosion zerstörten ukrainischen „Bulat" mit abgetrenntem Turm (*ukrainskij „Bulat" s otorvannoj bašnej*).

Ein weiteres Beispiel für die Diffamierung der ukrainischen Seite bzw. derjenigen, die diese Seite unterstützen, ist der Umgang mit Talkshowgästen, deren Meinung nicht mit der offiziellen russischen Position korreliert. So greift der Moderator Aleksandr Gordon in der Sendung POLITIKA am 08.10.2014 den Ver-

---

[291] So behauptet der Kommentator wenige Minuten später in der Reportage, dass die ukrainische Seite einige gefangene Opolčency erschossen hätte. Als Beweis dafür wird ein Opolčenec interviewt, der quasi aus dritter Hand das wiedergibt, was er von seinen Kameraden erfahren hat. Letztere hätten die Erschießung jedoch auch nicht mit eigenen Augen gesehen, sondern nur gehört (*ne videli lično kak ich rasstrljali, no slyšali*) (vgl. *Special'nyj korrespondent*, 09.09.2014, 00:16:08–00:16:30). In VREMJA POKAŽET berichtet eine Mutter von der Brutalität der ukrainischen Seite, die ihren Sohn zusammengeschlagen und verschleppt habe. Sie habe dies jedoch nicht selbst gesehen, sondern ihre 90-jährige Nachbarin, die gegenüber wohnt, habe die Ereignisse beobachtet (vgl. *Vremja pokažet*, 13.10.2014, 00:25:36–00:26:24).

Abbildung 24: Ukrainischer „Bulat" mit abgetrenntem Turm (*Special'nyj korrespondent*, 09.09.2014, 00:13:54).

treter der westlichen bzw. amerikanischen Seite, Majkl Bom, mit eindeutigen Gesten an. Zunächst zeigt er ihm gut erkennbar den Mittelfinger (Abbildung 25), wobei jedoch die Regie sofort reagiert und das Bild von der Halbnahaufnahme in die Halbtotale umschaltet. Einige Minuten später dringt der Moderator in die intime Distanzzone seines Gastes ein, indem er mit dem Zeigefinger an dessen Krawatte entlangfährt (Abbildung 26). Diese blau-gelb gestreifte Krawatte erinnert an die Farben der ukrainischen Nationalflagge, und Bom wird somit als Unterstützer der Ukraine enttarnt, was die übrigen Gäste mit einem leisen Kichern quittieren (*Politika*, 08.10.2014, 00:47:32–00:48:16).

Diese beiden Beispiele zeigen, dass in den Talkshowsendungen auch physische Aggression gegenüber Gästen, die eine Gegenposition zur offiziellen russischen Sichtweise vertreten, angewendet wird und kritische Stimmen dadurch diskreditiert und lächerlich gemacht werden.

Abbildung 25: Gordon zeigt Bom den Mittelfinger (*Politika*, 08.10.2014, 00:45:42).

Abbildung 26: Gordon dringt in Boms Intimzone ein (*Politika*, 08.10.2014, 00:48:11).

10.2.3.2 Bilder der Unmittelbarkeit

Die Bilder der Unmittelbarkeit werden vor allem in der Reportage von SPECIAL'NYJ KORRESPONDENT transportiert. Am Anfang der 25-minütigen Reportage wird eine Aufbruchsszene, nämlich die Fahrt im Minibus Richtung Lugansk gezeigt: Die Kamera filmt aus der Sicht des Beifahrers den Busfahrer in der Nahaufnahme (*close-up*) und auf Augenhöhe. Hierbei handelt es sich um Handkameraaufnahmen, die aufgrund der löchrigen Straße sehr verwackelt sind, wodurch der/die Zuseher*in jedoch das Gefühl bekommt, auf dem Beifahrersitz in diesem Bus mitzufahren.

Auch sprachlich wird von Beginn dieser Szene an Direktheit und Unmittelbarkeit kommuniziert, da der Reporter den Zuseher*innen wie Mitreisenden erklärt, dass der Busfahrer ein Opolčenec sei, was jedoch auch visuell anhand des um seinen linken Arm gebundenen Georgsbändchens deutlich wird. Zudem wird im Präsens berichtet (*my pytaemsja proechat'*), und es werden Ausdrücke der Lokal- sowie Temporaldeixis (*zdes'/sejčas*) verwendet. Auf diese Weise wird ein gewisser Live-Effekt erzeugt, obwohl der Spezialkorrespondent selbst im Talkshowstudio sitzt und es sich bei der Reportage um eine vor der Ausstrahlung der Show erstellte Filmaufnahme handelt.

In der Reportage begibt sich der Spezialkorrespondent Aleksandr Rogatkin für das Publikum als „embedded journalist" (Burger und Lughinbühl 2014: 230) mitten in das Geschehen im Kriegsgebiet und berichtet vor Ort. Dadurch wird die gesamte Szenerie für die Zuseher*innen nahbar und authentisch. Rogatkin erfüllt die Rolle eines Augenzeugen: Er spricht mit den Kämpfern, interviewt sie und ist mehr oder weniger in das Geschehen involviert. Die Involviertheit des Reporters und die konstante Gefahr, in die er sich für das Publikum begibt, werden in der Reportage sowohl visuell als auch sprachlich hervorgehoben: Rogatkin trägt einen Helm sowie eine kugelsichere Weste und ist immer ganz nah bei den Opolčency – er gehört quasi zu ihnen, wie folgende Bilder (Abbildung 27 und Abbildung 28) in der halbnahen Einstellung (*medium shot*) illustrieren:

Zudem wird die konstante Gefahr, in der sich der Reporter befindet, thematisiert, indem dieser beispielsweise darauf hinweist, dass die Truppe jederzeit angegriffen werden könnte:

> **Александр Рогаткин**: Здесь нет линий фронта. *В любой момент можно попасть под минометный обстрел или прицельный огонь снайпера.*
> (*Special'nyj korrespondent*, 09.09.2014, 00:07:35–00:07:41)

> **Aleksandr Rogatkin:** Hier gibt es keine Frontlinien. Es ist jederzeit möglich, unter Mörser- oder Scharfschützenbeschuss zu geraten.

Abbildung 27: Aleksandr Rogatkin mit Helm und kugelsicherer Weste (*Special'nyj korrespondent*, 09.09.2014, 00:06:49).

Abbildung 28: Kämpfer der Opolčency (*Special'nyj korrespondent*, 09.09.2014, 00:06:43).

10.2 Fallbeispiel 2: Krieg in der Ostukraine (September/Oktober 2014) — **301**

In dieser Äußerung sind gut die bereits erwähnten Kennzeichen für die sprachliche Vermittlung von Unmittelbarkeit erkennbar, mithilfe derer sich der Journalist räumlich und zeitlich in der Szene situiert – die Lokaldeixis (*zdes'*), die Temporaldeixis (*v ljuboj moment*) sowie die Verwendung des Präsens (*možno popast'*).

In Bezug auf die visuellen Methoden zur Erzeugung von Direktheit werden neben den eingangs angeführten Handkamera- und Detailaufnahmen, die dem Publikum das Gefühl vermitteln, live am Geschehen teilzuhaben, spezielle Kameraperspektiven eingesetzt. Beispiele dafür sind in SPECIAL'NYJ KORRESPONDENT die Froschperspektive, die Detailaufnahme sowie die Over-the-shoulder-Aufnahme (Abbildung 29, Abbildung 30 und Abbildung 31).

Abbildung 29: Froschperspektive (*Special'nyj korrespondent*, 09.09.2014, 00:07:12).

Abbildung 30: Detailaufnahme eines Maschinengewehrs (*Special'nyj korrespondent*, 09.09.2014, 00:08:17).

Abbildung 31: Over-the-shoulder-Aufnahme (*Special'nyj korrespondent*, 09.09.2014, 00:07:18).

Um den/die Zuseher*in stärker in das Geschehen zu involvieren, wird außerdem die Subjektivierung (Abbildung 32) in der Reportage genutzt. Auf diesem Bild (siehe Abbildung 32) wird dieselbe subjektive Perspektive eingenommen, die auch aus bekannten Computerspielen wie beispielsweise Counter-Strike bekannt ist. Durch die Verwendung der subjektiven Kamera wird dem/der Fernsehzuseher*in das Gefühl vermittelt, selbst die Waffe in der Hand zu halten und Teil des Ereignisses zu sein, wodurch die emphatische Beteiligung am Ereignis intensiviert wird (vgl. Zettl 2013: 233).

Abbildung 32: Subjektivierung (*Special'nyj korrespondent*, 09.09.2014, 00:07:51).

Mithilfe dieser vier Beispiele spezieller Kameraeinstellungen wird der Eindruck von Authentizität, Unmittelbarkeit und Dramatik der Handlung erhöht, und gleichzeitig verstärken diese Bilder aufgrund der selektiven und subjektiven Einstellungen die Wahrnehmung der Geschehnisse (vgl. Zettl 2015: 6). Diese Art der Direktheit vermittelnden Berichterstattung eignet sich dazu, die Atmosphäre vor Ort wiederzugeben und die Menschen genauer zu charakterisieren. Wie Veit und Schäfer-Hoch (2016: 10) festhalten, werden mithilfe dieser lebensnahen Darstellung des Kriegsgeschehens vor allem Zuseher*innen, die „weniger Verständnis von und Interesse an eher nüchterner Nachrichtenberichterstattung mit Politikbezug" haben, vor den Bildschirmen gehalten. Allerdings weist diese Art der Berichterstattung einen hohen Grad an Subjektivität auf und liefert vor allem einen „verzerrten, einseitig pro-militärischen" Blick auf die Ereignisse (Veit und Schäfer-Hoch 2016: 14).

10.2.3.3 Bilder als Mittel zur Dramatisierung und Emotionalisierung

Die speziellen Kameraeinstellungen aus dem vorigen Abschnitt dienen auch zur Dramatisierung und Emotionalisierung der Ereignisse in der Reportage. Daneben gibt es jedoch noch weitere Beispiele dafür, wie in den untersuchten Sendungen die Ereignisse in der Ukraine dramatisiert werden. So wird in SPECIAL'NYJ KORRESPONDENT ein 36-sekündiges Anfangsvideo gezeigt, das eine starke Dynamik hat und die Aufmerksamkeit der Zuseher*innen erregt, weil es eine sehr hohe Schnittfrequenz aufweist: In den 36 Sekunden gibt es 30 Schnitte, und diese sind mit dem Ton bzw. der Musik abgestimmt. Auf der auditiven Ebene kommen einerseits diegetische Geräusche (*literal sound*) zum Einsatz wie knisterndes Feuer, Explosionen, Schüsse oder die Stimme von Betroffenen und andererseits extradiegetische, rhythmische Musik (*nonliteral sound*), die zum Ende hin lauter und durchdringender wird und dem Video zusätzliche Energie verleiht. In diesem kurzen Video werden verschiedene Kriegsgeräte gezeigt (Haubitze, Panzerabwehrrohr, Maschinengewehr, Panzer etc.), zerstörte, ausgebrannte oder brennende Häuser, Schutt- und Erdhaufen sowie betroffene Menschen.

Insgesamt kommen sechs Personen zu Wort: Zum einen sind das die im russischen Ukrainediskurs sogenannten „friedlichen Einwohner" (*mirnye žiteli*)[292], die von der Zerstörung berichten. Zum anderen werden Soldaten gezeigt, wie zum Beispiel ein Mann in Militäruniform auf einem Panzer, der aufgrund der von ihm verwendeten negativen Bezeichnung für Ukrainer*innen (*ukropy*)[293] den Opolčency bzw. Aufständischen im Donbass zugeordnet werden kann.

Das Video ist der Trailer der 25-minütigen Reportage, die im Anschluss daran gezeigt wird. Dieser Trailer ist aufgrund der hohen Schnittfrequenz, der eindringlichen Musik sowie der gezeigten Bilder aufwühlend, erzeugt Spannung sowie Dramatik und hat die Funktion, die Zuseher*innen emotional auf

---

[292] Zur Begriffserklärung siehe Abschnitt III.10.2.5.1.
[293] Zur Begriffserklärung siehe Abschnitt III.10.2.5.1.

das, was noch gezeigt werden wird, einzustimmen und sie vor den Bildschirmen zu halten. Ferner fällt auf, dass bei fast allen Bildern dieses kurzen Videos das Licht der Aufnahmen reduziert wurde (Abbildung 33), wodurch ihnen ein dramatischer Effekt verliehen wird und eine ästhetische Intensivierung stattfindet (vgl. Zettl 2015: 33). Diese Spezialeffekte kommen auch in der nachfolgenden Reportage zum Einsatz wie beispielsweise bei der Aufnahme von zerstörten Kriegsgeräten oder Transportmitteln der ukrainischen Armee (Abbildung 34). Der bläuliche Farbton, der bei diesen Aufnahmen verwendet wird (vgl. Abbildung 33 und Abbildung 34), dient laut Zettl (2013: 79) zur Steigerung der Dramatik und Spannung, die durch spezielle Toneffekte zusätzlich intensiviert werden.

Auch die in der Reportage von SPECIAL'NYJ KORRESPONDENT häufig eingebauten Zooms und Kameraschwenks erhöhen die Dramatik der Ereignisse (vgl. Burger und Luginbühl 2014: 291).

Abbildung 33: Reduziertes Licht im Trailer (*Special'nyj korrespondent*, 09.09.2014, 00:00:13).

Ein weiteres Beispiel für die Emotionalisierung und Dramatisierung von Bildern findet sich in VREMJA POKAŽET. Auch hier wird zu Sendungsbeginn ein kurzes Video auf der Studioleinwand abgespielt. Dieses durchgehend aus Amateuraufnahmen bestehende Video zeigt die Bombardierung von Dörfern und Städten, schwarze, bis in den Himmel aufragende Rauchwolken, das Abfeuern von Haubitzen, Explosionen und verzweifelte Menschen, die beim Anblick der vor ihnen liegenden toten verwandten oder bekannten Menschen weinen und vor Verzweiflung schreien. Musikalisch hinterlegt ist das 40-sekündige Video mit dem populären Musikstück *Adagio for Strings* (Samuel Barber, 1938), welches wegen seiner emotionalen Ausdruckskraft bereits mehrmals als Filmmusik verwendet sowie auf Trauerfeiern berühmter Persönlichkeiten gespielt wurde (vgl. Blaich 2012).

10.2 Fallbeispiel 2: Krieg in der Ostukraine (September/Oktober 2014) — 305

Abbildung 34: Reduziertes Licht in der Reportage (*Special'nyj korrespondent*, 09.09.2014, 00:08:28).

Aufgrund der verwendeten Musik sowie der gezeigten Bilder – eine tote Person ist ein Kind und die letzte Einstellung zeigt einen weißen Teddybären – kann dieses Video daher als besonders emotionalisierend bezeichnet werden. Eingeleitet wird das Video durch die Worte des Moderators, Pëtr Tolstoj, der das Publikum direkt anspricht und ihm vorschlägt, sich nun anzusehen, wie sich die „Landschaft" (*predlagaju posmotret' vam, kak izmenilsja landšaft*) seit Beginn der Anti-Terror-Operation (ATO) verändert habe (vgl. *Vremja pokažet*, 13.10.2014, 00:30:48–00:30:59).

Gerahmt wird dieses zwei Mal während der Sendung gezeigte Video von den Ausrufen zweier Frauen: Zu Beginn des Videos fleht eine Frau, von der nur das Kopftuch zu sehen ist, Gott an, „sie" (*ich*) zu bestrafen (*Gospodi! Da čto ž ty? Nakaži ž ty ich!*). Daran anschließend folgen Bilder von zerstörten Häusern, Explosionen, Bombeneinschlägen, Toten sowie schluchzenden älteren Frauen. Auf akustischer Ebene sind diegetische Geräusche wie Explosionen oder das Weinen und Schreien von Menschen zu hören und extradiegetisch die Streichermelodie von *Adagio for Strings*. Den Schluss des Videos bildet der Ausruf einer älteren Frau, welche die „Banditen" – sie verwendet den saloppen und verächtlichen Terminus „*bandjugi*" (dt. *Banditen, Räuber*) (vgl. Belentschikow 2003: 153) – verflucht: „Zur Hölle fahren sollen sie!" (*Čtoby oni vse propadom propali, bandjugi prokljatye!*).

Dieses Video unterscheidet sich maßgeblich von dem Trailer in SPECIAL'NYJ KORRESPONDENT: So weist es eine niedrigere Schnittfrequenz auf – es gibt 17 Einstellungen in 40 Sekunden – und ist dadurch langsamer. Weiters wurde das Licht der Aufnahmen nicht reduziert und es werden keine Opolčency gezeigt, sondern lediglich die Opfer des Krieges – alte Frauen in Dörfern sowie tote oder trauernde Menschen. Die Musik ist außerdem ruhiger und steht im Kontrast zu den gefilmten Bombeneinschlägen, Toten, Explosionen und Rauchwolken. Dieser Unterschied ist wahrscheinlich dem Zielpublikum der Show geschuldet: Das Video in SPECIAL'NYJ KORRESPONDENT spricht eher ein männliches Publikum an, da es den Krieg als actiongeladen und spannungsreich darstellt und die Kämpfer zu Helden stilisiert. Im Video der Nachmittagstalkshow VREMJA POKAŽET hingegen geht es vorrangig um die Opfer und das Leid, das der Krieg den Menschen zufügt, und damit werden vorwiegend ein älteres Publikum sowie Frauen angesprochen. Weitere Indizien für dieses Zielpublikum sind auch das tote Kind sowie das Bild des Teddybären am Schluss des Videos.

In der Trivial-Talkshow MUŽSKOE/ŽENSKOE wird ebenso auf Bilder als Mittel zur Emotionalisierung und Dramatisierung gesetzt. In der Sendung am 13.10.2014, welche direkt im Anschluss an VREMJA POKAŽET ausgestrahlt wird, geht es um die Einzelschicksale ukrainischer Flüchtlinge und um deren Trennung von ihren Liebsten. Die Gäste sind einerseits Kinder, die von ihren Eltern oder Großeltern getrennt wurden, und andererseits Eltern, die ihre Kinder suchen. Im Gegensatz zu Polit-Talks, in denen die dominierende Einstellungsgröße Nahaufnahmen der Gäste (*shoulder close-ups*) sind, werden in dem Trivial-Talk die Gäste vor allem in Großaufnahmen (*close-ups*) gezeigt (Abbildung 35 und Abbildung 36):

Abbildung 35: Viktorija Golenickaja mit Tränen im Gesicht (*Mužskoe/Ženskoe*, 13.10.2014, 00:07:45).

Dadurch wird physische Nähe zwischen den Zuseher*innen und den Talkshowteilnehmer*innen erzeugt und die ästhetische Energie erhöht (vgl. Zettl 2013: 228). Die Abbildung 36 illustriert zudem die emotionale Beteiligung der Moderatorin, Julija Baranovskaja, an dem Schicksal ihrer Gäste: So legt sie Anna Golenickaja die Hand tröstend auf die Schulter, und später beim Wiedersehen der Kinder mit ihren Eltern in der Sendung hat die Moderatorin selbst Tränen in den Augen. Diese Anteilnahme der Moderatorin und ihr Auftreten als Freundin

10.2 Fallbeispiel 2: Krieg in der Ostukraine (September/Oktober 2014) — 307

Abbildung 36: Anna Golenickaja und die Moderatorin Julija Baranovskaja (*Mužskoe/Ženskoe*, 13.10.2014, 00:11:19).

bzw. Helferin der Gäste ist eine Besonderheit der Trivial-Talkshows, die in Polit-Talks nicht vorkommt.[294]

In den Einspielern, welche Zusatzinformationen über die Gäste vermitteln, wird zudem mit Detailaufnahmen von den Gesichtern der Gäste (*extreme close-ups*) gearbeitet, um die Intimität der Show zu steigern und Emotionen zu vermitteln.[295] So sind beispielsweise mithilfe des *extreme close-ups* die Tränen im Gesicht von Viktorija Golenickaja eindeutig zu erkennen (Abbildung 37). Auf diese Weise wird eine (emotionale) Verbindung zwischen Zuseher*in und Talkshowgast erstellt:

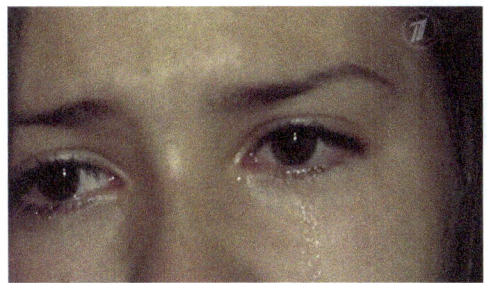

Abbildung 37: Viktorija Golenickaja (extreme close-up) (*Mužskoe/Ženskoe*, 13.10.2014, 00:09:37).

---

[294] Auch die Anredeformen der Moderator*innen sind sehr persönlich, vgl. hierzu Abschnitt III.10.2.5.4.
[295] Siehe dazu auch Abschnitt II.6.1.4.

Die Einspielfilme in der Trivial-Talkshow sowie die Aufnahmen der Gäste im Studio werden außerdem von extradiegetischer, langsamer Musik aus Streichinstrumenten und Klavier begleitet, wodurch die Bilder zusätzlich emotionalisiert werden.

Des Weiteren ist bemerkenswert, dass im Trivial-Talk im Gegensatz zu Polit-Talks das Publikum eine große Rolle spielt. Während in Polit-Talks die Gäste meist im Halbdunklen des Studios verborgen bleiben, werden im Trivial-Talk die emotionalen Reaktionen der Gäste (siehe Abbildung 38) auf die Ereignisse im Studio mithilfe der Kamera eingefangen und in der Sendung gezeigt.

Auch die Expert*innen und politischen Vertreter*innen zeigen in der Trivial-Talkshow ungewöhnlich viele Emotionen und demonstrieren dadurch, wie berührt sie von den Geschichten der Gäste und deren familiärer Wiedervereinigung in der Sendung sind. Ihre mimischen und gestischen Reaktionen auf die Geschehnisse im Studio werden ebenso wie die Reaktionen des Publikums gefilmt und den Zuseher*innen zuhause präsentiert, wodurch die emotionalisierende Wirkung der Sendung noch einmal gesteigert wird, da außer dem Moderator Aleksandr Gordon fast alle im Studio Anwesenden weinen.

Abbildung 38: Frau im Publikum (*Mužskoe/Ženskoe*, 13.10.2014, 00:26:33).

10.2.3.4 Bilder als Mittel zur Personalisierung

Die Bilder zur Emotionalisierung und Dramatisierung aus der Trivial-Talkshow des vorigen Abschnitts sind auch Beispiele für die Personalisierung der Ereignisse, da mithilfe der Großaufnahmen Nähe zwischen Zuseher*in und Gast hergestellt wird. Eine weitere Strategie der Personalisierung in den Talkshows sind die Interviews mit den Betroffenen vor Ort: In der Reportage von SPECIAL'NYJ KORRESPONDENT werden Interviews mit Dorfbewohner*innen geführt, und diese erzählen von ihren persönlichen Erlebnissen oder von Gräuelgeschichten der ukrainischen Kämpfer. So schildert eine Bewohnerin des Dorfes Novosvetlovka, Raisa Lichičenko (Abbildung 39), dass ein Mann sowie ihr Nachbar getötet und

Abbildung 39: Raisa Lichičenko, Dorfbewohnerin von Novosvetlovka (*Special'nyj korrespondent*, 09.09.2014, 00:14:37).

ihr Haus sowie das des Nachbarn abgebrannt seien. Vor ihren Augen hätten sie alle getötet und im Garten vergraben:

> **Раиса Лихиченко:** Мужчину убили, соседа моего убили. Хата сгорела, моя и его сразу. На глазах прямо всех убивали и похоронили в огороде, потому что они все время стреляют и стреляют. (*Special'nyj korrespondent*, 09.09.2014, 00:14:33–00:14:47)
>
> **Raisa Lichičenko:** Sie haben einen Mann getötet, meinen Nachbarn haben sie getötet. Das Haus ist abgebrannt, meines und seines zugleich. Vor unseren Augen haben sie alle getötet und im Garten vergraben, weil sie die ganze Zeit schießen und schießen.

Gefilmt wird die Dorfbewohnerin in der Nahaufnahme (*shoulder close-up*), wodurch die Mimik auf dem Gesicht der interviewten Person gut erkennbar wird und in den Mittelpunkt rückt.

Ebenso sind die Live-Video-Konferenzen mit Menschen aus dem Donbass, die direkt ins Studio zugeschaltet sind und an der Diskussion teilnehmen, ein Mittel der Personalisierung. Das Reden mit Vor-Ort-Anwesenden dient gleichzeitig der Authentifizierung des Geschehens.

Auf gleiche Weise trägt die Präsenz von Studiogästen, die direkt aus dem Kriegsgebiet ins Talkshowstudio kommen und von den Ereignissen berichten, wie in SPECIAL'NYJ KORRESPONDENT, VREMJA POKAŽET oder in MUŽSKOE/ŽENSKOE, zur Personalisierung der Talkshowsendungen bei.

Ein weiteres Mittel der Personalisierung ist die Metonymie von Text-Bild-Verhältnissen. Ein Beispiel dafür findet sich in der Reportage von SPECIAL'NYJ KORRESPONDENT (Abbildung 40).

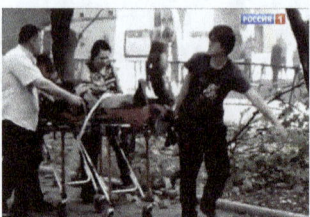

Четыре месяца войны.
Vier Monate Krieg.

Расстрелянные города,
Zerschossene Städte,

зажженные больницы и школы.
abgebrannte Krankenhäuser und Schulen

Около миллиона беженцев. Экономика разрушена,
Rund eine Million Flüchtlinge. Die Wirtschaft ist zerstört,

урожай не убран.
die Ernte nicht eingeholt.

Abbildung 40: Metonymisches Text-Bild-Verfahren (*Special'nyj korrespondent*, 09.09.2014, 00:05:49–00:05:59).

Wie diese Folge verschiedener Einstellungen aus SPECIAL'NYJ KORRESPONDENT (Abbildung 40) illustriert, werden abstrakte Sachverhalte an einzelnen Gegenständen bzw. Personen exemplarisch festgemacht: So wird zur Visualisierung des bereits vier Monate dauernden Krieges der Abtransport einer verletzten oder toten Person gezeigt, und die „zerschossenen Städte und brennenden Krankenhäuser und Schulen" werden jeweils mithilfe einer Aufnahme eines brennenden bzw. rauchenden Gebäudes visualisiert. Die Einstellung von einer Mutter, die ihr kleines Kind in die Arme nimmt, steht metonymisch für die „Millionen Flüchtlinge" und das vertrocknete Sonnenblumenfeld illustriert die gesamte „nicht eingeholte Ernte." Laut Burger und Luginbühl (2014: 431) dient dieses metonymische Bild-Text-Verfahren „der Personalisierung der Berichterstattung."

10.2.3.5 Didaktische Funktion von Bildern

Die didaktische Funktion von Bildern kommt vor allem in der Reportage von SPECIAL'NYJ KORRESPONDENT gut zum Ausdruck und fällt im Zusammenhang mit der Visualisierung von Kriegsgeräten auf. Die Bilder erfüllen eine didaktisch-erklärende Funktion, indem sie zeigen, wie die mithilfe von spezifischer Waffenterminologie bzw. Fachterminologie bezeichneten Kriegsgeräte aussehen oder welche Wirkungskraft sie haben. Hierin besteht einer der Vorteile des Fernsehens gegenüber Printmedien: Während in schriftlichen journalistischen Nachrichtentexten die Dechiffrierung der Abkürzungen oder Akronyme der Waffenbezeichnungen und entsprechende Erklärungen in Fußnoten angegeben werden müssen oder die Fachtermini erst mithilfe des Kontextes klarwerden (vgl. Reuther 2016), nutzt das Fernsehen Bilder, um zu veranschaulichen, wie das Kampfgerät, von dem gesprochen wird, aussieht. Die gezeigten Aufnahmen ordnen somit abstrakten Begriffen ein Bild zu und machen dem Publikum die verwendete Fachterminologie verständlich: So berichtet der Reporter im Video von SPECIAL'NYJ KORRESPONDENT von einem ukrainischen *„Bulat"* und einem verbrannten *„T-64"* und zeitgleich werden Bilder von Panzern präsentiert (vgl. Abbildung 24).

Auch die Potenz von Waffen wird mithilfe der gezeigten Bilder ersichtlich: So wird beispielsweise nicht die Panzerabwehrgranate, sondern das von ihr zerstörte und ausgebrannte Auto gefilmt (vgl. Abbildung 23). Dadurch bekommen die Zuseher*innen eine Vorstellung von der Zerstörungskraft dieser Waffe, falls ihnen das Akronym *RPG*, welches für *Ručnoj Protivotankovyj Granatomët* (dt. *von Hand bedienbarer Panzerabwehrgranatwerfer*) steht, nicht bekannt sein sollte.

Darüber hinaus werden die eingesetzten Waffen auf den Bildern gezeigt, während die in der Reportage interviewten Menschen Detailinformationen über das Kampfgerät ergänzen. So zeigt beispielsweise der Afghanistan-Veteran und Opolčenec, Andrej Gajdej, im Video auf eine Panzerhaubitze (Abbildung 41) und erklärt dem/der Zuseher*in im Detail, worum es sich bei diesem Gerät handelt:

Abbildung 41: Panzerhaubitze (*Special'nyj korrespondent*, 09.09.2014, 00:09:45).

Андрей Гайдей (Рим): *2С3 «Акация», 150 миллиметровая*. Вот смотрите с каких они нас, мирных жителей, пришли к нам с таких вот *пушечек* нас попугать.
(*Special'nyj korrespondent*, 09.09.2014, 00:09:48–00:09:57)

Andrej Gajdej (Rim): 2S3 „Akazie", 150 Millimeter. Schauen Sie einmal, mit welchen Kanönchen sie zu uns friedlichen Einwohnern gekommen sind, um uns einzuschüchtern.

Gajdej nennt die genaue Bezeichnung des Kriegsgeräts – es handle sich um eine „*2S3 Akacija*" mit einem 150 Millimeter Kaliber. Der Afghanistan-Veteran wendet sich direkt an den/die Zuseher*in, indem er sie/ihn auffordert genau hinzusehen, mit welchen „Kanönchen" (*pušečki*) die ukrainische Seite „uns/ den friedlichen Einwohner*innen" (*nas/mirnych žitelej*) versuche, Angst einzujagen. Der Opolčenec verwendet hier das Diminutiv „Kanönchen" (*pušečka*), was angesichts der Größe der Waffe ironisch klingt. Außerdem wird die Waffe von unten gefilmt, wodurch sie mächtiger und bedrohlicher auf den/ die Zuseher*in wirkt und ihre destruktive Kraft intensiviert wird (vgl. Zettl 2013: 228). Gleichzeitig schwingt bei der Verwendung des Diminutivs auch die Abwertung der ukrainischen Armee mit, weil Gajdej damit impliziert, dass diese mit „Kanönchen" anstatt mit richtigen „Kanonen" schießen würden.

Ein weiteres Beispiel für die didaktische Funktion von Bildern ist die Aufnahme eines Blindgängers (Abbildung 42), der auf einer Straße gelandet ist:

10.2 Fallbeispiel 2: Krieg in der Ostukraine (September/Oktober 2014) — 313

Abbildung 42: Blindgänger auf einer Straße (*Special'nyj korrespondent*, 09.09.2014, 00:17:44).

>**Александр Рогаткин:** Для того, чтобы понять, насколько опасна была дорога на Луганск, достаточно посмотреть вот на *эту штуку*. Это не покосившийся столб, это неразорвавшаяся ракета – *систем залпового огня «Смерч», диаметром 300 миллиметров. Выжигает все живое, буквально гектарами.*
>
>(*Special'nyj korrespondent*, 09.09.2014, 00:17:38–00:17:54)

>**Aleksandr Rogatkin:** Um zu verstehen, wie gefährlich der Weg nach Lugansk gewesen ist, genügt es, sich dieses Ding anzusehen. Das ist kein schiefstehender Pfosten, das ist eine nicht detonierte Rakete des Mehrfachraketenwerfersystems „Smerč" mit einem Durchmesser von 300 Millimetern. Sie löscht hektarweit alles Leben aus.

Der Reporter Rogatkin steht neben der blindgegangenen Rakete und kommuniziert dadurch Unmittelbarkeit, denn wie er erklärt, demonstriere „dieses Ding" (*èta štuka*), wie „gefährlich der Weg Richtung Lugansk" (*naskol'ko opasna byla doroga na Lugansk*) gewesen sei. Schließlich informiert er die Zuseher*innen, worum es sich bei dieser Waffe handle: Das sei „kein schiefstehender Pfosten" (*èto ne pokosivšijsja stolb*), sondern „eine nicht detonierte Rakete des Mehrfachraketenwerfersystems namens ‚Smerč' mit einem Durchmesser von 300 Millimetern" (*èto nerazorvavšajasja raketa – sistem zalpovogo ognja «Smerč», diametrom 300 millimetrov*). Bemerkenswert ist, dass – wie im Beispiel zuvor – eine tödliche Waffe zunächst sprachlich verharmlost bzw. ins Lächerliche gezogen wird: Der Reporter bezeichnet die Rakete zuerst als „dieses Ding" und vergleicht es mit einem „schiefstehenden Pfosten", um anschließend die Art der Waffe und deren desaströse Stärke – „sie löscht hektarweit alles Leben aus" (*vyžigaet vsë živoe bukval'no gektarami*) – zu erläutern. Mithilfe dieser anfänglichen Verharmlosung und der anschließenden detaillierten Aufklärung des Publikums über die Art des Kriegsgeräts und dessen Zerstörungskraft weckt der Reporter die Aufmerksamkeit der Zuseher*innen und verstärkt somit den didaktischen Effekt.

An dieser Stelle endet die Darstellung der Funktion von Bildern und ihrer Zusammenwirkung mit dem gesprochenen Text in den analysierten Talkshows. Im Anschluss folgt nun die detaillierte Analyse der sprachlichen Darstellung des Konflikts sowie der einzelnen Konfliktparteien in den untersuchten Sendungen.

10.2.4 Darstellung des Konflikts

In allen fünf untersuchten Talkshowsendungen des vorliegenden Fallbeispiels wird der Konflikt bzw. Krieg in der (Ost-)Ukraine in erster Linie als „Bürgerkrieg" (*graždanskaja vojna*) dargestellt, wodurch eine Einmischung oder eine Beteiligung Russlands an den Ereignissen negiert wird. Gajos (2017: 72) sieht in dieser Darstellung der kriegerischen Auseinandersetzung in der Ostukraine als Bürgerkrieg ein „Leitmotiv" der russischen Propaganda.

Neben der Darstellung der Geschehnisse als Bürgerkrieg wird in den Talkshows auch von einem „Bruderkrieg" (*bratoubijstvennaja vojna*), einem „unerklärten Krieg" (*neob"javlennaja vojna*), einem „Informationskrieg" (*informacionnaja vojna*) oder sogar von einem „Dritten Weltkrieg" (*tret'ja mirovaja vojna*) gesprochen.[296]

Es existiert jedoch nicht nur bei der Bezeichnung des Krieges keine Einheitlichkeit, sondern auch hinsichtlich der Frage, wer in der Ukraine gegeneinander kämpft, werden verschiedene Meinungen vertreten: So will beispielsweise Vladimir Žirinovskij in SPECIAL'NYJ KORRESPONDENT von Andrej Purgin, dem Vizepremier der DNR, wissen, ob die Bevölkerung von Doneck den Krieg als Kampf gegen die Opolčency oder als Kampf gegen das russische Volk wahrnehme. Während der Moderator der Sendung schnell reagiert und klarstellt, dass es sich in der Ukraine um einen Bürgerkrieg handle, in dem Ukrainer*innen gegen Ukrainer*innen kämpfen (*U nas zdes' graždanskaja vojna. Ukraincy, ukrainskie graždane ubivajut ukrainskich graždan.*) (*Special'nyj korrespondent*, 09.09.2014, 00:42:40–00:42:46), bestätigt Andrej Purgin wenig später die Andeutung Žirinovskijs, dass es sich in der Ukraine um einen „Kampf mit der russischen Welt" (*bor'ba s Russkim mirom*) handle. Allerdings, so führt Purgin weiter aus, dürfe man nicht „zu dick auftragen" (*peregibat' palku*), das heißt, es sei nicht so sehr ein Kampf von Ukrainer*innen mit Russ*innen, sondern ein

---

[296] Für weitere metaphorische Kollokationen in Bezug auf den Krieg in ukrainischen und russischen Parlamentsdebatten und Medien siehe Weiss (2018).

Kampf von Faschismus und Antifaschismus (*èto bor'ba fašizma i antifašizma*) (*Special'nyj korrespondent*, 09.09.2014, 00:43:14–00:43:26).

Dieses Beispiel illustriert, wie eine rhetorische Verstärkung eines Sprichworts bzw. eines Phraseologismus entsteht, indem der Sprechende eine vermeintliche Übertreibung des Sachverhalts ablehnt, wodurch seine Äußerungen jedoch umso mehr betont werden. Obwohl Andrej Purgin hier zunächst anhand des umgangssprachlichen und missbilligenden Phraseologismus (vgl. Petermann et al. 1999: 498), der zugleich eine hyperbolische Alliteration ist, erklärt, dass „nicht zu dick aufgetragen werden sollte" (*my ne dolžny peregibat' palku*), intensiviert er dadurch seine anschließenden Worte und trägt „dick auf", indem er den Krieg nicht mehr auf einer nationalen Ebene betrachtet, sondern ihn auf eine ideologische Ebene hebt.

Indem Purgin den Krieg in der Ukraine als einen „Kampf mit der russischen Welt" darstellt, greift er das imaginierte Raumkonzept Russlands – *Russkij mir* – auf, welches dem Kampf der Opolčency in der Ostukraine als wichtige Legitimationsgrundlage diente (vgl. Zabirko 2015). Dieses mehrdeutige Konzept[297], das neben der russischen Sprache, dem Geschichtsbewusstsein, der russischen Orthodoxie und den damit verbundenen antiwestlichen und antiliberalen Einstellungen auch „emotional aufgeladene Symbole" (Zabirko 2015: 2) beinhaltet, spielte ebenso in der Argumentation für die Zugehörigkeit der Krim zu Russland eine zentrale Rolle (siehe Fallbeispiel 1).

Auch in der Sendung POLITIKA am 08.10.2014 ist nicht klar, wer in der Ostukraine gegeneinander kämpft. So betont beispielsweise der Regisseur Vladimir Bortko, dass es kein Krieg zwischen Russland und der Ukraine (*èto vojna ne meždu Ukrainoj i Rossiej*), sondern ein Krieg zwischen Russ*innen sei (*èto vojna meždu russkimi ljud'mi*) (*Politika*, 08.10.2014, 00:01:56–00:02:21). Damit spielt er auf die imperiale bzw. sowjetnostalgische Denkweise an, dass die Ukraine kein eigenständiger Staat und die Ukrainer*innen kein eigenes Volk, sondern Russ*innen seien.[298]

Allerdings widerspricht ihm in der Sendung der aus Lugansk stammende Abgeordnete der *Verchovnaja Rada*, Sergej Gorochov, indem er erklärt, dass es kein Krieg zwischen Russ*innen, sondern ein Krieg zwischen Amerika und Russland auf dem Gebiet des Donbass sei (*èto vojna meždu Amerikoj i Rossiej*

---

297 Das Konzept *Russkij mir* ist mehrdeutig, da es sich auf die „Welt russischsprachiger Menschen", das Teilen eines „spezifischen ‚russischen' Geschichtsbewusstseins" oder auf die Unterstützung des russischen Staates und dessen Politik beziehen kann (Zabirko 2015: 2).
298 Siehe dazu auch Fallbeispiel 1 (Abschnitt III.10.1.3).

na territorii Donbassa)²⁹⁹ (*Politika*, 08.10.2014, 00:05:59–00:06:24). Wie Andrej Purgin in Special'nyj korrespondent vertritt auch Sergej Gorochov die Auffassung, dass die Menschen in der Ostukraine „die russischsprachige Welt verteidigen" (*otstaivajut russkojazyčnyj mir*) und sie für „die Russische Föderation Leid ertragen" würden (*stradajut za Rossijskuju Federaciju*). Der ukrainische Politiker assoziiert *Russkij mir* somit in erster Linie mit dem russischen Staat, und seine Worte weisen auf die Rolle Russlands im Krieg hin, da Gorochov explizit festhält, dass die Einwohner*innen von Doneck und Lugansk „für die Russische Föderation" leiden würden.

In Bezug auf das Ende des Krieges bzw. auf die Sieger werden bereits in der Sendung nach der Unterzeichnung des Protokolls von Minsk erste Prognosen abgegeben: So wird in Politika am 07.09.2014 beispielsweise vom Moderator der Sendung, Pëtr Tolstoj, betont, dass es sich in der Ukraine um einen „Bürgerkrieg" (*graždanskaja vojna*) handle und es daher keine Sieger geben könne (vgl. *Politika*, 07.09.2014, 00:08:38–00:08:41). Wie der Gast Valerij Fadeev erklärt, müsse der ukrainische Präsident, Petro Porošenko, verstehen, dass er den Krieg nicht gewinnen könne (*Porošenko [...] pobeditelem vojny ne možet byt'*) und er daher den von Putin vorgeschlagenen Friedensplan nützen solle (*Politika*, 07.09.2014, 00:07:38–00:08:35).

Eine gegensätzliche Position vertritt dagegen Aleksandr Kofman: Laut ihm hat ein Bürgerkrieg noch nie mit einem Frieden geendet, und daher gibt es lediglich zwei Möglichkeiten: den Sieg einer der beiden Konfliktseiten (*pobeda odnoj iz storon*) oder die Zersplitterung des Landes (*raskol strany*) (vgl. *Politika*, 07.09.2014, 00:32:17–00:32:26).

Zusammenfassend lässt sich festhalten, dass die hier angeführten Beispiele illustrieren, wie widersprüchlich und unlogisch die Aussagen in den Talkshows sind: Erstens wird der Krieg als innerukrainischer Konflikt und somit als Bürgerkrieg dargestellt. Während einige Talkshowgäste und Moderator*innen daher erklären, dass Ukrainer*innen gegen Ukrainer*innen kämpfen, sind andere wiederum der Meinung, dass es sich um einen Kampf zwischen Russ*innen handle, wobei diese Behauptung eine imperiale oder sowjetnostalgische Denkweise wiedergibt, die impliziert, dass Russ*innen und Ukrainer*innen ein Volk, nämlich Russ*innen, seien.

---

299 Die Darstellung des Krieges in der Ostukraine als Stellvertreterkrieg zwischen Russland und Amerika findet sich auch in Politika vom 07.09.2014 sowie in Vremja pokažet vom 13.10.2014.

Zweitens wird der Krieg in der Ostukraine als Stellvertreterkrieg zwischen Russland und den USA auf dem Gebiet des Donbass präsentiert. Eine dritte Version ist diejenige, dass es sich bei den Ereignissen um einen Kampf gegen die „russische Welt" (*Russkij mir*) handle bzw. auf ideologischer Ebene um einen Kampf zwischen Faschismus und Antifaschismus. Konstant negiert wird in den analysierten Sendungen hingegen die Version, dass der Krieg im Donbass ein Krieg zwischen Russland und der Ukraine sei.[300]

10.2.5 Darstellung der Konfliktparteien

10.2.5.1 Sprachlich-rhetorische Mittel zur Benennung der Konfliktparteien

Wie in Abschnitt III.9.3.2 ausführlich dargelegt wurde, ist die Herausarbeitung und Untersuchung von sprachlichen Mitteln, die zur positiven Selbst- und negativen Fremdcharakterisierung verwendet werden, ein zentrales Anliegen der Kritischen Diskursanalyse. Diese Strategie der Polarisierung, die u. a. mithilfe von stark wertender Lexik realisiert wird, ist zudem eines der wichtigsten Kennzeichen von Propaganda (vgl. Knorre-Dmitrieva 2014), und aus diesem Grund wird an dieser Stelle festgehalten, wie die Konfliktparteien in den untersuchten Talkshowsendungen benannt werden. Dieser Abschnitt stellt einerseits eine Ergänzung zu den im Fallbeispiel 1 (siehe Abschnitt III.10.1.3) herausgearbeiteten Bezeichnungen der ukrainischen Seite dar, da in den Talkshowsendungen des Fallbeispiels 2 neben der bekannten Hate-Speech neue Mittel zur negativen Fremd-repräsentation gefunden wurden. Andererseits wird in diesem Abschnitt auf die Selbstcharakterisierung – die Benennung der Opolčency bzw. Aufständischen im Donbass –eingegangen.

In den untersuchten Talkshows werden die prorussischen Kämpfer im Donbass, die Opolčency, mit positiv konnotierten, die ukrainische Seite dagegen hauptsächlich mit negativ konnotierten Termini benannt (vgl. z. B. Skorkin 2014; Norman 2015, 2020; Belov 2016; Reuther 2016; Kuße 2018a, 2018b, 2019; Novosolova und Jacura 2018). So werden die *prorussischen Kämpfer* im Donbass in russischen Talkshows vor allem als „Heimatverteidiger" (*opolčency*) bzw. als

---

[300] Weiss (2018: 343–344; 2020b: 30) kommt in seiner Untersuchung ukrainischer und russischer Parlamentsdebatten zu demselben Ergebnis. So wird von einem „russisch-ukrainischen" Krieg lediglich im ukrainischen, nicht jedoch im russischen Parlamentsdiskurs gesprochen. Auch die Bezeichnungen des Kriegs als „Wirtschaftskrieg", „Energiekrieg" oder „Putins Krieg" wurden bei Weiss nur in ukrainischen Debatten gefunden.

„Volksmiliz/Heimatverteidigung" (*opolčenie*) bezeichnet, wodurch die russische Einmischung in den Konflikt relativiert wird (vgl. Belov 2016: 395). Während dieser Terminus von Krongauz im Interview als neutral eingestuft wird (vgl. Knorre-Dmitrieva 2014), geht Norman (2015, 2020) von einer positiven Neosemantisierung bzw. „einer sehr stark positive[n] Aura" des Begriffs aus.[301] Zusätzlich wird in den Shows zur Benennung der Aufständischen von „Freiwilligenkämpfern" (*bojcy-dobrovol'cy*), „Freiwilligen" (*dobrovol'cy*) oder „Aufständischen" (*povstancy*) gesprochen.

Auch der im Jahr 2014 zu einem Euphemismus und Meme gewordene Ausdruck „friedliche Einwohner" (*mirnye žiteli*) wird in den analysierten Talkshowsendungen synonym für die Opolčency gebraucht (vgl. Višneveckaja 2015: 63). Gleichzeitig dient der Terminus „friedliche Einwohner" den Opolčency zur positiven Selbstbezeichnung (siehe Abschnitt III.10.2.3.5).

Für die Benennung der *ukrainischen Seite* werden in den Talkshows neben vereinzelt relativ neutralen Benennungen wie „ukrainische Truppen/Armee" (*ukrainiskie vojska/ukrainskaja armija*) vor allem stark negativ konnotierte Begriffe benutzt (siehe Abbildung 43).

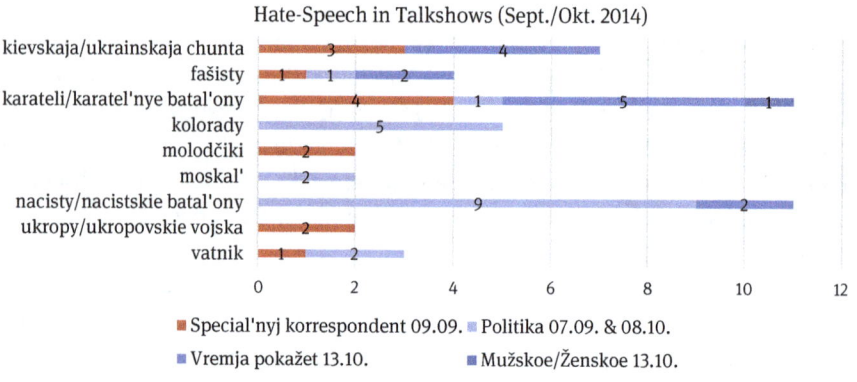

Abbildung 43: Frequenz von Hate-Speech-Termini in den analysierten Talkshowsendungen (blau – Talkshows auf dem *Pervyj kanal*; rot – Talkshows auf *Rossija-1*).

---

[301] Da die vorliegende Analyse den *russischen* Diskurs untersucht, wird im Rahmen der qualitativen Analyse hauptsächlich der Terminus „Opolčency" zur Bezeichnung der Aufständischen im Donbass gebraucht.

10.2 Fallbeispiel 2: Krieg in der Ostukraine (September/Oktober 2014)

Wie bereits im Fallbeispiel 1 beschrieben, wurden beispielsweise aus dem sowjetischen Newspeak bekannte Termini wie „*chunta*" oder „*karateli*" wiederbelebt (vgl. Skorkin 2014). So wird in den untersuchten Talkshows des Fallbeispiels 2 zum Beispiel von der „ukrainischen Junta/Seite der Junta" (*ukrainskaja chunta/ storona chunty*), aber auch vom „Kiewer Regime" (*Kievskij režim*), einer „Bande von Kriegsverbrechern" (*banda voennych prestupnikov*) oder von „ausländischen Agenten" (*inostrannye agenty*)[302] gesprochen. Immer wieder ist außerdem von einer „Faschisierung" (*fašizacija*) der ukrainischen Gesellschaft oder einem „ukrainischen Faschismus" (*ukrainskij fašizm*) die Rede, und auch hohe Politiker*innen werden direkt als Nazis abgewertet, wie beispielsweise der neue Verteidigungsminister der Ukraine, der als „offensichtlicher Nazi" (*otkrovennyj nacist*) verunglimpft wird. Die Kämpfer*innen auf ukrainischer Seite werden zudem als „nazistische Bataillone" (*nacistskie batal'ony*), „ukrainische/Kiewer Todesschwadronen" (*ukrainskie/Kievskie karateli*) oder „Kiewer Strafbataillone" (*Kievskie karatel'nye batal'ony*) bezeichnet, womit eine Parallele zwischen den Ukrainer*innen und den Anhängern des Nationalsozialismus gezogen wird (siehe auch Abschnitt III.10.1.3). Außerdem werden die ukrainischen Kämpfer als „*ukropy*" beschimpft, welches einerseits als Abkürzung für „*ukrainskij patriot*" bzw. „Ukropatriot" gilt und andererseits gleichklingend mit dem Gewürzkraut „Dill" (*ukrop*) ist (vgl. Belov 2016: 400). Diese negative Bezeichnung für die ukrainische Seite gilt aufgrund der Darstellung des Gegners als Nicht-Mensch, nämlich als vielverwendetes und gewöhnliches Kraut, als äußerst diffamierend (vgl. Knorre-Dmitrieva 2014).[303] Zugleich ist die Entmenschlichung der gegnerischen Seite ein beliebtes Mittel der Propaganda, da sie als Rechtfertigung der eigenen Taten bzw. des Kampfes gegen diese Nicht-Menschen dient: „The less human the enemy, the more insidious and pervasive it appears, the louder the call to extermination" (Steuter und Wills 2009: 38).

Neben diesen Substantiven ist in den analysierten Talkshows die Derivation von Hate-Speech-Adjektiven mittels Suffigierung produktiv, die ebenso zur Verdeutlichung der Minderwertigkeit der ukrainischen Seite benutzt werden.

---

[302] Im Jahr 2012 verabschiedete die russische Staatsduma das sogenannte „Agentengesetz" bzw. „Gesetz über ausländische Agenten", das sich gegen vom Ausland finanzierte zivilgesellschaftliche Nichtregierungs-organisationen richtet und deren Arbeit erheblich erschwert (vgl. Falkenhain 2015; Skibo 2016). Seit November 2017 können auch Medien und seit November 2019 sogar Einzelpersonen als „ausländische Agenten" abwertend bezeichnet werden.

[303] Der abwertende Terminus *ukrop* hat jedoch auch eine positive Umdeutung erfahren, nämlich als Abkürzung für *Ukraïnskij opir* (dt. *Ukrainischer Widerstand*), und die Aufschrift *UKROP* sowie das Bild des Dillkrauts avancierten auf proukrainischer Seite „zum Ausdruck der patriotischen und kämpferischen Gesinnung" (Kuße 2019: 69; siehe auch Taranenko 2020: 82–83).

So ist in den Talkshows beispielsweise von „*ukropovskie vojska*" oder von „*fašistvujuščie gruppirovki chunty*" die Rede.

Auffällig ist außerdem, dass in den Talkshowsendungen *Hate-Speech-Ausdrücke* vorkommen, die zur negativen Bezeichnung von Russ*innen dienen. Diese werden als fiktive Zitate (*to čto my slyšim každyj den'*) der ukrainischen Seite eingebaut und zur Demonstration des eigenen Opferstatus verwendet:

> **Александр Кофман:** И пожалуйста, запомните раз и всегда: За 23 года существования Украины, *мы для них, и мы и вы, вы – это россияне,* навсегда теперь *остались колорадами, ватниками, самками колорадов, личинками колорадов и так далее. Это то что мы слышим каждый день.* (Politika, 07.09.2014, 00:32:26–00:32:42)

> **Aleksandr Kofman:** Und bitte merken Sie sich ein für alle Mal: In den 23 Jahren des Bestehens der Ukraine sind wir für sie, und wir und Sie, Sie – das sind die Russen, nun für immer Kolorady [Kartoffelkäfer], Vatniki, Weibchen der Kolorady, Larven der Kolorady und so weiter geblieben. Das ist das, was wir jeden Tag hören.

Wie dieses Beispiel zeigt, verwendet der Vertreter der Opolčency, Aleksandr Kofman, in der Sendung POLITIKA stark negativ konnotierte Termini, um damit sich selbst, die Opolčency (*my*), und die Russ*innen (*rossijane*) zu benennen: Seine Leute und die Russ*innen würden für die Ukraine immer „*kolorady*" und „*vatniki*" bleiben. Der Terminus „*vatnik*" ist eine abschätzige Bezeichnung für Russ*innen, die erstmals 2011 in sozialen Netzwerken zur Benennung russischer Patrioten aufgekommen ist (vgl. Belov 2016: 403). Dieses Wort ist deshalb besonders negativ konnotiert, weil es nicht nur eine nationale, sondern auch eine soziale Färbung hat, da der Begriff ursprünglich zur Bezeichnung einer wattierten Jacke (*vata*) diente, welche vor allem von der ärmeren Bevölkerungsschicht getragen wurde bzw. wird (vgl. Knorre-Dmitrieva 2014). Das Schimpfwort „*kolorady*" entstand dagegen als Bezeichnung für die Aufständischen im Donbass in Anspielung auf das von ihnen meist am Oberkörper angeheftete zweifarbige Georgsbändchen, welches an die schwarz-gelbe Färbung des Kartoffelkäfers (*koloradskij žuk*) erinnert (vgl. Višneveckaja 2014: 100).

Diese beiden *per se* bereits sehr stark pejorativen Termini – *kolorady* und *vatniki* – verstärkt Kofman in seiner Äußerung zusätzlich, indem er den etymologischen Ursprung der Bezeichnung „*kolorady*" von einem Insekt metaphorisch ausbaut und von „Weibchen" (*samki*) und „Larven" (*ličinki*) der „*kolorady*" spricht.

Eine ähnliche Rhetorik verwendet in der Talkshow POLITIKA einen Monat später Michail Deljagin, um die Perversität der ukrainischen Seite zu illustrieren. Wie im Beispiel zuvor gebraucht auch Deljagin fiktive Zitate (*mne zvonjat/v social'nych setjach pišut*), um auf die Frage des Moderators, wie es zu erklären sei, dass in der Ukraine ein Krieg zwischen Russ*innen stattfinde, zu antworten:

10.2 Fallbeispiel 2: Krieg in der Ostukraine (September/Oktober 2014) — 321

Михаил Делягин: Ну потому что часть этих русских, да, они искренне считают/ *мне звонят и мне на очень хорошем русском языке объясняют*, что нужно сделать с *такими москалями, ватниками как я*. На очень хорошем русском языке в социальных сетях пишут о том, что посмо/ делается друг с другом: «Посмотрите, какая замечательная агония у пятимесячной *личинки колорады*» – видео, как умирает пятимесячный ребенок, ранен ими. Понимаете?

(*Politika*, 08.10.2014, 00:03:06–00:03:36)

Michail Deljagin: Nun, weil ein Teil dieser Russen, ja, sie denken wahrhaftig/ sie rufen mich an und erklären mir in sehr gutem Russisch, was man mit solchen Moskaly und Vatniki wie mir machen sollte. In sehr gutem Russisch schreiben sie in den sozialen Netzwerken darüber, was sie miteinander machen: „Schauen Sie, was für ein wunderbarer Todeskampf einer fünfmonatigen Kolorady-Larve [Larve eines Kartoffelkäfers]" – ein Video, wie ein fünfmonatiges Kind, das von ihnen verletzt wurde, stirbt. Verstehen Sie?

Deljagin zitiert in diesem Fragment angebliche Telefonanrufe, die er bekommen habe, und in denen ihm als „*moskal*'" und „*vatnik*" erklärt worden sei, was mit ihm geschehen würde. Während der Terminus „*vatnik*" im vorigen Beispiel erklärt wurde, ist die bereits sehr lange gebräuchliche Hate-Speech-Bezeichnung „*moskal*'" vor allem seit der Verschärfung der Situation in der Ukraine ab Februar 2014 als pejoratives, inoffizielles Ethnonym für „Russe" oder „Moskauer" wieder in Verwendung (vgl. Vepreva und Kupina 2014: 44). Interessant ist, dass dieses inoffizielle Ethnonym vor allem von den russischen Medien selbst verwendet wurde, um die angebliche Sichtweise und verwendete Lexik der ukrainischen Seite widerzugeben (vgl. Vepreva und Kupina 2014: 47).[304]

Im vorliegenden Ausschnitt betont Deljagin zwei Mal, dass „ein Teil dieser Russen" (*čast' ètich russkich*) sehr gut Russisch sprechen und schreiben würden, um zu unterstreichen, dass in der Ukraine Russ*innen gegen Russ*innen kämpfen. Deljagin benutzt hier ebenso die *Insektenmetapher* (*ličinka kolorady*), um zu erklären, dass die ukrainische Seite sich über den „Todeskampf einer fünfmonatigen Larve des Kartoffelkäfers" (*agonija u pjatimesjačnoj ličinki kolorady*), das heißt über den Tod eines russischen Babys, das angeblich von den Ukrainer*innen verletzt wurde (*ranen imi*), freuen würden. Mit dieser perversen und menschenverachtenden Geschichte, welche Deljagin durch die Verwendung von stark pejorativen Begriffen verstärkt, wird die ukrainische Seite als abartig und unmenschlich dargestellt. Diese Darstellung des Gegners als grausame Bestie zählt jedoch zu den Strategien von Kriegspropaganda (vgl. Morelli 2004).

---

[304] Dieses Phänomen betrifft laut Vepreva und Kupina (2014: 47) jedoch ebenso andere inoffizielle Ethnonyme.

Ferner kommen in der Sendung von POLITIKA am 08.10.2014 Fremdbezeichnungen vor, die an die Terminologie aus dem Zweiten Weltkrieg anknüpfen. So würden die Opolčency und diejenigen, die auf der Seite der russischen „*kolorady*" und „*vatniki*" stehen, nicht nur von der ukrainischen Seite, sondern auch von der internationalen Gemeinschaft zu „Untermenschen" (*nedočeloveki/nedoljudi*) erklärt:

> **Михаил Делягин:** Это официальная позиция, что *русских колорадов и ватников и тех, кто на их стороне и тех, кто объявлен недочеловеками*, объявлен недочеловеками не украинскими нацистами, а так называемым *международным сообществом*. Их можно и нормально убивать. (*Politika*, 08.10.2014, 00:23:33–00:23:49)
>
> **Michail Deljagin:** Es ist die offizielle Position, dass die russischen Kolorady und Vatniki und diejenigen, die auf ihrer Seite stehen, und diejenigen, die zu Untermenschen erklärt werden – nicht von den ukrainischen Nazis, sondern von der sogenannten internationalen Gemeinschaft werden sie zu Untermenschen erklärt. Es ist in Ordnung, sie zu töten.

Die in den Talkshows verwendete dichotome Freund-Feind-Welteinteilung ist jedoch nicht nur auf Substantive beschränkt, sondern sie funktioniert beispielsweise auch mithilfe von Pronomina und der Unterteilung in zwei Gruppen. Besonders deutlich kommt diese Strategie der Abgrenzung zwischen der Wir-Gruppe (*ja/my*) und der Sie-Gruppe (*vy/oni*) in der Sendung POLITIKA am 08.10.2014 zum Vorschein, in der auch Vertreter des Westens präsent sind:

> **Александр Гордон:** Послушайте *меня*, никогда Россия от Украины не отворачивалась. И это у *меня*, у Александра Гордона украли город *моей* мечты, город *моей* жизни, город Одессу. Кто украл? Скажу. Националисты, которые живут там сейчас, *и мне* никто не может гарантировать возвращение в этот город, никто. И *вы*, Соединенные Штаты Америки, которые поощряют этих националистов. *Мне* кажется, что *вы* путаете причины и следствия. *Вы* развязали конфликт, думая, что *вы* работаете по-прежнему в оранжевых республиках, а во истину, *вы* работаете в жовто-блакитной республике. (*Politika*, 08.10.2014, 00:47:32–00:48:16)
>
> **Aleksandr Gordon:** Hören Sie mir zu, Russland hat sich niemals von der Ukraine abgewandt. Und mir, Aleksandr Gordon, wurde die Stadt meiner Träume, die Stadt meines Lebens, Odessa, gestohlen. Wer hat sie gestohlen? Ich sage es Ihnen. Die Nationalisten, die nun dort wohnen, und mir kann niemand die Rückkehr in diese Stadt garantieren, niemand. Und ihr, die Vereinigten Staaten von Amerika, die diese Nationalisten ermutigen. Ich habe den Eindruck, dass ihr Ursache und Wirkung verwechselt. Ihr habt den Konflikt in dem Glauben angezettelt, dass ihr nach wie vor in Orangenen Republiken arbeitet, aber in Wahrheit arbeitet ihr in einer Gelb-blauen Republik.

Wie dieser Ausschnitt illustriert, stellt sich der Moderator, Aleksandr Gordon, selbst als Opfer dar: Er könne nicht mehr in seine Heimatstadt Odessa zurückkehren, weil dort nun ukrainische Nationalisten seien. Im ersten Teil dieses

Fragments, in dem er sich als Opfer inszeniert, verwendet Gordon fünf Mal die Personal- und Possessivpronomina der ersten Person Singular (*menja, mne, mojej*). Im zweiten Teil, der durch eine Konjunktion (*i*) und das Personalpronomen der zweiten Person Plural (*vy*) eingeleitet wird, identifiziert er die USA, welche in der Show durch die Person von Majkl Bom vertreten und mit dem Personalpronomen *vy* fünf Mal in diesem Fragment adressiert werden, als Auslöser des Konflikts und als Unterstützer der Nationalisten. Besonders erwähnenswert sind hier die *farbphraseologischen Verbindungen*, die „Orangen Republiken" (*oranževye respubliki*) sowie die „Gelb-blaue Republik" (*žovto-blakitnaja respublika*), die Gordon hier gebraucht, um auf die politische Ausrichtung der Ukraine anzuspielen. Während die USA denken würden, dass sie immer noch in „Orangen Republiken" arbeiten, also in einer prowestlich orientierten Ukraine, sei die Ukraine in Wahrheit nun eine „Gelb-blaue Republik", womit Gordon auf die Farben der ukrainischen Flagge und damit auf eine nationalistische Orientierung der Ukraine anspielt. Die nationalistische Implikatur wird zusätzlich verstärkt, indem der Moderator für die „Gelb-blaue Republik" die Farbadjektive in ukrainischer Sprache (*žovto-blakitnij*) verwendet. Diese Form des Code-Switchings bezeichnet Knoblock (2016: 24–25) als „Echotechnik" (*echoing technique*), welche als Wiedergabe (Echo) der gegnerischen Seite eine Distanz zwischen SprecherIn und Gesprochenem schafft, der Äußerung einen sarkastischen Effekt verleiht und den/die Gegner*in verhöhnt.

Die sprachliche Diffamierung der gegnerischen Seite beschränkt sich jedoch nicht nur auf die Verwendung von spezifischen Termini oder Pronomina, sondern der Feind wird auch mithilfe von aggressiver Rhetorik niedergemacht und bedroht. Ein Beispiel dafür bietet das Interview mit einem Kämpfer der Opolčency in der Reportage von SPECIAL'NYJ KORRESPONDENT. Zunächst erklärt der Kommentator, dass dieser einfache Mann, der sein ganzes Leben am Bau gearbeitet habe, nach der Tragödie im Gewerkschaftshaus in Odessa[305] zur Waffe greifen musste.[306] Der Opolčenec namens Miša erzählt, dass er mit eigenen Augen gesehen habe, wie das Gewerkschaftshaus niedergebrannt sei. Während Bekannte von ihm damals gestorben seien, hätte er Glück gehabt. Der Interviewer, Aleksandr Rogatkin, fragt schließlich nach den Plänen des Mannes, worauf dieser antwortet, dass er nach Odessa vordringen möchte, da es dort noch „viel Arbeit" geben würde (*tam raboty mnogo*):

---

[305] Zur Berichterstattung in russischen Nachrichtensendungen und Talkshows über den Brand im Gewerkschaftshaus in Odessa siehe Binder und Kaltseis 2020.
[306] Vgl. dazu auch Abschnitt III.10.2.3.1, Abbildung 17.

Александр Рогаткин: То есть планы какие? До Одессы дойти?

Миша: Конечно, там работы много. Первым, *суку Гончаренко повесить возле дома профсоюзов, на его говнявых кишках*.

Александр Рогаткин: Это депутат, который *на трупе скакал*, да?

Миша: *На моем друге он скакал.* [...]

Александр Рогаткин: Что с людьми-то произошло, объясни: Вместе жили, в одном городе.

Миша: Теперь вот так: *Смотрим друг на друга волками*. Вот есть ребята, ты с ними вырос, да? Знаем друг друга много лет. Теперь и можем быть по разные стороны баррикад. Ну знаете, *это гражданская война, вот как в этом 17-ом году*.

(*Special'nyj korrespondent*, 09.09.2014, 00:11:03–00:11:42)

Aleksandr Rogatkin: Was sind Ihre Pläne? Bis nach Odessa gehen?

Miša: Natürlich, dort gibt es viel Arbeit. Als erstes das Drecksschwein Gončarenko neben dem Gewerkschaftshaus an seinen verschissenen Eingeweiden aufhängen.

Aleksandr Rogatkin: Das ist der Abgeordnete, der auf einer Leiche herumgesprungen ist, richtig?

Miša: Auf meinem Freund ist er herumgesprungen [...]

Aleksandr Rogatin: Erklär uns, was ist mit den Menschen passiert: Sie haben zusammengelebt, in einer Stadt.

Miša: Nun ist es so: Wir sehen uns wie Wölfe an. Es gibt Jungs, mit denen bist du aufgewachsen, richtig? Wir kennen einander viele Jahre. Jetzt können wir auf verschiedenen Seiten der Barrikaden stehen. Nun ja, wissen Sie, das ist ein Bürgerkrieg wie in diesem 17er Jahr.

Dieses Fragment ist ein besonders eindrückliches Beispiel für aggressive Rhetorik in den russischen Talkshows: Wie aus dem Ausschnitt hervorgeht, versteckt sich hinter dem Euphemismus „viel Arbeit" das Ziel, den ukrainischen Politiker Aleksej Gončarenko, den der Sprecher als „Drecksschwein" (*suka*) beschimpft, neben dem Gewerkschaftshaus „an seinen verschissenen Eingeweiden" (*povesit' suku Gončarenko na ego govnjavych kiškach*) aufzuhängen, da dieser auf der Leiche eines Freundes des Mannes „herumgesprungen" sei (*na moëm druge on skakal*).

Der Interviewer gibt sich verständlich und fordert von seinem Gegenüber eine Erklärung für die Spaltung der ukrainischen Bevölkerung. Der Opolčenec antwortet phraseologisch: Sie würden einander „wie Wölfe ansehen" (*smotrim drug na druga volkami*) und „auf verschiedenen Seiten der Barrikaden" (*po raznye storony barrikad*) stehen, womit er einerseits die Aggression und andererseits die physische Distanz – die Abgrenzung der beiden Konfliktparteien voneinander – sprachlich zum Ausdruck bringt und verbildlicht. Abschließend macht er einen historischen Vergleich des Krieges in der Ostukraine mit dem Russischen Bürgerkrieg 1917, wodurch er – aufgrund der Darstellung des Konflikts als Bürgerkrieg – eine Einmischung Russlands in den Konflikt negiert.

Im Anschluss an diesen Überblick über die sprachlich-rhetorischen Mittel zur Benennung der Ukraine sowie der Opolčency wird im Folgenden auf die Darstellung der einzelnen Akteure eingegangen.

10.2.5.2 Darstellung der Ukraine

– Faschisten und Nazis
Die Darstellung der ukrainischen Seite als faschistisch und nazistisch ist eine Strategie von Propaganda, um den Feind mit dem absoluten Bösen gleichzusetzen, zugleich werden damit bestehende stereotype Vorstellungen über die Ukrainer*innen als Kollaborateur*innen wiederbelebt. Da in der vorliegenden Arbeit bereits mehrmals auf die Darstellung der ukrainischen Seite als Faschisten und Nazis hingewiesen wurde, werden an dieser Stelle lediglich besonders interessante Beispiele aus den analysierten Talkshowsendungen angeführt.

In Bezug auf die Talkshows des Fallbeispiels 2 sind vor allem die *Berichte von Augenzeug*innen* in der Reportage von SPECIAL'NYJ KORRESPONDENT, welche die Parallele zwischen der Grausamkeit der Nationalsozialisten im Zweiten Weltkrieg und der ukrainischen Seite beweisen bzw. untermauern sollen, erwähnenswert. So berichtet beispielsweise eine Einwohnerin des Dorfes Novosvetlovka von der Vergewaltigung einer Mutter und deren Tochter auf offener Straße (*na ulice partizanskoj, tam mat' i dočku, nasilovali*) sowie von einem Mann, der von den Mitgliedern des Bataillons Ajdar schwer verletzt worden sei, weil sie in seinem Auto ein Georgsband gefunden hätten. Wenige Minuten später behauptet im Video ein 14-jähriger Jugendlicher, dass er von ukrainischer Seite misshandelt worden sei, weil diese gedacht hätte, dass er ein „Separatist" sei (*Oni dumali, čto ja separatist, v podvale zakryli, pytali tam [...] bili*) (vgl. *Special'nyj korrespondent*, 09.09.2014, 00:15:36–00:17:09).

Diese beiden Interviews mit Augenzeug*innen werden in der anschließenden Diskussion im Studio von Aleksandr Jakovlev, einem Journalisten der *Komsomol'skaja pravda*, zur Stützung seiner Argumentation wieder aufgegriffen:

> **Александр Яковлев**: Посмотрите, тут такая странная дискуссия – фашизм ли это или не фашизм. Но *когда пытают 14-летних детей, когда пожилые люди остаются без всего, когда убивают только за георгиевскую ленточку, которую нашли в автомобиле – это фашизм.*
>
> (*Special'nyj korrespondent*, 09.09.2014, 00:47:40–00:47:52)

> **Aleksandr Jakovlev**: Schauen Sie, das ist eine seltsame Diskussion, ob das Faschismus ist oder kein Faschismus. Wenn 14-jährige Kinder gefoltert werden, wenn alte Menschen ohne etwas zurückbleiben, wenn jemand nur aufgrund eines Georgsbandes getötet wird, das im Auto gefunden wurde, dann ist das Faschismus.

Nach Meinung des Journalisten würden die im Video gezeigten Augenzeugenberichte eindeutig beweisen, dass es sich bei dem Vorgehen der ukrainischen Seite um Faschismus handle (*éto fašizm*).

Bemerkenswert in Zusammenhang mit der Darstellung der Ukraine als Land von Faschisten und Nazis ist die *Akkumulation* bzw. „Häufung phonetisch differenzierter, jedoch semantisch gleichwertiger Ausdrücke (= Synonyme)" (Plett 1983: 49), die einerseits der Verstärkung der Äußerung und andererseits der Sicherstellung dient, dass die Zuhörer*innen die übermittelte Information verstehen und behalten. Folgender Monolog des stellvertretenden Duma-Abgeordneten Sergej Železnjak illustriert, wie der Politiker bereits in diesem kurzen Ausschnitt immer wieder Phrasen mit identem Inhalt, die zur besseren Übersicht farblich hervorgehoben wurden, wiederholt:

> **Сергей Железняк**: Фашизм заключается в том, что людей пытаются делить на людей первого и второго сорта. Всех, кто не согласен с фашистской идеологией, уничтожают в независимости от национальности. Именно поэтому на Луганской и Донецкой земле со стороны фашиствующих группировок хунты идет уничтожение всех граждан в независимости от их национальной принадлежности, конфессиональной принадлежности, и так далее. Более того, массовые системы уничтожения, которые используются, они не выбирают по национальному признаку, куда летят ракеты или куда летит снаряд. Убивают всех, кто расположен в зоне поражения и в этом как раз бесчеловечность тех методов, которые использует Киевский режим.
>
> (*Special'nyj korrespondent*, 09.09.2014, 00:44:12–00:45:02)

> **Sergej Železnjak**: Der Faschismus besteht darin, dass sie versuchen, die Menschen in Menschen erster und zweiter Klasse einzuteilen. Alle, die nicht mit der faschistischen Ideologie einverstanden sind, vernichten sie unabhängig von der Nationalität. Genau deshalb findet auf Luganster und Donezker Boden vonseiten der faschistoiden Juntagruppierungen eine Vernichtung aller Bürger statt, unabhängig von ihrer nationalen oder konfessionellen Zugehörigkeit, und so weiter. Darüber hinaus wählen die Massenvernichtungssysteme, die benutzt werden, nicht nach nationalen Merkmalen aus, wohin die Raketen fliegen oder wohin die Granate fliegt. Sie töten alle, die sich im Wirkungsbereich befinden, und darin liegt gerade die Unmenschlichkeit dieser Methoden, die das Kiewer Regime benutzt.

10.2 Fallbeispiel 2: Krieg in der Ostukraine (September/Oktober 2014) — 327

Dieses Beispiel zeigt die hohe Redundanz der Äußerungen, da der Politiker dieselbe Information eine Minute lang gebetsmühlenartig wiederholt: Die ukrainische Seite vernichte alle Bürger*innen ohne Rücksicht auf deren nationale oder konfessionelle Zugehörigkeit. Diese Aussage realisiert der Talkshowgast mithilfe leicht variierender syntaktischer Konstruktionen, wobei die Schlagworte bzw. die Hauptinformationen immer erhalten bleiben: Die „Massenvernichtung" (*vsech uničtožajut/idët uničtoženie vsech graždan/massovye sistemy uničtoženija/ubivajut vsech*) geschehe „unabhängig von der nationalen oder konfessionellen Zugehörigkeit" (*v nezavisimosti ot nacional'nosti/v nezavisimosti ot ich nacional'noj prinadležnosti, konfessional'noj prinadležnosti/oni ne vybirajut po nacional'nomu priznaku*) und das, so das Fazit, sei der „Faschismus" (*fašizm/fašistskaja ideologija*) der „faschistischen Juntagruppierungen" bzw. des „Kiewer Regimes" (*fašistvujuščije gruppirovki chunty/Kievskij režim*). Diese tautologische Ausdrucksweise macht deutlich, dass es dem Politiker hier nicht um die Übermittlung neuer Informationen geht, sondern um die reine Wiederholung und Akkumulierung derselben Aussage sowie um die Eindringlichkeit, um das ‚Einhämmern' der Information, dass die ukrainische Regierung faschistisch sei, weil sie in der Ostukraine eine Massenvernichtung und in der Folge einen Genozid verübe.

Auffällig sind in den Talkshowsendungen außerdem die starken *Pauschalisierungen, Simplifizierungen bzw. leeren Phrasen* (*Nacizm – ėto nacizm*), die getätigt werden, um die Ukrainer*innen als Nazis zu präsentieren (*Politika*, 08.10.2014, 00:02:42–00:02:54): Nazismus[307] sei eben Nazismus, daran habe sich nichts geändert: Waren es früher die Lehrbücher, in denen von den „Gräueltaten der Hitler-Nazis" (*zverstva gitlerovskich nacistov*) berichtet wurde, so sind es laut Michail Deljagin heute die Nachrichten, die über die „Bestialität der jetzigen Nazis" (*zverstva nynešnych nacistov*) informieren. Mit seiner Äußerung konstruiert der Direktor des Instituts für Globalisierungsprobleme eine doppelte Analogie: Die Nachrichten setzt er mit den Lehrbüchern gleich und die Ukrainer mit den Nazis.

Besonders bemerkenswert sind außerdem die *intertextuellen Referenzen*, die verwendet werden, um eine Parallele zwischen den Ereignissen in der Ukraine und dem Zweiten Weltkrieg zu ziehen. So erklärt Iosif Diskin beispielsweise als Zustimmung zu Deljagins Pauschalisierung, dass es sich in der Ukraine um einen „gewöhnlichen Faschismus" handle (*obyčnyj, obyknovennyj fašizm*), da die Nachbarn im Südosten der Ukraine als „Untermenschen" (*nedočelovek*) dargestellt werden:

---

[307] Während das Wort *nacizm* im Russischen stilistisch neutral ist, hat der deutsche Terminus *Nazismus* laut Duden eine umgangssprachlich abwertende Konnotation.

Иосиф Дискин: Надо было представить себе своих соседей на юго-востоке недочеловеком. А это, я совершенно согласен с Михаилом, это обычный, «*обыкновенный фашизм*». *Помните фильм Ромма? А нет, не все помнят.*
(*Politika*, 08.10.2014, 00:05:37–00:05:55)

Iosif Diskin: Man sollte sich seine Nachbarn im Südosten als Untermenschen vorstellen. Und dies ist, ich stimme Michail vollkommen zu, dies ist der alltägliche, „gewöhnliche Faschismus". Erinnern Sie sich an den Film von Romm? Ah nein, nicht alle erinnern sich.

In diesem Beispiel handelt es sich um eine intertextuelle Referenz auf den Dokumentarfilm von Michail Romm mit dem Titel *Der gewöhnliche Faschismus* (*Obyknovennyj fašizm*) aus dem Jahr 1965. Diese Referenz auf den Filmtitel dient nicht nur der besseren Einprägsamkeit (vgl. Hoffmann 2010: 127), sondern auch als Argumentationsstütze sowie als Beweis dafür, dass es sich in der Ukraine um einen „gewöhnlichen Faschismus" (*obyknovennyj fašizm*) handle. Gleichzeitig wird durch diese Referenz die Handlung des Films in Erinnerung gerufen, in dem der Regisseur „die Inszenierung des nazistischen Massenwahns immer wieder mit den bestialischen Taten, die von ganz ›gewöhnlichen‹ Menschen begangen wurden", konfrontiert (Töteberg 2005: 475).

In SPECIAL'NYJ KORRESPONDENT wird ebenso eine intertextuelle Referenz gemacht, um eine Assoziation der Ereignisse in der Ukraine mit dem Zweiten Weltkrieg zu erstellen. In der ersten Einstellung des Trailers sowie in der letzten Einstellung der Spezialreportage ist ein alter Mann mit nacktem Oberkörper zu sehen, der mit weinerlicher Stimme folgende Worte spricht:

Имре Крестовшевич: Враги сожгли родную хату и убили всю семью. Куда теперь идти солдату, куда нести печаль свою.
(*Special'nyj korrespondent*, 09.09.2014, 00:29:17–00:29:28)

Imre Krestovševič: Die Feinde haben sein Haus abgebrannt und die gesamte Familie getötet. Wohin soll der Soldat jetzt gehen, wohin soll er seinen Kummer tragen.

Bei diesen zwei Sätzen handelt es sich um die erste Strophe von *Vragi sožgli rodnuju chatu*, eines der bekanntesten Lieder über den Zweiten Weltkrieg in der Sowjetunion. Die Worte rahmen die Reportage und versehen sie mit Dramatik, da im Film das Lied auf der einen Seite zur Realität wird, indem eine Frau erklärt, dass ihr Haus abgebrannt sei (*chata sgorela, moja i ego srazu*). Auf der anderen Seite kontextualisieren diese Worte, die bereits zu Beginn der Sendung ausgesprochen werden, die Ereignisse in der Ukraine und setzen alle nachfolgenden Bilder und Berichte über die Grausamkeiten der ukrainischen Seite auf eine Ebene mit den nationalsozialistischen Verbrechen.

Obwohl die Darstellung der Ukrainer*innen als Nazis und Faschisten in den Talkshowsendungen dominiert, ist in einer der analysierten Sendungen eine *Gegenmeinung* vernehmbar. So erklärt Jaroslav Romančuk in POLITIKA am 08.10.2014, dass es in der Ukraine nicht mehr Nazis als in Russland oder in anderen Ländern gebe. Allerdings wird Romančuk sehr häufig unterbrochen und durch Zwischenrufe oder -fragen der anderen Anwesenden daran gehindert wird, seine Sätze zu vervollständigen (*Politika*, 08.10.2014, 00:10:16–00:10:34). Er vertritt eine liberale Position, wenn er erklärt, dass die rechten Parteien in der Ukraine bei den Wahlen nur ein bis zwei Prozent erreichen würden, und dafür plädiert, Berührungspunkte zwischen Russland und der Ukraine zu suchen. Romančuk widerspricht somit den pauschalen Behauptungen von Deljagin und Diskin in den Beispielen zuvor, dass die Ukrainer*innen mit den Nazis gleichzusetzen seien. Allerdings wird Romančuks Meinung, die in einem Gegensatz zur offiziellen Position steht, in der Sendung nicht toleriert. Sofort reagiert der Moderator Pëtr Tolstoj mit einer Gegenfrage, und Sergej Gorochov, ein aus Lugansk stammender Abgeordneter der *Verchovnaja Rada* der Ukraine, relativiert Romančuks Aussage, indem er erklärt, dass es gerade die Nazis seien, die in der Ukraine das Sagen hätten.

> **Сергей Горохов:** Я согласен […], что нацистов мало, один два процента. Да, *действительно их мало. Но они вооруженным переворотом пришли к власти, они легитимизованные Западом, у них в руках оружие, им дали мандат на убийство. И все говорят, что это нормально. Вот в чем разница: В каждой стране есть нацисты, но они вне закона находятся если они переступают закон. У нас в Украине они перешли закон, и они – герои.* (*Politika*, 08.10.2014, 00:11:41–00:12:11)

> **Sergej Gorochov:** Ich stimme zu […], dass es wenige Nazis gibt, ein bis zwei Prozent. Ja, sie sind tatsächlich wenige. Aber sie sind mithilfe eines bewaffneten Putsches an die Macht gekommen, sie sind vom Westen legitimiert, sie haben Waffen in ihren Händen, sie haben das Mandat zum Töten erhalten. Und alle sagen, dass das in Ordnung sei. Und hierin liegt der Unterschied: In jedem Land gibt es Nazis, aber sie befinden sich außerhalb des Gesetzes, wenn sie das Gesetz übertreten. Bei uns in der Ukraine haben sie das Gesetz überschritten, und sie sind Helden.

Dieses Beispiel zeigt sehr gut das rhetorische Mittel der *Concessio*, der Scheinbewilligung. Diese dient dazu, die gegnerische Position auf subtile Art zu schwächen, indem zunächst dem Argument des Gegenübers zugestimmt wird (*ja soglasen … /da, dejstvitel'no …*), um es im Anschluss jedoch durch das Vorbringen eigener, stärkerer Argumente unwirksam zu machen (vgl. Hermann-Ruess 2014: 189): Obwohl die Nazis nur einen geringen Prozentteil der ukrainischen Bevölkerung ausmachen würden, seien gerade diese Nazis unrechtmäßig an die Macht gekommen (*oni vooružënnym perevorotom prišli k vlasti*) und hätten nun das Mandat zum Töten erhalten (*im dali mandat na ubijstvo*). In der Ukraine fänden das alle „normal" bzw. in Ordnung (*vse govorjat, čto ėto normal'no*) und zudem würden diese

„Gesetzesbrecher" (*oni perešli zakon*) in der Ukraine als „Helden" (*oni – geroi*) verehrt.

In diesem Beispiel wird auch die Diskursstrangverschränkung erkennbar, die zwischen der Darstellung der ukrainischen Regierung als Nazi-Regierung und dem Westen, der diese Nazi-Regierung legitimiere (*oni legitimizovannye Zapadom*), besteht.[308]

– **Schwäche und Demoralisierung**

Die Demoralisierung des Gegners sowie der Hinweis auf dessen enorme Verluste und allgemeine Schwäche sind häufige Strategien von Propaganda (vgl. Abschnitt I.1.1.2). Wie bereits anhand der in den Talkshows eingesetzten audiovisuellen Mittel gezeigt wurde (siehe Abschnitt III.10.2.3.1), werden die ukrainische Seite und insbesondere die ukrainischen Soldaten als schwach und „demoralisiert" (*demoralizovany*) präsentiert. Zur Demonstration der Unterlegenheit der ukrainischen Armee werden in SPECIAL'NYJ KORRESPONDENT beispielsweise verlassene, zerstörte oder ausgebrannte Kriegsgeräte – insbesondere Panzer oder Militärfahrzeuge – gefilmt. Häufig werden diese Bilder zusätzlich verstärkt, indem das Licht der Aufnahmen reduziert wird. Dadurch findet eine ästhetische Intensivierung statt (vgl. Zettl 2015: 33) und dem Gezeigten wird ein dramatischer Effekt verliehen. Sprachlich komplettiert werden diese Bilder einerseits, indem das Unvermögen und die erlittenen Verluste der ukrainischen Seite lexikalisch unterstrichen werden (*v očerednoj raz okazalis' v okruženii, ponesli ser'ëznye poteri*) (vgl. Special'nyj korrespondent, 09.09.2014, 00:13:11–00:13:19). Andererseits werden die ukrainischen Soldaten, die im Video der Reportage nicht zu sehen sind (vgl. III.Abschnitt 10.2.3.1), als Deserteure dargestellt, indem ihre Zerschlagung, Abwesenheit und Flucht zum einen metonymisch in Form von kaputtem Kriegsgerät und zum anderen sprachlich ausgedrückt wird (*otstupavšaja armija/[oni] ušli/opolčency vynudili ukrainskij batal'on složit' oružie/oni brosali oružie i uchodili*).

Des Weiteren werden die Schwäche, Schwierigkeiten und Misserfolge der ukrainischen Seite mithilfe von *Vergleichen mit dem Zweiten Weltkrieg* konkretisiert. So erklärt zum Beispiel der Spezialkorrespondent, dass in Novosvetlovka und Chrjaščevatoe ein „Kursker Bogen" (*Kurskaja duga*) für die ukrainischen Panzer sei, ergo ein schier unüberwindbares Hindernis, da sie sich den Weg dorthin zwei Wochen lang freikämpfen hätten müssen (*Special'nyj korrespondent*, 09.09.2014, 00:13:27–00:13:37). Mithilfe dieser Referenz auf die Schlacht am Kursker Bogen, die größte Panzerschlacht im Zweiten Weltkrieg, wird die

---

[308] Siehe dazu auch Abschnitt III.10.2.6.2.

ukrainische Seite, genauer gesagt die ukrainische Nationalgarde (*Nacgvardija*)[309], einerseits auf eine Ebene mit der deutschen Wehrmacht gesetzt. Andererseits wird sie mithilfe dieses Vergleichs als schwach und besiegt dargestellt, da die Schlacht am Kursker Bogen den endgültigen Rückzug der deutschen Truppen markiert hat (vgl. Brockhaus 2020b).

Darüber hinaus wird in den Talkshows erklärt, dass die ukrainische Armee nicht nur schwach sei, sondern sich auch in einem äußert miserablen Zustand befinde. In POLITIKA stellt der Moderator, Pëtr Tolstoj, in der Diskussion um die Partnerschaft zwischen der NATO und der Ukraine spöttisch fest, dass sich die NATO dem Zustand der ukrainischen Armee zufolge „nicht sehr" in der Ukraine engagiert habe (*ne očen' vy tam zanimalis'*). Der Vertreter der NATO, Robert Pšel', rechtfertigt hingegen den desolaten Zustand der ukrainischen Armee mit der Korruption, die unter dem ehemaligen Präsidenten Janukovič stattgefunden habe, worauf Tolstoj entgegnet, dass wohl auch andere ehemalige Präsidenten dafür verantwortlich seien (*Politika*, 08.10.2014, 00:50:46–00:51:29).

Die Darstellung der ukrainischen Armee als erfolglos und schwach hat jedoch auch einen praktischen Grund: Sie dient als Erklärung dafür, *woher* bzw. *von wem* die Opolčency ihre Waffen haben. Die in den Talkshowsendungen präsentierte Antwort darauf ist meist, dass die Waffen von der ukrainischen Armee zurückgelassen wurden und die Opolčency diese dann einfach ‚übernommen' hätten. Diese Verbindung zwischen der schwachen Armee, den siegreichen Opolčency (*zagonjalo v kotly ukrainskuju armiju*) und den eroberten Waffen wird in folgenden Äußerungen von Aleksej Granovskij, selbst ein Opolčenec, deutlich:

> **Алексей Грановский:** А относительно оружия, ну есть, вы же знаете, громадное количество было котлов. *Когда ополчение загоняло в котлы украинскую армию и один из требы/ первое самое главное требование было выпустить оттуда украинских военных и оставить оружие. И они бросали оружие и уходили.*
> (*Politika*, 08.10.2014, 00:26:24–00:26:46)

> **Aleksej Granovskij:** Und was die Waffen betrifft, nun es gibt, das wissen Sie ja, eine enorme Anzahl an Kesseln. Nachdem die Opolčenie die ukrainische Armee in die Kessel getrieben hatte, war die erste und wichtigste Forderung, die ukrainischen Soldaten von dort freizulassen und die Waffen liegenzulassen. Und sie haben die Waffen niedergelegt und sind weggegangen.

---

309 Als „Nationalgarde" (*Nacional'naja gvardija* oder *Nacgvardija*) wurden die Truppen des ukrainischen Innenministeriums bezeichnet (vgl. Mitrokhin 2014: 13). Sie wurden im März 2014 eingesetzt, um die sogenannte ATO (Anti-Terror-Operation) durchzuführen, und werden in den russischen Medien daher häufig negativ dargestellt (vgl. Osipian 2015: 123–124).

Nachdem die ukrainische Armee von den Opolčency in einen Kessel getrieben worden sei, hätten die ukrainischen Soldaten die „Waffen niedergelegt" (*brosali oružie*) und seien „weggegangen" (*uchodili*), so die pauschale Erklärung von Granovskij, mithilfe derer er gleichzeitig eine mögliche Unterstützung der Opolčency durch Russland ausschließt.

Ein weiteres Indiz für die Schwäche der ukrainischen Armee und somit der negativen Darstellung der ukrainischen Seite ist zudem der Vorwurf, dass diese mit Artillerie kämpfe anstatt den Opolčency im Zweikampf gegenüberzutreten (vgl. Abschnitt III.10.2.6.1). Darüber hinaus wird die Ukraine nicht nur in militärischer Hinsicht als schwach präsentiert, sondern auch aus ökonomischer und finanzieller Perspektive.

– **Ökonomisch schwaches Land**

Wie im Fallbeispiel 1 wird auch in den Talkshowsendungen im Herbst 2014 die Ukraine als ökonomisch schwaches bzw. nicht wohlhabendes Land dargestellt. So wird beispielsweise ganz direkt in den Talkshowsendungen erklärt, dass sich die Ukraine den Krieg nicht leisten könne, weil sie dafür „kein Geld" habe (*u Ukrainy deneg net*) (*Politika*, 07.09.2014, 00:37:56–00:38:50). Wie Vjačeslav Nikonov, Parteimitglied von *Edinaja Rossija*, festhält, habe die Ukraine weder Geld für die Pensionen, noch für Löhne oder kriegerische Handlungen. Eine Weiterführung des Krieges sei daher eine „ökonomische Katastrophe" (*ėkonomičeskaja katastrofa*), ein „vollkommener Selbstmord" (*polnoe samoubijstvo*) für die Ukraine.

Auch in SPECIAL'NYJ KORRESPONDENT wird unterstrichen, dass die Ukraine kein Geld habe. In Zusammenhang mit den vom Moderator der Sendung angesprochenen Plänen, den Donbass mit Stacheldraht oder Ingenieursbauten zu umgeben, entgegnet Andrej Purgin süffisant, dass die Ukraine für ein derartiges Vorhaben zunächst einmal Geld ausborgen müsste, das sie nicht habe (*im nado dlja ėtogo zanjat' deneg kotorych u nich net*) (*Special'nyj korrespondent*, 09.09.2014, 00:46:54–00:47:00).

Die finanziellen und ökonomischen Schwierigkeiten werden in dieser Sendung anhand eines *sportlichen Vergleichs* konkretisiert: Laut Michail Chazin ist die Ukraine wie ein „Radfahrer" (*velosipedist*), der so schnell fährt, dass er immer fester in die Pedale treten muss, um das Tempo zu halten. Irgendwann würde er jedoch hinfallen:

> **Михаил Хазин:** Замерзнут, но они же не могут ничего сделать. Это классический совершенно пример. [...] Они не могут остановиться, они падут, сразу же. *Это вот такой велосипедист, который несется. Чем быстрее он несется, чем сильнее он должен крутить на педали.* [...] *Ну, пока не упадет, да.*
>
> (*Special'nyj korrespondent*, 09.09.2014, 01:08:47–01:09:08)

> **Michail Chazin:** Sie werden erfrieren, aber sie können nichts dagegen tun. Das ist ein ganz klassisches Beispiel. [...] Sie können nicht aufhören, sie fallen um, sofort. Das ist wie so ein Radfahrer, der rast. Je schneller er fährt, desto fester muss er in die Pedale treten. [...] Nun, solange er nicht hinfällt, ja.

Die prekäre Situation der Ukraine wird jedoch auch anhand der schlechten Versorgung ihrer Bürger*innen verdeutlicht. So verkündet beispielsweise der Opolčenec Aleksandr Kofman, dass die aus der Ostukraine geflüchteten Menschen nach Hause zurückkehren würden, weil der ukrainische Staat sie nicht einmal mit dem Nötigsten versorgen konnte (*Ukraina ne obespečivaet ich ničem neobchodimym*) (*Politika*, 07.09.2014, 00:20:19–00:20:28).

In einer anderen Sendung wird die Armut der Ukraine und deren Unfähigkeit, die Menschen mit Nahrungsmitteln zu versorgen sowie die Heizung im Winter zu gewährleisten, zusätzlich mit einer bedrohlichen Zukunftsvision verknüpft: Wenn den Menschen kalt ist und sie hungern, so Michail Deljagin, Direktor des Instituts für Globalisierungsprobleme, seien sie empfänglicher für die (ukrainische) Propaganda. Wenn zudem der einzige Platz, an dem die Menschen etwas zu essen bekommen, die Armee sei, dann würden die Leute freiwillig beitreten, um dann *Novorossija*, die Krim und schließlich sogar Russland und Moskau anzugreifen:

> **Михаил Делягин:** [К]огда человеку холодно, когда человеку голодно, он значительно легче поддается пропаганде. [...] когда на Украине *единственным местом где кормят*, помимо Американского посольства и представительства НАТО, *будет армия, у них не будет проблем с тем, чтобы набрать новые нацистские батальоны*, чтобы пополнить армию, и чтобы напасть на Новороссию и потом на Крым и [...] Краснодар, Воронеж, Липецкую область, некоторые там даже Москву называют, это не сложно.
> (*Politika*, 08.10.2014, 00:56:32–00:57:35)

> **Michail Deljagin:** [W]enn dem Menschen kalt ist, wenn er Hunger hat, ist er viel leichter empfänglich für Propaganda. [...] Wenn in der Ukraine der einzige Ort, wo man etwas zu essen bekommt, abgesehen von der amerikanischen Botschaft und der Außenstelle der NATO, die Armee ist, dann werden sie kein Problem haben, neue nazistische Bataillone zu rekrutieren, die Armee zu vervollständigen, und dann Novosrossija anzugreifen und dann die Krim und [...] Krasnodar, Voronež, die Oblast Lipeck, einige nennen sogar Moskau, das ist nicht schwer.

In diesem Beispiel bringt Deljagin den Krieg räumlich in die Nähe der russischen Zuseher*innen, indem er prognostiziert, dass die ukrainische Armee, die er pejorativ als „nazistische Bataillone" (*nacistskie batal'ony*) bezeichnet, bald auch russische Großstädte wie Krasnodar, Voronež oder Moskau „überfallen" (*napast'*) könnte. Mithilfe dieser räumlichen Näherungsstrategie (vgl. Cap 2013) versetzt er die Zuseher*innen in das Bedrohungs- und Angstszenario, dass Faschisten und Nazis – wie damals im Zweiten Weltkrieg – erneut Russland angreifen könnten, und gleichzeitig legitimiert er damit das Vorgehen Russlands und dessen Unterstützung der Opolčency.[310]

Die Armut der Ukraine wird auch in der Trivial-Talkshow MUŽSKOE/ŽENSKOE anhand des Lebensstandards der Ukrainer*innen verdeutlicht, indem dieser mit der besseren Lebenssituation der Flüchtlinge in Russland kontrastiert wird.[311] In einer kurzen Videoreportage wird auf der Studioleinwand das ukrainische Elternhaus der Kinder, die nach Russland geflohen sind, gezeigt. Die Schlichtheit und der beengte Wohnraum des Hauses, welche auf den Videobildern gut zu erkennen sind, werden vom Vater mithilfe eines *bekannten Sprichwortes* auf den Punkt gebracht: „Eng, aber gemütlich leben wir hier." (*V tesnote živëm, da ne v obide.*) (*Mužskoe/Ženskoe*, 13.10.2014, 00:10:47–00:10:58). Das Sprichwort dient hier dazu, die Information in prägnanter Form zu transportieren und die Lebenssituation der Familie in der Ostukraine zu konkretisieren bzw. kurz zusammenzufassen (vgl. Burger 2015: 108). Aufgrund dieser Eigenschaft werden Sprichwörter von den Gästen der analysierten Trivial-Talkshow häufig zu Beschreibung ihrer Lebenssituation verwendet.[312]

– **Erfundener und geteilter Staat**
Laut Kuße (2019: 77) ist die Leugnung der Existenz der Ukraine „die vielleicht aggressivste These des russisch-ukrainischen Konflikts", da der Ukraine dadurch nicht nur die Eigenstaatlichkeit abgesprochen wird, sondern in der Folge auch alles, was damit in Verbindung steht, wie die eigene Sprache, Kultur etc.

In der Sendungen POLITIKA erklärt Vladimir Bortko die gesamte Ukraine bzw. die „ukrainische Identität" (*ukrainstvo*) zum *Konstrukt der USA* und verwendet dafür die Geburtsmetapher (*čto ego rodilo*) (*Politika*, 08.10.2014, 00:03:50–00:04:23). Wie Bortko behauptet, habe Amerika den Ukrainer*innen eingeredet, dass sie anders (*vy ne takie, kak oni*) und Ukrainer*innen seien (*vy ukraincy*). Seiner Meinung nach sind die Russ*innen und Ukrainer*innen jedoch ein Volk (*ėto odin i tot že narod*), und damit bringt er hier die bereits mehrmals im Laufe der vorliegenden Arbeit konstatierte imperiale bzw. sowjetnostalgische Denkweise zum Ausdruck (siehe z. B. Abschnitt III.10.2.1.3).

---

310 Zur Unterstützung der Opolčency vonseiten Russlands siehe III.Abschnitt 10.2.5.3.
311 Zur Lebenssituation der Flüchtlinge in Russland siehe Abschnitt III.10.2.5.4.
312 Ein weiteres Beispiel aus MUŽSKOE/ŽENSKOE stammt von einem Gast, der eine ukrainische Frau und deren Tochter bei sich aufgenommen hat. Er sei jetzt nicht mehr einsam und alleine, denn früher habe er „wie ein Kauz im Wald" (*kak syč v lesu*), ergo wie ein Einsiedler, gelebt (vgl. Petermann et al. 1999: 805). Mit Frau und Kind sei das Leben nun jedoch besser und lustiger geworden (*Žit' stalo lučše, žit' stalo veselee*) (vgl. *Mužskoe/Ženskoe*, 13.10.2014, 00:42:26–00:42:40).

Ähnlich wie im Fallbeispiel 1 wird in SPECIAL'NYJ KORRESPONDENT zudem an die gemeinsame sowjetische Vergangenheit erinnert, nämlich daran, dass die Ukraine einmal Teil der „großen Gemeinschaft" (*velikaja obščnost'*), des „geeinten Sowjetvolkes" (*edinyj sovetskij narod*) gewesen sei. Diese Einheit hat sich laut Konstantin Šurov, dem Vorsitzenden der russischen Gemeinschaft der Ukraine, im Osten der Ukraine herausgebildet und ist „unzerstörbar" (*Voznikla ta obščnost' na Vostoke, kotoruju uže ničem ne pereb'ëš'*) (*Special'nyj korrespondent*, 09.09.2014, 01:01:31–01:01:57). Indem Šurov den Osten der Ukraine als eigene Gemeinschaft bezeichnet, trennt er ihn vom Rest der Ukraine ab. Darüber hinaus deutet er eine Auflösung der Ukraine an, da immer mehr Regionen von ihr weggehen würden (*Krym ušël, Donbass praktičeski ušël*).

Gemäß dieser Erinnerungen an die gemeinsame Sowjetvergangenheit und der Behauptung, die auch Vladimir Putin in seiner Rede am 18. März 2014 aufgestellt hat, nämlich dass Russ*innen und Ukrainer*innen ein Volk seien (vgl. Radetzkaja und Weichsel 2014: 96), wird beispielsweise im Nachmittags-Polit-Talk eine radikale Forderung vorgebracht: So verlangt Andrej Litvinov, Pilot erster Ordnung, die Ausradierung der Grenzen zwischen Belarus, der Ukraine und Russland, um daraus wieder einen Staat zu bilden (*Nado steret' granicy Belorussii, Ukrainy i Rossii! Steret' i sdelat' odno gosudarstvo!*) (*Vremja pokažet*, 13.10.2014, 00:41:37–00:41:47).

Neben dem Absprechen des Rechts auf Eigenstaatlichkeit und der Forderung der Bildung eines gemeinsamen Staates mit Russland wird die Ukraine als gespaltenes bzw. geteiltes Land dargestellt, wodurch die Abspaltung von Teilen der Ukraine – in diesem Fall der beiden selbstproklamierten Volksrepubliken Doneck und Lugansk – legitimiert werden soll. Wie im Fallbeispiel 1 wird auch in den Talkshows im Herbst 2014 die Natürlichkeit des Prozesses der Abspaltung bestimmter Gebiete von der Ukraine hervorgehoben. Ein anschauliches Beispiel dafür bietet die *geologische Naturmetapher*, die in der Sendungsbeschreibung von SPECIAL'NYJ KORRESPONDENT am 16.09.2014 benutzt wird:[313]

> **Евгений Попов:** Скажите пожалуйста, что сейчас происходит на Донбассе, учитывая сегодняшнее утреннее голосование в Раде, учитывая, что Рада наделила по инициативе Порошенко особым статусом ДНР и ЛНР, Луганской области и Донецкой области? *Все-таки тектоническая плита – она закончила свое вот это вот массированное быстрое движение?* Сейчас *осколки сыплются или главное впереди?*
> (*Special'nyj korrespondent*, 16.09.2014, 00:01:33–00:01:56)

---

[313] Obwohl diese Sendung nicht für das Fallbeispiel 2 ausgewählt wurde, ist die Naturmetapher, die während der integrativen Inhaltsanalyse der Sendungsbeschreibungen entdeckt wurde, hier erwähnenswert.

Evgenij Popov: Sagen Sie bitte, was geschieht nun im Donbass, in Anbetracht der Abstimmung heute Morgen in der Rada, in Anbetracht dessen, dass die Rada auf Initiative von Porošenko der DNR und LNR, dem Lugansker und Donecker Gebiet, einen Sonderstatus gewährt hat? Hat die tektonische Platte nun ihre massive schnelle Bewegung beendet? Rieseln jetzt die Bruchstücke davon oder steht das Wichtigste noch bevor?

Der Moderator, Evgenij Popov, bezeichnet in dieser Wortmeldung den Donbass metaphorisch als „tektonische Platte" (*tektoničeskaja plita*) und wiederholt damit eine Metapher, die bereits in ähnlicher Form vom russischen Ministerpräsidenten Dmitrij Medvedev gebraucht wurde.[314] Damit spielt der Moderator auf den Sonderstatus der beiden Volksrepubliken an, deren Entwicklung er als Folge einer massiven tektonischen Plattenverschiebung sieht. Diese Metapher führt Popov auch im nächsten Satz fort, indem er fragt, ob nun „Bruchstücke" dieser tektonischen Plattenverschiebung „davonrieseln" würden (*oskolki sypjatsja*) oder ob „das Wichtigste" noch bevorstehe (*glavnoe vperedi*).

Durch diese wiederholte Darstellung der Abtrennung des Donbass von der Ukraine als natürlichen Prozess wird die Wahrnehmung der Rezipient*innen beeinflusst, da in ihren Köpfen dadurch unbemerkt „politische Realitäten" geschaffen werden (Lakoff und Wehling 2008: 31) und diese, indem sie als Naturphänomen dargestellt werden, als selbstverständlich präsentiert und schließlich entpolitisiert werden (vgl. Barthes 2010: 296–297).

Die Abspaltung des Donbass von der Ukraine wird ebenso wie in Fallbeispiel 1 in den untersuchten Talkshows anhand von *Vergleichen mit ähnlichen Ereignissen aus anderen Ländern* legitimiert: dem Kosovo, Schottland sowie Palästina.

Wie der Moderator von POLITIKA, Pëtr Tolstoj, feststellt, hätten die DNR und LNR mehr legitime Gründe sich von der Ukraine abzuspalten als der *Kosovo* von Jugoslawien (*u nich gorazdo bol'še legitimnych osnovanij ne byt' v Ukraine, čem, skažem, u Kosovarov ne byt' v Jugoslavii*) (Politika, 08.10.2014, 00:24:51–00:25:09).

In Bezug auf den Vergleich der Abspaltung des Donbass von der Ukraine mit der Abspaltung Schottlands von Großbritannien handelt es sich um eine Antiparallele, da aus westlicher Sicht das Referendum in *Schottland* legitim war, dasjenige im Donbass allerdings nicht[315] (Politika, 08.10.2014, 00:59:09–00:59:55). Aleksandr Chinštejn, Parteimitglied von *Edinaja Rossija*, sieht in dieser unterschiedlichen Bewertung der Ereignisse bzw. Referenden von westli-

---

314 Bei einer Pressekonferenz am 13. Dezember 2013 sprach Medvedev von einem „tektonischen Bruch" (*tektoničeskij razlom*) in der Ukraine, den sie überwinden müsse (vgl. Osipian 2015: 114).
315 Auf ukrainischer Seite wurde das Schottland-Referendum als Antiparallele zum Krim-Referendum benutzt. Allerdings nicht aufgrund des unterschiedlichen Ergebnisses, „sondern wegen der zivilisierten Durchführung ohne Repression Andersdenkender" (Weiss 2017: 477).

cher Seite einen Beweis für dessen „doppelte Standards" (*dvojnye standarty*), die dem Westen, wie bereits im Fallbeispiel 1 gezeigt wurde, immer wieder in den Talkshows vorgeworfen werden.

In Bezug auf den Status und die Anerkennung der beiden selbstproklamierten Volksrepubliken Doneck und Lugansk zieht Sergej Markov in Vremja pokažet einen Vergleich mit *Palästina*. Er fordert, die Volksrepubliken von Doneck und Lugansk genauso als offizielle Repräsentanten des Volkes anzuerkennen, wie vor der Anerkennung von Palästina als Staat zunächst die Palästinensische Befreiungsorganisation (PLO) offiziell anerkannt wurde (*Vremja pokažet*, 13.10.2014, 00:54:10–00:54:37). Dass gerade Palästina und im Besonderen die PLO (russ. *Organizacija osvoboždenija Palestiny = OOP*) als Präzedenzfall angeführt werden, deutet einerseits darauf hin, wie sich die Opolčency selbst sehen, nämlich als Befreier des Donbass. Auf der anderen Seite ist der Vergleich zynisch, da Palästinas Staatlichkeit aus völkerrechtlicher Sicht nicht unumstritten und der Nahe Osten als Krisenregion immer wieder in den Schlagzeilen ist.

– **Handlungsunfähigkeit, Abhängigkeit und Steuerung von außen**

Wie in der Forschungsliteratur konstatiert, wird die Ukraine häufig als „Marionette" (Weiss 2017: 481) oder Spielzeug des Westens dargestellt. Dadurch wird die Verantwortung für den Konflikt bzw. den Krieg in der Ukraine auf den Gegner Russlands, nämlich den Westen bzw. die USA, geschoben. Gleichzeitig wird damit der ukrainischen Regierung die Handlungsfähigkeit und Eigenständigkeit abgesprochen, da schließlich alles von außen, von den USA, gesteuert werde.

Diese Darstellung findet sich auch in den analysierten Talkshows, in denen die Handlungsunfähigkeit der Ukraine, deren *Abhängigkeit von* sowie *Beeinflussung durch die USA* betont werden. So erklärt Aleksandr Chinštejn, Mitglied der Regierungspartei *Edinaja Rossija*, vier Tage nach der Unterzeichnung des Protokolls von Minsk (Minsk I), dass die Ukraine und die ukrainische Regierung keine Handlungsfreiheit hätten und ihre nächsten Schritte sowie die Einhaltung des Friedensplans daher vom Westen und insbesondere von den USA abhängen würden (*Politika*, 07.09.2014, 00:01:46–00:02:04).

Auch in Special'nyj korrespondent hält Sergej Železnjak, ebenfalls Mitglied der Regierungspartei *Edinaja Rossija*, fest, dass die ukrainische Regierung von Amerika gesteuert werde. Die ukrainische Regierung und der ukrainische Präsident, Petro Porošenko, seien nicht nur „Satelliten" (*satellity*), sondern auch „Untergebene" (*podčinënnye*) der Amerikaner und daher „direkt von ihnen abhängig" (*ot nich v prjamuju zavisimy*) (vgl. *Special'nyj korrespondent*, 09.09.2014, 01:03:00–01:03:40).

Die Steuerung bzw. der Einfluss der USA wird auch vom Moderator, Aleksandr Gordon, in Politika aufgegriffen, in der er in der Diskussion mit Majkl Bom, der die westliche bzw. amerikanische Sicht in der Show vertritt, eine amerikanische Finanzierung des Majdan andeutet (vgl. *Politika* 08.10.2014, 00:46:14–00:46:19).

Während in diesen Beispielen lediglich von einer Beeinflussung bzw. Steuerung der Ukraine und ihrer Politiker von den USA die Rede ist, spricht Franc Klincevič davon, dass die Amerikaner*innen direkte Handlungsausführende seien. Laut ihm sind der ukrainische Inlandsgeheimdienst SBU sowie das Verteidigungsministerium der Ukraine mit „Spezialisten aus den USA gefüllt" (*zapolneno specialistami Soedinënnych Štatov Ameriki*), was anhand der „Handschrift", der „Aktionen" sowie deren „Arbeit" erkennbar sei (*my vidim po počerku, po dejstvijam, po rabote*) (vgl. *Vremja pokažet*, 13.10.2014, 00:51:18–00:51:50).

Der Ukraine und ihrer Regierung wird die Handlungsfähigkeit jedoch nicht nur aufgrund der kolportierten Beeinflussung durch die USA abgesprochen, sondern auch, indem eine (Mit-)Finanzierung des Krieges von *(ukrainischen) Oligarchen* postuliert wird. So macht beispielsweise in POLITIKA am 07.09.2014 der Schriftsteller Platon Besedin deutlich, dass der Krieg in der Ukraine nur den Oligarchen nützen würde (*ėta vojna vygodna tol'ko oligarcham*) (*Politika*, 07.09.2014, 00:31:32–00:31:34).

In SPECIAL'NYJ KORRESPONDENT ist dagegen von einer direkten finanziellen Einmischung der Oligarchen die Rede. Die „Kriegspartei" sei „mächtig" (*partija vojny – moščna*), so der Moderator, weil sie über ein „enormes Kapital" verfüge (*za nej ogromnyj kapital*), das unter anderem vom ukrainischen Oligarchen Igor' Kolomojskij[316] stamme:

> **Евгений Попов**: Все-таки мы видим, что *партия войны – мощна*. За ней огромный капитал, в том числе губернатора олигарха Коломойского. Вот такое ощущение, что *они живут в некоем клубке*. Они утверждают, что «нам поможет Запад, у нас завтра будут европейские паспорта, мы – сильная держава, проживем зиму без газа на дровах». Вот *этот кокон культивируется* […]
>
> (*Special'nyj korrespondent*, 09.09.2014, 01:04:47–01:05:14)

> **Evgenij Popov:** Dennoch sehen wir, dass die Kriegspartei mächtig ist. Sie verfügt über ein enormes Kapital, insbesondere auch vom Gouverneur und Oligarchen Kolomojskij. Man hat den Eindruck, dass sie in einem gewissen Knäuel wohnen. Sie behaupten: „Der Westen wird uns helfen, morgen werden wir europäische Pässe haben, wir sind ein starker Staat, wir werden den Winter ohne Gas mit Brennholz überleben." Dieser Kokon wird kultiviert […]

In diesen Äußerungen verbildlicht der Moderator außerdem mithilfe einer *Insektenmetapher* die Realitätsferne der ukrainischen Seite, ähnlich einer Filterblase: Die ukrainische Seite lebe wie ein Insekt „in einen Kokon bzw. Knäuel"

---

316 Laut Heinemann-Grüder (2019: 75) hat Igor' Kolomojskij zahlreiche Freiwilligenbataillone in der Ukraine finanziell unterstützt.

(*oni živut v nekoem klubke/ėtot kokon kul'tiviruetsja*) und habe sich darin „vertieft bzw. eingekuschelt" (*ėtot kokon, v kotoryj sami sebja okunuli*). Dadurch wird der Eindruck der Abschottung und Realitätsferne bzw. -verlust der Ukraine erzeugt. Die Ukraine in ihrem selbstgesponnenen Kokon denke zwar, so der Moderator, dass der Westen ihr helfen werde. Allerdings würden sie ohne russisches Gas erfrieren (vgl. *Special'nyj korrespondent*, 09.09.2014, 01:08:39–01:08:46).

In Zusammenhang mit der Beeinflussung des Krieges durch die Oligarchen und der von ihnen finanzierten Freiwilligenbataillone (*dobrovol'českie batal'ony, soderžaščiesja na den'gi oligarchov*) wird dem ukrainischen Präsidenten persönlich ein *Realitätsverlust* sowie ein *Macht- und Kontrollverlust* unterstellt. So wird beispielsweise erklärt, dass der ukrainische Präsident Petro Porošenko keine Kontrolle über diese Bataillone habe (*on ne kontroliruet ich*) (vgl. *Politika*, 07.09.2014, 00:29:29–00:30:26). Gleichsam beschuldigt der Opolčenec, Andrej Purgin, in einer anderen Sendung den ukrainischen Präsidenten, dass dessen Äußerungen in Bezug auf den Gefangenenaustausch „wieder einmal keinen Bezug zur Realität" hätten (*ne imeet otnošenija k realnosti v očerednoj raz*) und ergänzt, dass der ukrainische Präsident falsch informiert sei (*ja ne znaju, kto emu daët takuju informaciju*) (*Special'nyj korrespondent*, 09.09.2014, 00:40:51–00:41:56). Dadurch wird der ukrainische Präsident persönlich diffamiert, da er als uninformiert, realitätsfremd und de facto machtlos präsentiert wird.

– **Lügnerin**

Die Darstellung der Ukraine als Lügnerin steht in Verbindung mit der Präsentation des Konflikts als Informationskrieg. So wird beispielsweise in SPECIAL'NYJ KORRESPONDENT beklagt, dass Russland immer wieder von ukrainischer und westlicher Seite der Lügen und Propaganda bezichtigt werde, obwohl eigentlich die ukrainische und die westliche Seite Propaganda verbreiten:

> Мария Захарова: *Нас и сейчас* на примере Украины тоже *обвиняют в пропаганде.* Это не пропаганда. *То, что делают наши коллеги,* к сожалению, я вынуждена говорить слово «коллеги», потому что мы их уважаем, да, но *это пропаганда.*
> (*Special'nyj korrespondent*, 09.09.2014, 01:07:52–01:08:07)

> Marija Zacharova: Uns beschuldigen sie auch jetzt am Beispiel der Ukraine der Propaganda. Das ist keine Propaganda. Das, was unsere Kollegen machen – leider bin ich gezwungen das Wort „Kollegen" zu benutzen, weil wir sie achten – ja, aber das [was sie machen] ist Propaganda.

In VREMJA POKAŽET wird ebenso die ukrainische Seite der Lüge bezichtigt. So werden ukrainische Politiker als Lügner identifiziert, indem angebliche Äußerungen von ihnen zitiert und als falsch dargestellt werden. Im nachfolgenden Beispiel gibt der Moderator, Pëtr Tolstoj, Wortmeldungen des ehemaligen ukrainischen

Verteidigungsministers wieder und leitet diese mithilfe eines metatextuellen Verweises ein (*ja prosto choču vam napomnit', čto ...*):

> **Петр Толстой**: *Предыдущий руководитель министерства обороны Украины отличался яркими высказываниями!* Я просто *хочу вам напомнить, что именно он говорил о ядерной угрозе России и о том, как проверить, был нанесен удар ядерным оружием или нет. Он начал с того, что сказал, что проведет военный парад в Севастополе.* Вспомним, что сегодня он ушел в отставку. *Он говорил о большой войне и том, что якобы ополченцы воюют новейшим вооружением. Он пытался выдать* патроны семьдесят четвертого года за новейшие российские боеприпасы и *говорил о том, что* генералы НАТО восторгаются украинской армией.
> (*Vremja pokažet*, 13.10.2014, 00:37:20–00:37:58)

> **Pëtr Tolstoj**: Der frühere Leiter des Verteidigungsministeriums der Ukraine war für seine grellen Aussagen bekannt. Ich möchte Sie nur daran erinnern, dass er es war, der von einer nuklearen Bedrohung Russlands gesprochen hat und davon, wie man überprüfen kann, ob ein Angriff mit Atomwaffen durchgeführt wurde oder nicht. Er hat damit begonnen, dass er gesagt hat, dass er eine Kriegsparade in Sewastopol abhalten wird. Erinnern wir uns, dass er heute zurückgetreten ist. Er hat von einem großen Krieg gesprochen sowie davon, dass die Opolčency angeblich mit der neuesten Ausrüstung kämpfen würden. Er hat versucht, Patronen aus dem 74er Jahr als die neueste russländische Munition auszugeben und hat davon gesprochen, dass die NATO-Generäle von der ukrainischen Armee begeistert seien.

Wie dieses Fragment eindrücklich zeigt, besteht der gesamte Vortrag Tolstojs aus indirekten Zitaten des ehemaligen ukrainischen Verteidigungsministers (*on govoril o tom, čto/on načal s togo, čto skazal, čto*). Die Wiedergabe der Äußerungen des ukrainischen Politikers kommen konstanten Anschuldigungen gleich, die vom Moderator mithilfe von Markern des Zweifels und der Absurdität (*jakoby/pytalsja vydat'*) hervorgehoben werden. Außerdem erklärt Tolstoj noch vor der Redewiedergabe des ukrainischen Ministers, dass dieser für seine „grellen Aussagen" (*jarkie vyskazyvanija*) berühmt gewesen sei, womit er dem Publikum den Hinweis gibt, wie die nachfolgenden Zitate zu interpretieren seien – nämlich als lächerlich, überzogen und unwahr.

An anderer Stelle diskreditiert Pëtr Tolstoj den ukrainischen Präsidenten, Petro Porošenko, und stellt ihn als Lügner hin:

> **Петр Толстой**: И вот вчера президент Украины Петр Порошенко выступил с обращением. [...] Вот что он сказал в тексте этого обращения: «Мы смогли, доблестная украинская армия, остановить по всему фронту наступление врага, причем не наемников, не боевиков-террористов, а хорошо вышколенные подразделения регулярной армии соседней страны.» То есть, *ложь, что регулярная армия соседней страны, если он имеет ввиду не румынскую армию, а/ и там не знаю, не польскую, а российскую, и ложь эта продолжает насаждаться на Украине!* Как с этих позиций вести переговоры?
> (*Vremja pokažet*, 13.10.2014, 00:40:28–00:41:10)

Pëtr Tolstoj: Und gestern hat der Präsident der Ukraine Pëtr Porošenko eine Erklärung abgegeben. [...] Und hier ist, was er im Text dieser Erklärung gesagt hat: „Wir, die tapfere ukrainische Armee, konnten an der gesamten Front die feindliche Offensive stoppen, wobei das keine Söldner oder terroristische Kämpfer waren, sondern gut ausgebildete Einheiten der regulären Armee des Nachbarlandes." Das heißt, die Lüge, dass die reguläre Armee des Nachbarlandes, wenn er nicht die rumänische Armee oder dort, was weiß ich, die polnische, sondern die russländische Armee meint, diese Lüge wird weiter in der Ukraine verbreitet! Wie kann man von dieser Position aus Verhandlungen führen?

Auch hier verwendet Tolstoj ein Zitat, um die ukrainische Seite zu diskreditieren. Der Moderator bezichtigt den ukrainischen Präsidenten offen der Lüge und ironisiert dessen Äußerungen (*esli on imeet v vidu ne rumynskuju armiju i ne pol'skuju, a rossijskuju*), wodurch er den Ernst der Lage, dass die reguläre Armee eines Landes in einem anderen Land kämpfe, heruntergespielt und lächerlich macht. Gleichzeitig nennt Tolstoj die Einmischung der russländischen Armee zwei Mal eine „Lüge" (*lož'/lož' ėta*) und erklärt, dass auf Grundlage von Lügen das Führen von Verhandlungen unmöglich sei.

Die Darstellung der Ukraine als Lügnerin steht in enger Verbindung mit der Inszenierung von Russland als Opfer. Besonders deutlich wird die Rolle von Russland als Opfer ukrainischer Lügen in VREMJA POKAŽET, als es um den Absturz des Malaysia-Airlines-Fluges MH17 im Juli 2014 geht. Am Ende der Sendung werden *neue Versionen und Verschwörungstheorien zum Hergang des Absturzes des Passagierflugzeugs* präsentiert:[317] Eine der in der Sendung präsentierten Versionen des Unfallhergangs wird von Vladimir Michajlov, einem ehemaligen Luftwaffen-Oberbefehlshaber Russlands, vorgetragen. Dieser gibt sich überzeugt, dass das Flugzeug von einem anderen Flugzeug abgeschossen worden sei (*samolët byl sbit s samolëta SU-26, nu, možet bit' MiG-29*) (*Vremja pokažet*, 13.10.2014, 01:04:47–01:04:54). Als der Moderator von seinem Gast wissen will, wie er zu diesem Schluss komme, zieht Michajlov eine Parallele zum Absturz des Sibir'-Flugs 1812, welcher am 4. Oktober 2001 über dem Schwarzen Meer abgeschossen worden war (vgl. *Vremja pokažet*, 13.10.2014, 01:04:56–01:05:08).

Besonders bemerkenswert ist in diesem Zusammenhang das vom ehemaligen Luftwaffen-Oberbefehlshaber verwendete *Fachvokabular*, nämlich die Abkürzungen und Akronyme für verschiedene Flugzeugtypen, wie beispielsweise sowjetischer Kampfflugzeuge (*SU-25/MiG-29*), sowie für Raketen (*S-200/Buk-M*). Mithilfe der Verwendung dieser technischen Fachausdrücke untermauert Michaj-

---

[317] Auch in SPECIAL'NYJ KORRESPONDENT wird der Flugzeugabsturz MH17 thematisiert. Vladimir Žirinovskij gibt in der Sendung Amerika die Schuld am Absturz des Flugzeuges, weil es die ukrainischen Nationalisten unterstütze (*Special'nyj korrespondent*, 09.09.2014, 01:00:20–01:01:21).

lov seine Expertise und gleichzeitig wird die Glaubwürdigkeit seiner Äußerungen erhöht, weil er sehr detailreich anführt, wie es seiner Ansicht nach zu der Tragödie des Flugzeugabsturzes gekommen ist.

Die ukrainische Seite wird dagegen als Lügnerin dargestellt: Sie habe Fakten bzw. wichtige Informationen verschwiegen – das Lexem *molčat'* kommt in 30 Sekunden gleich fünf Mal vor –, weil das Ergebnis der Untersuchung die Ermittler*innen nicht zufriedengestellt habe (*rezul'taty rassledovanija ne ustraivajut rassledovatelej*). Damit wird impliziert, dass nicht bewiesen werden könne, dass Russland schuld am Absturz sei bzw. wird Russlands Unschuld auch mehrmals von der Moderatorin sowie dem Gast, Michail Timošenko, beteuert (*ne Rossija vinovata v ėtom*).

Abschließend kann festgehalten werden, dass die Ukraine in den Talkshowsendungen durchgehend sehr negativ dargestellt und diffamiert wird. Erstens werden die Ukrainer*innen als Nazis und Faschisten abgewertet und somit dämonisiert, was eine typische Strategie von Propaganda ist. Eine zweite Strategie von Propaganda, die in den analysierten Talkshows gefunden wurde, ist die Betonung der Schwäche der ukrainischen Seite, die dazu dient, den Gegner zu demoralisieren. In den untersuchten Sendungen wird die Ukraine in zweifacher Hinsicht als ‚schwach' präsentiert: in militärischer sowie in ökonomischer bzw. finanzieller. In Bezug auf die militärische Schwäche werden vor allem die Unterlegenheit, die Verluste und das Unvermögen der ukrainischen Armee beschrieben. Die ökonomische bzw. finanzielle Schwäche der Ukraine zeige sich dagegen darin, dass sie sich den Krieg nicht leisten und die eigene Bevölkerung nicht ernähren könne.

Drittens wird in den untersuchten Sendungen versucht, die Existenz der Ukraine zu leugnen, indem diese einerseits als Konstrukt der USA präsentiert wird. Andererseits wird immer wieder ein gemeinsamer Staat gefordert und betont, dass die Ukraine und Russland ‚praktisch dasselbe' seien, wodurch die Eigenstaatlichkeit der Ukraine in Frage gestellt wird. Diese Versuche, die Ukraine als nicht eigenen Staat darzustellen, können als besonders aggressiv bezeichnet werden.

Viertens wird die Ukraine in den Shows als handlungsunfähig, abhängig und von außen gesteuert präsentiert: Auf der einen Seite sei die Ukraine von Amerika abhängig und beeinflusst, und auf der anderen Seite würden die Oligarchen den Krieg in der Ukraine finanzieren und davon profitieren. Dadurch wird den ukrainischen Politiker*innen die Glaubwürdigkeit sowie die eigene Entscheidungsfähigkeit abgesprochen, da nach Auffassung der Talkshowgäste alle Entscheidungen und Geschehnisse in der Ukraine von außen beeinflusst bzw. gesteuert würden. Fünftens wird in den Talkshowsendungen behauptet, dass die Ukraine lüge, wodurch sie als nicht vertrauenswürdig präsentiert und der Propaganda bezichtigt wird. Im Gegenzug dazu wird somit impliziert, dass die eigene russische Darstellung glaubhaft sei.

Nach dieser sehr ausführlichen Darstellung der Ukraine wird im nächsten Abschnitt die Präsentation der Aufständischen in der Ostukraine bzw. Opolčency in den Talkshows behandelt.

10.2.5.3 Darstellung der Opolčency

– **Verteidiger von Heimat, Familie und *Russkij mir***
In den untersuchten Talkshowsendungen werden die Aufständischen in der Ostukraine als Verteidiger von Heimat, Familie und *Russkij mir* dargestellt. Aus dieser Darstellung folgt, dass es sich bei all ihren kämpferischen Handlungen lediglich um Verteidigungsmaßnahmen handle.[318] Beispielhaft dafür sind folgende Erklärungen des Opolčenec, Aleksandr Kofman, in der ersten Talkshowsendung nach dem Friedensvertrag Minsk I. Er behauptet, dass die ukrainische Seite die Waffenruhe nicht einhalte und die Opolčency lediglich auf den Beschuss reagieren würden (*kogda v nas streljajut, estestvenno my dolžny im davat' kakuju-to otvetnuju reakciju*) (*Politika* 07.09.2914, 00:02:44–00:02:53). Dadurch werden die Opolčency als Opfer dargestellt, die sich nur gegen die Angriffe der ukrainischen Seite zur Wehr setzen würden.

Besonders anschaulich wird die Behauptung des Sich-Zur-Wehr-Setzens der Opolčency mithilfe der *Metapher* des Eindringens in das eigene Haus:

> **Алексей Грановский:** Нас загнали. Около сорока процентов Донецкой и Луганской области находится под нашим контролем. Все остальное находится под контролем *Украины, которая к нам пришла, в наш дом.* И получается, пока не восстановится административная граница Донецкой и Луганской областей – ну это мое личное мнение, я думаю, большинство Дончан меня поддержит – ни о каком перемирии речь не может быть, почему? Потому *что в наш дом пришли, в наш дом пришли с оружием*, нас убивают, это делают каждый день.
> (*Politika*, 08.10.2014, 00:33:47–00:34:32)

> **Aleksej Granovskij**: Sie haben uns vertrieben. Rund 40 Prozent der Gebiete von Doneck und Lugansk befinden sich unter unserer Kontrolle. Alles andere befindet sich unter der Kontrolle der Ukraine, die zu uns gekommen ist, in unser Haus. Und solange die Verwaltungsgrenze der Gebiete Doneck und Lugansk nicht wiederhergestellt wird – nun, das ist meine persönliche Meinung, ich denke, die Mehrheit der Einwohner von Doneck wird mich unterstützen – kann es keinen Waffenstillstand geben, warum? Weil sie in unser Haus gekommen sind, sie sind in unser Haus mit Waffen gekommen, sie töten uns, sie tun das jeden Tag.

---

318 Die Präsentation der Opolčency als Verteidiger sowie ihrer kämpferischen Aktivitäten als Verteidigungsmaßnahmen rufen die Ereignisse auf der Krim (Fallbeispiel 1) in Erinnerung. Diese sind zwar kampflos verlaufen, aber auch dort wurde die Präsenz von Soldaten als Maßnahme zur „Selbstverteidigung" (*samooborona*) gerechtfertigt.

Wie aus diesem Beispiel hervorgeht, präsentiert der Opolčenec, Aleksej Granovskij, den Donbass mithilfe der *Hausmetapher* als „unser Haus" (*naš dom*).[319] In dieses Haus (*k nam/v naš dom*) sei, wie Granovskij gleich drei Mal wiederholt, die ukrainische Seite „mit Waffen" (*s oružiem*) eingedrungen und würde dort die Bevölkerung – „uns" – täglich töten (*nas ubivajut, èto delajut každyj den'*).

Mithilfe der Hausmetapher und der Beschreibung des Eindringens des Gegners in das eigene Haus – realisiert durch das präfigierte und bestimmte Bewegungsverb (*prišli*) – wird räumliche Näherung und dadurch physische Bedrohung erzeugt: Der Gegner sei in das Territorium der Opolčency „gekommen" (*prišli*), außerdem habe er die Einwohner*innen von dort „vertrieben" (*zagnali*). Gleichzeitig verdeutlicht der Talkshowgast mithilfe der Hausmetapher das Vordringen der gegnerischen Seite in einen privaten und sehr persönlichen Bereich, das eigene Haus, wodurch die Gefahr konkret, für jeden und jede nachvollziehbar und dadurch eindringlicher gemacht wird.

In der Trivial-Talkshow MUŽSKOE/ŽENSKOE werden die Opolčency als Verteidiger der Heimat als ehrenhaft und selbstlos präsentiert. So erklärt zu Beginn der Sendung eine Stimme aus dem Off, dass Anna und Rustam, ein junges Liebespaar, voneinander getrennt seien, weil Anna mit ihren Geschwistern vor den „ukrainischen Strafbrigaden" (*ukrainskie karateli*) nach Russland geflohen, Rustam jedoch in der Ostukraine geblieben sei, um seine Heimatstadt Doneck zu verteidigen (*Rustam ostalsja zaščiščat' rodnoj Doneck*):

> **Голос за кадром:** Сейчас их разделает 2000 километров. Анна начала новую жизнь в Волгограде, а *Рустам остался защищать родной Донецк*. Вместе с сестрами и братом *Анна бежала от украинских карателей*, оставив родителей, которые не смогли расстаться даже под страхом смерти.
>
> (*Mužskoe/Ženskoe*, 13.10.2014, 00:01:41–00:01:57)

> **Stimme im Off:** Jetzt sind sie 2000 Kilometer voneinander entfernt. Anna hat ein neues Leben in Wolgograd begonnen, während Rustam geblieben ist, um seine Heimatstadt Doneck zu verteidigen. Gemeinsam mit ihren Schwestern und ihrem Bruder ist Anna vor den ukrainischen Strafbrigaden [Todesschwadronen] geflüchtet und hat ihre Eltern zurückgelassen, die sich nicht einmal unter Todesgefahr trennen konnten.

Dieser kurze Textausschnitt demonstriert, dass die Verteidigung der Heimat wichtiger ist als die Liebesbeziehung zu einer Frau: Rustam wird hier als Held inszeniert, der nicht mit seiner Geliebten bzw. Verlobten nach Russland geflohen, sondern selbstlos zum Schutz seiner Heimat vor der ukrainischen Seite, die hier mit dem Pejorativum *karateli* bezeichnet und dadurch eine Parallele zum Zweiten

---

[319] Auch im Fallbeispiel 1 wurde die Hausmetapher verwendet und diente dort zur Darstellung des Krim-Beitritts zu Russland als „Rückkehr nach Hause" (siehe Abschnitt III.10.1.4.3).

Weltkrieg gezogen wird (vgl. Abschnitt III.10.2.5.1), in der Ostukraine geblieben ist. Gerahmt wird diese Liebesgeschichte von dem Schicksal der gesamten Familie, da die Eltern von Anna und ihren Geschwistern in der Ostukraine geblieben sind und die Kinder seitdem nichts mehr von ihnen gehört haben.

Die Opolčency verteidigen jedoch nicht nur ihre Heimat, sondern sie kämpfen auch für ihre Familie. Wie der stellvertretende Vorsitzende des Verteidigungsausschusses der Duma und Parteimitglied von *Edinaja Rossija*, Franc Klincevič, erklärt, seien „diese Jungs" (*éti rebjata*), auf die er im Publikum zeigt, im Gegensatz zur schwachen und „demoralisierten" ukrainischen Seite „motiviert" (*smotivirovany*) und würden „ihren Vater, ihr Land und ihren Bruder" verteidigen:

> **Франц Клинцевич**: А мотивация, Вы спрашивали, почему они не имеют успеха? Безусловно, войска деморализованы Украиной! Они не знают/ *вот эти ребята* ((он показывает рукой на публику)), *они смотивированы, они защищают отца, свою землю, своего брата.* ((аплодисменты))
>
> (*Vremja pokažet*, 13.10.2014, 00:51:50–00:52:04)
>
> **Franc Klincevič:** Und die Motivation, Sie haben gefragt, warum sie keinen Erfolg haben? Ohne Zweifel sind die Streitkräfte demoralisiert durch die Ukraine. Sie wissen nicht/ hier diese Jungs ((er zeigt mit der Hand ins Publikum)), sie sind motiviert, sie verteidigen den Vater, ihr Land, ihren Bruder. ((Applaus))

Zur Konkretisierung von Klincevičs Worten wird der im Publikum sitzende Oleg Kirillov (Abbildung 44) ins Bild gebracht und dadurch werden die Opolčency personalisiert. Kirillov hebt sich aufgrund seiner grünen Tarnkleidung deutlich von den übrigen Anwesenden ab.

Abbildung 44: Screenshot von Oleg Kirillov (*Vremja pokažet*, 13.10.2014, 00:52:06).

Auf der linken und rechten Schulterpartie von Kirillovs Jacke ist jeweils ein Georgsbändchen aufgenäht, und auf seinem linken Oberarm prangt ein Aufnäher der Flagge von *Novorossija* samt Aufschrift – Kirillovs Zugehörigkeit zu den Kämpfern im Donbass ist mithilfe dieser symbolisch aufgeladenen Zeichen augenfällig.

Nach dieser Personalisierung der Opolčency und ihrer Beschreibung als Verteidiger von „Vater, Land und Bruder" wird in dieser Sendung die Forderung laut, dass Russland die Opolčency mit Kriegsmaterial unterstützen solle, damit sich diese verteidigen können (*Vremja pokažet*, 13.10.2014, 00:54:36–00:54:54). Das verdeutlicht, dass die Stilisierung der Opolčency zu Verteidigern der Heimat und Familie als Legitimierung der Einmischung und Unterstützung durch Russland fungiert.

Die Opolčency werden jedoch nicht nur mithilfe von Bildern personalisiert und dem Publikum dadurch nähergebracht, sondern Nähe wird auch mithilfe ihrer Sprache, die gleichzeitig ihre soziale Herkunft und Einfachheit markiert, erzeugt. So verwendet beispielsweise der Opolčenec Bogdan Astapenko, der angeblich von der ukrainischen Seite gefangengenommen worden ist und nun im Trivial-Talk über sein Schicksal informiert, *inkorrekte bzw. von der Norm abweichende Sprache und Substandard*. Auf die Frage des Moderators, was die ukrainische Seite mit ihm in der Gefangenschaft gemacht habe, antwortet er Folgendes:

> **Богдан Астапенко**: Ну били, *издевалися*. При/ *короче* сделали статью, сепаратизм, там *короче* терроризм. Написали там, мосты взрывал там и все такое *понаписовали* и отвезли потом *на тюрьму*. (*Mužskoe/Ženskoe*, 13.10.2014, 00:27:14–00:27:30)

> **Bogdan Astapenko**: Also sie haben mich geschlagen, misshandelt. Sie haben, nun ja, einen Paragraphen angefertigt, also Separatismus, Terrorismus. Sie haben dort geschrieben, ich hätte dort Brücken gesprengt und alles Mögliche haben sie mir zugeschoben, und dann haben sie mich ins Gefängnis gebracht.

Dieser Ausschnitt verdeutlicht die umgangssprachliche und nicht normative Sprachverwendung (*izdevalisja/na tjur'mu*) sowie den Gebrauch von Substandard (*ponapisovali*) des Gastes. Astapenko hat eindeutig Schwierigkeiten beim Formulieren ganzer Sätze und verwendet viele Füllwörter (*nu/koroče/tam/vsë takoe*), um Kohäsion zu erzeugen. Aufgrund dieser sprachlichen Schwächen wirkt der junge Mann, der sich hier als Opfer ukrainischer Gewalt präsentiert (*bili/izdevalisja*), einfach und gleichzeitig ungefährlich, verletzlich und authentisch, da er beispielsweise beim Wiedersehen mit seiner Mutter im Studio weint. Der Bericht des Opolčenec wird dadurch glaubwürdig, und er selbst rückt aufgrund dieser emotionalisierenden Darstellung wiederum näher an die Zuseher*innen.

Neben der bereits genannten Selbstverteidigung sowie der Verteidigung der eigenen Familie und Heimat kämpfen die Opolčency jedoch noch für eine größere Sache – die Verteidigung der „russischen Welt" (*Russkij mir*). Wie bereits gezeigt wurde (vgl. Abschnitt III.10.2.4), dient die Verteidigung von *Russkij mir* den Opolčency als Rechtfertigung für ihren Kampf in der Ostukraine (vgl. Zabirko 2015: 6). In Verbindung damit steht auch die Hoffnung der Opolčency auf die Unabhängigkeit des Donbass, die in den Talkshowsendungen immer wieder ausgedrückt wird. Vor allem der via Video live in SPECIAL'NYJ KORRESPONDENT und VREMJA POKAŽET zugeschaltete Andrej Purgin, stellvertretender Vorsitzender der Regierung der DNR, macht klar, dass die Opolčency ihre „Unabhängigkeit unter dem Dach der russischen Welt" stärken werden (*my budem ukrepljat' svoju nezavisimost' i suverenitet pod kryšej Russkogo mira*) (*Special'nyj korrespondent*, 09.09.2014, 00:46:54–00:47:18). Mithilfe dieser *Dachmetapher* (*pod kryšej*) wird auch die schützende Funktion, die der russischen Welt und insbesondere Russland zugewiesen wird, konkretisiert.[320]

In beiden Sendungen weist Purgin zudem darauf hin, dass die Opolčency für die „russische Welt" (*Russkij mir*) und gegen den Faschismus kämpfen würden und bezeichnet diesen Kampf als „Befreiungskrieg gegen die Faschisten" (*nacional'no-osvoboditel'naja vojna s fašistami*) (*Vremja pokažet*, 13.10.2014, 01:00:33–01:00:52).

- **Retter und Helfer der Bevölkerung im Donbass**

Die Kämpfer in der Ostukraine werden nicht nur als Verteidiger, sondern auch als Retter und Helfer der lokalen Bevölkerung im Donbass in Szene gesetzt. Diese Darstellung der Opolčency ist mit der Aussage verschränkt, dass Russland als Retter bzw. Helfer in dieser Region agiere.[321]

Diese Verschränkung wird in der 25-minütigen Reportage in SPECIAL'NYJ KORRESPONDENT deutlich, wo der Reporter von den humanitären Hilfslieferungen berichtet, die von Russland nach Lugansk transportiert werden:

> **Александр Рогаткин**: В Луганск тогда мы не решились проехать, остановились в первом крупном райцентре. *В Краснодон, на родину молодой гвардии, привезли все самое необходимое: медикаменты, продукты, одежду. Сейчас все этого просто невозможно найти в осажденных городах. В магазинах шаром покати.*
> (*Special'nyj korrespondent*, 09.09.2014, 00:06:25–00:06:41)

> **Aleksandr Rogatkin:** Wir haben uns damals nicht getraut nach Lugansk zu fahren, sondern wir haben in der ersten großen Kreisstadt angehalten. Nach Krasnodon, in die Heimat der Jungen Garde, haben wir das Nötigste gebracht: Medikamente, Lebensmittel, Kleidung. Es ist jetzt einfach unmöglich das alles in den besetzten Städten zu finden. Die Geschäfte sind wie leergefegt.

---

[320] Siehe dazu auch Abschnitt III.10.2.5.4.
[321] Siehe dazu auch Abschnitt III.10.2.5.4.

Der Kommentator, Aleksandr Rogatkin, zählt auf, was in den Donbass gebracht wurde, nämlich Medikamente, Lebensmittel und Kleidung – Dinge, die in den besetzten Städten nicht mehr zu finden seien. Die Geschäfte, so Rogatkin, seien „wie leergefegt" (*šarom pokati*). Indem der Kommentator diesen umgangssprachlichen Phraseologismus benutzt (vgl. Petermann et al. 1999: 922), intensiviert er seine Äußerung und die Wirkung auf die Zuseher*innen, weil er damit Nähe erzeugt. Verstärkt werden seine Worte durch die gezeigten Bilder, auf welchen leere Supermarktregale zu sehen sind. Außerdem baut der Spezialreporter in seine Äußerungen einen Verweis auf den Zweiten Weltkrieg ein: Krasnodon beschreibt er mit der Apposition „Heimat der Jungen Garde" (*rodina molodoj gvardii*) und erinnert damit an die antifaschistische Widerstandsgruppe, die in der von den Deutschen besetzten Stadt in den Kriegsjahren bis 1943 aktiv war, wodurch er eine Parallele zwischen dem Zweiten Weltkrieg und dem Krieg in der Ostukraine zieht.

Besonders anschaulich wird die Rolle der Opolčency als Helfer der lokalen Bevölkerung mithilfe des Gegensatzes zwischen der ‚toten' Stadt Lugansk und deren Wiederbelebung durch die Aufständischen. Mithilfe eines hyperbolischen Vergleichs, realisiert durch das Verb des Erinnerns in der Struktur *A napominaet B*, wird Lugansk in der Reportage zunächst als „Geisterstadt" (*gorod napominal gorod-prizrak*)[322] bzw. „Wüste" (*pustynja*) dargestellt. Das von der Stadt gezeichnete Bild ist düster und trist: Lugansk sei „leer" (*gorod pustoj/v gorode net ničego/na ulice ni duši*), „dunkel" (*net sveta*) und „zerstört" (*uničtoženy gradom/doma razbombleny*) – nichts funktioniere mehr. Die „fast verwelkten Blüten der Aprikosenbäume" (*abrikosy* [...] *počti otcveli*) seien das einzige, so ein Opolčenec, was in der Stadt noch übrig sei, und die im Bild gezeigten verblühten Knospen sind somit Symbol für die Leblosigkeit der Stadt.

Was nicht mithilfe von Bildern gezeigt werden kann, wird sprachlich ergänzt: So werden beispielsweise die in Lugansk verbliebenen Menschen als ‚fremde Wesen' beschrieben. Wie ein Opolčenec berichtet, würden ihm Kinder wie „Außerirdische" (*inoplanetjane*) erscheinen, da er in den letzten drei Wochen nur ein einziges Kind zu Gesicht bekommen habe:

> **XX:** Детей видим как инопланетян. За последнее время, наверное, недели три, только одного ребенка увидел.
> (*Special'nyj korrespondent*, 09.09.2014, 00:18:49–00:18:54)

> **XX:** Kinder sehen wir wie Außerirdische. In letzter Zeit, wahrscheinlich circa drei Wochen, habe ich nur ein einziges Kind gesehen.

---

[322] Auch Weiss (2018: 332) hat in seinem Artikel die Geisterstadt als Beispiel angeführt. Allerdings ist es in seinen Daten Doneck, das mit einer Geisterstadt verglichen wird.

Auch die Stille der Stadt als Symbol für die Leere und Leblosigkeit wird mithilfe von Sprache transportiert: Wie der Reporter vor Ort hyperbolisch feststellt, habe die Stadt ihn und sein Team mit einer „Totenstille" empfangen (*Lugansk vstretil nas mërtvoj tišinoj*) (vgl. *Special'nyj korrespondent*, 09.09.2014, 00:17:59–00:18:02). Dieses Beispiel illustriert außerdem, dass die Stadt in der Reportage personifiziert wird.

Die *Personifizierung* von Lugansk wird besonders deutlich, als der Reporter den Willen der Stadt zum Kampf und zur Verteidigung hervorhebt (*gorod ne sdaëtsja/gorod prodolžaet sražat'sja*). Mithilfe dieser Personifizierung wird einerseits der übermittelte Inhalt leichter fassbar und eine emotionale Verbindung zwischen Zuseher*innen und der Stadt erstellt. Anderseits kann diese Personifizierung als Strategie der Verschleierung der eigentlichen Akteure und Kämpfer, nämlich der Opolčency, identifiziert werden, da diese somit als aktiv Handelnde in den Hintergrund treten (vgl. Kazemian und Hashemi 2014: 1185).

Durch die Personifizierung wird die Stadt zudem als eigenständiges Subjekt und lebender Organismus dargestellt, denn wie der Reporter im Studio festhält, habe die Stadt kontinuierlich wieder „zu leben begonnen" (*postepenno načinal oživat'*). Auch der Opolčenec Andrej Purgin berichtet in der anschließenden Diskussion im Studio, dass sich die humanitäre Situation in der Stadt langsam verbessern würde und versucht werde, die Wasser- und Energieversorgung wiederherzustellen und humanitäre Hilfe durchzulassen (vgl. *Special'nyj korrespondent*, 09.09.2014, 00:39:02–00:39:39). Dadurch wird das Bild vermittelt, dass sich die Opolčency für die Stadt und deren Wiederaufbau engagieren.

In der Trivial-Talkshow dieses Fallbeispiels werden die Opolčency ebenfalls als Helfer und Retter der Bevölkerung präsentiert. Während der Sendung werden den Angehörigen Videobotschaften von ihren Verwandten gezeigt, die im Donbass geblieben sind. In diesen Videobotschaften berichten die Menschen aus dem Donbass, dass sie von den Opolčency gut versorgt und sich diese um sie kümmern bzw. ihnen zu essen geben würden (*U nas vsë chorošo. Rebjata tut, nas, opolčency podkarmlivajut. Vsë poka ticho.*) (*Mužskoe/Ženskoe*, 13.10.2014, 00:34:05–00:34:14). Diese Szene im Trivial-Talk ist besonders ergreifend, weil der Enkel der im Video zu sehenden Galina Rjabčenko beim Anblick seiner Oma im Studio zu weinen beginnt. Zusätzlich emotional verstärkt wird die Sequenz, indem das Video und die Bilder im Studio von langsamer Klaviermusik begleitet werden. Diese Emotionalisierung des Krieges und seiner Opfer kann als Propaganda bezeichnet werden, da hier eindeutig Emotionen über Fakten dominieren (vgl. Abschnitt I.1.1.2).

- **Garanten für Frieden und Sicherheit**

In den Talkshowsendungen dieses Fallbeispiels wird erklärt, dass die Opolčency für Frieden und Sicherheit im Donbass sorgen würden. Verschränkt ist diese Aussage wiederum damit, dass Russland als Friedensstifter in der Region agiere, indem es die Opolčency unterstütze.[323]

Ein gutes Beispiel für die Verbindung zwischen der Darstellung der Opolčency und Russland als Garanten für Frieden und Sicherheit bieten die Äußerungen des Parteimitglieds der Regierungspartei *Edinaja Rossija*, Aleksandr Chinštejn. Dieser tritt in zwei der untersuchten Polit-Talks als vehementer Verfechter der Notwendigkeit auf, die Opolčency mit Waffen zu unterstützen. Chinštejn ist der Meinung, dass der Friedensprozess nur gelingen und eine Eskalation des Konfliktes vermieden werden könne, wenn die Opolčency Aufrüstung betreiben und gestärkt würden. Beispielhaft für Chinštejns Standpunkt ist folgende Wortmeldung:

> **Александр Хинштейн:** Поэтому *единственный способ избежать дальнейшего кровопролития на Украине, эскалации конфликта там – это ополчение усиливать,* свою военную составляющую с тем, чтобы было понятно, эта война не будет быстрой и это не будет блицкригом. (*Politika* 08.10.2014, 00:58:54–00:59:09)

> **Aleksandr Chinštejn:** Die einzige Möglichkeit, ein weiteres Blutvergießen in der Ukraine und die Eskalation des Konfliktes dort zu vermeiden, besteht daher darin, die Opolčenie zu stärken, ihre militärische Komponente, damit klar wird, dass dieser Krieg nicht schnell und nicht als Blitzkrieg geführt werden kann.

Seine Forderung nach der Stärkung der Opolčency legitimiert und argumentiert der Politiker, indem er diese als notwendige und einzige Prämisse (*edinstvennyj sposob … èto*) präsentiert und dadurch Konsens erzeugt (vgl. van Dijk 2005: 88). Er verwendet hier außerdem ein Lehnwort aus dem Deutschen, den „Blitzkrieg" (*blickrig*), der im Zweiten Weltkrieg u. a. zur Bezeichnung des plötzlichen Überfalls der Nazis auf Polen 1939 entstanden ist und heute allgemein für einen schnell entschiedenen Krieg verwendet wird (vgl. Brockhaus 2020c). Somit zieht Chinštejn hier eine Antiparallele zum Zweiten Weltkrieg, da er erklärt, dass bei einer Unterstützung der Opolčency der Krieg nicht schnell beendet (*vojna ne budet bystroj*) und kein „Blitzkrieg" sein werde.

Außerdem rechtfertigt und unterstreicht er sein Postulat mehrmals in den beiden analysierten Sendungen von POLITIKA in Form des bekannten, aus dem antiken Rom stammenden Sprichwortes: „Wenn du Frieden willst, rüste zum Krieg." (*Kogda chočeš' mir, gotov'sja k vojne./Esli ty chočeš' mira, nado gotovit'sja k vojne.*). Aufgrund ihrer Eingängigkeit und Bekanntheit bleibt diese historische Allgemeinheit gut im Gedächtnis des Publikums hängen und somit wird die Unausweichlichkeit der von Chinštejn geforderten Unterstützung der

---

[323] Siehe dazu auch Abschnitt III.10.2.5.4.

Opolčency vonseiten Russlands für die Zuseher*innen nachvollziehbar und verständlich gemacht und gleichsam legitimiert.

Die Aussage, dass die Opolčency für Frieden und Sicherheit im Donbass sorgen würden, kommt ebenso in SPECIAL'NYJ KORRESPONDENT vor. So erklärt Vjačeslav Bednjak, Abgeordneter des Parlaments von *Novorossija* und daher selbst Opolčenec, dass die Menschen nun in den Donbass zurückkehren könnten, weil die Opolčency die ukrainischen Streitkräfte zurückgeschlagen hätten (vgl. *Special'nyj korrespondent*, 09.09.2014, 00:30:50–00:31:04). In seinen Äußerungen verweist Bednjak darauf, dass die Opolčency die Sicherheit der Bevölkerung garantieren würden und diese nun wieder im Donbass leben könnten.

Auch die im vorigen Abschnitt präsentierten Äußerungen von Galina Rjabčenko im Trivial-Talk MUŽSKOE/ŽENSKOE deuten an, dass die Opolčency für Frieden und Ruhe im Donbass sorgen würden (*vsë poka ticho*).

- **Kampf aus moralischer Überzeugung**

Eine weitere Aussage über die Opolčency in den Talkshowsendungen ist, dass sie aus moralischer Überzeugung im Donbass kämpfen würden. Besonders deutlich wird diese positive Präsentation der Opolčency in der Reportage von SPECIAL'NYJ KORRESPONDENT: Der Kommentator aus dem Off, Aleksandr Rogatkin, spricht metaphorisch von einer „Flut an Freiwilligen aus Russland" (*potok dobrovol'cev iz Rossii*), die in den Donbass komme, und stellt exemplarisch zwei Freiwilligenkämpfer, zwei Kosaken[324], mit folgenden Worten vor:

> **Александр Рогаткин:** Не прекращается в Донбассе и *поток добровольцев из России*. Мы встретили двух уссурийских Козаков, Остапа и Федора. *Приехали потому что убеждены, что Украинская армия не может расстреливать города с мирными жителями.* (*Special'nyj korrespondent*, 09.09.2014, 00:11:48–00:12:01)

> **Aleksandr Rogatkin:** Auch die Flut an Freiwilligenkämpfern aus Russland endet im Donbass nicht. Wir haben zwei ussurische Kosaken, Ostap und Fëdor, getroffen. Sie sind gekommen, weil sie überzeugt sind, dass die ukrainische Armee nicht Städte mit friedlichen Einwohnern beschießen kann.

Mithilfe der *Flussmetapher* wird die Menge bzw. die „Flut" (*potok*) an Freiwilligenkämpfern bildlich zum Ausdruck gebracht. Außerdem demonstriert dieser Ausschnitt eine sehr vereinfachende kausale Erklärung, wie sie in den Talk-

---

[324] Die beiden Kämpfer werden nicht nur vom Reporter als Kosaken bezeichnet, ihre Zugehörigkeit zu den Kosaken wird auch visuell deutlich, da im Video beide Männer eine Kubanka, die traditionelle Kopfbedeckung der Kosaken, tragen. Das zeigt, dass sich unter den Kämpfern in der Ostukraine auch Kosaken befanden. Laut Mitrokhin (2014: 6) haben sie eine entscheidende Rolle bei der Eroberung von Städten im Gebiet Lugansk gespielt.

shows häufig vorkommt und hier dazu dient, den selbstlosen Charakter der Freiwilligenkämpfer zu betonen: Die Opolčency seien aus der Überzeugung in den Donbass gekommen, dass die ukrainische Armee nicht einfach Städte mit friedlichen Einwohner*innen abschießen könne. Hier ist außerdem sprachlich sofort klar, wer der Täter ist, nämlich die ukrainische Armee, und wer das Opfer: die Städte mit den friedlichen Menschen (*goroda s mirnymi žiteljami*). Auch der Ton bzw. die Hintergrundmusik verstärken in diesem kurzen Ausschnitt beim Publikum die visuelle und subjektive Wahrnehmung der beiden Freiwilligenkämpfer.

Darüber hinaus wird in SPECIAL'NYJ KORRESPONDENT kein Zweifel daran gelassen, dass es sich bei dem Einsatz der Opolčency um einen selbstlosen Kampf für die Gerechtigkeit handelt, denn schließlich erhalten sie kein Geld für ihre Tätigkeit, hatten fast einen Monat lang kaum etwas zu essen und sind erst kürzlich aus dem belagerten Lugansk entkommen, wie der Kommentator ausführt:

> **Александр Рогаткин:** *Не о каких деньгах за службу даже речь не идет, они месяц нормально поесть не могли.* Только что вырвались из осажденного Луганска [...]
> (*Special'nyj korrespondent*, 09.09.2014, 00:12:42–00:12:49)

> **Aleksandr Rogatkin:** Von Geld für ihren Dienst kann gar nicht die Rede sein, sie konnten einen Monat lang nicht einmal richtig essen. Sie sind gerade aus dem belagerten Lugansk entkommen [...]

Einige dieser Freiwilligenkämpfer fahren sogar mit dem eigenen Auto in den Krieg. Im Film von SPECIAL'NYJ KORRESPONDENT wird ein Freiwilligenkämpfer aus der Oblast Tula (*dobrovolec iz Tul'skoj oblasti*) und dessen Auto gezeigt, aus dem eine riesige russische Flagge prangt, worauf der Kommentator in Anspielung auf deren drei Farben (*trikolor*) explizit hinweist (*Na vojnu priechal na sobstvennom avtomobile s trikolorom*) (*Special'nyj korrespondent*, 09.09.2014, 00:26:29–00:26:39).

Die Menschen im Donbass kämpfen für dessen Unabhängigkeit von der Ukraine – das wird immer wieder in den Talkshowsendungen betont. In der Sendung POLITIKA am 08.10.2014 erklärt der Moderator, Pëtr Tolstoj, zudem, dass diese Menschen „für zwei europäische Werte kämpfen" würden (*vojujut za dve takie prostye evropejskie cennosti*) – die eigene Sprache sprechen und eine eigene Regierung wählen zu dürfen:

> **Петр Толстой**: Я вам должен сказать, что *те люди, которые сейчас воюют в Донецке и в Луганске, они воюют за две такие простые европейские ценности: первая ценность – это разговаривать на своем языке, и вторая ценность – выбирать свою власть.* За эти ценности, любой европейский гражданин, любой гражданин европейской страны, будет воевать. (*Politika*, 08.10.2014, 00:52:03–00:52:21)

10.2 Fallbeispiel 2: Krieg in der Ostukraine (September/Oktober 2014) — 353

> **Pëtr Tolstoj:** Ich muss Ihnen sagen, dass jene Leute, die jetzt in Doneck und in Lugansk kämpfen, für zwei einfache europäische Werte kämpfen: Der erste Wert ist, in ihrer Sprache zu sprechen und der zweite Wert ist, ihre Regierung zu wählen. Für diese Werte wird jeder europäische Bürger, jeder Bürger eines europäischen Landes kämpfen.

Die Äußerungen des Moderators sind hier einerseits als Ironie zu bewerten, da weder die Opolčency noch Russland wollen, dass die Ukraine näher an Europa rückt, und sich beide von den westlichen Werten sowie allgemein vom Westen distanzieren und ihn diffamieren. Zudem werden im Gebiet der Opolčency außer Russisch keine anderen Sprachen akzeptiert, und auch die Informationsvermittlung geschieht nur einseitig über russischsprachige Medien. Diese ironische Bemerkung dient Tolstoj jedoch dazu, um die Tatenlosigkeit des Westens in der Ukraine zu kritisieren, da dieser die Opolčency sowie ihre Forderungen nicht anerkenne, obwohl diese „für europäische Werte kämpfen" würden. Andererseits ist diese Behauptung, dass die Opolčency für europäische Werte kämpfen, wiederum ein Beispiel für die Strategie der Aneignung westlicher demokratischer Konzepte, die hier zur Legitimierung der Abspaltung des Donbass und dessen Unterstützung durch Russland dienen (siehe auch Fallbeispiel 1).

– **Stark und siegreich**

Wie bereits in den Aussagen über die Ukraine gezeigt wurde, werden die ukrainische Seite als schwach, die Opolčency dagegen als siegreich und stark dargestellt. Diese Gegenüberstellung der Schwäche der ukrainischen Seite auf der einen (*v očerednoj raz okazalis' v okruženii, ponesli ser'ëznye poteri*) und der Stärke der Opolčency auf der anderen Seite ist in folgendem Beispiel gut zu erkennen:

> **Александр Рогаткин:** Перелом на фронте произошел в конце лета, когда украинские войска *в очередной раз оказались в окружении, понесли серьезные потери*. Так, из *разрозненных отрядов ополчения под ударами града родилась настоящая армия, способная побеждать.* (*Special'nyj korrespondent*, 09.09.2014, 00:13:11–00:13:26)

> **Aleksandr Rogatkin:** Der Wendepunkt an der Front kam am Ende des Sommers, als die ukrainischen Streitkräfte erneut eingekesselt waren und herbe Verluste erlitten. So wurde aus den versprengten Truppen der Opolčenie unter Kugelhagel eine echte Armee geboren, die siegesfähig ist.

Wie dieser Ausschnitt illustriert, wird zunächst die Geburtsmetapher als Sinnbild von etwas, das neu entsteht bzw. gebildet wird, benutzt, um dem Publikum zu erklären, dass aus den „versprengten Truppen der Opolčenie" (*iz razroznennych otradov opolčenija*) eine „richtige Armee geboren" wurde (*rodilas' nastojaščaja armija*), welche „siegesfähig" sei (*sposobnaja pobeždat'*).

Diese „neugeborene Armee" wird anschließend im Video mithilfe von Bildern präsentiert: Nach den Worten des Spezialkorrespondenten folgt eine Videoaufnahme von Kämpfern, die in Tarnkleidung, mit vermummten Gesichtern und Sonnenbrillen, in einer Reihe hintereinander direkt auf die Kamera zugehen und Gesten, wie beispielsweise das Victory-Zeichen, in die Kamera machen. Mithilfe dieser Einstellung, in der die Kämpfer in Reih und Glied an der Kamera vorbeiziehen, entsteht der Eindruck einer scheinbar nicht enden wollenden Menge an Kämpfern dieser neuentstandenen Armee, obwohl bei mehrmaligem Ansehen der Bilder deutlich wird, dass es sich hier lediglich um rund ein Dutzend Kämpfer handelt.

Die Opolčency werden als siegesfähige Armee präsentiert, obwohl sie, wie bereits in Abschnitt III.10.2.3.1 am Beispiel des kaputten Maschinengewehrs erläutert, mit „sehr altem Gerät" (*star'ë*) kämpfen würden. Dadurch scheinen sie jedoch umso tapferer und stärker, da sie ihre schlechte Ausrüstung mit ihrem Kampfgeist und ihrer Stärke kompensieren und die ukrainische Seite sogar dazu bringen, die Waffen niederzulegen (*složit' oružie*) und auf die „russländische Seite" überzutreten (*perejti na rossijskuju storonu*):

> **Александр Рогаткин:** В боях за пограничный пункт «Червонопартизанск» с таким *старьем ополченцы вынудили украинский батальон сложить оружие и перейти на российскую сторону*.
> (*Special'nyj korrespondent*, 09.09.2014, 00:08:18–00:08:27)
>
> **Aleksandr Rogatkin:** In den Kämpfen um den Grenzkontrollpunkt „Červonopartizansk" haben die Opolčency mit solch altem Gerät das ukrainische Bataillon gezwungen, die Waffen niederzulegen und auf die russländische Seite überzutreten.

Nach den Erläuterungen des Reporters unterstreichen die Opolčency selbst ihren Erfolg: So berichtet der Freiwilligenkämpfer Igor', der den Rufnamen „der Usbeke" (*Uzbek*) trägt, dass er und seine Männer „leicht bewaffnet" (*my deržali lëgkim vooruženiem*) und zu achtzehn die gegnerische Seite, auf der 403 Männer standen, besiegt hätten (*Special'nyj korrespondent*, 09.09.2014, 00:08:35–00:08:39).

In Bezug auf die Waffen ist besonders erwähnenswert, dass deren Herkunft verschleiert wird:

> **Александр Рогаткин:** За последний месяц *у повстанцев появилась и бронетехника*, отбитая в боях. Некоторые *контрольно-пропускные пункты* на границе напоминают Сталинградские руины. Бои здесь шли жаркие. Здесь, например, в Червонопартизанске ополченцы держали оборону целый месяц. Потом вынуждены были оставить *КПП*, но, когда вернулись сюда с боями *им достались шикарные трофеи* – вот эти вот танки и БТРы.
> (*Special'nyj korrespondent*, 09.09.2014, 00:08:43–00:09:12)

10.2 Fallbeispiel 2: Krieg in der Ostukraine (September/Oktober 2014) — 355

Aleksandr Rogatkin: Im letzten Monat tauchte bei den Aufständischen auch gepanzertes Kriegsgerät auf, das in den Kämpfen erkämpft wurde. Einige Kontrollpunkte an der Grenze erinnern an Stalingrader Ruinen. Hier wurde heftig gekämpft. Hier zum Beispiel in Červonopartizansk haben die Opolčency einen Monat lang Gegenwehr geleistet. Dann waren sie gezwungen, die KPP [Kontrollpunkte] aufzugeben, aber als sie hierher kämpfend zurückkamen, fielen ihnen prächtige Trophäen zu – diese Panzer hier und BTRs [Schützenpanzerwagen].

Wie dieser Ausschnitt zeigt, werden unpersönliche Konstruktionen (*u povstancev pojavilas' bronetechnika/im <u>dostalis'</u>* [...] *tanki i BTRy*) sowie ein Passivpartizip gebraucht (*bronetechnika, <u>otbitaja</u> v bojach*), um zu erklären, wie die Opolčency zu ihren Waffen gekommen sind. Die Opolčency treten somit nicht als aktives Subjekt in Erscheinung, sondern ihre passive Rolle und Inaktivität bei der Beschaffung von Waffen wird mithilfe morphologischer und syntaktischer Mittel hervorgehoben. Dadurch wird – wie bei der Verteidigung von Lugansk – die Beteiligung der Opolčency an den Kampfhandlungen kaschiert, ihre Passivität betont, und sie selbst treten in den Hintergrund (vgl. Kazemian und Hashemi 2014: 1185).

Dieser Ausschnitt ist zudem ein gutes Beispiel für die in der Reportage verwendete Fachterminologie zur Bezeichnung von Kriegsgerät (*bronetechnika/ BTR = bronetransportër*), welche jedoch mithilfe des Kontextes und der gezeigten Bilder verständlich wird (vgl. auch Abschnitt III.10.2.3.5).

Neben der Darstellung der Opolčency als siegreich wird ebenso ihre Stärke und Kraft hervorgehoben. Der Reporter, Aleksandr Rogatkin, steht vor dem völlig zerstörten Lugansker Flughafen und berichtet, dass sie hier mit derart starken Waffen geschossen hätten, dass sogar „das Metall geschmolzen" sei (*daže metall plavilsja*). Als Beweis dafür hebt der Journalist geschmolzenes Metall vom Boden auf und hält es in die Kamera (vgl. *Special'nyj korrespondent*, 09.09.2014, 00:23:19–00:23:33).

Wie die vorliegende Analyse der Darstellung der Opolčency zeigt, werden diese als direktes positives Pendant zur grausamen, bestialischen, schwachen und feigen ukrainischen Seite präsentiert, und diese eindeutige Polarisierung kann daher als Propaganda bezeichnet werden (vgl. Abschnitt I.1.1.2). Die Opolčency werden als starke, siegreiche Helden, die sich mit alten und maroden Waffen gegen den Angriff der ukrainischen Seite zur Wehr setzen, dargestellt. Ihre kämpferischen Handlungen seien Verteidigungsmaßnahmen gegen den ukrainischen Aggressor, der in ihr Haus, nämlich den Donbass, eindringen würde.

Die Opolčency treten in ihrer militärischen Tarnkleidung in den Talkshows auf, werden dadurch personalisiert und mithilfe ihrer Sprache als einfache, verletzliche, aber auch authentische Menschen dargestellt. Dadurch wird Nähe zu den Zuseher*innen erzeugt.

Außerdem werden die Opolčency als Retter und Helfer der Bevölkerung im Donbass präsentiert, weil sie das zerstörte Lugansk wiederaufbauen und die Bevölkerung mit Nahrungsmitteln und anderen Gütern versorgen würden. Bemerkenswert ist, dass ihre aktive Rolle als Kämpfende häufig sprachlich verschleiert wird: So wird beispielsweise die Stadt Lugansk personifiziert, um den aktiven Widerstand der Opolčency zu kaschieren, und ihre Beschaffung von Waffen wird mithilfe unpersönlicher sowie passiver Konstruktionen realisiert. Gleichzeitig wird dadurch eine mögliche Unterstützung der Opolčency vonseiten Russlands negiert, obwohl in den analysierten Sendungen immer wieder zur Unterstützung der Aufständischen im Donbass aufgerufen wird, da nur so Frieden und Sicherheit garantiert werden könne.

Neben der äußerst positiven Präsentation der Opolčency und ihrer Stilisierung zu moralisch ehrbaren Kämpfern für Heimat, Familie und *Russkij mir*, wird eine weitere Strategie der Legitimierung zur Unterstützung der Opolčency durch Russland und der Abspaltung des Donbass von der Ukraine angewandt: die Aneignung westlicher demokratischer Konzepte und Werte. So wird behauptet, dass die Opolčency aus moralischer Überzeugung im Donbass bzw. für europäische Werte kämpfen würden, was wiederum ein Kennzeichen der Heroisierung der eigenen Seite und somit von Propaganda ist.

Der nächste Abschnitt widmet sich der Darstellung Russlands in den analysierten Talkshows, dessen Präsentation Ähnlichkeiten mit derjenigen der Opolčency aufweist.

10.2.5.4 Darstellung Russlands

– **Weltretter**

Die Präsentation von Russland als Weltretter und seiner besonderen Mission bzw. seines Sonderwegs stammt ursprünglich aus dem 19. Jahrhundert und wurde in der Diskussion über die Orientierung Russlands zwischen Slawophilen und Westlern transportiert. Bis heute wird die Vorstellung, dass Russland einen besonderen Weg beschreite, in russischen Talkshows aufrechterhalten (vgl. Kaltseis 2016).

In POLITIKA am 07.09.2014 wird die Aussage, dass Russland eine „besondere Befreiungsmission" (*osobaja osvoboditel'naja missija*) habe, vom Parteimitglied von *Edinaja Rossija*, Aleksandr Chinštejn, vorgebracht (*Politika*, 07.09.2014, 00:41:38–00:41:46). Als Beweis für diese besondere Mission Russlands führt er dessen Geschichte an: Über die Jahrhunderte hinweg habe Russland den anderen geholfen. Es habe europäische Völker wie beispielsweise die Griechen, Bulgaren oder Türken befreit und dafür mit eigenen Leben bezahlt, dann kam der

Erste Weltkrieg, und schließlich habe Russland auch die Serben unterstützt (vgl. *Politika*, 07.09.2014, 00:41:46–00:42:22). Aber nicht immer hätten Russlands Nachbarn freundschaftliche Gefühle gegenüber Russland gehegt. Daher, so Chinštejn, gäbe es nur zwei Verbündete, auf die sich Russland verlassen könne – seine Armee und seine Flotte:

> **Александр Хинштейн**: Поэтому у нас есть только один вариант: Следовать заповеди, которую одни приписывают Палмерстону, другие Александру второму, о том, что «*у любой державы есть только два союзника – это ее флот и армия*». *Чем сильнее будет наш флот и наша армия, тем больше с нами везде будут считаться*.
> (*Politika*, 07.09.2014, 00:42:22–00:42:38)

> **Aleksandr Chinštejn**: Daher haben wir nur eine Möglichkeit: dem Grundsatz zu folgen, den die einen Palmerston und die anderen Aleksandr II zuschreiben, dass „jeder Staat nur zwei Verbündete hat – seine Flotte und seine Armee." Je stärker unsere Flotte und unsere Armee sind, desto mehr werden sie überall mit uns rechnen.

Dieses Beispiel zeigt die Verbindung zwischen der Darstellung Russlands als Weltretter sowie als militärisch starkes Land: Chinštejn zitiert hier die imperiale Maxime, die ursprünglich von Zar Aleksandr III. stammt,[325] um die Wichtigkeit der militärischen Stärke Russlands hervorzuheben. Mithilfe dieses gut bekannten Zitats verdeutlicht der Politiker einerseits, dass Russland sich nur auf sich selbst und seine eigene Stärke verlassen könne, da es zwar jahrhundertelang anderen Ländern geholfen, dafür jedoch keinen Dank erhalten habe. Andererseits bekräftigt er mit diesem Zitat die Notwendigkeit der Stärkung und des Ausbaus der russischen Militärkraft und unterstreicht diese Prämisse im anschließenden Vergleichssatz (*čem ... tem*) und zwei Komparativen (*sil'nee ... bol'še*).

Der Historiker Sergej Černjachovskij spricht dagegen von einem „messianischen Befreiungsprinzip" (*osvoboditel'noe messianskoe načalo*): Russland könne mit seiner Befreiungsmission nicht aufhören, da es sich nicht mit der Ungerechtigkeit anfreunden könne (*Politika*, 07.09.2014, 00:42:48–00:43:14). Černjachovskij unterläuft hier jedoch ein Lapsus, weil er zuerst erklärt, dass sich Russland nicht mit der Gerechtigkeit abfinden könne, um sich dann anschließend selbst zu korrigieren:

> **Сергей Черняховский**: Мы не можем смириться, ну скажем так вот, если не совсем политологически, *не можем смириться с справедливос/ с несправедливостью*.
> (*Politika*, 07.09.2014, 00:43:06–00:43:14)

---

325 Chinštejn verwechselt das und sagt, dass diese Maxime „Aleksandr II" zugeschrieben wird (*sledovat' zapovedi, kotoruju* [...] *pripisyvajut Aleksandru Vtoromu*).

Sergej Černjachovskij: Wir können uns nicht, nun sagen wir es einmal so, wenn auch nicht ganz politikwissenschaftlich, wir können uns nicht mit der Gerechtigke/ mit der Ungerechtigkeit anfreunden.

Ein weiteres Indiz für Russlands Position als Weltretter liefert der Direktor des Instituts für politische Analysen, Sergej Markov. In der Diskussion um die globale Dominanz der USA, welche lediglich darauf abzielen würden, Russland zu schaden, macht Markov zunächst die Aussage, dass der Krieg in der Ukraine eigentlich ein Krieg zwischen Russland und den USA sei. Die Rolle Russlands definiert er dabei als die des Weltretters (*naša missija – ostanavlivat' očerednogo pretendenta na mirovoe gospodstvo*), da Amerika die globale Weltherrschaft ergreifen wolle und Russland dies verhindern müsse, wie es das bereits bei Hitler oder Napoleon gemacht habe (*Politika*, 07.09.2014, 00:58:16–00:58:25). Barak Obama, so Markov, hätte schlechte Berater, da ihm niemand gesagt habe, dass man sich mit Russland besser nicht anlege (*s Rossiej svjazyvat'sja ne nado*), denn alle, die Russland herausfordern, würden verderben (*Grobjat vsech, kto brosit vyzov Rossii*). Mit *grobit'* (dt. *vernichten, ruinieren, verderben*) verwendet Markov ein Substandardverb (*prostorečie*), wodurch seinen überheblich-provokanten bzw. drohenden Äußerungen eine höhere Expressivität verliehen wird.

- **(Moralischer) Anführer der freien Welt und Gegenpol zu Amerika**

Wie bereits in Fallbeispiel 1 gezeigt, will sich Russland den Willen der USA nicht mehr aufzwingen lassen und stattdessen eigenständig agieren. Daher stellt es sich als Gegenpol zu Amerika dar, nämlich als moralischer Anführer der freien Welt. Russland wird dabei als den USA ebenbürtig bzw. als deren Konkurrent und Herausforderer präsentiert. Wie der Vorstandssprecher von *Russkij mir* und Duma-Abgeordnete Vjačeslav Nikonov festhält, könne Russland die globale Vormachtstel-lung der USA herausfordern und Amerika (*oni*) würde aus diesem Grund den Aufschwung Russlands behindern (*Politika*, 07.09.2014, 00:52:55–00:53:19).

Außerdem wird die Führungsrolle Russlands in den Talkshows diskutiert. So wird Russland als „Anführer der zweiten Hälfte der Menschheit" (*lider drugoj poloviny čelovečestva*), als „Anführer der freien Welt" (*lider svobodnogo mira*) sowie als „moralischer Anführer" (*ja by skazal moral'nyj lider*) bezeichnet, der, so das Fazit, eine „neue Weltordnung" (*novyj mirovoj porjadok*) schaffen könne (vgl. *Politika*, 07.09.2014, 01:01:51–01:04:01). In diesem Zusammenhang wird ebenso wie im Fallbeispiel 1 kritisiert, dass die USA und die Amerikaner*innen dächten, dass sie jedem ihre Meinung und Werte aufzwingen könnten. Russland jedoch pocht auf sein Recht auf Selbstbestimmung. Wie Sergej Železnjak konstatiert, sei Russland die „andere Variante", das „andere Modell" (*drugaja model'*) in Hinblick auf die USA:

10.2 Fallbeispiel 2: Krieg in der Ostukraine (September/Oktober 2014) — 359

Сергей Железняк: Надо понимать, что для той модели, которая продвигается Западом, Россия страшна и опасна уже тем, что мы есть, что *мы – другой вариант, другая модель построения общества, другая модель ценностей*. И в этом смысле мы можем вообще ничего не делать [...] мы все равно будем опасны. Почему? Потому что в современном обществе [...] правдивая информация просачивается и ее невозможно навсегда спрятать. *Наша задача – сделать так, чтобы были реализованы важнейшие демократические ценности – это право на жизнь, право на свободное волеизъявление, право на то, чтобы услышать разные точки зрения* и Россия, конечно, в этом смысле, должна продолжать свою (миссию?) (нрзб.).

(*Special'nyj korrespondent*, 09.09.2014, 01:10:08–01:10:59)

Sergej Železnjak: Wir müssen verstehen, dass Russland für jenes Modell, das vom Westen vorangetrieben wird, schon deshalb furchterregend und gefährlich ist, weil es uns gibt, weil wir eine andere Variante, ein anderes Modell des Gesellschaftsaufbaus, ein anderes Wertemodell sind. Und insofern können wir auch überhaupt nichts machen [...] und werden trotzdem gefährlich sein. Warum? Weil in der heutigen Gesellschaft [...] die wahrhaftige Information durchsickern wird und es unmöglich ist, sie für immer zu verstecken. Unsere Aufgabe ist es, darauf zu achten, dass die wichtigsten demokratischen Werte – das Recht auf Leben, das Recht auf freie Willensäußerung sowie das Recht, verschiedene Standpunkte anzuhören – verwirklicht werden, und Russland muss in diesem Sinne seine (Mission?) fortsetzen (unv.).

Mit dieser Darstellung Russlands als ‚das andere' in Bezug auf den Westen bzw. die USA greift der Politiker hier ein Narrativ auf, das auf das 19. Jahrhundert zurückgeht und in dem Russland als „das Andere in bezug [sic!] auf die ganze Weltgeschichte" definiert wurde (Groys 1995: 23). Für das westliche Modell sei Russland schon allein deshalb gefährlich, so Železnjak, weil es Russland gebe, und auch wenn Russland nichts mache, sei es für den Westen gefährlich, da die „wahrhafte Information durchsickern" (*pravdivaja informacija prosačivaetsja*) werde. Damit impliziert Železnjak, dass der Westen lüge, und verschränkt hiermit die Darstellung Russlands als Aufklärer. Laut Železnjak ist es außerdem Russlands Aufgabe darauf zu achten, dass die „wichtigsten demokratischen Werte" (*važnejšie demokratičeskie cennosti*) eingehalten werden, nämlich das Recht auf Leben, das Recht auf die freie Willensäußerung sowie das Recht auf Meinungspluralität. Auch hier handelt es sich wiederum um die Aneignung westlicher demokratischer Konzepte, die zur Legitimierung des Handelns und Vorgehens Russlands benutzt werden: Russland, so die Behauptung, verteidige demokratische Werte während der Westen das im Umkehrschluss nicht mache. Somit spiegelt Russland hier die Anschuldigungen des Westens und macht ihm dieselben Vorwürfe, mit denen er Russland konfrontiert.

– **Initiator und Garant für Frieden**

In den untersuchten Talkshowsendungen wird Russland die Rolle als Friedensstifter in der Ukraine zugeschrieben, und diese Darstellung deckt sich mit jener der Opolčency als Garanten für Frieden und Sicherheit im Donbass.

In der ersten Talkshow nach Unterzeichnung des Friedensabkommens (Minsk I) wird bereits in den ersten Sendeminuten wiederholt präzisiert, dass es der „Plan Putins" (*plan Putina*) gewesen sei, welcher den Waffenstillstand und den Friedensprozess in der Ukraine ermöglicht habe:[326]

> **Александр Хинштейн:** Те *мирные процессы*, которые начали сегодня слава Богу происходят, именно *следствие реализации плана Путина*.
> (*Politika*, 07.09.2014, 00:01:40–00:01:46)

> **Aleksandr Chinštejn:** Jene Friedensprozesse, die heute Gott sei Dank begonnen haben, sind eben eine Folge der Realisierung von Putins Plan.

Der russische Präsident, Vladimir Putin, und dessen Plan werden hier als Friedensinitiatoren in der Ukraine präsentiert, und Putin wird zusätzlich als „herausragender Politiker" (*vydajuščijsja politik*) sowie als „erster Friedensstifter" (*pervyj mirotvorec*) geehrt. Obwohl Putin persönlich als Initiator des Friedens bezeichnet wird, steht er hier nicht (nur) für sich allein, sondern verkörpert als symbolischer Träger des Konstrukts der kollektiven Identität Russlands auch das ganze Land (vgl. Dubin 2006: 27).

Im Einklang mit der Rolle als Initiator und Garant für Frieden werden in den Talkshows zudem die Zurückhaltung (*Rossija vsegda prizyvala k sderžannosti*), die Nichteinmischung sowie die Neutralität Russlands betont. Wie beispielsweise Aleksandr Chinštejn von der Regierungspartei Russlands klarstellt, gebe es „keine direkten Beweise" dafür, dass Russland die Opolčency unterstütze (*kakich-libo dokazatel'stv étomu v prjamuju my ne videli*) (*Politika*, 08.10.2014, 00:39:50–00:40:06).[327]

Obwohl hier behauptet wird, dass es keine Beweise für die Unterstützung der Opolčency vonseiten Russlands gebe, steht die nachfolgende Wortmeldung von Baranec, in der die Hilfe Russlands angedeutet wird, dazu im Widerspruch:

> **Виктор Баранец:** Господин, уважаемый, Пшель. Я хочу, чтобы Вы передали натовским генералам, чтобы у них даже ни одного эмбриона мысли никогда не было

---

[326] Siehe dazu auch weitere Ausschnitte der Sendung Politika vom 07.09.2014 (z. B. 00:05:43–00:06:04 und 00:06:47–00:06:57).

[327] Es gibt jedoch zahlreiche Belege dafür, dass russländische Soldaten sich an den Kampfhandlungen in der Ukraine beteiligt haben. Laut Mitrokhin (2014: 3) wäre die Schaffung der Volksrepubliken in der Ostukraine ohne Material und Kämpfer aus Russland gescheitert.

о том, что *Россия помогала, помогает и будет помогать юго-востоку Украины.*
(*Politika*, 08.10.2014, 00:34:54–00:35:13)

Viktor Baranec: Sehr verehrter Herr Pšel'. Ich möchte, dass Sie den NATO-Generälen ausrichten, dass sie niemals nicht einmal einen Embryogedanken daran haben, dass Russland der Südostukraine geholfen hat, hilft und helfen wird.

Beim ersten Teil der Äußerung, eingeleitet durch die *Geburtsmetapher* (*ėmbrion mysli*) in Kombination mit einem negierten Allquantor (*ni odnogo*) sowie einem doppelt negierten Temporaladverb (*nikogda ne*), handelt es sich um eine Verneinung. Die Verwendung der Geburtsmetapher, die ins Deutsche etwa als „Embryogedanken" übersetzt werden kann, ist hier besonders kreativ, da Baranec damit ausdrückt, dass die NATO-Generäle den Gedanken an eine Unterstützung der Opolčency vonseiten Russlands nicht einmal hervorsprießen, keimen oder generell entstehen lassen sollen. Diese Negation wird jedoch im Anschluss daran aufgeweicht und es folgt eine Zäsur: Das nachfolgende *Trikolon* (*Rossija pomogala, pomogaet i budet pomogat'*), das an die „Newspeak-Stabilitätsformel *byli i ostajutsja i vsegda budut*" (Kuße 2019: 86) erinnert, fungiert hier als rhetorische Verstärkung und erhöht die Eindringlichkeit und Verständlichkeit der Botschaft (vgl. Hermann-Ruess 2014: 208). Somit lässt Baranec eigentlich keinen Zweifel daran, dass Russland den Kämpfern in der Ostukraine hilft. Die gesamte Wortmeldung von Baranec wird jedoch aufgrund der Zäsur ambig und die Hilfe Russlands bleibt somit nur eine Andeutung, die jedoch wahrscheinlich vom Talkshowgast beabsichtigt ist.

Auch der Moderator, Pëtr Tolstoj, deutet in einer Sendung eine Unterstützung der Opolčency durch Russland an, als er den Vertreter der NATO, Robert Pšel', fragt, ob die NATO den Frieden garantieren könne, wenn Russland nicht helfe (*esli ne budet pomošči so storony Rossii*):

Петр Толстой: Скажите пожалуйста, [...] страны НАТО гарантируют, что *если не будет помощи со стороны России*, людям, которые отстаивают свою свободу в Донецке и в Луганске, если ополченцы сложат оружие, *то страны НАТО могут гарантировать, что не будет расстрелов, что не будет новых массовых захоронений, что не будут убиты репрессированные люди нынешней Киевской властью? Могут гарантировать?*
(*Politika*, 08.10.2014, 00:30:09–00:30:35)

Pëtr Tolstoj: Sagen Sie bitte, [...] garantieren die NATO-Länder, dass, wenn es vonseiten Russlands keine Hilfe gibt, den Menschen, die ihre Freiheit in Doneck und Lugansk verteidigen, wenn die Opolčency ihre Waffen niederlegen, können dann die NATO-Länder garantieren, dass es keine Erschießungen geben, dass es keine neuen Massengräber geben wird, dass die von der jetzigen Kiewer Regierung verfolgten Menschen nicht getötet werden? Können sie das garantieren?

Diese Beispiele illustrieren, wie mit Widersprüchen als Strategie von Propaganda in den Talkshows gearbeitet wird: Obwohl sich die beiden Behauptungen in Bezug auf die Unterstützung der Opolčency durch Russland – die Nichteinmischung auf der einen und die Andeutung einer Hilfeleistung auf der anderen Seite – widersprechen, wird beide Male Russland als Friedensstifter bzw. Friedensinitiator präsentiert: in dem einen Fall dadurch, dass es sich nicht einmische und zur Zurückhaltung aufrufe, und im anderen Fall dadurch, dass es die Opolčency unterstütze, die ja selbst als Garanten für Frieden und Sicherheit präsentiert werden (vgl. Abschnitt III.10.2.5.3). Nach Logik einiger Talkshowgäste[328] bedeute die (kriegstechnische) Unterstützung der Opolčency auch Frieden, da somit die Kriegsverbrechen der ukrainischen Seite unterbunden und die Sicherheit der Menschen in der Ostukraine garantieren werden könne.

– **Retter und Helfer**
Eine weitere Darstellung Russlands, die sich mit jener der Opolčency deckt, ist diejenige von Russland als Retter und Helfer in der Ukraine.

Dieses Bild von Russland als Retter und Helfer wird erstens anhand der humanitären Hilfslieferungen in den Donbass kreiert. So werden in der Reportage von SPECIAL'NYJ KORRESPONDENT die humanitären Hilfslieferungen aus Russland gefilmt, welche die Opolčency in den Donbass transportieren. Der Kommentator beschreibt die Zusammenarbeit der russischen Seite und der Opolčency folgendermaßen:

> **Александр Рогаткин:** *В Донбасс мы попали с гуманитарным грузом, его довезли до границы и ополченец [...] перегрузил коробки в свой микроавтобус.*
> (*Special'nyj korrespondent*, 09.09.2014, 00:04:29–00:04:37)

> **Aleksandr Rogatkin:** In den Donbass sind wir mit humanitärem Hilfsgut gelangt, es wurde bis zur Grenze gebracht und ein Opolčenec [...] hat die Pakete in seinen Kleinbus umgeladen.

Zweitens wird die helfende Rolle Russlands besonders in der Trivial-Talkshow MUŽSKOE/ŽENSKOE übermittelt. In dieser Show wird anhand von Einzelschicksalen demonstriert, dass es den ukrainischen Flüchtlingen in Russland sehr gut gehe: Ein Beispiel dafür ist die Wohnung der von der Ostukraine nach Russland geflohenen Mädchen, die in einer kurzen Videosequenz gezeigt wird. Sowohl sprachlich als auch visuell wird deutlich, dass die Kinder in Russland äußerst

---

[328] Vgl. z. B. Abschnitt III.10.2.5.3 die Äußerungen von Aleksandr Chinštejn: „Wenn du Frieden willst, rüste zum Krieg!"

10.2 Fallbeispiel 2: Krieg in der Ostukraine (September/Oktober 2014) — 363

komfortabel wohnen und es ihnen an nichts fehlt. Natal'ja, eines der Mädchen, erklärt, dass sie in einem „Hotelzimmer" (*nomer*) wohnen würden, denn „Zimmer" könne man das nicht nennen (*komnatoj ėto složno nazyvat'*), weil es hier „sehr komfortabel" (*očen' komfortno*) sei. Auch eine abgetrennte und komplett neue Duschkabine hätten sie hier, wie sie der Kamera stolz präsentiert:

> **Наталья Голеницкая**: *Мы живем в 20-ом номере, потому что комнатой это сложно называть, потому что достаточно очень комфортно.* [...] Здесь у нас ванная комната. Вот. Тут душевая кабина, отдельно. То есть, получается в каждом номере/ ну вот *совершенно новая*, обратите внимание.
> (*Mužskoe/Ženskoe*, 13.10.2014, 00:07:05–00:07:28)

> **Natal'ja Golenickaja:** Wir wohnen im Hotelzimmer Nummer 20, denn Zimmer kann man das schwer nennen, weil es sehr komfortabel ist. [...] Hier haben wir das Badezimmer. Dort ist die separate Duschkabine. Das heißt, in jedem Hotelzimmer/ ja also gibt es ein komplett neues [Bad], schauen Sie einmal.

Dieses Beispiel demonstriert außerdem, dass die Darstellung von Russland als Retter und Helfer mit der Präsentation der Ukraine als Land mit wenig Wohlstand verschränkt ist, da Russland den ukrainischen Flüchtlingen einen höheren Lebensstandard biete. Neben besseren, komfortableren Wohnungen wird den Flüchtlingen aus der Ukraine eine gratis medizinische Behandlung in Russland in Aussicht gestellt. Eine offizielle Vertreterin der RF spricht zudem von kostenlosen Baugrundstücken:

> **Татьяна Гансиор:** При получении правового статуса регистрации на временное проживание у Вас открывается конкретно шанс принять участие в программе, в государственной программе, по оказанию содействия добровольному переселению в Тамбовскую область соотечественников, проживающих за рубежом. В рамках данной программы *на территории области выдаются на бесплатной основе земельные участки под строительство.* (*Mužskoe/Ženskoe*, 13.10.2014, 00:38:32–00:39:00)

> **Tat'jana Gansior:** Bei Erhalt des rechtlichen Status der Registrierung für einen vorübergehenden Aufenthalt eröffnet sich Ihnen die Chance, an dem Programm teilzunehmen, an dem staatlichen Programm zur Unterstützung der freiwilligen Umsiedlung von im Ausland lebenden Landsleuten in die Region Tambow. Im Rahmen des vorliegenden Programms werden auf dem Gebiet der Region Baugrundstücke kostenlos zur Verfügung gestellt.

Besonders erwähnenswert ist der sachlich-offizielle, schriftsprachliche Stil, den die stellvertretende Verwaltungsleiterin hier gebraucht: juristisch-administrative Fachbegriffe (*pravovoj status/vremennoe proživanie/zemel'nye učastki*), Passivkonstruktionen (*otkryvaetsja/vydajutsja*), eine hohe Anzahl an Nominalisierungen sowie ein eher für die Schriftsprache typisches Partizip (*proživajuščich*). Dieser administrative Stil, den im Trivial-Talk vor allem die Vertreter*innen der

RF benutzen, hilft u. a. dabei, diese Talkshowgäste als offizielle Personen bzw. Beamte zu identifizieren und die Sprechsituation von einer emotionalen auf eine sachlich-administrative Ebene zu heben (vgl. Johnstone 2008: 176).

Die Verwendung dieses offiziell-sachlichen Stils unterscheidet die Vertreter*innen der RF von den übrigen Gästen und den Moderator*innen im Trivial-Talk, die eine betont einfache, familiär-persönliche Alltagssprache verwenden. Zum Beispiel sprechen die Moderator*innen die ukrainischen Talkshowgäste mit Koseformen ihrer Vornamen (*An', Vika*) oder als „meine Kinder" (*deti moi*) an und duzen sie. Außerdem fällt auf, dass die Moderator*innen das Gesagte duplizieren:

> **Александр Гордон:** *Вика*, когда-нибудь был период в *твоей* жизни, что *ты* четыре месяца не видела родителей?
>
> **Виктория Голеницкая:** *Максимум две недели.*
>
> **Александр Гордон:** *Максимум две недели.*
>
> <div align="right">(<i>Mužskoe/Ženskoe</i>, 13.10.2014, 00:07:54–00:08:03)</div>

> **Aleksandr Gordon:** Vika, gab es in deinem Leben irgendwann einmal einen Zeitraum, in dem du vier Monate lang deine Eltern nicht gesehen hast?
>
> **Viktorija Golenickaja:** Maximal zwei Wochen.
>
> **Aleksandr Gordon:** Maximal zwei Wochen.

Dadurch stellen die Moderator*innen einerseits Nähe zu den Gästen her und erhöhen die Intimität der Situation. Die Wiederholung der Äußerung des Gastes durch den Moderator fungiert hier als sogenannter „Backchannel", mithilfe dessen der Moderator zeigt, dass er der jungen Frau zuhört und sie versteht, und so ein gegenseitiges Harmoniegefühl erzeugt (vgl. Johnstone 2008: 173). Andererseits stellt diese Wiederholung auch eine Art Echo dar, wodurch das Gesagte zusätzlich betont und die Dramatik der Geschichte gesteigert wird – maximal zwei Wochen sei Viktorija bisher von ihren Eltern getrennt gewesen, nun aber habe sie ihre Eltern bereits vier Monate nicht mehr gesehen.

Drittens wird die Rolle von Russland als Retter und Helfer durch das Fernsehen selbst ausgedrückt. Der *Pervyj kanal* wird in der Sendung als „Zauberkanal" (*volšebnyj Pervyj kanal/volšebnik*) charakterisiert, der „Wunder" (*proizošlo čudo na peredače*) in der Sendung, die der Moderator pathetisch als „Wunderland" betitelt (*u nas že segodnja strana čudes prosto*), wahr werden lasse.[329]

---

[329] Auch in der Talkshow NAEDINE SO VSEMI im Fallbeispiel 1 schreibt die Moderatorin dem Fernsehen Zauberkräfte zu (*Esli kto-to somnevaetsja v čudesach, to u televidenija, konečno, est'*

Diese Gleichsetzung des wichtigsten russischen Fernsehsenders mit einem Wunder vollbringenden Magier in den Trivial- bzw. Promi-Talks ist ein Indiz für die therapeutische Funktion, die Talkshows zugeschrieben wird:[330] Durch die Inszenierung des Fernsehkanals als Zauberer werden beim Publikum einerseits die Hoffnung auf ein positives Ende nach dem Motto „Alles wird gut!" geweckt und die Zuseher*innen beruhigt, da ihnen das Gefühl vermittelt wird, dass das Fernsehen allmächtig sei. Anderseits wird mithilfe der Gleichsetzung des *Pervyj kanal* mit einem Zauberer und der Ereignisse mit Wundern den Zuschauer*innen eine simple Erklärung geliefert, die keiner Nachfrage mehr bedarf – es sei eben ein „Wunder", das hier in der Talkshow geschehe. Auf diese Weise müssen die tatsächlich für diese „Wunder" Verantwortlichen nicht genannt und der genaue Hergang der Ereignisse nicht ausgeführt werden, was wiederum als Strategie der Verschleierung der tatsächlichen Geschehnisse und Akteure identifiziert werden kann.

– **Aufklärer**

Russland präsentiert sich in den Talkshows als Aufklärer der Verbrechen und Gräueltaten der ukrainischen Seite. In Verbindung damit stehen einerseits die Vorwürfe und Anschuldigungen an die Ukraine, Gräueltaten und Kriegsverbrechen zu begehen. Anderseits wird dem Westen vorgeworfen, bei den Verbrechen wegzusehen und diese zu verschweigen (vgl. dazu Abschnitt III.10.2.6). Besonders deutlich kommt diese Verbindung zwischen der Darstellung von Russland als Aufklärer und den Anschuldigungen an die Ukraine und den Westen in folgender Wortmeldung von Sergej Železnjak zum Ausdruck:

> **Сергей Железняк:** *Преступление украинской хунты настолько масштабное и катастрофичное, что это уже невозможно не замечать даже тем правозащитным организациям, которые до этого прятали голову в песок и чем больше мы будем этих свидетельских показаний доносить до сведения международного сообщества, тем быстрее приблизится время трибунала над теми военными преступниками, которые отдавали и исполняли преступный приказ со стороны хунты.*
> (*Special'nyj korrespondent*, 09.09.2014, 00:33:57–00:34:29)

> **Sergej Železnjak:** Das Verbrechen der ukrainischen Junta ist derart massiv und katastrophal, dass es bereits unmöglich ist, es nicht zu bemerken, sogar für jene Menschenrechtsorganisationen, die bis dahin den Kopf in den Sand gesteckt haben, und je mehr wir die internationale Gemeinschaft über diese Zeugenaussagen in Kenntnis setzen, desto schnel-

---

takaja neobyknovennaja volšebnaja paločka v rukach [...]) (*Naedine so vsemi*, 02.04.2014, 00:39:50–00:40:16).
330 Siehe Abschnitt II.6.4.

ler wird sich die Zeit des Tribunals für jene Kriegsverbrecher nähern, die den verbrecherischen Befehl vonseiten der Junta erteilt und ausgeführt haben.

Die Verbrechen der „ukrainischen Junta" (*ukrainskaja chunta*), so der stellvertretende Duma-Vorsitzende, hätten ein derartiges Ausmaß erreicht, dass sogar die Menschenrechtsorganisationen, die bis jetzt „den Kopf in den Sand gesteckt" (*prjatali golovu v pesok*) hätten, das bemerken müssten. Mithilfe dieses Phraseologismus drückt der Politiker plastisch aus, dass der Westen nicht wahrhaben wolle, was in der Ukraine geschehe, und greift damit ein häufig verwendetes Bild, die Perzeptionsstörungen des Westens (siehe Fallbeispiel 1), auf. Russland („wir"/*my*) präsentiert Železnjak dagegen als Beobachter, Ankläger und Aufklärer der Kriegsverbrechen der ukrainischen Seite, indem er die Einrichtung eines Kriegsverbrechertribunals fordert.

Wie in diesem Beispiel wird auch in anderen Talkshowsendungen die Forderung nach Kriegsverbrechertribunalen laut, um die Gräueltaten der ukrainischen Seite aufzuklären. Neben dem „Ukraine-Tribunal" (*tribunal po Ukraine*) oder „Slavjansker Tribunal" (*Slavjanskij tribunal*) wird in diesem Zusammenhang von einem „zweiten Nürnberger Prozess" (*vtoroj Njurnbergskij process*) gesprochen, wodurch wiederum eine historische Parallele zwischen den Verbrechen und Ereignissen in der Ukraine und dem Zweiten Weltkrieg gezogen wird (vgl. *Vremja pokažet*, 13.10.2014, 00:50:34–00:50:48).

Bemerkenswert ist, dass als Beispiel für eine objektive Aufklärung von Kriegsverbrechen das Massaker von Katyn bzw. die „Tragödie von Katyn" (*Katynskaja tragedija*) angeführt wird: Russland habe seine Verantwortung für diese Tragödie anerkannt und sei für eine objektive Aufklärung dieses Verbrechens eingestanden, so Aleksandr Chinštejn von *Edinaja Rossija* (*Politika*, 08.10.2014, 00:41:24–00:42:17). Dieses ‚Positivbeispiel' bzw. diese Analogie ist jedoch besonders zynisch, da Russland erst 2010 die Verantwortung an dem 1940 begangenen Massaker an polnischen Offizieren und Zivilist*innen eingestanden hat (vgl. Brockhaus 2020d).

In Zusammenhang mit der Rolle Russlands als Aufklärer der Verbrechen in der Ukraine wird außerdem die Leistung russischer Journalisten hervorgehoben. Wie die Vizedirektorin der Abteilung für Information und Presse, Marija Zacharova, zunächst beklagt, hätten russische Journalisten mehrere Monate lang versucht, ihren westlichen Kollegen Informationsmaterial zu liefern. Letztere seien an diesen Informationen jedoch nicht interessiert gewesen. Es sei daher nur dank der „mühsamen und aufopfernden Arbeit russländischer Journalisten" (*blagodarja katoržnoj i samootveržennoj rabote rossijskich žurnalistov*) möglich, solche Filme, wie die Reportage des Spezialkorrespondenten, ansehen zu können (*Special'nyj korrespondent*, 09.09.2014, 00:36:43–00:37:38).

Die Hervorhebung der aufklärerischen Arbeit russischer Journalist*innen erfüllt in den Talkshows auch den Zweck des Eigenlobes. Als Andrej Purgin erklärt, dass die aktive Berichterstattung dazu geführt habe, dass die Ukraine schon ein bisschen Angst bekommen habe, „skrupellos" (*bezzastenčivo*) auf friedliche Städte zu schießen, resümiert der Moderator erfreut, dass „wir hier also nicht umsonst arbeiten!" (*To est', my ne zrja, my ne zrja zdes' rabotaem!*). Mithilfe dieses Ausrufs wird nicht nur auf den russischen Journalismus im Allgemeinen, sondern auch auf die Relevanz von Talkshows im Besonderen bei der Berichterstattung über die Ukraine hingewiesen.

Ein weiteres Beispiel für die Rolle Russlands als Aufklärer betrifft das Spiel mit den Zahlen, das dazu dient, die Glaubwürdigkeit des/der Sprechenden zu erhöhen (vgl. van Dijk 2005: 87). Gleichzeitig stiftet es Verwirrung über die tatsächliche Zahl der Toten im Krieg sowie der Flüchtlinge. Dieses Zahlenspiel wird vor allem dazu genutzt, um die westliche Berichterstattung zu diskreditieren und als nicht vertrauenswürdig darzustellen. Wie der Moderator von SPECIAL'NYJ KORRESPONDENT zu Beginn der Sendung erklärt, würde es in diesem Krieg bereits „3000 Tote" geben (*3000 pali na ėtoj vojne*). Allerdings sei diese von der UNO stammende Zahl „wahrscheinlich stark untertrieben" (*verojatno sil'no zanižennym*) und „wahrscheinlich falsch" (*verojatno ne točnym*) (vgl. *Special'nyj korrespondent*, 09.09.2014, 00:01:07–00:01:39).

In der Sendung einen Monat später ist dagegen bereits von 4000 Toten, die in den Leichenhallen von Doneck liegen würden, die Rede. Der Vertreter der NATO in der Sendung, Robert Pšel', versucht dem Moderator, Pëtr Tolstoj, zu erklären, dass es sich dabei um die Gesamtzahl der Toten in den Leichenhäusern handle und sich darunter also auch jene Menschen befänden, die nicht im Krieg gestorben seien. Zudem sei diese anfänglich falsche Information bereits revidiert worden. Der Moderator reagiert jedoch nicht auf den Einwand seines Gastes und dreht ihm stattdessen buchstäblich das Wort im Mund um, indem er behauptet, dass er ja nie etwas Anderes gesagt habe, und geht schließlich zum Angriff auf seinen Gesprächspartner über:

Петр Толстой: В моргах Донецка 4000 людей. Я это и сказал.

Роберт Пшель: Да, но эти люди/

Петр Толстой: Аа *они умерли просто от диабета, от инфаркта?*

Роберт Пшель: Люди, которые/ впервые, когда это/

XX: [От насморка!]

Роберт Пшель: [пошел в эфир], они потом отказались от того, что [говорили сначала].

Петр Толстой: [Нет, секунду].

Роберт Пшель: [Нужно проверят факты].

Петр Толстой: [*Это Вы путаете!*] *Господин Пшель, давайте разберемся с фактами не потратим это дорогое наше время, но давайте разберемся. 4000 человек, трупы, находятся в моргах Донецка. Человек, который сказал [...] человек, который сказал изначально о том, что 4000 человек находится в сохранениях, он слова взял обратно, но они находятся в моргах Донецка.* (*Politika*, 08.10.2014, 00:31:25–00:32:00)

Pëtr Tolstoj: In den Leichenhallen von Doneck liegen 4000 Menschen. Genau das habe ich gesagt.

Robert Pšel': Ja, aber diese Menschen/

Pëtr Tolstoj: Aha, sind sie einfach an Diabetes, an einem Herzinfarkt gestorben?

Robert Pšel': Die Menschen, die/ zuerst, als dies/

XX: Am Schnupfen!

Robert Pšel': im Fernsehen gezeigt wurde, danach haben sie das zurückgenommen, was sie zuerst gesagt hatten.

Pëtr Tolstoj: Nein, Sekunde.

Robert Pšel': Man muss die Fakten überprüfen.

Pëtr Tolstoj: Sie verwechseln das, Herr Pšel', klären wir noch einmal die Fakten, verschwenden wir nicht die uns teure Zeit, aber klären wir das. 4000 Menschen, Leichen, befinden sich in den Leichenhäusern von Doneck. Der Mann, der gesagt hat [...] der Mann, der ursprünglich gesagt hatte, dass sich 4000 Menschen in Aufbewahrung befinden, hat seine Aussage zurückgenommen, aber sie befinden sich in den Leichenhäusern von Doneck.

Wie die Feintranskription dieses Beispiels illustriert, wird Pšel' häufig unterbrochen und von Tolstoj verhöhnt: „Glauben Sie, dass die Menschen einfach an Diabetes oder an einem Herzinfarkt gestorben sind?" (*Aa, oni umerli prosto ot diabeta, ot infarkta?*). Ein anderer Gast macht ebenso einen hämischen Zwischenruf: „Am Schnupfen!" (*Ot nasmorka!*). Nach dieser Diskreditierung der Äußerungen Pšel's wird der Gast beschuldigt, etwas zu verwechseln (*Èto Vy putaete!*). Wie einem kleinen Kind erklärt der Moderator seinem Gast anschließend, dass er nun Klarheit schaffen möchte (*davajte razberëmsja*), um schließlich zu seinem Anfangsstatement zurückzukehren, dass 4000 Menschen in der Leichenhalle von Doneck liegen (*oni nachodjatsja v morgach Donecka*).

Diese Diskussion, die sich im Prinzip im Kreis dreht, da sie mit dem Fazit endet, dass der Moderator von Beginn an immer das Richtige gesagt habe, dient dazu, den Vertreter des Westens zu diskreditieren. Gleichzeitig wird dem/der Zuseher*in dadurch die Information vermittelt, dass 4000 Tote in den Leichenhallen von Doneck liegen. Dass es sich dabei jedoch nicht ausschließlich um Gefallene im Krieg handelt, bleibt am Ende nebensächlich.

– **Opfer (des Krieges)**

Wie bereits im Fallbeispiel 1 deutlich wurde, inszeniert sich Russland selbst als Opfer in Bezug auf die Ereignisse in der Ukraine (siehe z. B. Abschnitt III.10.1.4.5.1). Dies ist eine Strategie der polarisierenden Darstellung, in der sich Russland als Opfer und die anderen, die Ukraine und den Westen, als Aggressoren bzw. Schuldige sieht. Wie Aleksandr Chinštejn in POLITIKA am 07.09.2014 verdeutlicht, sei Russland selbst ein „geschädigtes Land" (*postradavšaja strana*), und kritisiert, dass Russland sich für Dinge verantworten müsse, die es gar nicht getan habe. Zudem erhalte Russland für seine „ausgestreckte helfende Hand" (*protjanutaja ruka pomošči*) keinen Dank bzw. keine „adäquate Reaktion" (*adekvatnaja reakcija*) (*Politika*, 07.09.2014, 00:21:11–00:21:36).

Besonders deutlich wird Russlands Opferstatus anhand der westlichen Sanktionen, die mit einem Damoklesschwert verglichen werden, das über Russland hänge (*sankcii visjat kak Damoklov meč*):

> **Пётр Толстой:** Вот прекращение огня – подписанное соглашение, а *санкции по-прежнему висят как Дамоклов меч*, говорят, что в понедельник их уже примут, очередные санкции против нашей страны. В чем здесь логика? Вот какая логика руководит этими людьми? (*Politika*, 07.09.2014, 00:36:03–00:36:17)

> **Pëtr Tolstoj:** Es gibt also eine Feuerpause, ein unterschriebenes Abkommen, aber die Sanktionen hängen nach wie vor wie ein Damoklesschwert [über Russland]. Sie sagen, dass sie am Montag schon weitere Sanktionen gegen unser Land verhängen werden. Wo ist hier die Logik? Von welcher Logik lassen sich diese Menschen leiten?

Mit diesem phraseologischen Vergleich – Alefirenko und Zolotych (2008: 227) identifizieren das „Damoklesschwert" (*Damoklov meč*) als Phraseologismus – verbildlicht der Moderator die Gefahr bzw. Bedrohung, welche die westlichen Sanktionen für Russland bedeuten, und kritisiert gleichzeitig, dass der Westen nicht vertrauenswürdig sei, da dieser trotz der Unterzeichnung der Waffenruhe erneute Sanktionen gegen Russland verhänge.

In Zusammenhang mit den westlichen Sanktionen wird jedoch auch die Untätigkeit Russlands kritisiert. So prophezeit der Direktor des Instituts für Globalisierungsprobleme, Michail Deljagin, dass es weitere Sanktionen geben werde, solange sich Russland nicht wehre und nicht selbst Sanktionen gegen wichtige europäische Länder verhänge. Wenn Russland nicht reagiere, dann sei Russland ein Opfer und der NATO ausgesetzt:

> **Михаил Делягин:** Если мы будем *превращать себя в урну для плевков, в мальчика для битья,* тут абсолютно правы коллеги из НАТО, что нас постоянно бьют и рассказывают нам, что дважды два это восемь и что никто нас не бил.
> (*Politika*, 08.10.2014, 00:39:11–00:39:25)

> **Michail Deljagin:** Wenn wir uns in eine Spuckurne verwandeln, in einen Prügelknaben, dann haben unsere Kollegen von der NATO völlig Recht, dass sie uns ständig verprügeln und uns erzählen, dass zwei mal zwei acht ist und uns niemand geschlagen hat.

Russland würde sich in eine „Spuckurne" (*urna dlja pevkov*) verwandeln, es würde zu einem „Prügelknaben" (*mal'čik dlja bit'ja*) werden, wenn es nichts unternehme. Beide Metaphern sind negativ behaftet und stellen Russland als passives Objekt, als Opfer dar, das selbst aktiv nichts gegen einen Angriff unternehmen könne: Während die „Spuckurne" als Auffangbehälter für menschlichen Speichel dient, steht der „Prügelknabe" für jemanden, der für das Fehlverhalten eines anderen Menschen bestraft wird. Dieses Bild Russlands als Geschädigter bzw. Leidtragender ohne selbst schuld zu sein, wird mithilfe dieser beiden Metaphern präzisiert und dadurch die Opferrolle verstärkt.

Die Darstellung von Russland als „Prügelknabe" bzw. als Opfer physischer Gewalt (*nas postojanno b'jut*) existiert jedoch nicht nur in Bezug auf die aktuellen Ereignisse in der Ukraine: Russland sei bereits die letzten 23 Jahre lang „ständig geschlagen" worden (*V tečenie dvadcati trëch let, Rossiju postojanno b'jut*). Als Beispiel führt Aleksandr Kofman westliche bzw. amerikanische militärische Interventionen in anderen Ländern an und stellt sie auf eine Ebene mit der westlichen Unterstützung der Majdan-Bewegung in der Ukraine (*Politika*, 07.09.2014, 00:49:51–00:50:08)[331]. Diese historische Parallele zwischen den Ereignissen in der Ukraine und anderen militärischen Interventionen des Westens, wie beispielsweise im Irak, Iran, in Afghanistan oder Syrien, bekräftigen den Opferstatus Russlands. Wie Marija Zacharova in SPECIAL'NYJ KORRESPONDENT erklärt, habe Russland nach Meinung der restlichen Welt im Irak oder in Syrien auf der falschen Seite gestanden und sei daher der Propaganda beschuldigt worden. Auch in der Ukraine werde Russland gegenwärtig der Propaganda bezich-

---

331 Siehe dazu auch Weiss (2017: 476).

tigt, obwohl eigentlich die andere Seite – der Westen und die Ukraine – Propaganda betreiben würde (*Special'nyj korrespondent*, 09.09.2014, 01:06:52–01:08:07).

In Zusammenhang mit den westlichen Sanktionen und der Darstellung Russlands als Opfer steht auch die Feststellung, dass der Westen Russland das Recht abspreche, seine eigenen Interessen zu vertreten. So deutet beispielsweise Tolstoj an, dass die Sanktionen des Westens eventuell gar nicht mit der Ukraine, sondern allgemein mit Russlands außenpolitischen Interessen zusammenhängen könnten (vgl. *Politika*, 07.09.2014, 00:41:10–00:41:37).

– **(Militärische) Stärke**
Die Darstellung Russlands als starker Staat deckt sich mit der Darstellung der Opolčency als stark und siegreich und steht in Verbindung mit den Sanktionen des Westens: Obwohl der Westen Russland mithilfe der Sanktionen schwächen und schaden wolle, würden die Sanktionen Russland stärken. So erklärt der Kriegsberichterstatter der Zeitung *Komsomol'skaja pravda*, Viktor Baranec, dass Russland die Sanktionen überleben und dadurch stärker werden würde, denn somit könne sich Russland auf seine eigene Kriegstechnik konzentrieren anstatt auf die Technik aus Italien, Österreich oder Israel, die fehleranfällig sei und sowieso nicht gut funktioniere.[332] In diesem Zusammenhang verweist Baranec auf Russlands atomare Stärke. Wie der Journalist ausführt, brauche Russland sich keine Sorgen machen, falls einmal die „Kräfte allgemeiner Zweckbestimmung" (*sily obščego naznačenija*) nicht mehr ausreichen sollten. In diesem Fall hätte Russland, so seine drohende Ankündigung, etwas „Stärkeres" (*u nas est' koe-čto pokrepče*), derartige „Geräte" (*pribory*), von denen er jetzt jedoch nicht berichten wolle. Der Moderator stimmt seinem Gast zu und ergänzt, dass Russlands „Geräte" (*naši pribory*) anhand von Končalovskijs Film demonstriert würden und Europa daher klar sein müsse, über welche Waffen Russland verfüge (*Politika*, 07.09.2014, 00:48:07–00:48:14).

Obwohl weder der Filmtitel noch die genaue Filmstelle erwähnt werden, ist aufgrund des Verweises auf die Filmfestspiele in Venedig (*na Venecianskom kinofestivale*) sowie dem Moment der Ausstrahlung der Talkshow klar, dass es sich hier um den Film *Belye noči počtal'ona Alekseja Trjapicyna* des bekannten russischen Regisseurs Andrej Končalovskij handelt. In diesem Film wird eine

---

332 Auch wenn Baranec die Bedeutung europäischer Kriegstechnik für Russland hier als unbedeutend darstellt, hält beispielsweise Luzin (2017: 77) fest, dass die Beschaffung europäischer Waffen sowie die militärischen Beziehungen zu europäischen Waffenherstellern „einer der wichtigsten Meilensteine" (*one of the most significant milestones*) für die Vorbereitung und Aufrüstung der russischen Armee im 21. Jahrhundert gewesen seien.

riesige Trägerrakete gezeigt, die in einer Halle lagert und die aufgrund ihrer Größe bedrohlich und mächtig wirkt.

Auch ohne diese Bilder von der Trägerrakete im Kopf zu haben, sind die Anspielungen des Moderators sowie des Kriegsreporters auf die militärische und atomare Stärke und Macht Russlands verständlich. Es handelt sich daher hier nicht um ein direktes Zitat, sondern, der Definition von Hoffmann (2010: 130) zufolge, um eine Einzeltextanspielung, in der auf eine als bekannt vorausgesetzte Filmszene hingewiesen wird.

Wie Viktor Baranec in POLITIKA erklärt auch Vladimir Žirinovskij in SPECIAL'NYJ KORRESPONDENT, dass Russland wegen der Sanktionen nicht mit erhobenen Händen dastehen, sondern dadurch nur stärker werden würde (*my sil'nee budem eščë*):

> **Владимир Жириновский:** Они думают, что санкции/ сейчас они санкции введут и мы поднимем руки вверх. Ничего подобного! *Мы сильнее будем еще!*
> (*Special'nyj korrespondent*, 09.09.2014, 01:11:27–01:11:37)

> **Vladimir Žirinovskij:** Sie denken, dass sie nun Sanktionen verhängen und wir die Hände hochnehmen werden. Von wegen! Wir werden noch stärker werden!

Diese Beispiele sowie das zu Beginn der Darstellung Russlands angeführte Zitat, dass Russlands Verbündete seine Armee und Flotte seien, illustrieren, dass Russlands Stärke vor allem in seiner Militärkraft und dem Besitz von Atomwaffen verortet wird. Gleichzeitig stellen diese Anspielungen auf Russlands militärische Potenz eine besonders aggressive Drohung dar, da Russland bei Bedarf Gebrauch von diesen Waffen machen könnte.

Abschließend lässt sich festhalten, dass in den analysierten Talkshowsendungen eine positive Selbstdarstellung Russlands betrieben wird. So stellt sich Russland als Gegenpol zum Westen, vor allem zu den USA, dar. Amerika wolle Russland schwächen, da Russland die globale Dominanz Amerikas aufhalten könne und dazu bestimmt sei, (moralischer) Anführer der freien Welt zu sein. Besonders erwähnenswert ist in diesem Zusammenhang die Aneignung demokratischer Konzepte und Werte vonseiten Russlands, da es sich als Garant für Meinungspluralität und die Einhaltung der freien Willensäußerung präsentiert.

Russland inszeniert sich in den Talkshows zudem als Aufklärer und betont die zentrale Rolle russischer Journalisten. Russland verfüge über die ‚richtigen' Informationen und fordere aufgrund der Verbrechen der ukrainischen Seite die Einrichtung eines Kriegsverbrechertribunals.

Die positive Präsentation Russlands deckt sich teilweise mit jener der Opolčency: Sowohl Russland als auch die Opolčency werden als Retter und Helfer sowie als Garanten für Frieden in der Ukraine präsentiert. Das ist wiederum ein

Beispiel für die Strategie der Legitimierung, da Russland durch die Unterstützung der Opolčency selbst zum Helfer bzw. Retter und Friedensstifter avanciert. Allerdings wird in diesem Zusammenhang auch die Widersprüchlichkeit der Aussagen in den Talkshows evident, da einerseits davon gesprochen wird, dass Russland sich nicht einmische und neutral sei, und andererseits direkte Appelle zur Unterstützung der Opolčency zu hören sind und Andeutungen einer bereits existierenden Hilfe kursieren.

Russland sieht sich zudem als Opfer und stellt somit die anderen – die Ukraine und den Westen – als Aggressoren dar. Diese Polarisierung dient dazu, Russland als Opfer der westlichen Sanktionen darzustellen, obwohl es lediglich seine eigenen Interessen verfolge.

Darüber hinaus werden beide Parteien – sowohl Russland als auch die Opolčency – als stark präsentiert. Hierbei geht es vor allem um die militärische Stärke, die Russland betont, was angesichts der enormen Wirkungskraft der Waffen aggressiv und bedrohlich wirkt.

Nachdem in diesen drei Abschnitten die einzelnen Akteure näher beleuchtet wurden, geht es im letzten Abschnitt der Analyse um die Vorwürfe und Anschuldigungen, die in den Talkshowsendungen an die Ukraine und den Westen in Bezug auf den Konflikt bzw. Krieg in der Ostukraine gemacht werden.

10.2.6 Vorwürfe und Anschuldigungen

10.2.6.1 Vorwürfe und Anschuldigungen an die Ukraine

- **Nichteinhaltung der Waffenruhe**

Am 5. September 2014 wurde in Minsk ein Friedensvertrag unterzeichnet, das sogenannte Protokoll von Minsk (Minsk I), das einen sofortigen Waffenstillstand verlangte (vgl. Kapitel II.4). Allerdings wurde diese Waffenruhe immer wieder gebrochen und in den russischen Talkshows wird die alleinige Schuld daran der ukrainischen Seite gegeben. Diese einseitige Beschuldigung der gegnerischen Seite, die Verantwortung für den Krieg zu tragen, ist eine Strategie von Kriegspropaganda (vgl. Morelli 2004).

In der ersten Talkshow nach der Unterzeichnung des Protokolls von Minsk wird sofort der Friedensvertrag in Frage gestellt und darauf hingewiesen, dass ein Waffenstillstand schwierig und unbeständig sei. Dafür wird zunächst eine Antiparallele gezogen, nämlich zwischen dem Waffenstillstand und dem Abstellen eines Automotors. Sprachlich markiert ist diese Antiparallele mit dem hinweisenden Partikel (*èto*) sowie dem Verneinungspartikel (*ne*):

> **Виктор Баранец**: Дорогие друзья, *остановить войну, это не выключить двигатель автомобиля. Там зажигание вырубило и двигатель не работает.* Процесс зашел слишком далеко, и безусловно будут и провокации, будут и попытки шантажировать этот зыбкий пока мир.   (*Politika*, 07.09.2014, 00:04:38–00:05:00)
>
> **Viktor Baranec:** Liebe Freunde, einen Krieg zu beenden heißt nicht, einen Automotor abzustellen. Dort ist die Zündung defekt und der Motor funktioniert nicht. Der Prozess ist zu weit fortgeschritten und ohne Zweifel wird es auch Provokationen geben, wird es auch Versuche geben, diesen noch brüchigen Frieden unter Druck zu setzen.

Wie der Kriegsexperte Viktor Baranec in diesem Ausschnitt erklärt, sei das Beenden eines Krieges nicht dasselbe wie das Abstellen eines Automotors. Anschließend stellt er jedoch eine Analogie zwischen dem Waffenstillstand und der Funktionsweise eines Autos her: Die Zündung sei „defekt" – er verwendet hierfür das aus dem russischen Argot stammende Verb *vyrubit'* (dt. *ausschalten*) (vgl. Elistratov 2000: 81) –, und daher sei der Motor nicht intakt (*dvigatel' ne rabotaet*), womit er darauf anspielt, dass die Waffenruhe nicht halten bzw. nicht „zünden" werde (*zažiganie vyrubilo*) und der Frieden „brüchig" (*zybkij*) sei. Er kündigt schließlich weitere Provokationen vonseiten der Ukraine an (*budut i provokacii, budut i popytki šantažirovat' ètot zybkij poka mir*), womit er bereits in den ersten Minuten der Show deutlich macht, dass das Friedensabkommen nicht halten werde und die Schuld daran die Ukraine trage.

Seine Analogie zwischen dem Friedensplan und einem Auto fasst Baranec abschließend folgendermaßen zusammen: Genauso wie entschieden werden müsse, welche verschiedenen Bestandteile (Filter, Motor, Wagenkasten, Spiegel) das Auto bekomme, müssten auch bei den Friedensverhandlungen die Details ausgehandelt werden:

> **Виктор Баранец**: Вы знаете, *какой фильтр ставить на эту машину, на двигатель, какой будет кузов, какие зеркала* – это уже все обсуждается. Главное – шаг сделан. Украине предложен мир.   (*Politika*, 07.09.2014, 00:06:17–00:06:30)
>
> **Viktor Baranec:** Wissen Sie, welchen Filter man in dieses Auto einsetzt, in den Motor, welcher Wagenkasten es wird, welche Spiegel – das wird bereits alles diskutiert. Die Hauptsache ist, dass ein Schritt gemacht wurde. Der Ukraine wurde Frieden angeboten.

Anhand dieser Analogie simplifiziert Baranec auf der einen Seite die Komplexität von Friedensverhandlungen und des Einstellens der Kampfhandlungen. Auf der anderen Seite spricht er dadurch das Publikum an, welchem komplexe politische Verhandlungen und Vorgänge eventuell unbekannt sind: Mithilfe dieser anschaulichen und lebensnahen Parallele schafft er einen Anknüpfungspunkt mit dem Berufs- und Lebensalltag der Zuseher*innen und macht ihnen dadurch auf einfache Art und Weise verständlich, dass es schwierig sei, Frieden zu schaffen.

Die Analogie zwischen der Waffenruhe und der Funktionsweise eines Autos ist jedoch kein Unikum, sondern durchaus verbreitet, wie folgendes Beispiel aus einer anderen Talkshow einen Monat später zeigt:

> Олег Кириллов: Ну война я думаю, она долго продлится! То, что они/ им *сдавать, заднюю включать им уже нельзя*, как говориться.
> (*Vremja pokažet*, 13.10.2014, 00:39:52–00:40:00)

> **Oleg Kirillov**: Also der Krieg, denke ich, wird lange andauern! Zurückfahren, den Rückwärtsgang einlegen können sie jetzt nicht mehr, wie man so sagt.

Auch hier wird anhand der Funktionsweise des Fahrzeugs ausgedrückt, dass der Friedensprozess sehr komplex sei und ein Krieg so schnell nicht beendet werden könne – Kirillov gebraucht dafür die mit dem Auto verbundenen Aktionen „zurückfahren" (*zdavat' [nazad]*) bzw. „den Rückwärtsgang einlegen" (*zadnjuju vključat'*).

Neben der Betonung der Komplexität und Schwierigkeit eines Waffenstillstands, dessen Instabilität auch mithilfe von Adjektiven bekräftigt wird – „wackelig" (*zybkij*), „labil" (*šatkij*) und „brüchig" (*chrupkij*) –, herrscht in den analysierten Sendungen Konsens darüber, dass die Waffenruhe in jedem Fall positiv sei. In diesem Zusammenhang wird die Rolle der Opolčency als Garanten für Frieden und Sicherheit sowie als Retter und Helfer der Bevölkerung hervorgehoben, da die Menschen nun wieder in den Donbass zurückkehren könnten.[333]

Trotz dieser positiven Berichte der Rückkehr der Bevölkerung in den Donbass dominiert in den untersuchten Sendungen die Aussage, dass der Krieg weitergehe und die Waffenruhe von der ukrainischen Seite nicht eingehalten werde. Dieser Kontrast zwischen der Rückkehr von Leben in den Donbass einerseits und der Nicht-Einhaltung der Waffenruhe andererseits wird in der Sendung POLITIKA im gezeigten Kurzvideo und der anschließenden Diskussion deutlich: Zu Beginn der Sendung wird ein 30-sekündiges Video gezeigt, in dem tote Kühe, zerstörte Häuser und kaputte Autos zu sehen sind, aber auch lebende Kälber und Menschen, die Fahrrad fahren, sowie ein lachendes Mädchen. Musikalisch untermalt wird der Kurzfilm von dem Lied „Mama" von Paul Mauriat (1967), welches an eine Melodie aus Westernfilmen erinnert.

Das Video stellt den Status quo in der Ukraine durchaus positiv dar: Es wird nicht geschossen oder gekämpft und die Menschen gehen aus dem Haus. Im Ein-

---

333 Siehe Abschnitt III.10.2.5.3.

klang mit dem zwei Tage zuvor ausgehandelten Friedensabkommen (Minsk I) transportiert das Video ein Bild des Aufatmens, der Ruhe nach einem langen Kampf.

Die Diskussion im Studio kontrastiert allerdings dieses kurze Video, denn die vom Moderator als „Augenzeugen" (*svideteli*) befragten Gäste berichten vom Bruch der Waffenruhe und somit von andauernden kämpferischen Auseinandersetzungen. In den ersten Minuten nach der Vorführung des Videos stellt Aleksandr Kofman, erster stellvertretender Vorsitzender des Parlaments von *Novorossija*, klar, dass es keine Waffenruhe gebe (*peremirija net*). Die ukrainischen Streitkräfte hätten während der „sogenannten Waffenruhe" (*tak nazyvaemoe peremirie*) sogar eine Stadt eingenommen und darüber mit Freude in den Medien berichtet (vgl. *Politika* 07.09.2914, 00:02:16–00:02:42).

Kofman, der in der Sendung als Augenzeuge berichtet, betont, dass die ukrainischen Streitkräfte die Waffenruhe nicht einhalten würden. Diese Behauptung bestätigt Kofmans Landsmann und Amtskollege, Konstantin Dolgov, indem er die Brüchigkeit der Waffenruhe mithilfe eines Zitats von Vinni Puch (engl. *Winnie-the-Pooh*) erklärt:

> **Константин Долгов:** «Перемирие – это очень странный предмет, оно как бы есть, но его как бы нет», Винни Пух говорил.   (*Politika*, 07.09.2014, 00:03:44–00:03:53)

> **Konstantin Dolgov:** „Der Waffenstillstand ist ein sehr seltsames Ding, irgendwie gibt es ihn, aber irgendwie auch nicht", hat Vinni Puch gesagt.

Obwohl der kleine, mollige Bär Vinni Puch im gleichnamigen sowjetischen Kindertrickfilm nicht über den „Waffenstillstand" (*peremirie*), sondern über sein Lieblingsgericht den „Honig" (*mëd*) singt, dienen diese geflügelten Worte hier einerseits als Bestätigung und einfache Erklärung für die Nichteinhaltung der Waffenruhe, die aufgrund der Bekanntheit des Zitats gut im Gedächtnis haften bleibt. Andererseits vermitteln diese Worte die Unsicherheit und Unbeständigkeit der Waffenruhe – irgendwie gebe es sie, aber irgendwie auch nicht (*ono kak by est', no ego kak by net*) – und sind daher besonders zynisch, da der Sprecher mit der Referenz auf den Kinderfilm die Verbindlichkeit des politischen Akts ins Lächerliche zieht.

Bemerkenswert ist, dass sich die Opolčency in den Talkshowsendungen, wie im eben erwähnten Beispiel, gegenseitig in ihren Behauptungen bestätigen, dass die ukrainische Seite die Waffenruhe nicht einhalte. Die ukrainische Sicht in Bezug auf die Einhaltung der Waffenruhe wird in den Talkshows dagegen nicht präsentiert.

Auch die Intensität der Kampfhandlungen, die trotz der vereinbarten Waffenruhe weitergehen, wird hervorgehoben. So schildert Andrej Purgin, dass an den wichtigsten Punkten im Gebiet von Doneck und Debal'cevo immer noch heftig gekämpft werde. Die Heftigkeit der Kämpfe präzisiert er mithilfe des umgangssprachlichen Idioms „Es ging hart auf hart" (*Našla kosa na kamen'*) (vgl. *Vremja pokažet*, 13.10.2014, 01:01:42–01:02:02), wodurch er die Kampfhandlungen charakterisiert und sowohl die Prägnanz als auch die Expressivität der Äußerung erhöht (vgl. Burger 2015: 108).

Während auf der einen Seite der Ukraine vorgeworfen wird, die Waffenruhe nicht einzuhalten, steht die nachfolgende Anschuldigung im direkten Widerspruch dazu: Die ukrainische Seite nutze die Waffenruhe dazu, um die eigene Kriegskraft neu aufzubauen.

- **Aufbau und Stärkung der eigenen Kriegskraft mit dem Ziel eines neuen Angriffs**

Die Aussage, dass die Waffenruhe von der ukrainischen Seite zur Stärkung bzw. „Umgruppierung" der eigenen Truppen (*peregruppirovka sil*) genutzt werde, widerspricht der vorhergehenden Behauptung, da sie impliziert, dass *nicht* gekämpft und stattdessen eine Umstrukturierung bzw. ein Neuaufbau der Armee organisiert werde. Wie jedoch bereits mehrmals im Verlauf der Analyse deutlich wurde, sind Widersprüche in den Talkshowsendungen keine Seltenheit und eine Strategie von Propaganda.

In der Sendung von POLITIKA am 07.09.2014 wiederholt der Moderator Pëtr Tolstoj die Aussage, dass die Ukraine die Waffenruhe dazu nutze, um die eigene Kriegskraft zu stärken, in Form von Suggestivfragen. Diese „Commoratio" als „Beharren auf ein und demselben Thema" (Plett 1983: 50) in Form von rhetorischen Fragen hat zwei Funktionen: Zum einen bleiben die gestellten Fragen und die damit gemachten Aussagen den Zuseher*innen bei mehrmaliger Wiederholung besser in Erinnerung und gleichzeitig werden dadurch die Gedanken der Rezipient*innen gesteuert (vgl. Hermann-Ruess 2014: 204). Zum anderen ist diese Strategie wahrscheinlich dem Medium Fernsehen geschuldet: Manche Zuseher*innen sehen sich die Sendung nicht von Anfang bis Ende an, sondern schalten erst ein bzw. um, wenn die Sendung bereits läuft. Daher ist die Wiederholung in den Talkshows essentiell, damit auch die im Laufe der Sendung neu hinzugekommenen Zuseher*innen verstehen, über welche Themen und Fragen diskutiert wird. Folgende Sequenzen aus der Sendung machen deutlich, wie der Moderator die Suggestivfragen zu diesen Zwecken nutzt und seinen Gästen die Antwort mithilfe dieser Strategie bereits vorgibt:

Петр Толстой: *Не будет ли использовано перемирие для того, чтобы нарастить военную мощь со стороны Украины? Как вы считаете?*

(*Politika*, 07.09.2914, 00:19:50–00:19:58)

Pëtr Tolstoj: Wird der Waffenstand nicht dazu genutzt werden, um die militärische Stärke seitens der Ukraine aufzubauen? Was meinen Sie?

Петр Толстой: *Перемирие – не может ли оно быть использовано для того, чтобы накопить очередной раз военные силы?* (*Politika*, 07.09.2914, 00:20:34–00:20:40)

Pëtr Tolstoj: Könnte der Waffenstillstand nicht dazu genutzt werden, um erneut militärische Kräfte zu sammeln?

Петр Толстой: Оно не будет использовано для того, *чтобы потом опять начать войну?* (*Politika*, 07.09.2914, 00:24:53–00:24:58)

Pëtr Tolstoj: Wird er [der Waffenstillstand] nicht dazu genutzt werden, um danach wieder einen Krieg zu beginnen?

Петр Толстой: Вот это перемирие – *это уловка для*, так сказать, того, *чтобы* опять в военно-тактическом отношении *перегруппироваться* или все-таки это начало диалога? (*Politika*, 07.09.2914, 00:34:01–00:34:15)

Pëtr Tolstoj: Ist dieser Waffenstillstand ein Trick, sozusagen, um sich militärisch-taktisch neu zu formieren oder ist er der doch Beginn eines Dialogs?

Sprachlich realisiert werden diese Suggestivfragen häufig mithilfe der Fragepartikel *li*, des verneinten Passivs (*ne budet li/ne možet li byt' izpol'zovano*) und einem anschließenden finalen Nebensatz (*čtoby*). Wie diese Ausschnitte zeigen, verstärkt Tolstoj mithilfe der Häufung rhetorischer Fragen seine eigentliche Botschaft, dass die ukrainische Seite die Waffenruhe dazu nutze, die eigene Kriegskraft neu aufzubauen (vgl. Hermann-Ruess 2014: 90). Die Gäste der Sendung müssen anschließend dieser Frage nur noch zustimmen.

Eine weitere Methode, um die Anschuldigungen der Nichteinhaltung der Waffenruhe an die ukrainische Seite zu untermauern, ist die des Anführens von Zitaten offizieller Quellen. So wird beispielsweise in SPECIAL'NYJ KORRESPONDENT ein Zitat des russischen Außenministeriums (*MID*) vorgebracht, um die Behauptung, dass die Ukraine den Waffenstillstand zur Neugruppierung der Armee nutze, zu stärken und als Faktum darzustellen:

Евгений Попов: Скажите, а что для Вас это перемирие? Вот *мы уже слышим, что «Украина использует его для перегруппировки сил и это невозможно не замечать», цитата фактически понашему МИДу.* А для Вас? Может быть, это возможность помочь людям? (*Special'nyj korrespondent*, 09.09.2014, 00:38:36–00:38:52)

Evgenij Popov: Sagen Sie, was bedeutet für Sie der Waffenstillstand? Wir hören bereits, dass die „Ukraine ihn zur Neuformierung der Kräfte nutzt und es unmöglich sei, das nicht zu bemerken," praktisch ein Zitat nach unserem Außenministerium. Und für Sie? Vielleicht ist das eine Möglichkeit, den Menschen zu helfen?

Dieser in den Talkshowsendungen mehrmals vorgebrachte Vorwurf demonstriert zudem, dass eventuelle positive Folgen von Minsk I nicht abgewartet wurden. Stattdessen wurde das Friedensabkommen bereits in der ersten untersuchten Talkshow nach der Vertragsunterzeichnung als „strategische Tarnung" (*strategičeskaja maskirovka*) der ukrainischen Armee interpretiert, welche versuche, ihre Kräfte zu sammeln und wieder anzugreifen (*ona gotovitsja k novym udaram*) (vgl. *Politika* 07.09.2914, 00:25:20–00:26:08).

Die Anschuldigungen sind auch eine Strategie der Legitimierung der russischen Unterstützung und Stärkung der Opolčency. So fordert beispielsweise Aleksandr Chinštejn, dass sich auch die Opolčenie aktiver bewaffnen bzw. für den Krieg rüsten müsse, um den Friedensprozess zu beschleunigen:

> **Александр Хинштейн**: Всегда будут продолжаться провокации, попытки вновь раскалить там ситуацию, вновь организовать боевые действия. [...] Чем активнее в свою очередь *и ополчение будет отстаивать свои позиции и чем активнее оно будет вооружаться*, тем этот *мирный процесс пойдет быстрее.*
> (*Politika*, 07.09.2014, 00:21:48–00:22:43)

> **Aleksandr Chinštejn**: Die Provokationen, die Versuche, erneut die Situation dort anzuheizen, erneut kriegerische Handlungen zu organisieren, werden immer weitergehen. [...] Je aktiver auch die Opolčenie ihre Positionen verteidigen und je aktiver sie sich bewaffnen wird, desto schneller wird dieser Friedensprozess verlaufen.

Chinštejns Forderung, die er mithilfe eines Vergleichssatzes (*čem ... tem*) vorbringt, bildet eigentlich einen Widerspruch in sich, da es hier nicht darum geht, nachzugeben oder Kompromisse einzugehen, sondern der Politiker zeigt sich überzeugt, dass das noch aktivere Behaupten seiner Positionen (*aktivnee otstaivat' svoi pozicii*) sowie das noch aktivere Aufrüsten (*aktivnee vooružat'sja*) den Friedensprozess vorantreiben würden.

Abschließend sei hier noch eine weitere Diffamierung erwähnt, die einen Widerspruch zur im vorigen Abschnitt kolportierten Nichteinhaltung der Waffenruhe bildet: Dem ukrainischen Präsidenten, Petro Porošenko, wird unterstellt, dass dieser die Waffenruhe nur begonnen habe, damit die ukrainischen Soldaten aufhören zu desertieren:

> **Александр Гайдей**: Почему они начали перемирие? Потому что *они просто побежали, начали бросать технику и побежали и Порошенко решил просто остановить побег этот.* Вот. (*Special'nyj korrespondent*, 09.09.2014, 00:46:03–00:46:13)

> **Aleksandr Gajdej:** Warum haben sie den Waffenstillstand begonnen? Weil sie einfach losgelaufen sind, sie haben ihr Material fallen gelassen und sind losgelaufen und Porošenko hat einfach beschlossen, diese Flucht zu beenden. So ist das.

Diese Darstellung der Waffenruhe als Zugeständnis des ukrainischen Präsidenten an die eigene Armee steht damit in Verbindung, dass die ukrainischen Soldaten als demoralisiert, demotiviert und schwach sowie als Deserteure dargestellt werden, worauf bereits in der Darstellung der Ukraine eingegangen wurde (siehe Abschnitt III.10.2.5.2). Auch die nachfolgende Anschuldigung an die Ukraine unterstreicht deren Schwäche.

- **Kampf mit Artillerie**

Die Anschuldigung an den Feind, dass dieser mit unerlaubten Waffen kämpfe und sich daher nicht an die Regeln halte, ist eine Strategie von Kriegspropaganda (vgl. Morelli 2004: 79). In den russischen Talkshows wird die ukrainische Seite beschuldigt, mit Artillerie zu kämpfen. Dadurch wird zum einen impliziert, dass die ukrainischen Soldaten und Freiwilligenbataillone feige seien, weil sie den Opolčency nicht im Zweikampf gegenübertreten. Zum anderen wird ihnen hiermit vorgeworfen, unmenschliche bzw. unfaire Methoden zu benutzen, da beim Kampf mit schweren Geschützen vor allem Zivilist*innen zu Schaden kommen und Infrastruktur sowie Wohnhäuser zerstört werden.

Als Beweis für den unfairen Kampf mit Artillerie wird sowohl in SPECIAL'NYJ KORRESPONDENT als auch in VREMJA POKAŽET zu Beginn der Sendung jeweils ein Video eingespielt, das Bilder der Zerstörung, Kampfszenen und verletzte oder tote Menschen zeigt (vgl. Abschnitt III.10.2.3.3). Anschließend kommentieren die Moderatoren in beiden Sendungen, dass es sich dabei um Zivilist*innen handle, die bei den Artillerieangriffen der ukrainischen Armee ums Leben gekommen seien. So spricht Pëtr Tolstoj von „Frauen, Kindern und alten Leuten" (*ubitye artilerijskimi zalpami deti, ženščiny i stariki*) und Evgenij Popov von „Freunden, Bekannten, Verwandten, Brüdern, Schwestern, Landsmännern" (*druz'ja, znakomye, rodnye, brat'ja, sëstry, zemljaki pogibli pod artillerijskimi udarami*), die durch das Artilleriefeuer der ukrainischen Seite getötet worden seien. Dadurch wird die Grausamkeit und Unbarmherzigkeit der ukrainischen Seite unterstrichen.

Eine zentrale Rolle bei der Darstellung des Kampfes mit Artillerie spielen die Interviews mit Menschen aus Dörfern, die den Artilleriebeschuss der ukrainischen Seite miterlebt haben wollen. Die einfache, dörfliche und bäuerliche Sprache, welche die Menschen in den Interviews bei der Schilderung des Gesehenen und Erlebten verwenden, erhöhen die Authentizität und die Glaubwürdigkeit ihrer Berichte. So schildert beispielsweise Ol'ga Derevjančenko, wie sie von den Bombenangriffen nachmittags zuhause überrascht worden sei und sich versteckt habe:

> **Ольга Деревянченко:** Снаряд вылетел в четыре часа дня. Первый мы пропустили, а второй мы уже с мужем прыгнули в эту яму. *Мы всегда сюда прячемся.* [...] Затишье – *вылазим*. Иногда зачем-то не знаю, мешком прикрываюсь, хотя это глупо. *Ходуном ходила* яма. И люк *ходуном ходил*. Люк один раз сорвало.
> (*Special'nyj korrespondent*, 09.09.2014, 00:21:51–00:22:24)

> **Ol'ga Derevjančenko:** Um vier Uhr nachmittags ist die Granate eingeschlagen. Die erste haben wir verpasst, aber bei der zweiten sind wir mit meinem Mann schon in dieses Loch gesprungen. Wir verstecken uns immer hierher [...] Sobald Ruhe herrscht, steigen wir wieder heraus. Manchmal bedecke ich mich, warum auch immer, mit einem Sack, obwohl das dumm ist. Das Loch hat gebebt. Und die Luke hat gebebt. Einmal hat es die Luke ausgehoben.

Dieses Fragment illustriert, dass die Frau eine sehr einfache, teilweise fehlerhafte Sprache spricht (*sjuda prjačemsja*) und Substandard (*vylazim*) sowie umgangssprachliche tautologisch-phraseologische Wendungen (*chodunom chodit'*) gebraucht, die aufgrund ihrer Expressivität die Äußerungen verstärken (vgl. Bierich et al. 1999: 606). Auch die russische Schimpfsprache *Mat* kommt in dieser Reportage vor und erhöht sowohl die Authentizität als auch die Eindringlichkeit des Berichts der Einwohnerin. Allerdings werden die *Mat*-Ausdrücke ausgepiepst,[334] wie die Transkription der nachfolgenden Äußerungen der Dorfbewohnerin illustrieren:

> **Ольга Деревянченко:** Копали картошку под артобстрелами. Там мы открутим, снаряды летят, курей убьем, стреляют. Я закатаю последнюю банку тушенки, миномет летит. Я думаю все *пизд/* (пип) пришел.
> (*Special'nyj korrespondent*, 09.09.2014, 00:22:34–00:22:46)

> **Ol'ga Derevjančenko:** Unter Artilleriebeschuss haben wir die Kartoffeln geerntet. Dort drehen wir [ihnen den Kopf?] um, Granaten fliegen, wir töten die Hühner, sie schießen. Als ich die letzte Dose Schmalzfleisch verschließe, fliegt eine Granate. Ich denke, das wars/ (Piep) das Ende ist gekomken.

In diesem Ausschnitt wird die Gleichzeitigkeit und Parallelität des Dauerbeschusses (*pod artobstrelami/snarjadi letjat/streljajut/minomet letit*) und der Verrichtung täglicher Arbeiten – die Kartoffelernte oder das Schlachten der Hühner (*kopali kartošku/kurej ub'ëm*) – deutlich, wodurch die Plötzlichkeit und Unvermitteltheit des Angriffs sprachlich ausgedrückt wird. Die Schilderungen der Dorf-

---

[334] Die Verwendung von *Mat* in den Medien, darunter Fernsehen, Radio und Spielfilme, ist seit 01. Juli 2014 in Russland gesetzlich verboten.

einwohnerin veranschaulichen somit, dass der Krieg im Dorf angekommen ist und ihm dort einfache und „friedliche Menschen" (*mirnye ljudi*) zum Opfer fallen.

Bemerkenswert ist, dass auch die Moderatoren und Talkshowgäste umgangssprachliche Ausdrücke, Substandard (*prostorečie*) oder Vulgarismen in ihre Äußerungen einbauen. Dadurch imitieren sie die Redeweise des einfachen Volkes und erhöhen gleichzeitig die Ausdruckskraft der eigenen Worte. In Bezug auf den Artilleriebeschuss finden sich dafür zwei Beispiele: So erklärt Pëtr Tolstoj, dass die ukrainische Seite einfach „herumballern" (*oni prosto po ploščadjam kak by lupjat*) würde. Dafür gebraucht er das Substandardverb *lupit'*, welches zur Beschreibung schneller, energiegeladener Handlungen (vgl. Ožegov und Švedova 2005: 334) bzw. zur Wiedergabe von „besonderer Intensität" verwendet wird (Belentschikow 2006: 113).

Ähnlich drückt sich auch der live in die Sendung aus Doneck zugeschaltete Andrej Purgin über die Art der Kriegsführung der ukrainischen Seite aus:

> **Андрей Пургин:** Активное освещение привело к тому, что Украина начинает уже немножко бояться так беззастенчиво расстреливать мирные города, там *шлепать Точками У* прям по автостанциям, как это было у нас там в Харцызске там и так далее. (*Vremja pokažet*, 13.10.2014, 01:01:32–01:03:02)

> **Andrej Purgin:** Die aktive Berichterstattung hat dazu geführt, dass die Ukraine beginnt, schon ein bisschen Angst zu haben, so skrupellos friedliche Städte zu beschießen, dort mit Točka-U-Raketen direkt über die Busbahnhöfe zu knallen, wie es bei uns in Charcyzsk passiert ist und so weiter.

Der von Purgin benutzte Ausdruck *šlëpat' Točkami U* ist ein Oxymoron, da das russische Verb *šlëpat'*, das allgemein als „mit etwas Plattem oder Weichem klopfen/klatschen" wiedergegeben werden kann und im russischen Argot ein Synonym für „schießen/jmd. erschießen" ist (vgl. Elistratov 2000: 556), in keiner Relation zur Zerstörungskraft der ballistischen Rakete namens *Točka U* steht. Durch die Verwendung des Verbs *šlëpat'*, das semantisch eine schwache Intensität ausdrückt,[335] wird die Schwere der Angriffe hier euphemistisch-ironisierend und verharmlosend dargestellt, wodurch letztendlich auch die Erfolge der ukrainischen Seite diskreditiert werden.

Neben dieser Verharmlosung drückt Purgin die Intensität des Kampfes mit Artillerie jedoch auch metaphorisch-hyperbolisch aus, indem er von einem „Hurrikan mit Kassettenfüllung" (*uragan s kassetnym napolneniem*) sowie von einem Beschuss mit „schwerer Artillerie" (*obstrel krupnokalibernoj artilleriej*) berichtet,

---

[335] Ožegov und Švedova (2005: 898, Übers. d. Verf.) umschreiben das Verb als „mit etwas Weichem, Plattem klopfen" (*stučat' čem-n. mjagkim, ploskim*), „jmd. mit etwas Weichem schlagen" (*bit' čem-n. mjagkim*) bzw. „jmd. einen Klaps geben" (*davat' šlëpki*).

die „ziellos" (*bezpricel'no/pricelivanija netu*) und in „chaotischer Abfolge" (*v chaotičeskom porjadke*) erfolge (vgl. *Vremja pokažet*, 13.10.2014, 00:57:47–00:59:41). Mit diesem Zusatz diskreditiert Purgin die Kampfweise der ukrainischen Seite als unfähig und unkoordiniert. Diese Art der Kriegsführung bezeichnet er zudem als „amerikanische Methode" (*amerikanskaja metodika*)[336], wodurch er eine Unterstützung bzw. Beeinflussung durch Amerika andeutet.

In den untersuchten Talkshowsendungen werden unterschiedliche Gründe dafür genannt, warum die ukrainische Seite mit Artillerie kämpfe. Erstens würde sich die ukrainische Seite durch den Einsatz von Artillerie sicherer fühlen, da sie bei einem Zweikampf verlieren würde (*kogda oni vychodjat, oni proigryvajut*) (*Vremja pokažet*, 13.10.2014, 00:33:01–00:33:14).

Zweitens kämpfe die ukrainische Seite mit Artillerie, weil dadurch die Bevölkerung im Donbass effizient und schnell dezimiert werden könne:

> Олег Кириллов: [У] них там задача, как бы, *Порошенко была поставлена задача сократить население в пять раз, вот он ее и выполняет. И им не нужны ни люди, которые мирные, ни*/ (*Vremja pokažet*, 13.10.2014, 00:33:17–00:33:30)

> **Oleg Kirillov:** Sie haben dort die Aufgabe, ja also Porošenko wurde der Auftrag erteilt, die Bevölkerung auf ein Fünftel zu reduzieren, also führt er ihn aus. Und sie brauchen weder Menschen, die friedlich sind, noch/

Oleg Kirillov, ein Opolčenec, zieht mithilfe dieser Äußerung auch die Verbindung zu der Aussage, dass in der Ostukraine ein Völkermord und damit Kriegsverbrechen geschehen, da die „friedliche Bevölkerung" (*ljudi, kotorye mirnye*) gezielt „auf ein Fünftel reduziert" (*sokratit' naselenie v pjat' raz*) werden solle.

Ein weiterer, dritter Grund, der in VREMJA POKAŽET von den Gästen für den Kampf der ukrainischen Seite mit Artillerie genannt wird, ist, dass dadurch andere Städte in der Ukraine ruhig gehalten werden sollen, damit sich nicht auch in diesen Städten Widerstand gegen die ukrainische Regierung bilde:

> Сергей Марков: Это делается, *чтобы не поднялись Одесса, Харьков, Запорожье, Николаев, Днепропетровск, где тоже большинство людей ненавидит эту*, действительно, *банду военных преступников, иностранных агентов, захвативших власть в Киеве!* (*Vremja pokažet*, 13.10.2014, 00:35:02–00:35:17)

> **Sergej Markov:** [D]as geschieht, damit sich nicht auch Odessa, Charkow, Zaporož'e, Nikolaev und Dnepropetrovsk erheben, wo auch die Mehrheit der Menschen diese, ja tatsächlich, Bande von Kriegsverbrechern, ausländischen Agenten, welche die Macht in Kiew ergriffen haben, hasst!

---

336 Auch Andrej Popov bezeichnet den Kampf mit Artillerie in VREMJA POKAŽET als „amerikanischen Stil" (*amerikanskij stil'*) (vgl. *Vremja pokažet*, 13.10.2014, 00:33:41–00:33:56).

Und schließlich bringt Evgenij Vallenberg, Vertreter des antifaschistischen Stabs „Roter Widerstand", eine vierte Erklärung für den Kampf mit Artillerie vor: Er behauptet, dass durch den „Krieg auf Distanz" (*distancionnaja vojna*) die ukrainischen Fallschirmjäger davon abgehalten werden sollen, die „Wahrheit" zu sehen (*uvidet' pravdu*), wer die Opolčency sind (*kto takie opolčency*) (*Vremja pokažet*, 13.10.2014, 00:35:23–00:36:14). Vallenberg lässt jedoch das Publikum im Unklaren darüber, was genau er mit dieser Andeutung meint, da er sie nicht weiter ausführt.

- **Kriegsverbrechen, Gräueltaten und Genozid**

In den untersuchten Talkshowsendungen des Fallbeispiels wird die ukrainische Seite beschuldigt, Kriegsverbrechen, Gräueltaten und sogar einen Genozid im Donbass zu begehen und diese Beschuldigung wird sowohl sprachlich als auch mithilfe von Bildern und Videos untermauert. Die Beschreibung der Grausamkeit des Gegners dient sowohl zu dessen Denunzierung als auch zur positiven Präsentation der Wir-Gruppe, da Letztere bei der Bekämpfung des grausamen Gegners etwas Gutes für die Gesellschaft tue (vgl. Steuter und Wills 2009: 28). Außerdem ist die Behauptung, dass lediglich der Feind Grausamkeiten begehe und daher eine Bestie sei, ebenso eine Strategie von Kriegspropaganda (vgl. Morelli 2004: 61).

Ein besonders eindrückliches Beispiel für Kriegsverbrechen und Gräueltaten der ukrainischen Seite wurde bereits im Abschnitt III.10.2.3.1 präsentiert, wo in der Sendung POLITIKA vom 08.10.2014 ein verpixeltes Video von leblos am Boden liegenden Soldaten gezeigt wurde, die laut dem Moderator an den Füßen an Panzern festgebunden über einen Flugplatz geschleift wurden. Am Ende dieser Gräuelgeschichte fragt der Moderator einen Talkshowgast, was dieser als guter Kenner des „ukrainischen Charakters" zu dieser Gräueltat sage (*Čto skažete Vy kak čelovek, kotoryj znaet, ljubit i ponimaet kak by ukrainskij charakter?*) und spielt mit dieser Frage darauf an, dass derartige Gräueltaten bzw. Kriegsverbrechen für den ukrainischen Charakter ‚typisch' seien (*Politika*, 08.10.2014, 00:00:31–00:01:55).

Zur Steigerung der Eindringlichkeit der Gräueltaten und Kriegsverbrechen werden jedoch nicht nur stark verpixelte Bilder gezeigt, die anhand von Gräuelgeschichten komplettiert werden, sondern es werden auch Vergleiche mit dem Zweiten Weltkrieg gezogen. So wird beispielsweise in SPECIAL'NYJ KORRESPONDENT eine Parallele zwischen Lugansk und der Leningrader Blockade hergestellt: Lugansk, so der Reporter, sei „umzingelt" (*gorod okazalsja v okruženii*) und ältere Menschen würden dort verhungern (*v Luganske načalis' golodnye smerti, nemoščnych starikov*) (vgl. *Special'nyj korrespondent*, 09.09.2014, 00:04:38–00:05:28). Diese Worte evozieren sofort Erinnerungen an das kollektive Trauma der Belagerung von Leningrad im Zweiten Weltkrieg, während der zahlreiche Menschen in der von der Außenwelt abgeschnittenen Stadt verhungert sind.

10.2 Fallbeispiel 2: Krieg in der Ostukraine (September/Oktober 2014)

Ein weiteres Vergleichsmoment mit dem Zweiten Weltkrieg sind die sogenannten Filtrationslager (*fil'tracionnye lagerja*), in welche die Einwohner*innen von Doneck und Lugansk angeblich gesteckt werden sollen. Diese Lager dienten außerdem in der Nachkriegszeit und insbesondere während der Tschetschenienkriege dazu, mithilfe von Verhören und Folter (in der Militärsprache wird vom ‚Durchfiltern' gesprochen) angebliche Staatsfeinde oder Rebellen ausfindig zu machen (vgl. Politkovskaja 2003: 331–332).

Allerdings spricht nicht nur der Moderator, Pëtr Tolstoj, von diesen Lagern (vgl. *Politika*, 08.10.2014, 00:08:51–00:09:08), sondern auch die Einwohner*innen des Donbass selbst haben davor Angst, wie folgende Äußerungen der Dorfbewohnerin Ol'ga Derevjančenko verdeutlichen:

> **Ольга Деревянченко**: Что мы сделали? Кому мы сделали? Мы хотели на русском языке говорить. Мы хотели не все налоги туда отправлять. Мы хотели по-людски жить, и чтобы наши дети и внуки жили с гордо поднятой головой в том же Донбассе. Я из Донбасса. *А нас сделали дотационным регионом, унижают, особи твари, колючей проволокой, фильтрационные лагеря.*
>
> (*Special'nyj korrespondent*, 09.09.2014, 00:28:32–00:28:55)

> **Ol'ga Derevjančenko**: Was haben wir getan? Wem haben wir etwas getan? Wir wollten Russisch sprechen. Wir wollten nicht alle Steuern dorthin schicken. Wir wollten als Menschen leben, damit unsere Kinder und Enkelkinder mit stolz erhobenem Haupt genau in diesem Donbass leben. Ich bin aus dem Donbass. Aber uns haben sie zur Dotationsregion [Subventionsregion] gemacht, erniedrigen uns, [wie] Vieh, mit Stacheldraht, Filtrationslager.

Wie bereits im vorigen Abschnitt erwähnt wurde, handelt es sich bei Ol'ga Derevjančenko um eine einfache Frau aus dem Dorf. Die Transkription ihrer Äußerungen veranschaulicht, dass sie Termini inkohärent aneinanderreiht, was eventuell ihrer Aufregung geschuldet sein könnte: „Dotationsregion/Subventionsregion" (*dotacionnyj region*), „Vieh" (*osobi tvari*), „mit Stacheldraht" (*koljučej provolokoj*), „Filtrationslager" (*fil'tracionnye lagerja*). Die Inkohärenz und lediglich Aufzählung der vermeintlichen Pläne der ukrainischen Regierung mit dem Donbass ohne weitere Erklärungen deuten jedoch auch darauf hin, dass Ol'ga Derevjančenko wiedergibt, was sie im russischen Fernsehen gehört hat.[337] Das lässt auf die Wirkung russischer TV-Propaganda bei der Bevölkerung des Donbass schließen, da sich diese fast ausschließlich über das russische Fernsehen über die Ereignisse in der Ukraine informiert hat (vgl. Barabaš et al. 2015: 260).

---

[337] Ein Indiz dafür ist auch, dass bereits im Fallbeispiel 1 im Abschnitt III.10.1.4.1 in den Talkshows von einem „Konzentrationslager" (*konclager'*) und „Stacheldraht" (*koljučaja provoloka*) gesprochen wurde.

Neben dem Zweiten Weltkrieg wird in den untersuchten Talkshowsendungen dem Publikum auch der Russische Bürgerkrieg in Erinnerung gerufen (*davajte vspomnit' našu graždanskuju rossijskuju vojnu*), um die Gräueltaten der ukrainischen Seite mit jenen aus dem Bürgerkrieg zu vergleichen (vgl. *Politika*, 08.10.2014, 00:14:10–00:15:37).

Erwähnenswert ist außerdem, dass die Verbrechen und Gewalt der ukrainischen Seite auch in Trivial-Talkshows thematisiert werden: In der Sendung von MUŽSKOE/ŽENSKOE am 13.10.2014 erzählt die völlig aufgelöste Mutter von Bogan Astapenko, dass dieser von der ukrainischen Seite gefangengenommen und misshandelt worden sei und sie seitdem nichts mehr von ihrem Sohn gehört habe. Als sie der Moderator fragt, ob sie über dessen Schicksal irgendetwas wisse, antwortet die Mutter Folgendes:

> **Диана Астапенко:** Да, там они *его взорвали*. Нам соседи позвонили, что его, ну, *взорвали дома*. Он раненый [sic!] был, и они, ну, *взорвали*, и окна, двери *его вытащили*, *били* там, *избивали*. *Ребра поломали* ему и *почки* и (махая?) *рука*, все, он у крови/ (*Mužskoe/Ženskoe*, 13.10.2014, 00:25:36–00:25:55)

> **Diana Astapenko:** Ja, dort haben sie ihn in die Luft gesprengt. Uns haben die Nachbarn angerufen, dass sie ihn, ja also, in die Luft gesprengt haben zuhause. Er war verletzt, und sie, ja also, sie haben ihn in die Luft gejagt, und die Fenster und die Türen, sie haben ihn herausgezogen, geschlagen, verprügelt. Sie haben ihm die Rippen gebrochen und die Niere und [...] der Arm, alles, er war voll Blut/

Mit weinerlicher Stimme berichtet Diana Astapenko von den Gräueltaten und der Gewalt, welche die ukrainische Seite ihrem Sohn angetan habe. Diese habe Bogdan zuhause in die Luft gesprengt (*ego vzorvali doma*), ihn aus dem Haus gezerrt (*ego vytaščili*), geschlagen (*bili*), verprügelt (*izbivali*), die Rippen gebrochen (*rëbra polomali*) und anschließend weggebracht. Obwohl sie selbst nicht dabei war und daher auch nicht gesehen hat, was genau passiert ist, ist es doch erstaunlich, dass sie so genau über Bogdans Verletzungen und Schicksal Bescheid weiß, obwohl sie ihn angeblich seit vier Monaten nicht mehr gesehen und kein Lebenszeichen von ihm erhalten hat. Ihre Informationen, so erklärt sie, stammen von einer Nachbarin – einer 90 Jahre alten Oma, welche gegenüber wohnt. Obwohl dadurch die Fiktion der Geschichte deutlich wird, stellt sich die rationale Frage wahrscheinlich gar nicht, wie viel eine 90-jährige Oma, die noch dazu gegenüber wohnt, wirklich gesehen haben kann, da die Show ihr Ziel – die emotionale Miteinbeziehung der Zuseher*innen – mithilfe dieses Berichts der aufgelösten Mutter und der anschließenden tränenreichen Wiedervereinigung mit ihrem Sohn in der Show erreicht.

Zur Bezeichnung der Gräueltaten und Gewalt der ukrainischen Seite ist häufig auch von einem „Genozid" die Rede. Während dieser „Genozid" laut Ėj-

10.2 Fallbeispiel 2: Krieg in der Ostukraine (September/Oktober 2014)

nars Graudin'š am Volk der Ostukraine verübt werde (*genocid naroda Vostoka Ukrainy*), sprechen andere Talkshowgäste von einem Versuch des Genozids an der russischsprachigen Bevölkerung (*popytka genocida russkojazyčnogo naselenija*) sowie von einem Genozid in der gesamten Ukraine (*v Ukraine, ne na Donbasse, ėto genocid*) (vgl. *Vremja pokažet*, 13.10.2014, 00:43:37–00:43:40; *Politika*, 08.10.2014, 00:55:05–00:56:22)

Als Beweis dafür, dass in der (Ost-)Ukraine ein Völkermord stattfinde, wird in den Talkshowsendungen von der Umsiedelung der Bevölkerung bzw. deren Deportation in Lager berichtet: So erklärt Sergej Železnjak von der Regierungspartei *Edinaja Rossija*, dass die Menschen in der Ostukraine gezwungen würden, ihre Heimat zu verlassen, da die ukrainische Regierung in dieser Region „ihre eigenen schrecklichen Pläne" hätte (*u nich est' svoi strašnye plany*): die „Ansiedlung" von Menschen aus der Westukraine in der Ostukraine (*ėtich zemel'* [...] *oni budut zaseljat' s bedovymi rebjatami iz Zapadnoj Ukrainy*) (*Special'nyj korrespondent*, 09.09.2014, 00:33:20–00:33:49). Von dieser „Umsiedelung" (*pereselenie*) wird häufig berichtet, nach Angaben eines Opolčenec hat sie bereits in einigen Städten stattgefunden (*mnogich ljudej uže peresadili*) (vgl. *Vremja pokažet*, 13.10.2014, 00:39:54–00:40:18).

Des Weiteren werden in den Talkshows Gründe für die angebliche Vernichtung der Menschen im Donbass genannt. In POLITIKA am 08.10.2014 eröffnet beispielsweise der Minister für Brennmaterial und Energetik der Volksrepublik Doneck, Aleksej Granovskij, dass die Leute im Donbass „vernichtet" (*uničtožat'*) würden, weil sie anders als der Rest der Ukraine seien. Zur Betonung dieser angeblichen Andersartigkeit der Menschen aus der Ostukraine verwendet Granovskij den umgangssprachlichen Phraseologismus „aus anderem Holz geschnitzt sein" (*byt' iz drugogo testa*):

> **Алексей Грановский:** Уничтожают, потому что Донбасс как таковой, и Луганская и Донецкая народная республики – мы, *я не хочу сказать из другого теста, но мы думаем по-другому, мыслим по-другому, говорим на другом языке. Поэтому, раз мы так отличаемся, нас надо уничтожить.* [...] Мы – недолюди.
> (*Politika*, 08.10.2014, 00:08:28–00:08:43)

> **Aleksej Granovskij:** Sie vernichten, weil der Donbass als solcher, sowohl die Lugansker als auch die Donecker Volksrepublik – wir, ich will nicht sagen, dass wir aus anderem Holz geschnitzt sind, aber wir denken anders, ticken anders, sprechen eine andere Sprache. Deshalb, da wir so unterschiedlich sind, muss man uns vernichten. [...] Wir sind Untermenschen.

Besonders erwähnenswert ist, dass Granovskij den Unterschied zur restlichen Ukraine, der im Sprichwort konstatiert wird, mithilfe einer *Paralipse* noch einmal rhetorisch verstärkt (*ja ne choču skazat'* ... *no* ...), um schließlich auszuführen, dass die Ostukrainer*innen „anders denken" (*my dumaem po-drugomu*) und „eine andere Sprache sprechen" würden (*govorim na drugom jazyke*). Dieses Beispiel greift die Darstellung der Ukraine als geteilte Nation auf und erinnert an das Fallbeispiel 1, wo zur Argumentation für die Zugehörigkeit der Krim zu Russland ebenso auf den Unterschied zwischen der russisch- und ukrainischsprachigen Bevölkerung und die Andersartigkeit der Krim verwiesen wurde.[338]

Ein weiterer in den Talkshows angeführter Grund für die Vertreibung und Vernichtung der Bevölkerung aus dem Donbass ist mit der Darstellung von Russland als Opfer verknüpft. So erläutert Vladimir Žirinovskij, dass die ukrainische Regierung den Donbass „säubere" (*začistit'*), damit sich die Flüchtlinge in Richtung Russland wenden und Russland dadurch Schaden erleide (*Special'nyj korrespondent*, 09.09.2014, 00:32:55–00:33:15). Auch in VREMJA POKAŽET wird davon gesprochen, dass die Zerstörung des Donbass eigentlich gegen Russland gerichtet sei, da Russland sich anschließend um dessen Wiederaufbau kümmern müsse (vgl. *Vremja pokažet*, 13.10.2014, 00:36:20–00:36:40).

Als Motiv für die angebliche Umsiedelung der Menschen aus der Ostukraine werden jedoch auch abstruse Theorien angeführt. So postuliert Vladimir Žirinovskij, dass die ukrainische Regierung das Gebiet des Donbass an amerikanische Firmen verkauft habe (*oni že prodali éti zemli amerikanskim kampanijam*) und die Menschen daher von dort weggebracht werden müssten (vgl. *Special'nyj korrespondent*, 09.09.2014, 00:42:46–00:43:11).

Hier endet nun die Präsentation der Vorwürfe und Anschuldigungen, die in den russischen Talkshows an die Ukraine und ihre Regierung gemacht werden. Wie diese Beispiele zeigen, sind viele dieser Vorwürfe Strategien der Kriegspropaganda: die alleinige Schuld am Krieg, die Verwendung unerlaubter Waffen sowie das absichtliche Begehen schlimmster Grausamkeiten und Kriegsverbrechen (vgl. Morelli 2004). Gleichzeitig dienen diese Anschuldigungen wiederum zur Legitimierung des eigenen Vorgehens und der Einmischung Russlands in den Konflikt bzw. Krieg, da es die Opolčency beim Kampf gegen die als Dämon und Bestie dargestellte ukrainische Seite unterstützen müsse.

10.2.6.2 Vorwürfe und Anschuldigungen an den Westen

Wie bereits im Laufe der Analyse deutlich wurde, stellt der Westen, allen voran Amerika bzw. die USA, den Hauptgegner Russlands und dessen Gegenpol dar. Einerseits wird ‚der Westen' (*Zapad*) in den Talkshows als eine Einheit, als großes Ganzes und selbstständig handelnder Akteur charakterisiert. Folgende Beispiele aus den analysierten Shows illustrieren diese Wahrnehmung des Westens

---

338 Siehe Abschnitte III.10.1.4.1 und III.10.1.4.2.

als eine Einheit: *Zapad grozit Rossii očerednoj porciej sankcii/Zapadu uže trudno ne reagirovat'/Zapad budet snova ljubit' Rossiju.*

Andererseits wird in den Talkshows sowie in den russischen Medien allgemein zwischen den USA/Amerika und Europa unterschieden. Während Amerika (*Amerika/SŠA/Soedinënnye Štaty Ameriki*) häufiger beschuldigt wird, kriminell zu agieren, befinde sich „Europa" (*Evropa*) bzw. die „Europäische Union" (*ES/Evrosojuz/Evropejskij sojuz/strany Evropy*) unter dem Einfluss der USA und werde von ihnen auf Abwege gebracht (vgl. Hutchings und Szostek 2015: 175–176).

Neben dieser Zweiteilung des Westens als Einheit einerseits sowie der Unterscheidung zwischen USA/Amerika und Europa andererseits zählen zum Westen auch die in den Talkshows erwähnten westlichen Organisationen wie die NATO, die UNO (*OON*) und die OSZE (*OBSE*).

In den nachfolgenden Abschnitten werden nun die Anschuldigungen und Vorwürfe, die in den Talkshows an den Westen gemacht werden und das propagandistische Stereotyp der Feindseligkeit des Westens gegenüber Russland aufgreifen (vgl. Barabaš et al. 2015: 249), präsentiert.

– **Krieg gegen Russland auf ukrainischem Gebiet**

Wie bereits im Abschnitt über die Darstellung des Konflikts (siehe Abschnitt III.10.2.4) deutlich wurde, werden der Westen und vor allem die USA beschuldigt, in der Ukraine einen Stellvertreterkrieg gegen Russland zu führen.

In Politika am 07.09.2014 behauptet beispielsweise Sergej Markov, dass Obama „mit fremden Soldaten" (*čužimi soldatami*) in der Ukraine gegen Russland (*protiv Rossii*) kämpfe, womit er auf die Beeinflussung der Ukraine durch die USA und deren Handlungsunfähigkeit anspielt:

> **Сергей Марков**: Обама решил: Будем воевать чужими солдатами. [...] И вот сейчас на Украине действительно происходит такая война против России де-факто чужими солдатами. (*Politika*, 07.09.2014, 00:57:15–00:57:26)

> **Sergej Markov:** Obama hat beschlossen: Wir werden mit fremden Soldaten kämpfen. [...] Und hier in der Ukraine findet jetzt tatsächlich ein solcher Krieg gegen Russland statt, de facto mit fremden Soldaten.

In Zusammenhang mit der Behauptung, dass der Konflikt in der Ukraine eigentlich ein Krieg zwischen Russland und dem Westen sei, wird auch von einem „neuen kalten Krieg" (*novaja cholodnaja vojna*) gesprochen und die NATO als Hauptgegner Russlands präsentiert. So informiert der Moderator von Politika die Zuseher*innen darüber, dass der NATO-Generalsekretär Anders Rasmussen „mit Wikingermiene" (*s licom vikinga*) Russland seine „Speerspitze" (*ostrië kop'ja*) gezeigt habe:

Петр Толстой: *Господин Расмуссен с лицом викинга показывал, что они сделали какое-то острие копья, которое будет снова силой быстрого реагирования направлено против нашей страны. Я вас поздравляю, у НАТО появился новый старый враг – это мы.*
(Politika, 07.09.2014, 00:46:44–00:46:56)

Pëtr Tolstoj: Herr Rasmussen hat mit Wikingermiene gezeigt, dass sie eine Art Speerspitze geschaffen haben, welche erneut eine schnelle Eingreiftruppe gegen unser Land sein wird. Ich gratuliere Ihnen, die NATO hat einen neuen alten Feind – nämlich uns.

Mithilfe dieser Gleichsetzung von Rasmussen mit einem Wikinger spielt Tolstoj auf dessen Herkunft an, da dieser ursprünglich aus Dänemark stammt. Gleichzeitig drückt er damit die Grimmigkeit und Entschlossenheit des NATO-Generalsekretärs aus. Die „Speerspitze" (*ostrië kop'ja*) bezeichnet metaphorisch die neue Eingreiftruppe (*sila bystrogo reagirovanija*), welche die NATO gegen Russland aufgestellt habe. Somit habe die NATO nun ihren „neuen alten Feind" (*novyj staryj vrag*), wie der Moderator oxymoronisch erklärt, wiedererlangt.

In einer anderen Sendung werden Beweise dafür angeführt, dass der Westen, genauer gesagt die NATO, in den Krieg in der Ukraine verwickelt sei. Der Moderator, Aleksandr Gordon, zitiert die Worte seiner Großmutter, die ihm Folgendes anvertraut habe: „Fürchte dich nicht vor den Deutschen, fürchte dich vor den Finnen." (*Nemcov ne bojsja, bojsja finnov.*). Die Finnen seien im Zweiten Weltkrieg diejenigen gewesen, die Unruhe gestiftet, Verbrechen begangen und bei ihrem Abzug Dörfer angezündet hätten. Schließlich fragt Gordon seinen Gast, wer diese Finnen heute seien – „die Russen" seien das jedenfalls nicht (*Ėto že ne russkie.*) (*Politika*, 08.10.2014, 00:07:39–00:08:10). Die Antwort darauf wird dem Moderator im anschließenden Dialog mit dem Abgeordneten der *Verchovnaja Rada*, Sergej Gorochov, präsentiert:

Сергей Горохов: А Вы знаете, кто в Донецком аэропорту воюет [на стороны Украины]?

Александр Гордон: [Кто?]

Сергей Горохов: *Поляки и немцы.*

Александр Гордон: Я спрашиваю: Кто эти финны?

Сергей Горохов: *Это натовцы, там чисто натовцы воюют.*
(Politika, 08.10.2014, 00:08:10–00:08:20)

Sergej Gorochov: Und wissen Sie, wer am Donecker Flughafen kämpft auf der Seite der Ukraine?

Aleksandr Gordon: Wer?

Sergej Gorochov: Polen und Deutsche.

Aleksandr Gordon: Ich frage: Wer sind diese Finnen?

Sergej Gorochov: Das sind die Soldaten der NATO, dort kämpfen die Soldaten der NATO.

Wie diese kurze dialogische Sequenz demonstriert, behauptet Sergej Gorochov, dass am Donecker Flughafen Soldaten der NATO (*natovcy*), nämlich „Polen und Deutsche" (*poljaki i nemcy*), kämpfen würden. Dies seien die Finnen, von denen Gordon in der Anekdote seiner Großmutter berichtet hat, und in diesem Kontext werden die NATO-Kämpfer als noch schlimmer als die ukrainische Seite, die, wie bereits mehrmals in dieser Arbeit gezeigt wurde, im russischen Ukrainediskurs als „Faschisten" bezeichnet werden, dargestellt. Gleichzeitig wird mit diesen Worten behauptet, dass die NATO in den Konflikt in der Ukraine involviert sei und dort sogar mit eigenen Soldaten kämpfe.

In Bezug auf die Einmischung der NATO wird jedoch von den Vertretern des Westens abgestritten, dass die USA oder die NATO Konfliktparteien in der Ukraine seien (*Politika*, 08.20.2014, 00:42:35–00:43:02). Wie der Vertreter der NATO, Robert Pšel', zudem erklärt, verbinde die NATO und die Ukraine zwar eine „besondere Partnerschaft" (*osobennoe partnërstvo*), aber die NATO nehme am Konflikt in der Ukraine nicht teil, sondern unterstütze lediglich die dortigen Reformen. Die Ukraine sei ein selbstständiges Land und habe daher das Recht auf die Verteidigung und den Kampf gegen den Separatismus (*Politika*, 08.20.2014, 00:50:55–00:52:07).

– **Leiter des Krieges in der Ukraine bzw. Schuldige an diesem Krieg**
Eine Strategie von Kriegspropaganda ist es, die alleinige Schuld am Krieg dem Gegner, in diesem Fall der Ukraine sowie dem Westen, zu geben.

Erstens wird in den Shows behauptet, dass der Westen, allen voran die USA, die Ukraine auf lange Zeit destabilisiert habe. Wie Vjačeslav Nikonov von der Regierungspartei erklärt, habe der „Welthegemon" (*mirovoj gegemon*) in der Ukraine einen „wiederholten/weiteren Fehler" (*očerednaja ošibka*) begangen, und zur Verdeutlichung und Untermauerung dieser Behauptung zieht er eine Parallele zwischen der Situation in der Ukraine und anderen militärischen Interventionen des Westens wie in Libyen oder im Irak:

> **Вячеслав Никонов:** *Этот мировой гегемон*, он на самом деле совершает ошибку за ошибкой и это очередная *ошибка, которую он совершил и совершает на Украине*. Не хотелось бы, чтобы результаты были такие-же как в Ливии или в Ираке, но то, что *Украина уже дестабилизирована – это очевидно*. Что это надолго – это тоже очевидно. (*Politika*, 07.09.2014, 00:54:38–00:54:58)

> **Vjačeslav Nikonov:** Dieser Welthegemon begeht einen Fehler nach dem anderen und es ist ein weiterer Fehler, den er in der Ukraine begangen hat und begeht. Ich möchte nicht, dass die Ergebnisse die gleichen sind wie in Libyen oder im Irak, aber es ist offensichtlich, dass die Ukraine bereits destabilisiert ist. Und dass sie das für lange Zeit ist, das ist auch offensichtlich.

Zweitens wird in den Talkshows Amerika die Schuld am Krieg in der Ukraine gegeben, da es die ukrainischen Nationalisten fördere (*vy, Soedinënnye Štaty Ameriki, kotorye pooščrjajut ėtich nacionalistov*) und dadurch den Konflikt entfacht habe (*vy razvjazaly konflikt*) (vgl. *Politika*, 08.10.2014, 00:47:32–00:48:16).

Außerdem lautet eine dritte Anschuldigung, dass Amerika bzw. die NATO die Krieger und Soldaten in der Ukraine ausbilde und mit Ausrüstung versorge. Dieser Vorwurf steht in Zusammenhang mit der Beschuldigung der Ukraine, die Waffenruhe zur Stärkung der eigenen Truppen zu nutzen:

> **Франц Клинцевич:** *Сегодня идет перегруппировка,* сегодня Порошенко сам сказал, *поступает военная техника, снаряжение стран НАТО,* сегодня подготовлены бойцы, *которых готовят американские специалисты* [...] и к сожалению, я должен сказать – украинские вооруженные силы готовятся к войне.
> (*Special'nyj korrespondent*, 09.09.2014, 00:35:54–00:36:14)

> **Franc Klincevič:** Heute erfolgt eine Umgruppierung, heute hat Porošenko selbst gesagt, dass militärische Ausrüstung eintrifft, Ausrüstung der NATO-Länder, heute werden Kämpfer ausgebildet, welche amerikanische Spezialisten vorbereiten [...] und leider muss ich sagen, dass sich die ukrainischen Streitkräfte auf den Krieg vorbereiten.

Eine vierte Behauptung wird von Vladimir Žirinovskij in SPECIAL'NYJ KORRESPONDENT aufgestellt. Er zeigt sich überzeugt, dass die USA den Krieg in der Ukraine bräuchten, weil sie damit Geld verdienen und Profit daraus ziehen würden (*Vojna zarabotaet bol'šie den'gi. Ėti den'gi nužny Amerike.*) (*Special'nyj korrespondent*, 09.09.2014, 00:02:54–00:03:20).

Eine ähnlich abstruse Theorie stellt auch Franc Klincevič auf. Dieser behauptet, dass die NATO in der Krise stecke und alle Anstrengungen unternehme, um diese Organisation wieder auf die Beine zu stellen. Die NATO und die USA würden deshalb keinen Frieden in der Ukraine brauchen (*mir* [...] *ne nužen Soedinënnym Štatam Ameriki i NATO*) (vgl. *Special'nyj korrespondent*, 09.09.2014, 01:11:45–01:12:52)

- **Einmischung in die Angelegenheiten Russlands**

Die USA bzw. Amerika, so der Tenor in den Talkshowsendungen, mischen sich in die Angelegenheiten anderer Länder ein, und das habe noch nie etwas Gutes mit sich gebracht. In den Sendungen werden daher wiederholt Beispiele für die außenpolitischen Fehltritte Amerikas vorgebracht, wie beispielsweise die Großziehung der Taliban in Afghanistan (*Talibov že oni vospitali*) oder der Kämpfer in Syrien (*v Sirii, oni boevikov vospitali*) (vgl. *Special'nyj korrespondent*, 09.09.2014, 01:00:20–01:01:22). Auch in der Ukraine mische sich Amerika ein und denke, dass es die Beziehung zwischen Russland und seinen Nachbarn bestimmen könne, wie der Moderator in POLITIKA festhält:

> **Александр Гордон:** Вы почему-то, *вы с другого континента решили, что это вам определять отношения между соседями*, что это вам решать кто из нас, кто кому/
> (*Politika*, 08.10.2014, 00:46:00–00:46:12)

> **Aleksandr Gordon:** Ihr habt – warum auch immer – von einem anderen Kontinent aus beschlossen, dass ihr die Beziehungen zwischen Nachbarn bestimmen dürft, dass ihr entscheiden dürft, wer von uns, wer wem/

Die Einmischung des Westens in die Angelegenheiten Russlands wird zudem vom Moderator Pëtr Tolstoj mit einer gewissen Portion Ironie und Zynismus kommentiert. Wie der Talkshowhost erklärt, würde Russland den Wunsch der USA, die Ukraine zu integrieren, „sehr schätzen" (*očen' uvažaem*). Um die Ironie dieser Äußerung zu unterstreichen, zieht Tolstoj eine absurde Parallele, indem er festhält, dass es nun das Wichtigste sei, dass Russland nicht auf einmal Mexiko integriere:

> **Петр Толстой:** Мы очень уважаем ваше желание интегрировать Украину, но *самое главное, чтобы пока, чтобы Россия не вдруг интегрировала Мексику*.
> (*Politika*, 08.10.2014, 00:48:24–00:48:30)

> **Pëtr Tolstoj:** Wir respektieren euren Wunsch die Ukraine zu integrieren sehr, aber das Wichtigste ist, dass bis dahin, dass Russland nicht auf einmal Mexiko integriert.

Mit dieser Bemerkung verweist Tolstoj auf die geographische Distanz, die zwischen der Ukraine und Amerika sowie zwischen Russland und Mexiko liegt, und impliziert mit dieser Gegenüberstellung, dass eine Einmischung der USA in die Ukraine genauso absurd sei wie eine Einmischung Russlands in den mittelamerikanischen Staat.

- **Taubheit, Unverständnis und Dummheit**

Der Vorwurf an den Westen, Russland nicht zu verstehen und taub gegenüber dessen Argumente zu sein, wurde bereits im Rahmen der Analyse im Fallbeispiel 1 konstatiert, wo dieses Unverständnis metaphorisch in Form von Perzeptionsstörungen sowie der Wandmetapher ausgedrückt wurde (siehe Abschnitt III.10.1.4.1).

Die Aussage, dass der Westen Russland nicht verstehe, ist eng mit den westlichen Sanktionen gegen Russland verbunden, da die Sanktionen aus russischer Sicht gegenseitigem Unverständnis geschuldet sind. So stellt Pëtr Tolstoj in POLITIKA die rhetorische Frage nach dem Grund für die erneuten Sanktionen, wo es doch nun eine Waffenruhe gebe und die Friedensvereinbarungen unterschrieben seien und liefert sofort selbst die Antwort darauf: Der Westen, in diesem Fall Europa, sei selbst eine Konfliktseite (*oni storona konflikta*) und wolle die Argumente Russlands nicht hören (*oni ne chotjat slyšat' našich argumentov*). Den Misserfolg eines Dialogs mit dem Westen vergleicht Tolstoj mit einem „Gespräch zwischen einem Blinden und einem Gehörlosen" (*ėto kak razgovor slepogo s gluchim*), womit er – wie im Fallbeispiel 1 – das gegenseitige Nicht-Verstehen anhand der Perzeptionsstörungen konkretisiert (*Politika*, 07.09.2014, 00:36:14–00:36:33).

Auch mithilfe der *Grenz- bzw. Grabenmetapher* wird die Meinungsverschiedenheit bzw. das fehlende Verständnis füreinander ausgedrückt. So erklärt Vjačeslav Nikonov, Parteimitglied von *Edinaja Rossija*, dass Amerika schuld sei, dass die „Gräben" zwischen Russland und der Europäischen Union „aufgegraben" werden (*rojutsja rvy*):

> **Вячеслав Никонов:** Что *роются уже*, в буквальном смысле, *рвы между Россией и Европейским союзом* и это тоже на руку Соединенных Штатов, потому что объединение усилий России и Европейского Союза могло бы создать очень сильный такой глобальный альянс. (*Politika*, 07.09.2014, 00:54:58–00:55:14)

> **Vjačeslav Nikonov:** Es werden bereits buchstäblich die Gräben zwischen Russland und der Europäischen Union aufgegraben und das nützt den Vereinigten Staaten, da die Bündelung der Kräfte von Russland und der Europäischen Union eine sehr starke globale Allianz hervorbringen könnte.

Dieses Beispiel zeigt auch die Differenzierung zwischen Europa und Amerika, da Nikonov hier kritisiert, dass es Amerika nütze (*ėto na ruku Soedinënnych Štatov*), wenn Russland und Europa keine gemeinsame Allianz bilden.

In POLITIKA wird diese Zweiteilung des Westens sehr radikal ausgedrückt, indem Michail Deljagin erklärt, dass die Amerikaner die Europäer gezwungen hätten – er verwendet das ausdrucksstarke Verb „vergewaltigt" (*Amerikancy [...] iznasilovali Evropejcev dlja togo, čtoby oni vveli sankcii*) –, Sanktionen gegen Russland zu verhängen, die fast nicht mehr aufzuheben seien (vgl. *Politika*, 08.10.2014, 00:49:12–00:49:30).

In Zusammenhang mit den Sanktionen wird Europa jedoch auch Dummheit und Naivität vorgeworfen, da es sich mit den Sanktionen selbst schaden würde. Die Abgeordnete der *Verchovnaja Rada*, Oksana Kaletnik, vergleicht Europa mit einem dummen Kind (*kak glupyj rebënok*), das die Hände auf die Herdplatte lege und nicht begreife, dass es sich dabei selbst verbrenne:

> Оксана Калетник: Почему же Европа сегодня, неся такие потери от этих самих санкций, которые оборачивают в сторону России, все равно продолжает это делать. *Как глупый ребенок, который руки кладет на плиту, понимая, что он все равно обожжется, не понимая этого.* (*Politika*, 07.09.2014, 00:59:33–00:59:48)

> **Oksana Kaletnik:** Warum also fährt Europa, das durch diese Sanktionen, die sich gegen Russland richten, solche Verluste erleidet, trotzdem fort das zu tun? Wie ein dummes Kind, das die Hände auf den Herd legt und weiß, dass es sich trotzdem verbrennen wird, und das nicht begreift.

Wie diese Beispiele demonstrieren, wird vor allem Amerika als eigentlicher Gegner Russlands gesehen. Europa dagegen wird als Vergewaltigungsopfer der USA sowie als naives, dummes Kind und somit eigentlich als unmündig präsentiert.

- **Lüge, keine Vertrauenswürdigkeit und Propaganda**

Die Anschuldigung, dass der Westen lüge bzw. Russland ihm nicht vertrauen könne, wird in den Talkshows immer wieder vorgebracht und zeige sich u. a. an der Verhängung neuer Sanktionen sowie generell an der Einmischung des Westens in der Ukraine.

In den untersuchten Sendungen wird klargestellt, dass der Westen nicht vertrauenswürdig sei. Der Opolčenec, Vladimir Rogov, bezeichnet die westlichen Organisationen daher wortwörtlich als „Anwälte des Teufels" (*advokaty d'javola*) und die westlichen Menschenrechtsorganisationen als „qualitätslos" (*ne javljajutsja kačestvennymi*) (*Vremja pokažet*, 13.10.2014, 00:56:21–00:57:34).

Außerdem könne den westlichen Informationen nicht vertraut werden bzw. seien sie falsch. Als der Vertreter der NATO, Robert Pšel', das in den Talkshows präsentierte Bild des Kriegs als „einseitig, unrichtig und unvollständig" kritisiert (*zdes' polučaetsja očen' odnostoronnjaja kartinka*[339]/*absoljutno ne čestnaja i ne polnaja*), um darauf hinzuweisen, dass auch auf dem Gebiet der „Separatisten" (*separatisty*) Bürger*innen sterben, erwidert der Moderator, dass er derartige Fakten nicht kenne (*ja takich faktov ne imeju*) und die NATO hier anscheinend andere Informationen habe (*U vas v NATO – drugie fakty?*) (*Politika*, 08.10.2014, 00:22:32–00:22:40). Diese Reaktion des Moderators ist ein gutes Beispiel dafür, wie sofort versucht wird, die Kritik an der einseitigen Darstellungsweise in russischen Talkshows abzuschwächen bzw. als nichtig darzustellen, indem die andere, westliche Seite als Lügner hingestellt wird. Mit seinen Worten impliziert Tolstoj, dass die Informationen der NATO falsch seien (*u vas v NATO – drugie fakty?*) und zieht die Frage Pšel's ins Lächerliche, indem er die Aufmerksamkeit auf die Erschießung von Menschen auf ukrainischer Seite lenkt. Tolstoj hebt den Zeigefinger

---

[339] Pšel' verwendet hier immer den Diminutiv *kartinka* anstatt der Vollform *kartina*.

an seinen Kopf und fragt, ob Pšel' glaube, dass sich diese Leute „mit verbundenen Händen" (*so svjazannymi rukami*) selbst in den Kopf geschossen hätten, und benutzt diese Absurdität als Gegenargument und Beweis dafür, dass Pšel' als Vertreter der NATO und des Westens nicht die Wahrheit sage.

Auch in der Diskussion um die Herkunft der Waffen der Opolčency diskreditiert Tolstoj die gegnerische (westliche) Seite und stellt sie als unwissend, ahnungslos und unglaubwürdig dar (*možet byt' ne došla informacija do Vas*), indem er seinem Gast Informationen in Erinnerung ruft (*ja dolžen Vam napomnit', čto*), woher die Waffen der Opolčency stammen:

> **Петр Толстой:** Я должен Вам напомнить, господин Пшель, может быть не дошла информация до Вас, что последний котел – это 2000 украинских солдат, которые сдались, не говоря о пятистах, которые перебежали границу в/ нашли убежище в России и тоже оставили оружие на территории Донецкой и Луганской республики. Оружия там хватает как в любой гражданской войне. Вот.
>
> (*Politika*, 08.10.2014, 00:26:46–00:27:09)

> **Pëtr Tolstoj:** Ich muss Sie daran erinnern, Herr Pšel', vielleicht ist die Information nicht bis zu Ihnen gelangt, dass sich im letzten Kessel 2000 ukrainische Soldaten befanden, die sich ergeben haben, ganz zu schweigen von den fünfhundert, die über die Grenze gelaufen sind bzw. in Russland Zuflucht gefunden haben und auch ihre Waffen auf dem Gebiet der Donecker und Luganker Republiken zurückgelassen haben. Waffen gibt es dort genug wie in jedem Bürgerkrieg. So ist das.

Tolstoj gibt in diesem Fragment Informationen wieder, von denen der Westen anscheinend nichts wisse, um pauschal zu erklären, woher die Opolčency ihre Waffen haben: Die ukrainischen Soldaten seien desertiert, nach Russland geflohen und hätten das Kriegsgerät auf dem Gebiet von Doneck und Lugansk zurückgelassen, sodass es dort nun „genug Waffen wie in jedem Bürgerkrieg" gebe (*oružija tam chvataet kak v ljuboj graždanskoj vojne*).

In diesem Ausschnitt verunglimpft der Moderator sowohl den Westen als auch die ukrainische Seite: Der Westen verfüge nicht über die notwendigen Informationen und die ukrainischen Soldaten werden als schwach (*sdalis'*) sowie als Deserteure (*perebežali granicu*) im Bürgerkrieg präsentiert.[340] Den eigenen Informationen verleiht der Moderator jedoch Glaubwürdigkeit und Objektivität, indem er genaue Zahlen nennt.

In Zusammenhang mit der Aussage, dass der Westen lüge, steht ebenso die Behauptung, dass die USA bzw. Amerika *Propaganda* gegen Russland betreiben. Amerika habe, so die Behauptung von Aleksandr Gorochov, in den 23 Jahren der Unabhängigkeit der Ukraine „fünf Milliarden Dollar" für die Propaganda gegen

---

340 Siehe auch Abschnitt III.10.2.5.2.

die russischsprachige Bevölkerung bzw. gegen Russland ausgegeben (*Amerika potratila pjat' milliardov dollarov na propagandu protiv* [...] *Rossii*) (vgl. *Politika*, 08.10.2014, 00:54:08–00:54:29).

Während der Westen der Propaganda bezichtigt wird, negiert Russland, dass es Propaganda betreibe. Bemerkenswert ist jedoch, wie der Moderator die Existenz einer russländischen Propaganda in der Ukraine bestreitet:

> **Петр Толстой:** А *российской пропаганды нет на Украине. У нас перерезаны все*, так сказать, *все возможности. Даже если б у нас была пропаганда.*
> (*Politika*, 08.10.2014, 00:52:53–00:53:04)

> **Pëtr Tolstoj:** Aber russländische Propaganda gibt es in der Ukraine nicht. Bei uns sind, sozusagen, alle Möglichkeiten abgeschnitten. Auch wenn es bei uns Propaganda gäbe.

Tolstoj leugnet zuerst, dass es eine russländische Propaganda in der Ukraine gibt (*rossijskoj propagandy net na Ukraine*). Dann liefert er überraschenderweise eine Erklärung dafür, warum keine Propaganda existiere, nämlich, weil „alle Möglichkeiten abgeschnitten" seien (*vse vozmožnosti pererezany*), was eine mögliche Anspielung auf die Tatsache sein könnte, dass russisches Fernsehen in der Ukraine nicht mehr empfangen werden kann.[341] Eventuell wird sich Tolstoj der Ambiguität seiner Äußerungen bewusst und fügt daher er abschließend hinzu „Auch wenn es bei uns Propaganda gäbe." (*Daže esli b u nas byla propaganda*), womit er klarstellt, dass es keine Möglichkeit für Propaganda gibt, selbst wenn es sie geben würde.

– **Desinteresse an der Ukraine**

Ein weiterer Vorwurf an den Westen ist jener, dass dieser sich gar nicht für die Ukraine interessiere. Diese Beschuldigung bildet einen Widerspruch zu den bisherigen Aussagen über den Westen, da dieser einerseits der eigentliche Schuldige an bzw. Drahtzieher der Ereignisse in der Ukraine sei und andererseits in der Ukraine einen Krieg gegen Russland führe. Wie jedoch im Verlauf der Analyse gezeigt wurde, kommen widersprüchliche Aussagen in den Talkshowsendungen häufig vor und sind zudem eine Strategie von Propaganda.

Als Beweis für das Desinteresse des Westens an der Ukraine wird in SPECIAL'-NYJ KORRESPONDENT ein Artikel aus dem Journal *Foreign Policy* mit der Schlagzeile „Congress may not have time for Ukraine's president" projiziert. Diese Überschrift nimmt der Moderator zum Anlass für seine Frage, ob Amerika gegenüber dem ukrainischen Präsidenten Porošenko nach dessen Friedensinitiativen „abge-

---

[341] Von 2014 bis 2016 wurden insgesamt 73 russische Fernsehsender in der Ukraine verboten (vgl. Katyšev 2016).

kühlt" sei (*Ochladela Amerika k Porošenko posle ego mirnych iniciativ?*). Diese Frage wird von Anisa Nauėj, einer amerikanischen Journalistin von *Russia Today*, beantwortet: Porošenko und die Ukraine seien für ihr Land nicht von Bedeutung, Russland dagegen schon (*Rossija namnogo važnee dlja Štatov čem Ukraina*). Auch die bevorstehenden Kongresswahlen hätten mehr Relevanz für Amerika als die Ukraine (*ėto važnee čem Ukraina*) (*Special'nyj korrespondent*, 09.09.2014, 00:58:36–00:59:00).

Ebenso spricht der Journalist der *Komsomol'skaja pravda*, Aleksandr Jakovlev, mit deutlichen Worten von einem Desinteresse der USA an der Ukraine, da die USA lediglich an Russland interessiert seien (*Soedinënnye Štaty ne interesuet Ukraina. Ich interesuet Rossija*) (*Special'nyj korrespondent*, 09.09.2014, 01:08:07–01:08:39). Jakovlev stellt die USA zudem als Verlierer dar, welche wiederholt scheitern würden (*oni proigryvajut raz za razom*) und nun hysterisch (*my vidim isteriku*) seien. Diese Hysterie sei auch im amerikanischen und „pseudoukrainischen" (*psevdo-ukrainskij*) Fernsehen beobachtbar.

Das Desinteresse des Westens an der Ukraine wird zudem mit der Darstellung Russlands als Aufklärer und der Hervorhebung der Arbeit russischer Journalisten verschränkt: So hätten russische Journalisten ihren westlichen Kollegen Informationen und Material geliefert, das damals jedoch niemanden interessiert habe (*No togda ėtogo nikogo ne interesovalo.*) (vgl. *Special'nyj korrespondent*, 09.09.2014, 00:36:43–00:37:38).

Abschließend kann festgehalten werden, dass die Analyse allgemein demonstriert, dass der Westen in den Polit-Talks eine wichtige Rolle als Referenzpunkt für Russlands Selbstpositionierung und Inszenierung als Opfer und gleichzeitig Aufklärer bildet.

Zudem wird in dem Abschnitt erkennbar, dass sich einige Vorwürfe gegenüber dem Westen mit jenen der Ukraine decken: Sowohl der Westen als auch die Ukraine werden der Lüge bezichtigt und als nicht vertrauenswürdig dargestellt. Beiden Parteien wird die Schuld am Krieg in der Ukraine gegeben, was, wie gezeigt wurde, eine zentrale Strategie von Kriegspropaganda ist. Darüber hinaus wird auch bei den Vorwürfen an den Westen die Widersprüchlichkeit der Aussagen deutlich, wie beispielsweise, dass er sich nicht für die Ukraine interessiere, aber gleichzeitig den Konflikt entfacht habe und selbst daran mitwirke.

Außerdem wird der Westen beschuldigt, sich in die inneren Angelegenheiten anderer Staaten einzumischen und Russland nicht zu verstehen. Diese Aussagen finden sich ebenso in den Talkshowsendungen aus dem Jahr 2016 (vgl. Kaltseis 2016), was zum einen ein Indiz dafür ist, wie festgefroren das Bild des Westens in den russischen Talkshows und Medien ist. Zum anderen zeigt es, dass sich die

Inhalte der Diskussionen in den Talkshows ständig wiederholen und aufgrund der starken Polarisierung als Propaganda bezeichnet werden können.

10.2.7 Zusammenfassung der Analyse

Die vorliegende Kritische Diskursanalyse der Talkshowsendungen, die sich dem Krieg in der Ostukraine nach dem Waffenstillstandsabkommen Minsk I im September und Oktober 2014 widmen, macht deutlich, wie widersprüchlich, polarisierend, einseitig, aber auch promilitärisch und emotional die Ereignisse und Akteure in der Ostukraine im russischen Fernsehen präsentiert wurden. Die Analyse konzentriert sich auf die Untersuchung der einzelnen Kriegsparteien sowie die Vorwürfe und Anschuldigungen, mit denen die Ukraine und der Westen in den Shows konfrontiert wurden.

Eine zentrale Rolle bei der Darstellung des Krieges und der Kriegsparteien spielen die in den Talkshows eingesetzten audiovisuellen Mittel, insbesondere die gezeigten Videos und Bilder. In den analysierten Talkshows wurden fünf verschiedene Funktionen von Bildern herausgearbeitet: Erstens dienen die Bilder der *Suggestion*, das heißt, dass sie die Glaubwürdigkeit des Gezeigten und Erzählten erhöhen. Einerseits werden die Opolčency heroisiert, indem sie beispielsweise mit übernatürlichen Ereignissen in Verbindung gebracht und ihre Waffen, vor allem das Maschinengewehr, ästhetisch in Szene gesetzt werden. Die ukrainische Seite wird in den Talkshows dagegen diffamiert, wobei gezeigt wurde, dass Bild und Text sich gegenseitig ergänzen: Das, was auf den teilweise stark verpixelten Bildern nicht gezeigt werden kann bzw. nicht zeigbar ist, wird mithilfe der sogenannten Ästhetik der Anspielung in Form von Gräuelgeschichten sprachlich ergänzt. Dadurch wird die Beteiligung und Miteinbeziehung des Publikums erhöht, weil es mithilfe seines eigenen Vorstellungsvermögens die durch die Verpixelung der Bilder entstandenen Lücken schließen muss. Neben den Gräuelgeschichten sind ein weiteres Beispiel für die Diffamierung der ukrainischen Seite Aufnahmen von zerstörtem und am Boden liegendem Kriegsgerät, welches metonymisch für die Schwäche und Zerstörung der ukrainischen Armee steht.

Eine zweite Funktion von Bildern ist ihre *Unmittelbarkeit*, da den Zuseher*innen mithilfe bestimmter Kameraperspektiven das Gefühl vermittelt wird, direkt am Geschehen teilzuhaben. Außerdem erfüllen Bilder eine dritte Funktion, nämlich die der *Dramatisierung und Emotionalisierung*. Hier wird vor allem mit hohen Schnittfrequenzen, Musik sowie Großaufnahmen der Gäste gearbeitet, um die emotionalisierende Wirkung und Dramatik des Gezeigten zu verstärken. Die vierte Funktion von Bildern ist die der *Personalisierung*, die mithilfe von Interviews von Betroffenen vor Ort sowie der Metonymie von Text-Bild-Verhältnissen erzeugt wird. Fünftens wurde gezeigt, dass Bilder in den Talkshows auch als *didaktische Mittel* fungieren, indem sie die mithilfe spezifischer Waffenterminologe bzw. Fachterminologie bezeichneten Kriegsgeräte sowie ihre Zerstörungskraft visualisieren.

Neben der Darstellung der verschiedenen Funktionen von Bildern und ihres Zusammenspiels mit dem gesprochenen Text demonstriert die vorliegende Diskursanalyse, wie widersprüchlich und unlogisch der Konflikt *per se* in den Talkshows dargestellt wird: Einerseits wird von einem innerukrainischen Konflikt, einem Bürgerkrieg gesprochen, von dem die einen behaupten, dass es ein Kampf zwischen Ukrainer*innen sei, während die anderen darauf bestehen, dass in der Ukraine Russ*innen gegeneinander kämpfen. Ferner wird der Krieg als Stellvertreterkrieg zwischen Russland und den USA auf dem Gebiet des Donbass präsentiert. Eine dritte Version geht schließlich von einer noch größeren Bedeutung des Kriegs aus: Es sei ein Kampf gegen die russische Welt bzw. auf ideologischer Ebene ein Kampf zwischen Faschismus und Antifaschismus. Diese Widersprüchlichkeit, die bei der unterschiedlichen Darstellung des Krieges ersichtlich wird, ist, wie mehrmals in der Analyse gezeigt wurde, eine Strategie von Propaganda.

In Bezug auf die *sprachlich-rhetorischen Mittel* zur Bezeichnung der Konfliktparteien wurde deutlich, dass die Separatisten durchgehend mit positiven Begriffen bezeichnet, die ukrainische Seite dagegen mit Hate-Speech-Termini, die unter anderem aus dem Zweiten Weltkrieg oder dem sowjetischen Newspeak stammen, diffamiert wird. Besonders bemerkenswert ist, dass die russischen Talkshowgäste Hate-Speech auch zur Selbstbezeichnung und Untermauerung des eigenen Opferstatus verwenden, um in Form von indirekten Zitaten die andere, ukrainische Seite wiederzugeben. Außerdem wurde anhand eines Beispiels die sogenannte Echotechnik gezeigt, welche unter anderem dazu dient, die gegnerische Seite zu verhöhnen.

Wie auch im Fallbeispiel 1 wird die ukrainische Seite im Fallbeispiel 2 als faschistisch dargestellt, was eine Strategie der Propaganda ist, da der Feind somit mit dem absoluten Bösen gleichsetzt und die stereotype Vorstellung der Ukrainer*innen als Kollaborateure wiederbelebt wird. Erwähnenswert in Bezug auf die *Darstellung der Ukrainer*innen* als Faschisten und Nazis sind die Pauschalisierungen und Simplifizierungen sowie intertextuelle Referenzen zu Filmen und Liedern über den Zweiten Weltkrieg, um die Ereignisse in der Ukraine in dessen Kontext zu setzen und die Einprägsamkeit zu erhöhen sowie die eigene Argumentation zu stützen. Weiters wird die Ukraine als militärisch sowie ökonomisch schwaches Land präsentiert, was ebenso eine Strategie von Propaganda ist, um den Feind zu demoralisieren. In Bezug auf die militärische

Schwäche werden beispielsweise Vergleiche mit militärischen Niederlagen der deutschen Wehrmacht gemacht und die Waffen der ukrainischen Seite sprachlich mithilfe von Diminutiven oder Slangausdrücken verharmlost. Aus ökonomischer Perspektive wird die Ukraine als Land dargestellt, das sich den Krieg nicht leisten und sein eigenes Volk nicht ernähren könne. Besonders aggressiv ist zudem die Darstellung der Ukraine als erfundener Staat, als Konstrukt der USA, sowie als geteiltes Land. Wie im Fallbeispiel 1 wird die Abspaltung eines Teils von der Ukraine, in diesem Fall des Donbass, metaphorisch als Naturphänomen präsentiert, wodurch letztendlich eine Entpolitisierung dieses Prozesses stattfindet. Weitere diffamierende Darstellungen der Ukraine sind die ihrer Handlungsunfähigkeit sowie Abhängigkeit bzw. Steuerung von außen – einerseits seien die Ukraine sowie ihre Politiker*innen von den USA beeinflusst, andererseits würden ukrainische Oligarchen den Krieg in der Ukraine steuern und finanzieren. Außerdem wird die Ukraine als Lügnerin dargestellt, die Propaganda gegen Russland betreibe und deren Politiker*innen nicht die Wahrheit sagen würden.

Im krassen Gegensatz zur Darstellung der Ukraine steht das heroische *Bild der Opolčency* in den Talkshows: Ihre Kampfhandlungen werden als Verteidigungsmaßnahmen ihrer Heimat, Familie sowie *Russkij mir* dargestellt. Die Aufständischen werden in den Talkshows als einfache, ungefährliche und authentische Menschen präsentiert, und aufgrund ihrer persönlichen Anwesenheit in den Talkshowstudios werden sie personalisiert und somit in die Nähe des Publikums gerückt. Wie gezeigt wurde, dient diese äußerst positive Darstellung der Separatisten wiederum als Legitimierung für deren Unterstützung vonseiten Russlands.

Die Aufständischen im Donbass werden als Helfer und Retter der Bevölkerung präsentiert, da sie diese mit Essen und Kleidung versorgen und zerstörte Infrastruktur wiederherstellen würden. Als konträres positives Pendant der schwachen ukrainischen Seite werden die Opolčency als stark und siegreich dargestellt, obwohl in den Shows immer wieder ihre Aktivität bei den Kampfhandlungen, wie beispielsweise bei der militärischen Gegenwehr zur Verteidigung von Lugansk oder bei der Beschaffung von Waffen, mithilfe der Personifizierung der Stadt sowie morphologischer und syntaktischer Mittel verschleiert wird.

Des Weiteren werden die Kämpfer in der Ostukraine als Garanten für Frieden und Sicherheit präsentiert, die aus moralischer Überzeugung im Donbass kämpfen und dort europäische Werte verteidigen würden. Letzteres ist wiederum eine Strategie der Aneignung westlicher demokratischer Konzepte und dient zur Legitimierung der Abspaltung des Donbass von der Ukraine sowie dessen Unterstützung durch Russland.

Die *Darstellung Russlands* weist in vielen Bereichen eine Parallele zu derjenigen der Opolčency auf. So werden beide als stark präsentiert, wobei Russland vor allem seine militärische und atomare Stärke betont, was eine besonders aggressive Drohung darstellt. Ferner stellt sich Russland als Initiator und Garant für Frieden dar. Hier wird die Verbindung zu den Aufständischen und der Grund für deren positive Präsentation deutlich: Da die Opolčency für Frieden und Sicherheit im Donbass sorgen, garantiert im Umkehrschluss auch Russland Frieden, indem es sie unterstützt. Allerdings widersprechen sich auch hier die Aussagen der einzelnen Talkshowgäste: Die einen behaupten, dass es keine direkten Beweise für die Unterstützung der Opolčency durch Russland gebe, für die anderen bestehe jedoch kein Zweifel daran, dass Russland den Opolčency helfe.

Außerdem wird Russland wie auch die Opolčency als Retter und Helfer dargestellt, weil es humanitäre Hilfslieferungen in die Ukraine schicke und den ukrainischen Flüchtlingen ein besseres Leben in Russland ermögliche. Darüber hinaus präsentiert sich Russland als Weltretter, als Anführer der freien Welt und Gegenpol zu den USA, indem es auf seiner Eigenständigkeit beharrt. Zudem gibt Russland vor, die wichtigsten demokratischen Werte wie zum Beispiel die Meinungsfreiheit und -pluralität einzuhalten, während der Westen diese im Umkehrschluss nicht einhalte. Somit spiegelt Russland hier die Vorwürfe, die ihm von westlicher Seite entgegengebracht werden, indem es behauptet, die demokratischen Werte zu verteidigen, während der Westen das nicht mache.

Des Weiteren inszeniert sich Russland als Aufklärer der Kriegsverbrechen und Gräueltaten in der Ukraine, wobei es insbesondere die Leistung der russischen Journalist*innen, darunter auch der Talkshows, hervorhebt. Zugleich sieht sich Russland selbst als Opfer, Leidtragender und Geschädigter des Krieges und stellt polarisierend die anderen, insbesondere die USA, als die Aggressoren dar.

Hinsichtlich der *Anschuldigungen an die Ukraine* kann festgehalten werden, dass hier Strategien der Kriegspropaganda zum Tragen kommen: So wird der Ukraine die alleinige Schuld am Krieg gegeben und der Gebrauch unerlaubter Waffen und Einsatz unfairer Methoden unterstellt. Des Weiteren wird die ukrainische Seite als besonders grausam und bestialisch dargestellt, da sie der Kriegsverbrechen sowie des Genozids an der Bevölkerung in der (Ost-)Ukraine beschuldigt wird.

Ähnliche *Vorwürfe* werden auch *gegenüber dem Westen* vorgebracht: So würde der Westen im Donbass einen Stellvertreterkrieg gegen Russland führen, schuld am Krieg sein, sich in Russlands Angelegenheiten einmischen und zudem nicht vertrauenswürdig sein. Außerdem wird dem Westen vorgeworfen,

Russland nicht zu verstehen und kein Interesse an der Ukraine zu haben, was wiederum einen Widerspruch zu allen bisher genannten Anschuldigungen bildet.

Nach Abschluss dieser umfassenden Kritischen Diskursanalyse des Fallbeispiels 2 werden im nachfolgenden abschließenden Kapitel der vorliegenden Publikation die Ergebnisse aller drei Analysen – der integrativen Inhaltsanalyse sowie der beiden Fallbeispiele – im Hinblick auf die Forschungsfragen zusammengefasst und ein allgemeines Fazit der Arbeit präsentiert.

11 Fazit und Ausblick

Die vorliegende Arbeit zeigt, wie Propaganda im 21. Jahrhundert im Medium Fernsehen gemacht wird und welche Strategien dafür verwendet werden. Sie widmet sich der Analyse von russischen TV-Talkshows des Jahres 2014, da diese neben den Nachrichten ein besonders effektives Mittel sind, um bestimmte Informationen zu verbreiten. In Talkshowsendungen kann praktisch alles behauptet werden, somit bieten sie Platz für die radikalsten Stimmen. Außerdem sind Talkshows einfach zu produzieren, informativ sowie unterhaltsam und fördern das Gemeinschaftsgefühl. Ein Spezifikum von Talkshows ist die sogenannte Anschlusskommunikation, da sie dafür prädestiniert sind, die Menschen dazu zu animieren, zuhause über das in den Sendungen Gehörte und Gesehene weiterzureden. Aufgrund der intensiven Auseinandersetzung mit dem Genre Talkshow, der detaillierten Beschreibung seiner Spezifika und einer klaren Abgrenzung zu anderen TV-Formaten unterscheidet sich die vorliegende Arbeit von bisherigen Forschungen.

Die Untersuchung besteht sowohl aus einer quantitativen als auch einer qualitativen Analyse von Talkshowsendungen auf den zwei wichtigsten staatlichen Fernsehsendern Russlands, dem *Pervyj kanal* und *Rossija-1*. Die *quantitative Analyse*, die als integrative Inhaltsanalyse durchgeführt wurde, illustriert, dass auf den beiden Sendern die Anzahl an Talkshowsendungen im Jahr 2014 markant angestiegen ist und neue Talkshowformate hinzugekommen sind, welche sich hauptsächlich mit den Ereignissen in der Ukraine beschäftigt haben. Während auf *Rossija-1* bereits bestehende Talkshowformate von einem wöchentlichen in einen täglichen Senderhythmus übergegangen sind, hat der *Pervyj kanal* im Herbst 2014 mit der Produktion von drei neuen Polit-Talkreihen begonnen. Von diesen neuen Polit-Talks wird eine Reihe nachmittags ausgestrahlt, was ein Novum im russischen Fernsehen darstellt und den Zweck hat, Politik für nicht berufstätige Bevölkerungsgruppen wie etwa Pensionist*innen, Arbeitslose oder Hausfrauen zu machen. Im Gegensatz zu bisherigen Untersuchungen zeigt die quantitative Analyse dieser Arbeit außerdem, dass neben den Polit-Talks auch in nichtpolitischen Talkshows wie Promi-, Trivial- und Spezial-Talks die Ereignisse in der Ukraine thematisiert werden und diese somit eine nicht unerhebliche Rolle bei der Meinungsmanipulation spielen, da sie ein anderes Zielpublikum ansprechen als die abendlichen Polit-Talks.

Im Mittelpunkt der *qualitativen Analyse* der Arbeit standen sowohl die in den Talkshowsendungen verwendeten audiovisuellen als auch die sprachlichen Mittel, um herauszufinden, wie die Ukraine sowie die anderen Parteien in dem dortigen Konflikt dargestellt und welche Aussagen über sie gemacht wurden. Auf Basis der integrativen Inhaltsanalyse wurden zuerst zwei diskursive Ereignisse, nämlich der Beitritt der Krim zu Russland und das Kriegsgeschehen nach dem Waffenstillstandabkommen Minsk I, als Fallbeispiele für die Untersuchung ermittelt, da in den Monaten dieser Ereignisse (März/April sowie September/Oktober) eine besonders hohe Frequenz von Talkshowsendungen nachgewiesen werden konnte. Die beiden Fallbeispiele unterscheiden sich in dreifacher Hinsicht voneinander, nämlich den Zeitpunkten, die den Beginn und den Höhepunkt des Konflikts 2014 gut abdecken, der unterschiedlichen Thematik der Ereignisse sowie den jeweiligen Zweck der Diskussion: Im Fallbeispiel 1, in dessen Fokus der Beitritt der Krim zu Russland im März 2014 in ausgewählten Talkshowsendungen steht, geht es um die Rechtfertigung der Annexion der Halbinsel Krim durch Russland. Das Fallbeispiel 2, das sich dem anhaltenden Kriegsgeschehen im September und Oktober 2014 nach der vereinbarten Waffenruhe Minsk I widmet, behandelt die Darstellung des Krieges sowie der einzelnen Konfliktparteien.

Im ersten Analyseschritt wurden die Gästekonstellation sowie die Moderation der Talkshows für das jeweilige Fallbeispiel eingehend betrachtet, um die Diskurspositionen zu eruieren. Im Zuge dessen konnte festgestellt werden, dass vor allem in den Polit- und Trivial-Talks eine sehr ungleiche Genderzusammensetzung besteht: In den Polit-Talks ist der Anteil der männlichen Gäste auffallend hoch, Frauen kommen darin nur vereinzelt vor. Das zeigt, dass Politik und die Diskussion über politische Ereignisse in Russland Männern vorbehalten ist. In den Trivial-Talks sind dagegen weibliche Personen die Hauptgäste, und wie illustriert wurde, unterscheiden sich diese Shows von den Polit-Talks durch eine äußerst emotionale Darstellung der Ereignisse. Außerdem wurde deutlich, dass traditionelle und konservative Rollenbilder in diesen Shows vermittelt werden: Die Männer fungieren als Ernährer, Beschützer und Versorger der Familie, während die Frauen vorwiegend in ihrer Rolle als Mutter auftreten. Darüber hinaus wurde mithilfe der Betrachtung der Biographie der Moderator*innen nachgewiesen, dass diese eine eindeutig polarisierende, subjektive und regierungstreue Position hinsichtlich der Ukraine einnehmen und für ihre Art der Berichterstattung zahlreiche Preise in Russland erhalten haben.

In Bezug auf die Talkshowgäste unterscheidet sich die vorliegende Arbeit von bisherigen Untersuchungen russischer TV-Talkshows, die sich ausschließlich auf Polit-Talks konzentrieren: In der hier durchgeführten Untersuchung wurde auch die Stimme des ‚einfachen Volkes', von sogenannten Durchschnittsbürger*innen wie Lehrer*innen oder Dorfbewohner*innen in die Analyse miteinbezogen. Die genaue Betrachtung ihrer Äußerungen demonstriert, dass sie expressive Metaphern und umgangssprachliche Lexik verwenden und ihre Berichte als Augenzeug*innen dadurch authentischer und glaubwürdiger wirken.

Somit sind Augenzeug*innen ein äußerst wirkungsvolles Medium, um propagandistische Inhalte zu verbreiten.

Die Ergebnisse des *Fallbeispiels 1* illustrieren, dass die sprachliche Aneignung der Krim durch Russland bereits vor dem administrativen Schritt, dem Referendum, geschehen ist und die polarisierende Argumentation in den Shows auf die Überzeugung und Manipulation des Publikums abzielt: Neben der Betonung der historischen, kulturellen und geistigen Verbundenheit zwischen der Krim und Russland, wird deren Zusammengehörigkeit auch sprachlich, u. a. mithilfe von Verwandtschafts- und Familienmetaphern oder Heimat- und Hausmetaphern, suggeriert. Zusätzlich verstärkt wird diese Argumentation durch Bedrohungsszenarien, die vorgeben, dass die Grundfeste von *Russkij mir* in der Ukraine angegriffen werden, und die dazu dienen, das Eingreifen Russlands und die Durchführung eines Referendums zu legitimieren. Besonders erwähnenswert ist die Erhöhung des Beitritts zu einem sakralen Akt, wodurch jedes Gegenargument entkräftet wird. Die Analyse veranschaulicht auch, dass die Krim vonseiten Russlands als erster Schritt in Richtung Wiederherstellung der alten Größe gesehen wird, und Sieges- sowie Kriegsrhetorik in diesem Zusammenhang eine wichtige Rolle spielen. Zudem artikuliert Russland Eigenständigkeit, indem es sich von den von den USA diktierten Spielregeln lossagt. Des Weiteren übernimmt Russland Begrifflichkeiten, die auf demokratische Werte verweisen, wie den „Frühling" (*vesna*), die „freie Meinungsäußerung" (*svobodnoe voleiz"javlenie*) und das „Recht auf die Selbstbestimmung" des Volkes (*pravo na samoopredelenie*), um das eigene Vorgehen zu legitimieren. Zudem gibt Russland den Anschein, demokratische Werte wie beispielsweise die freie Meinungsäußerung und die Meinungspluralität einzuhalten, während der Westen diese Werte nicht umsetze.

Im Fallbeispiel 1 wurde außerdem die vergleichsweise polarisierend-radikale Sprache auf *Rossija-1* deutlich, während auf dem *Pervyj kanal* noch Talkshowreihen existieren, in denen Kritik an der Sieges- und Kriegsrhetorik des russischen Fernsehens geübt wird. Im Fallbeispiel 2 wurde dieser Unterschied zwischen den Sendern auch anhand der gezeigten Bilder deutlich: Während auf *Rossija-1* der Krieg als actionreich, spannungsgeladen und mit einem pro-militärischen Blick präsentiert wird, legt der *Pervyj kanal* den Akzent auf die Opfer, das Leid der Menschen und die emotionalisierende Darstellung der Ereignisse, die mithilfe entsprechender technischer Mittel, wie langsame Hintergrundmusik und Großaufnahmen der Gäste, zusätzlich verstärkt wird. Somit bestätigt sich die in der integrativen Inhaltsanalyse aufgestellte Hypothese der Unterschiede zwischen den beiden Sendern, auch wenn auf beiden Kanälen zahlreiche Beispiele für pejorative Rhetorik gefunden wurden. Außerdem kann festgehalten werden, dass sich nicht die Aussagen in den einzelnen Subgenres der Talkshows unterscheiden, sondern lediglich die Darstellungsweise der Ereignisse, die aufgrund des unterschiedlichen Zielpublikums in den Nachmittagssendungen emotionaler präsentiert werden als in den abends oder nachts ausgestrahlten Shows.

Das *Fallbeispiel 2* zeigt, dass sich die im Fallbeispiel 1 ermittelte Darstellung der Ukraine wiederholt: So wird die Ukraine als ökonomisch und militärisch schwaches sowie als geteiltes und handlungsunfähiges Land, das von Faschisten und Nazis regiert wird, dargestellt. Im Gegensatz dazu werden die Aufständischen in der Ostukraine, die Separatisten, in den Talkshows heroisiert, indem sie als Retter und Helfer, Garanten für Frieden sowie als stark und siegreich dargestellt werden. Außerdem treten sie selbst in den Talkshowsendungen auf, verwenden einfache Sprache und Substandard, wodurch sie näher an das Publikum rücken. Aufgrund der Berücksichtigung der Opolčency unterscheidet sich die vorliegende Arbeit von bisherigen Analysen, die hauptsächlich die Darstellung der Ukraine und Russlands in den Blick nehmen.

Auffällig sind die Parallelen in der Darstellung der Separatisten und der russischen Seite. So werden beide als Garanten für Frieden und Sicherheit und als Retter und Helfer der Bevölkerung im Donbass präsentiert. Beide werden außerdem als stark dargestellt, wobei Russland vor allem seine atomare Stärke hervorhebt. Russland inszeniert sich zusätzlich noch als Weltretter und zugleich Opfer der Ereignisse in der Ukraine. Die Vorwürfe und Anschuldigungen, mit denen die Ukraine und der Westen in den Sendungen konfrontiert werden, ähneln einander ebenso, da beispielsweise beiden die alleinige Kriegsschuld gegeben wird und sie der Lüge und Propaganda gegen Russland bezichtigt werden.

Fragt man nach den Propagandastrategien und Mitteln der Meinungsmanipulation, liefern *beide Fallbeispiele* vergleichbare Ergebnisse. Neben den Legitimierungsstrategien wird insbesondere die Strategie der Polarisierung in diesen Shows eingesetzt: So wird eine aggressive Freund-Feind-Rhetorik verwendet, die zur Diffamierung der Ukraine und zur Heroisierung der Separatisten dient. Außerdem wird zur Abwertung der Ukraine eine Parallele zu den Verbrechen der Nationalsozialisten im Zweiten Weltkrieg gezogen, womit bestehende Stereotype über die Ukraine aufgegriffen und verstärkt werden. Ferner wird die ukrainische Seite als Bestie dargestellt, die Kriegsverbrechen sowie einen Genozid begehen und mit unerlaubten Waffen kämpfen würde. Nicht zuletzt deckt die Analyse der beiden Fallbeispiele gleichermaßen auf, wie viele Widersprüche in den Aussagen der Talkshowgäste liegen, wie unlogisch die Argumentation verläuft und wie offen Lügen eine Bühne geboten wird.

Zusätzlich zur sprachlich-rhetorischen Diffamierung wird die Ukraine auf visueller Ebene diffamiert: Auf verpixelten Bildern werden angebliche Gräueltaten gezeigt, welche die Zuseher*innen mithilfe ihrer eigenen Vorstellungskraft selbst komplettieren müssen. Darüber hinaus wird visuell die Schwäche der ukrainischen

Seite metonymisch in Form von kaputtem Kriegsgerät ausgedrückt und den trotz schlechter Ausrüstung siegreichen Opolčency gegenübergestellt. Besonders bemerkenswert sind die Emotionalisierungsstrategien in den Talkshows, die mithilfe von Musik, spezifischen filmischen Mitteln wie Großaufnahmen sowie Berichten von Augenzeug*innen realisiert werden.

An dieser Stelle sollen auch die *Grenzen der vorliegenden Arbeit* reflektiert werden: Die russische Sichtweise stand im Mittelpunkt der Arbeit, wobei die ukrainische Sichtweise unberücksichtigt blieb. Zudem war es das Ziel der Arbeit, die zwei wichtigsten staatlichen Fernsehsender Russlands im Detail zu analysieren und daher beschränkt sich die Untersuchung auf die Sendungen des *Pervyj kanal* und *Rossija-1*. Ich bin mir durchaus bewusst, dass das Mediensystem in Russland vielfältiger ist und es auch unabhängige Medien in Russland gibt. Für den Bereich des Fernsehens betrifft das insbesondere den Sender *Dožd'*, der einen Gegenpol zum monopolisierten Staatsfernsehen bildet. *Dožd'* würde daher einer eigenen Analyse bedürfen, die jedoch im Rahmen der vorliegenden Arbeit nicht geleistet wurde, da eine Gegenüberstellung zwischen staatlichen und nichtstaatlichen Sendern nicht das Ziel der Arbeit war. Es sei hiermit aber noch einmal darauf hingewiesen, dass sich das mediale System in Russland gegenwärtig nicht in der Monopolstellung zweier staatlicher Fernsehsender erschöpft, wie das zu Sowjetzeiten der Fall war, sondern das Mediensystem in Russland allgemein – auch aufgrund des Internets als Informationsplattform – wesentlich diverser ist als früher.

Abschließend möchte ich noch einmal die Stärken der vorliegenden Arbeit hervorheben: Trotz der Beschränkung der Analyse auf die staatliche russische Sichtweise illustriert sie die Funktionsweise von Propaganda im Medium Fernsehen im Allgemeinen und die Rolle von Talkshows in Russland im Besonderen. Die Analyse zeigt, mithilfe welcher Strategien und Mittel die gegnerische Seite diffamiert und die eigene Seite heroisiert wird und wie diese Polarisierung zur Legitimierung des eigenen Vorgehens genutzt wird. Die vorliegende Arbeit macht deutlich, dass bei einer diskursanalytischen Untersuchung des Mediums Fernsehen immer auch die gezeigten Bilder miteinbezogen werden sollten, da diese zentrale Funktionen bei der Beeinflussung des Publikums erfüllen. Auch die Interaktion zwischen Bildern und Sprache wurde mithilfe der vorliegenden Analyse veranschaulicht, da erst der gesprochene Text den Bildern einen Sinn gibt und den Zuseher*innen gesagt wird, was sie auf den Bildern sehen sollen, auch wenn das Bild dem Gesagten widerspricht. Diese verbale Ergänzung der Bilder ist eine Strategie von Propaganda, da die visuelle Information somit monosemiert wird und nachträglich nicht mehr korrigiert werden kann. Eine Besonderheit von Sprache, die in der Analyse aufgezeigt wird, ist ihr naturalisierender, entpolitisierender Effekt. Dieser hat zur Folge, dass politische Entscheidungen als natürlich und normal erscheinen, was wiederum eine Strategie der Propaganda ist.

Zusammenfassend kann festgehalten werden, dass sich heute weder am polarisierend-diffamierenden Diskurs über die Ukraine noch an der Bedrohungs- und Feindrhetorik, die das russische Fernsehen pflegt, etwas geändert hat. An diesem einseitig-manipulativen Stil des staatlichen Fernsehens in Russland wird sich wahrscheinlich so schnell auch nichts ändern und wie die Statistiken zeigen, bleibt das traditionelle Fernsehpublikum dem Medium treu und altert mit ihm. Gleichzeitig vermehren sich jedoch die Hinweise, dass die junge Generation diese Art von Fernsehen nicht mehr anspricht. Sie nutzt stattdessen andere, alternative Medien, um sich zu informieren, wie beispielsweise den äußerst populären Youtube-Kanal *vDud'* des Sportjournalisten und Videobloggers Jurij Dud'. Dieser präsentiert sich als Gegenpol zum russischen Staatsfernsehen und übt daran unverhohlen Kritik. Wie er zu Beginn einer Spezialausgabe über den „wichtigsten Kanal unserer Kindheit", nämlich den Ende der 1990er Jahre in Russland sehr populären Musiksender *MTV* erklärt, sei das heutige Fernsehen in Russland aufgrund seiner Lügen, Kriegsrhetorik und der Verwendung toter Komsomol-Sprache eine Schande. Allerdings, so ergänzt Jurij Dud', sei das nicht immer so gewesen:

> Мы привыкли, что телевизор – это позор. Главные медиа страны врут, вредят, готовят население к войне и общаются с ним мертвым комсомольским языком. Многие удивятся, но так было не всегда. (*vDud'*, 02.04.2018, 00:00:00–00:00:11)
>
> Wir sind es gewohnt, dass das Fernsehen eine Schande ist. Die wichtigsten Medien des Landes lügen, schaden, bereiten die Bevölkerung auf den Krieg vor und kommunizieren mit ihr in einer toten Komsomol-Sprache. Viele werden überrascht sein, aber es war nicht immer so.

Diesen Worten von Jurij Dud' möchte man hinzufügen, dass es nicht immer so bleiben wird (*I tak ne budet navsegda*), da diese Wortmeldung auf ein Umdenken und einen Wandel, insbesondere bei jungen Menschen, hindeutet. Mit diesem positiven Ausblick auf eine Veränderung endet die vorliegende Arbeit, da junge Menschen in Russland der propagandistischen Beeinflussung durch das Staatsfernsehen insofern eine Absage erteilen, als sie sich ihr Recht auf freie Meinungsäußerung, Meinungspluralität und die Diskussion gesellschaftlich brisanter Themen im Internet bereits begonnen haben zurückzuerobern. Der respektvolle Ton im Umgang mit anderen, der gemeinsame Dialog und die Diskussionsbereitschaft, auch wenn man unterschiedliche Standpunkte vertritt, sind, wie die vorliegende Arbeit zeigt, insbesondere seit 2014 im russischen staatlichen Fernsehen in weiten Bereichen abhandengekommen. Jurij Dud' ist jedoch ein positives Beispiel dafür, dass der/die Gesprächspartner*in nicht diffamiert werden muss, wenn diese/r eine andere Meinung vertritt, und die freie Meinungsäußerung und der gegenseitige Respekt effektive Mittel sind, um Propaganda entgegenzuwirken.

Anhang I

I Kurzmonographien der Talkshows (2014) auf dem *Pervyj kanal* und *Rossija-1*

V NAŠE VREMJA	*Pervyj kanal*
– Sendeplatz:	MO–FR, 16:10 Uhr, circa 50 min, 5 x pro Woche
– Moderation:	Angelina Vovk, Tat'jana Vedeneeva, Marija Gradskaja Jurij Nikolaev, Aleksandr Oleško (ab April/Mai 2014 moderieren Nikolaev und Oleško nur mehr selten)
– Typ:	**Single-Portrait-Talk/Promi-Talk**
– Gästekonzeption:	1–2 Hauptgäste, mehrere Nebengäste, TV-Prominente
– Gesprächskonzeption:	Einzel- und Gruppengespräche, Publikum (meist Jugendliche) dürfen Fragen stellen
– Produktion:	Im Studio mit Publikum; mit Showelementen (z. B. Musikauftritte d. geladenen Gäste) und Einspielfilmen; fast durchgehende Hintergrundmusik
– Erstsendung:	02.09.2013 (letzte Sendung: 20.12.2014)

Bis Juli 2014 sitzen ein bis zwei Hauptgäste und mehrere Nebengäste, Bekannte oder Verwandte der Hauptgäste, auf grauen Bänken, die kreisförmig aufgestellt sind und sprechen miteinander. Die Nebengäste sind anwesend, um Anekdoten aus dem Leben der Hauptgäste zu erzählen. Das Publikum befindet sich direkt hinter den Gästen. Ab September 2014 ändert sich die Studiogestaltung erheblich: Die Gäste sitzen nun an einem runden Tisch in einem wohnzimmerähnlichen Studio. Suggeriert wird eine gemütliche Kaffeerunde. Das Publikum sitzt weiter von den Gästen entfernt und ist physisch durch Wände von der Bühne abgetrennt. Außerdem gibt es ab September 2014 eine kurze Sendebeschreibung. In der Show treten Personen (Kino- u. Theaterschauspieler*innen, Musiker*innen etc.), die in der Sowjetunion berühmt geworden sind, auf und erinnern sich mit den Moderator*innen an frühere sowjetische Zeiten und diskutieren ihre Erinnerungen untereinander und mit Vertreter*innen der neuen, jüngeren Generation. Ab September 2014 wird die Talkshow nicht mehr täglich gesendet und auch das Format ändert sich – der Talk wird manchmal vom Studio zu den Prominenten nach Hause verlegt und es gibt mehr Filmausschnitte, Fotos etc. als in den vorhergehenden Sendungen.

Večernij Urgant	*Pervyj kanal*
– Sendeplatz:	MO–FR, 23:30 Uhr, 30–45 min, 5 x pro Woche
– Moderation:	Ivan Urgant
– Typ:	**Single-Portrait-Talk/Promi-Talk**
– Gästekonzeption:	1–3 Hauptgäste, TV-Prominente (vorwiegend), auch internationale Gäste
– Gesprächskonzeption:	Einzelgespräche; Publikum wird manchmal bei Spielen (z. B. *Strižëm na Pervom*) miteinbezogen
– Produktion:	Im Studio mit Publikum; mit Showelementen (Musikauftritte, Spiele mit Gästen etc.) und Einspielfilmen (z. B. aus den verschiedenen Rubriken)
– Erstsendung:	16.04.2012

Večernij Urgant ist die russische Version der amerikanischen Late-Night-Talkshow. Die Show läuft immer nach demselben Muster ab (Monolog/Kommentare des Moderators zu den neuesten Nachrichten, Gespräch mit den Gästen, *Rubriki*, Spiele etc.). Die Gästeanordnung ist sichelförmig, sodass diese untereinander eigentlich kaum ins Gespräch kommen.

Vremja pokažet	*Pervyj kanal*
– Sendeplatz:	MO–FR, 14:25 und 15:15 Uhr, zuerst circa 40 min, ab 22.09.14 2 x 30 min, 5x pro Woche
– Moderation:	Pëtr Tolstoj, Ekaterina Striženova
– Typ:	**Polit-Publikums-Talk/Polit-Talk**
– Gästekonzeption:	Keine Hauptgäste; Diskussion mit gesamtem Studiopublikum; Durchschnittsbürger*innen, wiss./berufl. Vertreter*innen/ Expert*innen (Journalist*innen, Unternehmer*innen, Bauern etc.), Vertreter*innen aus Wirtschaft/Politik
– Gesprächskonzeption:	Einzel- und Gruppengespräche, Publikumsbeteiligung
– Produktion:	Im Studio mit Publikum; Einspielfilme (auch Live-Video-Calls); Statistiken, Bilder etc.
– Erstsendung:	15.09.2014 (kommt auf den Sendeplatz von Oni i my)

Das Studio sieht aus wie eine Arena, deren Zuschauertribüne nach hinten ansteigt. Die Anordnung der Gäste ist kreisförmig, wobei die wichtigen Gäste wie die Vertreter*innen/ Expert*innen aus Wirtschaft und Politik oder wiss./berufl. Vertreter*innen/Expert*innen in den vordersten Reihen sitzen. Um das Publikum zu Wort kommen zu lassen, laufen im Studio Helfer*innen herum, die den Anwesenden das Mikrofon hinhalten.

Davaj Poženimsja	*Pervyj kanal*
– Sendeplatz:	MO–DO, 18:45 Uhr, 50 min, 4 x pro Woche
– Moderation:	Larisa Guseeva, Roza Sjabitova, Vasilisa Volodina (ab Oktober 2014 Lidija Aref'eva)
– Typ:	Trivial-Talk-Spezial/Spezial-Talk
– Gästekonzeption:	4 Hauptgäste (1 Suchende/r, 3 Bewerber*innen), Nebengäste (Freunde, Bekannte, Verwandte), Durchschnittsbürger*innen
– Gesprächskonzeption:	Einzel- und Gruppengespräche, keine Publikumsbeteiligung
– Produktion:	Im Studio mit Publikum; Einspielfilme; Showelemente
– Erstsendung:	28.07.2008
Diese Talkshow hat das Ziel, für einen Gast eine/n PartnerIn zu finden, indem drei potenzielle Kandidat*innen vorgestellt werden. Diese präsentieren sich der/dem Angebeteten in Kurzvideos und mit Showelementen (Lied, Spiel etc.). Die Atmosphäre der Show erinnert an ein Kaffeekränzchen, da Moderatorinnen und Gäste rund um einen Tisch beisammensitzen. Die Gäste erzählen von sich und beantworten die Fragen der Moderatorinnen. Jede Talkshowsendung hat außerdem ein Motto, das den/die Suchende/n kurz beschreibt (z. B. *Mnogodetnaja mat'*, *Opytnyj ženych* etc.).	

Delo vaše	*Pervyj kanal*
– Sendeplatz:	MO–FR, 12:55 Uhr, 30 min, 5 x pro Woche
– Moderation:	Tat'jana Vasil'eva, Tamara Sëmina, Tat'jana Sudec oder Angelina Vovk, Ljudmila Chitjaeva, Zinaida Kirienko oder Raisa Rjazanova, Natal'ja Varlej, Ol'ga Naumenko
– Typ:	Trivial-Talk
– Gästekonzeption:	5–6 Hauptgäste, Durchschnittsbürger*innen, Nebengäste: TV-Prominente oder wiss./berufl. Expert*in/Vertreter*in
– Gesprächskonzeption:	Einzel- oder Gruppengespräche, keine Publikumsbeteiligung
– Produktion:	Im Studio mit Publikum; keine Showelemente; keine Einspielfilme, jedoch Inserts – Kommentare, die nur die FernsehzuseherIn sehen können (z. B. „Gleich kommt ihr Ehemann auf die Bühne!"); Meinungsinserts; Special: Moderator*innen wenden sich von der Talkshowbühne ab, blicken direkt in die Kamera und reden sozusagen „im Geheimen" mit den FernsehzuseherIn; Hintergrundmusik
– Erstsendung:	01.04.2014 (ersetzt Dobrogo zdorov'ica, läuft nur im April und Mai 2014)

(fortgesetzt)

Diese Talkshow hat sich nicht lange im russischen Fernsehen gehalten, obwohl sie sehr auf den/die FernsehzuseherIn fokussiert ist, indem die Moderator*innen die Zuseher*innen beispielsweise direkt ansprechen und ihre Meinungen sowie Gedanken preisgeben. Jede Sendung hat außerdem ein bestimmtes Motto wie zum Beispiel *Zaguljal* oder *Železnye ledi*.

DOBROGO ZDOROV'ICA	*Pervyj kanal*
– Sendeplatz:	MO–FR, 13:00 Uhr, 30 min, 5 x pro Woche
– Moderation:	Gennadij Malachov, Angelina Vovk
– Typ:	**Trivial-Talk**
– Gästekonzeption:	Mehrere Hauptgäste, Durchschnittsbürger*innen und TV-Prominente
– Gesprächskonzeption:	Einzelgespräche, keine Publikumsbeteiligung
– Produktion:	Im Studio mit Publikum, manchmal Showelemente (Musikauftritte, Kochrezepte etc.) und Einspielfilme
– Erstsendung:	03.12.2012 (letzte Sendung am 28.03.2014, wird ersetzt durch DELO VAŠE)

Alle Anwesenden sitzen rund um kleine Tischchen und die einzelnen Gäste werden nacheinander in der Show interviewt und somit ins Zentrum der Show gerückt. Jede Sendung hat ein bestimmtes Motto wie zum Beispiel *Ispoved' alkogolika* oder *Moj put' k vere*.

MODNYJ PRIGOVOR	*Pervyj kanal*
– Sendeplatz:	MO–FR, 10:55 Uhr, 50 min, 5 x pro Woche
– Moderation:	Évelina Chromčenko, wechselnde Personen u. a. Nadežda Babkina, Aleksandr Vasil'ev
– Typ:	**Trivial-Talk/Spezial-Talk**
– Gästekonzeption:	2 Hauptgäste (Angeklagte/r und AnklägerIn), mehrere Nebengäste (Verwandte, Bekannte und ExpertIn), Durchschnittsbürger*innen
– Gesprächskonzeption:	Einzel- und Gruppengespräche, keine Publikumsbeteiligung

(fortgesetzt)

Modnyj prigovor	*Pervyj kanal*
− Produktion:	Im Studio mit Publikum; Showelemente (Modeschau) und Einspielfilme
− Erstsendung:	30.07.2007
MODNYJ PRIGOVOR ist eine bereits lange im russischen Fernsehen existierende Talkshow, in der es um Stil und Mode geht. Die einzelnen Sendungen haben immer ein Motto, das einem Gerichtsakt nachempfunden ist (z. B. *Delo o supermame, Delo o poletach na Lunu* etc.). Die Anordnung der Gäste ist konfrontativ wie in einem Gerichtssaal: Der/die jeweilige AnklägerIn sagt wie vor Gericht über andere Person aus bzw. klagt sie an, indem er/sie sich über den schlechten Modestil, das Benehmen etc. beschwert. Ziel der Show ist die modische bzw. stilistische Veränderung der angeklagten Person.	

Mužskoe/Ženskoe	*Pervyj kanal*
− Sendeplatz:	MO–FR, 16:10 Uhr, 50 min, 5 x pro Woche
− Moderation:	Aleksandr Gordon, Julia Baranovskaja
− Typ:	**Trivial-Talk**
− Gästekonzeption:	Mehrere Hauptgäste und 6 Nebengäste, TV-Prominente, Vertreter*innen aus Wirtschaft/Politik, Durchschnittsbürger*innen
− Gesprächskonzeption:	Einzel- und Gruppengespräche, keine Publikumsbeteiligung
− Produktion:	Im Studio mit Publikum; Einspielfilme
− Erstsendung:	29.09.2014 (kommt auf den Sendeplatz von V NAŠE VREMJA)
Auf der einen Seite der Bühne sitzen in sichelförmiger Anordnung die Hauptgäste der Talkshow. Ihnen gegenüber sitzen auf Barhockern sechs prominente Personen oder Vertreter*innen aus Wirtschaft/Politik und kommentieren die Ereignisse auf der Bühne bzw. die Erzählungen der Gäste. Die zur Diskussion gestellten Themen haben immer ein Motto wie zum Beispiel *Sverkov' moja – vrag moj, Granica ljubvi* etc.	

NAEDINE SO VSEMI	*Pervyj kanal*
– Sendeplatz:	MO–DO, 17:00 Uhr, 45 min, 4 x pro Woche
– Moderation:	Julia Men'šova
– Typ:	**Single-Portrait-Talk/Promi-Talk**
– Gästekonzeption:	1 Hauptgast, keine Nebengäste (Nebengäste werden nur in kurzem Video eingeblendet, in dem über Hauptgast erzählt wird), TV-Prominente
– Gesprächskonzeption:	Einzelgespräche; keine Publikumsbeteiligung
– Produktion:	Im Studio mit Publikum; Einspielfilme; Hintergrundmusik; Einblendung der Fragen der Moderatorin
– Erstsendung:	14.10.2013

Der Hauptgast und die Moderatorin sitzen auf einer erhobenen Bühne, die sich gegenüber vom Studiopublikum befindet. Die Talkshow ist eine typische Promitalkshow, in der ein/e TV-Prominente/r im Mittelpunkt steht. Die Hauptgäste sind im Jahr 2014 vorwiegend weiblich; Männer treten nur halb so oft in dieser Show auf wie Frauen. Sehr selten sind in dieser Show auch eine Frau und ein Mann gleichzeitig zu Gast, wobei es sich hier meistens um ein Pärchen handelt.

NA NOČ' GLADJA	*Pervyj kanal*
– Sendeplatz:	DO (manchmal FR), 00:35 Uhr, 45 min, 1 x pro Woche
– Moderation:	Boris Berman, Il'dar Žandarëv
– Typ:	**Interview-Talk/Promi-Talk**
– Gästekonzeption:	1 Hauptgast, keine Nebengäste, TV-Prominente (überwiegend Schauspieler*innen, Regisseur*innen, Musiker*innen etc.)
– Gesprächskonzeption:	Einzelgespräche, keine Publikumsbeteiligung
– Produktion:	Im Studio ohne Publikum; Einspielfilme
– Erstsendung:	19.06.2006

In dieser Talkshow sitzen sich die beiden Moderatoren sowie der jeweilige Gast an einem Tisch gegenüber. Zur Vorstellung des jeweiligen prominenten Gastes wird zunächst ein kurzes Video gezeigt, wie beispielsweise ein Zusammenschnitt verschiedener Filmrollen des Gastes oder Musikvideos. Auch zur Aufrechterhaltung des Gesprächs werden immer wieder Filmausschnitte eingespielt, über die anschließend diskutiert wird. In dieser Talkshow gibt es kein Studiopublikum.

| Kurzmonographien der Talkshows (2014) auf dem *Pervyj kanal* und *Rossija-1* — **417**

ONI I MY	*Pervyj kanal*
– Sendeplatz:	MO–FR, 15:15 Uhr, 45 min, 5 x pro Woche
– Moderation:	Aleksandr Gordon, Ekaterina Striženova
– Typ:	Trivial-Talk
– Gästekonzeption:	Mehrere Gäste (über 10), circa die Hälfte der Gäste sind Frauen, die andere Hälfte sind Männer, Durchschnittsbürger*innen, TV-Prominente, Vertreter*innen/Expert*innen auf wiss./berufl. Ebene (z. B. Psychologen)
– Gesprächskonzeption:	Einzel- und Gruppengespräche, Publikumsbeteiligung (einzelne Zuseher*innen, die wahrscheinlich vorher ausgewählt wurden, kommen zu Wort)
– Produktion:	Im Studio mit Publikum, Hintergrundgeräusche (Vogelgezwitscher, Straßengeräusche etc.)
– Erstsendung:	25.11.2013 (letzte Sendung am 04.07.2014, wird ersetzt durch VREMJA POKAŽET)

Diese Talkshow könnte auch „Geschlechtertalkshow" genannt werden, da es darin um die unterschiedlichen Ansichtsweisen von Männern und Frauen geht. So haben alle Sendungen ein Motto, das meistens Beziehungsthemen behandelt, wie zum Beispiel *Net deneg na rebënka*, *Kak peredelat' mužčinu* oder *Kurortnyj roman*. Die beiden Geschlechter sind im Studio räumlich voneinander getrennt: Auf der einen Seite sitzen die Frauen und konfrontativ gegenüber befinden sich die Männer. Auch das Publikum ist streng in Frauen und Männer aufgeteilt. Interessant ist außerdem die Bühnengestaltung, die aussieht wie ein Café auf einem ruhigen Platz in einer Stadt. Die Dekoration (Fahrräder, Pflastersteine, Bach etc.) ändert sich dabei von Sendung zu Sendung. In dieser Show werden sehr stereotype und traditionelle Rollen vermittelt. Das wird zusätzlich dadurch unterstrichen, dass die Männer in der Sendung Vodka trinken und die Frauen Tee.

POKA VSE DOMA	*Pervyj kanal*
– Sendeplatz:	SO, 10:35 Uhr, 30 min, 1 x pro Woche
– Moderation:	Timur Kizjakov
– Typ:	Interview-Talk/Promi-Talk
– Gästekonzeption:	1–2 Hauptgäste, Nebengäste (Familie, Freunde, Angehörige der Hauptgäste), TV-Prominente
– Gesprächskonzeption:	Einzelgespräche, keine Publikumsbeteiligung
– Produktion:	Bei TV-Prominenten zuhause; Einspieler (z. B. Filmausschnitte, Musikvideoausschnitte etc.)
– Erstsendung:	08.11.1992

(fortgesetzt)

In dieser Talkshow sitzen die Gäste und der Moderator rund um einen schön gedeckten Tisch, der sich im Haus/in der Wohnung der Prominenten befindet. Die Gäste stammen aus dem Bereich der russischen Populärkultur und das Interview mit ihnen steht im Mittelpunkt der Sendung. Am Ende jeder Sendung erscheint zudem die Rubrik *U vas budet rebënok*, im Rahmen derer Kinder aus russischen Waisenhäusern und deren Pflegeeltern gezeigt werden, um die Zuseher*innen zu animieren, eine neue Familie zu gründen und Kinder aus Waisenhäusern zu adoptieren.

POLITIKA	*Pervyj kanal*
– Sendeplatz:	MI (Spezialausgaben auch DO/SO möglich), 00:10 oder 00:35 Uhr, 50–120 min, 1 x pro Woche
– Moderation:	Pëtr Tolstoj, Aleksandr Gordon
– Typ:	Polit-Steh-Talk/Polit-Talk
– Gästekonzeption:	Mehrere Hauptgäste (circa 10), 3–4 Nebengäste, Vertreter*innen/Expert*innen aus Wirtschaft/Politik/Militär/Bürgerbewegung etc., Vertreter*innen/Expert*innen auf wiss./berufl. Ebene, aber auch TV-Prominente (z. B. Regisseur*innen)
– Gesprächskonzeption:	Einzel- und Gruppengespräche, keine Publikumsbeteiligung
– Produktion:	Im Studio mit Publikum, Einspielfilme (auch Live-Video-Calls)
– Erstsendung:	11.04.2013

In dieser Talkshow sind wenige Frauen unter den Hauptgästen. Die Show wird normalerweise mittwochs nach den Nachtnachrichten (NOČNYE NOVOSTI) ausgestrahlt. Allerdings gibt es 2014 auch Spezialausgaben der Sendung wie zum Beispiel am 18. März um 20:00 Uhr. Im September 2014 wird die Sendung nicht mittwochs, sondern sonntags nach den Nachrichten VOSKRESNOE VREMJA um 23:50 Uhr gesendet und ab Oktober dann wieder mittwochs. Einer der Moderatoren der Talkshow, Pëtr Tolstoj, wurde 2016 Abgeordneter in der russischen Duma.

POZNER	*Pervyj kanal*
- Sendeplatz:	MO, 00:10 Uhr, 50 min, 1 x pro Woche
- Moderation:	Vladimir Pozner
- Typ:	**Interview-Talk/Promi-Talk**
- Gästekonzeption:	1 Hauptgast, keine Nebengäste, Vertreter*innen/Expert*innen aus Wirtschaft und Politik, TV-Prominente
- Gesprächskonzeption:	Einzelgespräche, keine Publikumsbeteiligung
- Produktion:	Im Studio ohne Publikum
- Erstsendung:	17.11.2008

Der Moderator und der Gast sitzen sich an einem Tisch gegenüber und führen miteinander ein Interview-Gespräch. In dieser Sendung gibt es keine additiven Elemente.

PUST' GOVORJAT	*Pervyj kanal*
- Sendeplatz:	MO–DO, 19:50 Uhr, 50 min, 4x pro Woche
- Moderation:	Andrej Malachov
- Typ:	**Trivial-Talk**
- Gästekonzeption:	Mehrere Hauptgäste, mehrere Nebengäste, Vertreter*innen/ Expert*innen auf wiss./berufl. Ebene (Fernsehmoderator*innen etc.), TV-Prominente, Durchschnittsbürger*innen
- Gesprächskonzeption:	Einzel- und Gruppengespräche, keine Publikumsbeteiligung
- Produktion:	Im Studio mit Publikum, Einspielfilme
- Erstsendung:	23.07.2001 (BOLŠAJA STIRKA, 2004 Umbenennung in PJAT' VEČEROV), seit 30.08.2005 PUST' GOVORJAT

PUST' GOVORJAT ist eine der beliebtesten Talkshows in Russland. Sie wurde bis 2017 von Andrej Malachov moderiert, der schließlich zu PRJAMOJ EFIR am Konkurrenzsender *Rossija-1* wechselte. Die Talkshow wird vor den Nachrichten (VREMJA) ausgestrahlt und der Hauptslogan, den der Moderator zu Beginn jeder Sendung wiederholt, lautet wie folgt: „Мы обсуждаем невыдуманные истории, о которых невозможно молчать." („Wir diskutieren wahre Geschichten, über die nicht geschwiegen werden kann."). Die Hauptgäste sitzen nebeneinander auf zwei Sofas in der Mitte der Bühne und sprechen daher kaum miteinander (Mobil-Sichel). Ihnen gegenüber sitzen die Expert*innen bzw. TV-Prominente, die ihre Kommentare zum Thema abgeben und den Hauptgästen Fragen stellen.

Segodnja večerom	*Pervyj kanal*
– Sendeplatz:	SA, 21:20 Uhr, 90 min, 1 x pro Woche
– Moderation:	Andrej Malachov
– Typ:	**Poly-Portrait-Talk/Promi-Talk**
– Gästekonzeption:	Mehrere Hauptgäste (9–12), Nebengäste (aus der ersten Reihe des Publikums), TV-Prominente
– Gesprächskonzeption:	Einzel- oder Gruppengespräche, keine Publikumsbeteiligung
– Produktion:	Im Studio mit Publikum; Showelemente (z. B. Musikauftritte), Einspielfilme
– Erstsendung:	01.09.2012

Segodnja večerom ist eine Samstagabendtalkshow, in der vor allem TV-Prominente (manchmal auch wiss./berufl. Expert*innen) über ein Thema diskutieren. Als Diskussionsanlass dienen meist kurze Filmausschnitte. Die Gäste sowie der Moderator sitzen rund um einen Tisch. Auch die erste Reihe des Publikums, in der TV-Prominente sitzen, wird in die Diskussion miteinbezogen, indem der Moderator aufsteht, zu ihnen hingeht und ihnen Fragen stellt.

Struktura momenta	*Pervyj kanal*
– Sendeplatz:	DI, 00:35 Uhr, 50 min, 1 x pro Woche
– Moderation:	Valerij Fadeev
– Typ:	**Polit-(Rund)-Talk/Polit-Talk**
– Gästekonzeption:	6 Hauptgäste, Vertreter*innen/Expert*innen aus Wirtschaft und Politik; wiss./berufl. Vertreter*innen/Expert*innen (z. B. Journalist*innen, Schriftsteller*innen etc.)
– Gesprächskonzeption:	Einzel- und Gruppengespräche, keine Publikumsbeteiligung
– Produktion:	Im Studio ohne Publikum; Einspielfilme (z. B. Illustrationen, Bilder etc.)
– Erstsendung:	07.10.2014

Diese Polit-Talkshow hat kein Publikum und es gibt keine Hintergrundgeräusche. Die Studiodekoration ist äußerst spärlich. Die Gäste sowie der Moderator sitzen kreisförmig angeordnet vor kleinen Pulten und diskutieren über aktuelle politische Themen.

TOLSTOJ. VOSKRESEN'E	*Pervyj kanal*
– Sendeplatz:	SO, 22:30 Uhr, 60 min, 1 x pro Woche
– Moderation:	Pëtr Tolstoj
– Typ:	**Polit-(Publikums)-Talk/Polit-Talk**
– Gästekonzeption:	Keine Hauptgäste, Diskussion mit dem gesamten Studiopublikum, wiss./berufl. Vertreter*innen/Expert*innen (z. B. Journalist*innen, Politolog*innen etc.), Vertreter*innen/ Expert*innen aus Wirtschaft/Politik/Militär/Bürgerbewegung, Durchschnittsbürger*innen
– Gesprächskonzeption:	Einzel- oder Gruppengespräche, Publikumsbeteiligung
– Produktion:	Im Studio mit Publikum (dasselbe Studio wie bei VREMJA POKAŽET), Einspielfilme (auch Live-Video-Calls)
– Erstsendung:	12.10.2014

Die Show wird nach den sonntäglichen Hauptabendnachrichten (VOSKRESNOE VREMJA) ausgestrahlt. Das Studio ist dasselbe wie bei VREMJA POKAŽET und auch hier sitzt das Publikum wie in einer Arena in einem nach hinten ansteigenden Halbkreis. Unten auf der Bühne steht der Moderator der Show, der die Diskussion leitet. Im Studio laufen auch Helfer*innen herum, die dem Publikum das Mikrofon hinhalten und der Show dadurch Dynamik sowie den Eindruck verleihen, dass alle an der Diskussion teilnehmen können. Die Talkshow wurde das letzte Mal am 14.12.2014 gesendet und erst am 07.10.2018 wieder ins Programm genommen.

(VOSKRESNYJ) VEČER S VLADIMIROM SOLOV'ËVYM	*Rossija-1*
– Sendeplatz:	SO, 23:30 Uhr; ab 22.09.2014: MO–DO, 21:00, 90–120 min, 4–5 x pro Woche
– Moderation:	Vladimir Solov'ëv
– Typ:	**Polit-Steh-Talk/Polit-Talk**
– Gästekonzeption:	Mehrere Hauptgäste (6–8), manchmal nur 1 Gast, wiss./beruf. Vertreter*innen/Expert*innen (z. B. Journalist*innen), Vertreter*innen/Expert*innen aus Wirtschaft/Politik
– Gesprächskonzeption:	Einzel- und Gruppengespräche, keine Publikumsbeteiligung
– Produktion:	Im Studio mit Publikum, Einspielfilme (selten)
– Erstsendung:	VOSKRESNYJ VEČER S VLADIMIROM SOLOV'ËVYM: seit 27.03.2005 (auf *NTV*); Auf *Rossija-1*: seit 16.09.2012 Seit 22.09.2014: VEČER S VLADIMIROM SOLOV'ËVYM

(fortgesetzt)

Ursprünglich wurde diese Talkshow nur einmal pro Woche am Sonntag ausgestrahlt. Allerdings wurde die Anzahl der Sendungen mit Beginn des Konflikts in der Ukraine erhöht, sodass schließlich fast täglich Spezialausgaben des „Sonntagabend" gesendet wurden, was dazu führte, dass die Show im September 2014 schließlich in Večer s Vladimirom Solov'evym umbenannt wurde. Der ursprüngliche Name der Show blieb für die Sonntagsausgabe jedoch erhalten. In dem sehr dunkel gehaltenen Studio der Talkshow diskutieren Vertreter*innen aus Wirtschaft/Politik oder Expert*innen über aktuelle und politische Ereignisse und Themen.

Devčata	*Rossija-1*
– Sendeplatz:	MO, 00:15/00:50 Uhr, 30–45 min, 1 x pro Woche (bis 02.06.2014) ab 28.07.2014: MO-FR, 15:00 Uhr, 30–45 min, 5 x pro Woche
– Moderation:	Rita Mitrofanova, Tutta Larsen, Ol'ga Šelest, Alla Dovlatova, Marija Golubkina, Anastasija Kuvarzina (wechselweise)
– Typ:	**Single-Portrait-Talk/Promi-Talk**
– Gästekonzeption:	1–3 Gäste (meist kommen Gäste erst nach circa 15 min dazu, wenn ein neuer Gast kommt, geht meist der vorige Gast); TV-Prominente, wiss./berufl. Vertreter*innen/Expert*innen (z. B. Psycholog*innen)
– Gesprächskonzeption:	Einzel- und Gruppengespräche, Publikumsbeteiligung (SMS)
– Produktion:	Im Studio mit Publikum; Showelemente (z. B. kochen, Cocktails machen, tanzen etc.), Einspielfilme, Meinungsinserts (SMS der Zuseher*innen); Live-Anrufe
– Erstsendung:	23.04.2010 (letzte Sendung am 15.08.2014)

Das Studio der Talkshow sieht aus wie eine Wohnung, die ab 28.07.2014 aus drei Räumen besteht. In dieser Wohnung diskutieren die Moderatorinnen miteinander und zu ihnen gesellen sich Gäste, die draußen warten, an der Türe klingeln und danach kulinarisch verköstigt werden. Die Sitzordnung ist immer kreisförmig – entweder rund um einen Tisch oder auf einem Sofa. Die Gäste kommen meist nicht miteinander in Kontakt, sondern verlassen entweder die Bühne nach dem Talk wieder oder bleiben während des Gesprächs der Moderatorinnen mit einem neuen Gast in einem anderen Zimmer der Wohnung. Die Themen sind meistens Alltagsthemen, Frauenprobleme oder die Vorstellung von Prominenten. Eine sehr ähnliche Sendung, in der die Moderatoren allerdings alle männlich sind, existierte davor bereits auf dem *Pervyj kanal*: Prožektorperischilton. Von 2012 bis 2016 gab es allerdings keine Sendungen von Prožektorperischilton, die Talkshow wurde erst 2016 wieder ins Programm des *Pervyj kanal* aufgenommen.

ŽENSKOE SČAST'E	*Rossija-1*
– Sendeplatz:	MO–DO, 15:00 Uhr, 45 min, 4 x pro Woche
– Moderation:	Oleg Roj, Pavel Rakov, Alla Dovlatova
– Typ:	Trivial-Talk/Spezial-Talk
– Gästekonzeption:	1 Frau, mehrere Nebengäste (Verwandte, Freunde, Ehemann, Kinder etc.), Durchschnittsbürger*innen und TV-Prominente
– Gesprächskonzeption:	Einzel- und Gruppengespräche, keine Publikumsbeteiligung
– Produktion:	Im Studio mit Publikum; Showelemente (Kochen, Umstyling, Musikauftritte etc.); Einspielfilme
– Erstsendung:	20.01.2014 (letzte Sendung am 06.02.2014)

Trotz zahlreicher Showelemente wird im überwiegenden Teil der Show getalkt, und daher zählt ŽENSKOE SČAST'E zu den Talkshows. Das designierte Ziel der Show ist es, Hausfrauen und Familienmütter glücklich zu machen, indem ihnen verschiedenste Wünsche erfüllt werden. Die Wünsche werden mithilfe von Gesprächen mit der Familie und der Protagonistin eruiert. Bei der Erfüllung dieser Wünsche helfen sowohl die Familie als auch Expert*innen (Ärzt*innen, Diätolog*innen, Stylist*innen, Visagist*innen).

POEDINOK	*Rossija-1*
– Sendeplatz:	DO/FR, 21:00 Uhr, 90 min, 1 x pro Woche
– Moderation:	Vladimir Solov'ëv
– Typ:	Polit-Steh-Talk/Polit-Talk
– Gästekonzeption:	2 Gäste (mit 2 unterschiedl. Meinungen, Vertreter*innen von Politik/Wirtschaft), Nebengäste (3 x 2 oder 2 x 2 Unterstützer*innen des jeweiligen Gasts), 1 Schiedsrichter (*tretejskij sud*) sowie 2 x 3 Gäste, die den jeweiligen Kontrahent*innen Fragen stellen
– Gesprächskonzeption:	Einzel- und Gruppengespräche (Konfrontation), keine Publikumsbeteiligung (Ausnahme: Unterstützer*innen, die Fragen stellen, sitzen im Publikum)
– Produktion:	Im Studio mit Publikum
– Erstsendung:	22.11.2002 (*TVS*), 04.09.2003–23.04.2009 (*NTV* unter dem Namen K BAR'ERU), seit 02.09.2012 auf *Rossija-1* Im Jahr 2014 insgesamt nur vier Sendungen (23.01, 30.01, 27.02, 04.04)

(fortgesetzt)

Diese Show wird ebenso wie VEČER S VLADIMIROM SOLOV'ĔVYM von Vladimir Solov'ëv moderiert und widmet sich hauptsächlich politischen Themen. Die beiden Gäste stehen sich im Studio konfrontativ an zwei Pulten gegenüber und haben drei Runden Zeit, um ihren Kontrahenten in der Diskussion zu ‚besiegen'. Im Jahr 2014 gab es lediglich vier Ausgaben des Polit-Talks POEDINOK. Erst am 10.09.2015 wurde die Talkshow wieder regelmäßig auf *Rossija-1* ausgestrahlt. In den Printausgaben des Fernsehprogramms aus dem Jahr 2014 findet sich jedoch freitagabends um 21:00 Uhr trotzdem häufig der Name der Talkshow. Allerdings handelte es sich dabei nicht um Sendungen von POEDINOK, sondern um Spezialausgaben von VEČER S VLADIMIROM SOLOV'ĔVYM.

PRJAMOJ ÉFIR	*Rossija-1*
– Sendeplatz:	MO–FR, 18:30 Uhr, 50 min, 5 x pro Woche
– Moderation:	Boris Korčevnikov
– Typ:	**Trivial-Talk**
– Gästekonzeption:	Mehrere Hauptgäste (circa 10), wiss./berufl. Vertreter*innen/ Expert*innen (z. B. Journalist*innen), Vertreter*innen/ Expert*innen aus Wirtschaft/Politik/Militär/Bürgerbewegung, Durchschnittsbürger*innen, TV-Prominente
– Gesprächskonzeption:	Einzel- und Gruppengespräche, keine Publikumsbeteiligung
– Produktion:	Im Studio mit Publikum; Einspielfilme (auch Live-Video-Calls)
– Erstsendung:	04.04.2011

Die Talkshow hat viele Ähnlichkeiten mit der bereits länger existierenden Show PUST' GOVORJAT auf dem Konkurrenzsender *Pervyj kanal* und behandelt ebenso Alltagsthemen, Probleme oder Skandalgeschichten gewöhnlicher sowie prominenter Bürger*innen. 2017 übernimmt der ehemalige Moderator von PUST' GOVORJAT, Andrej Malachov, die Moderation von PRJAMOJ ÉFIR.

SPECIAL'NYJ KORRESPONDENT	*Rossija-1*
– Sendeplatz:	DI, 22:50 Uhr (ab September 21:00 Uhr[342] nach den Nachrichten), 50–120 min, 1 x pro Woche
– Moderation:	Arkadij Mamontov (ab September 2014: Evgenij Popov)
– Typ:	**Polit-Steh-Talk /Polit-Talk**
– Gästekonzeption:	8 Hauptgäste, mehrere Nebengäste (Journalist*innen, welche die Reportagen gedreht haben), wiss./berufl. Vertreter*innen/ Expert*innen, Vertreter*innen/Expert*innen aus Politik/ Wirtschaft
– Gesprächskonzeption:	Einzel- und Gruppengespräche, manchmal Publikumsbeteiligung (direkt vom Moderator angesprochen)
– Produktion:	Im Studio mit Publikum; Einspielfilme (15–25 min Reportagen, über die im Anschluss diskutiert wird)
– Erstsendung:	08.09.2002

In dieser Talkshow wird über Reportagen, die von den sogenannten Spezialkorrespondenten gedreht wurden und in der Show gezeigt werden, diskutiert. Die Reportagen dauern zwischen 15 und 25 Minuten, und pro Sendung können bis zu zwei Reportagen gezeigt werden. Die restliche Zeit der Sendung wird über die Reportagen diskutiert bzw. dienen diese Reportagen vor allem als Diskussionsanlass Die Anordnung der Gäste ist konfrontativ. Meist sitzen die Gäste in einer Reihe hinter einem langen Stehpult und erheben sich von ihrem Platz, wenn sie etwas sagen möchten.

---

[342] Die Nachrichten dauerten jedoch meist länger als eine Stunde, und daher kam es oft vor, dass die Sendungen von SPECIAL'NYJ KORRESPONDENT erst um 23:30 Uhr begannen (vgl. *Čelovek iz televizora* 20.09.2014).

Subbotnik	*Rossija-1*
– Sendeplatz:	SA, 09:25 Uhr, 30 min, 1 x pro Woche
– Moderation:	Olesja Sudzilovskaja
– Typ:	**Interview-Talk/Promi-Talk**
– Gästekonzeption:	1 Hauptgast, manchmal auch noch EhepartnerIn des Hauptgasts, TV-Prominente
– Gesprächskonzeption:	Einzelgespräche, keine Publikumsbeteiligung
– Produktion:	Im Studio ohne Publikum; Einspielfilme (z. B. Ausschnitte aus Filmen, Musikvideos von Prominenten, Zusammenschnitt ihres Schaffens, Familienvideos etc.)
– Erstsendung:	04.12.2004 (letzte Sendung im August 2015)

In SUBBOTNIK sitzen sich die Moderatorin sowie der prominente Gast an einem Tisch gegenüber. Im Unterschied zu POKA VSE DOMA, in dem immer Teile oder die ganze Familie des Stars mitanwesend sind, tritt in SUBBOTNIK der/die Prominente meist alleine auf. Manchmal wird er/sie auch von der/dem EhepartnerIn begleitet. Die Talkshow wird außerdem in einem Studio gedreht, das wie eine Küche aussieht und für jede Ausgabe ein wenig umgestaltet wird. Genau wie bei POKA VSE DOMA wird gegen Ende der Sendung eine Rubrik mit dem Titel *Mnogodetnaja sem'ja* gezeigt. In einem drei- bis fünfminütigen Video wird eine Familie mit vielen Kindern vorgestellt, die von der Sendung SUBBOTNIK Geschenke bekommen hat und sich nun dafür bedankt. Im Anschluss daran geht der Talk zwischen dem Gast und der Moderatorin noch kurz weiter.

Anhang II

II Kategoriendefinitionen der einzelnen Haupt- und Unterkategorien der integrativen Inhaltsanalyse

---

10_Situation/Diskursive Ereignisse in der Ukraine (allgemein)
Alle Aussagen, in denen allgemein die Ereignisse, die Situation bzw. die Krise in der Ukraine angesprochen werden und die mithilfe des Kontextes *nicht* eindeutig einer Unterkategorie (11–16), das heißt, einem bestimmten diskursiven Ereignis, zugeordnet werden können.
Beispiele:
1) *События на Украине* продолжают оставаться в центре внимания мирового сообщества.
2) *Обстановку на Украине* модератор обсудил с гостями студии.

Ausgeschlossen davon sind allerdings Aussagen, die sich direkt auf die Situation im Südosten/Osten der Ukraine beziehen. Diese werden in der Kategorie 20 erfasst.

11_Euromajdan: Alle Aussagen, in denen die Ereignisse, Proteste, Revolution etc. auf dem Majdan in Kiew erfasst werden. Dazu zählen auch Aussagen, in welchen nicht direkt vom Euromajdan die Rede ist, sondern aus dem Kontext hervorgeht, dass damit der Euromajdan gemeint ist (z. B. die Erwähnung von Protestierenden, von Demonstrierenden auf der Straße etc.). In diese Kategorie zählen auch kämpferische und blutige Auseinandersetzungen, die sich während des Euromajdan ereignet haben und die sich eindeutig mithilfe von Stichworten (Protestierende, Demonstrierende, Majdan, Kiew etc.) dieser Kategorie zuordnen lassen. Falls eine Zuordnung aufgrund fehlender Stichwörter nicht möglich sein sollte, muss zunächst das Datum der Sendung beachtet werden. Fällt das Datum eindeutig in die Zeit des Euromajdan (21. November 2013 bis 26. Februar 2014) und werden in der Beschreibung kämpferische Auseinandersetzungen, Proteste etc. beschrieben, kann die Kategorie 11 vergeben werden. In Zweifelsfällen muss jedoch die Oberkategorie 10 vergeben werden. Auch Maßnahmen von Viktor Janukovič als Reaktion auf die anhaltenden Proteste, seine Flucht, seine Pressekonferenz im russischen Exil sowie der „Sieg der Opposition über Viktor Janukovič" etc. gehören in die Kategorie 11.

12_Ereignisse auf der Krim (rund um Referendum & Wiedervereinigung mit Russland): Alle Aussagen, in denen es um die Ereignisse auf der Krim im Februar/März 2014 geht. Dazu zählen die Proteste auf der Krim, das Referendum sowie die „Wiedervereinigung" der Krim mit Russland. Spätere Ereignisse auf der Krim, die nachfolgende Thematisierung der „Wiedervereinigung" oder sonstige Themen, welche die Krim betreffen, werden in der Kategorie 54 erfasst.

13_Ereignisse in Odessa/Mariupol' im Mai 2014: Alle Aussagen, in denen es um die Ereignisse in Odessa oder Mariupol' Anfang Mai 2014 geht.

14_Jahrestag des Euromajdan: Alle Aussagen, in denen ein Jahr nach den Ereignissen an den Beginn des Euromajdan erinnert wird. Nicht dazu zählen die Ereignisse auf dem Euromajdan selbst, die in der Kategorie 11 erfasst werden.

15_Referenden (Mai)/Wahlen (Nov) DNR/LNR: Alle Aussagen, in denen es um die Referenden in der DNR/LNR im Mai oder um die dort abgehaltenen Wahlen im November 2014 geht.

16_MH17 Abschuss: Alle Aussagen, in denen von dem Abschuss des Passagierflugzeuges MH17 gesprochen wird. Dazu zählen auch Aussagen, die neue Erkenntnisse/Theorien etc. in Bezug auf den Unglückshergang geben.

20_Bewaffneter Konflikt/Ereignisse in der Ostukraine (allgemein)
Alle Aussagen, welche allgemein die Ereignisse bzw. den bewaffneten Konflikt zwischen pro-russischen und pro-ukrainischen Kräften in der Ostukraine ansprechen und mithilfe des Kontextes *nicht* eindeutig einer der Unterkategorien (21–28) zugeordnet werden können.

Beispiele:
1) *Основные темы программы – [...] ситуация на юго-востоке Украины.*
2) *Внимание всего мира приковано к юго-востоку* и к одному из главных и к эпицентру событий этого района –*городок Славянск.*

Ausgenommen davon sind Aussagen, in denen lediglich von der „Situation/Krise in der Ukraine" gesprochen wird und das Attribut ‚süd-, südost- oder ost-' fehlt. Letztere werden in der Kategorie 10 erfasst.

21_Kampf-/Kriegsvorbereitungen: Alle Aussagen, in denen das Zusammenziehen/Zusammenkommen von Truppen, der Aufstellung und Bereitmachung von Kriegsmaterial und Waffen die Rede ist.

22_Kampfhandlungen/Bruch vereinbarter Waffenruhe (außer: Euromajdan, Krim etc.): Alle Aussagen, in denen allgemein Kampfhandlungen (*prodolžajut ubivat', stolknovenija, vedëtsja ogon', boevye deistvija* etc.) in der Ostukraine beschrieben werden. Dazu zählen auch Aussagen, in denen von einem Bruch einer vereinbarten Waffenruhe gesprochen wird und die damit Kampfhandlungen implizieren. Nicht dazu zählen jedoch Kampfhandlungen, die in die Kategorie ‚Kriegsverbrechen' fallen, wie zum Beispiel die eindeutige Nennung von Angriffen auf Wohnhäuser, Schulen, Krankenhäuser etc. Wenn jedoch <u>allgemein</u> vom Tod von friedlichen Bürger*innen während der Kampfhandlungen berichtet wird und nicht explizit darauf verwiesen wird, dass Schulen, Krankenhäuser etc. gezielt bombardiert/angegriffen werden, wird nur die Kategorie 22 vergeben. Ansonsten die Kategorie 25 – Kriegsverbrechen.

Beispiele:
1) *В кровопролитных боях на востоке гибнут мирные жители, ополченцы и солдаты украинской армии.*
2) [...] на юго-востоке Украины, где *началась карательная операция против сторонников федерализации,* [...]
3) На юго-востоке Украины *продолжаются боевые действия, с каждым днем умножающие число погибших и раненых среди мирного населения.*

23_Krieg/Bürgerkrieg: Alle Aussagen, in denen von den Ereignissen in der Ukraine im Allgemeinen sowie der Ostukraine im Besonderen als ‚Bürgerkrieg' oder ‚Krieg' gesprochen wird.

24_Humanitäre Katastrophe: Alle Aussagen, in denen von einer humanitären Katastrophe oder Krise in der Ukraine gesprochen wird. Dazu zählen auch Aussagen, in denen die prekäre Situation der Menschen in der Ukraine beschrieben wird wie z. B., dass sie Hunger leiden.

25_Kriegsverbrechen: Alle Aussagen, in denen dezidiert von Kriegsverbrechen berichtet wird. Dazu zählen der Einsatz verbotener Waffen, Folterungen, die Ermordung/der Angriff auf wehrlose Menschen und andere Gräueltaten. Dazu gehören auch Aussagen, in denen von einer gezielten ‚Säuberung' der Bevölkerung oder von Gewalt oder Verbrechen gegen die ‚friedliche Bevölkerung' gesprochen wird (z. B. der Angriff auf Schulen, Wohnhäuser etc.).
Beispiel:
1) *[…] украинская армия снова стреляет по городам Донбасса, целясь в жилые кварталы и объекты инфраструктуры.*
2) *Карательные операции против жителей провозглашенной Донецкой республики проходят с применением тяжелой артиллерии и авиации.*

Nicht dazu zählen jedoch Aussagen über Angriffe, aus denen hervorgeht, dass die ‚friedliche Bevölkerung'/Zivilist*innen quasi ‚zufällig' getroffen wurde. Diese Aussagen werden in der Kategorie 22 erfasst:
1) *Несколько снарядов попали в жилые кварталы.*

Auch der Genozid zählt in diese Kategorie, wenn nicht ausdrücklich gesagt wird, dass es sich um einen ‚faschistischen Genozid' handelt, der in der Kategorie 43 erfasst wird. In der Kategorie 25 wird jedoch nicht der Angriff auf Separatisten/Opolčency erfasst (solange nicht von der Verwendung verbotener Waffen die Rede ist), da diese als gegnerische Partei das primäre Ziel der Kampfhandlungen sind. Letztere werden in der Kategorie 22 ‚Kampfhandlungen' erfasst. Wenn nicht dezidiert davon berichtet wird, dass Schulen, Krankenhäuser etc. oder die Zivilbevölkerung absichtlich angegriffen werden, wird diese ebenfalls mit der Kategorie 22_Kampfhandlungen codiert.
Nicht:
1) *В кровопролитных боях на востоке гибнут мирные жители, ополченцы и солдаты украинской армии.*

26_Waffenruhe/Friedensverhandlungen/Friedensmärsche: Alle Aussagen, in denen über definitiv statt-findende Friedensverhandlungen und/oder eine Waffenruhe informiert wird, die laut Kontext eingehalten wird. Als Kontext gelten dabei lediglich bereits gelesene Informationen und nicht die nachfolgenden Informationen (vgl. Früh 2017: 158). Falls die Waffenruhe oder die Friedensabkommen nicht eingehalten werden, wird die Kategorie 22 vergeben. Zur Kategorie 26 zählen außerdem internationale Abkommen, Treffen des ukrainischen Präsidenten Porošenkos mit den Anführern der DNR und LNR etc. Auch die Forderungen nach Frieden innerhalb der Ukraine in Form von Friedensmärschen werden in dieser Kategorie erfasst.

27_Opolčency und ihre Handlungen: Alle Aussagen, in denen die Opolčency als aktive Handelnde auftreten. Dazu zählen auch Aussagen, in denen die Opolčency als Gäste der Talkshows vorgestellt werden. Auch wenn diese das Thema einer Talkshow darstellen, wird diese Kategorie vergeben. Aussagen, in denen von „Menschen im Südosten der Ukraine, die sich gegen den Faschismus zur Wehr setzen", oder von „Gegnern der aktuellen ukrainischen Regierung" gesprochen wird, gehören ebenso in diese Kategorie.

28_Protestaktionen in der Ostukraine (außer: Euromajdan, Krim): Dazu zählen alle Protestaktionen, die nicht eindeutig den Protesten auf dem Majdan oder der Krim zugeordnet werden können und die in der Ukraine (meist Ostukraine) stattfinden.

30_Opfer der Ereignisse/des Krieges (allgemein)
Alle Aussagen, die von Menschen handeln, die in irgendeiner Form allgemein als Opfer bzw. Leidtragende der Ereignisse in der Ukraine bezeichnet werden können und nicht eindeutig darauf hingewiesen wird, dass diese Menschen bereits tot oder verletzt sind.

Beispiele:
1) Ни в чем *не повинные люди*, далекие от этого конфликта, *стали жертвами* тех, кто его начал, продолжает и подпитывает.
2) По жилым кварталам Донецка по-прежнему ведется прицельный огонь, увеличивая *число жертв среди мирного населения*.

31_Tote/verletzte Erwachsene (außer: russische Journalisten): Alle Aussagen, in denen eindeutig von toten oder verletzten Erwachsenen die Rede ist. Dazu zählen auch Frauen und ältere Menschen.

32_Tote/verletzte Kinder/Jugendliche: Alle Aussagen, in denen explizit darauf hingewiesen wird, dass es sich bei den toten oder verletzten Menschen um Kinder und/oder Jugendliche handelt.

33_Flüchtlinge: Alle Aussagen, in denen die Rede von Flüchtlingen aus der Ukraine ist.

34_(Russische) Journalisten: Alle Aussagen, in denen von toten oder verletzten (russischen) Journalisten gesprochen wird.

40_Nationalistische und faschistische Kräfte in der Ukraine (allgemein)
Aussagen, in denen allgemein von einem ukrainischen Nationalismus und/oder Faschismus die Rede ist und die nicht in eine der vier Unterkategorien (41–44) eingeordnet werden können.

Beispiele:
1) Происходящее все больше *скатывается в тупейшую форму нацизма*. Что реально происходит в Новороссии?
2) Уступки, на которые идет власть, не устраивают оппозицию и *радикально настроенных националистов*.

41_Pravyj sektor: Alle Aussagen, in denen es dezidiert um den *Pravyj sektor* und/oder seine Aktivitäten, Verbrechen, Gewalt etc. in der Ukraine geht. Dazu zählen auch Aussagen, in denen eine Verbindung zwischen dem *Pravyj sektor* und der ukrainischen Regierung impliziert wird.

42_Wiedergeburt des Faschismus/Neonazismus: Alle Aussagen, in denen es um die Wiedergeburt (*vozroždenie*) oder das Wiedererwachen des Faschismus bzw. Neonazismus in der Ukraine geht.

43_Ausschreitungen/Faschistische Gräueltaten (außer: *Pravyj sektor*): Alle Aussagen, in denen Gewalt, Ausschreitungen oder Gräueltaten von Faschisten oder Nazis in der Ukraine beschrieben werden. Ausgenommen davon sind die Verbrechen, Gewalt, Gräueltaten etc. des *Pravyj sektor*, die in der Kategorie 41 erfasst werden. Zur Kategorie 43 zählt auch, wenn dezidiert von einem „faschistischen Genozid" gesprochen wird.

44_Russophobie/Antisowjetismus: Alle Aussagen, in denen die ‚Russophobie der Ukraine' zum Ausdruck kommt, wie beispielsweise die Verfolgung Russischsprechender oder orthodoxer Gläubiger. Dazu zählen auch Aussagen, in denen antisowjetisches Verhalten beschrieben wird, wie zum Beispiel die Zerstörung sowjetischer Denkmäler etc.

50_Russisch-ukrainische Beziehungen (allgemein)
Aussagen, in denen die Beziehungen zwischen Russland und der Ukraine allgemein angesprochen werden und die nicht einer der Unterkategorien (51–55) zugeordnet werden können.
Beispiele:
1) Предсказания об изоляции России не сбылись, но *как будут дальше строиться отношения*?
2) Украина строит стену на границе с Россией, но другая стена – стена недоверия – возводится по *отношению к нашему государству* представителями интеллигенции.

Nicht in diese Kategorie fallen die Beziehungen zwischen Russland, der Ukraine und dem Westen.

51_Russische Außenpolitik in Bezug auf/Verbindung mit Ukraine: Alle Aussagen, in denen es um die russische Außenpolitik, ergo um das offizielle Agieren und Handeln Russlands in Bezug auf die Ukraine geht. Hierzu zählen beispielsweise Maßnahmen Putins, um russische Bürger*innen in der Ukraine zu schützen, die Frage nach der Einmischung Russlands in den Konflikt, die Reaktion Russlands auf die Sanktionen (z. B. Verbot der Einfuhr von Lebensmitteln aus der EU, Gegensanktionen, Embargo etc.).

52_Position/Hilfe Russlands zur Lösung des Konflikts: Alle Aussagen, in denen die offizielle Position Russlands und die Hilfe Russlands zur Lösung des Konflikts (z. B. die humanitären Konvois) behandelt wird. Dazu gehören beispielsweise die Friedensinitiativen von Putin, die Hilfe russischer Ärzte, Russlands/Putins Beiträge oder Initiativen bei den Friedensverhandlungen etc. Wichtig bei der Vergabe dieser Kategorie für die Abgrenzung von Kategorie 51 ist, dass dezidiert die Position/Hilfe Russlands zur Lösung des Konflikts angesprochen werden muss. Wenn jedoch im Beschreibungstext lediglich die ‚Position Russlands' ohne die Konfliktlösung, Frieden-sinitiativen etc. erwähnt wird, muss die Kategorie 51 vergeben werden.

53_Gaslieferungen: Alle Aussagen, in denen von russischen Gaslieferungen in die Ukraine die Rede ist.

54_Krim als Teil Russlands (als Teil der Sowjetunion, nach Referendum & Wiedervereinigung): Alle Aussagen, in denen die Krim als Teil Russlands gesehen/dargestellt wird. Dazu zählen auch Aussagen, in denen an die Krim als Teil der Sowjetunion erinnert wird. Auch alle Aussagen, die zeitlich nach der Annexion der Krim/‚Wiedervereinigung mit der Krim' Russlands von dieser Halbinsel handeln und diese als Teil Russlands darstellen, gehören in diese Kategorie. Talkshowsendungen, die nach den Ereignissen im März 2014 das Thema der ‚Wiedervereinigung' aufgreifen, werden automatisch mit der Kategorie 54 codiert, da seit dem Referendum die Krim aus russischer Sicht wieder ein Teil Russlands ist.

55_Auswirkungen der Ukrainekrise auf Russland: Alle Aussagen, in denen von den Auswirkungen der Ukrainekrise auf Russland gesprochen wird. Dazu zählen beispielsweise Proteste in Russland oder die Angst vor dem Aufkommen einer ähnlichen Protestbewegung wie der Euromajdan in Russland.

60_Maßnahmen/Reaktionen des Westens (allgemein)
Jegliche Aussagen über die Reaktionen des Westens (USA, Europa) in Bezug auf die Ereignisse in der Ukraine oder die Ukraine allgemein, die nicht einer der Unterkategorien (61–65) zugeordnet werden können.

Beispiele:
1) Это вызвало *негативную реакцию Запада*.
2) [...] обсудит [...] *реакцию мирового сообщества на действия самозваных властей*, объявивших войну гражданам собственной страны.

61_Westl. Einmischung/Unterstützung der Ukraine: Alle Aussagen, in denen davon gesprochen wird, dass der Westen, insbesondere die USA, oder andere westliche Länder der Ukraine und/oder der ukrainischen Politik in irgendeiner Form (militärisch, wirtschaftlich etc.) helfen, sie unterstützen oder sich in die Politik, den Konflikt etc. einmischen. Auch wenn von Begünstigungen oder ideeller Unterstützung die Rede ist, wird diese Kategorie vergeben. Waffenlieferungen an die Ukraine zählen ebenso in diese Kategorie. Und schließlich Aussagen, in denen Russland den Westen beschuldigt, verantwortlich für den Krieg in der Ukraine zu sein.

62_Sanktionen gegen Russland/russische Bürger*innen: Alle Aussagen, in denen von Sanktionen gegen Russland die Rede ist. Dazu zählen auch Aussagen, in denen von den Sanktionen betroffenen russischen Bürger*innen gesprochen wird.

63_Beziehung zw. Russland und dem Westen in Bezug auf Ukraine (außer: Informationskrieg/Propaganda): Alle Aussagen, in denen es um die Beziehungen zwischen Russland und dem Westen (Europa, USA, westlichen Ländern) in Bezug auf die Ukraine geht (der Bezug zur Ukraine muss klar sein; nicht: Beziehungen zwischen Russland und Westen allgemein). Hierzu gehören Aussagen, in denen der Westen Russland die Schuld für die gegenwärtige Situation in der Ukraine gibt oder umgekehrt. Ausgenommen von Kategorie 63 sind allerdings alle Aussagen, in denen von einem Informationskrieg oder der Propaganda des Westens bzw. der Ukraine gegen Russland die Rede ist.

64_Apathie & Wegsehen des Westens: Alle Aussagen, in denen es darum geht, dass der Westen (Europa, USA, westliche Länder) die „Augen verschließe" vor dem, was in der Ukraine vor sich geht, bzw. davor, welche „Verbrechen, Gräueltaten etc." die ukrainische Regierung/ Armee etc. begehen. Dazu gehören auch Aussagen, die auf die Tatenlosigkeit, das Zusehen, das Hinnehmen etc. des Westens hinweisen.

65_(Wirtschaftl.) Auswirkungen d. Sanktionen auf Russland: Alle Aussagen, in denen die konkreten Auswirkungen der Sanktionen auf Russland behandelt werden, wie zum Beispiel die steigenden Lebensmittelkosten oder der sinkende Rubelkurs (in Zusammenhang mit den Sanktionen; nicht: zu Beginn des Jahres 2014). In diese Kategorie gehören aber auch positive Auswirkungen auf Russland wie beispielsweise das Anwachsen der landwirtschaftlichen Produktion als Folge der Gegensanktionen. Nicht dazu zählen jedoch allgemeine Aussagen über die wirtschaftliche Lage des Landes, die Ölpreise, da diese nicht in direktem Zusammenhang mit den westlichen Sanktionen stehen, sowie außenpolitische Maßnahmen wie das Verbot der Einfuhr von Lebensmitteln aus der EU, welches in der Kategorie 51 erfasst wird.

70_Ukrainische Innenpolitik (allgemein)
Alle Aussagen in den Sendungsbeschreibungen, in denen die ukrainische Innenpolitik allgemein beschrieben wird und/oder die nicht eindeutig einer Unterkategorie (71–79) zugeordnet werden können.

Beispiele:
1) В студии [...] обсуждают последние *заявления украинских политиков*.
2) Что ждет [...] *украинскую политику*?

71_Wahlen (außer: Wahlen in DNR/LNR): Alle Aussagen, in denen die Präsidentschafts- oder die Parlamentswahlen in der Ukraine behandelt werden.

72_Wirtschaft: Alle Aussagen, welche sich mit der wirtschaftlichen Situation, Problemen, Beschlüssen etc. der Ukraine befassen. Dazu zählen z. B. der Staatsbankrott, die Wirtschaftsblockaden gegen DNR/LNR etc.

73_Teilung/Föderalisierung/Zerfall der Ukraine: Alle Aussagen, in denen von einer möglichen Teilung und/oder Föderalisierung der Ukraine gesprochen wird. Dazu gehören auch Aussagen über einen möglichen Zerfall (*raskol/raspad*) der Ukraine, die Frage nach der „separatistischen Bewegung" im Donbass etc.

74_Weiterentwicklung d. Situation in/Zukunft d. Ukraine: Dazu zählen alle Aussagen, die nach der Zukunft und/oder Weiterentwicklung der Situation/der Ereignisse in der Ukraine fragen.

75_Abschaffung des blockfreien Status der Ukraine: Alle Aussagen, in denen über die Abschaffung des blockfreien Status der Ukraine gesprochen wird.

76_Status von DNR und LNR: Alle Aussagen, in denen von einem (besonderen) Status der DNR und LNR die Rede ist.

77_Korruption/Lustrationsgesetz: Alle Aussagen, in denen von der Korruption in der Ukraine gesprochen wird und/oder über das Lustrationsgesetz, das im Oktober 2014 in der Ukraine in Kraft getreten ist.

78_Neue Regierung und ihre Maßnahmen, Beschlüsse etc. (außer: Porošenko): Alle Aussagen, in denen die Frage gestellt wird, wer in der Ukraine nach den Ereignissen auf dem Majdan an der Macht ist. Diese neue Macht bzw. Übergangsregierung in Kiew wird in den Sendungsbeschreibungen meist als *novaja vlast'*, *Novaja Rada*, *Kievskie/Ukrainskie vlasti*, *kievskaja chunta* oder metonymisch als *Kiev* bezeichnet. Immer wenn deren Handlungen beschrieben werden, wird diese Kategorie vergeben. Dazu zählen auch alle Aussagen, in denen von den Maßnahmen, Beschlüssen, Vorgehensweisen etc. der neuen Macht bzw. Übergangsregierung in Kiew gesprochen wird.

Nicht in diese Kategorie fallen jedoch Aussagen, in denen die Übergangsregierung nicht aktiv handelndes Subjekt ist, sowie Handlungen, Beschlüsse, Vorgehensweisen des neuen Präsidenten Porošenko.

79_Maßnahmen, Beschlüsse, Reaktionen etc. Porošenkos: Alle Maßnahmen, Beschlüsse, Vorgehensweisen, Reaktionen etc. des neuen Präsidenten der Ukraine, Petr Porošenko, wenn dieser als einziger Verantwortlicher oder Hauptverantwortlicher angegeben wird. Wird Petr Porošenko gleichzeitig mit der ukrainischen Übergangsregierung in derselben Aussage verwendet, wird diese Aussage mit Kategorie 78 codiert.

80_Talkshowgäste aus/in der Ukraine (außer: Polit-Talk)
Alle Aussagen in den Sendungsbeschreibungen, in denen der Gast der Talkshow vorgestellt wird und dieser einen Bezug zur Ukraine hat, indem er/sie aus der Ukraine kommt, dort wohnt/arbeitet etc. Nicht berücksichtigt werden Personen aus Polit-Talks, da diese im Gegensatz zum Promi-Talk oder Trivial-Talk nicht das Thema einer Sendung darstellen. Die Talkshowgäste aus Promi-Talk, Trivial-Talk oder Spezial-Talk werden in vier Unterkategorien eingeteilt:

81_Prominente aus/in der Ukraine (außer: Krim): Dazu zählen alle Aussagen, in denen eine prominente Person (Schauspieler*innen, Regisseur*innen etc.), die aus der Ukraine ist, dort wohnt oder arbeitet, vorgestellt wird und das Thema der Sendung ist.

82_Gewöhnliche Menschen aus/in der Ukraine (außer: Krim): Dazu zählen alle Aussagen, in denen eine gewöhnliche, d. h. nicht prominente Person, die aus der Ukraine ist, dort wohnt oder arbeitet, vorgestellt wird und das Thema der Sendung ist.

83_Gewöhnliche Menschen von/auf der Krim: Hierzu gehören alle Aussagen, in denen eine gewöhnliche, d. h. nicht prominente Person, die von/auf der Krim ist, dort lebt oder arbeitet, vorgestellt wird und das Thema der Sendung ist.

84_Prominente von/auf der Krim: Hierzu zählen alle Aussagen, in denen eine prominente Person vorgestellt wird, die von/auf der Krim ist, dort lebt oder arbeitet, vorgestellt wird und das Thema der Sendung ist.

90_Informationskrieg/Propaganda gegen Russland (allgemein)
Alle Aussagen in den Sendungsbeschreibungen, in denen allgemein von einem Informationskrieg und/oder von Propaganda gegen Russland gesprochen wird und die nicht eindeutig dem Westen oder der Ukraine zuzuordnen sind. Allerdings muss aus der Sendungsbeschreibung hervorgehen, dass über den Informationskrieg/die Propaganda in Bezug auf die Ereignisse in der Ukraine gesprochen wird.

Beispiel:
1) Сегодня мы обсуждаем главное мировое событие – *трагедию малазийского Боинга, который был сбит над территорией Украины и собственно этому событию посвящена сегодня вся наша программа. […] начать хотелось бы с обсуждения, спокойного подробного обсуждения версий этого крушения, которые сейчас циркулируют в разных странах, в разных источниках.* […]

Nicht dazu zählen Sendungen, in denen allgemein der Gegensatz zwischen Russland und dem Westen sowie ein aggressives Verhalten des Westens gegenüber Russland thematisiert wird, ohne dabei die Ukraine oder einen Bezug zur Ukraine zu erwähnen.

Nicht:
1) На саммите в Брюсселе Барак Обама выступил с довольно жесткой антироссийской речью. Он уверил, что США и НАТО не стремятся вступать в конфликт с нашей страной и вот уже 60 лет помогают людям становиться свободными. […]
2) […] Президент России откровенно и даже жестко изложил свое видение современной международной политики и снова, как в Мюнхене семь лет назад, предупредил, чем чреваты попытки США действовать по законам однополярного мира. Тогда не прислушались, прислушаются ли сейчас?

91_Westlicher Informationskrieg/Propaganda gegen Russland: Alle Aussagen, in denen dezidiert der Westen als Auslöser, Verantwortlicher etc. für den Informationskrieg/die Propaganda gegen Russland in Bezug auf die Ukraine genannt wird.

92_Ukrainischer Informationskrieg/Propa-ganda gegen Russland: Alle Aussagen, in denen dezidiert die Ukraine als Auslöserin, Verantwortliche etc. für den Informationskrieg/die Propaganda gegen Russland genannt wird.

00_Sonstige Themen zur Ukraine (die von keiner Hauptkategorie repräsentiert werden)

Anhang III
Kurzporträts der untersuchten Talkshowsendungen

Fallbeispiel 1: Beitritt der Krim zur Russischen Föderation (März/April 2014)

Name der Talkshow	PRJAMOJ ÈFIR
Untertitel	*Krym menjaet flagy*
Fernsehsender	РОССИЯ 1
Datum	03.03.2014
Dauer	53 Minuten
Sendezeit	Montag, 18:30 Uhr[343]
Typ	Trivial-Talk
Sendungsbeschreibung	Typ 1a: Einstiegsmoderation/Von der Redaktion erstellt: Станет ли полуостров Крым «островом свободы» от бандеровщины? В студии «Прямого эфира» собрались простые крымчан и украинцев самых разных взглядов, которых сегодня история выдвинула в лидеры этой земли. Они меняют флаги и пишут новую историю Крыма. Чем обернутся начавшиеся гонения на русский язык и русскую культуру на Украине? Чем Россия сегодня может помочь своим братьям?
Codierungen	12_Ereignisse auf der Krim; 40_Nationalistische und faschistische Kräfte in der Ukraine (allgemein); 44_Russophobie/Antisowjetismus; 52_Position/Hilfe Russlands zur Lösung des Konflikts; 82_Gewöhnliche Menschen aus/in der Ukraine (außer: Krim); 83_Gewöhnliche Menschen von/auf der Krim

---

[343] Das Fernsehprogramm von *Rossija-1* kann online abgerufen werden (https://russia.tv/tvp/index/date/; letzter Zugriff: 17.11.2020).

Name der Talkshow	**POZNER**
Untertitel	*Gost' Aleksandr Žukov*
Fernsehsender	1
Datum	04.03.2014[344]
Dauer	49 Minuten
Sendezeit	Montag, 23:20 Uhr
Typ	Interview-Talk/Promi-Talk
Sendungsbeschreibung	Typ 2b: Hauptthemen/Längerer Fließtext: В студии программы «Познер» первый заместитель председателя ГД РФ, президент Олимпийского комитета России Александр Жуков рассказывает о ситуации на Украине и, в частности, в Крыму, об ухудшении экономической ситуации в России, о снижении курса рубля, об упрощении схемы предоставления российского гражданства, о триумфе российской олимпийской сборной в Сочи и о главном достижении Олимпиады – сплочении страны.
Codierungen	10_Situation/Ereignisse in der Ukraine (allgemein); 12_Ereignisse auf der Krim; 65_Ökonomische Auswirkungen der Sanktionen auf Russland

Name der Talkshow	**VOSKRESNYJ VEČER S VLADIMIROM SOLOV'ËVYM**
Fernsehsender	РОССИЯ 1
Datum	07.03.2014
Dauer	112 Minuten
Sendezeit	Freitag, 21:00 Uhr[345]
Typ	Polit-Steh-Talk/Polit-Talk

---

344 Auf der offiziellen Seite des *Pervyj kanal* ist als Datum der 04.03.2014 angeführt, obwohl laut Fernsehprogramm (http://www.qstv.ru/all/20140303.html; letzter Zugriff: 17.11.2020) die Sendung am 03.03.2014 um 23:20 Uhr ausgestrahlt wurde.

345 Im Fernsehprogramm ist um 21:00 Uhr POEDINOK angeführt, aber wie bereits im Verlauf der Arbeit erwähnt, wurde nicht POEDINOK, sondern die ebenso von Vladimir Solov'ëv moderierte Show (VOSKRESNYJ) VEČER S VLADIMIROM SOLOV'ËVYM ausgestrahlt.

(fortgesetzt)

Name der Talkshow	**VOSKRESNYJ VEČER S VLADIMIROM SOLOV'ËVYM**
Sendungs-beschreibung	Typ 1a: Einstiegsmoderation/Von der Redaktion erstellt: Владимир Путин на пресс-конференции заявил, что воевать с братским украинским народом Россия не собирается. Крым нашел способ выхода из кризиса путем голосования и без применения оружия. Это вызвало негативную реакцию Запада. Российские политики проводят консультации с американскими коллегами, Но, похоже, ни нас, ни народ Крыма не слышат. На прямой связи со студией - пресс-секретарь президента РФ Дмитрий Песков.
Codierungen	12_Ereignisse auf der Krim; 51_Russische Außenpolitik in Bezug auf/Verbindung mit Ukraine; 63_Beziehung zwischen Russland und dem Westen in Bezug auf die Ukraine

Name der Talkshow	**POLITIKA**
Fernsehsender	1
Datum	12.03.2014
Dauer	53 Minuten
Sendezeit	Mittwoch, 00:10 Uhr
Typ	Polit-Steh-Talk/Polit-Talk
Sendungs-beschreibung	Typ 1b: Einstiegsmoderation/Von der Autorin erstellt: Сегодня вновь мы обсуждаем ситуацию на Украине и в России. В связи с грядущим референдумом, который в ближайшее воскресенье состоится в Крыму, жители Крыма должны будут ответить на очень простой вопрос: Хотят ли они быть в составе России или они хотят остаться автономией в составе Украины? Собственно, от этого волеизъявления и будет зависеть развитие событий в мировой политике на ближайшие годы, наверное, скорее всего. Ваш прогноз по поводу воскресного референдума, как Вы считаете?
Codierungen	12_Ereignisse auf der Krim

Name der Talkshow	**VOSKRESNYJ VEČER S VLADIMIROM SOLOV'ËVYM**
Fernsehsender	РОССИЯ 1
Datum	18.03.2014
Dauer	113 Minuten
Sendezeit	Dienstag, 21:00 Uhr
Typ	Polit-Steh-Talk/Polit-Talk
Sendungs-beschreibung	Typ 1a: Einstiegsmoderation/Von der Redaktion erstellt: Этот день мы приближали как могли – Крым и Севастополь снова в составе России. Историческая справедливость восторжествовала. Это праздник не только для всех крымчан и россиян, но и для миллионов русских, живущих в разных государствах, и всех друзей нашей страны. Россия не опустила головы и, не испугавшись ни угроз, ни санкций, отстояла свое право на национальное достоинство.
Codierungen	12_Ereignisse auf der Krim; 51_Russische Außenpolitik in Bezug auf/Verbindung mit Ukraine

Name der Talkshow	**SPECIAL'NYJ KORRESPONDENT**
Untertitel	*Ostrov Krym. Vozvraščenie domoj*
Fernsehsender	РОССИЯ 1
Datum	19.03.2014
Dauer	75 Minuten
Sendezeit	Mittwoch, 21:00 Uhr
Typ	Polit-Steh-Talk/Polit-Talk

(fortgesetzt)

Name der Talkshow	**SPECIAL'NYJ KORRESPONDENT**
Sendungs-beschreibung	Typ 1b: Einstiegsmoderation/Von der Autorin erstellt: Сегодня будем говорить о главной теме – Крым. Свой первый фильм на российском телевидении, я снял 14 лет назад. Назывался он тогда «Потерянный рай». Эти кадры вы сейчас видите на экране, колхозное поле ((показывают видео)) [...]. Тогда мы вернулись из Крыма в поддавленном настроении, было все это ведь ужасно и рассказывать это и показывать. Но надо было показывать и все 14 лет я не оставлял тему Крыма. Всего этой весной 14ого года, я снова прилетел из Крыма, недавно, два дня назад, но уже с другим настроением. Его вы видите, вот здесь ((показывает на георгиевскую ленточку у себя в нагрудном кармане)). Ну ладно, продолжим.
Codierungen	12_Ereignisse auf der Krim

Name der Talkshow	**NAEDINE SO VSEMI**
Fernsehsender	1
Datum	02.04.2014
Dauer	45 Minuten
Sendezeit	Mittwoch, 17:00 Uhr
Typ	Single-Portrait-Talk/Promi-Talk
Sendungs-beschreibung	Typ 2b: Hauptthemen/Längerer Fließtext: «Люди разучились общаться. Сидят по своим квартирам, смотрят телевизор и не знают, как зовут соседа!» Эти слова из известного советского фильма «Москва слезам не верит» с годами не только не утратили свою актуальность, но и стали показательными. Люди в современном обществе, по сути, разучились общаться. Но жизнь всегда предоставляет нам шанс. Москвичка Алина Соловьева в одночасье стала известна всей стране. Необычный плакат «Хочу замуж за севастопольца!», который она держала на митинге в поддержку присоединения Крыма к России, сделал Алину невестой года. Объявление вызвало ажиотаж в интернете. В ответ из Севастополя прилетело согласие. На призыв откликнулся военнослужащий Денис Птичка. Ирония судьбы в том, что и Денис, и Алина родом из Севастополя. Разница в возрасте у них всего год. Возможно, они ходили по одним улицам, в одни кружки и клубы и просто не замечали друг друга. В программе «Наедине

(fortsetzt)

Name der Talkshow	**NAEDINE SO VSEMI**
	со всеми» Алина Соловьева и ее брат Михаил, организатор митинга в поддержку присоединения Крыма, рассказывают, как родилась идея создания такого плаката, как Алина прославилась благодаря соцсетям и как они поехали в Севастополь искать Дениса. Своими впечатлениями от происходящего делится и сам Денис. Он приехал в Москву, чтобы на глазах у зрителей в студии программы «Наедине со всеми» впервые встретиться с Алиной.
Codierungen	12_Ereignisse auf der Krim; 83_Gewöhnliche Menschen von/auf der Krim

Name der Talkshow	**MODNYJ PRIGOVOR**
Untertitel	*Delo o gorjačej krymčanke*
Fernsehsender	1
Datum	29.04.2014
Dauer	51 Minuten
Sendezeit	Dienstag, 10:55 Uhr
Typ	Spezial-Talk
Sendungs-beschreibung	Typ 2b: Hauptthemen/Längerer Fließtext: Валерия Гарбатовская считает, что гардероб и манера поведения мешают ее маме обрести свой круг общения. 44-летняя Юлия Горбатовская из Евпатории всю свою жизнь выбирала не тех мужчин, нажив тем самым массу неприятностей. Крымчанка вот уже два года живет в Москве, но не находит себе места: с кавалером снова не повезло, на работе ее всерьез не воспринимают, друзей не нашла. Дочь уверена, что всему виной ее яркий гардероб, которым она пытается привлечь внимание окружающих. Юлия же чувствует себя молодой и энергичной и скучно одеваться не хочет. Помогут ли стилисты программы героине измениться и более уверенно чувствовать себя в обществе?
Codierungen	83_Gewöhnliche Menschen von/auf der Krim

Name der Talkshow	DAVAJ POŽENIMSJA!
Untertitel	*Pokoren'e Kryma*
Fernsehsender	
Datum	15.05.2014
Dauer	52 Minuten
Sendezeit	Donnerstag, 18:45 Uhr
Typ	Spezial-Talk
Sendungsbeschreibung	Typ 1a: Einstiegsmoderation/Von der Redaktion erstellt: «Покоренье Крыма»: Героиня – Юлия, 21 год, Рак. Родители ее возлюбленного прочили сыну военную карьеру и настояли на том, чтобы он не тратил время на отношения. Юлия — студентка севастопольского национального института. Подрабатывает официанткой в ресторане. Любит петь, танцевать сальсу и играть в русский бильярд. Предупреждает, что иногда бывает вредной и непунктуальной. Юлия никогда не станет встречаться с лживым, трусливым и жадным кавалером. Ее избранник должен быть спортивным, успешным, немного строгим мужчиной с активной гражданской позицией.
Codierungen	83_Gewöhnliche Menschen von/auf der Krim

Fallbeispiel 2: Krieg in der Ostukraine (September/Oktober 2014)

Name der Talkshow	POLITIKA
Fernsehsender	
Datum	07.09.2014
Dauer	64 Minuten
Sendezeit	Sonntag, 22:00 Uhr
Typ	Polit-Steh-Talk/Polit-Talk

(fortgesetzt)

Name der Talkshow	**POLITIKA**
Sendungsbeschreibung	Typ 1b: Einstiegsmoderation/Von der Autorin erstellt: Сегодня вновь мы обсуждаем гражданскую войну на Украине. Главное событие последних дней – это первые дни без войны после минских соглашений, заключенных о прекращении огня, мы имеем возможность с вами увидеть, что сейчас происходит в Луганске и в Донецке, буквально вот в эти минуты. Пожалуйста. ((показывают видео)) Ну вот такая картина. Люди вышли сейчас, не опасаясь обстрелов, пытаются наладить как-то мирную жизнь. Надолго ли этот мир? Александр, первый вопрос к Вам. По Вашему ощущению: Вот это перемирие оно надолго или нет?
Codierungen	23_Krieg/Bürgerkrieg; 26_Waffenruhe/Friedensverhandlungen

Name der Talkshow	**SPECIAL'NYJ KORRESPONDENT**
Untertitel	*Doroga v Lugansk*
Fernsehsender	РОССИЯ 1
Datum	09.09.2014
Dauer	75 Minuten
Sendezeit	Dienstag, 22:50 Uhr
Typ	Polit-Steh-Talk/Polit-Talk
Sendungsbeschreibung	Typ 1b: Einstiegsmoderation/Von der Autorin erstellt: ((показывают видео)) А эти люди выжили. Многие их друзья, знакомые, родные, братья, сестры, земляки погибли под артиллерийскими ударами ракетами украинской армии и отрядов националистов. Страшные кадры, которые невозможно смотреть, но нужно видеть. [...] По последним данным ООН, вероятно сильно заниженным, вероятно не точным, но последним опубликованным, более 3000 человек пали на этой войне на Донбассе. Наш спецкор, Александр Рогаткин, только что вернулся оттуда. Он снял фильм «Дорога в Луганск». Это по истине уникальные сьемки, увидим их через две минуты. Александр, Вы были там, когда ещё грохотали снаряди, рвались эти грады [...].
Codierungen	23_Krieg/Bürgerkrieg; 25_Kriegsverbrechen; 31_Tote/verletzte Erwachsene; 40_Nationalistische und faschistische Kräfte in der Ukraine (allgemein)

Fallbeispiel 2: Krieg in der Ostukraine (September/Oktober 2014) — **445**

Name der Talkshow	**POLITIKA**
Fernsehsender	
Datum	08.10.2014
Dauer	64 Minuten
Sendezeit	Mittwoch, 00:35 Uhr
Typ	Polit-Steh-Talk/Polit-Talk
Sendungs-beschreibung	Typ 1b: Einstiegsmoderation/Von der Autorin erstellt: Мы вновь обсуждаем ситуацию на Украине. Казалось бы, что перемирие каждый день, несмотря на это, приносит сводки о новых и новых погибших. Но есть вещи, которые действительно поражают и оставляют вот в душе ощущение какого-то просто ужаса. Одна из историй этой недели заключается в том, что во время боев за аэропорт Донецка были ((показывают видео)) найдены тела танкистов, вот воевавших за Донецкую Народную Республику со следами пыток. Этих людей привязали за ноги и волокли по летному полю за танками. Трупы эти изуродованы, я, к сожалению, даже не могу вам подробнее описать, потому что это слишком жутко и в общем, из-под пуль во время боев ополченцы извлекли три тела своих товарищей. Конечно, многие могут сказать, что да, гражданская война – это ужасно, действительно на войне люди гибнут, но здесь перед нами нечто больше: Это не просто гибель людей, это действительно вот такое жестокое издевательство над живыми или мертвыми, тут уже щас, наверное, сложно сказать. Владимир Владимирович, первый вопрос к Вам: Что скажете Вы, как человек, который знает и любит, и понимает, как бы, украинский характер, но что происходит вот в эти дни? По чему мы являемся свидетелями?
Codierungen	**23_Krieg/Bürgerkrieg; 25_Kriegsverbrechen; 31_Tote/verletzte Erwachsene**

Anhang III Kurzporträts der untersuchten Talkshowsendungen

Name der Talkshow	**VREMJA POKAŽET**
Fernsehsender	7
Datum	13.10.2014
Dauer	72 Minuten (Teil 1: 30 min; Teil 2: 42 min)
Sendezeit	Montag, 14:25 Uhr (Teil 1); 15:15 Uhr (Teil 2)
Typ	Polit-Publikums-Talk/Polit-Talk
Sendungsbeschreibung	Typ 2a: Hauptthemen/kurz und floskelhaft: Темы программы «Время покажет» – проблема доступности электронных услуг для россиян и ситуация на юго-востоке Украины, где ровно полгода идет военная операция. Zwei Teile (in der Analyse wird nur Teil 2 untersucht, da nur dieser Teil einen Ukrainebezug in der Sendungsbeschreibung aufweist): Teil 1: Einfluss elektronischer Geräte auf den Alltag (00:00:00–00:30:18) Teil 2: Ereignisse in der Ukraine (00:30:19–01:12:24)
Codierungen	23_Krieg/Bürgerkrieg

Name der Talkshow	**MUŽSKOE/ŽENSKOE**
Untertitel	*Granica ljubvi*
Fernsehsender	7
Datum	13.10.2014
Dauer	47 Minuten
Sendezeit	Montag, 16:00 Uhr
Typ	Trivial-Talk

(fortgesetzt)

Name der Talkshow	**MUŽSKOE/ŽENSKOE**
Sendungs-beschreibung	Typ 1a: Einstiegsmoderation/Von der Redaktion erstellt: 20-летняя Анна Голеницкая четыре месяца назад бежала из родного дома, не зная, сможет ли когда-нибудь встретиться с любовью всей своей жизни. Аня начала новую жизнь в Волгограде, а Рустам остался защищать родной Донецк. Вместе с сестрами и братом Анна бежала от украинских карателей, оставив родителей, которые не смогли расстаться даже под страхом смерти. Девушки не видели родителей почти четыре месяца. Единственная мечта — встретиться с ними вновь, чтобы обнять маму и папу. В студии программы «Мужское/Женское» пытаются понять, сколько судеб развела необъявленная война, и какое будущее ждет тех, кто находится по ту сторону границы.
Codierungen	23_Krieg/Bürgerkrieg; 33_Flüchtlinge; 82_Gewöhnliche Menschen aus/in Ukraine (außer: Krim)

Bibliographie

Adamova, Sof'ja. 2017. Ispoved' propagandista. Čast' II. Kak delajut političeskie tok-šou na gosudarstvennom TV. [Bekenntnis eines Propagandisten. Teil II. Wie politische Talkshows im staatlichen Fernsehen gemacht werden]. *The Insider* (20. Juli). https://theins.ru/confession/61361 (Abruf am 17. November 2020).

Alefirenko, Nikolaj F. & Lidija G. Zolotych. 2008. *Frazeologičeskij slovar': kul'turno-poznavatel'noe prostranstvo russkoj idiomatiki*. [Phraseologisches Wörterbuch]. Moskva: Ėlpis.

Amelina, Anna. 2006. *Propaganda oder Autonomie? Das russische Fernsehen von 1970 bis heute*. Bielefeld: transcript.

Anderson, Benedict. 2005. *Die Erfindung der Nation. Zur Karriere eines folgenreichen Konzepts*. Frankfurt, New York: Campus.

Archangel'skij, Andrej. 2016. Kružkovoe bezumie. Kollektivnyj portret propagandista. [Gemeinschaft der Irren. Kollektives Porträt eines Propagandisten]. *Moskovskij Centr Karnegi* (24. April). https://carnegie.ru/commentary/63423 (Abruf am 15. November 2020).

Archangel'skij, Andrej. 2019. Pjat' let propagandy. Kak rossijskoe obščestvo iz moderna provalilos' v archaiku. [Fünf Jahre der Propaganda. Wie die russländische Gesellschaft von der Moderne in die Arachik gerauscht ist]. *republic.ru* (01. März). https://republic.ru/posts/93176 (Abruf am 05. November 2020).

Arcimavičienė, Liudmila. 2020. Metaphor, identity and conflict in political discourse. A case study of President Poroshenko and President Putin's speeches. In Natalia Knoblock (Hg.), *Language of conflict. Discourses of the Ukrainian Crisis*, 45–64. London, New York: Bloomsbury.

Arnold, Klaus. 2003. Propaganda als ideologische Kommunikation. *Publizistik*, 48. 63–82. https://doi.org/10.1007/s11616-003-0004-x (Abruf am 02. November 2020).

Aronson, Oleg. 2017. *Sily ložnogo. Opyty nepolitičeskoj demokratii*. [Die Kräfte des Trügerischen. Erfahrungen nichtpolitischer Demokratie]. Moskva: Falanster.

Arutunyan, Anna. 2009. *The Media in Russia*. Maidenhead: Open University Press.

Barabaš, Viktor, Gennadij Bordjugov & Elena Kotelenec. 2015. *Gosudarstvennaja propaganda i informacionnye vojny*. [Staatliche Propaganda und Informationskriege]. Učebnoe posobie. Moskva: AIRO-XXI.

Baranov, Anatolij N. 2014. *Deskriptornaja teorija metafory*. [Beschreibende Theorie der Metapher]. Moskva: Jazyki slavjanskoj kul'tury.

Barthes, Roland. 2010. *Mythen des Alltags*. Frankfurt am Main: Suhrkamp.

Baunov, Aleksandr. 2016. *Choždenie v narod i obratno. Rossijskaja vlast' meždu professionalami i ėntuziastami*. [Der Gang ist Volk und zurück. Die russländische Regierung zwischen Profis und Enthusiasten]. Moskva: Moskovskij Centr Karnegi. https://carnegieendowment.org/files/CP_Baunov_web_Rus.pdf (Abruf am 20. November 2020).

Baur, Natalia. 2005. *Russische Frauensprache: feministisches Postulat oder Wirklichkeit? Empirische Untersuchung anhand russischer Talkshows*. Hamburg: Kovač.

Baysha, Olga. 2020. The antagonistic discourses of the Euromaidan. *Kolorady*, *Sovki* and *Vatniki* versus *Jumpers*, *Maidowns* and *Panheads*. In Natalia Knoblock (Hg.), *Language of conflict. Discourses of the Ukrainian Crisis*, 101–116. London, New York: Bloomsbury.

Becker, Jonathan. 2004. Lessons from Russia. A Neo-Authoritarian Media System. *European Journal of Communication* 19(2). 139–163.

Belentschikow, Renate (Hg.). 2003. *RDW – Russisch-Deutsches Wörterbuch. 1: ABV.* Wiesbaden: Harrassowitz.
Belentschikow, Renate (Hg.). 2004. *RDW – Russisch-Deutsches Wörterbuch. 3: ŽZIJ.* Wiesbaden: Harrassowitz.
Belentschikow, Renate (Hg.). 2005. *RDW – Russisch-Deutsches Wörterbuch. 4: K.* Wiesbaden: Harrassowitz.
Belentschikow, Renate (Hg.). 2006. *RDW – Russisch-Deutsches Wörterbuch. 5: LM.* Wiesbaden: Harrassowitz.
Belentschikow, Renate (Hg.). 2011. *RDW – Russisch-Deutsches Wörterbuch. 8: P – PODZONA.* Wiesbaden: Harrassowitz.
Beliaeva, Natalia & Natalia Knoblock. 2020. Blended names in the discussions of the Ukrainian crisis. In Natalia Knoblock (Hg.), *Language of conflict. Discourses of the Ukrainian Crisis*, 83–100. London, New York: Bloomsbury.
Belov, Vadim. 2016. Nekotorye leksičeskie processy v rossijskom političeskom diskurse (na materiale rossijskich Internet-gazet). [Einige lexikalische Prozesse im russischen politischen Diskurs (am Material russländischer Internetzeitungen)]. *Zeitschrift für Slavische Philologie* 72(2). 383–411.
Benoit, William L. 2011. Content Analysis in Political Communication. In Herbert Bucy & Lance Holbert (Hgg.), *The Sourcebook for Political Communication Research*, 268–279. New York, London: Routledge.
Berelson, Bernard. 1971. *Content Analysis in Communication Research.* Facsimile of 1952 edition. New York: Hafner Publishing Company.
Bernays, Edward L. 1928. *Propaganda.* New York: Horace Liveright.
Bertelsen, Olga. 2016. Introduction. In Olga Bertelsen (Hg.), *Revolution and War in Contemporary Ukraine. The Challenge of Change*, 15–38. Stuttgart: ibidem.
Beumers, Birgit, Stephen Hutchings & Natalia Rulyova (Hgg.) 2009. *The Post-Soviet Russian Media.* London, New York: Routledge.
Bierich, Alexander, Valerij Mokienko & Ljudmila Stepanova (1999). *Slovar' russkoj frazeologii. Istoriko-ėtimologičeskij spravočnik.* [Wörterbuch der russischen Phraseologie. Historisch-etymologisches Nachschlagewerk]. Sankt Peterburg: Folio-Press.
Binder, Eva & Magdalena Kaltseis. 2020. Odessa 2014. Alternative News and Atrocity Narratives on Russian TV. In Peter Deutschmann, Jens Herlth & Alois Woldan (Hgg.). *"Truth" and Fiction. Conspiracy Theories in Eastern European Culture and Literature*, 185–210. Bielefeld: transcript.
Binder, Eva. 2017. Von Manipulation zu Desinformation: Die staatlichen Medien in Russland seit dem Ukraine-Konflikt. In Sandra Mauler, Heike Ortner & Ulrike Pfeiffenberger (Hgg.), *Medien und Glaubwürdigkeit*, 51–65. Innsbruck: innsbruck university press.
Blaich, Doris. 2012. Das traurigste Musikstück der Welt. *SWR2* (30. Mai). https://www.swr.de/swr2/musik-klassik/musikstueck-der-woche/article-swr-16302.html (Abruf am 16. September 2020).
Boleckaja, Ksenija. 2017. Pervyj kanal ispol'zoval internet-botov dlja raskrutki političeskogo tok-šou. [Der Pervyj kanal hat Internet-Bots zur Promotion der politischen Talkshow benutzt]. *Vedomosti* (04. Juli). https://www.vedomosti.ru/technology/articles/2017/07/04/708416-pervii-kanal-internet-botov (Abruf am 17. November 2020).
Bolin, Göran, Paul Jordan & Per Ståhlberg. 2016. From Nation Branding to Information Warfare. The Management of Information in the Ukraine-Russia Conflict. In Mervi Pantti

(Hg.), *Media and the Ukraine Crisis. Hybrid Media Practices and Narratives of Conflict*, 3–18. New York et al.: Peter Lang.
Borenstein, Eliot. 2008. *Overkill: sex and violence in contemporary Russian popular culture*. Ithaca et al.: Cornell Univ. Press.
Borodina, Arina. 2015. 2004–2014: čto pomenjalos' na rossijskom televidenii. [2004–2014: Was sich im russländischen Fernsehen verändert hat]. *Politkom* (05. Februar). https://politcom.org.ua/2004-2014-chto-pomenjalos-na-rossijskom-tele/ (Abruf am 16. November 2020).
Bremer, Thomas. 2015. Die Russische Orthodoxe Kirche und das Konzept der ‚Russischen Welt'. *Russland-Analysen* 289. 6–8.
Brockhaus. 2020a. Archimandrit (Ostkirchen). *Brockhaus Enzyklopädie Online*. https://brockhaus.at/ecs/permalink/4387B0B4E45A20E7C90276C8B12323CD.pdf (Abruf am 05. Oktober 2020).
Brockhaus. 2020b. Kursk. *Brockhaus Enzyklopädie Online*. https://brockhaus.at/ecs/permalink/1D956CE9BAB5A5F8B85E666329C0D0E7.pdf (Abruf am 23. Oktober 2020).
Brockhaus. 2020c. Blitzkrieg. *Brockhaus Enzyklopädie Online*. https://brockhaus.at/ecs/permalink/26A9F8D79C6405F56D5C6783747D3CE7.pdf (Abruf am 25. Oktober 2020).
Brockhaus. 2020d. Katyn. *Brockhaus Enzyklopädie Online*. https://brockhaus.at/ecs/permalink/C29F1BE60B30563EB30DFA16CBA54F4A.pdf (Abruf am 27. Oktober 2020).
Brown, James. 1963. *Techniques of Persuasion. From Propaganda to Brainwashing*. London: Penguin.
Brunner, Galina. 2016. *Metapherngebrauch in russischen Fernseh-Debatten zur Ukraine-Krise*. Saarbrücken: AV Akademikerverlag.
Burger, Harald & Martin Luginbühl. 2014. *Mediensprache. Eine Einführung in Sprache und Kommunikationsformen der Massenmedien*. 4. erw. Aufl. Berlin, Boston: De Gruyter.
Burger, Harald. 2015. *Phraseologie. Eine Einführung am Beispiel des Deutschen*. 5., neu bearb. Aufl. Berlin: Erich Schmidt.
Burrett, Tina. 2011. *Television and presidential power in Putin's Russia*. London, New York: Routledge.
Burzan, Nicole. 2005. *Quantitative Methoden der Kulturwissenschaften*. Konstanz: UTB.
Busol, Kateryna, Maria Issaeva & Cindy Wittke. 2019. Die Krim – ist das Völkerrecht fit genug? *Dekoder [Russland entschlüsseln]*. https://crimea.dekoder.org/recht (Abruf am 02. Juli 2020).
Busol, Kateryna. 2018. Kunst im Krieg: Die ukrainischen Kulturgüter auf der besetzten Krim. *Ukraine-Analysen* 208. 12–15.
Bussemer, Thymian. 2008. *Propaganda. Konzepte und Theorien*. Wiesbaden: VS Verlag für Sozialwissenschaften.
Cap, Piotr. 2013. *Proximization Theory. The pragmatics of symbolic distance crossing*. Philadelphia, Amsterdam: John Benjamins Publishing Company.
Cavell, Stanley. 2002. Die Tatsache des Fernsehens. In Ralf Adelmann, Jan O. Hesse, Judith Keilbach, Markus Stauff & Matthias Thiele (Hgg.), *Grundlagentexte zur Fernsehwissenschaft. Theorie – Geschichte – Analyse*, 125–164. Konstanz: UVK.
Čerepova, Tat'jana N. 2015. Rol' televizionnych političeskich tok-šou v propagande novoj rossijskoj ideologii. [Die Rolle politischer Fernsehtalkshows bei der Propaganda der neuen russländischen Ideologie]. *Žurnalistskij ežegodnik* 4. 54–57.
Černjavskaja, Valerija E. 2006. *Diskurs vlasti i vlast' diskursa. Problemy rečevogo vozdejstvija. Učebnoe posobie*. [Der Diskurs der Macht und die Macht des Diskurses. Probleme der sprachlichen Einwirkung. Ein Lehrwerk.] Moskva: Flinta.

Černjavskaja, Valerija E. 2017. Operacionalizacija konteksta v diskursivnom analize. [Die Operationalisierung des Kontextes bei der Diskursanalyse]. *Vestnik Permskogo universiteta*, Rossijskaja i zarubežnaja filologija 9(4). 83–93. http://www.rfp.psu.ru/archive/2017.9.4/chernyavskaya.pdf (Abruf am 15. November 2020).

Chafe, Wallace. 1992. Discourse. In William Bright (Hg.), *International Encyclopedia of Linguistics. Volume 1*, 355–358. New York, Oxford: Oxford University Press.

Chomsky, Noam. 2003. *Media Control. Wie die Medien uns manipulieren*. Hamburg, Wien: Europa.

Čogandarjan, Marina G. 2013. Metody, sposoby i priëmy sovetskoj propagandy v 1920–30e gg. XX v. [Methoden, Techniken und Praktiken der sowjetischen Propaganda der 1920er bis 1930er Jahre]. *Teorija i praktika obščestvennogo razvitija* 4. 181–183. http://cyberleninka.ru/article/n/metody-sposoby-i-priemy-sovetskoy-propagandy-v-1920-30-e-gg-xx-v (Abruf am 15. November 2020).

Cole, Robert (Hg.). 1998. *The Encyclopedia of Propaganda. Volume 1. Abortion debate – Homosexuals*. Armonk: M.E. Sharpe.

Cottiero, Christina, Katherina Kucharski, Evgenia Olimpieva & Robert W. Orttung. 2015. War of words: the impact of Russian state television on the Russian Internet. *Nationalities Papers* 43(4). 533–555.

Čudinov, Anatolij P. 2006. *Političeskaja lingvistika. Učebnoe posobie*. [Politische Linguistik. Ein Lehrwerk.]. Moskva: Flinta.

Danler, Paul. 2005. Morpho-syntactic and textual realizations as deliberate pragmatic argumentative linguistic tools? In Louis de Saussure & Peter J. Schulz (Hgg.), *Manipulation and Ideologies in the Twentieth Century*, 45–60. Amsterdam, Philadelphia: John Benjamins.

Darczewska, Jolanta. 2014. The anatomy of Russian information warfare. The Crimean operation, a case study. *Point of View* 42. 1–37. https://www.osw.waw.pl/sites/default/files/the_anatomy_of_russian_information_warfare.pdf (Abruf am 15. November 2020).

Demmel, Vera. 2016. Das Georgsband. Ruhmesorden, Erinnerungszeichen, Pro-Kreml-Symbol. *Osteuropa* 3. 19–31.

Dijk, Teun A. van. 2003. Critical Discourse Analysis. In Deborah Schiffrin, Deborah Tannen & Heidi Hamilton (Hgg.), *The Handbook of Discourse Analysis*, 352–371. Malden, Oxford et al.: Blackwell.

Dijk, Teun A. van. 2005. War rhetoric of a little ally. Political implicatures and Aznar's legitimization of the war in Iraq. *Journal of Language and Politics* 4(1). 65–91.

Dijk, Teun A. van. 2006. Discourse and manipulation. *Discourse & Society* 17(3). 359–383.

Dijk, Teun A. van. 2007. Critical Discourse Studies: A Sociocognitive Approach. In Clive Seale, Giampietro Gobo, Jaber Gubrium & David Silverman (Hgg.), *Qualitative Research Practice*, 62–85. Los Angeles et al.: Sage.

Dmitrieva, Marina. 2009. Skythen, Amazonen und Futuristen. Der Steppendiskurs der 1910–1920er Jahre und seine heutigen Implikationen. *Behemoth. A Journal of Civilisation* 2. 45–62. https://behemoth-journal.de/article/download/713/803 (Abruf am 17. August 2020).

Dobrynina, E. G. 2016. Ėffektivnost' vedenija informacionnych vojn na televidenii na primere osveščenija vooružënnogo konflikta v Ukraine. [Die Effektivität der Führung von Informationskriegen im Fernsehen am Beispiel der Berichterstattung des bewaffneten Konfliktes in der Ukraine]. *Mediasreda*. 55–63.

Dolgova, Julija I. & Viktorija S. Fedorova. 2019. Programmirovanie universal'nych telekanalov v uslovijach ostroj konkurencii (na primere ‚Pervogo kanala' i ‚Rossii 1'). [Die Programmierung der allumfassenden Fernsehsender vor dem Hintergrund eines harten Wettbewerbs (am Beispiel des Pervyj kanal und Rossija-1)] *MediaAl'manach* 3(92). 64–74.

Dolgova, Julija, I. 2015. Fenomen populjarnosti obščestvenno-političeskich tok-šou na rossijskom TV osen'ju 2014 goda – vesnoj 2015 goda. [Das Phänomen der Popularität gesellschaftspolitischer Talkshows im russländischen Fernsehen im Herbst 2014 – Frühling 2015]. *Vestnik MGU* 10, Žurnalistika 6. 160–174.

Dolgova, Julija I. 2017a. Social'naja i političeskaja tematika v obščestvenno-političeskich tok-šou 2014–2015 gg. [Die soziale und politische Thematik in gesellschaftspolitischen Talkshows der Jahre 2014–2015]. In O'lga V. Tichonova (Hg.), *Social'nye aspekty sovremennogo veščanija v Rossii*. Vypusk II, 17–31. Moskva: Fakul'tet žurnalistiki MGU imeni M.V.Lomonosova.

Dolgova, Julija I. 2017b. Immanentnye svoistva televidenija: potencial dlja povyšenija informirovannosti obščestva ili istočnik manipuljacij? [Immanente Eigenschaften des Fernsehens: Potenzial zur Erhöhung der gesellschaftlichen Informiertheit oder Manipulationsquelle?]. In Ol'ga V. Tichonova (Hg.), *Social'nye aspekty sovremennogo veščanija v Rossii*. Vypusk II, 38–48. Moskva: Fakul'tet žurnalistiki MGU imeni M.V.Lomonosova.

Dollbaum, Jan Matti. 2014a. Chronik 15.–28. September 2014. *Ukraine-Analysen* 137. 35–37.

Dollbaum, Jan Matti. 2014b. Chronik 29. September–12. Oktober 2014. *Ukraine-Analysen* 138. 35–37.

Dollbaum, Jan Matti. 2014c. Chronik 27. Oktober–2. November 2014. *Ukraine-Analysen* 140. 18–19.

Dollbaum, Jan Matti. 2014d. Chronik 3.–9. November 2014. *Ukraine-Analysen* 141. 36–37.

Dollbaum, Jan Matti. 2014e. Chronik 10.–23. November 2014. *Ukraine-Analysen* 142. 15–17.

Dollbaum, Jan Matti 2014f. Chronik 24. November–7. Dezember 2014. *Ukraine-Analysen* 143. 27–29.

Dollbaum, Jan Matti. 2015a. Chronik 8. Dezember–25. Januar 2014. *Ukraine-Analysen* 144. 19–25.

Dollbaum, Jan Matti. 2015b. Chronik 26. Januar–8. Februar 2015. *Ukraine-Analysen* 145. 25–27.

Dollbaum, Jan Matti. 2015c. Chronik 9.–22. Februar 2015. *Ukraine-Analysen* 146. 33–37.

Dollbaum, Jan Matti 2019. Erster Kanal. Dekoder [Russland entschlüsseln]. http://www.deko der.org/de/gnose/erster-kanal (Abruf am 16. November 2020).

Dörner, Andreas & Ludgera Vogt. 2004. Entertainment, Talkshows und Politikvermittlung in Deutschland. In Jörg Uwe Nieland & Klaus Kamps (Hgg.), *Politikdarstellung und Unterhaltungskultur. Zum Wandel der politischen Kommunikation*, 38–54. Halem: Köln.

Dresing, Thorsten & Thorsten Pehl. 2015. *Praxisbuch Interview, Transkription & Analyse. Anleitungen und Regelsysteme für qualitativ Forschende*. 6. Aufl. Marburg: Eigenverlag. https://www.audiotranskription.de/Praxisbuch-Transkription.pdf (Abruf am 20. November 2020).

Dubasevych, Roman & Matthias Schwartz. 2020. Einleitung. In Roman Dubasevych & Matthias Schwartz (Hgg.), *Sirenen des Krieges. Diskursive und affektive Dimensionen des Ukraine-Konflikts*, 7–48. Berlin: Kulturverlag Kadmos.

Dubin, Boris. 2006. Simulierte Macht und zeremonielle Politik. *Osteuropa* 3. 19–32.

Dubin, Boris. 2014. Macht, Masse, Manipulation. Putins Rating und Russlands Gesellschaft. *Osteuropa* 7. 3–11.
Dyczok, Marta. 2016. The Ukraine Story in Western Media. In Agnieszka Pikulicka-Wilczewska & Richard Sakwa (Hgg.), *Ukraine and Russia. People, Politics, Propaganda and Perspectives*, 186–194. Bristol: E-International Relations Publishing.
Edinyj informacionnyj portal. 2014. *Ograblenie po-russki: čto uvezli KamAZy Putina iz Donbassa* [Plünderung auf Russisch: Was Putins KamAZy aus dem Donbass gebracht haben]. (24. August). https://tinyurl.com/yd47zkn2 (Abruf am 16. November 2020).
Edwards, Jane A. 1992. Transcription of Discourse. In William Bright (Hg.), *International Encyclopedia of Linguistics. Volume 1*, 367–370. New York, Oxford: Oxford University Press.
Efremova, Tat'jana. 2000. *Novyj slovar' russkogo jazyka. Tolkovo-slovoobrazovatel'nyj.* [Neues Wörterbuch der russischen Sprache.] Moskva: Russkij jazyk. https://www.efremova.info/ (Abruf am 27. Juli 2020).
Eisenstein, Sergej. 2003. Montage der Attraktionen. In Franz-Josef Albersmeier (Hg.), *Texte zur Theorie des Films*, 58–69. Stuttgart: Reclam.
Eisenstein, Sergej. 2006. Montage der Filmattraktionen. In Helmut Diederichs (Hg.), *Sergej M. Eisenstein. Jenseits der Einstellungen. Schriften zur Filmtheorie*, 15–41. Frankfurt am Main: Suhrkamp.
Elistratov, Vladimir. 2000. *Slovar' russkogo argo (materialy 1980–1990–x gg.). Okolo 9 000 slov, 3 000 idiomatičeskich vyraženij.* [Wörterbuch des russischen Argots (Material der 1980er bis 1990er Jahre]. Moskva: Russkie slovari.
Ellis, John. 2002. Fernsehen als kulturelle Form. In Ralf Adelmann, Jan O. Hesse, Judith Keilbach, Markus Stauff & Matthias Thiele (Hgg.), *Grundlagentexte zur Fernsehwissenschaft. Theorie – Geschichte – Analyse*, 44–74. Konstanz: UVK.
Etling, Bruce, Hal Roberts & Robert Faris. 2014. Blogs as an Alternative Public Sphere: The Role of Blogs, Mainstream Media, and TV in Russia's Media Ecology. *Berkman Center Research Publication*, 2014-8. https://papers.ssrn.com/sol3/papers.cfm?abstract_id=2427932 (Abruf am 09. November 2020).
Fairclough, Norman. 2013. *Critical Discourse Analysis. The Critical Study of Language.* 2nd ed. London, New York: Routledge.
Fairclough, Norman. 2015. *Language and Power.* 3rd ed. London, New York: Routledge.
Falkenhain, Mariella. 2015. Agentengesetz. In *Dekoder [Russland entschlüsseln]*. https://www.dekoder.org/de/gnose/agentengesetz (Abruf am 31. Oktober 2020).
Faulstich, Werner. 2008. *Grundkurs Fernsehanalyse.* Paderborn, Stuttgart: Wilhelm Fink.
FAZ. 2015. Gipfel von Minsk: 13 Punkte für den Frieden in der Ostukraine. *FAZ* (12. Februar). http://www.faz.net/aktuell/politik/ausland/gipfel-von-minsk-13-punkte-fuer-frieden-in-der-ostukraine-13425247.html (Abruf am 16. November 2020).
FAZ. 2016. Amsterdamer Gericht entschied: Krim-Schatz kehrt nicht auf die Krim zurück. *FAZ* (14. Dezember 2016). https://www.faz.net/aktuell/feuilleton/kunst/amsterdamer-gericht-krim-schatz-soll-an-ukraine-zurueckgegeben-werden-14573914.html (Abruf am 14. August 2020).
Fedčenko, Jevhen, Viktorija Romanjuk & Marija Ždanova. 2016. Gegen Propaganda und Lüge. StopFake.org: Prinzipien und Perspektiven. *Osteuropa* 6–7. 205–213.
Fedorenko, Kostiantyn. 2019. Rekrutieren, legitimieren, diskreditieren. Die ‚Öffentlichkeitsarbeit' der Bataillone im Donbass. *Osteuropa* 3–4. 177–184.

Felgengauėr, Pavel. 2014. Operation ‚Russische Krim' – Wer zuerst schießt, verliert. *Osteuropa* 1. 3–5.
Fellows, Erwin W. 1959. ‚Propaganda': History of a Word. *American Speech* 34(3). 182–189.
Fley, Matthias. 1997. *Talkshows im deutschen Fernsehen. Konzeptionen und Funktionen einer Sendeform*. Bochum: Universitätsverlag Dr. N. Brockmeyer.
Foucault, Michel & Ducio Trombadori. 1996. *Der Mensch ist ein Erfahrungstier: Gespräch mit Ducio Trombadori*. Frankfurt am Main: Suhrkamp.
Fraser, Lindley. 1957. *Propaganda*. London: Oxford University Press.
Früh, Werner. 2017. *Inhaltsanalyse. Theorie und Praxis*. 9., überarb. Auflage. Konstanz, München: UVK.
Gajos, Bartłomiej. 2017. History as a weapon. In Olga Irisova, Anton Barbashin, Fabian Burkhardt, Richard Martyn-Hemphill & Ernest Wyciszkiewicz (Hgg.), *A successful failure: Russia after Crime(a)*, 61–73. Warszawa: Centrum Polsko-Rosyjskiego Dialogu i Porozumienia.
Galushko, Artem. 2019. Politische Justiz in Russland. Strafprozesse gegen ukrainische Staatsbürger. *Osteuropa* 3–4. 29–47.
Ganijewa, Alissa. 2014. Wir Nationalverräter. In Juri Andruchowytsch (Hg.), *Euromaidan. Was in der Ukraine auf dem Spiel steht*. 141–148. Berlin: Suhrkamp.
Girnth, Heiko & Sascha Michel. 2015. Kommunikation in und über Polit-Talkshows. Zur Einführung in diesen Band. In Heiko Girnth & Sascha Michel (Hgg.), *Polit-Talkshows. Interdisziplinäre Perspektiven auf ein multimodales Format*, 1–24. Stuttgart: ibidem.
Gluško, Anna. 2020. Jazyk vraždy i problema nominacii v konfliktnom mediadiskurse. [Hassrede und das Problem der Benennung im Konflikt-Mediendiskurs] In Marina Scharlaj (Hg.), *Language and Power in Discourses of Conflict. (= Specimina philologiae Slavicae, Bd. 200)*, 123–136. Berlin: Peter Lang.
Goebel, Simon. 2017. *Politische Talkshows über Flucht: Wirklichkeitskonstruktionen und Diskurse: eine kritische Analyse*. Bielefeld: transcript.
Gorbačëv, Aleksandr (Hg.). 2011. *Istorija russkich medija 1989–2011*. [Geschichte der russischen Medien 1989–2011]. Moskva: Afiša.
Gorham, Michael. 2017. Humpty Dumpty and the Troll Factory: Varieties of Verbal Subversion on the Russian-Language Internet. In Michael Gorham & Daniel Weiss (Hgg.), *The Culture and Politics of Verbal Prohibition in Putin's Russia (= Special Issue of Zeitschrift für Slavische Philologie)* 73(1),79–103.
Graber, Doris. 1996. Say it with Pictures. *The Annals of The American Academy of Political and Social Science* 546(1). 85–96.
Graf, Elena. 2015. Dynamik der Genderstereotype und Geschlechtsidentitäten in den Medien: Frauen im Gespräch. In Dennis Scheller-Boltz (Hg.), *New Approaches to Gender and Queer Research in Slavonic Studies*, 351–362. Wiesbaden: Harrassowitz.
Groys, Boris. 1995. *Die Erfindung Rußlands*. München: Carl Hanser.
Gudkow, Lew. 2016. Über die Wirksamkeit der Propaganda in Russland. *Russland-Analysen* 308. 7–13.
Gulenko, Pëtr V. & Julija I. Dolgova. 2016. Problemy klassifikacii sovremennych teleperedač: suščnostnye charakteristiki formata ‚tok-šou'. [Klassifizierungsprobleme gegenwärtiger Fernsehsendungen: Die wesentlichen Charakteristika des Formats ‚Talkshow']. *Vestnik RUDN. Serija Literaturovedenie. Žurnalistika* 3. 102–109.
Haarman, Louann. 2001. Performing Talk. In Andrew Tolson (Hg.), *Television Talk Show. Discourse, Performance, Spectacle*, 31–65. London et al.: Lawrence Erlbaum Associates.

Halling, Steffen & Eduard Klein. 2019. Vom Maidan bis zur Angliederung – eine Chronik. *Dekoder [Russland entschlüsseln]*. https://crimea.dekoder.org/chronik (Abruf am 23. Juni 2020).

Halling, Steffen. 2015. Krim-Annexion. *Dekoder [Russland entschlüsseln]*. https://www.dekoder.org/de/gnose/krim-annexion (Abruf am 24. Juni 2020).

Halling, Steffen. 2017. Krieg im Osten der Ukraine. *Dekoder [Russland entschlüsseln]*. https://www.dekoder.org/de/gnose/krieg-im-osten-der-ukraine (Abruf am 09. Jänner 2019).

Hansen, Flemming. 2015. Framing yourself into a corner: Russia, Crimea, and the minimal action space. *European Security* 41(1). 141–158.

Harris, Kira. 2020. Russia's Fifth Column: The Influence of the Night Wolves Motorcycle Club. *Studies in Conflict & Terrorism* 43(4). 259–273.

Heinemann-Grüder, Andreas, Manfred Sapper & Volker Weichsel. 2019. Der Krieg im Donbass und die Kämpfer. *Osteuropa* 3–4. 49–50.

Heinemann-Grüder, Andreas. 2019. Geiselnehmer oder Retter des Staates? Irreguläre Bataillone in der Ukraine. *Osteuropa* 3–4. 51–80.

Hermann-Ruess, Anita. 2014. *Emotionale Rhetorik. Mit Worten begeistern, beeindrucken, berühren*. [e-book]. Offenbach: Gabal.

Hickethier, Knut. 1995. Dispositiv Fernsehen – Skizze eines Modells. *Montage/av* 4(1). 63–83.

Hickethier, Knut. 2010. *Einführung in die Medienwissenschaft*. 2., aktual. u. überarb. Aufl. Stuttgart, Weimar: J.B. Metzler.

Hoffmann, Gabriele. 2010. *Sprachspiele in deutschen und britischen Werbeanzeigen. Ein interkultureller Vergleich*. Hamburg: Dr. Kovač.

Holland, Max. 2006. The Propagation and Power of Communist Security Services Dezinformatsiya. *International Journal of Intelligence and CounterIntelligence* 19(1). 1–31.

Holly, Werner. 2002. Fernsehkommunikation und Anschlusskommunikation. Fernsehbegleitendes Sprechen über Talkshows. In Jens Tenscher & Christian Schicha (Hgg.), *Talk auf allen Kanälen. Angebote, Akteure und Nutzer von Fernsehgesprächssendungen*, 353–370. Wiesbaden: Westdt. Verlag.

Holly, Werner. 2010. Besprochene Bilder – bebildertes Sprechen. Audiovisuelle Transkriptivität in Nachrichtenfilmen und Polit-Talkshows. In Arnulf Deppermann & Angelika Linke (Hgg.), *Sprache intermedial. Stimme und Schrift, Bild und Ton*, 359–382. Berlin, New York: De Gruyter.

Hülsse, Rainer. 2003. Sprache ist mehr als Argumentation. Zur wirklichkeitskonstituierenden Rolle von Metaphern. *Zeitschrift für Internationale Beziehungen* 10(2). 211–246.

Hutchings, Stephen & Natalia Rulyova. 2009. *Television and culture in Putin's Russia. Remote control*. London, New York: Routledge.

Hutchings, Stephen & Joanna Szostek. 2016. Dominant Narratives in Russian Political and Media Discourse during the Ukraine Crisis. In Agnieszka Pikulicka-Wilczewska & Richard Sakwa (Hgg.), *Ukraine and Russia. People, Politics, Propaganda and Perspectives*, 173–185. Bristol: E-International Relations Publishing.

Hutchings, Stephen & Vera Tolz. 2015. *Nation, Ethnicity and Race on Russian Television. Mediating post-Soviet difference*. London, New York: Routledge.

IMI. 2015. IMI rozrobyv ‚Slovnyk nejtral'noï terminologiï' ščodo konfliktiv na schodi i v Krymu. [Das IMI hat ein Wörterbuch neutraler Terminologie zum Konflikt im Osten und auf der Krim ausgearbeitet]. https://imi.org.ua/news/imi-rozrobila-slovnik-neytralnoji-terminologiji-schodo-konfliktiv-na-shodi-i-v-krimu/ (Abruf am 21. November 2020).

Issers, Oksana S. & Dinara A. Ganeeva. 2013. ‚Novoe russkoe slovo' v kontekste političeskogo diskursa: dialog, oppozicija, kreativnyj klass. [‚Das neue russische Wort' im Kontext des politischen Diskurses: Dialog, Opposition, kreative Klasse]. *Političeskaja lingvistika* 3(45). 37–47.

Jäger, Margarete & Siegfried Jäger. 2007. *Deutungskämpfe. Theorie und Praxis Kritischer Diskursanalyse*. Wiesbaden: VS.

Jäger, Siegfried & Florentine Maier. 2013. Theoretical and Methodological Aspects of Foucauldian Critical Discourse Analysis and Dispositive Analysis. In Ruth Wodak (Hg.), *Critical Discourse Analysis. Volume I. Concepts, History, Theory*, 165–193. London et al.: Sage.

Jäger, Siegfried & Jens Zimmermann (Hgg.) 2010. *Lexikon Kritische Diskursanalyse. Eine Werkzeugkiste*. Münster: Unrast.

Jäger, Siegfried. 2015. *Kritische Diskursanalyse. Eine Einführung*. 7., vollständ. überarb. Aufl. Münster: Unrast.

Jakovenko, Igor'. 2014. Chor imeni V.V.Putina. [Der Chor namens V.V.Putin]. *Eždnevnyj žurnal* (11. März). http://fbv.ejnew.com/?a=note&id=24649 (Abruf am 17. November 2020).

Jarenčuk, Elena E. 2012. Interaktivno-analitičeskij diskurs kak determinator kommunikativnogo sabotaža (na materiale tok-šou ‚Special'nyj korrespondent' i ‚NTVšniki'). [Der interaktiv-analytische Diskurs als Determinator der kommunikativen Sabotage (am Material der Talkshow ‚Spezialkorrespondent' und ‚NTVšniki')]. *Vestnik KGU* im. N.A.Nekrasova 4. 110–113.

Jennissen, Oliver. 2005. Arenen des Emotionsverschleißes? Emotionen in den Daily Talkshows. In Siegfried Schmidt (Hg.), *Medien und Emotionen*, 350–381. Münster: LIT.

Jobst, Kerstin S. 2020. *Geschichte der Krim. Iphigenie und Putin auf Tauris*. Berlin, Boston: De Gruyter.

Johnstone, Barbara. 2008. *Discourse Analysis*. 2nd ed. Malden et al.: Blackwell Publishing.

Jorgensen, Marianne & Louise Fillips. 2008. *Diskurs analiz: teorija i metod*. [Diskursanalyse: Theorie und Methode]. Char'kov: Gumanitarnyj Centr.

Jowett, Garth S. & Victoria O'Donnell. 1990. *Propaganda and Persuasion*. 7. Aufl. New Delhi, London, Newbury Park: Sage Publications.

Kaltseis, Magdalena. 2016. *Die Skepsis gegenüber dem Westen als Fernsehunterhaltung. Eine Analyse des antiwestlichen Diskurses in der russischen TV-Talkshow Poedinok*. Innsbruck: Masterarbeit Universität Innsbruck.

Kaltseis, Magdalena. 2017. Wladimir Solowjow. *Dekoder [Russland entschlüsseln]*. https://www.dekoder.org/de/gnose/wladimir-solowjow-moderator (Abruf am 29. Juni 2020).

Kaltseis, Magdalena. 2019a. Politische Talkshows. *Dekoder [Russland entschlüsseln]*. https://www.dekoder.org/de/gnose/politische-talkshows-posner-kisseljow (Abruf am 19. März 2020).

Kaltseis, Magdalena. 2019b. Cold and Distant or Hearty and Human? The Visual Portrayal of Vladimir Putin on Russian Television. *Media Literacy and Academic Research* 2(2). 6–32.

Kamyšev, Dmitrij & Ksenija Boleckaja. 2014. Za vzjatie Kryma. [Auf die Einnahme der Krim]. *Vedomosti* (04. Mai). https://www.vedomosti.ru/newspaper/articles/2014/05/05/za-vzjatie-kryma (Abruf am 29. Juni 2020).

Kappeler, Andreas. 2014. *Kleine Geschichte der Ukraine*. 4., überarb. u. aktual. Aufl. München: C.H.Beck.

Kappeler, Andreas. 2017. *Ungleiche Brüder. Russen und Ukrainer. Vom Mittelalter bis zur Gegenwart*. München: C.H.Beck.

Karasik, Vladimir. 2020. Invectives in political TV shows. In Marina Scharlaj (Hg.), *Language and Power in Discourses of Conflict. (=Specimina philologiae Slavicae, Bd. 200)*, 189–202. Berlin: Peter Lang.

Karpenko-Seccombe, Tatyana. 2020. Cross-linguistic corpus-assisted comparative discourse study of Russian and Ukrainian parliamentary debates of 2014. In Natalia Knoblock (Hg.), *Language of conflict. Discourses of the Ukrainian Crisis*, 11–43. London, New York: Bloomsbury.

Katchanovski, Ivan. 2016. Crimea: People and Territory Before and After Annexation. In Agnieszka Pikulicka-Wilczewska & Richard Sakwa (Hgg.), *Ukraine and Russia. People, Politics, Propaganda and Perspectives*, 76–84. Bristol: E-International Relations Publishing.

Katyšev, Konstantin. 2016. V Ukraine uže zapretili 73 rossijskich telekanala. [In der Ukraine wurden bereits 73 russländische Fernsehsender verboten]. *zn.ua* (07. September). https://zn.ua/UKRAINE/v-ukraine-uzhe-zapretili-73-rossiyskih-telekanala-223517_.html (Abruf am 29. Oktober 2020).

Kazemian, Bahram & Somayyeh Hashemi. 2014. Critical Discourse Analysis of Barack Obama's 2012 Speeches: Views from Systemic Functional Linguistics and Rhetoric. *Theory and Practice in Language Studies* 4(6). 1178–1187.

Keller, Harald. 2009. *Die Geschichte der Talkshow in Deutschland*. Frankfurt am Main: Fischer Taschenbuch.

Kelly, John, Vladimir Barash, Karina Alexanyan, Bruce Etling, Robert Faris, Urs Gasser & John Palfrey. 2012. Mapping Russian Twitter. *Berkman Center for Internet and Society at Harvard University*. https://cyber.law.harvard.edu/sites/cyber.law.harvard.edu/files/Mapping_Russian_Twitter_2012.pdf (Abruf am 09. November 2020).

Kenez, Peter. 1992. *Cinema and Soviet Society, 1917–1953*. Cambridge et al.: Cambridge Univ. Press.

Keppler, Angela. 2015. Das Gesagte und das Nichtgesagte. Was die Dramaturgie politischer Talkshows zeigt. In Heiko Girnth & Sascha Michel (Hgg.), *Polit-Talkshows. Interdisziplinäre Perspektiven auf ein multimodales Format*, 169–188. Stuttgart: ibidem.

Khaldarova, Irina & Mervi Pantti. 2016. „FAKE NEWS. The narrative battle over the Ukrainian conflict. *Journalism Practice* 10(7). 891–901.

Khaldarova, Irina. 2016. Strategic Narratives of the Ukraine Conflict Projected for Domestic and International Audiences by Russian TV Channels. In Mervi Pantti (Hg.), *Media and the Ukraine Crisis. Hybrid Media Practices and Narratives of Conflict*, 123–138. New York et al.: Peter Lang.

Kirchhoff, Susanne. 2011. Krieg mit Metaphern: Über die symbolische Deutung der Terroranschläge im Mediendiskurs. In Thomas Jäger (Hg.), *Die Welt nach 9/11. Auswirkungen des Terrorismus auf Staatenwelt und Gesellschaft. (= Zeitschrift für Außen- und Sicherheitspolitik, Sonderheft 2)*, 969–988. Wiesbaden: VS Verlag für Sozialwissenschaften.

Klemm, Michael & Sascha Michel. 2014. Medienkulturlinguistik. Plädoyer für eine holistische Analyse von (multimodaler) Medienkommunikation. In Nora Benitt, Christopher Koch & Katharina Müller (Hgg.), *Korpus – Kommunikation – Kultur: Ansätze und Konzepte einer kulturwissenschaftlichen Linguistik. (= Giessen Contributions to the Study of Culture*, 183–215. Trier: Wissenschaftlicher Verlag (WVT).

Klemm, Michael. 2015. Wenn Politik auf Einspielfilme trifft. Zur multimodalen Argumentation in der politischen Fernsehdiskussion *Hart aber fair*. In Heiko Girnth & Sascha Michel

(Hgg.), *Polit-Talkshows. Interdisziplinäre Perspektiven auf ein multimodales Format*, 97–120. Stuttgart: ibidem.
Klemperer, Viktor. 2009. *LTI: Notizbuch eines Philologen*. 23. Aufl. Ditzingen: Reclam.
Knobel, Beth. 2020. The Great Game and the evolving nature of political talk shows on Russian television. *Post-Soviet Affairs* 36(4). 346–364.
Knoblock, Natalia. 2016. Sarcasm and Irony as a Political Weapon: Social Networking in the Time of Crisis. In Daniel O. Orwenjo, Omondi Oketch & Asiru H. Tunde (Hgg.), *Political Discourse in Emergent, Fragile, and Failed Democracies*, 11–33. Hershey, PA: IGI Global.
Knorre-Dmitrieva, Ksenija. 2014. Maksim Krongauz: Vyrabatyvajutsja special'nye slova nenavisti. [Maksim Krongauz: Es werden spezifische Hasswörter ausgearbeitet]. *Novaja gazeta* (12. September). https://www.novayagazeta.ru/articles/2014/09/12/61126-mak sim-krongauz-171-vyrabatyvayutsya-spetsialnye-slova-nenavisti-187 (Abruf am 15. November 2020).
Koltsova, Olessia. 2006. *News Media and Power in Russia*. London, New York: Routledge.
Koval, Dmytro. 2020. Abschuss der MH-17: Stand der internationalen Untersuchungen und beginnender Strafprozess in Den Haag. *Ukraine-Analysen* 231. 2–10.
Kowal, Sabine & Daniel C. O'Connell. 2013. „Zur Transkription von Gesprächen". In Uwe Flick, Ernst von Kardorff & Ines Steinke (Hgg.), *Qualitative Forschung. Ein Handbuch*, 437–447. 10. Aufl. Reinbek bei Hamburg: Rowohlt.
Kozlov, Petr, Farida Rustamova & Elizaveta Focht. 2017. ‚Dolgo upiralsja': počemu Prochorov prodal RBK i čto ždët izdanie. [Lange hat er sich gesträubt: Warum Prochorov RBK verkauft hat und was die Ausgabe erwartet] *Russkaja služba BBC* (17. Juni). http://www.bbc.com/russian/features-40310113 (Abruf am 16. November 2020).
Kozlova, Olesja A. & Dmitrij A. Bondarev. 2011. Nacional'nye osobennosti razvitija žanra obščestvenno-političeskogo tok-šou na rossijskom televidenii. [Nationale Besonderheiten der Entwicklung des Genres der gesellschaftspolitischen Talkshow im russischen Fernsehen]. *Vestnik VolGU* 8(10). 119–125.
Krüger, Udo M. 1998. Thementrend in Talkshows der 90er Jahre. *Media Perspektiven* 12(98). 608–624.
Kruse, Jan, Kay Biesel & Christian Schmieder. 2011. *Metaphernanalyse. Ein rekonstruktiver Ansatz*. Wiesbaden: VS Verlag.
Krysin, Leonid (Hg.). 2017. *Tolkovyj slovar' russkoj razgovornoj reči. Vypusk 2. K–O*. [Erklärendes Wörterbuch der russischen Umgangssprache]. 2-e izdanie. Moskva: JSK.
Kurkow, Andrej. 2014. *Ukrainisches Tagebuch. Aufzeichnungen aus dem Herzen des Protests*. Innsbruck: Haymon.
Kurz, Gerhard. 2009. *Metapher, Allegorie, Symbol*. 6. Aufl. Göttingen: Vandenhoeck & Ruprecht.
Kuße, Holger. 2018a. Argument und Aggression – mit Beispielen aus dem Ukraine-Konflikt. In Fabian Klinker, Joachim Scharloth & Joanna Szczęk (Hgg.), *Sprachliche Gewalt. Formen und Effekte von Pejorisierung, verbaler Aggression und Hassrede*, 41–66. Stuttgart: J.B.Metzler.
Kuße, Holger. 2018b. Argumentation and Aggression: About Maps and Poems in the Russian-Ukrainian Conflict. *East/West: Journal of Ukrainian Studies* V(2). 37–62.
Kuße, Holger. 2019. *Aggression und Argumentation. Mit Beispielen aus dem russisch-ukrainischen Konflikt. (= Slavistische Beiträge Band 511)*. Wiesbaden: Harrassowitz.

Kuße, Holger. 2020. Über Partner und Brüder – diffuse Freundschaftsbekundungen in den Reden Vladimir Putins. In Marina Scharlaj (Hg.), *Language and Power in Discourses of Conflict.* (= *Specimina philologiae Slavicae, Bd. 200)*, 49–69. Berlin: Peter Lang.

Kuznecov, Georgij V. 2004. *Tak rabotajut žurnalisty TV.* [So arbeiten Fernsehjournalisten]. 2-e izdanie, pererabotannoe. Moskva: Izdatel'stvo Moskovskogo universiteta.

Lakoff, George & Elisabeth Wehling. 2008. *Auf leisen Sohlen ins Gehirn. Politische Sprache und ihre heimliche Macht.* Heidelberg: Carl-Auer.

Lang, Susanne, Alexandra Härtel & Michael Bürsch. 2010. *Zivilgesellschaft und bürgerschaftliches Engagement in Russland.* [pdf]. Friedrich-Ebert-Stiftung. http://library.fes.de/pdf-files/id/07173.pdf (Abruf am 10. Dezember 2020).

Langkjær, Birger. 2013. Hearing things in music for films: music, fiction and engagement. *SoundEffects* 3(1+2). 65–74.

Lankina, Tomila & Kohei Watanabe. 2017. ‚Russian Spring' or ‚Spring Betrayal'? The Media as a Mirror of Putin's Evolving Strategy in Ukraine. *Europe-Asia Studies* 69(10). 1526–1556.

Lasswell, Harold D. 1938. *Propaganda Technique in the World War.* New York: Peter Smith.

Lausberg, Michael. 2017. *Kunst und Architektur in St. Petersburg.* Birkach: Tectum.

Leeuwen, Theo van. 2011. Multimodality and Multimodal Research. In Eric Margolis & Luc Pauwels (Hgg.), *The SAGE Handbook of Visual Research Methods*, 549–569. Los Angeles et al.: Sage.

Lerner, Julia & Klavdija Zbenovič. 2017. Nutro na publiku: Publičnyj razgovor o ličnom v postsovetskoj mediakul'ture. [Innereien fürs Publikum: Das öffentliche Gespräch über das Persönliche in der postsowjetischen Medienkultur]. In Nikolaj Vachtin, Firsov Nikolaj & Boris Firsov (Hgg.), *„Sindrom publičnoj nemoty": istoria i sovremennye praktiki publičnych debatov v Rossii*, 294–330. Moskva: Novoe literaturnoe obozrenie.

Lichtenstein, Dennis & Katharina Esau. 2016. Crisis Talks: The Framing of the Ukraine Crisis on German Talk Show Debates. In Mervi Pantti (Hg.), *Media and the Ukraine Crisis. Hybrid Media Practices and Narratives of Conflict*, 171–188. New York et al.: Peter Lang.

Lichtenstein, Dennis, Katharina Esau, Lena Pavlova, Dmitry Osipov & Nikita Argylov. 2018. Framing the Ukraine crisis: A comparison between talk show debates in Russian and German television. *International Communication Gazette* 81(1). 66–88.

Livingstone, Sonia & Peter Lunt. 1994. *Talk on television. Audience participation and public debate.* London, New York: Routledge.

Luzin, Pavel. 2017. 2014–2016: A New Russian Army Goes to War. In Olga Irisova, Anton Barbashin, Fabian Burkhardt, Richard Martyn-Hemphill & Ernest Wyciszkiewicz (Hgg.), *A successful failure: Russia after Crime(a)*, 75–86. Warszawa: Centrum Polsko-Rosyjskiego Dialogu i Porozumienia.

Maasen, Sabine, Torsten Mayerhauser & Cornelia Renggli. 2006. Bild-Diskurs-Analyse. In Sabine Maasen, Torsten Mayerhauser & Cornelia Renggli (Hgg.), *Bilder als Diskurse – Bilddiskurse*, 7–26. Weilerswist: Velbrück Wissenschaft.

MacFadyen, David. 2008. *Russian Television Today: Primetime drama and comedy.* New York: Routledge.

Machin, David & Andrea Mayr. 2012. *How to do Critical Discourse Analysis. A Multimodal Introduction.* London et al.: SAGE.

Machin, David & Andrea Mayr. 2013. Personalising crime and crime-fighting in factual television: an analysis of social actors and transitivity in language and images. *Critical Discourse Studies* 10(4). 356–372.

Makhortykh, Mykola & Maryna Sydorova. 2017. Social media and visual framing of the conflict in Eastern Ukraine. *Media, War & Conflict* 10(3). 359–381.
Makhortykh, Mykola & Yehor Lyebyedyev. 2015. #SaveDonbassPeople: Twitter, Propaganda, and Conflict in Eastern Ukraine. *The Communication Review* 18. 239–270.
Makukhin, Oleksiy, Liubov Tsybulska & Ruslan Kavatsiuk. 2018. *How Russian Media Foments Hostility Toward The West*. The Black Sea Trust for Regional Cooperation and Ukraine Crisis Media Center Report. http://ucmc.org.ua/wp-content/uploads/2018/02/TV-II-n.pdf (Abruf am 13. November 2020).
Maslennikova, Anna. 2009. Putin and the tradition of the interview in Russian discourse. In Birgit Beumers, Stephen Hutchings & Natalia Rulyova (Hgg.), *The Post-Soviet Russian Media*, 89–104. London, New York: Routledge.
Matouschek, Bernd & Ruth Wodak. 1995. Diskurssoziolinguistik. Theorien, Methoden und Fallanalysen der diskurshistorischen Methode am Beispiel von Ausgrenzungsdiskursen. *Wiener Linguistische Gazette* 55–56. 34–71.
Mayr, Andrea. 2016. Multimodal Critical Discourse Analysis (MCDA). In Nina-Maria Klug & Hartmut Stöckl (Hgg.), *Handbuch Sprache im multimodalen Kontext*, 261–276. Berlin, Boston: De Gruyter.
Mažara, Ekaterina V. 2012. Strategičeskoe upotreblenie ironii v social'nych i političeskich televizionnych tok-šou. [Die strategische Verwendung von Ironie in sozialen und politischen Fernsehtalkshows]. In Nina N. Rozanova (Hg.), *Russkij jazyk segodnja, vyp. 5: Problemy rečevogo obščenija*, 278–287. Moskva: Nauka/FLINTA.
McHoul, Alec. 1994. Discourse. In Ronald E. Asher & James M.Y. Simpson (Hgg.), *The Encyclopedia of Language and Linguistics. Volume 2*, 940–949. Oxford et al.: Pergamon Press.
McLuhan, Marshall. 1995. *Die magischen Kanäle. Understanding Media*. Basel: Verlag der Kunst Dresden.
Medvedev, Sergey. 2015. Das Fernsehen als Manipulationsmittel im System Putin. *Russland-Analysen* 294. 2–5.
Meier, Stefan. 2011. Multimodalität im Diskurs: Konzept und Methode einer multimodalen Diskursanalyse. In Reiner Keller, Andreas Hirseland, Werner Schneider & Willy Viehöver (Hgg.), *Handbuch Sozialwissenschaftliche Diskursanalyse (= Band 1: Theorien und Methoden)*, 499–532. 3., erw. Aufl. Wiesbaden: VS.
Menon, Rajan & Eugene Rumer. 2015. *Conflict in Ukraine. The Unwinding of the Post–Cold War Order*. Cambridge, London: MIT Press.
Mikos, Lothar. 1994. *Fernsehen im Erleben der Zuschauer. Vom lustvollen Umgang mit einem populären Medium*. Berlin, München: Quintessenz.
Mikos, Lothar. 1999. Die täglichen Talkshows als Ausdruck des Wandels von Gesellschaft und Fernsehsystem in der Bundesrepublik. In Stefano Semeria: *Talk als Show – Show als Talk. Deutsche und US-Amerikanische Daytime Talkshows im Vergleich*, 11–20. Wiesbaden: Westdt. Verlag.
Mitrokhin, Nikolay. 2014. Infiltration, Instruktion, Invasion. Russlands Krieg in der Ukraine. *Osteuropa* 8. 3–16.
Mitrokhin, Nikolay. 2015. Bandenkrieg und Staatsbildung. Zur Zukunft des Donbass. *Osteuropa* 1–2. 5–22.
Mitrokhin, Nikolay. 2017. Diktaturtransfer im Donbass. Gewalt und ‚Staatsbildung' in Russlands ‚Volksrepubliken'. *Osteuropa* 3–4. 41–55.
Mitrokhin, Nikolay. 2019. Im Namen des Staates. Russische Nationalisten im Ukraine-Einsatz. *Osteuropa* 3–4. 103–121.

MKRU. 2017. Tajny političeskogo tok-šou ėpochi gibridnoj vojny: vzgljad iznutri. *MKRU* (26. Mai). [Die Geheimnisse der politischen Talkshow im Zeitalter des hybriden Kriegs: Ein Blick von Innen]. https://www.mk.ru/social/2017/05/26/tayny-politicheskogo-toks hou-epokhi-gibridnoy-voyny-vzglyad-iznutri.html (Abruf am 08. September 2020).
Morelli, Anne. 2004. *Die Prinzipien der Kriegspropaganda*. Springe: Klampen.
Müller, Marion & Stephanie Geise. 2015. *Grundlagen der Visuellen Kommunikation*. 2., überarb. Aufl. Konstanz, München: UVK.
Nelson, Elizabeth, Robert Orttung & Anthony Livshen. 2016. Welche Wirkung erzielt ‚Russia Today' über ‚YouTube'? *Russland-Analysen* 317. 5–13.
Nemcova, Žanna. 2015. „Propaganda ubivaet: gosudarstevennoe TV seet nenavist' i rozn'. [Propaganda tötet: Das staatliche Fernsehen sät Hass und Feindschaft]. *Vedomosti* (09. Juni). https://www.vedomosti.ru/opinion/articles/2015/06/09/595736-propaganda-ubivaet-gosudarstvennoe-tv-seet-nenavist-i-rozn (Abruf am 06. Februar 2022).
Neuendorf, Kimberly A. 2017. *The Content Analysis Guidebook*. Second Edition. Los Angeles et al.: Sage.
Norman, Boris J. 2015. Vojna ljudej, vojna slov, vojna SMI (kak otražaetsja v russkom jazyke voennyj konflikt na Ukraine). [Krieg der Menschen, Krieg der Worte, Krieg der Massenmedien (wie sich der kriegerische Konflikt in der Ukraine in der russischen Sprache widerspiegelt]. In Ljudmila Popović, Dojčil Petrović Vojvodić & Motoki Nomachi (Hgg.), *U prostoru lingvističke slavistike: zbornik naučnih radova: povodom 65 godina života akademika Predraga Pipera*, 565–580. Belgrad: Filologičeskij Fakultet.
Norman, Boris, J. 2020. Krieg der Menschen, Krieg der Worte, Krieg der Massenmedien. Wie sich der Krieg in der Ukraine in der russischen Sprache widerspiegelt. In Marina Scharlaj (Hg.), *Language and Power in Discourses of Conflict. (= Specimina philologiae Slavicae, Bd. 200)*, 105–122. Berlin: Peter Lang.
Novikova, Anna. 2008. *Sovremennye televizionnye zreliŝa: istoki, formy i metody vozdejstvija*. [Aktuelle Fernsehspektakel: Quellen, Formen und Methoden der Einwirkung]. Sankt Peterburg: Aletejja.
Novosolova, Marianna & Ekaterina Jacura. 2018. Obsuždenie terminologii konflikta kak priznak otkrytosti ukrainskogo obščestva. [Die Erörterung der Terminologie des Konflikts als Indiz der Aufgeschlossenheit der ukrainischen Gesellschaft]. In Martin Henzelmann (Hg.), *Linguistik als diskursive Schnittstelle zwischen Recht, Politik und Konflikt*, 291–307. Hamburg: Dr. Kovač.
Oates, Sarah. 2006. *Television, Democracy and Elections in Russia*. London, New York: Routledge.
Oates, Sarah. 2008. *Introduction to media and politics*. Los Angeles: Sage.
Oates, Sarah. 2013. *Revolution Stalled. The Political Limits of the Internet in the Post-Soviet Sphere*. Oxford, New York: Oxford University Press.
Oates, Sarah. 2014. *Russian State Narrative in the Digital Age: Rewired Propaganda in Russian Television News Framing of Malaysia Airlines Flight 17*. American Political Science Association Annual Meeting 2014. https://papers.ssrn.com/sol3/papers.cfm?abstract_id=2941192 (Abruf am 06. Februar 2022).
Oertel, Barbara. 2003. Viel Presse – wenig Freiheit. Medien und Macht in Rußland, der Ukraine und Belarus. *Osteuropa* 1. 19–32.
Ojala, Markus & Sigrif Kaasik-Krogerus. 2016. Popular Geopolitics in the Shadow of Russia: The Ukraine Conflict in Finnish and Estonian Newspaper Editorials. In Mervi Pantti (Hg.),

Media and the Ukraine Crisis. Hybrid Media Practices and Narratives of Conflict, 139–156. New York et al.: Peter Lang.
Ojala, Markus, Mervi Pantti & Jarkko Kangas. 2017. Whose War, Whose Fault? Visual Framing of the Ukraine Conflict in Western European Newspapers. *International Journal of Communication* 11. 474–498.
Ojala, Markus, Mervi Pantti & Jarkko Kangas. 2018. Professional role enactment amid information warfare: War correspondents tweeting on the Ukraine conflict. *Journalism* 19(3). 297–313.
Oreschkin, Dmitrij. 2012. ‚Aufruhr' auf russisch oder legaler russischer Protest? *Russland-Analysen* 242. 6–9.
Orlova, Dariya. 2013. *Representation of ‚Europe' in the Mediatized Discourse of Ukrainian Political Elites*. Barcelon, Kiew: Dissertation Universitat Autonoma de Barcelona und National University of Kyiv-Mohyla Academy.
Osipian, Alexandr. 2015. Historical Myths, Enemy Images, and Regional Identity in the Donbass Insurgency (Spring 2014). *Journal of Soviet and Post-Soviet Politics and Society* 1(1). 109–140.
Ožegov, Sergej & Natalija Švedova. 2005. *Tolkovyj slovar' russkogo jazyka*. [Erklärendes Wörterbuch der russischen Sprache]. 4-e izdanie, dopolnennoe 80 000 slov i frazeologičeskich vyraženij. Moskva: ITI Technologii.
Pantti, Mervi. 2016. An Introduction. In Mervi Pantti (Hg.), *Media and the Ukraine Crisis. Hybrid Media Practices and Narratives of Conflict*, xi–xvii. New York et al.: Peter Lang.
Paris, Roland. 2002. Kosovo and the Metaphor War. *Political Science Quarterly* 11(3). 423–450.
Pasitselska, Olga. 2017. Ukrainian crisis through the lens of Russian media: Construction of ideological discourse. *Discourse & Communication* 11(6). 591–609.
Petermann, Jürgen, Renate Hansen-Kokoruš, Tamara Bill & Josip Matešić. 1999. *Russisch-deutsches phraseologisches Wörterbuch*. 5. Aufl. Leipzig, Wien et al.: Langenscheidt, Verl. Enzyklopädie.
Plake, Klaus. 1999. *Talkshows. Die Industrialisierung der Kommunikation*. Darmstadt: Primus.
Plake, Klaus. 2002. Reden und Redlichkeit. Talkshow-Rhetorik unter medienkritischem Aspekt. In Jens Tenscher & Christian Schicha (Hgg.), *Talk auf allen Kanälen. Angebote, Akteure und Nutzer von Fernsehgesprächssendungen*, 73–86. Wiesbaden: Westdt. Verlag.
Plett, Heinrich. 1983. *Einführung in die rhetorische Textanalyse*. 5. Aufl. Hamburg: Buske.
Politkovskaja, Anna. 2003. *Tschetschenien. Die Wahrheit über den Krieg*. Köln: DuMont.
Pollack, Martin. 2014. Abducken und Kopfeinziehen. Über die Macht der Lügen. In Juri Andruchowytsch (Hg.), *Euromaidan. Was in der Ukraine auf dem Spiel steht*, 173–182. Berlin: Suhrkamp.
Pomerantsev, Peter & Michael Weiss. 2014. The Menace of Unreality. How the Kremlin Weaponizes Information, Culture and Money. *The Interpreter* (Special report). https://imrussia.org/media/pdf/Research/Michael_Weiss_and_Peter_Pomerantsev__The_Menace_of_Unreality.pdf (Abruf am 15. November 2020).
Pörzgen, Gemma. 2014. Moskau fest im Blick. Die deutschen Medien und die Ukraine. *Osteuropa* 5–6. 293–310.
Povoraznjuk, Svetlana. 2015. ‚Ėto norma'. Kak Pervyj kanal zadaval ton otečestvennomu TV. [‚Das ist die Norm'. Wie der Pervyj kanal den Ton des heimischen TVs angegeben hat]. *lenta.ru* (01. April). https://lenta.ru/articles/2015/04/01/1tv/ (Abruf am 06. Februar 2022).
Radetzkaja, Olga & Volker Weichsel. 2014. Rede des russländischen Präsidenten Vladimir Putin. *Osteuropa* 5–6. 87–99.

Radünzel, Claudia. 2017. Die Darstellung der Krim-Frage und des Ukraine-Konflikts in Reden russischer, ukrainischer und deutscher Vertreter vor den Vereinten Nationen. Eine linguistische Analyse. In Alexander Trunk (Hg.), *Russland und Europa. Facetten einer Beziehung. (= Schriften des Zentrums für Osteuropastudien der Universität Kiel, Bd. 8)*, 154–195. Frankfurt a. Main: Peter Lang.

RBK. 2014. Putin: Krym i Sevastopol' vernulis' v rodnuju gavan'. [Putin: Die Krim und Sevastopol' sind in den heimatlichen Hafen zurückgekehrt]. *RBK* (18. März). https://www.rbc.ru/politics/18/03/2014/570419a79a794761c0ce80bd (Abruf am 06. Februar 2022).

Reisigl, Martin. 2008. Analyzing Political Rhetoric. In Ruth Wodak & Michał Krzyżanowski (Hgg.), *Qualitative Discourse Analysis in the Social Sciences*, 96–120. Houndmills et al.: Palgrave Macmillan.

Reisigl, Martin. 2014. Diskursanalyse, Kritische. In Daniel Wrana, Alexander Ziem, Martin Reisigl, Marin Nonhoff & Johannes Angermuller (Hgg.), *DiskursNetz. Wörterbuch der interdisziplinären Diskursforschung*, 93–94. [eBook]. Berlin: Suhrkamp.

Reisinger, Heidi & Aleksandr Gol'c. 2014. Hybrider Krieg in der Ukraine. Russlands Intervention und die Lehren für die NATO. *Osteuropa* 9–10. 119–134.

Report of the International Advisory Panel. 2015. Report of the International Advisory Panel on its Review of the Investigations into the Events in Odesa on 2 May 2014, 4 November 2015. https://rm.coe.int/CoERMPublicCommonSearchServices/DisplayDCTMContent?documentId=090000168048610f (Abruf am 16. November 2020).

Reporter ohne Grenzen (Hg.) 2013. *Der Kreml auf allen Kanälen. Wie der russische Staat das Fernsehen lenkt.* https://www.reporter-ohne-grenzen.de/fileadmin/images/Kampagnen/Sotschi/ROG-Russland-Bericht-2013_web.pdf (Abruf am 15. November 2020).

Reuther, Tilmann. 2016. Kolorady, Majdauny, Separy, Ukry, Dvuchsotyj, Truba, ‚Krokodil': Zur Lexik des Russischen im Ukrainekonflikt. *Wiener Slawistischer Almanach* 77. 301–328.

Rheindorf, Markus. 2018. Diskursanalyse in der Linguistik: Der Diskurshistorische Ansatz. In Eberhard Bons & Florian Wilk (Hgg.), *Sprache und Identität: Prozesse jüdischer und christlicher Identitätsbildung im Rahmen der Antike*, 17–62. Göttingen: Vandenhoeck & Ruprecht.

Riabchuk, Mykola. 2017. Defining censorship during a conflict. Is Ukraine right to block media from Russia? *Eurozine* (06. Juli). https://www.eurozine.com/defining-censorship-during-a-conflict/ (Abruf am 16. November 2020).

Richter, Monika L. 2017. The Kremlin's Platform for 'Useful Idiots' in the West: An Overview of RT's Editorial Strategy and Evidence of Impact. *Kremlin Watch Report* (18. September). https://www.kremlinwatch.eu/userfiles/the-kremlin-s-platform-for-useful-idiots-in-the-west-an-overview-of-rt-s-editorial-strategy.pdf (Abruf am 06. Februar 2022).

Rjabuškin, Dmitrij. 2009. Krym. [Die Krim]. In Kimitaka Macuzato (Hg.), *Regiony Ukrainy. Chronika i rukovoditeli*, 11–124. Tom 3. Krym i Nikolaevskaja oblast'. Sapporo: SRC.

Romanjuk, Svitlana & Olena Novikova. 2015. Novi leksemy v ukraïns'komu media-dyskursi ta problema ïchn'oï interpretaciï pol's'kymy ta nimec'kymy ZMI. [Neue Lexeme im ukrainischen Mediendiskurs und das Problem ihrer Interpretation vonseiten polnischer und deutscher Massenmedien]. *Wiener Slawistischer Almanach* 86. 225–245.

Roth, Franziska S. 2016. *Die Rezeption politische Talkshows im Fernsehen. Der Einfluss des Unterhaltungserlebens auf die Informationsverarbeitung*. Mannheim: Springer VS.

RSF (Reporters sans frontières). 2020. *Russia*. https://rsf.org/en/russia (Abruf am 16. November 2020).

Russland-Analysen. 2019. Fünf Jahre seit der Krimkrise. Nr. 369 (12. April). https://laender-ana lysen.de/russland-analysen/369/RusslandAnalysen369.pdf (Abruf am 20. November 2020).

Rustamova, Farida. 2015. Pozner zajavil ob otsutstvii nezavisimoj žurnalistiki v Rossii. [Pozner erklärte die Abwesenheit eines unabhängigen Journalismus in Russland]. *RBK* (25. Mai). https://www.rbc.ru/politics/25/05/2015/5562e3119a7947e2c215726c (Abruf am 16. November 2020).

Ryazanova-Clarke, Lara. 2009. What's in a foreign word? Negotiating linguistic culture on Russian radio programmes about language. In Birgit Beumers, Stephen Hutchings & Natalia Rulyova (Hgg.), *The Post-Soviet Russian Media*, 105–122. London, New York: Routledge.

Sakwa, Richard. 2015. *Frontline Ukraine. Crisis in the Borderlands*. London, New York: I.B.Tauris.

Samoilenko, Sergei A., Elina Erzikova, Sergey Davydov & Alexander Laskin. 2017. Different Media, Same Messages: Character Assassination in the Television News during the 2014 Ukrainian Crisis. *International Communication Research Journal* 52(2). 28–52.

Sasse, Gwendolyn, Thomas Franke & Iwan Shilin. 2019. Krim nach 2014: Identität und Lebensbedingungen. *Dekoder [Russland entschlüsseln]*. https://crimea.dekoder.org/identitaet (Abruf am 20. Juli 2020).

Šatilov, Aleksandr B. 2015. ‚Divannye vojska' kak novaja forma informacionno-propagandistskogo soprovoždenija političeskich i voennych konfliktov v načale XXI v. [‚Sofa-Krieger' als neue Form der informations-propagandistischen Begleitung politischer und kriegerischer Konflikte am Beginn des 21. Jahrhunderts]. *Vlast'* 7. 56–58.

Schäffner, Christina. 2002. Auf der Suche nach dem Feind – Anmerkungen zum NATO-Diskurs im Lichte ihrer Metaphern. In Oswald Panagl & Horst Stürmer (Hgg.), *Politische Konzepte und verbale Strategien. Brisante Wörter – Begriffsfelder – Sprachbilder*, 169–184. Frankfurt a. Main et al.: Peter Lang.

Scharlaj, Marina. 2018. ‚Pjataja kolonna'. Ideologičeskaja agressija v sovremennom političeskom diskurse Rossii. In Marin Henzelmann (Hg.), *Linguistik als diskursive Schnittstelle zwischen Recht, Politik und Konflikt*, 263–276. Hamburg: Dr. Kovač.

Scheller-Boltz, Dennis & Mathias Althaler. 2015. Die Konstruktion von Homosexualität im russischen Mediendiskurs. In Dennis Scheller-Boltz (Hg.), *New Approaches to Gender and Queer Research in Slavonic Studies*, 185–200. Wiesbaden: Harrassowitz.

Scheufele, Dietram, Eunkyung Kim & Dominique Brossard. 2007. My Friend's Enemy. How Split-Screen Debate Coverage Influences Evaluation of Presidential Debates. *Communication Research* 34(1). 3–24.

Schlögel, Karl. 2017. *Entscheidung in Kiew. Ukrainische Lektionen*. Frankfurt am Main: Fischer.

Schlögel, Karl. 2018. *Ukraine. A Nation On The Borderland*. London: Reaktion Books.

Schmidt, Thomas. 2003. *Die Außenpolitik der baltischen Staaten. Im Spannungsfeld zwischen Ost und West*. Wiesbaden: Westdt. Verlag.

Schneider, Jan G. & Hartmut Stöckl. 2011. Medientheorien und Multimodalität: Zur Einführung. In Jan G. Schneider & Hartmut Stöckl (Hgg.), *Medientheorien und Multimodalität. Ein TV-Werbespot–Sieben methodische Beschreibungsansätze*, 10–38. Köln: Herbert von Halem.

Schultz, Tanjev. 2006. *Geschwätz oder Diskurs? Die Rationalität politischer Talkshows im Fernsehen*. Köln: Halem.

Schwarz-Friesel, Monika, Konstanze Marx & Sally Damisch. 2012. Persuasive Strategien der affektiven Verunsicherung im aktuellen Diskurs: Ironisieren, Kritisieren und Beleidigen in öffentlichen Streitgesprächen. In Inge Pohl & Horst Ehrhardt (Hgg.), *Sprache und Emotion in öffentlicher Kommunikation*, 227–254. Frankfurt am Main et al.: Lang.

Segal, Natal'ja A. 2017. *Političeskij tekst: Metaforičeskoe modelirovanie. Monografija.* [Politischer Text: Metaphorische Modellbildung. Monographie]. Moskva: Flinta.

Semenkov, Vadim E. 2014. „Ne v sile Bog, no v pravde . . .". Kommentarij k izvestnomu vyskazyvaniju Aleksandra Nevskogo". [‚Gott ist nicht in der Kraft, sondern in der Wahrheit . . .' Kommentare zum berühmten Ausspruch von Aleksandr Nevskij]. *Vestnik russkoj christianskoj gumanitarnoj akademii* 15(3). 183–189.

Semeria, Stefano. 1999. *Talk als Show – Show als Talk. Deutsche und US-Amerikanische Daytime Talkshows im Vergleich.* Wiesbaden: Westdt. Verlag.

Setz, Clemens. 2014. Das grelle Herz der Finsternis. *Die Zeit* (25. September) https://www.zeit.de/2014/40/is-enthauptungsvideo-verbreitung-internet/ (Abruf am 21. November 2020).

Ševčenko, Elena V. 2014. Tok-šou kak sposob okazanija orientirujuščego vozdejstvija. [Die Talkshow als Mittel zur Ausübung einer orientierenden Einwirkung]. *Vestnik IGLU.* 120–126.

Shattuc, Jane. 2015a. The Celebrity Talk Show. In Glen Creeber (Hg.), *The Television Genre Book*, 194–197. 3rd edition. London: Palgrave.

Shattuc, Jane. 2015b. The Confessional Talk Show. In Glen Creeber (Hg.), *The Television Genre Book*, 197–199. 3rd edition. London: Palgrave.

Sidorow, Dimitri. 2015a. Die Propagandamacher (Teil 1). *Dekoder [Russland entschlüsseln]*. http://www.dekoder.org/de/article/die-propagandamacher-teil-1 (Abruf am 15. November 2020).

Sidorow, Dimitri. 2015b. Die Propagandamacher (Teil 2). *Dekoder [Russland entschlüsseln]*. http://www.dekoder.org/de/article/die-propagandamacher-teil-2 (Abruf am 15. November 2020).

Simon, Gerhard. 2014a. Zusammenbruch und Neubeginn. Die ukrainische Revolution und ihre Feinde. *Osteuropa* 5–6. 9–40.

Simon, Gerhard 2014b. Ergebnisse der Parlamentswahlen 2014: Nach Europa! *Ukraine-Analysen* 139. 2–11.

Skibo, Darja. 2016. ‚Ausländischer Agent': Wie könnte man in Russland unter dem Druck des Gesetzes überleben. *Russland-Analysen* 323. 2–6.

Skorkin, Konstantin. 2014. Obščij jazyk nenavisti. [Die gemeine Hassrede]. *Otečestvennye zapiski* 6 (63). http://www.strana-oz.ru/2014/6/obshchiy-yazyk-nenavisti (Abruf am 10. November 2020).

Šmelëva, Elena. 2015. *Jazyk vraždy v publičnom diskurse.* [Hassrede im öffentlichen Diskurs]. Vortrag an der Universität Innsbruck, 18. März.

Smyth, Regina & Sarah Oates. 2015 Mind the Gaps: Media Use and Mass Action in Russia. *Europa-Asia Studies* 67(2). 285–305.

Snyder, Timothy. 2014. Die Ukraine hinter dem Schleier der Propaganda. In Juri Andruchowytsch (Hg.), *Euromaidan. Was in der Ukraine auf dem Spiel steht*, 131–141. Berlin: Suhrkamp.

Spetsmann-Kunkel, Martin. 2004. *Die Moral der Daytime Talkshow. Eine soziologische Analyse eines umstrittenen Fernsehformates.* Münster: LIT.

Sponholz, Liriam. 2018. *Hate Speech in den Massenmedien. Theoretische Grundlagen und empirische Umsetzung.* [eBook]. Wiesbaden: Springer VS.

Stadler, Wolfgang. 1997. *Macht, Sprache, Gewalt. Rechtspopulistische Sprache am Beispiel V.V.Žirinovskijs vor dem Hintergrund der Wandlungen politischer Sprache in Russland.* Innsbruck: Institut für Sprachwissenschaft.

Stefanowitsch, Anatol. 2017. Laudatio zum Anglizismus des Jahres 2016: Fake News. (31. Jänner). http://www.sprachlog.de/2017/01/31/laudatio-zum-anglizismus-des-jahres-2016-fake-news/ (Abruf am 02. November 2020).
Steuter, Erin & Deborah Wills. 2009. *At war with metaphor. Media, propaganda, and racism in the war on terror*. Plymouth: Lexington Books.
Stukenbrock, Anja. 2013. Sprachliche Interaktion. In Peter Auer (Hg.), *Sprachwissenschaft. Grammatik – Interaktion – Kognition*, 217–260. Stuttgart, Weimar: J.B.Metzler.
Sukhankin, Sergey & Alla Hurska. 2015. Russian informational and propaganda campaign against Ukraine prior to the Euromaidan (2013–2014): Denying sovereignty. *Securitologia* 1. 35–59.
Suslov, Mikhail. 2014. ‚Crimea Is Ours!' Russian popular geopolitics in the new media age. *Eurasian Geography and Economics* 55(6). 588–609.
Suslov, Mikhail. 2016. The Rhetoric of (Un)Laughter in the Russian-Language Geopolitical Debates on the Ukrainian Crisis. In Mervi Pantti (Hg.), *Media and the Ukraine Crisis. Hybrid Media Practices and Narratives of Conflict*, 53–69. New York et al.: Peter Lang.
Suslov, Mikhail. 2017. The Production of ‚Novorossiya': A Territorial Brand in Public Debates. *Europe-Asia Studies* 69(2). 202–221.
Szostok, Patrycja, Dagmara Głuszek-Szafraniec & Damian Guzek. 2016. Media Diplomacy and the Coverage of the Ukrainian Conflict in German, Polish and Russian Magazines. In Mervi Pantti, (Hg.), *Media and the Ukraine Crisis. Hybrid Media Practices and Narratives of Conflict*, 157–170. New York et al.: Peter Lang.
Tal, Diana & Avishag Gordon. 2016. Jacques Ellul Revisited: 55 Years of Propaganda Study. *Society* 53. 182–187.
Tanchak, Peter N. 2016. The Invisible Front: Russia, Trolls, and the Information War against Ukraine. In Olga Bertelsen (Hg.), *Revolution and War in Contemporary* Ukraine. *The Challenge of Change*, 253–282. Stuttgart: ibidem.
Taranenko, Elena. 2020. Sprachliche Instrumentalisierung des Russland-Ukraine-Konflikts im gegenwärtigen Mediendiskurs. In Marina Scharlaj (Hg.), *Language and Power in Discourses of Conflict. (= Specimina philologiae Slavicae, Bd. 200)*, 71–103. Berlin: Peter Lang.
Taylor, Richard. 1979. *Film Propaganda: Soviet Russia and Nazi Germany*. London: Croom Helm.
Tenscher, Jens & Christian Schicha 2002. Talk auf allen Kanälen. Eine Einführung. In Jens Tenscher & Christian Schicha (Hgg.), *Talk auf allen Kanälen. Angebote, Akteure und Nutzer von Fernsehgesprächssendungen*, 9–38. Wiesbaden: Westdt. Verlag.
Thielemann, Nadine (Hg.) 2013. *Approaches to Slavic interaction*. Amsterdam et al.: Benjamins.
Thielemann, Nadine. 2020. #Россияжжет vs. #JedzJabłka – A comparative analysis of Twitter discourses on economic counter-sanctions in Russia and in Poland. In Marina Scharlaj (Hg.), *Language and Power in Discourses of Conflict. (= Specimina philologiae Slavicae, Bd. 200)*, 231–251. Berlin: Peter Lang.
Tilley, Elspeth. 2005. Responding to Terrorism using Ethical Means: The Propaganda Index. *Communication Research Reports* 22(1). 69–77.
Timberg, Bernard, Robert Erler & Horace Newcomb. 2002. *Television Talk. A History of the TV Talk Show*. Austin: University of Texas Press.
Tolson, Andrew (Hg.). 2001. *Television Talk Show. Discourse, Performance, Spectacle*. London et al.: Lawrence Erlbaum Associates.
Tolz, Vera & Yuri Teper. 2018. Broadcasting agitainment: a new media strategy of Putin's third presidency. *Post-Soviet Affairs* 34(4). 213–227.

Töteberg, Michael (Hg.) 2005. *Metzler Film Lexikon*. 2., aktual. und erw. Aufl. Stuttgart, Weimar: J. B. Metzler.

Ulanova, Ekaterina Ė. 2020. Realizacija kommunikativnoj kategorii avtoritetnosti v diskurse tok-šou. [Die Realisierung der kommunikativen Kategorie der Autorität im Talkshow-Diskurs]. In Tat'jana V. Duchovnaja, Ekaterina Ė. Ulanova & Il'ja E. Fedorov (Hgg.), *Institucional'nyj diskurs. Konteksty, geroi, ėmocii*, 56–131. Moskva: Flinta.

Umland, Andreas. 2019. Der ambivalente Aufstieg einer ukrainischen ‚unzivilen Gesellschaft' nach dem Euromaidan. *Ukraine-Analysen* 227. 2–7.

Vartanova, Elena L. & Viktor P. Kolomiec. 2017. *Televidenie v Rossii v 2016 godu*. [Das Fernsehen in Russland im Jahr 2016]. Moskva: Federal'noe agentstvo po pečati i massovym kommunikacijam, 1–115. https://istina.msu.ru/download/103393076/1nGm74:mwyTmT7z2Hd1-db7JbRwmy7-CA4/; (Abruf am 06. Februar 2022).

Vartanova, Elena. 2012. The Russian Media Model in the Context of Post-Soviet Dynamics. In Daniel Hallin & Paolo Mancini (Hgg.), *Comparing media systems beyond the Western world*, 119–142. Cambridge: CUP.

Vartanova, Elena. 2015. Russia: post-Soviet, post-modern, post-empire media. In Kaarle Nordenstreng & Daya Kishan Thussu (Hgg.), *Mapping BRICS Media*, 125–144. London, New York: Routledge.

Veebel, Viljar. 2016. Tools of Propaganda War in the Russian-Ukrainian Conflict. In Vladimir Sazonov, Holger Mölder & Kristiina Müür (Hgg.), *Russian Information Campaign Against the Ukrainian State and Defence Forces. Combined Analysis*, 46–52. Tartu: NATO Strategic Communications Centre of Excellence and Estonian National Defence College.

Veit, Katharina & Christian Schäfer-Hock. 2016. *Embedded Journalism*. Berlin: Deutsches Journalistenkolleg GmbH. https://www.journalistenkolleg.de/documents/10157/161315/Embedded+Journalism.pdf/58b74a6e-21a4-4b4c-b196-c8d8226f38b4 (Abruf am 20. März 2020).

Vepreva, Irina T. & Natalija A. Kupina. 2014. Trevožnaja leksika tekuščego vremeni: neoficial'nye ėtnonimy v funkcii aktual'nych slov. [Die beunruhigende Lexik der aktuellen Zeit: Inoffizielle Ethnonyme in der Funktion aktueller Wörter] *Političeskaja lingvistika* 3(49). 43–50.

Vertov, Dziga. 1966. *Stat'i, Dnevniki, Zamysly*. [Aufsätze, Tagebücher, Skizzen]. Moskva: Iskusstvo.

Višneveckaja, Marina (Hg.) 2015. *Slovar' peremen' 2014*. [Wörterbuch des Umbruchs 2014] Moskva: Tri kvadrata.

Volkov, Denis & Stepan Gončarov. 2017. Rossijskij medialandšaft – 2017. [Die russländische Medienlandschaft – 2017] *Levada-Centr* (22. August). https://www.levada.ru/2017/08/22/16440/ (Abruf am 16. November 2020).

Volkov, Denis & Stepan Gončarov. 2019. Rossijskij media-landšaft 2019. [Die russländische Medienlandschaft 2019] *Levada-Centr* (01. August). https://www.levada.ru/2019/08/01/21088/ (Abruf am 16. November 2020).

Voswinkel, Johannes. 2014. Zynismus mit journalistischem Antlitz. Russlands Medien, die Macht und die Ukraine. *Osteuropa* 5–6. 175–191.

Warnke, Ingo H. & Jürgen Spitzmüller. 2008. Methoden und Methodologie der Diskurslinguistik – Grundlagen und Verfahren einer Sprachwissenschaft jenseits textueller Grenzen. In Ingo H. Warnke & Jürgen Spitzmüller (Hgg.), *Methoden der Diskurslinguistik: Sprachwissenschaftliche Zugänge zur transtextuellen Ebene*, 3–54. Berlin, New York: De Gruyter.

Waterman, Stanley. 2019. National Anthems and National Symbolism: Singing the Nation. Stanley Brunn & Roland Kehrein (Hgg.), *Handbook of the Changing World Language Map*,

1–16. [ebook]. Springer. https://link.springer.com/referenceworkentry/10.1007%2F978-3-319-73400-2_102-1 (Abruf am 17. Juli 2020).
Weiss, Daniel. 2000. Alle vs. einer. Zur Scheidung von good guys und bad guys in der sowjetischen Propagandasprache. In Walter Breu (Hg.), *Slavistische Linguistik 1999. Referate des XXV. Konstanzer Slavistischen Arbeitstreffens Konstanz*, 235–275. München.
Weiss, Daniel. 2005. Ungeziefer, Aas und Müll. Feindbilder der Sowjetpropaganda. In Philipp Sarasin (Hg.), *Österreichische Zeitschrift für Geschichtswissenschaften* 16(3). 109–122.
Weiss, Daniel. 2006. Tiere in der Sowjetpropaganda: verbale und graphische Stereotypen. In Tilman Berger, Jochen Raecke & Tilmann Reuther (Hgg.), *Slavistische Linguistik 2004/ 2005*, 423–465. München.
Weiss, Daniel. 2017. Implizite Argumentation im politischen Diskurs: Metaphern, Vergleiche, intertextuelle Verweise. In Anna-Maria Meyer & Ljiljana Reinkowski (Hgg.), *Im Rhythmus der Linguistik. Festschrift für Sebastian Kempgen zum 65. Geburtstag*, 467–488. Bamberg: University of Bamberg Press.
Weiss, Daniel [Vajs, Daniėl']. 2018. Ukrainskij konflikt v zerkale korpusnoj lingvistiki. [Der Ukraine-Konflikt im Spiegel der Korpuslinguistik]. In Ekaterina Velmezova (Hg.), *Contributions suisses au XVIe congrès mondial des slavistes à Belgrade, août 2018/ Schweizerische Beiträge zum XVI. Internationalen Slavistenkongress in Belgrad*, August 2018, 322–348. Bern et al.: Slavica Helvetica.
Weiss, Daniel. 2019. Threat Scenarios in the Ukraine Conflict. *International Journal of Cross-Cultural Studies and Environmental Communication (IJCCSEC)* 6(2). 16–24.
Weiss, Daniel. 2020a. The Ukrainian nation – stepmother, younger sister of stillborn baby? Evidence from Russian TV debates and related political sources (2013–2015). In Natalia Knoblock (Hg.), *Language of Conflict. Discourses of the Ukrainian Crisis*, 117–135. London, New York: Bloomsbury.
Weiss, Daniel. 2020b. Der Ukraine-Konflikt im Spiegel einer kontrastiv-quantitativen Diskursanalyse: methodologische Grundlagen. In Marina Scharlaj (Hg.), *Language and Power in Discourses of Conflict. (= Specimina philologiae Slavicae, Bd. 200)*, 15–48. Berlin: Peter Lang.
Welch, David. 2013. *Propaganda: Power and Persuasion*. London: The British Library.
Welch, David (Hg.). 2014. *Propaganda, Power and Persuasion. From World War I To Wikileaks*. London, New York: I.B.Tauris.
Widholm, Andreas. 2016. Global Online News from a Russian Viewpoint. RT and the Conflict in Ukraine. In Mervi Pantti (Hgg.), *Media and the Ukraine Crisis. Hybrid Media Practices and Narratives of Conflict*, 107–122. New York et al.: Peter Lang.
Wiggins, Bradley E. 2016. Crimea River: Directionality in Memes from the Russia–Ukraine Conflict. *International Journal of Communication* 10. 451–485.
Wodak, Ruth & Fritz P. Kirsch (Hgg.). 1995. *Totalitäre Sprache – Langue de bois – Language of Dictatorship*. Wien: Passagen.
Wodak, Ruth & Martin Reisigl. 2000. Discourse and Racism. In Ruth Wodak & Teun van Dijk (Hgg.), *Racism at the Top. Parliamentary Discourses on Ethnic Issues in Six European States*, 31–44. Klagenfurt: Drava.
Wodak, Ruth & Martin Reisigl. 2016. The Discourse-Historical Approach (DHA). In Ruth Wodak & Michael Meyer (Hgg.), *Methods of Critical Discourse Studies*, 23–6. 3rd ed. Los Angeles et al.: Sage.

Wodak, Ruth & Michael Meyer. 2016. Critical Discourse Studies: History, Agenda, Theory and Methodology. In Ruth Wodak & Michael Meyer (Hgg.), *Methods of Critical Discourse Studies*, 2–22. 3rd ed. Los Angeles et al.: Sage.
Wodak, Ruth. 2013. Editor's Introduction: Critical Discourse Analysis – Challenges and Perspectives. In Ruth Wodak (Hg.), *Critical Discourse Analysis. Volume I. Concepts, History, Theory*, xxi–xlv. London et al.: Sage.
Wodak, Ruth. 2019. Diskursanalyse. In Claudius Wagemann, Achim Goerres & Markus Siewert (Hgg.), *Handbuch Methoden der Politikwissenschaft*, 1–22. Wiesbaden: Springer. https://link.springer.com/referenceworkentry/10.1007/978-3-658-16937-4_40-2 (Abruf am 15. November 2020).
Zabirko, Oleksandr. 2015. ‚Russkij Mir'. Literarische Genealogie eines erfolgreichen Konzepts. *Russland-Analysen* 289. 2–6.
Zadorožnyj, Aleksandr. 2017. ‚Otuplenie budet prodolžat'sja, potomu čto ėto vygodno'. Obozrevatel' Arina Borodina: chronika padenija rossijskogo TV. [„Die Verblödung wird weitergehen, weil sie profitabel ist". Beobachterin Arina Borodina: Chronik des Niedergangs des russischen Fernsehens] *Znak.com* (16. März). https://www.znak.com/2017-03-16/obozrevatel_arina_borodina_rossiyskoe_tv_kak_kollektivnyy_gebbels_hronika_padeniya (Abruf am 18. November 2020).
Zajaczkowski, Johann. 2019. Homogenität und Fragmentierung. Ukrainische Freiwilligenbataillone im Wandel. *Osteuropa* 3–4. 81–101.
Želtuchina, Marina & Anatolij Omel'čenko. 2018. Die Verbalisation des Feindbildes im russischsprachigen diskursiven Medienraum als Reflexion des Interessenkonfliktes in verschiedenen Sphären des menschlichen Handelns. In Martin Henzelmann (Hg.), *Linguistik als diskursive Schnittstelle zwischen Recht, Politik und Konflikt*, 239–262. Hamburg: Dr. Kovač.
Zettl, Herbert. 2013. *Sight Sound Motion. Applied Media Aesthetics*. 7th Ed. Belmont, California: Wadsworth, Cengage Learning.
Zettl, Herbert. 2015. *Sight Sound Motion. Applied Media Aesthetics*. 8th Ed. Belmont, Boston: Cengage Learning.
Žitkova, Valerija & Ivan Osipov (2021): Ėffekt Naval'nogo. Kak protesty pomogli «Doždju», «Mediazone» i «OVD-Info» privleč' milliony požertvovanij i podpisčikov. [Der Naval'nyj-Effekt. Wie die Proteste „Dožd'", „Mediazona" und „OVD-Info" geholfen haben, Millionen von Spenden und Abonnenten zu mobilisieren]. *The Bell* (10. Februar). https://thebell.io/effekt-navalnogo-kak-protesty-pomogli-dozhdyu-mediazone-i-ovd-info-privlech-milliony-pozhertvovanij-i-podpischikov (Abruf am 05. Mai 2021).
Zvereva, Vera V. 2005. Istorii, rasskazannye dlja vsech. Obyčnyj čelovek v tok-šou. [Geschichten, die für alle erzählt werden. Der gewöhnliche Mensch in der Talkshow] *Iskusstvo kino* 10. http://kinoart.ru/archive/2005/10/n10-article15 (Abruf am 18. November 2020).
Zvereva, Vera V. 2012. „*Nastojaščaja žizn'" v televisore. Issledovanija sovremennoj mediakul'tury*. [Das „echte Leben" im Fernsehen. Untersuchungen der gegenwärtigen Medienkultur]. Moskva: RGGU.

Wikipedia und Internetquellen

FOM. 2014a. Čto i začem smotrjat rossijane. [Was und wozu schauen die Russen]. http://fom.ru/SMI-i-internet/11536 (Abruf am 16. November 2020).
FOM. 2014b. O peremirii na Ukraine i bežencach. [Über den Waffenstillstand in der Ukraine und die Flüchtlinge]. http://fom.ru/Mir/11731 (Abruf am 16. November 2020).
FOM. 2015. Televidenie: predpočitenija zritelej. [Fernsehen: Präferenzen der Zuseher]. http://fom.ru/SMI-i-internet/12214 (Abruf am 16. November 2020).
FOM. 2016. Čto smotrjat po televizoru? [Was wird im Fernsehen geschaut?] http://fom.ru/SMI-i-internet/12824 (Abruf am 16. November 2020).
Levada. 2014. Situacija v Ukraine: ocenki, ožidanija, perspektivy. [Die Situation in der Ukraine: Bewertungen, Erwartungen, Perspektiven]. https://www.levada.ru/2014/05/30/situatsiya-v-ukraine-otsenki-ozhidaniya-perspektivy/ (Abruf am 16. November 2020).
Levada. 2015a. Ukraina: vnimanie i ocenki. [Ukraine: Aufmerksamkeit und Bewertungen]. https://www.levada.ru/2015/02/05/ukraina-vnimanie-i-otsenki/ (Abruf am 16. November 2020).
Levada. 2015b. Samye-samye v 2015 godu: ljudi, teleperedači, fil'my, teleserialy. [Die beliebtesten des Jahres 2015: Menschen, Fernsehsendungen, Filme, Fernsehserien]. https://www.levada.ru/2015/12/26/samye-samye-v-2015-godu-lyudi-teleperedachi-filmy-teleserialy/ (Abruf am 19. November 2020).
Levada. 2016. Doverie SMI i gotovnost' vyskazyvat' svoë mnenie. [Vertrauen in die Medien und Bereitschaft seine Meinung zu äußern]. https://www.levada.ru/2016/08/12/14111/ (Abruf am 22. September 2021)
Levada. 2018. Radostnye zanjatija. [Freudige Beschäftigungen]. https://www.levada.ru/2018/05/24/radostnye-zanyatiya/ (Abruf am 21. November 2020).
Wikipedia. 2021a. Rossija-1. https://ru.wikipedia.org/wiki/Россия-1 (Abruf am 05. Mai 2021).
Wikipedia. 2021b. Tok-šou. [Talkshow]. https://ru.wikipedia.org/wiki/Ток-шоу (Abruf am 22. September 2021).

Filmographie

Atmosfera jazykovoj nenavisti [Die Atmosphäre sprachlichen Hasses]. (27. Juni 2015). 80 Min. Russland: Otkrytaja Biblioteka. Moderation: Marina Koroleva. http://open-lib.ru/dialogues/turkovakrongauzkoroleva (Abruf am 15. November 2020).
Davaj poženimsja! [Lass uns heiraten!] (15. Mai 2014). 52 Min. Russland: Pervyj kanal. Moderation: Larisa Guseeva, Roza Sjabitova, Vasilisa Volodina. https://www.1tv.ru/shows/davay-pozhenimsya/vypuski-i-luchshie-momenty/pokorenie-kryma-davay-pozhenimsya-vypusk-ot-15-05-2014 (Abruf am 26. November 2020).
Modnyj prigovor [Modisches Urteil] (29. April 2014). 51 Min. Russland: Pervyj kanal. Moderation: Ėvelina Chromčenko, Nadežda Babkina, Aleksandr Vasil'ev. https://www.1tv.ru/shows/modnyy-prigovor/vypuski/delo-o-goryachey-krymchanke-modnyy-prigovor-vypusk-ot-29-04-2014 (Abruf am 26. November 2020).
Mužskoe/Ženskoe [Männliches/Weibliches] (13. Oktober 2014). 47 Min. Russland: Pervyj kanal. Moderation: Aleksandr Gordon, Julia Baranovskaja. https://www.1tv.ru/shows/

muzhskoezhenskoe/vypuski/granitsa-lyubvi-muzhskoe-zhenskoe-vypusk-ot-13-10-2014 (Abruf am 26. November 2020).

Naedine so vsemi [Mit allen unter vier Augen] (02. April 2014). 45 Min. Russland: Pervyj kanal. Moderation: Julia Men'šova nline verfügbar unter: https://www.1tv.ru/shows/naedine-so-vsemi/vypuski/gosti-alina-i-mihail-solovievy-naedine-so-vsemi-vypusk-ot-02-04-2014 (Abruf am 26. November 2020).

Politika (12. März 2014). 53 Min. Russland: Pervyj kanal. Moderation: Pëtr Tolstoj, Aleksandr Gordon. https://www.1tv.ru/shows/politika/vypuski/politika-vypusk-ot-12-03-2014 (Abruf am 26. November 2020).

Politika (07. September 2014). 64 Min. Russland: Pervyj kanal. Moderation: Pëtr Tolstoj, Aleksandr Gordon. https://www.1tv.ru/shows/politika/vypuski/politika-vypusk-ot-07-09-2014 (Abruf am 26. November 2020).

Politika (08. Oktober 2014). 64 Min. Russland: Pervyj kanal. Moderation: Pëtr Tolstoj, Aleksandr Gordon. https://www.1tv.ru/shows/politika/vypuski/politika-vypusk-ot-08-10-2014 (Abruf am 26. November 2020).

Pozner (04. März 2014). 49 Min. Russland: Pervyj kanal. Moderation: Vladimir Pozner. https://www.1tv.ru/shows/pozner/vypuski/gost-aleksandr-zhukov-pozner-vypusk-ot-04-03-2014 (Abruf am 26. November 2020).

Prjamaja linija s Vladimirom Putinym [Direkter Draht mit Vladimir Putin] (17. April 2014). 43 Min. Russland: Rossija 1, Rossija 24 et al. http://kremlin.ru/events/president/news/20796 (Abruf am 26. November 2020).

Prjamoj ėfir [Live-Sendung] (03. März 2014). 53 Min. Russland: Rossija-1. Moderation: Boris Korčevnikov. https://www.youtube.com/watch?v=eczZ3deT-nk (Abruf am 26. November 2020).

Special'nyj korrespondent [Spezialkorrespondent] (19. März 2014). 75 Min. Russland: Rossija-1. Moderation: Arkadij Mamontov. https://www.youtube.com/watch?v=OZXMkLIFmFo&t=14s (Abruf am 26. November 2020).

Special'nyj korrespondent [Spezialkorrespondent] (09. September 2014). 75 Min. Russland: Rossija-1. Moderation: Evgenij Popov. https://www.youtube.com/watch?v=Qk7qNMLF0nE&t=19s (Abruf am 26. November 2020).

vDud' (02. April 2018). 106 Min. Russland: Youtube. Moderation: Jurij Dud'. https://www.youtube.com/watch?v=YQRmaQ14-LA (Abruf am 04. Dezember 2020).

Voskresnyj večer s Vladimirom Solov'ëvym [Sonntagabend mit Vladimir Solov'ëv] (07. März 2014). 112 Min. Russland: Rossija-1. Moderation: Vladimir Solov'ëv. https://www.youtube.com/watch?v=K_oRVHjjQsU (Abruf am 26. November 2020).

Voskresnyj večer s Vladimirom Solov'ëvym [Sonntagabend mit Vladimir Solov'ëv] (18. März 2014). 113 Min. Russland: Rossija-1. Moderation: Vladimir Solov'ëv. https://www.youtube.com/watch?v=SqUAc7Xazno (Abruf am 26. November 2020).

Vremja pokažet [Die Zeit wird es zeigen] (13. Oktober 2014). 72 Min. Russland: Pervyj kanal. Moderation: Pëtr Tolstoj, Ekaterina Striženova. https://www.1tv.ru/shows/vremya-pokazhet/vypuski/vremya-pokazhet-vypusk-ot-13-10-2014 (Abruf am 26. November 2020).

Vzgljad snizu [Blick von unten] (05. September 2014). 5 Min. Russland: Pervyj kanal. https://www.1tv.ru/shows/vecherniy-urgant/vzglyad-snizu/vzglyad-snizu-05-09-2014 (Abruf am 19. November 2020).

Radiosendungen

Čelovek iz televizora [Mensch aus dem Fernseher] (20. September 2014). 45 Min. Russland: Ècho Moskvy. https://echo.msk.ru/programs/persontv/1402990-echo/ (Abruf am 19. November 2020).
Čelovek iz televizora [Mensch aus dem Fernseher] (27. September 2014). 44 Min. Russland: Ècho Moskvy. https://echo.msk.ru/programs/persontv/1406648-echo/ (Abruf am 19. November 2020).

Register

Abkommen von Belowesch 223
Agitainment 25
Ajdar (Bataillon) 296
Akkumulation, *siehe* Häufung 326
Aks'onov/Aksënov, Sergij/Sergej 50, 189, 236, 263
Allquantoren 170, 222, 225
Angliederung, *siehe* Beitritt IX
Annexion, *siehe* Beitritt IX
Anschlusskommunikation 108
Anti-Terror-Operation (ATO) 270
Armee 353
– russländische 341
– ukrainische 297, 304, 330, 333, 352
Assoziierungsabkommen 45–49
Audiovisuelle Mittel 285–314
Aufständische, *siehe* Opolčency IX

Bandera, Stepan 20, 263
Banditen, *siehe* Opolčency IX
Baranec, Viktor 190, 224, 275, 278, 360, 371, 374
Baranovskaja, Julija 283, 306
Bednjak, Vjačeslav 277, 351
Beitritt der Krim zu Russland IX, 50–53, 73, 176, 183
– Argumente 209–227
– Bedeutung für Krim 260–266
– Bedeutung für Russland 249–260
– Bedrohungsszenarien 227–235
– Darstellung der Ukraine 201–209
– Referendum 51–52
– Zusammengehörigkeit 235–244
Belowesch, *siehe* Abkommen von Belowesch 223
Bom, Majkl 276, 298
Bortko, Vladimir 191, 214, 273, 334
Bots, *siehe* Trolle 31

Carëv, Oleg 188, 218, 238
Chazin, Michail 275, 332
Chinštejn, Aleksandr 273, 350, 357, 379
Chruščëv, Nikita 222

Commoratio 377
Concessio 329

Davaj poženimsja! 106, 256, 413
Deljagin, Michail 275, 320–322, 333
Delo vaše 105, 413
Devčata 96, 144, 422
Diskin, Iosif 273, 327
Diskurs 154–156
Diskursebene 162
Diskursfragment 161, 167
Diskursives Ereignis 162, 176
Diskursposition 162
Diskursstrang 161, 167
Diskurs(strang)verschränkung 161
Dobrogo zdorov'ica 105, 414
Dolgov, Konstantin 277, 376
Donbass, *siehe* Krieg 53
Dorenko, Sergej 189, 219, 222, 225
Dožd' 70–71
Dud', Jurij 409
Dugin, Aleksandr 189, 252–253

Echotechnik 323
Einschaltquoten 74
Ejzenštejn, Sergej 23, 108
El'cin, Boris 68, 223
Euromajdan 46–49

Fake News 14–16
Fallbeispiele 176–179
Fernsehen 61
– Dokumentarfilme 72
– Informationsshow 73
– Nachrichten 35, 72
– nationaler Zusammenhalt 25–26, 64
– Propaganda 26
– Kontrolle 24–25
– kulturelles Objekt 26
Filtrationslager 385–386
Forschungsfragen 40, 115
Freiwilligenkämpfer, *siehe* Opolčency IX
Frühling
– russischer 253

Genozid 384–388
Georgsband 256, 320, 325, 345
Georgssaal 247–248
Gewerkschaftsbrand in Odessa 55, 288
Girkin, Igor' 56
Goebbels, Joseph 22
Gold der Skythen 231–232
Gordon, Aleksandr 197, 297–323, 390
Gorochov, Sergej 274, 329, 390
Granovskij, Aleksej 277, 331, 344, 387

Hate-Speech 19, 203
– Definition 169
– März/April 204–205
– September/Oktober 318–321
Häufung 170, 264, 326–327
Heimatverteidiger, *siehe* Opolčency
Hilfskonvoi 58–59
Hitler, Adolf 206, 327
Humanitäre Katastrophe 201–203
Hyperbel 171, 221, 224, 251, 315, 348

Informationskrieg 13, 149
Inhaltsanalyse
– Definition 119–121
– Dokumentation 121
– Kategorienbildung 127
– Kategoriensystem 131
Ironie 171, 312, 341, 353, 393

Jacenjuk, Arsenij 49, 56, 231
Jakovlev, Aleksandr 275, 325, 398
Janukovyč/Janukovič, Viktor 45
Jarovaja, Irina 188, 215, 221
Juščenko, Viktor 45

Kaletnik, Oksana 274, 394
Karateli 206
Kleinrussland 208
Klincevič, Franc 273, 345, 392
Kofman, Aleksandr 277, 320
Kolesničenko, Vadim 188, 212
Kolomojskij, Igor' 338
Kolorady 320–322
Končalovskij, Andrej 371
Konflikt, *siehe* Krieg IX

Konstantinov, Vladimir 189, 236
Korčevnikov, Boris 196
Kosaken 351
Kosovo 219–220, 336
Kostin, Konstantin 189, 207
Krieg IX, 140
– hybrider 31
– Internet und soziale Netzwerke 30–33
– Ostukraine 53–60
Krimtatar*innen 52, 226–227
Kritische Diskursanalyse 156–160
– Feinanalyse 168–175
– Grenze 163–164
– Strukturanalyse 165–168
– Terminologie 161–163
Kulešov, Lev 23
Kurginjan, Sergej 190, 205, 246

Lenin, Vladimir 22
– Statue 143
Leningrader Blockade 384
Leont'ev, Michail 189, 202
Lužkov, Jurij 193, 222

Majdan Nezaležnosti, *siehe* Euromajdan 47
Malorossija, *siehe* Kleinrussland 208
Mamontov, Arkadij 197, 211, 231–232
Markov, Sergej 273, 358, 389
Men'šova, Julija 197
Metapher 233, 236–246, 335, 343–344
– Definition 171
Metonymie 172, 296–297, 309–310
MH17 56, 285, 341
Minsker Abkommen 60
– Minsk I 58, 60
Mirnye žiteli 318
Moderator*in 81–83, 196–198
Modnyj prigovor 105, 264, 414
Molotov, Vjačeslav 255
Montage 23–24
Moskal' 321
multimodal 164–165
Mužskoe/Ženskoe 104, 285, 306–308, 415

Na noč' gladja 98, 416
Nachrichtensendung, *siehe* Fernsehen 35

Naedine so vsemi 95, 148, 185, 200, 416
Näherungsstrategie 234, 333
Nationalgarde 331
Neurussland, *siehe* Novorossija 33
Nikonov, Vjačeslav 187, 218, 256, 264, 273, 332, 391, 394
Novorossija 33, 273, 276
NTV 68–69

Oni i my 104, 417
Opolčency IX, 286–289, 317–318, 343–356
Oxymoron 172, 241, 382, 390

Palästina 337
Paralipse 172, 387
Parallele, *siehe* Vergleich 174
Personifikation 173, 349
Pervyj kanal 66, 364
Peskov, Dmitrij 199, 221, 224, 234, 243, 266
Phraseme, *siehe* Phraseologismus 173
Phraseologismus 173, 226, 315, 334, 366, 369, 381, 387
Poedinok 102, 423
Poka vse doma 98, 417
Politika 101, 200, 283–284, 418
Polit-Talk 98–103
Popov, Evgenij 282, 336, 338
Porošenko, Petro/Pëtr 56, 316, 337, 339–340, 379, 397
Pozner 97, 185, 199, 419
Pozner, Vladimir 196, 204
Pravyj sektor 48, 142
Primäreffekt 27
Prjamoj efir 74, 103, 198–199, 424
Prochanov, Aleksandr 190, 248, 251
Promi-Talk 94–98
Propaganda
– Definition 14
– Etymologie 7–9
– Fernsehen 26–27
– Film und Kino 22–24
– indirekte 24
– russische 17, 397
– sowjetische 16, 22
– Techniken und Strategien 12–14

Prostorečie 173, 358, 382
Pšel', Robert 367, 395
Puch, Vinni 376
Purgin, Andrej 277, 314, 339
Pust' govorjat 74, 77, 103, 419
Putin, Vladimir 28, 51, 53, 211, 249, 360

Rasmussen, Anders 389
Rebellen, *siehe* Opolčency IX
Revolution, *siehe* Euromajdan 47
Rogatkin, Aleksandr 275, 299–301
Rogov, Vladimir 194, 277, 395
Romančuk, Jaroslav 276, 329
Rossija-1 67
RT 69
Russia Today, *siehe* RT 69
Russisch (Sprache) 228
Russkij mir 215, 217
Rus' 210, 237

Schottland 336
Segodnja večerom 97, 420
Šejnin, Artëm 275
Selbstzensur 20
Sendungsbeschreibung 125–126
Separatisten, *siehe* Opolčency IX
Sewastopol 211–213
Skythen, *siehe* Gold der Skythen 231
Sobiranie zemel' 224, 243
Solov'ëv, Vladimir 196, 211, 216, 224, 240, 257–259
Special'nyj korrespondent 102, 200, 284, 425
Spezial-Talk 105–107
Sprichwort 175, 350
Starikov, Nikolaj 187, 211
Striženova, Ekaterina 282
Struktura momenta 103, 151, 420
Subbotnik 98, 426

Talkshow 74
– Definition 78–81
– Entwicklung 76–78
– Funktion 107–113
– Gäste 83–85, 187–195, 272–282
– Publikum 86–87
– Typisierung 90–92

Tautologie 174, 254, 327, 381
Temirgaliev, Rustam 188, 218, 226
Terroristen, *siehe* Opolčency IX
Tjutčev, Fëdor 215
Tolstoj, Pëtr 67, 100, 197, 293
Tolstoj. Voskresen'e 100, 151, 421
Transkription 179–182
Tret'jakov, Vitalij 190, 208
Trikolon 361
Trivial-Talk 103–105
Trolle 31
Tymošenko/Timošenko, Julija 49

Ukrainisch (Sprache) 228–229
Ukropy 319

V naše vremja 95, 411
Vatnik 320–322
Večer s Vladimirom Solov'ëvym 74, 101, 199, 421
Večernij Urgant 74, 96, 412
Vergleich 174, 202, 206, 224, 229, 246–248, 330–332

Vertov, Dziga 23
Vladimir, der Große 210–211
Volksmiliz, *siehe* Opolčency IX
Vremja pokažet 100, 151, 284, 412

Wiedervereinigung, *siehe* Beitritt IX

Zabrodskaja, Marina 189, 215
Zacharčenko, Oleksandr/Aleksandr 57–59
Zacharova, Marija 275, 366
Zahlenspiele 174, 367
Zaldostanov, Aleksandr 191, 212, 216, 230, 239
Zatulin, Konstantin 189, 226
Železnjak, Sergej 188, 192, 240, 262, 326, 358
Ženskoe sčast'e 105, 423
Žirinovskij, Vladimir 99, 242, 257, 372
Zitate 175, 320, 340–341, 378
Zjuganov, Gennadij 187, 263
Žukov, Aleksandr 186, 193, 223, 242

www.ingramcontent.com/pod-product-compliance
Lightning Source LLC
Chambersburg PA
CBHW061923220426
43662CB00012B/1782